Kommentar zur
Vermögens- und Mehreinkommensteuer
1919.

Von

Ludwig Buck und Dr. **Rudolf Lucas**
Regierungsrat in Düsseldorf. Rechtsanwalt in Düsseldorf.

Erster Teil:

Vermögenszuwachs- und Mehreinkommen- (Mehrgewinn-)steuer.

Berlin und Leipzig 1920
Vereinigung wissenschaftlicher Verleger
Walter de Gruyter & Co.
vormals G. J. Göschen'sche Verlagshandlung — J. Guttentag Verlagsbuchhandlung — Georg Reimer — Karl J. Trübner — Veit & Comp.

Vorwort.

Der vorliegende Kommentar ist das Ergebnis jahrelanger gewissenhafter Vorarbeiten, deren Anfänge bis auf das erste Kriegsjahr zurückreichen. Seine Fertigstellung wäre trotzdem nicht möglich gewesen, da mir seit einiger Zeit infolge starker beruflicher Inanspruchnahme außerhalb der Sonntage hierzu gar keine Zeit mehr übrigblieb. Wenn das Werk schließlich doch vollendet wurde, so danke ich es tüchtiger Mitarbeit, insbesondere der Herren Rechtsanwalt Dr. Lucas und Steuersekretär Boes in Düsseldorf, die meine Vorarbeiten nach den von mir angegebenen Gesichtspunkten in steter Fühlungnahme mit mir weiter ausgearbeitet haben. Beiden Mitarbeitern hierfür meinen Dank auszusprechen, ist mir eine angenehme Pflicht. Die Mitarbeit des Herrn Rechtsanwalt Dr. Lucas insbesondere hinsichtlich des zweiten Teiles des Werkes ging, obwohl ich auch hier die Verantwortung trage, so weit, daß ich dem auch schon äußerlich durch die Fassung des Titels Ausdruck gegeben habe.

Düsseldorf, im September 1919.

Der Verfasser.

Inhaltsverzeichnis.

Anhang: Gesetzestexte.

Begründung zum Entwurf eines Gesetzes über eine außerordentliche Kriegsabgabe für das Rechnungsjahr 1919.

Das Gesetz über eine außerordentliche Kriegsabgabe für das Rechnungsjahr 1918 vom 26. Juli 1918 (RGBl. S. 964) brachte die Fortsetzung der Kriegsgewinnbesteuerung der Gesellschaften auf der bisherigen, durch das Gesetz über vorbereitende Maßnahmen zur Besteuerung der Kriegsgewinne vom 24. Dez. 1915 (RGBl. S. 873) eingeleiteten und durch das KrStG. vom 21. Juni 21. Juni 1916 (RGBl. S. 561) geschaffenen Grundlage, indem es den Mehrgewinn des vierten Kriegsgeschäftsjahres erfaßte. Die in jenem Gesetze weiter vorgeschriebene, vom Reichstag beschlossene Kriegsabgabe der Einzelpersonen zerfällt in eine Abgabe vom Mehreinkommen und in eine Abgabe vom Vermögen. Die Abgabe vom Mehreinkommen stellte die bisherige Erfassung der Kriegsgewinne der Einzelpersonen durch die Besteuerung des Vermögenszuwachses, wie sie nach dem KrStG. vom 21. Juni 1916 erfolgte, auf eine neue Grundlage, ohne daß hiermit jedoch auf die Sonderbesteuerung des während des Krieges eingetretenen Vermögenszuwachses verzichtet werden sollte. Die Abgabe vom Vermögen sollte den der Abgabe nach § 9 Abs. 1 Nr. 2 des KrStG. vom 21. Juni 1916 zugrunde liegenden Gedanken, daß auch der alte Besitz während des Krieges zu den Kriegslasten herangezogen werden müsse, in weiterem Umfang zur Durchführung bringen.

Bei Erlaß des Gesetzes über eine außerordentliche Kriegsabgabe für das Rechnungsjahr 1918 vom 26. Juli 1918 bestand, wie schon in der Überschrift des Gesetzes zum Ausdruck kommt, bei den gesetzgebenden Körperschaften des Reichs Übereinstimmung darüber, daß die beschlossene Abgabe eine Wiederholung im kommenden Jahre finden solle. Diese Absicht will der vorliegende Entwurf eines Gesetzes über eine außerordentliche Kriegsabgabe für das Rechnungsjahr 1919 insofern verwirklichen, als er die Erhebung einer Kriegsabgabe von dem vornehmlich im Jahre 1918 erzielten Mehreinkommen der Einzelpersonen vorsieht und zugleich, nachdem der Krieg tatsächlich sein Ende erreicht hat, die Kriegsgewinnbesteuerung der Gesellschaften durch Erhebung einer Kriegsabgabe von dem im fünften Kriegsgeschäftsjahre erzielten Mehrgewinne zum Abschluß bringen will. Dagegen glaubt der Entwurf davon absehen zu sollen, die nochmalige Erhebung einer Vermögensabgabe in dem durch das Kriegsabgabegesetz für 1918 bestimmten Umfang vorzuschreiben, da die Heranziehung des alten Besitzes zu den Lasten des Krieges besonderer gesetzlicher Regelung vorzubehalten sein wird.

Abgesehen von den durch die Geltung für ein neues Rechnungsjahr (Geschäftsjahr) und durch den Wegfall der Vermögensabgabe bedingten Änderungen sind im übrigen nur folgende Abweichungen gegenüber dem Ges. vom 26. Juli 1918 hervorzuheben:

1. Nach § 6 des Kriegsabgabegesetzes für 1918 konnte ein Abgabepflichtiger, der nach dem für die letzte Friedensveranlagung maßgebenden Stichtage oder nach dem späteren Eintritt der Steuerpflicht Einkommen und Vermögen erlangt hat, das nach diesem Zeitpunkt durch einen der im § 3 Abs. 1 Nr. 1—3 des KrStG. vom 21. Juni 1916 bezeichneten Anfälle (Erbschaft, Auszahlung einer Versicherung oder Schenkung) erworben worden ist, verlangen, daß dem veranlagten Einkommen vor dem Kriege ein Betrag hinzugerechnet wird, der einer jährlichen Verzinsung von 5% dieses Vermögens entspricht. Bestand der Anfall in dem Erwerb einer Rente, so konnte nach dieser Vorschrift nur ein Betrag von 5% des Kapitalwertes dieser Rente angerechnet werden, obwohl die jährliche Rente regelmäßig diesen Zinsbetrag übersteigt. Um die sich hieraus ergebende Unbilligkeit zu beseitigen, sieht der Entwurf vor, daß in diesen Fällen der Pflichtige verlangen kann, daß dem veranlagten Einkommen vor dem Kriege der Jahresbetrag der Rente zugerechnet wird.

Die weiteren Änderungen in § 6 des Entwurfs gegenüber dem Kriegsabgabegesetz für 1918 sollen Zweifel beseitigen, die sich bei der Durchführung dieses Gesetzes ergeben haben.

2. Der in § 17 Abs. 1 des Entwurfs übernommenen Vorschrift des § 22 Abs. 1 des Kriegsabgabegesetzes für 1918 ist zur Beseitigung von Zweifeln die Bestimmung zugefügt, daß für die Berechnung des Friedensgewinns nur volle Geschäftsjahre in Betracht kommen sollen. Dabei sind unter vollen Geschäftsjahren solche zu verstehen, welche einen Zeitraum von 12 Monaten umfassen.

3. Bei dem unglücklichen Ausgang des Krieges und den dringenden finanziellen Bedürfnissen des Reichs soll nach § 24 Abs. 1 und § 26 Abs. 1 des Entwurfs die Abgabe von dem Mehrgewinne der Gesellschaften in ihrem Höchstsatz auf 80% des im fünften Kriegsgeschäftsjahr erzielten Mehrgewinns bemessen werden. Dementsprechend ist denn auch bereits durch VO. vom 15. Nov. 1918 (RGBl. S. 1387) den Gesellschaften die Verpflichtung auferlegt worden, 80% ihres im fünften Kriegsgeschäftsjahr erzielten Mehrgewinns in eine Kriegssteuerrücklage einzustellen.

Da die Gesellschaften aus dem Mehrgewinn neben der in dem Entwurf vorgesehenen Abgabe auch die nach den Landesgesetzen zu entrichtende Staats-, Gemeinde- und Kircheneinkommen- und Gewerbesteuer, soweit sie auf den Mehrgewinn entfällt, bestreiten müssen, erschien es billig, Vorsorge dahin zu treffen, daß die Kriegsabgabe zusammen mit diesen Steuern nicht den ganzen abgabepflichtigen Mehrgewinn übersteigt. Dieser Absicht soll die Vorschrift des § 24 Abs. 4 des Entwurfs dienen nach der auf entsprechenden Nachweis der abgabepflichtigen Gesellschaft die Kriegsabgabe insoweit erstattet werden soll, daß sie zusammen mit der auf den Mehrgewinn entfallenden Staats-, Gemeinde- und Kircheneinkommen- und Gewerbesteuer nicht mehr wie 90% des Mehrgewinns beträgt.

Nach § 6 des Ges. über die Erhebung eines Zuschlags zur Kriegssteuer vom 9. April 1917 (RGBl. S. 349) war der dort vorgeschriebene Zuschlag zur Kriegssteuer nach dem KrStG. vom 21. Juni 1916 den Gesellschaften bis auf weitere gesetzliche Regelung zu stunden, sofern die Gesellschaft glaubhaft machte, daß das Jahr, das auf den von dem KrStG. erfaßten Zeitraum folgt, zu einem

Mindergewinn in Höhe von mindestens einem Fünftel des steuerpflichtigen Mehrgewinns geführt hat oder führen wird. Da der vorliegende Entwurf die Kriegsgewinnbesteuerung der Gesellschaften abschließend regeln will, muß nunmehr die damals vorbehaltene gesetzliche Regelung für die gestundeten Kriegssteuerzuschläge erfolgen. Diese Regelung sieht § 24 Abs. 5 des Entwurfs in der Weise vor, daß der gestundete Zuschlag nur insoweit zu entrichten ist, als die nach dem KrStG. vom 21. Juni 1916 — also ohne Zuschlag — geschuldete Abgabe unter dem Betrage bleibt, der bei Annahme eines im Gesamtergebnisse aller fünf Kriegsgeschäftsjahre berechneten Mehrgewinns an Kriegsabgabe und Zuschlag nach dem Ges. vom 21. Juni 1916 und vom 9. April 1917 zu zahlen gewesen wäre.

4. Nach § 33 Abs. 1 des Entwurfs soll die Kriegsabgabe durch Hingabe von Kriegsanleihestücken usw. bezahlt werden können, und es soll nach § 33 Abs. 2 die Annahme dieser Kriegsanleihestücke mit Zinsenlauf vom 1. Oktober 1919 ab grundsätzlich zu dem für sie gemäß §§ 6 und 7 der VO. über die Aufstellung von Vermögensverzeichnissen und die Festsetzung von Steuerkursen auf den 31. Dezember 1918 vom 13. Januar 1919 festgestellten Steuerkurse erfolgen. Bei Zeichnern von Kriegsanleihe sollen dagegen die von diesen auf Grund der Zeichnung erhaltenen fünfprozentigen Kriegsanleihestücke zum Nennwert, die viereinhalbprozentigen Schatzanweisungen unter Zugrundelegung des gleichen Zinsenlaufs zu einem von dem Reichsminister der Finanzen festzusetzenden und bekanntzumachenden Kurse an Zahlungs Statt angenommen werden. Es liegt kein Grund, vor denjenigen, welche die Kriegsanleihe nicht im Wege der Zeichnung erhalten, sondern — vielleicht zu einem wesentlich geringeren als dem Ausgabekurse — gekauft haben, die gleiche Vergünstigung zuteil werden zu lassen, wie sie den Zeichnern von Kriegsanleihe selbst in Aussicht gestellt worden ist. Dabei erschien es billig, die Vergünstigung, welche den Zeichnern der Kriegsanleihe zuteil wird, auch denjenigen zuzugestehen, die durch Erbschaft oder von einer offenen Handelsgesellschaft, einer Kommanditgesellschaft oder Gesellschaft m. b. H. als deren Gesellschafter die Kriegsanleihestücke empfangen haben, sofern der Erblasser oder die Gesellschaft diese Stücke infolge einer Zeichnung erhalten hatte.

5. Im Hinblick auf § 8 des Ges. über die Errichtung eines Reichsfinanzhofs und über die Reichsaufsicht für Zölle und Steuern vom 26. Juli 1918 (RGBl. S. 959) konnte davon abgesehen werden, in den Entwurf eine Vorschrift über die Regelung der gegen den Steuerbescheid zulässigen Rechtsmittel aufzunehmen.

6. Um eine Entlastung des Staatenausschusses herbeizuführen, wird es für angezeigt erachtet, die Entscheidung über Anträge auf Erlaß der Kriegsabgabe auf Grund des § 35 des Entwurfs der obersten Landesfinanzbehörde zu übertragen. Die Gleichmäßigkeit in der Entscheidung solcher Anträge soll dabei dadurch gewahrt werden, daß die oberste Landesfinanzbehörde nur im Einvernehmen mit dem Reichsminister der Finanzen Entscheidung treffen soll, und daß bei Meinungsverschiedenheiten die Entscheidung des Staatenausschusses einzuholen ist. Das gleiche Verfahren soll nach § 38 des Entwurfs auch auf Anträge Anwendung finden, die auf Grund des § 40 des Kriegsabgabegesetzes für 1918 gestellt werden.

Gesetz über eine außerordentliche Kriegsabgabe für das Rechnungsjahr 1919.

Vom 10. September 1919.

(RGBl. S. 1567.)

Die verfassunggebende Deutsche Nationalversammlung hat das folgende Gesetz beschlossen, das mit Zustimmung des Reichsrats hiermit verkündet wird:

Abgabepflicht der Einzelpersonen.

§ 1. Die Einzelpersonen haben für das Rechnungsjahr 1919 zugunsten des Reichs[2]) eine außerordentliche Kriegsabgabe vom Mehreinkommen zu entrichten[1]).

1. Allgemeines.

Der § 1 lautete im Regierungsentwurf:

Die im § 11 des Besitzsteuergesetzes vom 3. Juli 1913 (Reichs-Gesetzbl. S. 524) bezeichneten Personen haben für das Rechnungsjahr 1919 zugunsten des Reiches eine außerordentliche Kriegsabgabe vom Mehreinkommen zu entrichten.

Die im § 11 BStG. bezeichneten Personen waren folgende:

Steuerpflichtig sind nach § 11 BStG.:

I. mit dem Zuwachs an dem gesamten steuerbaren Vermögen:

1. die Angehörigen des Deutschen Reichs, mit Ausnahme derer, die sich seit länger als zwei Jahren dauernd im Ausland aufhalten, ohne einen Wohnsitz in einem deutschen Bundesstaate zu haben. Die Ausnahme findet keine Anwendung auf Reichs- und Staatsbeamte, die im Ausland ihren dienstlichen Wohnsitz haben. Wahlkonsuln gelten nicht als Beamte im Sinne dieser Vorschrift;
2. Ausländer, wenn sie im Deutschen Reiche einen Wohnsitz oder in Ermangelung eines Wohnsitzes ihren dauernden Aufenthalt haben;

II. mit dem Zuwachs an dem inländischen Grund- und Betriebsvermögen: alle natürlichen Personen ohne Rücksicht auf Staatsangehörigkeit, Wohnsitz oder Aufenthalt.

Bei den Beratungen des Gesetzes ist dann einfach statt „die im § 11 des Besitzsteuergesetzes bezeichneten Personen" gesagt die „Einzelpersonen", indem bezüglich des Kreises der steuerpflichtigen Einzelpersonen auf §§ 2 und 8 des Gesetzes verwiesen wird. Damit ist der Kreis auf alle diejenigen Personen begrenzt, die das Landeseinkommensteuerrecht der einzelnen Bundesstaaten als einkommensteuerpflichtig bezeichnet. (Vgl. daher die Anm. zu § 8.)

2. **Zugunsten des Reiches.**

Damit ist zugleich gesagt, daß es den Landesbehörden (Bundesstaaten) und Gemeinden nicht gestattet ist, auch ihrerseits in irgendeiner Form eine Abgabe vom Mehreinkommen oder Zuschläge zur Reichsabgabe auf dieses Mehreinkommen zu erheben.

§ 2. Abgabepflichtig sind alle natürlichen Personen, die bei einer nach § 8 maßgebenden Jahresveranlagung zur Landeseinkommensteuer veranlagt worden oder zu veranlagen sind.

Wegen der Erläuterungen zu § 2 sei auf die Ausführungen zu §§ 1 und 8 verwiesen.

§ 3.[1]) Mehreinkommen (§ 1) ist der Unterschied zwischen dem Friedenseinkommen (§§ 4 bis 7, 10 bis 11) und dem Kriegseinkommen (§§ 8 bis 11)[2]).

Der Unterschiedsbetrag wird auf volle Tausende nach unten abgerundet.

Abgabepflichtig ist, sofern das Kriegseinkommen nicht mehr als dreißigtausend Mark beträgt, nur der den Betrag von dreitausend Mark übersteigende Teil des Mehreinkommens.[3])

Der § 3 hat denselben Wortlaut und Sinn wie § 3 des Kriegsabgabengesetzes von 1918. Dasselbe ist bei § 4 der Fall.

1. **Allgemeines.** (Geschichtliche Entstehung.)

Die Kriegsabgabe 1919 trifft in gleicher Weise, wie die Kriegsabgabe 1918 das Mehreinkommen des Steuerjahres 1917 getroffen hatte, das Mehreinkommen des Steuerjahres 1918. Indem sie dasjenige trifft, was jemand im Kriege im Vergleich zum Frieden an Einkommen mehr erzielt hat (Mehreinkommensteuer), folgt sie dem Vorbild des Auslandes, das die „Kriegsgewinne" von vornherein in dieser Form zur Besteuerung herangezogen hatte. Auch im Deutschen Reiche fand sich eine Art Mehreinkommensteuer bereits im Regierungsentwurf zum Kriegsabgabegesetz von 1916.

Die Regierung hatte hier in den §§ 11—19 des Entwurfs zum alten Kriegssteuergesetz in geschickter, wenn auch etwas verwickelter Weise eine Verschärfung des Tarifsatzes für den Fall vorgesehen, daß dem Vermögenszuwachs zugleich ein Mehreinkommen gegenüberstand. In erster Lesung wollte der Reichstag hinsichtlich der Besteuerung der Einkommensvermehrung noch weiter gehen und die Einkommensvermehrung nicht nur als Zuschlag zum Tarif der Vermögensvermehrung, sondern als selbständige Steuer ausgebaut wissen (Drucksachen Nr. 320 S. 109 oben zu Antrag Nr. 326). Dem traten die verbündeten Regierungen mit dem Bemerken entgegen, daß die Ausführung dieses Beschlusses des Reichstags ihnen die Annahme des Gesetzes unmöglich machen würde, einerseits aus staatsrechtlichen Gründen (weil diese Ausgestaltung der Anfang zu einer direkten Reichseinkommensteuer sei), andererseits aus wirtschaftlichen Gründen (weil eine Besteuerung des Mehreinkommens, als solchen, wenn sich gleichzeitig das Vermögen nicht vermehrt, sondern vermindert hätte, eine Unbilligkeit sein müsse, und weil die Erhebung einer hohen Steuer auf das vermehrte Einkommen, wenn dasselbe gutgläubig verzehrt sei, zu Härten führen würde). Nachdem infolge dieser Meinungsverschiedenheit zwischen Regierung und Reichstag das Zustandekommen des ganzen Gesetzes zu scheitern drohte, verhandelten damals die Vertreter einer Reihe von Parteien mit den Regierungen der deutschen Bundesstaaten, wobei schließlich eine Einigung zustande kam. Das Ergebnis der Einigung wurde im Antrag Nr. 326 (Drucksachen 2. Sess. 13. Leg.-Per. 1914—1916 2. Lesung S. 109) zusammengefaßt. Es wurde gegen alle Erwartungen nunmehr beschlossen, den Gedanken der Besteuerung des Mehreinkommens ganz fallen zu lassen, sowohl in der Form, wie die verbündeten Regierungen dieselbe in den §§ 10—19 des Entwurfs vorgesehen hatten, wie in der Form einer selbständigen Steuer und damit wurde ein wesentlicher Vorzug der Regierungsvorlage ganz preisgegeben. Statt dessen wurde damals die eigenartige Bestimmung der abgeänderten Fassung des § 1 des Gesetzes (sog. Kriegsverluststeuer oder kleine Kriegssteuer) aufgenommen, wonach jeder, der keinen Kriegszuwachs am Vermögen erfahren hat, aber ein Vermögen von mehr als 20000 *M* besitzt, von dem Betrage, der 90% seines Vermögens übersteigt, 1% abzugeben hat.

Bei den Reichstagsberatungen zum Kriegsabgabengesetz von 1918 wurde der Gedanke der Besteuerung des Mehreinkommens erneut aufgegriffen (Nr. 1465 der Drucksachen II. Sess. 1914/18, 13. Leg.-Per.). Der Berichterstatter führte hierüber folgendes aus: Für die Kriegssteuer der natürlichen Personen gäbe es verschiedene Wege, man könnte an eine Reichsvermögens- und -einkommensteuer denken, auch daran, die zur Aufrechterhaltung des Gleichgewichtes im Haushalt des Reiches fehlenden 1200 Millionen Mark den Einzelstaaten auf die Matrikularbeiträge zu legen. Aber dadurch würde in deren Finanzen eine große Verwirrung hineingebracht werden. Nach der preußischen Statistik über die Steigerung der Einkommen haben die Einkommen über 100 000 *M* am stärksten zugenommen, nämlich in drei Jahren um 86%. Dies weise darauf hin, daß man dazu kommen müsse, eine Besteuerung der Mehreinkommen vorzunehmen. Es sei ihm bekannt, daß ein Antrag von verschiedenen Parteien in Vorbereitung sei, der eine Besteuerung der höheren Einkommen und insbesondere der Kriegsgewinne zum Gegenstand habe. Er empfehle schon jetzt den Antrag der wohlwollenden Beurteilung des Ausschusses und hoffe, daß er Annahme finden werde. Die im Jahre 1916 eingeführte Kriegssteuer von dem Vermögenszuwachs habe sich nicht bewährt. Sie habe wohl dem Reiche viel Geld eingebracht, aber sie habe eine demoralisierende Wirkung gehabt und die Verschwendung gefördert, während wir bemüht sein müßten, die Sparsamkeit im deutschen Volke zu erhalten und zu fördern. Fast alle anderen Kulturstaaten hätten wirkliche Kriegsgewinnsteuern eingeführt, mit denen sie das Mehreinkommen in den Kriegsjahren erfaßten. Das Deutsche Reich aber habe sich auf die Besteuerung des am 31. Dezember 1916 noch vorhandenen Vermögenszuwachses beschränkt. Das sei unbillig; deshalb müsse man zu einer Steuer auf das Mehreinkommen gelangen.

So entschloß man sich denn im Kriegsabgabegesetz von 1918 die Besteuerung des Vermögenszuwachses vorläufig ganz fallen zu lassen und für das Steuerjahr 1918 lediglich den Gedanken der Besteuerung des Mehreinkommens zur Durchführung zu bringen. Die Kriegsabgabengesetzgebung von 1919 hat dann den Gedanken der Besteuerung des Vermögenszuwachses wieder aufgegriffen und die Vermögenszuwachssteuer und die Einkommensvermehrungssteuer durchgeführt.

2. Mehreinkommen-Unterschied zwischen Friedenseinkommen und Kriegseinkommen.

Das steuerpflichtige Mehreinkommen ergibt sich aus der Vergleichung des Kriegseinkommens (§ 8) mit dem Friedenseinkommen (§§ 4—6).

Daß die Einkommensvermehrung in einem unmittelbaren oder mittelbaren Zusammenhange mit dem Kriege steht, ist nicht erforderlich. Die Berücksichtigung des Mehreinkommens entfällt auch nicht durch den Nachweis, daß ein solcher Zusammenhang offensichtlich nicht vorliegt.

Allerdings kann der Bundesrat in gewissen Ausnahmefällen, wo die Einkommensvermehrung mit dem Kriege in überhaupt keinem Zusammenhang steht, vielleicht sogar ohne Dazwischentreten des Krieges noch weit höher gewesen wäre, Milderungen vorsehen, indem er den sog. Härteparagraphen (§ 40) für anwendbar auf diesen Einzelfall erklärt, aber solche Fälle werden selten sein.

An sich ist es jedenfalls gleichgültig, ob der Gewinn auf den Krieg oder andere Ursachen zurückzuführen ist, ob Tüchtigkeit, Fleiß, Glück, Geschäftsgerissenheit oder andere Umstände ihn hervorgerufen haben. Eine derartige unterschiedliche Behandlung in einem Steuergesetz ist nicht möglich. Dies hat der Reichsschatzsekretär (StenBer. 420 D) schon bei den Beratungen zum SichGes. zum KrStG. vom 21. Juni 1916 mit folgender Begründung betont: „Soll etwa der Industrielle, der seine Friedensfabrik mit dem Aufwand seiner ganzen Intelligenz und seines Vermögens in eine Munitionsfabrik umgewandelt hat, soll der Landwirt, der trotz aller Erschwerungen alles getan hat, was in seiner Kraft stand, um für die Ernährung des Volkes und des Heeres, um für das Durchhalten zu sorgen, soll auch der Händler, der in redlicher Arbeit Nachfrage und Erzeugung zusammenzubringen versucht hat, einer an das Konfiskatorische streifenden Kriegsgewinnbesteuerung unterliegen, während etwa der Kapitalist (ich will einmal einen extremen Fall nehmen), der ruhig auf amerikanischen Wertpapieren saß, die in die Höhe gegangen sind, von dieser Steuer nicht getroffen wird, nur weil er für den Krieg nicht gearbeitet hat? Das sind Konsequenzen, die unter allen Umständen vermieden werden müssen."

3. Abgabepflichtig nur der 3000 Mark übersteigende Betrag.

Dabei ist gleichzeitig der § 7 zu beachten. Also beginnt das steuerpflichtige Mehreinkommen tatsächlich erst von 13000 *M* ab. Wer vor dem Kriege kein Einkommen hatte und jetzt (§ 8) 15000 *M* hat, hat also nur von 15000 bis 13000 *M*, also = 2000 *M* Mehreinkommen zu versteuern. 3000 *M* werden von jedem Mehreinkommen abgezogen. Wer also 40000 *M* Mehreinkommen hat, versteuert nur 37000 *M*, wer 37000 *M* Mehreinkommen hat, nur 34000 *M*.

§ 4. Als Friedenseinkommen[1]) gilt das steuerpflichtige Jahreseinkommen,[1]) mit dem der Abgabepflichtige bei der letzten allgemeinen landesgesetzlichen Jahresveranlagung[4]) auf Grund der Einkommensverhältnisse, wie sie vor Ausbruch des Krieges bestanden, zur Einkommensteuer veranlagt worden ist[2])[5]).

Welche Einkommensteuerveranlagung nach Abs. 1 maßgebend ist, bestimmt die oberste Landesfinanzbehörde im Einverständnisse mit dem Reichsminister der Finanzen.

Auf Antrag des Abgabepflichtigen ist das durchschnittliche Einkommen, das sich aus der nach Abs. 1 und 2 maßgebenden Jahresveranlagung und den zwei ihr vorangegangenen Jahresveranlagungen ergibt, als Friedenseinkommen festzusetzen[3]). Der Antrag kann bis zum Ablauf der mit der Zustellung des Steuerbescheids eröffneten Rechtsmittelfrist gestellt werden.

Das Besitzsteueramt kann die Festsetzung des Friedenseinkommens nach dreijährigem Durchschnitt (Abs. 3) von sich aus vornehmen, wenn das Einkommen der nach Abs. 1 und 2 maßgebenden Jahresveranlagung ein außergewöhnlich hohes war und der Abgabepflichtige nach Lage der Verhältnisse dieses Einkommen für die Dauer nicht erwarten konnte.

Vgl. das zu Eingang des § 3 Gesagte.

1. Als Friedenseinkommen gilt das steuerpflichtige Jahreseinkommen. Stets kommt ein volles Jahreseinkommen (12 Monate) in Betracht, sowohl bei der Ermittlung des Kriegseinkommens (§ 8) wie des Friedenseinkommens (§§ 4—6). Hatte der Steuerpflichtige im Frieden kein Einkommen oder noch kein Einkommen, so findet § 5 Anwendung.

Durch den Ausdruck „steuerpflichtige" ist zum Ausdruck gebracht, daß nicht der wirtschaftliche Einkommensbegriff entscheidet, sondern der steuerliche. Wo also nach Landeseinkommensteuerrecht Lebensversicherungsprämie, Amortisationsbeiträge usw. abzugsfähig sind, verbleibt es dabei auch für die Kriegssteuer. Das ist z. B. für Preußen von Bedeutung, weil durch das Neugesetz zum Einkommensteuergesetz vom 30. Dez. 1916 (GS. 1917, 1) auch solche Einkünfte als steuerpflichtig erklärt worden sind, die nach der bisher — abgesehen von der Ausnahme des § 7 (Spekulationsgewinn) — ausnahmslos und uneingeschränkt geltenden sog. „Quellentheorie" (§ 9 EinkStG.) nicht steuerpflichtig waren. So wurden steuerpflichtig Erträgnisse aus aufgegebenen Einkommensquellen, aus einmaligen Geschäften, aus ausgeschütteten Reservefonds von aufgelösten Rechtspersonen usw. Vor dem Ges. vom 30. Dez. 1916 waren sie steuerfrei.

Diese Vorschrift gibt den landesrechtlichen Einkommensteuerveranlagungen gegenüber den früheren Jahren eine erheblich größere Wichtigkeit. Ihre Ergebnisse lagen bei der Festsetzung der Kriegsabgabe von 1918, welche nach denselben Grundsätzen wie diejenige von 1919 veranlagt wurde, in wohl fast allen Veranlagungsbezirken bereits rechtskräftig vor und Rechtsmittel, die sich nach Bekanntwerden der Kriegsabgabe gegen die Einkommensteuer richten mußten, waren daher ohne Erfolg.

Ist also jemand zur Landeseinkommensteuer nach einem Einkommen von 20000 M (in Preußen in der Stufe von 19500—20500 M) veranlagt und die Frist zur Einlegung von Rechtsmitteln gegen diese Heranziehung abgelaufen — einerlei ob das Einkommen zu hoch angenommen ist oder nicht —, so muß eine etwaige Berufung gegen die Kriegsabgabe von 1919 aus dem rein formalen Grunde zurückgewiesen werden, weil im Kriegsabgabe-Berufungsverfahren nur solche Gegenstände rechtswirksam angefochten werden können, die nicht nach Landesrecht bereits rechtskräftig feststehen. (Vgl. hierüber die ausdrückliche Vorschrift des § 30 dieses Gesetzes und § 14 Ziff. 2 der BundesratsAusfBest. zum Kriegsabgabegesetz von 1918.)

In den Fällen des § 5 des Gesetzes und des § 12 Abs. 2 AusfBest. zum Kriegsabgabegesetz von 1918 kann die Feststellung des Friedenseinkommens und in den Fällen des § 11 der AusfBest. kann die nach Maßgabe der Bestimmungen im § 5 des Gesetzes erfolgte Feststellung des Friedenseinkommens durch die vorgesehenen Rechtsmittel gegen den Steuerbescheid angefochten werden. In allen übrigen Fällen kann die Feststellung des Friedens- und Kriegseinkommens durch die vorgesehenen Rechtsmittel gegen den Steuerbescheid nur angefochten werden, sofern und soweit die Verletzung von Vorschriften des Kriegsabgabegesetzes selbst (z. B. der §§ 6 u. 9) behauptet wird, nicht dagegen, sofern und soweit die Verletzung von Vorschriften der Landeseinkommensteuergesetze behauptet wird (ausdrückliche Vorschrift des § 30).

Fragen tatsächlicher oder rechtlicher Art also, die bei der bereits feststehenden Einkommensteuerveranlagung hätten berücksichtigt werden müssen, können also nach Zustellung des Kriegsabgabebescheides nicht mehr aufgerollt werden. Z. B. kann nachträglich nicht mehr geltendgemacht werden, daß das Einkommen aus Gewerbe infolge falscher Bilanzen zu hoch angenommen oder die Lebensversicherungsprämie oder Schuldenzinsen (§ 8 preuß. EinkStG.) nicht vom Gesamteinkommen abgesetzt seien. Dieses alles betrifft nicht Gegenstände, die vom Kriegsabgabegesetz selbst geregelt werden. Unbeschadet dessen ist für besondere Härten, die durch diese Beschränkung entstehen, natürlich noch der Härteparagraph gegeben (§ 35), der dann außerhalb des Rechtsmittelverfahrens angerufen werden kann und zwar in der Regel erst nach eingetretener Rechtskraft der Kriegsabgabeveranlagung, d. h. entweder wenn eine Berufung verspätet oder gar nicht angebracht ist oder die sämtlichen Rechtsmittelinstanzen erfolglos durchlaufen sind (für die Kriegssteuer von 1916 so in FinMinErl. vom 13. April 1917 II 3890 verfügt. Dieser Erlaß fand nach der allgemeinen Anordnung im § 33 KrAbgG. auch auf die Kriegsabgabe von 1918 Anwendung. Der FinMinErl. vom 30. Nov. 1918, II 16426, bestätigt dieses.)

Somit liegt für den Steuerpflichtigen Veranlassung vor zu prüfen, ob seine Einkommensteuerveranlagung richtig ist, und gegebenenfalls Berichtigung zu veranlassen. Für die Steuerbehörde ist dies nicht von derselben Bedeutung, weil sie — im Gegensatze zu den früheren Bestimmungen — jede fehlerhafte Veranlagung zugunsten des Fiskus innerhalb einer zweijährigen Verjährungsfrist berichtigen kann (§ 37).

2. Auf Grund der Einkommenverhältnisse wie sie vor Ausbruch des Krieges bestanden.

Welche Veranlagung der Bundesstaaten das ist, wird nach Abs. 2 von der obersten Landesfinanzbehörde im Einverständnis mit dem Reichsminister der Finanzen bestimmt. Die Vorschrift hat ihren Grund darin, daß die Einkommensteuerveranlagung in den einzelnen Bundesstaaten zu verschiedenen Zeiten stattfindet und die Ermittlung des Einkommens sich auf verschiedene Zeiträume erstreckt. Eine Verschiedenheit findet auch in den einzelnen Bundesstaaten selbst statt. Während z. B. in Preußen die Einkommensteuerveranlagungen für 1915, 1916, 1917 in der Regel das in den Kalenderjahren 1914, 1915 und 1916 gehabte Einkommen berücksichtigen, kann z. B. bei Gewerbetreibenden, die Handelsbücher führen, die Einkommensteuerveranlagung für 1915 erst das Einkommen der Jahre 1911, 1912, 1913 berücksichtigen, die Veranlagung für 1916 das Einkommen der Jahre 1912, 1913, 1914, die Veranlagung für 1917 das Einkommen der Jahre 1913, 1914, 1915 und erst die Veranlagung für 1918 das Einkommen der Jahre 1914, 1915, 1916. In Preußen ist durch FinMinErl. vom 31. Aug. 1918, II 11951, für die Kriegsabgabe von 1918, die den § 4 mit dem vorliegenden Gesetz gleichlautend hat, bestimmt worden, daß als Friedenseinkommen die Veranlagung zur Einkommensteuer für das Steuerjahr 1914 maßgebend sein soll. Dasselbe wird ohne Zweifel bei der Kriegsabgabe von 1919 geschehen.

Der Feststellung des Friedenseinkommens wird nur eine Jahresveranlagung zugrunde gelegt. Die Zugrundelegung des Durchschnittsergebnisses mehrerer Jahresveranlagungen dürfte zu einem gerechteren Ergebnis nicht führen. Es ist hierbei zu beachten, daß in vielen Fällen bei der landesrechtlichen Jahresveranlagung das Einkommen berücksichtigt wird, das der Steuerpflichtige im Durchschnitt mehrerer Jahre gehabt hat. Würde die Zugrundelegung der nach § 4 maßgebenden Jahresveranlagung zu einer besonderen Härte führen, weil ungewöhnliche Verhältnisse vorlagen, so ist Abhilfe gemäß § 4 Abs. 3 u. 4 möglich, nötigenfalls auch gemäß § 35.

3. Auf Antrag des Steuerpflichtigen ist das durchschnittliche Einkommen ... festzusetzen.

Hierzu bestimmte der § 10 der BundesratsAusfBest. zum Kriegsabgabegesetz von 1918:

„1. Der Abgabepflichtige bleibt an einen gemäß § 4 Abs. 3 des Gesetzes gestellten Antrag gebunden.

2. Wird ein solcher Antrag noch rechtzeitig nach Zustellung des Steuerbescheids gestellt, so ist die Veranlagung zunächst zu berichtigen. In diesen Fällen wird mit der Zustellung des berichtigten Steuerbescheids oder der Mitteilung, daß sich an dem Veranlagungsergebnisse nichts ändere, eine neue Rechtsmittelfrist eröffnet.

Damit ist der Veranlagungsbehörde die Möglichkeit gegeben, bei Stellung des Antrags des Steuerpflichtigen in raschem Verfahren unter Vermeidung des Rechtsmittelwegs zu entscheiden. Diese Vereinfachung ist unbedenklich und eine Rechtsunsicherheit nicht zu befürchten, weil das Besitzsteueramt eine materielle Entscheidung nicht zu treffen, sondern lediglich dem gesetzlich vorgesehenen Begehren des Besteuerten zu entsprechen hat.

Die Vorschrift des Abs. 3 entspringt der Möglichkeit, daß das nach Abs. 1 maßgebende Friedenseinkommen ungewöhnlich niedrig, die Spannung zwischen ihm und dem Kriegseinkommen (§ 8) erheblich höher war, als wenn der Durchschnitt der Veranlagungen zur Einkommensteuer für die Steuerjahre 1912, 1913 und 1914 als Friedenseinkommen genommen würde, vorausgesetzt, daß die beiden ersteren einzeln erheblich höher waren als letzteres. Das für 1914 angesetzte Einkommen mag durch einen bloßen Zufall so gering gewesen sein. Dann würde seine Zugrundelegung eine Härte bedeuten, der Abs. 3 abhelfen will. Der Steuerpflichtige hat das Recht, ohne Angabe von Gründen die Durchschnittsberechnung des Friedenseinkommens zu fordern, weil die Bestimmung zwingender Natur ist. Er wird es natürlich nur dann tun, wenn es für ihn vorteilhaft ist. Vergleichsweise sei hier bereits darauf hingewiesen, daß §§ 8ff. für das Kriegseinkommen diese Durchschnittsberechnung nicht kennen. Dort ist sie also unbedingt unzulässig.

4. Letzten allgemeinen Jahresveranlagung.

In Betracht kommen nur Jahresveranlagungen, d. h. Veranlagungen welche auch als „ordentliche Veranlagungen" (im Gegensatz zu den „Zugangsveranlagungen") bezeichnet werden und auf ein volles Rechnungsjahr (nicht auf den Rest eines Rechnungsjahres) abgestellt sind.

Bereits die amtliche Begründung zum alten Gesetzentwurf eines Kriegssteuergesetzes, welche ursprünglich auch das Mehreinkommen umfassen sollte, hatte in dieser Beziehung ausgeführt:

„Der Berechnung des Mehreinkommens sollen nach dem Entwurfe nur Jahresveranlagungen zugrunde gelegt werden. Die im Laufe des Steuerjahres erfolgenden Zu- und Abgangsstellungen bleiben außer Betracht. Die Berichtigung einer Veranlagung im Rechtsmittelverfahren ist selbstverständlich zu berücksichtigen. Das gleiche wird von einer Berichtigung im Verwaltungswege gelten müssen, sofern es sich um die Beseitigung von Fehlern der Veranlagung handelt, die bei ordnungsmäßiger Veranlagung selbst hätte vermieden werden müssen."

Als Zu- und Abgangsstellungen im obigen Sinne kommen insbesondere die Fälle des § 64 preuß. EinkStG. und die gleichlautenden oder ähnlichen Bestimmungen der Einkommensteuergesetze der Bundesstaaten in Betracht, wonach derartige Zu- und Abgangsstellungen durch Zuzug und Abzug von anderen Bundesstaaten, Austritt (Eintritt) aus einer besteuerten Haushaltung und Ausscheiden oder Eintritt aus bzw. in den Militärdienst bedingt werden. Mithin entfällt oder vermindert sich die Steuerpflicht nicht dadurch, daß ein in Preußen mit 100000 ℳ Einkommen veranlagter Steuerpflichtiger nach seinem Verzug nach Baden dort infolge veränderter Verhältnisse nur mit einem Einkommen von 5000 ℳ für den Rest des Vorjahres, in dem der Umzug erfolgt, veranlagt wird. Umgekehrt ist aber die nach 100000 ℳ in Preußen erfolgte Veranlagung maßgeblich auch dann, wenn in Baden für den Rest des Jahres eine neue Veranlagung nach 120000 ℳ Einkommen erfolgt.

Alle diese im Laufe des Veranlagungsjahres eingetretenen Änderungen in den Einkommenverhältnissen bleiben außer Betracht.

Wenn also jemand mit einem Jahreskriegseinkommen von 50000 ℳ veranlagt war und dasselbe sich im Laufe des Jahres infolge Wegfalles einer Einkommenquelle (§ 63 preuß. ErgStG.) auf 0 ℳ oder auf 10000 ℳ ermäßigt, so bleibt diese Ermäßigung außer Betracht.

Auch die Erhöhungen, welche im Laufe des Jahres infolge der Erträgnisse eines Erbanfalles bei der Einkommensteuer im Laufe des Steuerjahres in einzelnen Bundesstaaten erfolgen, z. B. § 62 preuß. EinkStG., bleiben für das Jahr, innerhalb dessen die Zugangsveranlagung erfolgt, außer Betracht.

Beispiel: Jemand hat ein Friedenseinkommen von 15000 ℳ, im Rechnungsjahr 1918 ist er (nach dem im Kalenderjahr 1917 bezogenen Einkommen von 30000 ℳ) nach 30000 ℳ Einkommen (Kriegseinkommen § 8) veranlagt. Vom 1. Juli 1918 ab wird er in einem anderen Bundesstaat infolge Zuzuges daselbst mit einem mutmaßlichen Einkommen von 50000 ℳ veranlagt. Dann verbleibt es für die Berechnung der Mehreinkommensteuer bei 30000 ℳ veranlagtem Einkommen. Das steuerpflichtige Mehreinkommen beträgt 30000 minus 15000 minus 3000.

Die Ermittlung des Mehreinkommens setzt eine Ermittlung des Einkommens voraus, die entweder schon stattgefunden hat oder noch stattfindet. Maßgeblich soll hierbei nach der amtlichen Begründung die letzte Veranlagung zur Landeseinkommensteuer sein.

Die Anknüpfung an den Einkommensbegriff der Landessteuergesetze hat natürlich große Verschiedenheiten zur Folge, die sich aus der Verschiedenheit des Einkommenbegriffes der Landessteuergesetze ergeben. Diese Verschiedenheiten hat das Kriegssteuergesetz wohl oder übel mit in Kauf nehmen müssen. Vgl. das in Anm. 1 Gesagte.

Von Bedeutung ist hierbei die Vorschrift des § 10 (sowohl Abs. 1 wie Abs. 2), die mit den landessteuerlichen Verschiedenheiten des Einkommenbegriffs rechnet. Sie ist sowohl auf das Friedenseinkommen wie auf das Kriegseinkommen anzuwenden, weil sie ganz allgemein gefaßt ist. Nach ihr gilt, wenn (zu ergänzen: in einem Bundesstaate) eine rechtskräftige Feststellung des steuerpflichtigen Einkommens nicht stattfindet, als festgestellt das niedrigste Einkommen der Steuerstufe, in welcher der Steuerpflichtige zur Einkommensteuer endgültig veranlagt ist. In Preußen wird nicht das Einkommen, sondern der Steuersatz durch die Veranlagung festgestellt. Nur dieser, nicht jenes kann durch Rechtsmittel angefochten werden (EOVG. 13, 350; weiteres bei Fuisting-Strutz, Kommentar zum Einkommensteuergesetz, Verlag Carl Heymann, Berlin 1916, S. 925ff.). Hier ist also das Friedenseinkommen mit der untersten Stufengrenze anzusetzen, die dem veranlagten Einkommensteuersatze entspricht, und zwar gilt dies sowohl von dem Einkommen, das etwa der Veranlagung für das Steuerjahr 1914 zugrundeliegt, wie für jedes der drei Steuerjahre, deren Zugrundelegung der Steuerpflichtige gemäß Abs. 3 beantragen kann. Hat die Heranziehung zur Einkommensteuer in Preußen z. B. 1912 in der Steuerstufe von 36000—38000 (37600) ℳ, 1913 von 28500—29500 (etwa 29000) ℳ, 1914 von 17500—18500 (etwa 17528) ℳ stattgefunden und hat der Pflichtige den Antrag auf Durchschnitt nach Abs. 3 gestellt, so ist nicht etwa 37600 + 29000 + 17528 ℳ = 84128 ℳ : 3 = 28043 ℳ das Friedenseinkommen, sondern 36000 + 28500 + 17500 ℳ = 82000 ℳ : 3 = 27333 ℳ. Stellt der Steuerpflichtige den Antrag nicht, so gilt als Friedenseinkommen 17500 ℳ.

5. Veranlagt worden ist.

Als veranlagt im Sinne des § 4 gilt auch, wer „frei veranlagt" wird. Wer dagegen für das Rechnungsjahr 1919 irrtümlich übergegangen ist, wird zunächst zur Landeseinkommensteuer für dieses genannte Rechnungsjahr nach den maßgeblichen landesgesetzlichen Bestimmungen nachveranlagt und dann wird dies für das Rechnungsjahr 1919 nachveranlagte Einkommen mit dem Friedenseinkommn verglichen.

§ 5. Ist die persönliche Einkommensteuerpflicht erst nach dem für die letzte Friedensveranlagung (§ 4 Abs. 1 und 2) maßgebenden Stichtag eingetreten[1]), so gilt als veranlagtes Einkommen vor dem Kriege der für eine Verzinsung von 5 vom Hundert bemessene Jahresertrag des bei Eintritt der Steuerpflicht nachweislich vorhandenen Vermögens oder das von dem Abgabepflichtigen nachgewiesene höhere Einkommen, das er im Jahre 1913 oder im Durchschnitt der Jahre 1911, 1912, 1913 tatsächlich bezogen hat[2])[3]).

1. Ist persönliche Steuerpflicht erst nach der letzten Friedensveranlagung eingetreten.

In solchen Fällen fehlt es an einem „Friedenseinkommen", mit dem das Kriegseinkommen verglichen werden könnte. Also mußte das Gesetz etwas als Friedenseinkommen fingieren, oder dem Steuerpflichtigen überlassen, nachzuweisen, welches Einkommen er im Frieden, ehe er in einem Bundesstaate steuerpflichtig wurde, hatte. Der § 5 hat hauptsächlich die Fälle im Auge, wo die Landeseinkommensteuerpflicht z. B. durch Zuzug aus dem Ausland, Erwerb der inländischen Staatsangehörigkeit im Kriege, oder, genauer gesagt, nach der letzten Friedensveranlagung, begründet worden ist. Die persönliche (subjektive) Steuerpflicht, nicht die sachliche (objektive) Steuerpflicht muß neu begründet sein. Die erstere richtet sich nach § 1.

Ein weiteres nach § 5 des Gesetzes begründendes Ereignis ist die Geburt eines Menschen im Veranlagungszeitraum. Dadurch entsteht er als Steuersubjekt (§ 1 BGB.) und tritt in die persönliche Steuerpflicht ein. Er kann mit der Geburt sehr wohl bereits Vermögen und Einkommen haben, wie dies insbesondere infolge erbrechtlicher, familienrechtlicher oder hausgesetzlicher Bestimmungen vorkommt.

Nicht dagegen gehört unter § 5 der Fall, daß nach dem maßgebenden Stichtag eine Ehe geschieden wird und beide Ehegatten wieder Eigentum, Verwaltung und Verfügung ihres eigenen Vermögens erlangen. Diese Ehegatten waren bereits persönlich steuerpflichtig.

Etwas Gegenteiliges besagen auch § 14 BStG. bzw. § 10 preuß. EinkStG., die lediglich Zusammenrechnungsvorschriften, aber keine materiellrechtlichen Bestimmungen über die Steuerpflicht enthalten, nicht. Das Friedenseinkommen der Ehegatten ist dann ja gesondert zu ermitteln und jedem derselben sein Teil anzusetzen. Hierzu schrieb § 12 der BundesratsAusfBest. zum Kriegsabgabegesetz von 1918 vor:

> **§ 12.** 1. Ist das Kriegseinkommen von Ehegatten nach § 11 des Gesetzes zusammenzurechnen und hat eine Zusammenrechnung der Friedenseinkommen nicht stattgefunden, so gilt als Friedenseinkommen die Summe des festgestellten oder gemäß §§ 5 und 6 des Gesetzes oder gemäß § 11 nachträglich zu ermittelnden Einkommens jedes der beiden Ehegatten.

2. War dagegen das Friedenseinkommen der Ehegatten zusammengerechnet worden und sind die Voraussetzungen der Zusammenrechnung bei der Feststellung des Kriegseinkommens nicht mehr gegeben, so ist das frühere Einkommen nachträglich für jeden Ehegatten gesondert zu ermitteln und als Friedenseinkommen zugrunde zu legen.

Das wird bestätigt durch die folgende Verfügung des preuß. Finanzministers vom 26. Mai 1919, II 12109 (Reichsfinanzministers vom 22. April 1919):

„Die Vorschrift des § 5 des Kriegsabgabegesetzes für 1918 dürfte sich nur auf die Fälle beziehen, in denen die Voraussetzungen der persönlichen Einkommensteuerpflicht erst nach dem für die letzte Friedensveranlagung maßgebenden Stichtag eingetreten sind (vgl. hierzu Bericht des Reichshaushaltsausschusses, Reichstagsdrucksache Nr. 1739 S. 32); demgemäß wird diese Vorschrift in den Fällen keine Anwendung zu finden haben, in denen für einen Abgabepflichtigen die persönlichen Voraussetzungen zur Einkommensteuerpflicht an dem für die Friedensveranlagung maßgebenden Stichtage tatsächlich erfüllt waren, wenn er auch nach den bundesrechtlichen Vorschriften für seine Person nicht selbständig zur Einkommensteuer veranlagt war, weil sein Einkommen zum Zwecke der Besteuerung dem eines anderen Pflichtigen zugerechnet wurde oder er ein steuerbares Einkommen überhaupt nicht hatte. Die Vorschrift des § 5 des Kriegsabgabegesetzes für 1918 ist somit auch dann nicht anzuwenden, wenn z. B. dem Einkommen eines Ehemannes bei seiner Friedensveranlagung das Einkommen seiner an sich persönlich steuerpflichtigen Ehefrau hinzugerechnet wurde und der Ehemann vor dem für die Veranlagung des Kriegseinkommens maßgebenden Stichtage verstorben oder die Voraussetzungen für die Zusammenrechnung der Einkommen aus anderen Gründen weggefallen ist. In diesen Fällen wird vielmehr gemäß § 12 der Ausführungsbestimmungen zum Kriegsabgabegesetz für 1918 das Friedenseinkommen der Ehefrau nach Maßgabe der landesrechtlichen Vorschriften ohne Beachtung des § 5 des Kriegsabgabegesetzes für 1918 so zu ermitteln sein, wie wenn die Ehefrau bereits bei der maßgeblichen Friedensveranlagung selbständig zur Einkommensteuer veranlagt worden wäre und die Ehe an dem für diese Veranlagung maßgebenden Stichtage nicht oder nicht mehr bestanden hätte. Wenn daher auch an diesem Tage der Ehemann vielleicht tatsächlich das Verfügungsrecht über das ganze Erträgnis des Gesamtvermögens und damit auch über das Erträgnis des ehefraulichen Vermögens hatte, so wird gleichwohl um die Möglichkeit des für die Berechnung des Mehreinkommens notwendigen Vergleichs zu schaffen, jedem der beiden Eheleute ohne Rücksicht auf dieses damals bestandene Verfügungsrecht das Einkommen aus ihrem Vermögen anzurechnen sein."

Es kann keinem Zweifel unterliegen, daß hiermit nicht alle Fälle erschöpfend geregelt sind. Das beweist schon die Fassung des Schlusses von Satz 2 des Erlasses (... der Ehemann vor dem für die Veranlagung des Kriegseinkommens maßgebenden Stichtage verstorben oder die Voraussetzung für die Zusammenrechnung der Einkommen aus anderen Gründen weggefallen ist). Es ist z. B. möglich, daß ein Kind 500000 *M* Vermögen hat (das sich mit 5% = 25000 *M* Einkommen verzinst), an dem dem Vater die gesetzliche oder vertragliche (testamentarische) Nutznießung oder der Nießbrauch zusteht. Nach Art. 6 Ziff. II AusfAnw. z. preuß. EinkStG. sind die Erträgnisse dieses Vermögens dem Vater für die Dauer der gesetzlichen Nutznießung,

d. h. bis zur Großjährigkeit des Kindes (§§ 1626, 1649 BGB.) anzurechnen. Das Kind vollendet am 17. August 1918 sein 21. Lebensjahr und gelangt damit automatisch in den selbständigen Genuß des Zinsertrages von 25000 ℳ, der ihm bei der Einkommensteuerveranlagung für 1919 anzurechnen ist, während der Vater ihn bei der Friedensveranlagung 1914 versteuerte. Dann ist als Friedenseinkommen des Kindes ebenfalls 25000 ℳ anzunehmen, weil seine persönliche Steuerpflicht am 1. Januar 1914 bereits bestand, aber infolge der Zusammenrechnungsvorschrift beim Einkommen des Vaters verrechnet wurde. Als Einkommen des Kindes trat es damals nicht in die Erscheinung. Beim Vermögen ist stets das Gegenteil der Fall. Dieses ist dem Kinde für den Wehrbeitrag (§ 14 WG.), die Besitzsteuer (§ 17 BStG.), die Kriegssteuer (§ 1 KrStG. vom 21. Juni 1916), die Kriegsabgabe von 1918 (§ 15 KrAbgG. 1918) und die Kriegssteuern 1919 selbst anzurechnen gewesen.

Ebenfalls kommen für § 5 nicht in Frage die Personen, die von einem Bundesstaat in den andern verziehen (§ 11 II, 1 BStG.) oder die, welche aus dem elterlichen Haushalte durch Erwerb selbständigen Einkommens (Eröffnung eines Geschäftes usw.) ausscheiden oder überhaupt nur „objektiv" steuerpflichtig werden. Ihre subjektive (persönliche) Steuerpflicht entstand bereits mit der Geburt (Erwerb der Staatsangehörigkeit) und kam erst später zur Geltung, nachdem sie zu steuerpflichtigem Einkommen gelangt sind. Ob etwa die persönliche Steuerpflicht nach den bundesstaatlichen Einkommensteuergesetzen in diesen neu entsteht und erlischt, kommt nicht in Frage.

Ist also ein Steuerpflichtiger, der in Preußen für das Rechnungsjahr 1914 (letzte Friedensveranlagung) mit 15000 ℳ veranlagt war, im Kriege, genauer ausgedrückt, nach seiner in Preußen für 1914 erfolgten Veranlagung (also z. B. im September 1914 nach Baden verzogen und dort zu 17000 ℳ veranlagt, so ist nicht gemäß § 5 zu verfahren, sondern gemäß § 4, d. h. es verbleibt bei dem 15000 ℳ in Preußen veranlagt gewesenen Einkommen.

Ist dagegen ein Amerikaner am 10. Juni 1914 mit dauerndem Wohnsitz von Neuyork nach Berlin verzogen, so wird damit im Sinne des § 5 die Steuerpflicht neu begründet. Wird er dann in Preußen vom 1. Juli 1914 ab zur Einkommensteuer nach einem Einkommen von 10000 ℳ und zur Ergänzungssteuer nach einem Vermögen, das unbestritten 100000 ℳ beträgt, herangezogen (das Vermögen mag z. B. zum größten Teil in ertraglosem Grundbesitz bestehen, so daß sich hieraus das Mißverhältnis zwischen Einkommen Vermögen erklärt), so gelten als Friedenseinkommen 5% von 100000 ℳ = 5000 ℳ. Umgekehrt kann das Verhältnis auch sein, wenn 50000 ℳ hochverzinsliche Industriepapiere etwa 25000 ℳ Dividende erbracht haben. Dann gelten als Friedenseinkommen 5% von 50000 ℳ = 2500 ℳ, vorbehaltlich jedoch der Bestimmung § 6 Schlußsatz (Nachweis höheren Einkommens).

Weil die Steuerpflicht gemäß § 11 Ziff. II BStG. keine persönliche Steuerpflicht im eigentlichen Sinne, sondern eine Art Objektbesteuerung begründet, muß das vorstehend Gesagte sinngemäß beim Übergang der Steuerpflicht nach Ziff. II (beschränkte Steuerpflicht) in diejenige nach Ziff. I (unbeschränkte Steuerpflicht) gelten. Hatte also ein Italiener z. B. in München eine Villa zum gelegentlichen Aufenthalt (und wäre gegebenenfalls nach § 11 Ziff. II mit einem Vermögenszuwachse daraus steuerpflichtig geworden) und verlegte am 1. Oktober 1914 seinen Wohnsitz dauernd dorthin, so würde der Fall des § 5 gegeben sein.

Hat dagegen ein Schlossergeselle, der bis zum Kriegsausbruch im elterlichen Geschäft ohne Gehalt tätig war, dann ins Heer eintrat und am 15. Januar 1916 als dienstuntauglich entlassen wurde, an diesem Tage eine Granatendreherei eröffnet, die ihm ein Jahreseinkommen von 20000 ℳ erbringt, so gilt nicht § 5, sondern es gilt als Friedenseinkommen der gesetzlich vorgesehene Mindestbetrag (10000 ℳ — § 7 — + 3000 ℳ — § 3 Abs. 3).

2. **Als veranlagt gilt 5% vom Vermögen oder nachweisliches Friedenseinkommen.**

Hierzu vgl. zunächst die Ausführungen in Anm. 1.

Die Vorschrift war notwendig zur Vermeidung von Härten. Es wäre unbillig gewesen, von einem Friedenseinkommen von nur 10000 ℳ auszugehen, wenn Steuerpflichtiger, der z. B. erst nach der letzten maßgeblichen allgemeinen Friedensveranlagung vom Ausland hergezogen ist und tatsächlich in Friedenszeiten mehr als 10000 ℳ Einkommen hatte. Auf diese Tatsache nimmt das Gesetz an sich keine Rücksicht, wenn das Friedenseinkommen des Betreffenden aus reiner Arbeitstätigkeit floß (gewinnbringende Beschäftigung), da es für die Behörden nahezu unmöglich ist, festzustellen, was jemand in früheren Jahren im Ausland für ein Einkommen gehabt hat. Weist aber jemand nach, daß er beim Eintritt in die Steuerpflicht (Zuzug aus dem Ausland) bereits ein größeres Einkommen als 10000 ℳ hatte, so soll dieses tatsächliche Friedenseinkommen trotzdem als Vergleichsmaßstab herangezogen werden. Hat er schon im Frieden ein größeres Vermögen besessen und weist er glaubhaft das nach, so werden als Friedenseinkommen 5% dieses Vermögens oder das Einkommen, was er tatsächlich aus dem betreffenden Vermögen gezogen hat, zugrunde gelegt. Welcher Art dieses Vermögen ist, ob Kapital oder gewerbliches oder landwirtschaftliches, ist an sich gleichgültig, es ist aber zu beachten, daß nach den Landessteuergesetzen das aus ausländischem Grund- und Betriebsvermögen fließende Einkommen in der Regel einkommensteuerfrei ist (was sowohl für die Kriegszeit wie für die Friedenszeit gilt). Wenn also z. B. im Rechnungsjahr 1918 jemand, der 1917 aus dem Ausland zugezogen ist, mit 20000 ℳ Gehalt veranlagt ist und seine 5000 ℳ aus einem ausländischen Haus freigelassen sind, so kann er nicht verlangen, daß diese 5000 ℳ gemäß § 5 abgezogen werden. Denn diese 5000 ℳ wären auch früher als steuerfrei ausgeschieden worden.

Es wäre auch denkbar, daß infolge der Eigenart seines Steuersystems (etwa Ausscheidung des Kapitalvermögens und Sonderbesteuerung desselben durch eine Kapitalrentensteuer) ein Bundesstaat nur eine beschränkte oder auch umgekehrt nur eine unbeschränkte Landeseinkommensteuerpflicht kennt (§ 12 soll jedoch nicht in Frage kommen). Verzieht nun der Steuerpflichtige aus dem Staate mit beschränkter in einen solchen mit unbeschränkter Einkommensteuerpflicht, so wäre ohne Zweifel § 5 gegeben, da sonst Friedenseinkommen und Kriegseinkommen „inkommensurabel“, nicht miteinander vergleichbar, in ihrem Wesen verschieden wären. Dasselbe trifft zu, wenn ein Preuße in Magdeburg, seinem Wohnsitze, veranlagt wird und ihm dabei das Einkommen aus einem im anderen Bundesstaate betriebenen Gewerbe anzurechnen ist. Hat er bei letzterem Verlust erzielt, so wird dieser z. B. in Sachsen von dem Gewinn der anderen Einkommensquellen nicht abgesetzt, sondern mit Null angerechnet. Für die Kriegsabgabe ist der Verlust mit seinem vollen Betrage (statt mit Null) abzuziehen (Bek. des Reichskanzlers vom 13. Sept. 1918, Buchstabe b, ZBl. S. 1042, abgedruckt bei § 8 Anm. 1 Schluß). Hieraus ist ersichtlich, daß der Begriff der „persönlichen Steuerpflicht" unter Umständen auch nach den betreffenden landessteuerlichen Bestimmungen zu beurteilen ist. §§ 5 u. 6 wollen eben die Veranlagungsgrundlagen (die Einkommensquellen dem Grunde nach) bei Friedens- und Kriegseinkommen gleichartig machen. Der Höhe nach soll dagegen der Unterschied beider besteuert werden.

Der Steuerpflichtige hat die Wahl, ob als Friedenseinkommen dasjenige des Jahres 1913 (für das Steuerjahr 1914 zu versteuern) oder den Durchschnitt von 1911—1913 (Veranlagungen 1912—1914) angenommen werden soll. Es könnte, da § 5 im einen Falle von „5% des bei Eintritt der Steuerpflicht vorhandenen Vermögens", im anderen nur von dem „nachgewiesenen höheren Einkommen 1911—1913" (ohne Erwähnung des „Vermögens") spricht, zweifelhaft sein, ob der Schlußsatz dann nicht anzuwenden ist, wenn überhaupt kein Vermögen als Einkommensquelle, sondern nur Einkommen (etwa aus gewinnbringender Beschäftigung) vorhanden ist und war. Diese engere Auslegung entspricht aber nicht dem Sinne der Bestimmung, die in allen Fällen dann ein Friedenseinkommen konstruieren will, in denen solches vorhanden war. War Friedenseinkommen nicht vorhanden, so kann auch § 5 genau genommen nicht in Frage kommen, da ja dann der Fall des durch die Kriegsabgabe zu treffenden Kriegsgewinnes vorliegt. Doch läßt der Wortlaut auch die Konstruktion eines Friedenseinkommens dann zu, wenn mit Beginn der subjektiven Steuerpflicht erst Einkommen entsteht.

3. Stichtag.

Als solcher gilt in den meisten Bundesstaaten der Beginn des Etatsjahres (Rechnungsjahres). In Preußen ist es der 1. April, ebenso in den meisten anderen deutschen Bundesstaaten, in einzelnen ist es der 1. Oktober oder der 1. Januar.

§ 6. Hat der Abgabepflichtige[1]) nach dem für die letzte Friedensveranlagung (§ 4 Abs. 1 und 2) maßgebenden Stichtag oder nach dem späteren Eintritt der Steuerpflicht (§ 5) Einkommen aus Vermögen erlangt, das nach diesem Zeitpunkt durch einen der im § 3 Abs. 1 Nr. 1 bis 3 des Kriegssteuergesetzes vom 21. Juni 1916 (Reichs-Gesetzbl. S. 561) bezeichneten Anfälle erworben worden ist[2]), so kann er verlangen, daß dem veranlagten Einkommen vor dem Kriege (§§ 4, 5, 10) ein Betrag hinzugerechnet wird, der einer jährlichen Verzinsung von 5 vom Hundert dieses Vermögens entspricht[2].) Hat der Abgabepflichtige nach dem bezeichneten Zeitpunkt durch einen der in § 3 Abs. 1 Nr. 1 bis 3 des Kriegssteuergesetzes vom 21. Juni 1916 bezeichneten Anfälle eine Rente erworben[3]), so kann er verlangen, daß dem veranlagten Einkommen vor dem Kriege (§§ 4, 5, 10) der Jahresbetrag der Rente zugerechnet wird. Das gleiche kann der Abgabepflichtige verlangen für eine Rente oder 5 vom Hundert einer Kapitalabfindung, die als Entschädigung für die durch Unfall oder Verschulden eines Dritten erfolgte Tötung während des Veranlagungszeitraums denjenigen gezahlt worden oder zu zahlen ist, denen gegenüber der Getötete unterhaltspflichtig war.

Die Hinzurechnung findet nur statt, insoweit das Einkommen aus dem angefallenen Vermögen oder der Ertrag der angefallenen Rente in der nach § 8 maßgebenden Veranlagung berücksichtigt, in der Veranlagung nach § 4 aber nicht berücksichtigt ist.

1. Abgabepflichtige.

Soweit dem Abgabepflichtigen bei der Landeseinkommensteuer Einkommen aus einer Kriegserbschaft (d. h. einer später als § 4 Abs. 1 und 2 erfolgten Erbschaft) seiner Kinder oder Eltern angerechnet ist, hat er ebenfalls Anspruch auf die Vergünstigung des § 6. Vgl. Anm. zu § 11 am Schluß.

2. Bei Erbanfällen (§ 3 Abs. 1 Nr. 1—3 KrStG.) werden dem Friedenseinkommen 5% des Erbvermögens zugerechnet.

§ 3 KrStG. vom 21. Juni 1916 hatte, soweit er hier in Frage kommt, folgenden Wortlaut:

§ 3. Von dem nach den Vorschriften des Besitzsteuergesetzes für den 31. Dezember 1916 festgestellten Vermögen sind abzuziehen:

1. Der Betrag des Vermögens, das nachweislich im Veranlagungszeitraume durch Erbanfall durch Lehen-, Fideikommiß- oder Stammgutanfall infolge Vermächtnisses oder auf andere Weise aus dem Nachlaß eines Verstorbenen von Todes wegen erworben ist. Als Erwerb aus dem Nachlaß gilt auch die Abfindung für die Ausschlagung einer Erbschaft oder eines Vermächtnisses;

2. der Betrag einer nachweislich im Veranlagungszeitraum erfolgten Kapitalauszahlung aus einer Versicherung nach Absetzung des bei der Wehrbeitragsveranlagung festgestellten oder des auf den Anfang des Veranlagungszeitraumes festzustellenden Kapitalwertes der betreffenden Versicherung;

3. der Betrag des Vermögens, das nachweislich im Veranlagungszeitraume durch Schenkung oder durch eine sonstige ohne entsprechende Gegenleistung erhaltene Zuwendung (Vermögensübergabe) erworben ist, soweit es sich um Zuwendungen im Einzelbetrage von wenigstens eintausend Mark handelt und nicht ein gesetzlicher Anspruch auf die Zuwendung bestand.

Erbschaften sind nach den Einkommensteuergesetzen wohl aller deutschen Bundesstaaten kein Einkommen des Jahres, in dem sie dem Bedachten anfallen, sondern Vermögenszuwachs. Soweit aber die Erträge der Erbschaft in Betracht kommen, sind diese Einkommen. Insofern kann durch die Erträge der Erbschaft ein Mehreinkommen erzielt sein. Die Heranziehung dieser Einnahmen aus der Erbschaft wäre aber eine sehr große Härte. Man denke z. B. Kinder, die im Frieden noch kein Einkommen hatten, haben im Kriege ihre Eltern (z. B. den gefallenen Vater) beerbt und durch die Einnahmen aus dieser Erbschaft ein „Mehreinkommen" erzielt. Zur Vermeidung solcher Härten sollen dem Friedenseinkommen 5% der Erbschaft zugerechnet werden, damit vergleichbare Größen geschaffen werden. Die Zurechnung darf aber selbstverständlich nur stattfinden, wenn das Einkommen aus der

Erbschaft in dem veranlagten Friedenseinkommen nicht enthalten war, in dem veranlagten Kriegseinkommen aber enthalten ist (Satz 2 des § 6). Bei Fällen, die auf der Grenze liegen, können natürlich Härten entstehen, wie sie in § 5 Anm. 1 angedeutet sind. War z. B. jemand vor 1914 durch Erbgang Eigentümer von Vermögensstücken geworden, an denen (wie beim westfälischen Güterrecht) einem anderen (etwa dem überlebenden Vater oder der Mutter) der Nießbrauch oder die gesetzliche Nutznießung (§ 1649 BGB.) zustand, so waren die Vermögensstücke sowohl für die Veranlagungen zum Wehrbeitrag wie zur Besitzsteuer, Kriegssteuer 1916 und Kriegssteuer 1918 und 1919 dem Eigentümer anzurechnen. Abzug eines Kapitalwerts der Nutznießung war unzulässig (Entsch. des OVG. vom 7. Juli 1916, Steuerarchiv 1918, 22—23), ebenso die Kapitalisierung des Nießbrauchs beim westfälischen Güterrecht (OVG. vom 7. Juli 1916 a. a. O.). Fällt der Nießbrauch oder die Nutznießung im Veranlagungszeitraum (d. h. in der Zeit vom 1. Jan. 1914 bis 31. Dezbr. 1918) durch Tod des Berechtigten fort, und das Bezugsrecht geht auf den Vermögenseigentümer über, so hat letzterer Einkommen erlangt, das 1914 ihm noch nicht zufloß; gleichwohl kann ihm nach dem Wortlaut des § 6 nichts zum Friedenseinkommen hinzugerechnet werden, da ihm ja im Veranlagungszeitraume kein Vermögen, von dem 5% berechnet werden könnten, zugefallen ist. Das Vermögen gehörte ihm bereits vor 1. Januar 1914. Hier müßten die Veranlagungsbehörden einen billigen Ausgleich suchen, der die Belange der Steuerbehörde und des Steuerpflichtigen in gleicher Weise wahrt. Gegebenenfalls muß der Härteparagraph angerufen werden (vgl. Anm. 8).

3. Hat der Abgabepflichtige ... eine Rente erworben.

Diese Bestimmung ist neu. Hierzu bemerkt die amtliche Begründung (Drucksache Nr. 372 S. 11): „Bestand der Anfall (gemäß § 3 Abs. 1 Nr. 1—3 des KrStG. vom 21. Juni 1916) in dem Erwerb einer Rente, so konnte nach dieser Vorschrift nur ein Betrag von 5% des Kapitalwerts dieser Rente angerechnet werden, obwohl die jährliche Rente regelmäßig diesen Zinsbetrag übersteigt. Um die sich hieraus ergebende Unbilligkeit zu beseitigen, sieht der Entwurf vor, daß in diesen Fällen der Pflichtige verlangen kann, daß dem veranlagten Einkommen vor dem Kriege der Jahresbetrag der Rente zugerechnet wird“ (vgl. den ähnlichen Fall Anm. 2 Schluß).

Beispiele:

1. Vor dem Kriege veranlagtes Jahreseinkommen (§ 4) = 10000 *M*. Gemäß § 8 als Kriegseinkommen veranlagt 30000 *M*. Erbschaft im Kriege angefallen = 100000 *M*. Dann werden 30000 *M* Kriegseinkommen verglichen mit 10000 + (5% von 100000) 5000 *M*, also mit 15000 *M*, so daß das Mehreinkommen nur 30000 — 15000 *M* = 15000 *M* beträgt, wovon dann noch gemäß § 3 Abs. 3 des Gesetzes = 3000 *M* abgehen, so daß sich ein steuerpflichtiges Mehreinkommen von 12000 *M* ergibt.

2. Friedenseinkommen (Veranlagung für das Steuerjahr 1914 in Preußen) = 21500 *M*; Kriegseinkommen (Veranlagung für das Steuerjahr 1919) = 38000 *M* (beides bereits unterste Stufengrenze, § 10). Der Pflichtige besitzt 300000 *M* Vermögen, das ihm beim Tode seines am 1. April 1912 verstorbenen Vaters zugefallen ist, an dem aber seine Mutter den Nießbrauch hatte. Diese starb am 10. Juli 1918. Dadurch fiel das Einkommen daraus mit 5% von

800000 ℳ = 15000 ℳ dem Steuerpflichtigen zu und ist für das Steuerjahr 1919 in dem Einkommen von abgerundet 38000 ℳ mit einem vollen Jahresbetrage enthalten. Die Kriegsabgabe 1918 ist von (38000 = 21500 — 3000 ℳ) abgerundet 13000 ℳ Einkommenszuwachs zu berechnen auf 800 ℳ (Anm. 2 Schluß und 3). Gegebenenfalls ist dem Friedenseinkommen von 21500 ℳ noch 5% von 300000 ℳ Erbschaft zuzurechnen.

3. Friedenseinkommen = 21500 ℳ; Kriegseinkommen = 38000 ℳ, einschl. einer mit dem Tode eines entfernten Verwandten am 7. Juli 1917 erworbenen, bis zum Tode des Steuerpflichtigen zahlbaren Rente von jährlich 5000 ℳ. Der Steuerpflichtige ist 81 Jahre alt, der Kapitalwert der Rente beträgt daher gemäß § 38 BStG. = 2 · 5000 = 10000 ℳ. Davon wären ohne die neue Bestimmung in § 6 Abs. 1 Schlußsatz nur 5% = 500 ℳ dem Friedenseinkommen als ererbt hinzuzusetzen. Nunmehr beträgt die Zurechnung aber die vollen 5000 ℳ. Einkommenszuwachs also 38000 ℳ — (21500 + 5000) = 26500 ℳ = 11500 ℳ; abgerundet 11000 ℳ. Davon steuerfrei 3000 ℳ. Betrag der Abgabe 400 ℳ.

§ 7. Als Friedenseinkommen wird ein Betrag von zehntausend Mark angenommen[1]), wenn das veranlagte Einkommen[2]) vor dem Kriege (§§ 4, 5) einschließlich der Hinzurechnung (§ 6) niedriger ist.

1. Friedenseinkommen zehntausend Mark.

Der Zweck der Vorschrift ist der, die Steuerbehörden der Mühe zu entheben, die Kriegssteuer auch bei den kleinen Einkommen zu erheben und diesen nachzurechnen Sie entstammt dem § 14 des 1916 dem Reichstage vorgelegten aber nicht Gesetz gewordenen Entwurf der Regierung und war mit gleichem Wortlaut wie jetzt bereits als § 7 des Kriegsabgabegesetzes 1918 angenommen.

2. Veranlagte Einkommen.

Als „veranlagt" gilt das Einkommen auch, wenn Steuerpflichtiger wegen geringen Einkommens oder infolge des Kinderprivilegs „frei" veranlagt war. Wer also im Frieden z. B. nach 1200 ℳ Einkommen unter Gewährung von zwei Stufen Ermäßigung freigestellt war und 1915 ein Einkommen von 20000 ℳ hatte, bei dem wird nur der den Betrag von 10000 ℳ überschießende Betrag von 10000 ℳ als Mehreinkommen angerechnet. Voraussetzung des § 7 ist stets, daß eine Veranlagung stattgefunden hat, wenn sie auch (z. B. weil das Einkommen früher unter 900 ℳ blieb) zur Freiveranlagung führte. Ist Steuerpflichtiger dagegen früher übergangen gewesen, so muß zunächst seine Nachveranlagung zur Landeseinkommensteuer erfolgen, und es ist von dem bei der Nachveranlagung festgestellten Friedenseinkommen auszugehen. Soweit aber der Steuerpflichtige, der bei den letzten Friedenseinkommensteuern irrtümlich übergangen war, seine Nachveranlagung durch unzulängliche Angaben zu vereiteln sucht, steht nichts im Wege, von 10000 ℳ Einkommen auszugehen, wenn das tatsächlich früher bezogene Friedenseinkommen auch höher war als 10000 ℳ. In diesen Fällen ist einschließlich des nach § 3 Abs. 3 vom verrechneten Einkommenszuwachse noch abzurechnenden Betrages von 3000 ℳ also ein tatsächlich steuerfreies Einkommen von 13000 ℳ vorhanden.

§ 8.[1]) Als Kriegseinkommen gilt das steuerpflichtige Jahreseinkommen, mit dem der Abgabepflichtige bei der Jahresveranlagung für das Rechnungsjahr 1919[2]) zur Landeseinkommensteuer veranlagt worden ist oder veranlagt wird. Im Einverständnisse mit dem Reichsminister der Finanzen kann die oberste Landesfinanzbehörde bestimmen, daß eine andere Jahresveranlagung, die vornehmlich die im Jahre 1918 erzielten Einkommen berücksichtigt, maßgebend sein soll.

1. Allgemeines.

Die Entscheidung der Frage, welcher Einkommensteuerveranlagung das maßgebliche Kriegseinkommen entnommen werden soll, mußte für den Gesetzgeber durch die bisher schon gezahlten Kriegssteuern beeinflußt werden. Vermögen oder Einkommen, das bereits einmal zu denselben herangezogen war, durfte von der Mehreinkommensteuer 1919 nicht berührt werden. Zählte man zu den Kriegssteuern im weitesten Sinne auch den einmaligen Wehrbeitrag von 1914, dann kommen vier Steuern in Betracht: Wehrbeitrag, Kriegsvermögenszuwachssteuer nach dem Stande vom 31. Dezember 1916 und die Mehreinkommensteuer einschließlich derjenigen der Rechtspersonen nebst der kleinen Vermögensabgabe, beide nach dem Stande vom 31. Dezember 1917 (sog. „Kriegsabgabe 1918"). Der Wehrbeitrag erfaßte das Vermögen zum 31. Dezember 1913, die Kriegssteuer 1916 (zum 31. Dezember 1916) den Zuwachs vom 31. Dezember 1913 bis zum 31. Dezember 1916, die Kriegsabgabe 1918 im Prinzip den Zuwachs im darauffolgenden Kalenderjahre 1917, allerdings unter Einschluß des Haushaltungsverbrauchs und in der Form der „Mehreinkommensteuer", und die Kriegsabgabe 1919 soll denselben Zweck in bezug auf das Kalenderjahr 1918 erfüllen. Es handelt sich also bei allen drei Gesetzen, wenigstens in bezug auf die Zeiträume, um eine fortlaufende Kette von Besteuerungen. Allerdings sind erhebliche Mängel vorhanden. Denn einmal ist die Kette in allen den Fällen unterbrochen und eine Doppelbesteuerung der gleichen Einnahmen zu verzeichnen, wo nach Landeseinkommensteuerrecht der Einkommensteuer nicht das Ergebnis des Kalenderjahres 1917, sondern (wie beim gewerblichen Einkommen im Falle des Vorliegens geordneter kaufmännischer Bücher) der Durchschnitt der drei letzten oder vorletzten Geschäftsjahre (1917, 1916, 1915, oder 1916, 15 und 14) zugrunde gelegt war. Dann aber hat die Gesetzgebung auch sonst geschwankt. So war ursprünglich die Besteuerung des in dem Zeitraum vom 31. Dezember 1913 bis 31. Dezember 1916 erzielten Zuwachses in Form einer Verschärfung des Tarifs geplant, wenn der Vermögenszuwachs mit einem Mehreinkommen zusammentraf. Doch kam dieser Gedanke des Regierungsantrags damals nicht zur gesetzgeberischen Durchführung, und man wählte für die natürlichen Personen ausschließlich die Besteuerung des Mehrvermögens (Vermögenszuwachses). Bei der Kriegsabgabe 1918 kam aber auch der Gedanke der Mehreinkommensteuer zum Durchbruch. In der Tat wird diese dem Volksempfinden mehr gerecht, da sie auch das mit erfaßt, was vielleicht in verschwenderischer Weise bis zum Stichtage wieder verausgabt ist. Erfaßt die Vermögenszuwachssteuer nur das bis zum bestimmten Stichtage angesammelte Einkommen (das sich in Vermögen umgewandelt hat), so zieht die Einkommenzuwachssteuer das wirklich erzielte Einkommen auch insoweit heran, als es hätte angesammelt (gespart) werden können. Hierbei dürfte jedoch, wie bereits oben angedeutet, die zeitlich spätere Steuer nur dasjenige erfassen, was von der vorhergehenden noch nicht erfaßt war: Die Kriegssteuer 1916 berechnet den Vermögenszuwachs vom Wehrbeitragsstichtage ab, die Kriegsabgabe 1918 das im Kalenderjahr 1917, diejenige von 1919 das im Kalenderjahr 1918 erzielte Einkommen. Das trifft bei beiden letzteren ohne Verletzung der steuerlichen Gerechtigkeit für alle diejenigen natürlichen Personen zu, die, wie in Preußen, der Regel nach für 1918 mit den Einkünften des Kalenderjahres 1917, für 1919 mit den Einkünften aus 1918 veranlagt sind. Sind aber (wie z. B. gemäß § 9 Ziff. 3 des preuß. EinkStG., bei Kaufleuten mit geordneter Buchführung §§ 38 ff. HGB.) der Veranlagung 1919 die Einkünfte in den Geschäftsjahren 1916, 1917 und 1918 (dreijähriger Durchschnitt) zugrunde gelegt, so ergeben sich Mängel und Härten. Wird in diesem Falle mechanisch der Kriegsabgabe 1919 die Einkommensteuerveranlagung 1919 zugrunde gelegt, so erfaßt sie Einkommensteile (nämlich solche aus 1916 und 1917), die bereits im Durchschnitt in der Einkommensteuerveranlagung und damit in der Kriegsabgabeveranlagung 1918 enthalten waren. Darum war es nötig, den Schlußsatz des § 8 einzufügen, wonach in derartigen Fällen eine andere Veranlagung maßgeblich sein soll, die vornehmlich die im Kalenderjahre 1918 erzielten Einnahmen erfaßt. Dem vorstehend entwickelten Grundsatz trägt ein zum § 8 des alten MehreinkStG. 1918 ergangener Erlaß des preuß. Finanzministers Rechnung (veröffentlicht im Steuerarchiv 1918, 259), der nachstehend folgt:

„Beseitigung besonderer Härten bei Veranlagung der Kriegsabgabe 1918.

(Bek. des Reichskanzlers vom 13. September 1918, ZBl. S. 1042).

Der Bundesrat hat in seiner Sitzung vom 22. August 1918 beschlossen, die obersten Landesfinanzbehörden auf Grund von § 40 des Gesetzes über eine außerordentliche Kriegsabgabe für das Rechnungsjahr 1918 vom 26. Juli 1918 (RGBl. S. 964) zu ermächtigen, nach stattgefundener Kriegsabgabeveranlagung auf Antrag des Abgabepflichtigen zur Vermeidung besonderer Härten eine von den Vorschriften des Gesetzes abweichende Berechnung des Mehreinkommens in den nachstehenden Fällen und im nachstehenden Umfang zu genehmigen:

a) Ist bei der nach § 8 des Gesetzes für das Kriegseinkommen maßgebenden landesrechtlichen Einkommensteuerveranlagung nicht das Einkommen zugrunde gelegt worden, das der Abgabepflichtige im Jahre 1917 tatsächlich bezogen hat, sondern ist bei der Berechnung des als Kriegseinkommen nach § 8 des Gesetzes maßgebenden Jahreseinkommens ganz oder zum Teil auf Geschäftsgewinne oder sonstige Einkünfte des Abgabepflichtigen in früheren Jahren zurückgegriffen worden, und weist der Abgabepflichtige nach, daß sein tatsächliches Einkommen im Jahre 1917 um mehr als ein Fünftel hinter dem nach § 8 des Gesetzes als Kriegseinkommen maßgebenden Jahreseinkommen zurückgeblieben ist, so kann der Berechnung des Mehreinkommens das vom Abgabepflichtigen nachgewiesene, im Jahre 1917 tatsächlich bezogene Einkommen statt des nach § 8 des Gesetzes steuerpflichtigen Einkommens zugrunde gelegt werden, jedoch nur unter der Voraussetzung, daß dem hiernach freizustellenden

Teile des Mehreinkommens ein Vermögenszuwachs gegenübersteht, der bei der auf Grund des KrStG. vom 21. Juni 1916 vom Abgabepflichtigen entrichteten Kriegsabgabe bereits der Kriegssteuer unterlegen hat.

b) Ist bei der Berechnung des als Kriegseinkommen nach § 8 des Gesetzes maßgebenden steuerpflichtigen Jahreseinkommens nach dem Landeseinkommensteuerrechte der Verlust eines Geschäftsverlustjahres nicht in Abzug gebracht, sondern nur durch Einstellen mit Null berücksichtigt worden, so kann das Kriegseinkommen bei der Berechnung des Mehreinkommens um den Betrag ermäßigt werden, um den sich das Jahreseinkommen vermindert haben würde, wenn der Verlust des Geschäftsverlustjahres bei der Berechnung des steuerpflichtigen Jahreseinkommens in Abzug gebracht worden wäre.

c) Sind bei der nach § 8 des Gesetzes für das Kriegseinkommen maßgebenden landesrechtlichen Einkommensteuerveranlagung von Reichs-, Staats- und Kommunalbeamten, Geistlichen und Lehrern aus Anlaß der Kriegsteuerung bewilligte Beihilfen und Zulagen dem steuerpflichtigen Jahreseinkommen zugerechnet worden, so kann der Berechnung des Mehreinkommens statt des nach § 8 des Gesetzes steuerpflichtigen Jahreseinkommens das um den Betrag der zugerechneten Beihilfen und Zulagen verminderte Jahreseinkommen zugrunde gelegt werden."

Es ist zu erwarten, daß eine gleichartige Bestimmung auch für die Kriegsabgabe 1919 ergeht.

Wie schon bei der Beratung des Entwurfs zum Kriegsabgabegesetz 1918 hervorgehoben wurde, beseitigt der Schlußsatz zu § 8 aber nur einen Teil der Härten, der in der Verschiedenheit der bundesstaatlichen Veranlagungen liegt. Das muß aber in den Kauf genommen werden, solange nicht das Reich Grundsätze für dieselben durch Reichsgesetz festlegt oder eine einheitliche Reichseinkommensteuer schafft.

2. Letzte Jahresveranlagung für das Rechnungsjahr 1919.

Das ist in Preußen die Veranlagung, welche im Frühjahr 1919 für das Rechnungsjahr 1919 (1. April 1919 bis 1. April 1920) erfolgt ist. Bei dieser Veranlagung ist das Einkommen aus Handel, Gewerbe und Landwirtschaft (Forstwirtschaft) bei kaufmännischer (bzw. geordneter) Buchführung nach dem Durchschnitt der Geschäftsjahre 1918, 1917 und 1916, das übrige Einkommen nach dem Ergebnis des Kalenderjahres 1918 angesetzt gewesen. Die Vorschrift im Satz 2 des § 8 bezieht sich nicht auf Einzelveranlagungen, sondern ist als generelle Regelung gedacht.

Auch hier kommen nur „Jahresveranlagungen" in Betracht. Erhöhungen oder Ermäßigungen, welche im Laufe des Steuerjahres erfolgen (Zugänge und Abgänge) bleiben außer Betracht. Vgl. Anm. zu § 4.

§ 9.[1]) Bei Feststellung des Kriegseinkommens der Offiziere, Sanitäts- und Veterinäroffiziere sowie der oberen Militärbeamten ist deren Diensteinkommen[3]) abzüglich des als Entschädigung für den Dienstaufwand[2]) festgesetzten Betrags zu berücksichtigen[3]).

1. Allgemeines.

Auch § 9 ist mit § 9 des KrAbgG. 1918 gleichlautend. Unter diesen sollten nach einem Erlaß des preuß. FinMin. vom 10. Okt. 1918, II 13440

(Reichsschatzamt vom 23. Sept. 1918, III 6556), abgedruckt im FinMinBl. 1918, 333 Nr. 22, nur die aktiven Offiziere usw. fallen. Neuerdings hat aber auf Ersuchen des Reichsministers der Finanzen der I. Senat des Reichsfinanzhofes sich gutachtlich dahin ausgesprochen, daß unter der Vorschrift des § 9 des KrAbgG. 1918 nicht nur die aktiven Offiziere, Sanitäts- und Veterinäroffiziere und oberen Militärbeamten fallen, sondern auch die Offiziere, Sanitäts- und Veterinäroffiziere der Reserve und der Landwehr, die seither zur Disposition gestellten oder verabschiedeten, im Kriege aber wieder verwendeten Offiziere, Sanitäts- und Veterinäroffiziere und oberen Militärbeamten, sowie die vorübergehend in Stellen von oberen Militärbeamten verwendeten Personen (Erl. des FinMin. vom 17. März 1919, II 5559, abgedruckt in Steuerarchiv 1919, 90).

Die Bestimmung des letzten Satzteiles des § 9 war nötig, weil die Mehrzahl der bundesstaatlichen Einkommensteuerveranlagungen (wie Preußen § 15 EinkStG.) die Dienstaufwandsentschädigungen steuerfrei lassen. Damit gleichartige Größen bei der Gegenüberstellung von Kriegseinkommen und Friedenseinkommen miteinander verglichen werden, mußte bei jenen der auf den Dienstaufwand entfallende Betrag ausgeschieden werden.

2. Dienstaufwand.

Wegen des Begriffes „Dienstaufwand" vgl. die erschöpfenden Artikel Dienstaufwand, Dienstkleidung, Dienstzulagen, Dienstländereien, Dienstwohnung usw. im Handwörterbuch der Einkommen- und Ergänzungssteuer, Verlag der mittleren Beamten (Berlin, Haude & Spener).

3. Diensteinkommen ... zu berücksichtigen.

Hierbei ist das gemäß § 9 zu berücksichtigende Einkommen dem niedrigsten Einkommen derjenigen Steuerstufe zuzurechnen, in der der Steuerpflichtige endgültig zur Einkommensteuer für das Steuerjahr 1918 veranlagt ist (Erl. des preuß. FinMin. vom 25. Nov. 1918, II 15689, FinMinBl. 1918, 379, zu § 9 KrAbgG. 1918).

Beispiel: Ein Offizier ist zur Einkommensteuer für 1918 in Preußen nach einem Privateinkommen von 31 750 ℳ zum Satze von 960 ℳ + 672 ℳ Zuschlag verlangt. Unterste Stufengrenze = 30 500 ℳ. Das Militäreinkommen beträgt — er ist Hauptmann gewesen — jährlich 7860 ℳ, wovon 7110 = 2358 ℳ als Dienstaufwand gelten, so daß 5502 ℳ verbleiben. Als Kriegseinkommen gilt also 30500 + 5502 ℳ = 36002 ℳ
das Friedenseinkommen betrug abgerundet 22500 „
Mehreinkommen 13502 „
abgerundet (§ 3 Abs. 2) 13000 „
davon steuerpflichtig 10000 „

§ 10. Wenn eine rechtskräftige Feststellung des steuerpflichtigen Einkommens nicht stattfindet, so gilt als festgestellt das niedrigste Einkommen der Steuerstufe, in welcher der Steuerpflichtige zur Einkommensteuer endgültig veranlagt ist[1]).

Eine im Rechtsmittelverfahren, durch Neu- oder Nachveranlagung oder im Verwaltungswege herbeigeführte Berichtigung der maßgebenden landesgesetzlichen Jahresveranlagungen ist zu berücksichtigen[2]).

1. Als festgestellt gilt das niedrigste Einkommen der Steuerstufe.

Die Bestimmung ist deshalb zweckmäßig, weil in den meisten Einkommensteuergesetzen der deutschen Bundesstaaten nicht der genaue Betrag des Einkommens, sondern nur die Grenze (z. B. 2700—3000, 3000—3300 usw.) rechtskräftig festgestellt wird.

Ist der Steuerpflichtige (in Preußen) mit weniger als 900 ℳ (Grenze des Existenzminimums) oder in einem anderen Bundesstaat mit einem unter der **Grenze der Staatssteuerpflicht** bleibenden Betrage veranlagt, so ist es an sich **unbedenklich als früherem Einkommen von 0 ℳ** auszugehen, denn die steuerfreie **Unterstufe reicht (in Preußen) von 0 ℳ bis 900 ℳ. Die für die** Heranziehung zu den Kommunallasten unter 900 ℳ **maßgeblichen Stufen** von 600 und 420 ℳ (§ 79 EinkStG.) bleiben außer Betracht. Zu beachten ist dabei jedoch, daß die Mehreinkommensteuer gemäß § 7 überhaupt erst bei mehr als 10000 ℳ (bzw. 13000 ℳ)) einsetzt. In Preußen wird nicht das Einkommen sondern der Steuersatz durch die Veranlagung oder im Rechtsmittelverfahren „festgestellt". Nur der Steuersatz kann durch Rechtsmittel angefochten werden (OVG. 13, 350; weiteres bei Fuisting-Strutz, Komm. z. EinkStG., Verlag Carl Heymann, Berlin 1916, S. 925 ff.), so daß **Anträge, die im Rechtsmittelwege** eine die Steuerstufe nicht beeinflussende **anderweitige Einkommensfeststellung erzielen wollen, ohne Erfolg sind. Für Preußen findet also Abs. 1 Anwendung, und zwar bei Ermittlung des Friedenseinkommens und des Kriegseinkommens. Beides ist mit der untersten** Stufengrenze **anzusetzen. Dies gilt sowohl dann, wenn nur je ein Jahr angenommen** (§ 4 Abs. 1) **wie wenn als Friedenseinkommen die Zugrundelegung des dreijährigen Durchschnitts (§ 4 Abs. 3) beantragt wird. Vgl.** das **bei § 4 Anm. 4 am Schluß gegebene Beispiel. Weiter gilt § 10 Abs. 1 in allen Fällen, in denen eine Jahresveranlagung zur Einkommensteuer als Grundlage zu nehmen ist und wenn hierzu Hinzurechnungen etwa nach § 6 oder § 9** treten. **Bezüglich der Hinzurechnungen nach § 9 ist dies für das alte Kriegsabgabegesetz 1918 durch Erl. des FinMin. vom 25. Nov. 1918, II 15689, FinMinBl.** 1918, 379, entschieden worden (vgl. Anm. 3 zu § 9). Entsprechend muß es auch bei § 6 gehandhabt werden, um so mehr als eine sonstige Feststellung **des Einkommens, wie schon § 4 Anm. 4 oben ausgeführt, nicht erfolgt ist. § 6** weist **einen diesbezüglichen Hinweis (Abs. 1 Satz 1 und 2), im Gegensatz zum** 1. **Entwurf und dem alten Kriegsabgabegesetz, auch bereits auf (in Klammern** §§ 4, 5, 10, **während früher nur §§ 4 und 5 angezogen** waren).

2. Eine Berichtigung der maßgebenden Jahresveranlagung ist zu berücksichtigen.

Das gilt sowohl für eine Erhöhung wie für eine Ermäßigung des veranlagten Einkommens. Für Preußen können folgende Berichtigungen der maßgebenden landesrechtlichen Jahresveranlagungen in Betracht kommen:

a) Erhöhungen.

I. Ein Steuerpflichtiger ist unveranlagt geblieben oder eine Einkommensquelle ist nicht berücksichtigt worden, weil sie der Behörde **unbekannt** wir:

Nachveranlagung oder anderweitige (Höher-)Veranlagung gemäß § 85 preuß. EinkStG.

II. Erhöhung der Einkommensteuer im Strafverfahren §§ 72—73 EinkStG., weil unrichtige oder unvollständige Angaben des Steuerpflichtigen ursprünglich zu einer Verkürzung der Steueransprüche des Fiskus geführt hatten.

III. Einspruch, Berufung oder Beschwerde des Veranlagten, der Erhöhung der Einkommensteuer rechtzeitig — im Laufe der Rechtsmittelfrist, §§ 43 ff. EinkStG. — beantragt und erzielt hat. Zur Einlegung der genannten Rechtsmittel mit denselben Zielen ist auch der Vorsitzende der Veranlagung berechtigt (§ 43 Abs. 1 EinkStG.). Eine von einem Zeitpunkte im Laufe des Steuerjahres (etwa 1. Juli) ab erfolgte anderweitige Veranlagung gemäß § 62 EinkStG. (infolge Erb- oder Fideikommißanfalles, Vermächtnisses, Überlassungsvertrag zwischen Eltern und Kindern, Verheiratung oder Schenkung) fällt nicht unter § 10 Abs. 2, da dieser nur von berichtigten Jahresveranlagungen spricht. Dasselbe gilt für die gemäß § 64 EinkStG. vorgenommene Neuveranlagung von einem nach dem 1. April liegenden Zeitpunkt ab infolge Neuentstehens der subjektiven Steuerpflicht (Zuzug aus anderen Bundesstaaten und aus dem Auslande, Austritt aus dem Haushalt eines anderen unter Erwerb von Einkommen, Ausscheiden aus dem Militärdienst. Veranlagungen aus §§ 62 und 64 vom 1. April ab gelten aber als Berichtigungen der Jahresveranlagung und fallen unter Abs. 2).

b) Ermäßigungen infolge

I. Einspruchs, Berufung und Beschwerde (vgl. Anm. 2 zu a III).

II. Ermäßigungsantrags nach § 63 EinkStG. (nur wenn vom 1. April ab). Wegfall oder wesentliche Änderung einer Einkommensquelle unter Minderung des Einkommens um mehr als ein Fünftel der ordentlichen Veranlagung. Dieser im Art. 80 Ziff. VI, 2 der AusfAnw. z. Einkommen- und Ergänzungssteuergesetz vorgesehene Fall ist verhältnismäßig selten, da derartige Minderungen vom Anfange des Steuerjahres ab der Regel nach im Rechtsmittelwege zu berücksichtigen sind. Für Ermäßigungen von einem nach 1. April liegenden Zeitpunkte ab gilt dasselbe wie zu Anm. 2a, III Satz 2 und 3.

III. Inabgangstellungen der Steuer infolge Erlöschens der subjektiven Steuerpflicht vor Beginn des Steuerjahres (1. April j. J.) etwa durch Verzug ins Ausland, Eintritt zum Militär oder in den Haushalt eines anderen unter Wegfall des Einkommens, soweit nicht die Einkommensteuerpflicht trotzdem nach dem ErgGes. vom 30. Dez. 1916 z. EinkStG. bestehen bleibt. Im übrigen dasselbe wie zu 2a III Satz 2 und 3 und b II Schlußsatz. Ist zur Zeit der Berichtigung der bundesstaatlichen Einkommensteuerveranlagung die Festsetzung der Kriegsabgabe bereits erfolgt, so muß eine Nachveranlagung derselben durch die Zugangsliste vorgenommen werden. Dies kann außerhalb des Rechtsmittelverfahrens geschehen. Sie tritt automatisch ein. Ist also ein Steuerpflichtiger nach einem Kriegseinkommen für das Steuerjahr 1919/20 von 25500—26500 *M*, einem Friedenseinkommen für 1914/15 von 14500 15500 *M*, also einem Mehreinkommen von 11000 *M*

abzüglich (§ 3 Abs. 3) 3000 „

= 8000 *M*.

zu 400 *M* Kriegsabgabe veranlagt und wird (etwa im Rechtsmittelverfahren oder gemäß § 85 des preuß. EinkStG. — Vorliegen neuer Tatsachen oder

Beweismittel, die eine Höherveranlagung der Einkommensteuer begründen —) die Landeseinkommensteuer erhöht, so ist unter Zugrundelegung des neu festgesetzten Einkommens auch eine Berichtigung der Kriegsabgabe gerechtfertigt. Wie bereits bei § 4 Anm. 4 Schluß bemerkt, gilt § 10 Abs. 1 und 2 infolge seiner allgemeinen Fassung sowohl für die Berechnung des Friedenseinkommens wie des Kriegseinkommens. Also ist beides vor der Gegenüberstellung der Jahresveranlagungen auf den untersten Stufensatz abzurunden (§ 3 Abs. 1, § 4 Abs. 1, 3 und 4, § 8), soweit Bundesstaaten in Frage kommen, die bei der Landeseinkommensteuerveranlagung nur die Steuerstufe (Steuersatz wie in Preußen) und nicht das Einkommen feststellen. Weiter ist es für den Steuerpflichtigen von Vorteil, wenn im Falle einer zu niedrigen Veranlagung zur Einkommensteuer für das in Preußen als Friedenseinkommen maßgebliche Steuerjahr 1914 eine höhere Veranlagung erzielt. Diese liegt aber im Belieben der Steuerbehörde, und der Steuerpflichtige kann z. B. aus der unverbindlich gehaltenen Nachveranlagungsmöglichkeit des § 85 preuß. EinkStG. keinen Anspruch herleiten. In diesem Sinne hat jedenfalls das BadVG. am 24. Sept. 1918 — Amtl. Mitt. 1918, 113 — bezüglich des ähnlich lautenden § 54 WG. entschieden, und § 43 KrAbgG. 1918 hat dies ausdrücklich gebilligt (vgl. aus der Literatur: 1. obige Entscheidung, erwähnt im Steuerarchiv 1919 Nr. 2 S. 26, 2. die Ausführung in Steuerarchiv 1918 Nr. 14 S. 155; treten dadurch Härten auf, so muß der Härteparagraph angerufen werden, § 35). Ist dagegen die Höherveranlagung **tatsächlich** erfolgt, muß sie auch gemäß § 10 KrAbgG. 1919 berücksichtigt werden.

§ 11.[1]) Ist nach § 14 des Besitzsteuergesetzes vom 3. Juli 1913 (Reichs-Gesetzbl. S. 524) das Vermögen der Ehegatten zusammenzurechnen, so ist für die Ermittlung des Mehreinkommens das Einkommen der Ehegatten[2]) auch dann zusammenzurechnen, wenn sie nach Landesrecht selbständig zur Einkommensteuer veranlagt sind.

1. Allgemeines (Behandlung des Einkommens der Ehefrau bei den Landeseinkommensteuern).

Der § 10 preuß. EinkStG. bestimmt, daß dem Einkommen des Steuerpflichtigen das Einkommen seiner Ehefrau hinzuzurechnen ist, sofern sie nicht dauernd vom Ehemann getrennt lebt.

Ähnlich, wenn auch mit mannigfaltigen Verschiedenheiten im einzelnen, die Einkommensteuergesetze der meisten anderen deutschen Bundesstaaten. So bestimmt z. B. Art. 4 des badischen Gesetzes: „Dem Einkommen eines Steuerpflichtigen wird das Einkommen seiner Ehefrau sowie das aus dem Gesamtgut einer von ihm eingegangenen ehelichen Gütergemeinschaft fließende Einkommen zugerechnet. Die Hinzurechnung des aus eigener Erwerbstätigkeit fließenden Einkommens der Ehefrau findet jedoch nur statt, wenn dieses den Betrag von 500 ℳ jährlich erreicht. Lebt die Ehefrau dauernd von dem Manne getrennt, so ist sie mit ihrem Einkommen selbständig zu veranlagen. Das aus dem Gesamtgut einer fortgesetzten Gütergemeinschaft fließende Einkommen wird als Einkommen des überlebenden Ehegatten besteuert. Für das nach Art. 4 Abs. 1 dem Einkommen eines Steuerpflichtigen zugerechnete Einkommen sind die Ehefrau und die Kinder für ihre Person nicht steuerpflichtig; die Ehefrau haftet edoch für die Steuer bis zu dem Betrage samtverbindlich, welchen sie bei selbständiger Veranlagung für ihr eigenes Einkommen zu entrichten hätte (Art. 4 Abs. 2 bad. Ges.)."

Art. 9 des bayrischen Gesetzes bestimmt:

„Dem Einkommen eines Steuerpflichtigen ist das Einkommen seiner Ehefrau in der Weise zuzurechnen, daß ohne Rücksicht auf den ehelichen Güterstand das beiderseitige Einkommen der Ehegatten als Einheit veranlagt wird. Im Falle einheitlicher Veranlagung gelten die Ehegatten als Gesamtschuldner der Steuer, wenn nicht nachgewiesen wird, welches Einkommen an dem veranlagten Gesamteinkommen auf die Ehefrau trifft, in diesem Falle haftet die Ehefrau nur für den hierauf entfallenden Teil der Steuer. Die einheitliche Veranlagung hat zu unterbleiben, wenn die Ehegatten dauernd getrennt leben."

Dagegen bestimmt abweichend von obigen Vorschriften § 3 des sächsischen Gesetzes:

„Ehefrauen sind wegen der Nutzung desjenigen Vermögens, über welches ihnen die freie Verfügung zusteht, und wegen ihres sonstigen Erwerbes besonders zu besteuern."

Der § 14 des BStG. bestimmt, daß das Vermögen der Ehegatten zum Zwecke der Besitzsteuerveranlagung zusammengerechnet wird, sofern sie nicht dauernd voneinander getrennt leben.

Soweit also nach § 14 des BStG. abweichend von den landesgesetzlichen Einkommensteuervorschriften eine Zusammenrechnung (Zurechnung beim Ehemann) stattfindet, müssen für die Veranlagung der Kriegsabgabe vom Mehreinkommen die Friedenseinkommen der Ehegatten (§ 4 Abs. 1) — und zwar jedes mit der untersten Stufengrenze, § 10, ähnlich wie nach dem Erl. des FinMin. vom 25. Nov. 1918, II 15689, bei dem Militäreinkommen Anm. 3 zu § 9 — zusammengerechnet werden. Erst dann ergibt sich ein Einkommen, das in seiner Zusammensetzung dem Kriegseinkommen (beider Ehegatten zusammen) entspricht: es kann nur gleiches mit gleichem verglichen werden.

Beispiel: Der in Berlin wohnende Kaufmann A. ist für das Steuerjahr 1919 nach einem Einkommen von 142301 ℳ (beider Ehegatten zusammen, § 10 preuß. EinkStG.) zum Einkommensteuersatze von 5600 ℳ veranlagt. Unterste Stufengrenze, § 10 KrAbgG., = 140000 ℳ. Die Ehegatten haben einander am 14. Oktober 1915 geheiratet. Die jetzige Ehefrau A. war für das Steuerjahr 1914 selbständig nach 20000 ℳ, der Ehemann nach 17000 ℳ Einkommen veranlagt. Für die Kriegsabgabe 1919 ergibt sich folgende Berechnung:

Kriegseinkommen abgerundet		142000 ℳ
Friedenseinkommen des Ehemannes abgerundet . .	19500 ℳ	
Friedenseinkommen der Ehefrau abgerundet	16500 „	36000 „
Mehreinkommen:		106000 ℳ
Davon steuerpflichtig (§ 3 Abs. 3):		103000 ℳ

2. Der Ehegatten.

Der Paragraph bezieht sich auf die Anrechnung des Einkommens der Ehefrau.

Was das Einkommen der Kinder anlangt, so ist nach § 10 preuß. EinkStG. und Art. 6 II der preuß. AusfAnw. z. EinkStG. sowie EOVG. 12, 54; 8, 26; 7, 26 das Einkommen der minderjährigen unverheirateten Kinder dem Vater (nach dessen Tode der Mutter) so lange anzurechnen, als ihm daran gesetzlich (als Inhaber der elterlichen Gewalt) oder auf Grund Rechtstitels (z. B.

Testament) der Nießbrauch zusteht (§§ 1626—1651 BGB.). Von der Anrechnung ausgeschlossen ist nur das, was das Kind durch seine persönliche Arbeit oder ein selbständiges Erwerbsgeschäft erwirbt oder ihm von Todes wegen oder unter Lebenden von Dritten unentgeltlich zugewendet ist, wenn der Erblasser bzw. der Dritte bestimmt hatte, daß das Vermögen der elterlichen Nutznießung entzogen sein soll (§§ 1650, 1651 BGB.).

Ähnlich wie das Einkommen der Ehefrau wird in den übrigen bundesstaatlichen Einkommensteuergesetzen das Einkommen der unter elterlicher Gewalt stehenden Kinder dem Vater angerechnet, soweit es nicht selbständiger Erwerb des Kindes ist oder es sich um Einkünfte von einem der elterlichen Nutznießung nicht unterliegenden Vermögen handelt (§ 3 sächs. Ges. und § 19 der Instruktion dazu).

Die Beantwortung der Frage, ob am Kindesvermögen ein elterliches Nutzungsrecht besteht, kann im einzelnen Falle zweifelhaft sein; maßgeblich wird sein, welche Stellung die (gegebenenfalls zu befragende) Vormundschaftsbehörde hierzu einnimmt. Im allgemeinen wird Ausschließung der elterlichen Nutznießung anzunehmen sein, wenn dem Kinde ein Pfleger gemäß § 1909 BGB. bestellt ist. Vgl. z. B. EOVG. vom 16. Okt. 1915 im Recht 20 Sp. 110, wo ausgeführt ist: „Nach der letztwilligen Verfügung ist für den Großmuttererbteil des Kindes ein Pfleger bestellt; die Zinsen sollen zur Erziehung des Kindes verwendet werden. Durch die Einsetzung des besonderen Pflegers ist dem Pflichtigen als Vater nach § 1628 BGB. das Recht, für das Vermögen des Kindes zu sorgen und daher auch daran die Nutznießung auszuüben, entzogen. Die weitere Bestimmung über die Zinsverwendung zur Erziehung gibt dem Pflichtigen kein eigenes Recht der Verfügung, sondern enthält nur eine Anweisung an den Pfleger (vgl. Fuisting I 7. Aufl. § 10 zu S. 158)."

Für die Mehrgewinnsteuer verbleibt es bezüglich der Behandlung des Kindereinkommens bei den landesgesetzlichen Vorschriften, und zwar sowohl bei der Friedensveranlagung (§ 4) wie bei der Kriegsveranlagung (§ 8).

§ 12. Die Abgabe beträgt

für die ersten 10000 Mark des abgabepflichtigen Mehreinkommens 5 vom Hundert

für die nächsten angefangenen oder vollen

10000 Mark	10 „ „
30000 „ . . .	20 „ „
50000 „	30 „ „
100000 „	40 „ „
100000 „	50 „ „
100000 „	60 „ „
für die weiteren Beträge	70 „ „

§ 13.[1]) Bei Abgabepflichtigen, die Gesellschafter inländischer Gesellschaften mit beschränkter Haftung sind, bleiben auf Antrag die Abgabebeträge (§ 12) unerhoben, die verhältnismäßig auf die Mehreinnahmen aus Geschäftsanteilen solcher Gesellschaften entfallen[2]). Als Mehreinnahme gilt der in dem Kriegseinkommen eines Abgabepflichtigen enthaltene anteilige Betrag, der von einer Gesellschaft über den Durchschnitt der nach § 17 Abs. 1 des Kriegssteuergesetzes vom 21. Juni 1916 in Betracht kommenden Jahre hinaus oder, falls die Gesellschaft noch kein volles Jahr vor den Kriegsgeschäftsjahren bestanden hat, über eine sechsprozentige Dividende hinaus als Gewinn verteilt worden ist[2]).

Abs. 1 findet nur Anwendung

1. auf Gesellschafter, die Geschäftsanteile in Höhe von mindestens einem Viertel des Stammkapitals besitzen, sowie auf Gesellschafter, die zueinander im Verhältnis von Ehegatten, von Verwandten in gerader Linie, von Geschwistern oder Erben von Geschwistern stehen und zusammen Geschäftsanteile von mindestens der Hälfte des Stammkapitals besitzen;
2. auf Gesellschafter, die als Geschäftsführer oder Prokuristen der Gesellschaft bestellt sind oder waren, sowie auf Gesellschafter, die Ehegatten oder Erben solcher Personen sind, wenn diese Gesellschafter in beiden Fällen allein oder zusammen Geschäftsanteile in Höhe von mindestens der Hälfte des Stammkapitals besitzen.

1. **Allgemeines**

§ 14 hat, ähnlich wie § 10 des KrStG. vom 21. Jan. 1916 und § 14 des KrAbgG. vom 26. Juli 1918 den Zweck, Doppelbesteuerungen zu verhindern oder zu mildern, die dadurch entstehen, daß Einkommenszuwachse besteuert werden, die bereits durch die Mehrgewinnsteuer bei der Gesellschaft m. b. H. erfaßt wurden. Doch wird diese Absicht des Gesetzgebers nur unvollkommen erreicht. § 14 hätte vor allem die Vorschrift enthalten müssen, daß er nur anzuwenden sei, wenn das Mehreinkommen auch bei der Besteuerung der Gesellschaft m. b. H. tatsächlich herangezogen werde. Eine solche Einschränkung fehlt; auch ist die Feststellung, ob die genannte Voraussetzung im einzelnen Falle zutrifft, technisch sehr schwierig, vielleicht unmöglich, weil der Besteuerung der Rechtsperson die Einkünfte ganz anderer Jahre als bei dem Einzelsteuerpflichtigen zugrunde liegen können. Die Absicht des Gesetzes wird also unvollkommen erreicht und es können sich Benachteiligungen des Steuerpflichtigen wie des Fiskus ergeben.

2. **... Abgabebeträge unerhoben, die verhältnismäßig auf die Mehreinnahme aus Geschäftsanteilen solcher Gesellschaften entfallen. Als Mehreinnahme gilt ...**

Es ist also eine Verhältnisrechnung anzustellen. Die Abgabe soll insoweit außer Hebung bleiben, als sie auf Mehreinkommen entfällt, das als solches bei der Gesellschaft m. b. H. bereits ermittelt worden ist. Denn etwas anderes kann der Hinweis auf § 17 des KrStG. vom 21. Juni 1916 nicht bedeuten. Satz 2 des § 14 hat im Auge, daß der Mehrgewinn nach § 14ff. des KrStG. vom 21. Juni 1916 bei der Gesellschaft m. b. H. feststeht. Der Anteil des Steuerpflichtigen daran, etwa errechnet entsprechend seinem Geschäftsanteil, ist die „Mehreinnahme" im Sinne von Satz 2 des § 14 des vorliegenden Gesetzes („... anteilige Betrag, der von einer Gesellschaft über den Durchschnitt ... verteilt worden ist"). Das ist aber noch keine restlos befriedigende Lösung der im Schlußsatze Anm. 1 gekennzeichneten Schwierigkeiten, die in der Unmöglichkeit, die Besteuerung der Gesellschaft m. b. H. und des Steuerpflichtigen miteinander in Übereinstimmung zu bringen, liegen. Immerhin entspricht sie dem Wortlaut und Sinn der Bestimmung im großen und ganzen. Es könnte scheinen, als ob es in der Hauptsache darauf ankäme, ob der Steuerpflichtige selbst Mehreinkommen aus einer Gesellschaft m. b. H. hatte und wie dieses Mehreinkommen in seiner Besteuerung zum Ausdruck kommt. Dieser Punkt tritt aber in den Hintergrund. Denn § 14 enthält nicht einmal eine Vorschrift, die verlangt, daß in dem Friedenseinkommen z. B. laut Einkommensteuerveranlagung Einkommen aus der Gesellschaft m. b. H. enthalten sein muß. Außerhalb des Falles des Schlußsatzes von Abs. 1 (daß die Gesellschaft noch kein volles Jahr vor den Kriegsgeschäftsjahren bestanden) wäre es möglich, daß z. B. eine Gesellschaft schon seit 1910 besteht, ständig hohe und während des Krieges auch besonders hohe Gewinne, also „Mehrgewinne" verteilt, daß der Abgabepflichtige seine Geschäftsanteile aber erst 1916 erworben hat. In seinem „Friedenseinkommen" sind also keine Bezüge aus Gesellschaften m. b. H. enthalten. Trotzdem müßte für ihn eine Absetzung von Abgabeanteilen nach § 14 erfolgen, wenn die sonstigen Voraussetzungen zutreffen.

Beispiel. Festgestelltes Mehreinkommen . . . 20000 M
Abgerundet (§ 3 Abs. 3) . . . . 17000 „
Davon Abgabe . . . . 1200 „

Die Gesellschaft m. b. H. ist nach einem Mehrgewinn von 16000 M veranlagt. Der Abgabepflichtige ist Eigentümer der Hälfte der Geschäftsanteile. Demnach auf ihn entfallender Mehrgewinn = 8000 M. Von seiner Abgabe ist x zu entheben wie folgt:

$$x : 1200 = 8000 : 17000 \text{ M}.$$
$$x = 564 \text{ M}.$$

In die Gleichung ist dabei das steuerpflichtige (§ 3 Abs. 3), nicht das wirkliche Mehreinkommen (§ 3 Abs. 1) einzusetzen, da nur ersteres in Beziehung zu der ebenfalls ein Glied der Gleichung bildenden Abgabe von 1200 M steht. Es kann nur gleiches gleichem gegenübergestellt werden.

Abs. 1 findet nur Anwendung auf Gesellschafter mit mindestens einem Viertel des Stammkapitals ...

§ 14 Abs. 2 beschränkt die Steuerenthebung zwecks Vermeidung einer Doppelbesteuerung auf zwei Hauptgruppen von Steuerpflichtigen und je zwei Unterabteilungen. Die Enthebung von Steuer soll nur stattfinden:

1. bei Gesellschaftern, die Geschäftsanteile in Höhe von mindestens einem Viertel des Stammkapitals der Gesellschaft m. b. H. besitzen. Der Fall ist klar und eindeutig.

2. bei solchen, die in einem bestimmten nahen Verwandtschaftsverhältnis zueinander stehen. Dann ist erforderlich, daß sie zusammen mindestens die

Hälfte der Stammanteile haben. Es handelt sich hier um Begünstigung der Familiengesellschaften, die billigerweise ähnlich wie die Einzelperson behandelt werden sollen. Doch kommen nur Familienmitglieder im engeren Sinne in Frage. Einmal Ehegatten, aber unter der selbstverständlichen Voraussetzung, daß die Ehe nicht geschieden ist. Aus der Absicht des § 14 Abs. 2 Ziff. 1 ist sogar zu schließen, daß die Ehegatten nicht getrennt leben dürfen, damit die Enthebung gerechtfertigt sein soll (§ 14 BStG.). Diese soll weiter eintreten bei Verwandten in gerader Linie (d. h. solchen, deren eine von der anderen abstammt § 1589 BGB.), also aufwärts Vater, Großvater usw., abwärts Sohn — Enkel usw. (den sog. Aszendenten und Deszendenten) und bei Geschwistern oder Erben von Geschwistern. Bezüglich des Kreises der „Erben" vgl. das zu § 5 des Vermögenszuwachssteuergesetzes Gesagte.

3. Bei solchen, die Geschäftsführer oder Prokuristen der Gesellschaft m. b. H. sind oder waren. Bei ihnen war derselbe Gesichtspunkt maßgebend wie bei Familiengesellschaften. Hier wie dort sollen Personenkreise, die das Stammkapital zersplittert und so besitzen, daß auf den einzelnen weniger als ein Viertel entfällt, dann geschützt werden, wenn die Mitglieder je eines dieser Personenkreise zusammen mehr als die Hälfte des Stammkapitals haben.

4. Die gleiche Vergünstigung können die Ehegatten oder Erben der Gesellschafter, die Geschäftsführer oder Prokuristen sind oder waren, beanspruchen. Auch hier ist wie bei 3 der Kreis augenscheinlich auf die nächsten Verwandten beschränkt.

§ 14 Abs. 2 Ziff. 2 stellt jedoch keine Einschränkung von Ziff. 1 dar insofern etwa, daß § 14 auf Gesellschafter Anwendung findet, die ein Viertel des Stammkapitals besitzen, nicht aber dann (wie aus der Fassung: „Abs. 1 findet nur Anwendung 1. . . ., 2. . . .", der Nebeneinanderstellung vielleicht gefolgert werden könnte), wenn die Gesellschafter zugleich Geschäftsführer oder Prokuristen sind bzw. waren. Eine solche Auslegung entspräche weder der aus der historischen Entwicklung erkennbaren Absicht der Bestimmung noch der Billigkeit.

Abgabepflicht der Gesellschaften.

§ 14.[1]) Inländische[2]) Aktiengesellschaften[3]), Kommanditgesellschaften auf Aktien[4]), Berggewerkschaften[5]) und andere Bergbau treibende Vereinigungen[6]), letztere sofern sie die Rechte juristischer Personen haben, Gesellschaften mit beschränkter Haftung[7]) und eingetragene Genossenschaften[8]) haben zugunsten des Reichs von dem im fünften Kriegsgeschäftsjahr erzielten Mehrgewinn eine außerordentliche Kriegsabgabe zu entrichten.

1. Allgemeines.

Das Gesetz hat die Kriegssteuer der Gesellschaften mit juristischer Person, welche nach wie vor eine Mehrgewinnsteuer ist, mit einigen Änderungen auch auf ein fünftes Kriegsgeschäftsjahr ausgedehnt.

Bei der Einzelerörterung gelegentlich des Ges. vom 28. Juli 1918 (RGBl. S. 964) hatte ein Abgeordneter ausgeführt, es möchte doch noch einmal eingehend erwogen werden, ob denn die Grundlage der Kriegsbesteuerung der

Gesellschaften richtig oder ob sie nicht vielmehr einer Erweiterung fähig und bedürftig sei. Die Vorlage erfasse wie schon das alte KrStG. lediglich die während des Krieges erzielte Gewinnsteigerung, die Differenz zwischen dem vor dem Kriege und dem während des Krieges erzielten Gewinn. Sie lasse aber die Gesellschaften völlig frei, die bereits im Frieden unter einer günstigen Konjunktur, wie z. B. durch Waffen- und Munitionslieferung während des Balkankrieges sehr große Gewinne gemacht haben, und denen es gelungen sei, die Gewinne jetzt während des Krieges, wenn auch nicht zu steigern, so doch auf ihrer früheren Höhe zu erhalten. Es sei sachlich wohl gerechtfertigt, auch solche Gesellschaften zur Kriegssteuer heranzuziehen. Andere Abgeordnete traten diesen Ausführungen bei. Es sei zu erwägen, ob man nicht neben den Mehrgewinnen nach einem besonderen Steuerschlüssel unter Freilassung einer gewissen Untergrenze die Gesellschaftsgewinne, die nicht Mehrgewinne seien, mit einer Steuer belegen solle. Es wurde davon gesprochen, daß es sich hier manchmal eigentlich um antizipierte Kriegsgewinne handle. Dem wurde aus der Mitte des Ausschusses entgegengetreten mit dem Hinweis, daß nicht das Verhältnis der Dividende zum Nennwert der Aktien, sondern das Verhältnis zum Kurswerte maßgebend sei. Die vorgeschlagene Ausdehnung der Besteuerung würde vielfach die Kurse erheblich drücken und in weitem Maße das Vermögen der Besitzer von Dividendenwerten schädigen. Die Folgen dieser Vermögensverluste würde schließlich auch der Fiskus selber zu spüren bekommen. Auch der Unterstaatssekretär im Reichsschatzamt wandte sich gegen den Gedanken einer Ausdehnung der Abgabe auf die den Friedensdurchschnitt nicht übersteigenden Gesellschaftsgewinne. Der Gedanke sei bereits im Jahre 1915 bei dem Gesetz über vorbereitende Maßnahmen zur Besteuerung der Kriegsgewinne eingehend erörtert und mit gutem Grunde nicht weiter verfolgt worden.

Daß die Besteuerung bei den Gesellschaften nicht ohne weiteres an den Vermögenszuwachs anknüpfen konnte, ist in der Begründung zum SichGes. vom 24. Febr. 1915 erläutert. Der Zweck der wirtschaftlichen Gesellschaften besteht nicht in der Vermögensansammlung, sondern in der Verteilung ihrer Erträge. Daher kann nicht an den reinen Vermögenszuwachs angeknüpft werden, vielmehr muß der Geschäftsgewinn als solcher, d. h. auch soweit er nicht zur Verteilung kommt, von der Besteuerung erfaßt werden (Begr. z. SichGes. S. 5 ff.).

Gegenstand der Kriegssteuer der Gesellschaften ist „der in den Kriegsgeschäftsjahren erzielte Mehrgewinn". Gegenstand der Abgabe ist also nicht die nach den Vorschriften des genannten SichGes. gebildete Sonderrücklage.

Bei der gleichzeitigen Besteuerung der Gesellschaften und der Einzelpersonen wird eine Doppelbesteuerung im wirtschaftlichen Sinne nicht vermieden. Bei Gesellschaften m. b. H. fällt die Doppelbesteuerung besonders schwer ins Gewicht, da die Stellung der an einer Gesellschaft m. b. H. beteiligten Personen sich vielfach wirtschaftlich nicht wesentlich unterscheidet von der Stellung eines Einzelunternehmers oder von Mitunternehmern. Deshalb ist im § 13 des Gesetzes auf die besonderen Verhältnisse der Gesellschaften m. b. H. weitgehende Rücksicht genommen.

Der Umfang der für steuerpflichtig erklärten Gesellschaften ist der gleiche wie im früheren KrStG. von 1916.

Ein Abgeordneter hatte bei den Beratungen des Ges. vom 28. Juli 1918 zur Erwägung gestellt, ob nicht der Kreis der abgabepflichtigen Gesellschaften auf andere juristische Personen ausgedehnt werden sollte, oder ob es sich nicht empfehle, die Vorschrift des § 23 des alten KrStG., wonach der Bundesrat den Kreis der steuerpflichtigen Gesellschaften erweitern kann, wieder in das Gesetz aufzunehmen. Hiergegen führte ein Vertreter der verbündeten Regierungen aus, daß auf Grund des § 10 Abs. 1 des Ges. über vorbereitende Maßnahmen zur Besteuerung der Kriegsgewinne vom 24. Dez. 1915 eingehende Erhebungen stattgefunden hätten. Es habe sich aber ergeben, daß aus der Ausdehnung der Rücklage- und Steuerpflicht nur geringfügige Erträge zu erwarten wären, die das Mehr an Veranlagungsarbeiten nicht lohnen würden. Eine dem § 23 des KrStG. vom 21. Juni 1916 entsprechende Vorschrift, wonach der Bundesrat die Ausdehnung des Gesetzes auch auf andere Gesellschaften mit juristischer Person ausdehnen kann, fehlt im KrStG. von 1919 also.

2. Inländische Gesellschaften.

Nur diejenigen inländischen Gesellschaften, die ausdrücklich und namentlich aufgeführt sind (vgl. unten Ziff. 3 bis 8), unterliegen der Steuerpflicht, andere Gesellschaften unterliegen der Steuerpflicht nicht.

Für die Steuerpflicht entscheidend ist ausschließlich die rechtliche Form der Gesellschaft.

Die Veränderung der Firma, des Sitzes des Grundkapitals einer Gesellschaft mit juristischer Persönlichkeit berührt in keiner Weise ihren Bestand, denn nur die Form der Gesellschaft ist entscheidend (EOVG. 11, 198); ebensowenig Bedeutung hat für den Fortbestand der Gesellschaft die Vereinigung aller Aktien und Anteile in einer Hand, auch nicht die Vereinigung aller Kuxe in einer Hand bei einer Berggewerkschaft, so lange als nicht die Gewerkschaft im Grundbuch gelöscht und der Alleininhaber der Kuxe als Alleineigentümer des Bergwerks eingetragen ist (DJZ. 13, 1022). Auch die Liquidation berührt den Bestand nicht (EOVG. 3, 118). In allen diesen Fällen hat daher trotz der vorgekommenen Veränderungen die Versteuerung des erzielten Mehrgewinnes zu erfolgen. Wie es denn auch gleichgültig ist, ob die Gesellschaft ein Gewerbe betreibt oder nicht. Solange sie die Form der juristischen Person hat, unterliegt sie der Steuerpflicht.

Eine Gesellschaft der oben genannten Art kann sich der Bestimmung auch nicht dadurch entziehen, daß sie sich auflöst und löschen läßt oder in eine andere Gesellschaft umwandelt. § 20 des Gesetzes. (Übereinstimmend § 25 AusfBest. z. KrStG. von 1916. Wird eine Gesellschaft nach dem 1. August 1914 vor Ablauf des Zeitraumes der im Falle ihres Weiterbestehens in die Kriegsgeschäftsjahre hineinfallen würde, aufgelöst, so bleibt die Steuerpflicht für die Zeit bis zur Auflösung bestehen.)

Der § 14 bezieht sich nur auf inländische Gesellschaften, d. h. auf solche, die im Deutschen Reiche (§ 1 SichGes.) ihren Sitz haben. Auf ausländische Gesellschaften findet § 24 des Gesetzes Anwendung.

Dafür, ob eine inländische oder ausländische Gesellschaft vorliegt, entscheidet ausschließlich deren Sitz. Letzterer richtet sich nach den hierüber bestehenden Vorschriften des bürgerlichen Rechts (Handelsrechts) Ob ein Sitz im Deutschen Reich begründet ist, ergibt sich aus dem Inhalt des Gesellschaftsvertrages oder der Statuten (§§ 182 Abs. 2 Nr. 1, 320 Abs. 3 HGB., § 6 Nr. 1 GmbHG.), bei Berggewerkschaften aus der Belegenheit des Bergwerks (Art. 26 Nr. 1 Abs. 2 d. A. der preuß. AusfAnw. z. EinkStG.).

Die Steuerpflicht der ausländischen Gesellschaften ist nicht im § 14, sondern im § 24 geregelt. Die ausländischen Gesellschaften unterliegen einem ganz anders gearteten Steuertarif (§§ 24, 25 des Gesetzes), denn ihr Mehrgewinn wird nicht nach Prozenten des Grundkapitals berechnet, weil dieses im Ausland arbeitet, sondern nach der absoluten Zahl (Summe) des Mehrgewinnes.

Die Heranziehung der Gesellschaften, die im Ausland (z. B. solcher in der Schweiz oder Holland) ihren Sitz haben, steht nicht im Widerspruch mit Art. 1 des Vertrages zwischen dem Deutschen Reiche und der Schweizerischen Eidgenossenschaft, betreffend Regelung von Rechtsverhältnissen der beiderseitigen Staatsangehörigen im Gebiete des anderen vertragschließenden Staatsangehörigen, vom 31. Okt. 1910 (RGBl. 1911, 892). Entsch. des bad. VG. vom 16. Dez. 1914 (Amtl. Mitt. 1915, 15).

Als Ausland gelten auch die deutschen Schutzgebiete (Art. 3 preuß. AusfAnw. z. SichGes.).

Der Kreis der steuerpflichtigen Gesellschaften ist wie folgt zu umgrenzen:

A. Steuerpflichtige Gesellschaften.

3. Aktiengesellschaften.

Eine Aktiengesellschaft ist eine Gesellschaft, bei der sich die sämtlichen Gesellschafter nur mit Einlagen auf das in Aktien zerlegte Grundkapital der Gesellschaft beteiligen, ohne persönlich für die Verbindlichkeiten der Gesellschaft zu haften. § 178 des HGB. vom 10. Mai 1897 (RGBl. S. 219).

Die Aktiengesellschaft hat eigene juristische Persönlichkeit. Sie hat eine gerichtlich oder notariell beurkundete Satzung (Statut), eine Anzahl von Beteiligten (Aktienbesitzer), deren Rechte in der Generalversammlung wahrgenommen werden, sowie einen Vorstand und einen Aufsichtsrat. Die Einlagen der Aktionäre können in Bareinlagen oder Sacheinlagen bestehen.

Aktiengesellschaften können Geschäfte aller Art treiben, ob und daß sie Geschäfte treiben ist aber weder Voraussetzung ihrer Steuerpflicht noch ihrer Eigenschaft als Aktiengesellschaft. Damit die Aktiengesellschaft steuerpflichtig wird, braucht sie weder ein Gewerbe, noch irgendeine sonstige wirtschaftliche Tätigkeit zu treiben. Lediglich die äußere Form ihrer Eintragung im Handelsregister als Aktiengesellschaft entscheidet (EOVG. 11, 196; 9, 245; 12, 263; 5, 77).

Bei ausländischen Gesellschaften ist für die Frage, ob die Gesellschaft als Aktiengesellschaft anzusehen ist, das ausländische Recht maßgeblich. Sind die rechtlichen und wirtschaftlichen Voraussetzungen ähnlich wie bei einer deutschen Aktiengesellschaft, so ist die betreffende ausländische Gesellschaft als Aktiengesellschaft anzusehen. Daher ist z. B. eine englische Company limitid by shares einer deutschen Aktiengesellschaft gleichzuachten, mithin steuerpflichtig (EOVG. 2, 249; 3, 163).

4. Kommanditgesellschaften auf Aktien.

Sie sind eine Verbindung von einfacher Kommanditgesellschaft (§§ 161 ff. HGB.) mit Aktiengesellschaft. Die Kommanditgesellschaften auf

Aktien entnehmen ihre Rechtsbestimmungen teils dem Aktienrecht, teils dem der einfachen Kommanditgesellschaften. Das HGB. regelt sie in den §§ 320 bis 334. Auch die Kommanditgesellschaften auf Aktien entstehen erst mit ihrer Eintragung in das Handelsregister als juristische Personen. Im allgemeinen finden die Vorschriften des Aktienrechts Anwendung (§ 325 HGB.).

5. Berggewerkschaften.

Dies sind Gesellschaftsformen, die ausschließlich dem Bergrecht eigentümlich sind. Nach dem preußischen Allgemeinen BergG. vom 24. Juni 1865 (§§ 94—132) bilden mehrere an einem Bergwerk Beteiligte eine Berggewerkschaft. Die Berggewerkschaften des Allgemeinen BergG. besitzen die Rechte juristischer Personen. Die Beteiligten (Gewerken), welche mit Anteilscheinen (Kuxen) am Bergwerk beteiligt sind, werden in der Gewerkenversammlung vertreten, im übrigen ist Vertreter der Gewerkschaft der Grubenvorstand (Repräsentant).

Ob eine Gesellschaft als Berggewerkschaft anzusehen ist, bestimmt sich nach Landesrecht (Art. 67 EG. z. BGB.).

Voraussetzung für das Bestehen einer Berggewerkschaft ist, daß sie Bergbau im rechtlichen Sinne, d. h. Bergbau auf Grund eines vorhandenen Bergwerkseigentums betreibt. Die Ausbeutung der Solquellen im vormaligen Königreich Hannover ist kein Bergbau, und Gesellschaften zum Betriebe von Salinen ebendaselbst sind deshalb nicht kriegssteuerpflichtige Berggewerkschaften (EOVG. 3, 65). (Vgl. aber Anm. 6.) Sog. Hüttengesellschaften gehören weder zu den Berggewerkschaften, noch zu den sonstigen an sich steuerpflichtigen Unternehmungen, sind vielmehr bloße Personenvereinigungen zum Gebrauche einer gemeinschaftlichen Hüttenanlage für die Verhüttung der Erze jedes Anteileigners (EOVG. 10, 130). Gesellschaften dieser Art werden aber in der Regel unter die nachstehend unter 6 bezeichneten Gesellschaften fallen und daher kriegssteuerpflichtig sein.

6. Bergbau treibende Vereinigungen, sofern sie die Rechte juristischer Personen haben.

Während Berggewerkschaften dem Gesetz unter allen Umständen unterliegen, unterliegen ihm andere Bergbau treibende Vereinigungen nur dann, wenn sie die Rechte juristischer Personen haben. Berggesellschaften, die weder Berggewerkschaften sind, noch die Rechte juristischer Personen haben (z. B. Bergbau treibende Erbengemeinschaften), sind nicht steuerpflichtig. Hachenburg, JW. 1916, 12, ist der Ansicht, daß durch den Zusatz „sofern sie die Rechte juristischer Personen haben", die Gewerkschaften älteren Rechts ausgeschlossen seien, weil sie nicht die Rechte juristischer Personen besäßen. Das ist jedoch nicht richtig. Wie aus dem Zusatz „letztere" hervorgeht, bezieht dieser Zusatz sich nur auf „Bergbau treibende Vereinigungen" mit juristischer Persönlichkeit.

Juristische Personen anderer als der im § 14 genannten Art, die andere Geschäfte als Bergbau treiben, fallen nicht unter das Gesetz.

7. Gesellschaften mit beschränkter Haftung.

Solche können nach Maßgabe des Reichsgesetzes vom 20. Mai 1898 (RGBl. S. 810) zu jedem gesetzlich zulässigen Zwecke gegründet werden. Sie nehmen eine Mittelstellung ein zwischen den Aktiengesellschaften, welche reine Kapitalvereinigungen sind und den offenen Handelsgesellschaften, welche reine Personenvereinigungen sind. Gesellschaften m. b. H. haben die Rechte juristischer Personen, jedoch erlangen sie diese erst durch die Eintragung im Handelsregister, vorher bestehen sie als solche nicht. Auch hier entscheidet über die Steuerpflicht lediglich die Tatsache, daß die Gesellschaft die Form als Gesellschaft m. b. H. angenommen hat, ob sie Geschäfte macht oder nicht ist gleichgültig. Hat eine Gesellschaft m. b. H einen Mehrgewinn, ohne daß sie Geschäfte macht (z. B. aus Kapitalvermögen, Beteiligung an anderen Gesellschaften, Ausverkauf der Bestände), so ist sie hinsichtlich des Mehrgewinnes steuerpflichtig.

Da die Gesellschaft m. b. H. vielfach zur Fortführung eines Familienunternehmens gegründet wird, auch im allgemeinen die Arbeitsleistung der Gesellschafter, die vielfach gleichzeitig Geschäftsführer sind, im Verhältnisse zum arbeitenden Kapital einen größeren Einfluß hat als bei den Aktiengesellschaften, so ist die Gesellschaft m. b. H. in den Gesetzen der meisten Bundesstaaten steuerlich etwas günstiger gestellt als die Aktiengesellschaft, indem bei ihr die Doppelbesteuerung aufgehoben oder gemildert wird durch besondere Vorschriften (z. B. in Preußen dadurch, daß gemäß § 71 EinkStG. beim Gesellschafter einer in Preußen [Sachsen] veranlagten Gesellschaft m. b. H. derjenige Teil seiner Steuer, der aus einer Gesellschaft m. b. H. fließt, zwar als Einkommen bei der Steuererklärung mit angegeben werden muß, aber nachträglich wieder „außer Hebung gesetzt wird"). Die Gesellschaften m. b. H. ganz von der Kriegssteuer zu befreien, war nicht angängig, und zwar war es auch nicht angängig, Familiengesellschaften oder kleine Gesellschaften zu befreien. Bereits im SichGes. (KommBer. 28, 29) war aber in Aussicht genommen, auf kleinere Gesellschaften m. b. H. gewisse Rücksichten zu nehmen. Das ist denn auch im § 10 KrStG. von 1916 und ebenso im § 13 des vorliegenden KrAbgGes. von 1919 geschehen.

8. Eingetragene Genossenschaften.

Solche sind nach dem Ges., betr. die Erwerbs- und Wirtschaftsgenossenschaften, vom 20. Mai 1898 (RGBl. S. 810) Gesellschaften mit eigener Firma von nicht geschlossener Mitgliederzahl, welche die Förderung des Erwerbes oder der Wirtschaft ihrer Mitglieder mittels gemeinschaftlichen Geschäftsbetriebs bezwecken und im Genossenschaftsregister als Genossenschaft eingetragen sind. Vorstand, Aufsichtsrat und Generalversammlung sind ihre Organe. Die Genossenschaft hat eigene Rechtspersönlichkeit (§§ 1, 17 Abs. 1 des Gesetzes). Sie ist entweder eine Gesellschaft mit unbeschränkter Haftpflicht, so daß die einzelnen Genossen für die Verbindlichkeiten der Genossenschaft den Gläubigern derselben mit ihrem ganzen Vermögen haften; mit unbeschränkter Nachschußpflicht, derart, daß die Genossen zwar mit ihrem ganzen Vermögen, aber nicht unmittelbar den Gläubigern der Genossenschaft haften, vielmehr nur verpflichtet sind, der letzteren die zur Befriedigung der Gläubiger erforderlichen Nachschüsse zu leisten; oder eine solche mit beschränkter Haftpflicht, so daß die Haftpflicht der Genossen für die Verbindlichkeiten der Genossenschaft sowohl dieser wie unmittelbar den Gläubigern gegenüber im voraus auf eine bestimmte Summe beschränkt ist (§ 2).

Die eingetragenen Genossenschaften können sein:

a) Vorschuß- und Kreditvereine, das sind solche, die ihren Mitgliedern für Haushalt und Gewerbebetrieb Kredit gewähren:

b) Rohstoffvereine, das sind solche, die den Gewerbebetrieb ihrer Mitglieder durch Lieferung von Rohmaterialien fördern;

c) Absatzgenossenschaften, Magazinvereine, das sind solche, die den gemeinschaftlichen Verkauf landwirtschaftlicher oder gewerblicher Erzeugnisse besorgen;

d) Produktivgenossenschaften, das sind solche, die die Herstellung von Gegenständen und deren Verkauf für gemeinschaftliche Rechnung bezwecken;

e) Konsumvereine, das sind solche, die den gemeinschaftlichen Einkauf von Lebens- oder Wirtschaftsbedürfnissen im großen und Abgabe im kleinen betreiben;

f) Vereine zur Beschaffung von Gegenständen des landwirtschaftlichen oder gewerblichen Betriebes und zur Benutzung derselben für gemeinschaftliche Rechnung;

g) Vereine zur Herstellung von Wohnungen.

Im § 18 der AusfBest. KrAbgGes. von 1918 ist dann bestimmt, daß bei eingetragenen Genossenschaften, die ausschließlich der gemeinschaftlichen Verwertung von Erzeugnissen der Genossen oder dem gemeinschaftlichen Einkauf von Waren für die Genossen dienen, als Geschäftsgewinn nicht derjenige Teil des Reingewinnes gilt, der als Entgelt für die von den Genossen eingelieferten Erzeugnisse oder Rückvergütungen auf den Kaufpreis der von den Genossen bezogenen Waren anzusehen ist.

Daß die Genossenschaften über den Kreis ihrer Mitglieder hinausgehen, ist im Gegensatz zum § 1 Abs. 5 preuß. EinkStG. zur Begründung der Steuerpflicht nicht erforderlich, vielmehr sind alle Genossenschaften steuerpflichtig. Daher müssen in Preußen alle Genossenschaften, bei denen Kriegsgewinne zu vermuten sind, zur Steuererklärung aufgefordert werden, und ihre Kriegsgewinne wie ihre Friedensgewinne müssen festgestellt werden.

B. 9. Nicht steuerpflichtige Gesellschaften.

Nicht unter das Gesetz fallen folgende Gesellschaften:

1. stille Gesellschaften (§§ 335 ff. HGB.);
2. einfache Kommanditgesellschaften (§§ 161 ff. HGB.), welche nicht zu verwechseln sind mit den Kommanditgesellschaften auf Aktien (§§ 320 ff. HGB.);
3. offene Handelsgesellschaften (§§ 105 ff. HGB.);
4. Reedereien (§§ 489 ff. HGB.);
5. die Reichsbank. Für die Reichsbank war ein besonderes Gesetz erlassen (Begr. z. SichGes. S. 7), und zwar das Ges. vom 24. Dez. 1915 (RGBl. S. 840).

§ 15. Als abgabepflichtiger Mehrgewinn[1]) gilt der Unterschied zwischen dem Friedensgewinne (§ 16) und dem in dem fünften Kriegsgeschäftsjahre (§ 17)[2]) erzielten Geschäftsgewinne (§ 18)[3]).

Der Unterschiedsbetrag wird auf volle Tausende nach unten abgerundet[4]). Beträge unter 5000 Mark bleiben außer Betracht[5]).

1. Mehrgewinn (Unterschied).

Die Grundlage der Besteuerung bildet der Mehrgewinn des fünften Kriegsgeschäftsjahres. Hiermit hat sich auch das deutsche Kriegsgewinnsteuergesetz auf den Boden der Besteuerung des Mehrgewinnes, statt des Gewinnes schlechthin gestellt.

Daß die Mehrgewinne irgendwie eine unmittelbare oder mittelbare Folge des Krieges sind (Heereslieferungen), ist nicht erforderlich. Es kommt nur darauf an, ob während des Krieges im Vergleich zu den Friedensjahren Mehrgewinne erzielt sind. Der Mehrgewinn ergibt sich aus der Vergleichung des (bilanzmäßigen) Geschäftsgewinnes des fünften Kriegsgeschäftsjahres mit den Friedensgeschäftsjahren.

Was als Mehrgewinn anzusehen ist, bestimmt § 15 des Gesetzes, was als fünftes Kriegsgeschäftsjahr anzusehen ist, § 17 des Gesetzes, was als Friedensjahre anzusehen ist, § 16 des Gesetzes, was als Geschäftsgewinn (im Sinne der Kriegsjahre wie der Friedensjahre) anzusehen ist, § 18 und § 16 des Gesetzes.

2. Im fünften Kriegsgeschäftsjahr.

Was als fünftes Kriegsgeschäftsjahr gilt, ergibt sich aus § 17 des Gesetzes und § 15 des alten KrStG. von 1916.

3. Geschäftsgewinn.

Der Begriff Geschäftsgewinn ergibt sich aus §§ 16, 18 des alten KrStG., jedoch ist zu beachten, daß derselbe durch § 16 (vgl. auch § 18) des vorliegenden Gesetzes in einigen Punkten noch näher umgrenzt und erläutert ist. Insbesondere sind durch § 16 die Tantiemen der Vorstandsmitglieder, Geschäftsführer, Beamten und Angestellten als abzugsfähige Betriebskosten, die Tantiemen der Aufsichtsratsmitglieder nicht als solche anerkannt. Ferner trifft § 16 Abs. 3 eine Regelung betreffs der Gesellschafter einer Gesellschaft m. b. H., die zu Geschäftsführern derselben bestimmt sind, dem Sinne nach allerdings ganz im Sinne der Ausführungen des Verfassers zu § 16 des alten KrStG. von 1916.

4. Die Unterschiedsbeträge werden auf volle Tausend Mark nach unten abgerundet.

Vgl. hierzu das amtliche Formular zur Abgabe der Steuererklärung für die Gesellschaften.

Also, wenn ein Mehrgewinn von 112430 — 100000 ℳ = 12430 ℳ festgestellt wird, Abrundung auf 12000 ℳ.

Nur die Unterschiedsbeträge werden auf volle 1000 ℳ abgerundet, dagegen findet eine Abrundung der Geschäftsergebnisse der einzelnen früheren Jahre (Friedensgeschäftsjahre) selbst auf 1000 ℳ nicht statt, ebensowenig eine Abrundung der einzelnen Ergebnisse der Kriegsgeschäftsjahre.

Beispiel:

1911 = 20155 M		
1912 = 20855 „	Friedensjahre	
1913 = 10250 „		
51260/3 =	17086 M	
1914 = 70600 M		
1915 = 90400 „		
1916 = 50200 „		

Dann ist als Vergleich auszugehen von 17086 M (nicht von 17000 M). Und es ergibt sich ein Kriegsgewinn von: 1914 (70600 — 17086 M) = 53514 M, abgerundet = 53000 M; 1915 (90400 — 17086 M) = 73314 M = abgerundet 73000 M; 1916 (50200 — 17086 = 33114) M, abgerundet = 33000 M. Das gilt sinngemäß natürlich auch bei der Berechnung des Kriegsgewinns für das vierte und fünfte Kriegsgeschäftsjahr 1917 und 1918 gemäß KrAbgG. 1918 und 1919.

5. Beträge unter 5000 Mark.

Gemeint sind Unterschiedsbeträge, welche sich aus der Vergleichung der einzelnen Jahre ergeben. Wenn also der Friedensgewinn = 46000 M betrug, der Geschäftsgewinn in den Kriegsgeschäftsjahren 1914 = 146000 M, 1915 = 50000 M, 1916 = 76000 M, so bleibt z. B. der im Jahre 1915 erzielte Mehrgewinn von 50000 — 46000 M = 4000 M, weil unter 5000 M bleibend, außer Betracht.

Der § 15 handelt von der Berechnung des Mehrgewinnes (Unterschied zwischen dem Geschäftsgewinn der Kriegsjahre im Vergleich zu den Friedensjahren). Wenn nach Abs. 2 „Beträge" unter 5000 M „außer Betracht" bleiben, so muß man annehmen, daß sich dies nicht nur auf die positive, sondern auch auf die negative Seite bezieht. Also müssen auch Verlustbeträge unter 5000 M außer Ansatz bleiben.

Beispiel:

Mehrgewinn	+ 6000	
Mindergewinn	— 3000	= 12000 M Gesamtmehrgewinn.
Mehrgewinn	+ 6000	

Ein Grund, die Verlustbeträge unter 5000 M nicht wegzulassen, sondern Verlustjahre mit dem vollen Betrage des Verlustes einzusetzen, obwohl der Verlust weniger als 5000 M beträgt, andererseits aber Gewinnjahre mit weniger als 5000 M wegzulassen, ist nicht ersichtlich, auch würde eine solche Auffassung im Wortlaut des Gesetzes keine Stütze finden.

§ 16. Friedensgewinn[1]) ist der nach den Vorschriften in §§ 16, 17 des Kriegssteuergesetzes vom 21. Juni 1916 berechnete durchschnittliche frühere Geschäftsgewinn. Für die Berechnung des Friedensgewinns kommen nur volle Geschäftsjahre in Betracht[5]).*)

Die Anteile der Vorstandsmitglieder oder Geschäftsführer wie der sonstigen Beamten und Angestellten am Jahresgewinn, auf welche diese einen Rechtsanspruch haben, sind als abzugsfähige Betriebskosten anzusehen. Dagegen sind Vergütungen (Tantiemen) der

*) Seite 101.

Aufsichtsratsmitglieder, die von der Höhe des Reingewinns und von dessen Feststellung durch die Generalversammlung oder Gesellschafterversammlung abhängig sind, von dem Geschäftsgewinne nicht abzusetzen.

Sind Gesellschafter zu Geschäftsführern einer Gesellschaft mit beschränkter Haftung bestellt, so sind die ihnen zukommenden Gewinnanteile nur insoweit als abzugsfähige Betriebskosten zu behandeln, als sie sich als Entgelt für die auf Grund eines mit der Gesellschaft abgeschlossenen Dienstvertrags ausgeübte Tätigkeit als Geschäftsführer darstellen. Der Umstand, daß die Bestellung als Geschäftsführer im Gesellschaftsvertrage selbst erfolgt ist, schließt die Annahme eines Dienstvertragsverhältnisses nicht aus [2]) [3]).*)

Bei Gesellschaften mit beschränkter Haftung und eingetragenen Genossenschaften, die ausschließlich der gemeinschaftlichen Verwertung von Erzeugnissen der Gesellschafter oder Genossen oder dem gemeinschaftlichen Einkauf von Waren für die Gesellschafter oder Genossen dienen, gilt als Geschäftsgewinn nicht derjenige Teil des Reingewinns, der als Entgelt für die von den Gesellschaftern oder Genossen eingelieferten Erzeugnisse oder als Rückvergütung auf den Kaufpreis der von den Gesellschaftern oder Genossen bezogenen Waren anzusehen ist [4]).**)

1. Friedensgewinn ist der nach den Vorschriften in §§ 16, 17 des KrStG. vom 21. Juni 1916 berechnete durchschnittliche frühere Geschäftsgewinn.

Der Friedensgewinn, dessen Vergleichung mit dem Geschäftsgewinn des fünften Kriegsgeschäftsjahres (§ 17) den steuerpflichtigen Mehrgewinn (§ 15) ergibt, ist nach Maßgabe der §§ 16, 17 des alten KrStG. von 1916 zu bemessen.

Daher bedarf es an dieser Stelle einer Erläuterung der entsprechenden §§ 16 und 17 des alten KrStG. von 1916.

Der § 16 des KrStG. vom 21. Juni 1916 lautet:

§ 16. Geschäftsgewinn (§§ 14, 17) ist der in einem Geschäftsjahr erzielte, nach den gesetzlichen Vorschriften und den Grundsätzen ordnungsmäßiger kaufmännischer Buchführung berechnete Bilanzgewinn. Abschreibungen sind insoweit zu berücksichtigen, als sie einen angemessenen Ausgleich der Wertverminderung darstellen.

Bei Kommanditgesellschaften auf Aktien bleiben diejenigen Gewinnbeträge, welche auf die von den persönlich haftenden Gesellschaftern nicht auf das Grundkapital gemachten Einlagen entfallen, außer Ansatz.

---

*) Seite 100 ff. — **) Seite 101.

Der § 17 des KrStG. vom 21. Juni 1916 lautet:

§ 17. Der durchschnittliche frühere Geschäftsgewinn (§ 14) ist nach den Ergebnissen der fünf den Kriegsgeschäftsjahren vorangegangenen Geschäftsjahre oder, wenn eine Gesellschaft noch nicht so lange besteht, nach den Ergebnissen der kürzeren Zeit, für welche Jahresabschlüsse vorliegen, zu berechnen. Besteht eine Gesellschaft schon fünf Jahre, so haben für die Berechnung des Durchschnittsgewinns die beiden Geschäftsjahre mit den besten und den schlechtesten Geschäftsergebnissen auszuscheiden. Hat innerhalb der fünf den Kriegsgeschäftsjahren vorangegangenen Geschäftsjahre eine Vermehrung des eingezahlten Grund- oder Stammkapitals stattgefunden, so wird dem Geschäftsgewinne für die vor der Vermehrung liegende Zeit ein Betrag von sechs vom Hundert jährlich des der Gesellschaft durch die Neueinzahlungen tatsächlich zugeflossenen Kapitalbetrags zugerechnet.

Als früherer Durchschnittsgewinn wird mindestens ein Betrag von sechs vom Hundert des eingezahlten Grund- oder Stammkapitals angenommen, zuzüglich des Mehrbetrags, der zur Verteilung einer etwaigen höheren festen Vorzugsdividende für bevorrechtigte Aktien notwendig gewesen wäre. Das Grundkapital einer Berggewerkschaft oder einer Bergbau treibenden Vereinigung ist aus dem Erwerbspreis und den Anlage- und Erweiterungskosten abzüglich des durch Schuldaufnahme gedeckten Aufwandes hierfür zu berechnen. An Stelle des Grundkapitals tritt bei eingetragenen Genossenschaften die Summe der eingezahlten Geschäftsanteile der Genossen.

Der im Abs. 3 vorgesehene Betrag wird als Mindestbetrag auch zugrunde gelegt, wenn ein volles Geschäftsjahr vor den Kriegsgeschäftsjahren nicht vorliegt. In diesem Falle werden jedoch für Aktien oder Anteile, die zu einem den Nennwert übersteigenden Preise ausgegeben worden sind, die sechs Hundertstel von dem Kapitale berechnet, das der Gesellschaft als Einzahlung auf ihre Aktien oder Anteile tatsächlich zugeflossen ist.

Hat sich das eingezahlte Grund- oder Stammkapital einer Gesellschaft während der Kriegsgeschäftsjahre vermehrt, so ist für die Zeit nach der Vermehrung dem durchschnittlichen früheren Geschäftsgewinn ein Betrag von sechs vom Hundert jährlich des der Gesellschaft durch die Neueinzahlungen tatsächlich zugeflossenen Kapitalbetrags hinzuzurechnen.

I. Erläuterungen zu § 16 KrStGes. von 1916.

1. Erläuterungen zu Abs. 1 Satz 1 und Abs. 2 des § 16.

α) Der Begriff Geschäftsgewinn, Bilanzgewinn im allgemeinen.

Nach der amtlichen Begründung zum alten SichGes. von 1915 (S. 12) ist als Geschäftsgewinn anzusehen „der in einem Geschäftsjahr erzielte Reinertrag, der nach den Grundsätzen zu berechnen ist, wie solche für die Aufstellung des Inventars und der Bilanz gesetzlich vorgeschrieben sind und sonst dem Gebrauch eines ordentlichen Kaufmannes entsprechen". Die Begründung fügte hinzu: „Da die Einkommensbesteuerung der Gesellschaften in den Bundesstaaten zum Teil nach verschiedenen Grundsätzen erfolgt (Überschußbesteuerung, Reingewinnbesteuerung), so deckt sich, abgesehen von der durchschnittlichen Berechnung, der Reinertrag im Sinne des GStSG. nicht ohne weiteres mit dem steuerpflichtigen Einkommen. (Im übrigen vgl. auch hierzu Begr. S. 13 KommBer. S. 24.)

Insoweit in den einzelnen Bundesstaaten Verschiedenheiten gegenüber dem Geschäftsgewinnbegriff des KrStG. entstehen können, läßt sich natürlich nur durch einen unmittelbaren Vergleich der bundesstaatlichen Gesetze und der zu ihnen ergangenen Rechtsprechung feststellen. Dies gilt auch für § 16 KrStG.

Der Begriff Geschäftsgewinn ist der gleiche sowohl für die Kriegsgeschäftsjahre wie für die Friedensgeschäftsjahre. Das ist eigentlich selbstverständlich, denn man kann nur gleiches mit gleichem vergleichen, es ist aber im Gesetz ausdrücklich noch einmal betont. Wo also in Gesetzen eines Bundesstaates bei der Einkommensteuer für die Ermittlung des Geschäftsgewinnes andere Grundsätze gelten als die hier genannten, bedarf es einer Abänderung des bei den früheren Friedenseinkommensteuerveranlagungen festgestellten Geschäftsgewinnes für die Zwecke der Kriegssteuer nach Maßgabe der Vorschrift im § 16 des Gesetzes. Ebenso Mösle, Komm. z. SichGes. zu § 3 Abs. 1 S. 24. Übrigens bestimmt § 6 der BundesratsAusfAnw. z. SichGes. ausdrücklich, daß die Vorschriften des § 3 Satz 1 und Satz 2 SichGes. für die Feststellung des Geschäftsgewinnes der Friedensgeschäftsjahre wie der Kriegsgeschäftsjahre gelten. § 6 der BundesratsAusfAnw. lautet: Die Vorschriften des § 3 Satz 1 und Satz 2 des Gesetzes (d. h. des Sicherungsgesetzes, also auch des endgültigen Gesetzes) gelten für die Feststellung des Geschäftsgewinnes der Kriegsgeschäftsjahre und der Friedensgeschäftsjahre. Ebenso bestimmt § 20 Ziff. 1 der BundesratsAusfAnw. z. KrStG. 1916: Die Vorschriften des § 16 des Gesetzes gelten für die Feststellung des Geschäftsgewinnes der Kriegsgeschäftsjahre und der Friedensgeschäftsjahre.

Wenn das Gesetz bestimmt, maßgeblich sei der „in einem Geschäftsjahr erzielte Geschäftsgewinn", so ist die Gewinnermittlung auf die jeweiligen Geschäftsjahre einzeln abzustellen (vgl. auch § 6 der BundesratsAusfAnw. z. SichGes.). Nicht der Gewinn mehrerer Jahre als Ganzes betrachtet, sondern der Gewinn, wie er jeweils in einem Jahre gemacht ist, ist maßgeblich. Das gleiche gilt für die Ermittlung des Geschäftsgewinns der Friedensjahre. Daß nach § 28 des alten KrStG. die Kriegssteuer der Gesellschaften und anderen juristischen Personen nach dem Gesamtergebnis der beiden ersten Kriegsgeschäftsjahre vorläufig und nach dem Gesamtergebnis aller Kriegsgewinnjahre endgültig festgestellt wird, entbindet die Steuerbehörde nicht von der Verpflichtung, die Ermittlung des Geschäftsgewinnes für jedes Kriegsgewinnjahr einzeln vorzunehmen. Dies gilt nicht nur, wenn ordnungsmäßige Bücher für satzungsgemäße Jahre (Geschäftsjahre) vorliegen, sondern auch, wenn das Ergebnis durch Schätzung ermittelt werden muß. In solchem Falle ist dann die Schätzung gleichfalls für jedes Jahr einzeln vorzunehmen und das Ergebnis der einzelnen Geschäftsjahre zu summieren.

Fraglich mag scheinen, was unter dem Ausdruck Geschäftsjahr zu verstehen ist. Selbstverständlich kann es sich dabei nur um satzungsmäßige Geschäftsjahre, nicht um irgendwelchen anderen beliebigen Zeitraum handeln.

Erzielt im Sinne des Gesetzes ist der Geschäftsgewinn erst, wenn das buchmäßig errechnete Ergebnis von den maßgeblichen Organen der Gesellschaften (Generalversammlung, Gesellschafterversammlung) genehmigt ist. Nicht genehmigte Abschlüsse sind nur Entwürfe des Vorstandes und bleiben außer Betracht. Die Feststellung der Bilanzen erfolgt nur durch die zuständigen Organe der Gesellschaften, also bei den Aktiengesellschaften durch die Generalversammlung, bei der Gesellschaft m. b. H. durch die Gesellschafterversammlung, bei Gewerkschaften durch den Grubenvorstand (FAG. 13, 307; 14, 355: 4, 6). Haben diese aber einmal die Bilanz genehmigt, so müssen die Gesellschaften die in den genehmigten Abschlüssen ausgewiesenen Gewinne bis zum Nachweis der Unrichtigkeit der Abschlüsse gegen sich gelten lassen (§ 17 der AusfAnw. z. KrStG. von 1916).

Bei der Genehmigung der Bilanz muß auch die gesetzliche Form gewahrt sein. Da nach § 42 GmbHG. (§§ 39—41 HGB.) der Geschäftsabschluß bei den Gesellschaften m. b. H. der Schriftform bedarf (§ 41 HGB., § 13 GmbHG. und § 6 HGB.) hat das Oberverwaltungsgericht in einer Entsch. v. 21. Dez. 1918 (VII. Sen.) die einfache mündliche Mitteilung über das Geschäftsergebnis von einem an den andern Gesellschafter und dessen einfache mündliche Genehmigung des Abschlusses nicht als rechtlich beachtsam erklärt.

Das Gesetz bestimmt, daß der Geschäftsgewinn nach den gesetzlichen Vorschriften und den Grundsätzen ordnungsmäßiger kaufmännischer Buchführung berechnet sein muß.

Hierzu führt Art. 8 preuß. AusfAnw. z. SichGes. aus, daß unter den gesetzlichen Vorschriften im Sinne des § 3 SichGes. nicht die steuerlichen, sondern die bürgerlich-rechtlichen (handelsrechtlichen) Vorschriften zu verstehen sind. Das sind die §§ 38 ff., 261, 325 HGB. usw. und § 42 GmbHG. usw. Die in Betracht kommenden gesetzlichen Vorschriften des HGB. sind folgende:

§ 38. Jeder Kaufmann ist verpflichtet, Bücher zu führen und in diesen seine Handelsgeschäfte und die Lage seines Vermögens nach den Grundsätzen ordnungsmäßiger Buchführung ersichtlich zu machen.

§ 39. Jeder Kaufmann hat bei dem Beginne seines Handelsgewerbes seine Grundstücke, seine Forderungen und Schulden, den Betrag seines baren Geldes und seine sonstigen Vermögensgegenstände genau zu verzeichnen, dabei den Wert der einzelnen Vermögensgegenstände anzugeben und einen das Verhältnis des Vermögens und der Schulden darstellenden Abschluß zu machen.

Er hat demnächst für den Schluß eines jeden Geschäftsjahrs ein solches Inventar und eine solche Bilanz aufzustellen; die Dauer des Geschäftsjahrs darf zwölf Monate nicht überschreiten. Die Aufstellung des Inventars und der Bilanz ist innerhalb der einem ordnungsmäßigen Geschäftsgang entsprechenden Zeit zu bewirken.

Hat der Kaufmann ein Warenlager, bei dem nach der Beschaffenheit des Geschäfts die Aufnahme des Inventars nicht füglich in jedem Jahre geschehen kann, so genügt es, wenn sie alle zwei Jahre erfolgt. Die Verpflichtung zur jährlichen Aufstellung der Bilanz wird hierdurch nicht berührt.

§ 40. Die Bilanz ist in Reichswährung aufzustellen. Bei der Aufstellung des Inventars und der Bilanz sind sämtliche Vermögensgegenstände und Schulden nach dem Werte anzusetzen, der ihnen in dem Zeitpunkte beizulegen ist, für welchen die Aufstellung stattfindet.

Zweifelhafte Forderungen sind nach ihrem wahrscheinlichen Werte anzusetzen, uneinbringliche Forderungen abzuschreiben.

§ 41. Das Inventar und die Bilanz sind von dem Kaufmanne zu unterzeichnen.

§ 43. Bei der Führung der Handelsbücher und bei den sonst erforderlichen Aufzeichnungen hat sich der Kaufmann einer lebenden Sprache und der Schriftzeichen einer solchen zu bedienen.

Die Bücher sollen gebunden und Blatt für Blatt oder Seite für Seite mit fortlaufenden Zahlen versehen sein.

An Stellen, die der Regel nach zu beschreiben sind, dürfen keine leeren Zwischenräume gelassen werden. Der ursprüngliche Inhalt einer Eintragung darf nicht mittels Durchstreichens oder auf andere Weise unleserlich gemacht, es darf nichts radiert, auch dürfen solche Veränderungen nicht vorgenommen werden, deren Beschaffenheit es ungewiß läßt, ob sie bei der ursprünglichen Eintragung oder erst später gemacht worden sind.

Diese Bestimmungen gelten für Kaufleute aller Art, Gesellschaften wie Einzelpersonen.

Wegen der Technik der Buchführung im Hinblick auf das Steuerrecht vgl. mein Buch über die Ermittlung des steuerpflichtigen Einkommens und Vermögens (2. Aufl., Verlag Spaeth & Linde, Berlin).

Daneben bestehen für einzelne Gesellschaften noch Sondervorschriften.

a) Aktiengesellschaften. Für diese gelten die §§ 40 ff. HGB. nur mit Maßgabe des § 261 HGB., der bestimmt:

1. Wertpapiere und Waren, die einen Börsen- oder Marktpreis haben, dürfen höchstens zu dem Börsen- oder Marktpreise des Zeitpunktes, für welchen die Bilanz aufgestellt wird, sofern dieser Preis jedoch den Anschaffungs- oder Herstellungspreis übersteigt, höchstens zu dem letzteren angesetzt werden.

2. Andere Vermögensgegenstände sind höchstens zu dem Anschaffungs- oder Herstellungspreis anzusetzen.

3. Anlagen und sonstige Gegenstände, die nicht zur Weiterveräußerung, vielmehr dauernd zum Geschäftsbetrieb der Gesellschaft bestimmt sind, dürfen ohne Rücksicht auf einen geringeren Wert zu dem Anschaffungs- oder Herstellungspreis angesetzt werden, sofern ein der Abnutzung gleichkommender Betrag in Abzug gebracht oder ein ihr entsprechender Erneuerungsfond in Ansatz gebracht wird.

4. Die Kosten der Errichtung und Verwaltung dürfen nicht als Aktiva in die Bilanz eingesetzt werden.

5. Der Betrag des Grundkapitals und der Betrag eines jeden Reserve- und Erneuerungsfonds sind unter die Passiva aufzunehmen.

6. Der aus der Vergleichung sämtlicher Aktiva und sämtlicher Passiva sich ergebende Gewinn oder Verlust muß am Schlusse der Bilanz besonders angegeben werden.

Wegen der besonderen Art der Buchführung für Aktiengesellschaften vgl. die vortreffliche Darstellung von Maatz, Die kaufmännische Bilanz und der steuerbare Gewerbeertrag (Berlin 1914, 5. Aufl., Carl Heymanns Verlag).

b) Für die Bilanzen der Kommanditgesellschaften auf Aktien gilt die Vorschrift des § 120 HGB. in Verbindung mit §§ 168, 320 Abs. 2 und 3 HGB.). Vgl. auch den Artikel Kommanditgesellschaft auf Aktien im Handwörterbuch der Einkommensteuer (Verlag Haude & Spener, Berlin 1914). Die Bilanzvorschriften sind ähnlich wie bei den Aktiengesellschaften, nur wird die Bilanz gemeinsam von der Generalversammlung und persönlich haftenden Gesellschaftern aufgestellt (§ 327 HGB.).

c) Für die Erwerbs- und Wirtschaftsgenossenschaften enthält die maßgeblichen Bestimmungen der § 7 Abs. 3 GenG. (RGBl. S. 812). Danach muß die Satzung (Statut) die Grundsätze für die Aufstellung der Bilanz bestimmen. Vorgeschrieben ist nur Führung der „erforderlichen Bücher" (§ 33 GenG.), sowie Vorlage einer Bilanz binnen sechs Monaten nach Ablauf des Geschäftsjahres und Veröffentlichung derselben. Die Bilanz, sowie eine den Gewinn und Verlust des Jahres zusammenstellende Berechnung (Jahresrechnung) muß mindestens eine Woche vor der Generalversammlung zur Einsicht der Genossen gebracht werden. Jeder Genosse kann auf seine Kosten Abschrift der Bilanz und der Jahresrechnung verlangen (§ 48). Da die Genossenschaften als Kaufleute im Sinne des HGB. gelten (§ 17 GenG.), so müssen auch die allgemeinen Vorschriften des HGB. (§§ 78 ff. HGB.) für ihre Buchführung und Bilanzierung als maßgeblich angesehen werden. Wo geordnete Buchführung nicht vorhanden ist, wie dies bei vielen Genossenschaften noch immer der Fall ist, ist Schätzung des Einkommens seitens der Steuerbehörde ebenso zulässig wie bei natürlichen Personen, die keine geordneten Bücher führen. Und zwar hat sich die Schätzung zu erstrecken auf die Einnahmen und Ausgaben, jedoch unter gleichzeitiger Berücksichtigung des am Anfang und Ende des Jahres vorhandenen Vorrates an Waren, Außenständen, Forderungen und Schulden (Aktiva und Passiva).

d) Für die Bergwerksgewerkschaften fehlte es bisher an gesetzlichen Vorschriften (abgesehen von § 122 AllgBergG.), wonach alljährlich vom Repräsentanten (Grubenvorstand) der Generalversammlung eine vollständige, mit Belegen versehene Verwaltungsrechnung zu legen ist (vgl. EOVG. 2, 14; 2, 202, 254; 6, 166; 9, 252 und Mitt. a. d. Verw. der dir. St. für Preußen 35, 59), neuerdings gilt aber für sie Art. 5 EG. z. HGB. in Verbindung mit § 2 HGB., wonach alle größeren Berggewerkschaften als Kaufleute (§ 2 HGB.) auch zu einer geordneten Buchführung verpflichtet sind (EOVG. 10, 247; 14, 263).

Vgl. hierzu wegen der Fragen der Bilanzierung und der Ermittlung des steuerlichen Geschäftsgewinnes der Berggewerkschaften, siehe Haußmann, Grundlagen der Bilanzierung und Einkommenbesteuerung der Berggewerkschaften in der Zeitschrift für das gesamte Handels- und Konkursrecht Bd. 78, Heft 3—4, woselbst alle in Betracht kommenden Fragen in besonders eingehender und gründlicher Weise behandelt sind.

e) Für die Bilanzen der Gesellschaften m. b. H. sind die folgenden Bestimmungen des Gesetzes über die Gesellschaft m. b. H. vorgeschrieben (Ges. vom 20. Mai 1898 [RGBl. S. 846, 856]).

§ 41 Abs. 2. Die Geschäftsführer müssen in den ersten drei Monaten des Geschäftsjahres die Bilanz für das verflossene Geschäftsjahr nebst einer Gewinn- und Verlustrechnung aufstellen.

§ 42. Für die Aufstellung der Bilanz kommen die Vorschriften des § 40 HGB. mit folgenden Maßgaben zur Anwendung:

1. Anlagen und sonstige Vermögensgegenstände, welche nicht zur Weiterveräußerung, sondern dauernd zum Betriebe des Unternehmens bestimmt sind, dürfen höchstens zu dem Anschaffungs- oder Herstellungspreise angesetzt werden; sie können ohne Rücksicht auf einen geringeren Wert zu diesem Preise angesetzt werden, sofern ein der Abnutzung gleichkommender Betrag in Abzug oder ein derselben entsprechender Erneuerungsfonds in Ansatz gebracht wird;

2. die Kosten der Organisation und Verwaltung dürfen nicht als Aktiva in die Bilanz eingesetzt werden;

3. das Recht der Gesellschaft zur Einziehung von Nachschüssen der Gesellschafter ist als Aktivum in die Bilanz nur insoweit einzustellen, als die Einziehung bereits beschlossen ist und den Gesellschaftern ein Recht, durch Verweisung auf den Geschäftsanteil sich von der Zahlung der Nachschüsse zu befreien, nicht zusteht; den in die Aktiva der Bilanz aufgenommenen Nachschußansprüchen muß ein gleicher Kapitalbetrag in den Passiven gegenübergestellt werden;

4. der Betrag des im Gesellschaftsvertrage bestimmten Stammkapitals ist unter die Passiva aufzunehmen. Das gleiche gilt von dem Betrage eines jeden Reserve- und Erneuerungsfonds, sowie von dem Gesamtbetrage der eingezahlten Nachschüsse, soweit nicht die Verwendung eine Abschreibung der betreffenden Passivposten begründet;

5. der aus der Vergleichung sämtlicher Aktiva und Passiva sich ergebende Gewinn oder Verlust muß am Schlusse der Bilanz besonders angegeben werden.

Damit nähern sich die Bestimmungen für die Gesellschaften m. b. H. denen, die für die Aktiengesellschaften gelten (s. a. Simon, Bilanzen der Aktiengesellschaften S. 160 ff.).

In Preußen sind allerdings für die Berechnung des steuerpflichtigen Einkommens der Gesellschaften m. b. H. nicht die Vorschriften der §§ 41, 42 GmbHG., sondern des § 40 HGB. maßgeblich (EOVG. 13, 296, 301; 14, 336, 353; dagegen Steuerarchiv 12, 127), der Geschäftsgewinn der Gesellschaften m. b. H. bei der Kriegssteuer berechnet sich also nach *anderen* Grundsätzen wie bei der Einkommensteuer in Preußen.

Das Gesetz bestimmt, daß der ordnungsmäßig „*berechnete*" Geschäftsgewinn maßgeblich sein soll. Es geht also stillschweigend von der Voraussetzung aus, daß alle Gesellschaften, für die das Gesetz (HGB.) Buchführung vorschreibt, auch Buchführung haben. Vielfach ist dies jedoch nicht der Fall (z. B. bei Gesellschaften m. b. H. und Genossenschaften). Wo Bücher nicht geführt werden oder unordentlich geführt werden, ist *Schätzung* seitens der Steuerbehörde zulässig. Die Schätzung muß sich auf die *Einnahmen und Ausgaben* erstrecken, darf aber die *Unterschiede im Bestande in Waren, Schulden und Forderungen* nicht unbeachtet lassen. Hilfsmittel der Schätzung ist die überschlägliche Berechnung in Prozenten vom erzielten *Umsatz*. Wo auch über den Umsatz keine Bücher geführt werden, ist Schätzung nach freiem Ermessen zulässig, jedoch müssen die individuellen Verhältnisse des Betriebes eingehend gewürdigt werden.

Indem das Gesetz den Ausdruck „Bilanzgewinn" gebraucht, geht es als selbstverständlich davon aus, daß Grundlage der Berechnung die Bilanz der Gesellschaft bilden soll.

Damit ist nicht gesagt, daß sie unverändert der Steuerbemessung zugrunde gelegt werden darf oder muß, sondern es ist vor allem zum Ausdruck gebracht, daß nicht von vornherein ohne jede Rücksicht auf das Bilanzergebnis eine ganz neue Rechnung aufgemacht werden soll. Zu einer solchen wäre die Steuerbehörde auch gar nicht in der Lage, da sie sich, sofern die Buchführung ordentlich ist, nur an die Buchführung der Gesellschaft halten kann, wenn sie das Geschäftsergebnis ermitteln will.

Ferner ist durch § 16 zum Ausdruck gebracht, daß steuerpflichtig nicht einfach der Überschuß der Einnahmen über die Ausgaben ist, sondern daß gleichzeitig der Stand des Vermögens der Gesellschaft, wie er sich aus der Vergleichung der Aktiva und Passiva ergibt, maßgeblich ist. Nicht der Reinertrag schlechthin, sondern der Reinertrag, beeinflußt durch die Veränderungen im Vermögensstand der Gesellschaften, ist also maßgeblich. Denn jede kaufmännische Bilanz beruht auf der Vergleichung des Vermögensbestandes zu Anfang und Ende eines Jahres (Vermögensbilanz).

Mehr hat das Gesetz nicht sagen wollen.

Bezüglich des Geschäftsgewinnes ist ein Unterschied zu machen zwischen den inländischen und den ausländischen Gesellschaften. Die inländischen Gesellschaften unterliegen der vollen Steuerpflicht, d. h. sie unterliegen der Steuerpflicht auch mit ihrem aus den ausländischen Niederlassungen erzielten Gewinn, während die ausländischen Gesellschaften nur der beschränkten Steuerpflicht unterliegen, d. h. sie unterliegen ihr nur nach Maßgabe ihres inländischen Gewinnes, der in der deutschen Niederlassung erzielt ist.

β. Der Begriff Geschäftsgewinn (Bilanzgewinn) im einzelnen.

Bilanzgewinn in des Gesetzes Sinne ist nur derjenige Geschäftsgewinn, der auf Grund der geführten Geschäftsbücher von den zuständigen Organen der Gesellschaft (Generalversammlung, Gesellschafterversammlung, Genossenversammlung) genehmigt ist. Nicht genehmigte Bilanzen sind nichts weiter als Entwürfe, kommen also nicht in Betracht.

Für die Richtigkeit der von der Generalversammlung genehmigten Bilanzen spricht allerdings die Vermutung (EOVG. 7, 326; 14, 244). Solange eine Berichtigung der Bilanz durch die Gesellschafterversammlung (Generalversammlung) nicht stattgefunden hat, muß die Gesellschaft den bilanzmäßigen Gewinn gegen sich gelten lassen (EOVG. 4, 218; 11, 262; 8, 200). Ebenso § 20 AusfAnw.: Die in den genehmigten Abschlüssen ausgewiesenen Gewinne haben die Gesellschaften bis zum Nachweis der Unrichtigkeit der Abschlüsse gegen sich gelten zu lassen. Die Gesellschaft kann aber offenbare Fehler in einer neuen Generalversammlung berichtigen lassen (EOVG. 11, 260).

Ferner kann die Generalversammlung die Entwürfe des Vorstandes umstoßen und eine andere Gewinnverteilung beschließen oder von einer solchen ganz absehen. Das ist vielfach unmittelbar vor Ausbruch des Krieges geschehen. Derartige Änderungen sind natürlich auch für die Steuerbehörde verbindlich.

Der § 16 des Gesetzes enthält die Vorschriften über die Ermittlung des Geschäftsgewinnes. Zur Feststellung des Mehrgewinnes (§ 14) bedarf es der Ermittlung des in den Kriegsgeschäftsjahren

(§ 15) erzielten Geschäftsgewinnes und des in den den Kriegsgeschäftsjahren vorangegangenen Geschäftsjahren (§ 17) erzielten Geschäftsgewinnes.

Als Geschäftsgewinn gilt der in einem Geschäftsjahr erzielte Reinertrag, der nach den Grundsätzen zu berechnen ist, wie solche für die Aufstellung des Inventars und der Bilanz gesetzlich vorgeschrieben sind und sonst dem Gebrauch eines ordentlichen Kaufmannes entsprechen.

Da die Einkommensbesteuerung der Gesellschaften in den Bundesstaaten zum Teil nach verschiedenen Grundsätzen erfolgt (Überschußbesteuerung, Reingewinnbesteuerung), so deckt sich, abgesehen von der Durchschnittsberechnung, der Reinertrag im Sinne des Gesetzes nicht ohne weiteres mit dem steuerpflichtigen Einkommen. Eine Bilanzvorschrift im handelsrechtlichen Sinne enthält § 16 nicht. Immerhin wird der Reinertrag, der bei den landesgesetzlichen Einkommensteuergesetzen ermittelt wird, in sehr vielen Fällen gleichbedeutend sein mit dem nach dem SichGes. und dem KrStG. steuerbaren Geschäftsgewinn. Der Unterschied besteht jedoch einmal in der generellen Unzulässigkeit eines 2, 3 oder 3½%igen Abzuges, den nur die EinkStG. der Bundesstaaten kennen, nicht aber das KrStG., zum anderen in kleineren Abweichungen, die aus der nachfolgenden Zusammenstellung ersichtlich sind.

Im allgemeinen gibt das im Anhang abgedruckte amtliche Formular zur Steuererklärung einen ausreichenden Anhalt für die Berechnung des Geschäftsgewinnes (im Sinne der Kriegsgeschäftsjahre wie der Friedensgeschäftsjahre).

1. Insbesondere bei Aktiengesellschaften, Kommanditgesellschaften und Berggewerkschaften.

In Preußen bestimmt über die Ermittlung ihres steuerbaren Geschäftsgewinnes der § 15 EinkStG., daß als steuerpflichtiges Einkommen der bezeichneten Steuerpflichtigen die Überschüsse gelten, welche als Aktienzinsen oder Dividenden, gleichviel unter welcher Benennung, unter die Mitglieder verteilt werden, und zwar unter Hinzurechnung der zur Tilgung der Schulden oder des Grundkapitals, zur Verbesserung oder Geschäftserweiterung sowie die zur Bildung von Reservefonds (soweit solche nicht bei den Versicherungsgesellschaften zur Rücklage für die Versicherungssummen bestimmt sind) verwendeten Beträge.

Ähnlich erklärt Art. 5 Badischen EinkStG. vom 1. Juni 1910 (VBl. 10, 226) für steuerpflichtig „die Überschüsse, die als Zinsen und Dividende unter die Mitglieder verteilt werden oder ihnen gutgeschrieben werden (nach Abzug von 3%) sowie die Überschüsse, die zur Bildung von Reserve- oder Erneuerungsfonds, zur Tilgung von Schulden oder des Grundkapitals sowie zur Verbesserung oder Geschäftserweiterung verwendet werden".

Hiermit sind die allgemeinen Richtlinien auch für die Ermittlung des Geschäftsgewinnes bei der Kriegsbesteuerung der oben genannten Gesellschaften gegeben.

Das KrStG. zieht den Kreis der steuerpflichtigen Einnahmen etwas weiter als obige bundesstaatlichen Gesetze, immerhin wird (abgesehen von der Behandlung der Tantiemen) und der Versagung eines prozentualen Abzugs vom Geschäftsgewinn) praktisch bei den zu 2 genannten Gesellschaften der Unterschied nur geringfügig sein.

a) **Aktienzinsen und Dividenden.**

Die Frage, ob nur die an die Mitglieder (Aktionäre, Gesellschafter, Gewerken, Genossen) verteilten Gewinnanteile als Teile des Geschäftsgewinnes (und zwar im Sinne der Friedensjahre und der Kriegsjahre) anzusehen sind, oder auch die Tantiemen des Vorstandes, des Aufsichtsrates und der Beamten der Gesellschaft, war im KrStG. von 1916 sehr bestritten. Nach Hachenburg (Frankfurter Zeitung Nr. 332), sollten die an die Vorstandsmitglieder und Aufsichtsräte der Gesellschaften gezahlten Tantiemen vom Geschäftsgewinn in Abzug zu bringen sein. Dazu meint Zimmermann: „Diese Ansicht dürfte bezüglich der Tantiemen der Vorstandsmitglieder zutreffen, weil die Tantiemen einen Teil der den Vorstandsmitgliedern aus ihrem Dienstverhältnis zukommenden Vergütung bilden. Dagegen werden die Tantiemen der Aufsichtsratsmitglieder einen Teil des Geschäftsgewinnes ausmachen. Was die Aufsichtsräte außer den Tagesspesen erhalten, ist Gewinnanteil, den sie als Mitglieder der Gesellschaft für ihre im Interesse der Gesellschaft ausgeübte Kontrolltätigkeit im voraus beziehen." Ebenso übrigens Mösle, Anm. 8 zu § 3 SichGes. unter Berufung auf §§ 237, 245 HGB. und RGZ. 11, 166, sowie Sintenis, BankA. 15, 88, der gleichfalls einen Unterschied macht einerseits zwischen der Tantieme des Vorstandes und der Beamten, andererseits der des Aufsichtsrates. Der § 20 Ziff. 2 der AusfAnw. des KrStG. von 1916 bestimmte dann: „Die Anteile der Vorstandsmitglieder am Jahresgewinn, auf welche diese einen Rechtsanspruch haben, sind als abzugsfähige Betriebskosten anzusehen. Dagegen sind Vergütungen (Tantiemen) der Aufsichtsratsmitglieder, die von der Höhe des Reingewinnes und von dessen Feststellung durch die Generalversammlung oder Gesellschafterversammlung abhängig sind, von dem Geschäftsgewinne nicht abzusetzen." Das Oberverwaltungsgericht für Preußen nimmt freilich einen anderen Standpunkt ein. In Übereinstimmung mit letzterer anderer Ansicht Mrozek (a. a. O. zu § 1 Anm. 12 S. 20), der folgendes ausführt: „Was der Vorstand oder der Aufsichtsrat als Gegenleistung für seine Tätigkeit im Geschäftsjahr auf Grund des Anstellungsvertrages und des Statutes von der Gesellschaft zu fordern hat, ist auch eine Schuld der Gesellschaft; die Tantieme des Vorstandes gehört zu dessen Gehalt, und die Tantieme des Aufsichtsrates wird im § 245 HGB. ausdrücklich als eine Vergütung für seine Tätigkeit bezeichnet. Ein Unterschied rechtlicher oder wirtschaftlicher Natur zwischen der Tantieme für den Vorstand und der für den Aufsichtsrat besteht also nicht. Die Schuld der Gesellschaft bezüglich beider Tantiemen besteht auch bereits am Tage, für welchen die Bilanz aufzustellen ist, nämlich am Schlusse des Geschäftsjahres; denn sie ist, wenn auch nicht bestimmt, so doch bestimmbar. Bei richtiger Bilanzaufstellung müßten also die Tantiemen unter die Passiven der Bilanz eingestellt werden, wenn sie auch nach dem Reingewinne zu berechnen sind, wie er sich ohne die Kürzung um die Tantiemen stellt. In der Rechtsprechung des Oberverwaltungsgerichtes ist deshalb seit jeher daran festgehalten worden, daß die Tantiemen des Vorstandes und des Aufsichtsrates abzugsfähige Betriebskosten darstellen (Entsch. des OVG. in Staatsst. 15, 112)."

Die Frage ist nunmehr durch § 16 KrAbG. (vgl. auch §§ 24 und 22 Abs. 2 und 3 des Ges. von 1918) in gleichem Sinne entschieden, wie sie bereits durch § 20 Ziff. 2 der AusfAnw. z. KrStG. von 1916 entschieden war).

Die Benennung, unter der Gewinnanteile ausgezahlt werden, ist gleichgültig, gleichgültig ist auch, ob sie in bar ausgezahlt oder gutgeschrieben werden. Dies ist von den Verwaltungsgerichten wiederholt entschieden worden, so z. B. für Preußen in EOVG. 2, 234; 8, 208. Steuerpflichtig ist „alles, was aus den Überschüssen an die Mitglieder der Gesellschaft verteilt wird, in welcher Form und unter welcher Benennung es geschieht, ist gleichgültig und darum jede Untersuchung darüber entbehrlich, was für die Regel unter Aktienzinsen und Dividenden zu verstehen ist. Ob die Vergütung in bar oder durch Befreiung der Aktionäre von einer Schuld gewährt wird, ist ohne Bedeutung."

Daher sind auch solche Teile des Reingewinnes als steuerpflichtiger Geschäftsgewinn der Gesellschaft anzusehen, die unter der Bezeichnung einer Verzinsung der Stammeinlage (Aktiva) an die Mitglieder verteilt werden (EOVG. 14, 325).

Aus welcher Zeit der Gewinn stammt, ist gleichgültig. Verteilte Überschüsse sind auch insoweit steuerpflichtig als sie aus unverteiltem Gewinn früherer Jahre stammen (Sächs. Jahrbuch 3, 85), nur soweit sie aus einem bereits zur Versteuerung herangezogenen Reservefond ausgeschüttet sind, gehören sie nicht zu den steuerbaren Überschüssen (Sächs. Jahrbuch 8, 180).

Wiederholt ist es vorgekommen, daß der Gewinn früherer Jahre, welcher in stillen Reserven versteckt lag und deshalb auch nicht zur Versteuerung gelangt ist, in der Weise zur Ausschüttung gelangt ist, daß das Grundkapital erhöht worden ist und den Aktionären die neuen Aktien kostenlos zur Verfügung gestellt worden sind. Ein in dieser Weise zur Verteilung gekommener Gewinn ist steuerpflichtig in dem Jahre, in dem aus den angesammelten Mitteln die Erhöhung des Aktienkapitals vorgenommen ist. Es kommt nicht darauf an, aus welchen Mitteln, für welche Zeit und unter welchen Umständen die Dividenden gezahlt werden (EOVG. 12, 69; 14, 68 ff.; 15, 70). Gewinn sind alle Beträge, die die Gesellschafter einer Gesellschaft m. b. H. oder Aktionäre einer Aktiengesellschaft unbeschadet der Stammeinlage (Aktienkapital) erhalten. Es handelt sich in solchen Fällen lediglich um eine Aufrechnung (EOVG. 14, 67) des Anspruches auf Gewinnanteil gegen den Anspruch auf Einzahlung auf das zu erhöhende Aktienkapital (Stammkapital).

b) **Als Teile des Geschäftsgewinns sind auch die Beträge zu betrachten, welche aus den Überschüssen zur Tilgung von Schulden oder des Grundkapitals verwendet sind.**

Es ist jedoch folgendes zu beachten: Nur wenn die zur Tilgung verwendeten Beträge aus den nicht verteilten Überschüssen entnommen sind, sind dieselben dem steuerpflichtigen Einkommen hinzuzurechnen (EOVG. 1, 206; 7, 160). — Vgl. hierzu unten Beispiel I. — Sind dagegen die Schulden aus den laufenden Betriebsmitteln (Aktivbeständen, z. B. Kassenbestand) abbezahlt, so vermindern sie von selbst die Überschüsse, indem dem infolge der Schuldentilgung geringeren Schuldkapital der Passivseite ein entsprechend geringer Bestandposten auf der Aktivseite entgegensteht: in solchem Falle sind die Tilgungsbeträge nicht den Überschüssen entnommen, also den Überschüssen nicht mehr hinzuzurechnen (EOVG. 7, 160; 1, 206; 2, 331). Vgl. hierzu Beispiel II.

Beispiel I.

Aktiva:		Passiva:	
Waren usw.	200000 ℳ	Grundkapital	100000 ℳ
		Obligationen	50000 „
		Gewinn	50000 „
	200000 ℳ		200000 ℳ

Gewinnverwendung laut Generalversammlungsbeschluß:

a) 25% Dividende = 25000 ℳ
b) zur Tilgung der Obligationen 25000 ℳ

} steuerpflichtiger Gewinn mithin nicht nur die 25 000, sondern auch die weiteren 25 000 ℳ, also im ganzen 50 000 ℳ, wie auch aus der Bilanz ersichtlich.

Beispiel II.

Aktiva:		Passiva:			
Waren usw.	150000 ℳ	Grundkapital		100000 ℳ	steuerpflichtiger Gewinn 50 000 und nicht 50 000 + 50 000, wie gleichfalls aus der Bilanz ersichtlich.
		Obligationen	50000 ℳ		
		davon getilgt	50000 ℳ =	0 „	
		Gewinn	=	50000 „	
	150000 ℳ			150000 ℳ	

Gewinnverwendung: 50% Dividende = 50000 ℳ.

Aus obigen Darlegungen geht hervor, daß der Fall des Beispiels I nichts weiter besagt, als daß, wenn nicht der ganze Reingewinn verteilt, sondern ein Teil desselben für bestimmte Zwecke (nämlich zur Obligationenrückzahlung) in Reserve gestellt ist, nicht nur die verteilten Dividenden (oben a), sondern auch die Reservestellungen (zu b) steuerpflichtig sind.

Ob eine Buchung, welche die Obligationenschuld als Passivum noch aufführt, obwohl sie schon getilgt ist, öfters vorkommt, muß bezweifelt werden, denn sie würde den Grundsatz der Bilanzwahrheit gröblich verletzen.

Im allgemeinen kommt also die Tilgung der Schulden schon ganz von selbst in der Bilanz zum Ausdruck, und es ist daher dem bilanzmäßigen Gewinn nichts mehr hinzuzusetzen.

Eine wirkliche „Tilgung aus den Überschüssen" findet statt beim Rückzahlungsagio. Wenn beispielsweise eine Obligationenschuld von 1 Million Mark zu 105%, also mit 1050000 ℳ zurückzuzahlen ist, so wird die Obligationenschuld in der Regel nicht mit 1050000 ℳ, sondern nur mit dem Nominalbetrage als Passivum aufgenommen. Die 50000 ℳ Agio müssen an sich als Unkosten gebucht werden; sie sind Kapitalbeschaffungskosten ebenso wie Provisionen usw., müssen also an sich dem Jahre zur Last geschrieben werden, in welchem die Schuld aufgenommen wird. Ist das nicht geschehen, so ist der Gewinn dieses Jahres um 50000 ℳ zu hoch ausgewiesen worden; sind die 50000 ℳ erst im Jahre der Rückzahlung als Unkosten gebucht, so müssen sie dort gestrichen und dem Gewinn zugeschlagen werden. In dem letzteren Falle würde allerdings in Höhe von 50000 ℳ im Rückzahlungsjahr eine „Tilgung aus den Überschüssen" stattgefunden haben.

Wirkliche Schuldentilgung erstreckt sich nur bis zum Belaufe der erhaltenen Valuta. Überschießende Teile des Nominalbetrages (Obligationsagio) sind aus dem Anleihegeschäft erwachsene Unkosten (EOVG. 3, 34), mithin steuerfreie Betriebsunkosten.

Der Tilgung der Schulden steht die Tilgung des Grundkapitals gleich.

Der zur Tilgung von Genußscheinen verwendete Betrag des Geschäftsgewinnes gehört, als zur Tilgung einer Kapitalschuld verwendet, zu den steuerpflichtigen Überschüssen OVG. 9, 240; denn die Genußscheine stehen den festverzinslichen Obligationen gleich.

Der zur Bezahlung von Gründungskosten verwendete Teil der Betriebseinnahmen gilt als zur Tilgung von Schulden verwendet insoweit, als zur Zeit der Eintragung der Gesellschaft in das Handelsregister dritte Personen infolge von Rechtshandlungen der Gründer bereits Forderungen, die zu den Gründungskosten zu rechnen sind, an die Aktiengesellschaft unter der aufschiebenden Bedingung, daß diese ins Leben treten würde, erworben hatten (EOVG. 12, 295).

Steuerlich unzulässig ist es natürlich, die Schuldenabzahlung statt auf Bestandeskonto auf Unkostenkonto ohne Inzugangstellung unter den Aktiven zu schreiben; ein solches Verfahren ist aber bei ordnungsmäßig kaufmännisch geleiteten Betrieben nicht üblich; sollte trotzdem in dieser Weise verfahren sein, so müßten die Beträge dem steuerpflichtigen Geschäftsgewinn hinzugesetzt werden.

c) **Als Teile des Geschäftsgewinns sind auch die zur Verbesserung oder Geschäftserweiterung verwendeten Beträge anzusehen.**

Als zur Verbesserung oder Geschäftserweiterung verausgabt gelten diejenigen Ausgaben, welche weder zur Deckung der laufenden Betriebsunkosten, noch zur Erhaltung und Fortführung des Betriebes in dem bisherigen Umfange dienen, sondern mit welchen Einrichtungen oder Anlagen zur Erzielung eines höheren Ertrages oder zur Ausdehnung des Betriebsumfanges bestritten werden.

Bei Beurteilung der zu besteuernden Überschüsse kommt es nicht darauf an, ob die daraus zu Geschäftserweiterungen geleisteten Ausgaben eine Steigerung des Ertrages herbeigeführt haben, EOVG. 3, 190, sondern nur darauf, ob sie zu diesem Zwecke aufgewendet sind.

Inwieweit Ausgaben als zur Verbesserung und Erweiterung aufgewendet anzusehen sind, muß aus der ganzen Art und dem Umfang der Ausgaben und den dafür geschaffenen Einrichtungen unter verständiger Würdigung der ganzen Verhältnisse von Fall zu Fall bei jedem Unternehmen entschieden werden.

Handelt es sich z. B. bei einem Eisenbahnanschlusse nicht lediglich um einen Ersatz für ein schon vorhandenes Grubengleis, sondern zu einem wesentlichen Teile um eine auf Ausdehnung des Betriebsumfanges („Zunahme der Förderung") abzielende neue Anlage, so liegt eine Ausgabe zur Verbesserung oder Geschäftserweiterung vor (EOVG. 2, 359).

Aufwendungen zur Verbesserung oder Geschäftserweiterung sind nur steuerpflichtig, wenn sie den Überschüssen der maßgebenden Betriebsjahre entnommen sind. Ob das der Fall ist, ergibt sich aus der bilanzmäßigen Verrechnung der betreffenden Aufwendungen; haben sie rechnungsmäßig den Wert der in die Bilanz eingestellten Aktiven erhöht, so können sie nicht als Betriebsausgaben verrechnet sein und die Höhe der Überschüsse beeinflußt haben.

Beispiel: Es ist an einer Fabrik im Werte von 100000 *M* ein Neubau errichtet, welcher 5000 *M* gekostet hat. Dann muß in der nächsten Bilanz die Fabrik mit Neubau mit 105000 *M* statt mit 100000 *M* erscheinen. (Die 5000 *M* werden auf der Aktivseite als „Zugang" gebucht, wodurch die in Höhe von

5000 ℳ entstandenen Kosten aufgehoben werden.) Sind dagegen die 5000 ℳ nicht in Zugang gebracht, sondern als Reparaturkosten, Unkosten oder unter welcher Bezeichnung sonst durch die Bücher gelaufen, so ist der Gewinn zu Unrecht um 5000 ℳ gedrückt, und die 5000 ℳ müssen steuerlich hinzugesetzt werden.

Freilich ist die Grenze zwischen Neubau und Umbau (Reparaturen) nicht immer leicht zu ziehen. Es ist ein beliebtes Verfahren, Kosten, welche als Erweiterungsanlagen auf Kapitalkonto gebucht werden müßten, ganz oder teilweise auf Reparaturenkonto zu buchen und auf diese Weise stille Reserven anzusammeln. Hachenburg, JW. 1916, hält es für zulässig, Werkzeuge ganz auf Geschäftskostenkonto zu nehmen. Das geht zu weit. Die Steuerbehörden verfahren hier bereits weitherzig, indem sie je nach der Art der Werkzeuge 25—50% Abschreibung zulassen. Ganz auf Geschäftskosten können Werkzeuge doch nur genommen werden, wenn sie in einem Jahr ganz wertlos werden. Freilich werden solche Fälle häufig sein. Andererseits darf hier aber auch nicht kleinlich verfahren werden.

Der Begriff der Geschäftserweiterung setzt voraus, daß Einrichtungen oder Anlagen zur Erzielung eines höheren Ertrages oder zur Ausdehnung des Betriebsumfanges hergestellt werden, solche liegen in der Beschaffung von Kapital zum Zweck des Betriebes noch nicht vor (EOVG. 8, 190).

d) **Teile des Geschäftsgewinns sind auch die zur Bildung von Reservefonds verwendeten Beträge.**

Bei der Frage, ob ein Reservefonds gebildet ist, kommt es nicht auf seine Benennung an, sondern es entscheidet der Umstand, ob es sich wirklich um eine Reserve handelt.

Als Reservefonds muß jede aus den Überschüssen gebildete Rückstellung (Ansammlung) gelten, die für die Gesellschaft eine innere Kräftigung ihrer Lage, einen Vermögenszuwachs bildet.

Die Reserven können entweder gesetzliche Reserven sein oder freiwillige Reserven.

Der Ausdruck „Reservefonds" führt leicht irre. Es handelt sich nicht um einen „Fonds" (d. h. einen greifbaren Barfonds), sondern um einen Gegenposten der Passivseite der Bilanz, der durch seinen Abzug von den Aktiven das Vermögen der Gesellschaft niedriger erscheinen läßt als es in Wirklichkeit ist. Die Vorschrift des HGB., daß das Grundkapital der Aktiengesellschaften einen unveränderlichen Posten bilden muß, zwingt die Gesellschaft, einen Gewinn, der bei einem Einzelkaufmann regelmäßig dem bisherigen Kapital zugeschrieben wird, wenn er im Geschäft belassen werden soll, gesondert in der Bilanz erscheinen zu lassen, und zwar auf einem besonderen Kapitalkonto, dem Reservefondskonto. Reservefonds ist also die Vermehrung des Kapitals über das nominelle Grundkapital hinaus (EOVG. 7, 93).

Betreffs der Bildung derartiger Reservefonds bestimmen die §§ 262 HGB. für Aktiengesellschaften (und Kommanditaktiengesellschaften):

Zur Deckung eines aus der Bilanz sich ergebenden Verlustes ist ein Reservefonds zu bilden. In diesen ist einzustellen:

1. von dem jährlichen Reingewinne mindestens der zwanzigste Teil, so lange als der Reservefonds den zehnten oder den im Gesellschaftsvertrage bestimmten höheren Teil des Grundkapitals nicht überschreitet;

2. der Betrag, welcher bei der Errichtung der Gesellschaft oder bei einer Erhöhung eines Grundkapitals durch Ausgabe der Aktien für einen höheren als den Nennbetrag über diesen und über den Betrag der durch die Ausgabe der Aktien entstehenden Kosten hinaus erzielt wird;

3. der Betrag von Zuzahlungen, die ohne Erhöhung des Grundkapitals von Aktionären gegen Gewährung von Vorzugsrechten für ihre Aktien geleistet werden, soweit nicht eine Verwendung dieser Zahlungen zu außerordentlichen Abschreibungen oder zur Deckung außerordentlicher Verluste beschlossen wird.

Den Anzeiger für die Höhe des Vermögens gibt das Grundkapital. Ein Reservefonds ist dann vorhanden, wenn das Grundkapital unberührt ist und trotzdem aus dem Gewinn ein Betrag, statt zur Verteilung zu gelangen, im Vermögen der Gesellschaft für irgendwelche künftige Zwecke zurückbehalten wird. Hat die Gesellschaft schon Reserven aus früheren Jahren neben dem Grundkapital, so ergibt sich die neue Reserve (der Zuwachs an Reserven) eben durch den Vergleich mit der früheren Reserve.

Das Vorhandensein des vollen eingezahlten Aktienkapitals „kann nicht in Abrede gestellt werden, solange die Amortisation von Aktien lediglich aus dem bilanzmäßigen Jahresgewinne stattgefunden hat und das Grundkapital in unveränderter Höhe, zu dem ursprünglichen Betrag, unter die Passiven der Bilanz eingestellt worden ist. Ob diese Einstellung einheitlich unter der Bezeichnung des ganzen Betrages als Grund- oder Aktienkapital oder in mehreren Beträgen mit verschiedenen Bezeichnungen erfolgt ist, macht dabei keinen Unterschied. Wesentlich ist nur, daß die Gesellschaft durch die Einstellung eines der ursprünglichen Höhe des Grundkapitals entsprechenden Postens unter die Passiven einen entsprechenden Teil ihres Vermögens von der Gewinnverteilung ausgeschlossen hat" (EOVG. 10, 284).

Der verteilte Gewinn (Dividende) und die Rücklagen werden in der Regel der Übersichtlichkeit wegen in runden Zahlen angesetzt, infolgedessen ergibt sich in der Regel in der Bilanz ein unverteilter Rest, der sog. Vortrag auf neue Rechnung. Er ist steuerbare Reserve desjenigen Jahres, in dem er erzielt ist, muß also im Jahre seiner Erzielung versteuert und im folgenden Jahre abgesetzt werden (EOVG. 3, 32; 4, 240; 3, 406; 5, 126; 7, 444; anders allerdings § 17 der Regierungsinstruktion z. EinkStG. für Sachsen).

Wegen des Unterschiedes von steuerpflichtiger echter Reserve und steuerfreier sog. unechter Reserve siehe die treffliche Gegenüberstellung von Maatz im Handwörterbuch der Einkommen- und Vermögenssteuer (Verlag Haude & Spener, Berlin 1914) Artikel Rücklage daselbst unter Abschnitt I, 868—872, und die bis in alle Einzelheiten daselbst angegebene und verarbeitete Rechtsprechung des Oberverwaltungsgerichtes nebst Literaturhinweisen.

Nach der neueren Rechtsprechung des Oberverwaltungsgerichts für Preußen ist das Agio, welches eine Aktiengesellschaft bei der Begebung ihrer Aktien, sei es bei der Gründung der Gesellschaft, sei es bei Erhöhung ihres Grundkapitals, über den Nennwert erzielt, ein Teil der Kapitalanlage der neuen Aktionäre; es gehört daher bei einer Handel und Gewerbe betreibenden Aktiengesellschaft nicht zu den bei der Ermittlung des Geschäftsgewinnes zu berücksichtigenden Einnahmen (Überschüssen) und ist deshalb nicht steuerpflichtig (EOVG. 10, 214 ff.; ebenso für Sachsen EOVG. vom 12. Mai 1902 im Jahrbuch 2, 288). Nur der nach Abzug der Emissionslasten verbleibende, gemäß § 262 zu 2 HGB. dem Reservefonds zuzuführende Betrag des Agios ist aber steuerfrei; diese Entsch. der vereinigten Sen. vom 25. Juni 1902 betreffs der Steuerfreiheit des Agios ist erst ergangen, nachdem das Oberverwaltungsgericht anfänglich einen anderen Standpunkt eingenommen hatte, dieser aber in der Literatur und Rechtsprechung viel angegriffen worden war (vgl. auch RGZ. 32, 244; 46, 262; 50, 97). In der Gesetzgebung und Rechtsprechung **anderer Bundesstaaten** wird teilweise auch jetzt noch ein anderer Standpunkt vertreten. So z. B. bestimmt Ziff. V des Anhanges zum **Hamburger** EinkStG. vom 1. Jan. 1914: „Zu dem zu versteuernden Einkommen gehört auch der durch Ausgabe von Aktien oder anderen Geschäftsteilen erzielte Agiogewinn."

Das Reichsgericht hat zu dieser Frage, wie oben bereits kurz angedeutet, ebenfalls, und zwar in einem Urt. vom 29. Nov. 1893, (RgZ. 32, 244) Stellung genommen: „Ein Aufgeld wird von dem Erwerber der Aktien schon vor der Eintragung der Gesellschaft in das Handelsregister, also vor deren Bestehen ... bezahlt, wenn ... bestimmt ist, daß die Aktien für einen höheren als den Nominalbetrag ausgegeben werden sollen. Die hierdurch erzielte Mehreinnahme über den Nominalbetrag der Aktien hinaus rührt unzweifelhaft nicht aus dem Geschäftsbetriebe der Gesellschaft her, sondern stellt sich als eine Vermehrung ihres Geschäfts- und Betriebskapitals dar, welche schon vor deren Bestehen eingetreten ist und darauf beruht, daß die Erwerber der Aktien gegen Leistung eines größeren Beitrages der Gesellschaft beigetreten sind. Eine Mehreinnahme durch Aufgeld kann ferner während des Bestehens der Gesellschaft erzielt werden, wenn diese ... eine Erhöhung des Grundkapitals der Gesellschaft durch Ausgabe neuer Aktien und die Leistung eines höheren als des Nominalbetrages beschließt. Rechtlich steht dieser Vorrang ... einem neuen Gründungsakte gleich ... Die neuen Aktien werden nicht von der Gesellschaft verkauft, sondern sie erweitert ihr Kapital durch neue Beteiligung der Zeichner von Aktien ... Ein Gewinn im weiteren Sinne des Wortes liegt vor, ... allein dieser Gewinn ist kein Reingewinn aus der geschäftlichen Tätigkeit der Gesellschaft, sondern ein durch die größeren Beiträge der Zeichner erlangter Zuwachs zum Geschäftskapitale" (RGZ. 32, 244).

Für die Zwecke der Berechnung der Kriegssteuer wird man sich bezüglich der Behandlung des Agios wohl nach der Rechtsprechung von Preußen und Sachsen (nicht Hamburg) richten müssen.

Nur der nach Abzug der Emissionslasten verbleibende, gemäß § 262 Abs. 2 HGB. dem Reservefonds zuzuführende Betrag ist steuerfrei. Was bei der Emission neuer Aktien über Pari hierüber hinaus in Reserve gestellt wird, ist, falls der Betrag **aus den Überschüssen** herrührt, als zur Reservestellung verwandt und deshalb als steuerpflichtig anzusehen (EOVG. 15, 255).

*) Was die veranlagten **Staats- und Gemeindesteuerbeträge** anlangt (Staatssteuern, Gemeindezuschläge, Gewerbesteuern aller Art), so gehören die aus den Jahreseinnahmen einer Aktiengesellschaft zur Bezahlung derselben verwendeten Beträge **nicht** zu den steuerpflichtigen Überschüssen und auch nicht zum **kriegssteuerpflichtigen Geschäftsgewinn** (EOVG. 12, 289). **Steuern sind bei nichtphysischen Personen Geschäftskosten.** Das gilt auch für die Gesel.schaften m. b. H. Wenn in Preußen bei der Einkommen-

---

*) Vergl. über alle diese Fragen auch den inzwischen in D. Steuerzeitung 1919 Seite 124 ff. erschienenen Aufsatz von P. Varnhagen.

steuer bei den Gesellschaften m. b. H. anders verfahren wird, so beruht dies lediglich auf der Ausnahmebestimmung des § 16 EinkStG., daß der Geschäftsgewinn der Gesellschaft m. b. H. nach den für Einzelkaufleute geltenden Grundsätzen (§ 13 EinkStG.) zu ermitteln ist. Eine solche Bestimmung kennt das KrStG. nicht.

Fraglich scheint nur, ob und wieweit Steuern auch abzugsfähig sind bei Gesellschaften, die in Deutschland nur der beschränkten Steuerpflicht unterliegen. Soweit diese Steuern den Geschäftskosten gleichzuachten sind (indirekte Steuern, Realsteuern wie Grund- und Gebäudesteuern), müssen sie jedenfalls zum Abzug zugelassen werden. Hinsichtlich der Staats- und Gemeindeeinkommensteuer ist dies jedoch nicht ganz zweifellos.

Streit herrscht aber darüber, ob die Sonderrücklage, welche nach dem Sich-Ges. zu bilden ist, der staatlichen Einkommenbesteuerung unterworfen sei. Verneint wird die Frage von Hachenburg; im entgegengesetzten Sinne hat sich insbesondere der Reichsschatzsekretär bei den Kommissionsberatungen ausgesprochen. Hachenburg gründet seine Ansicht darauf, daß die Sonderrücklage in Wirklichkeit nicht mehr der Gesellschaft, sondern dem Reiche gehöre, daß sie also lediglich eine vorweggenommene Schuld an das Reich sei. Wenn man aber berücksichtigt, daß die Rücklage lediglich zu Sicherungszwecken geschaffen ist, und daß sich überhaupt erst später herausstellt, ob und in welcher Höhe ein entsprechender Steuerbetrag an das Reich zu zahlen ist, so muß man zum wenigsten für Preußen anerkennen, daß sie der staatlichen Einkommensteuer unterworfen ist, zumal das Oberverwaltungsgericht im Gegensatz zu den ursprünglichen Anordnungen des Finanzministers sogar die Rückstellungen für die Talonsteuer als einkommensteuerpflichtig erklärt hat (EOVG. 16, 252; s. a. BankA. 13, 363).

Über die Einkommensteuerpflicht der Sonderrücklage führte der Staatssekretär des Reichsschatzamtes in den Verhandlungen der Reichstagskommission (KommBer. S. 16) aus:

„Was die Frage der Einkommenbesteuerung anlange, so läge das auf einem Gebiete, für das die Gesetzgebung und Praxis der Einzelstaaten maßgebend sei. Er möchte annehmen, daß in den meisten Bundesstaaten die Rückstellungen, die hier gemacht werden, allerdings der Einkommensteuer unterliegen, denn sie bleiben ja vorläufig im Eigentum der Gesellschaft, auch wenn sie gesondert anzulegen und zu verwalten seien. Etwas anderes sei es, wenn im definitiven Gesetz eine ausdrückliche Bestimmung getroffen würde, da dann Reichsrecht natürlich das Landesrecht breche. Eine solche Bestimmung sei aber hier mit voller Absicht nicht vorgesehen worden."

In Preußen ist übrigens nach einem Erlaß des Herrn Finanzministers vom 18. Febr. 1916 II, 1632 die nach Maßgabe des SichGes. zu bildende Sonderrücklage für steuerpflichtig erklärt worden, und zwar gleichfalls unter Bezugnahme auf EOVG. 16, 252. Letztere Entscheidung betrifft die Talonsteuer. Daher ist die Steuerpflicht der Sicherungsrücklagen für Preußen keinem Zweifel mehr unterworfen.

Anders anscheinend nach badischem Recht, wo die Rückstellungen für die Talonsteuer als abzugsfähig anerkannt sind (Urt. des bad. VGH. vom 11. Juni 1914).

In Preußen ist inzwischen die Einkommensteuerpflicht der Sonderrücklage noch besonders durch die Entsch. des OVG. vom 10. Juli 1917,

VII. Sen. $\frac{\text{VII EinkStG.}}{\text{VII EinkStG. 14/17}}$ (Preuß. Verwaltungsblatt 1918, 218) mit folgender Begründung ausdrücklich bestätigt worden.

Einkommensteuerpflichtig ist der gesamte nach dem HGB. zu berechnende Geschäftsgewinn. Hiernach unterliegt der gesamte Geschäftsgewinn ohne Rücksicht auf seine Verwendung der Einkommensteuer (Fuisting-Strutz, 8. Aufl., S. 766 Anm. 2 zu II. A 1), also auch der zur Bildung eines Reservefonds bestimmte Teil, wobei es lediglich auf die Bestimmung, nicht auf die Benennung des Fonds ankommt. Nach der feststehenden Rechtsprechung des Oberverwaltungsgerichts (s. Entsch. in Staatssteuersachen 13, 267) ist ein Reservefonds vorhanden, wenn aus dem Gewinn ein Betrag im Vermögen der Gesellschaft zur Verwendung für irgendwelche künftige Zwecke zurückbehalten wird. Dieser Begriff des Reservefonds ist auch für die Gesellschaften m. b. H. anerkannt (a. a. O. S. 304). Die nach § 1 des SichGes. vom 24. Dez. 1915 gemachte Sonderrücklage ist zwar nach § 8 Abs. 1 das. „der freien Verfügung der Gesellschaft entzogen", getrennt von dem sonstigen Vermögen der Gesellschaft zu verwalten und in Schuldverschreibungen des Deutschen Reiches oder eines Bundesstaates anzulegen. Daraus folgt aber nicht, daß sie aus dem Vermögen der Gesellschaft ausgeschieden und in das Eigentum des Staates bzw. Reiches übergegangen ist. Schon der Wortlaut des § 8 Abs. 1 a. a. O. steht dem entgegen; denn er unterscheidet die Sonderrücklage von „dem sonstigen Vermögen", rechnet sie also zum Vermögen der Gesellschaft. Folgerecht fließen die Zinsen der Rücklage nach § 8 Abs. 3 das. den sonstigen Einnahmen der Gesellschaft zu. Die parlamentarischen Verhandlungen (vgl. KommBer. Nr. 175 S. 27, 28 zu § 8) lassen ersehen, daß die vom Reichstage dem § 8 Abs. 1 eingefügten Worte „der freien Verfügung der Gesellschaft entzogen) der Verpfändung der Rücklage durch die Gesellschaft vorbeugen sollen, daß man aber eine Pfändung seitens Dritter für zulässig erachtet; solche wäre ausgeschlossen, wenn die Rücklage in das Eigentum des Reiches übergegangen wäre. Von einer Seite wurde besonders betont, daß neben der Rücklage selbstverständlich auch das sonstige Vermögen der Gesellschaft dem Reiche für seine Steuerforderung hafte, eine Auffassung, die ebenfalls davon ausgeht, daß die Rücklage im Vermögen der Gesellschaft bleibt. Ebenso unbegründet ist die Annahme der Beschwerdeführerin, daß mit dem Ges. vom 24. Dez. 1915 und mit der durch dieses angeordneten Verpflichtung zur Bildung der Sonderrücklage die Existenz der Steuerforderung des Staates zum Ausdruck gekommen und eine „Beschlagnahme" erfolgt sei. Schon die Überschrift des Gesetzes widerlegt diese Annahme; nach ihr will es sich auf „vorbereitende Maßnahmen zur Besteuerung der Kriegsgewinne" beziehen; es verfolgt den Zweck, den späteren steuerlichen Rückgriff auf die Gewinne bereits abgelaufener Geschäftsjahre zu ermöglichen und sicherzustellen. Die Steuer selbst ist erst durch das KrStG. vom 21. Juni 1916 eingeführt; vor Erlaß des Gesetzes konnte eine auf ihm beruhende Steuerforderung des Reiches nicht entstehen. Eine auf der Passivseite der Bilanz zu bewertende Schuld der Gesellschaft bestand am 31. Dezember 1915 betreffs der Steuer weder bilanzrechtlich noch steuerrechtlich. Die Einstellung der Sonderrücklage unter die Passiven dient also der Deckung einer später zu erwartenden besonderen Ausgabe und stellt an sich die Bildung eines steuerpflichtigen Reservefonds dar. Daß damit die Kriegssteuer als solche versteuert wird, steht der Steuerpflicht nicht entgegen. Der der Gesellschaft die freie Verfügung entziehende Zusatz ist lediglich in der Absicht dem Gesetz eingefügt, um die Verpfändung der Rücklage durch die Gesellschaft zu verhindern. Wollte man aber auch eine Gebundenheit der Rücklage im Sinne der Auslegung des Gesetzes durch die Beschwerdeführerin annehmen, so würde daraus die Einkommensteuerfreiheit der Rücklage doch nicht folgen. Allerdings hat sich der V. Senat des Oberverwaltungsgerichts in der von der Gesellschaft angezogenen Entsch. vom 4. März 1898 (Nr. V. A. 156) nach Erörterung des Unterschiedes zwischen einem Bewertungskonto und einem Reservefonds dahin ausgesprochen: Ein solcher (Reservefonds) ist stets dann vorhanden, wenn von dem Gewinn ein Betrag im Vermögen der Gesellschaft für irgendwelche künftige Zwecke verbleibt. Der entscheidende Gesichtspunkt dabei ist, ob im einzelnen Falle eine Vermehrung des Vermögens der Gesellschaft vorliegt oder nicht; ... dagegen ist der Zweck, welcher mit der Zurückhaltung des Vermögens von der Verteilung an die Aktionäre verfolgt wird, ohne Bedeutung, wenn nur die Gesellschaft im Besitze der freien Verfügung über den zurückgestellten Vermögensvorrat bleibt. Auf diese Entscheidung nimmt das Urt. desselben Senats vom 6. Mai 1908 (Entsch. in Staatssteuersachen 13, 305) Bezug. Wenn der damals erkennende Gerichtshof mit der fraglichen Äußerung den ihr von der Gesellschaft beigelegten Sinn hätte verbinden wollen, so würde der jetzt erkennende Senat dem nicht zustimmen können. Es ist aber anzunehmen, daß der Hinweis auf die freie Verfügung in jener älteren Entscheidung, wie Keil im preuß. VBl. 37, 394 vermutet, „nur das Vorhandensein eines wirklichen Kapitalfonds klarstellen sollte, dem keine Schuldverbindlichkeit der Gesellschaft gegenüberstehe, zu deren Deckung er dienen müsse", daß also die „freie Verfügung" hier die „Freiheit der Bilanzaufstellung" bedeuten soll. Denn schon in dem Urt. vom 13. Mai 1898 hat dieselbe Erste Kammer des V. Senates, von der das Urt. vom 4. März desselben Jahres erlassen ist, die Steuerpflicht der Zuführungen zu einem Reservefonds ausdrücklich anerkannt, obwohl die Aktiengesellschaft über den nach ihrer Konzessionsurkunde für gewisse außerordentliche Fälle zu bildenden und in besonderen Effekten anzulegenden Reservefonds nur bei Eintritt dieser Fälle, sonst aber nur mit Genehmigung des Ministers der öffentlichen Arbeiten verfügen durfte (siehe Entsch. in Staatssteuersachen 7, 95 Abs. 1 letzter Satz). Weiter sieht das Urt. desselben V. Senates vom 16. März 1912 (Entsch. in Staatssteuersachen 16, 151) in den Zuführungen zu einem Reservefonds einen Teil des gewerblichen Einkommens auch in einem Falle, in dem infolge testamentarischer Bestimmung das Verfügungsrecht der Betriebsinhaber über den Reservefonds erheblichen Beschränkungen unterworfen war. Endlich hat das Oberverwaltungsgericht die Steuerpflichtigkeit der Zuführungen zu dem Zwangsreservefonds des § 262 HGB. stets bejaht, obwohl dessen Verwendung zu einem ganz bestimmten Zwecke im Gesetze festgelegt ist. Hiernach unterliegen die der Sonderrücklage des § 1 des Ges. vom 24. Dez. 1915 aus dem Geschäftsgewinn zugeführten Beträge der Einkommensteuerpflicht. Der erkennende Senat findet sich mit dieser Auffassung in Übereinstimmung mit dem VI. Senat, der in mehreren Urteilen (z. B. vom 14. April 1917 — VI. G. 39 und 52/17) die gleichen Zuführungen zum Reservefonds als steuerpflichtigen Ertrag im Sinne des § 22 des GewStG. vom 24. Juni 1891 angesehen hat, und mit dem Staatssekretär des Reichsschatzamtes, der sich in der Reichstagskommission (siehe deren Bericht S. 16 Abs. 4) für die Einkommensteuerpflicht der Sonderrücklage ausgesprochen hat. Für die Einkommensteuerpflicht der Sonderrücklage übrigens auch Entsch. des bad. VGH. vom 7. Nov. 1916 und 9. Jan. 1917 (mitgeteilt von Zimmermann, Erläuterung des Zuschlagsgesetzes vom 9. April 1917 unter Nr. 12 S. 12).

Die Frage der Steuerpflicht oder Nichtsteuerpflicht der Sicherungsrücklage ist vom kaufmännischen und wirtschaftlichen Standpunkt anders zu betrachten als vom rechtlichen. Wirtschaftlich handelt die Gesellschaft richtig, wenn sie die Rückstellung für die Steuer in einer solchen Höhe, wie die Kriegssteuer ist, bereits in dasjenige Geschäftsjahr einstellt (durch Bildung eines vorsorglichen Passivpostens-Reserve), in dem der große Gewinn gemacht ist, und das SichGes. zwingt sie ja auch dazu, aber steuerlich abzugsfähig ist die Kriegsabgabe erst im Augenblick ihrer Fälligkeit. Daran ändert auch nichts der Umstand, daß das Gesetz von 1916 die Möglichkeit der Vorauszahlung auf noch nicht veranlagte Kriegsabgabe gibt, da es nur die Möglichkeit einer Vorschußzahlung auf eine Abgabe gibt, bezüglich derer ein Forderungsrecht für das Reich tatsächlich erst mit Zustellung des Veranlagungsschreibens entsteht. Daß aber im Jahre der Zahlung der Kriegsabgabe die gezahlte Kriegssteuer auch bei der Ermittlung des steuerpflichtigen Geschäftsgewinnes (Einkommens) bei der Einkommensteuer abzugsfähig ist unterliegt (wenigstens für Preußen und die meisten anderen Bundesstaaten) keinem Zweifel.

Es ist deshalb nicht recht begreiflich, wenn sich die Gesellschaften gegen die Heranziehung der Kriegssteuerreserve zur Einkommensteuer sträuben. Was als Reserve (Sonderrücklage) im Jahre der Rückstellung bereits zur Einkommensteuer versteuert ist, muß natürlich im nächsten Geschäftsjahr, wenn die Zahlung der Kriegssteuer später aus der Kriegssteuerreserve erfolgt, bei der Ermittlung des steuerlichen Geschäftsgewinnes in voller Höhe der bereits zur Einkommensteuer versteuerten Sonderrücklage vom buchmäßigen Geschäftsgewinn wieder abgesetzt werden. Ebenso entscheidet Entsch. der bayr. Oberberufungskommission vom 4. Dez. 1914 (Beibl. z. FinMinBl. 1915, 115), daß wenn zur Deckung künstlicher Verluste Beträge in Reserve gestellt und als nicht abzugsfähig zur Besteuerung herangezogen sind, später aus der Reserve genommen werden, der früher nicht berücksichtigte Verlust nunmehr als Betriebsausgabe abgezogen werden kann. Nun werden aber die Einkommensteuern in ihrer Höhe in allen Bundesstaaten ohne Unterschied von Jahr zu Jahr durch fortgesetzte Tarifsteigerungen drückender. Es ist also für die Gesellschaften sogar weit vorteilhafter, sich nicht gegen die Einkommensversteuerung der Kriegssteuerreserven im Jahre ihrer Rückstellung zu wehren, wo sie noch den billigen Steuertarif genießen, als die Versteuerung hinausschieben zu wollen. Es tritt wirtschaftlich nichts weiter ein als eine Verschiebung der Versteuerung zwischen den einzelnen Jahren.

Daß die Kriegssteuer des Gesetzes von 1916, der Zuschlag dazu von 1917 und die Kriegsabgabe von 1918 und 1919 bei der Berechnung des Mehrgewinns (Kriegsabgabe) von 1919 nicht abzugsfähig ist, ebensowenig wie die Rückstellungen (Sonderrücklagen) gemäß dem SichGes. von 1915, 1917 und 1918, ist in § 18 Abs. 2 besonders zum Ausdruck gebracht worden. Vgl. daher die Anmerkungen zu § 18, wo auch die Gründe für die Nichtabzugsfähigkeit der Kriegssteuer und der Kriegsabgaben bzw. des Zuschlags angegeben sind.

Soweit von der Steuergesetzgebung bzw. der Rechtsprechung

einzelner Bundesstaaten die Einkommensteuerfreiheit (Abzugsfähigkeit) der Sonderrücklage anerkannt wird, muß später der nicht als Kriegssteuer beanspruchte und somit an die Gesellschaft zurückfließende Teil natürlich als Einkommen (Geschäftsgewinn) versteuert werden.

Wodurch der Geschäftsgewinn erzielt ist, ob durch Einnahmen aus dem ordentlichen Geschäft oder infolge Zuwachses des Anlage- und Betriebskapitals, ist gleichgültig; es ist z. B. auch der bei der Veräußerung eines Grundstückes gegenüber seiner vorschriftsmäßigen Bewertung in der letzten Bilanz (§§ 40, 261 HGB.) erzielte Gewinn auch bei einer Handel mit Grundstücken nicht betreibenden Aktiengesellschaft zu den steuerpflichtigen Überschüssen zu rechnen. Für Preußen EOVG. 12, 296; ebenso für Sachsen, Wachler, Komm. z. EinkStG. zu § 4 S. 23 Anm. 8.

Auch z. B. das Reugeld, das ein Dritter für den Rücktritt von einem mit ihm im Geschäftsbetriebe einer Aktiengesellschaft geschlossenen Vertrage gezahlt hat, gehört zu den steuerpflichtigen Überschüssen der Aktiengesellschaft (EOVG. 12, 290).

2. Besondere Bestimmungen für Kommanditaktiengesellschaften

Bei Kommanditgesellschaften auf Aktien gilt derjenige Teil der Überschüsse, welcher an persönlich haftende Gesellschafter für ihre nicht auf das Grundkapital gemachten Einlagen verteilt wird, nicht als zum Geschäftsgewinn der Gesellschaft gehörig (§ 16 Abs. 2 Ges.). Das gleiche muß auch betreffs Bildung der Sonderrücklage gelten. Dieser Ansatz fehlte freilich im SichGes., was jedoch wohl nur auf einem Versehen beruhte. Deshalb führt auch die amtliche Begründung zum KrStG. 1916 aus: Daß bei Kommanditgesellschaften auf Aktien diejenigen Gewinnbeträge, welche auf die von den persönlich haftenden Gesellschaftern nicht auf das Grundkapital gemachten Einlagen entfallen, von dem steuerpflichtigen Mehrgewinn ausgeschieden werden und ausschließlich für die Besteuerung des persönlich haftenden Gesellschafters selbst in Betracht kommen, wie es § 23 Abs. 3 des Entwurfs (§ 16 Abs. 2 des Gesetzes) vorsieht, ist in der rechtlichen und wirtschaftlichen Natur derartiger Einlagen begründet. Daraus folgt wie gesagt, daß der entsprechende Absatz im SichGes. versehentlich weggelassen war. Für KrAbgG. 1918 und 1919 gilt es ebenfalls, weil dieselben auf § 16 KrStG. 1916 Bezug nehmen.

Tritt eine Aktiengesellschaft oder Kommanditgesellschaft auf Aktien in die Liquidation ein, so kann der Gewinn des letzten, vor der Liquidation liegenden Geschäftsjahres nicht nach der Liquidationsbilanz (§ 299 HGB.) ermittelt wreden, weil diese nach ganz andern Grundsätzen, nämlich nach § 229 Abs. 2 a. a. O. unter Beachtung der gewöhnlichen Bilanzgrundsätze (§ 40 a. a. O.) aufgestellt ist. Die Liquidationsbilanz kann also namentlich die im Laufe des letzten Geschäftsjahres eingetretenen Verminderungen oder Erhöhungen im Werte der Vermögensgegenstände überhaupt nicht zum Ausdruck bringen. Der Bilanzgewinn im Sinne dieses Gesetzes kann dann nur durch eine besondere, nach den Regeln der §§ 261, 262 HGB. aufzustellende Bilanz ersichtlich gemacht werden (vgl. Entsch. d. OVG. in Staatsst. Bd. 14 S. 445). Dasselbe muß für Gesellschaften m. b. H. gelten (§ 69 Abs. 1 des Gesetzes, betreffend die Gesellschaften m. b. H., vom 20. April 1892/20. Mai 1898, vgl. Mrozek a. a. O. S. 42).

3. Besondere Bestimmungen bei Gesellschaften mit beschränkter Haftung.

Bei den Gesellschaften m. b. H. ist in Preußen die Einkommensbesteuerung anders geregelt wie bei den Aktiengesellschaften, indem als steuerpflichtiges Einkommen der unter sinngemäßer Anwendung des § 13 EinkStG. zu berechnende Geschäftsgewinn gilt, der also so zu berechnen ist wie beim Einzelkaufmann. Anders die Einkommensteuergesetzgebung der meisten anderen Bundesstaaten und das KrStG. Für Preußen bedarf es mithin für das KrStG. einer Berechnung des Geschäftsgewinnes nicht nach dem für Einzelkaufleute geltenden, sondern nach den für die Gesellschaft m. b. H. geltenden besonderen handelsrechtlichen Vorschriften, die sich mehr denen der Aktiengesellschaft (s. oben zu 2) nähern. Immerhin haben nachstehende Entscheidungen auch für das KrStG. Bedeutung.

Die Feststellung des Ergebnisses eines Geschäftsjahres geschieht auch bei der Gesellschaft m. b. H. erst durch die Versammlungen der Gesellschafter. Die Bilanzen bilden auch hier die Grundlage für die steuerliche Berechnung, die an ihrer Hand vorgenommen werden muß (EOVG. 15, 319); es ist nicht angängig, daß die Gesellschaft m. b. H. die Berechnung ihres steuerbaren Einkommens auf Grund derselben überhaupt nicht gelten lassen will.

Zu den Einnahmen gehört alles, was durch den Betrieb der Gesellschaft m. b. H. erzielt wird. Ob die Einnahmen gerade durch solche Geschäfte erzielt worden sind, zu deren Betrieb die Gesellschaft m. b. H. gegründet ist, oder durch andere Umstände, ist gleichgültig; jeder Zuwachs des Anlage- und Betriebskapitals ist steuerbar. Deshalb ist auch ein Gewinn, der bei der Veräußerung eines Grundstücks über den buchmäßigen Wert hinaus erzielt wird, steuerbar, selbst wenn die Gesellschaft m. b. H. nicht Grundstückshandel betreibt (EOVG. 13, 329).

Die Entschädigung, welche eine Gesellschaft m. b. H. für die Aufgabe eines Zweiges ihres Gewerbebetriebes erhält, gehört ebenfalls zu den gewerblichen Einnahmen und ist mit dem vollen Betrag in dem Jahre, in welchem sie gezahlt wird, als Einnahme anzusetzen, auch wenn dadurch ein für mehrere Jahre zu deckender Schaden abgegolten werden soll.

Die Art der Verwendung des Geschäftsgewinnes ist gleichgültig; er ist auch insoweit steuerbar, als er nicht unter die Gesellschafter verteilt, sondern zur Bildung von Reserven usw. verwendet worden ist. Auch der unter der Bezeichnung einer Verzinsung der Stammeinlagen an die Mitglieder verteilte Reingewinn ist steuerbar; die Bezeichnung ist gleichgültig (EOVG. 14, 325).

Zum steuerbaren Geschäftsgewinn der Gesellschaft m. b. H. gehört nicht der Teil ihres Jahresgewinnes, den sie an einen Dritten für Übernahme einer Garantieverpflichtung ihr gegenüber zu zahlen hat (EOVG. 14, 326); ebensowenig sind Geschäftsgewinne die Nachschüsse ihrer Mitglieder, deren Einforderung satzungsmäßig vorgesehen werden kann; Beträge, die ihr durch die Kaduzierung von Geschäftsanteilen zugeflossen sind; Beträge, die ihr durch den Verzicht von Mitgliedern auf frühere Dividenden zugeflossen sind und Beträge, zu deren Zahlung sich ein Mitglied behufs Ergänzung des durch Verluste verminderten Stammkapitals ihr gegenüber verpflichtet hat (EOVG. 14, 330). Vgl. auch EOVG. 15, 329: Kapitaleinlagen der Gesellschafter gehören nicht zum Geschäftsgewinn. Den baren Einlagen steht die Einräumung eines Forderungsrechtes auf eine solche gleich; räumt

z. B. ein Gesellschafter zur Deckung eines früheren Verlustes am Stammkapital der Gesellschaft m. b. H. eine Forderung gegen sich in Höhe des Verlustes ein, so ist dieser Betrag nicht steuerbar, evtl. Geschäftsgewinn der Gesellschaft.

Werden von den Gesellschaftern Sachwerte, z. B. Patente, neu eingelegt, so gehören sie zwar auf die Aktivseite, aber die Einbringung ist nicht anders zu behandeln als die Erhöhung des Stammkapitals durch Bareinlagen; hierdurch entsteht kein steuerpflichtiger Geschäftsgewinn für die Gesellschaft m. b. H. Die mit der Einbringung und der Eigentumsübertragung von Grundstücken seitens der Gesellschafter in die Gesellschaft verbundenen Kosten sind keine eigentlichen Betriebskosten, sondern Gründungskosten, und dürfen deshalb bei der Ermittlung des steuerpflichtigen Einkommens der Gesellschaft nicht in Abzug kommen. Zu den Geschäftsausgaben gehören nicht die Gründungskosten (EOVG. 13, 347); denn sie werden aufgewendet, um die Gesellschaft m. b. H. ins Leben zu rufen und stehen mit der Erzielung des Geschäftsgewinnes in einem bestimmten Geschäftsjahr in keinem Zusammenhang (EOVG. 13, 399).

Werden Bestände aller Art, die mit dem Betrieb einer Gesellschaft m. b. H. im Zusammenhange stehen, von dieser zu einem den wirklichen Wert übersteigenden Preise erworben, so ist die Differenz zwischen dem wirklichen Werte und dem Anschaffungspreise der übernommenen Bestände ein bei der Ermittlung des steuerpflichtigen Geschäftsgewinnes der Gesellschaft zu berücksichtigender Verlust, umgekehrt auch ist, wenn Sachen von der Gesellschaft zu einem niedrigen Wert übernommen und zu einem höheren Wert verkauft werden, der Unterschied steuerlicher Gewinn.

Große Unsicherheit herrschte zu § 16 KrStG. von 1916 bezüglich der Behandlung der Gehälter und Tantiemen derjenigen Gesellschafter der Gesellschaft m. b. H., die zu Geschäftsführern bestellt sind. Im allgemeinen sind diese bei der Gesellschaft m. b. H. als Betriebskosten nur dann abzugsfähig, wenn die Geschäftsführung nicht im Gesellschaftsvertrage als gesellschaftliche Verpflichtung übernommen ist, sondern mit dem betreffenden Gesellschafter ein besonderer Anstellungsvertrag (Dienstvertrag) geschlossen ist. Die Tatsache, daß die Bestellung der Geschäftsführer im Gesellschaftsvertrage selbst erfolgt ist, ist zwar in der Regel, aber doch nicht immer und nicht für sich allein ausschlaggebend dafür, daß die Geschäftsführung den Gesellschaftsmitgliedern als gesellschaftliche Verpflichtung auferlegt ist. Das Nichtvorhandensein einer gesellschaftlichen Verpflichtung zur Geschäftsführung wird sich aber in denjenigen Fällen, wo eine Gesellschaft m. b. H. nur aus wenigen, sämtlich zu Geschäftsführern bestellten Mitgliedern besteht, nach der Natur der Sache nur dann rechtfertigen lassen, wenn sich aus den getroffenen Vereinbarungen mit Sicherheit ergibt, daß zwischen der Gesellschaft als solcher und den Gesellschaftern als Einzelperson neben dem Gesellschaftsvertrage noch besondere Dienstverträge abgeschlossen werden sollten (Entsch. des OVG. vom 14. Mai 1912, Steuerarchiv 16. Jahrg. Nr. 7 I 100).

Mrozeck (Kommentar S. 40) entscheidet zutreffend weiter noch dahin: Insoweit die Gegenleistung für die Geschäftsführung der Gesellschafter, wie sie tatsächlich von diesen geübt wird, die übliche Bezahlung fremder gleichwertiger Dienste übersteigt, enthält sie eine versteckte Gewinnverteilung und hat nicht die wirtschaftliche Natur von Werbungskosten. Dasselbe gilt für die übrigen deutschen Bundesstaaten (z. B. für Bayern).

„Bei der Würdigung der Angemessenheit der geschäftsführenden Gesellschafter einer Gesellschaft m. b. H. für ihre Dienstleistungen durch die Gesellschaft gewährten Bezüge ist auch darauf zu achten, daß die Bezüge in ihrem Gesamtbetrage nicht im Mißverhältnisse zur Höhe des in dem Unternehmen verwendeten Stammkapitals der Gesellschaft und dem erzielten geschäftlichen Erfolge stehen." EinkStG. Art. 12 Abs. 1 Ziff. 8. Entsch. vom 13. März 1914 342/13. (Beibl. z. FinM.inBl. S. 148.)

Ob bei einer Gesellschaft m. b. H. die Geschäftsführung den damit betrauten Gesellschaftsmitgliedern auf Grund eines mit der Gesellschaft abgeschlossenen Dienstvertrages oder als eine gesellschaftliche Verpflichtung obliegt, ist im einzelnen Falle nach Maßgabe der gesamten in Betracht kommenden Umstände zu entscheiden. Ganz im Sinne dieser Ausführungen und Entscheidungen hat sich § 16 Abs. 3 KrAbgG. 1919 entschieden, in die eine entsprechende Vorschrift neu als gesetzliche Bestimmung aufgenommen ist.

Grundlage der Berechnung des Geschäftsgewinnes bildet auch bei den Gesellschaften m. b. H. die Bilanz. Wird die Vorlage der Bilanz verweigert oder werden keine Bilanzen oder keine ordnungsmäßigen Bilanzen gezogen, so ist die Veranlagungskommission zur Schätzung des Geschäftsgewinnes berechtigt; bevor dazu geschritten wird, muß aber die Vorlage der Bilanz unter Androhung der andernfalls stattfindenden Schätzung eingefordert werden. Der Gewinn oder Verlust jedes Jahres ist für sich zu berechnen (EOVG. 13, 312), oder wenn Schätzung eintreten muß, für jedes Jahr zu schätzen (EOVG. 15, 337).

Wegen der Behandlung des Entgelts für von den Gesellschaftern gelieferte Erzeugnisse bestimmt § 7 AusfAnw. z. SichGes., der auch für das KrStG. 1916 gilt (übereinstimmend mit § 16 Abs. 4 KrAbgG. 1919).

Bei Gesellschaften m. b. H., die ausschließlich der gemeinschaftlichen Verwertung von Erzeugnissen der Gesellschafter oder dem gemeinschaftlichen Einkauf von Waren für die Gesellschafter dienen, gilt als Geschäftsgewinn im Sinne des Gesetzes nicht derjenige Teil des Reingewinnes, der als Entgelt für die von den Gesellschaftern eingelieferten Erzeugnisse oder als Rückvergütung auf den Kaufpreis der von den Gesellschaftern oder Genossen bezogenen Waren anzusehen ist.

4. Besondere Bestimmungen bei Genossenschaften.

Eine teilweise von den einzelstaatlichen Einkommensteuergesetzen abweichende Sonderbestimmung trifft § 7 Abs. 1 der BundesratsAusfBest. z. KrStG. 1916 (übrigens übereinstimmend mit § 16 letzter Absatz KrAbgG. 1919). Danach soll bei eingetragenen Genossenschaften, die ausschließlich der gemeinschaftlichen Verwertung von Erzeugnissen der Genossen oder dem gemeinschaftlichen Einkauf von Waren für die Genossen dienen, als Geschäftsgewinn im Sinne des Gesetzes nicht derjenige Teil des Reingewinnes gelten, der als Entgelt für die von den Genossen eingelieferten Erzeugnisse oder als Rückvergütung auf den Kaufpreis der von den Gesellschaftern oder Genossen bezogenen Waren anzusehen ist (KommBer. S. 14 f., 22 f., 33; StenBer. S. 475). Es muß sich dabei, wie auch aus der Fassung des § 7 Abs. 1 der AusfBest. aus § 16 letzter Absatz Ges. von 1919 hervorgeht, stets nur um eine wirkliche Nachzahlung auf eingelieferte (zunächst nicht vollbezahlte)

Erzeugnisse oder um eine wirkliche, den Vorteil des gemeinschaftlichen Wareneinkaufes darstellende Rückvergütung auf den Kaufpreis der bezogenen Waren handeln. Unzulässig wäre eine verschleierte Verteilung des eigentlichen Geschäftsgewinnes. (Ebenso § 18 der AusfAnw. z. Ges. von 1918).

Wenn für Tätigkeit der Mitglieder zu einer eingetragenen Genossenschaft in dem den Gegenstand des Unternehmens bildenden Geschäftsbetriebe Löhne gewährt werden, so sind dieselben als abzugsfähige Betriebskosten insoweit anzusehen, als sie objektiv und nach dem gewöhnlichen Laufe der Dinge wirtschaftlich als Herstellungsausgabe erscheinen, was darüber hinausgeht ist als verteilter Gewinn der Genossenschaft zu behandeln (EOVG. II, 416). Die Betriebskosten sind mit demjenigen Betrage abzuziehen, der tatsächlich verwendet worden ist, ohne daß es darauf ankommt, ob die Verwendung zweckdienlich und geboten war, und ob Ersparnisse daran hätten gemacht werden können (EOVG. 12, 147).

5. Besondere Vorschriften bei Versicherungsgesellschaften.

Bezüglich dieser bestimmt § 7 Abs. 2 BundesratsAusfBest. von 1916 übereinstimmend mit § 18 AusfBest. von 1918:

„Ebenso scheidet bei Versicherungsgesellschaften für die Feststellung des Geschäftsgewinnes im Sinne des Gesetzes derjenige Teil des Reingewinnes aus, der auf die den Versicherten selbst als sog. Dividende zurückzugewährenden Prämienüberschüsse entfällt."

Der § 7 Abs. 2 a. a. O. findet auf alle Versicherungsgesellschaften Anwendung, einerlei, ob es sich (wohl die Regel) um Aktiengesellschaften oder andere juristische Personen handelt.

2. Erläuterungen zu Abs. 1 Satz 2 des § 16.

β) Begriff und Umfang der gesetzlich zulässigen Abschreibungen.

a) Abschreibungen (Zweck, Angemessenheit, zulässige Höhe und buchmäßige Darstellung).

Der Zweck der Abschreibungen ist der, die Gegenstände auf ihren wirklichen Wert zu bringen. Die Abschreibungen sollen diejenige Wertverminderung zum Ausdruck bringen, welche die Gebäude, Maschinen, Inventar usw. (§ 8 Ziff. 4 preuß. EinkStG.) und die sonstigen Bilanzgegenstände durch den bestimmungsgemäßen Gebrauch im regelmäßigen Lauf der Dinge innerhalb der für die Veranlagung maßgeblichen Periode erleiden.

Bei der Prüfung der Zulässigkeit der Abschreibungen ist von dem nach handelsrechtlichen Grundsätzen anzusetzenden Wert bei Beginn der maßgebenden Periode auszugehen und diesem der in gleicher Weise ermittelte Wert am Schlusse der Periode gegenüberzustellen. Die Differenz zwischen beiden bildet das Maß der zulässigen Abschreibung und ein diese Differenz etwa übersteigender Betrag der vorgenommenen Abschreibung eine außerordentliche steuerlich zu streichende Abschreibung (EOVG. 10, 295 ff.: 5, 270 ff. u. a.).

Die Zulässigkeit der Abschreibungen beschränkt sich also auf die regelmäßigen jährlichen Abschreibungen der Zeit von Beginn bis zum Ende des steuerlich maßgeblichen Zeitraumes.

Der Zweck der Abschreibungen ist der, **diejenige** Wertminderung zum Ausdruck zu bringen, welche die **betreffenden** Gegenstände **in dem betreffenden** Jahr erlitten haben. Wenn in **früheren** Jahren zu wenig abgeschrieben worden ist, so kann das keinesfalls in der Weise nachgeholt werden, daß ein günstiges Geschäftsjahr dazu benutzt wird, um in ihm auf einmal alles abzuschreiben, was in früheren Jahren versäumt war, abzuschreiben. Das ist kaufmännisch zwar richtig und empfehlenswert aber steuerlich unzulässig.

Dagegen ist es zulässig, Abschreibungen, die in früheren Jahren nicht gemacht worden sind, nachträglich in den Bilanzen derjenigen Jahre zu machen, in denen sie hätten gemacht werden müssen, dementsprechend die früheren Bilanzen zu korrigieren, dies der Steuerbehörde mitzuteilen und den Nachweis zu führen, daß in früheren Jahren tatsächlich zu wenig abgeschrieben worden ist. Es fragt sich nur, ob dies nachträgliche Berichtigen früherer Bilanzen der Gesellschaft (Friedensbilanzen) ihr irgendwelche steuerliche Vorteile bringt. Wenn sie nachträglich an den früheren Bilanzen mehr Abschreibung macht, als sie in der Bilanz seinerzeit selbst für nötig erachtet hatte, so drückt sie damit den Gewinn der Friedensgeschäftsjahre noch mehr herab (ohne wegen der Rechtskraft der früheren Einkommensteuerveranlagungen eine Herabsetzung derselben nachträglich durchsetzen zu können) und vergrößert die Spannung zum Geschäftsgewinn der Kriegsjahre und damit auch ihren Kriegsgewinn. Umgekehrt, wenn die Gesellschaft behauptet, früher zu viel abgeschrieben zu haben, setzt sie sich einer Nachveranlagung wegen früher zu wenig versteuerten Einkommens aus. Durchaus zutreffend daher Zimmermann, Kommentar S. 12: „Dem Zweck der Bilanzen der Aktiengesellschaften usw. als Gewinnverteilungsbilanzen entspricht es, daß die Abschreibungen nur in Höhe der im Bilanzjahr eingetretenen Wertminderungen vorgenommen werden. In gleicher Weise sollen auch nach § 3 Satz 2 SichGes. zur Ermittlung der in den einzelnen Kriegsgeschäftsjahren erzielten Mehrgewinne nur der Wertminderung entsprechende Abschreibungen zugelassen werden. Weitergehende außerordentliche Abschreibungen, durch welche die in früheren Jahren vorgenommenen zu niederen Abschreibungen ausgeglichen und die Bewertungen der Maschinen usw. richtiggestellt werden sollen, sind zu beanstanden. Die Ausgleichung kann nur in der Weise erfolgen, daß die Bilanzen der Jahre, in denen die Abschreibungen unrichtig erfolgten, richtiggestellt werden. Solche Berichtigungen der für die Friedensjahre aufgestellten Bilanzen hätten aber zur Folge, daß sich der für diese Jahre berechnete Gewinn und damit auch der Durchschnittsgewinn ermäßigte und so der Unterschied zwischen dem Durchschnittsgewinn und dem Geschäftsgewinn der Kriegsjahre, also der Mehrgewinn, erhöhte. Das an sich zulässige Rückwärtsrevidieren der Bilanzen wird deshalb nicht immer angebracht sein."

Übrigens ist noch eines zu beachten: Es wird einer Gesellschaft fast niemals möglich sein, viele Jahre später nachzuweisen, was vor vielen Jahren die einzelnen Posten einer Bilanz tatsächlich wert gewesen sind. Warenlager, Mobilien u. dgl. sind inzwischen verbraucht, ihr Wert also schon deshalb nicht nachträglich mehr feststellbar. Mithin blieben als Nachweis nur die Fakturen (aus denen der Einkaufspreis hervorgeht) und die Inventurverzeichnisse, vorausgesetzt, daß diese nicht längst vernichtet sind. Geht aus diesen hervor, daß die Bewertungen wissentlich zu niedrig waren und ist die Annahme begründet, daß dies seinerzeit zum Zwecke der Hinterziehung von Einkommensteuer geschehen ist, so hat sich die Gesellschaft (bzw. dessen Vorstand) strafbar gemacht.

Die bloße Möglichkeit künftiger Entwertung durch künftige Ereignisse kommt nicht in Betracht. Nur die gegenwärtige Verminderung des Wertes ist zu berücksichtigen.

Wenn ich ausführe (und zwar in Übereinstimmung mit der Rechtsprechung des Oberverwaltungsgerichts), daß die Möglichkeit künftiger Wertminderungen bei der Aufstellung der Kriegsbilanzen ausscheiden muß, so bedarf das einer Einschränkung bezüglich derjenigen Gegenstände, deren Entwertung (Wertlosigkeit, Altmaterialienwert) mit völliger Bestimmtheit auch hinsichtlich des Zeitpunktes der Wertlosigkeit schon jetzt feststeht. Sind z. B. für besondere Kriegsbedürfnisse (Granatenfabrikation, Entlausungsanstalten) besondere Baracken u. dgl. gebaut, die unbedingt wieder abgerissen werden müssen, so kann (vorbehaltlich des Altmaterialienwertes, Abbruchwertes) sofort so viel abgeschrieben werden, daß diese Anlagen nach Friedensschluß mit einer Mark zu Buche stehen. Abgesehen von solchen Fällen bleibt aber die mehr oder weniger große Wahrscheinlichkeit künftiger Entwertung außer Betracht.

Maßgeblich ist lediglich die Frage, ob die Abschreibungen einer angemessenen Berücksichtigung der Wertverminderung entsprechen (vgl. § 13 Abs. 1 letzter Satz preuß. EinkStG.).

Für die Bewertung der Vermögensstücke und Forderungen bei der Inventur und für das Maß der überhaupt zulässigen Abschreibungen ist hiernach die Vorschrift im § 40 HGB., der kaufmännische Gebrauch und innerhalb der durch denselben gezogenen Grenzen das Ermessen des Steuerpflichtigen selbst bestimmend. Die von demselben in dieser Hinsicht bei seiner Buchführung angenommenen Grundsätze bleiben daher auch für die Berechnung des steuerpflichtigen Einkommens maßgebend, sofern nicht die ungebührliche Höhe der Abschreibung im einzelnen Falle das nach allgemeinem Gebrauch übliche oder durch die besonderen tatsächlichen Verhältnisse gerechtfertigte Maß offenbar übersteigt, oder sogar die Absicht einer künstlichen Herabdrückung des wirklichen Reingewinnes erkennen läßt.

Nach gleichen Grundsätzen ist in betreff der Abschreibungen auf unsichere Forderungen sowie der Rücklagen zur Ausgleichung möglicher Verluste an denselben (Delkrederekonto) zu verfahren (Art. 19 preuß. AusfAnw. z. EinkStG. und Fernow, Komm. hierzu zu § 13 S. 233 Anm. 6a).

Die Beantwortung der Frage der Angemessenheit der Abschreibungen ist eine außerordentlich schwierige. Sobald die Angemessenheit verneint wird, ist der darüber hinausgehende Teil der Abschreibungen steuerbare Ansammlung von Reserven. Die Entscheidung über die Angemessenheit ist stets von Fall zu Fall unter Berücksichtigung der ganzen Verhältnisse des Unternehmens zu treffen.

Die Frage der steuerlichen Behandlung hat von jeher und auch jetzt wieder eine zahlreiche Literatur hervorgerufen. Bezüglich der Literatur über diese Frage, soweit sie Anspruch auf Beachtung erheben kann, vgl. Haußmann im Bankarchiv 15 Nr. 10. Irgendwelche neue oder andere Gesichtspunkte brachte das KrStG. von 1916 (mit Ausnahme des § 8 Abs. 2 der BundesratsAusfAnw., welcher Rücksichtnahme auf die Überführung des Unternehmens in die Friedenswirtschaft vorschreibt) nicht. Zutreffend daher Sintenis, BankA. 15 S. 88, 891, 133 und Hachenburg, JW. 1916, 14 ff., wonach an dem bisherigen Rechtszustand der Beurteilung der Zulässigkeit oder Nichtzulässigkeit von Abschreibungen sonst nichts geändert wird.

In den Beratungen der Kommissionsverhandlungen zum SichGes. von 1915 (vgl. KommBer. S. 4, 5, 12, 16, 20, 24) erklärte der Reichsschatzsekretär hinsichtlich der Abschreibungen und der Schaffung von stillen Reserven durch übermäßige Abschreibungen folgendes: Die Frage der Abschreibungen bilde allerdings einen äußerst schwierigen Punkt, sobald man an die juristischen Personen herangehe. Im Zusammenhang mit ihr stehe die Frage der stillen Reserven. Bisher seien alle Versuche gescheitert, stille Reserven als solche restlos mit zur Besteuerung heranzuziehen, weil es für diesen Begriff kein gesetzlich feststellbares Kriterium gebe. Es bleibe da den Leitern der einzelnen Unternehmungen bei der Bilanzaufstellung überlassen, diese schweren und verantwortungsvollen Fragen nach bestem Ermessen und Gewissen zu lösen; bestimmte Normen der Gesetzgebung seien ausgeschlossen. Wenn wir auch keine Normen schaffen können, so wollen wir doch wenigstens gegenüber den Gesellschaften und den Gesellschaftsleitern den Grundsatz aufstellen, daß stille Reserven (die also nach ihrem Urteil und nach loyaler und kaufmännischer Erwägung solche sind) der Besteuerung unterliegen, soweit sie aus dem Gewinn der Kriegsjahre etwa gebildet werden. Es solle nicht aussehen, als ob hier nun beliebige Abschreibungen gemacht werden könnten und die Steuer dann nur den bilanzmäßigen Gewinn träfe.

Stier-Somlo, Komm. z. SichGes. zu § 3 S. 81 Anm. d äußert sich hierzu unter Bezugnahme auf die Ausführungen von Sintenis a. a. O. im BankA. dahin: „Was angemessene Abschreibung ist, hängt nicht nur, wie Sintenis a. a. O. 88 meint, von dem sachverständigen Urteil der Geschäftsleitung jedes einzelnen Unternehmens ab, dem durch die Natur der Dinge ein weiter Spielraum eingeräumt ist, sondern von der Auffassung der Steuerveranlagungsbehörde und evtl. der Rechtsmittelinstanzen. Jedenfalls steht außer Zweifel, daß auch die stillen Reserven bei der Feststellung des Mehrgewinnes zu berücksichtigen sind, namentlich trifft dies zu auf Gesellschaften, die eine Schatzanhäufungspolitik getrieben haben. Jedoch dürfen nur wirkliche stille Reserven betroffen werden, nicht dagegen Beträge, die nach dem pflichtgemäßen Urteil der Geschäftsleitung und der Auffassung der Steuerbehörde, bzw. der Rechtsmittelinstanzen, für Minderbewertung in Absatz zu bringen sind. Die Gesellschaften, die schon vor dem Kriege Schatzanhäufungspolitik getrieben haben, sind berechtigt, auch dem Geschäftsgewinn der fünf Vorjahre den Betrag der damals festgestellten stillen Reserven hinzuzurechnen."

Bemerkenswert ist übrigens, daß § 13 des preuß. EinkStG. nur die „regelmäßigen" jährlichen Abschreibungen zuläßt, während der § 16 KrStG. schlechthin die Abschreibungen zuläßt, die einer angemessenen Wertminderung entsprechen. Das Wort „regelmäßig" bedeutet aber auch im preuß. EinkStG. nicht dasselbe wie „stets gleichmäßig", besagt vielmehr nur, daß nur die das betreffende Jahr angehenden, durch den Betrieb verursachten Abschreibungen als Abzugsposten angeführt werden dürfen. Dagegen ist es sehr wohl möglich, daß derselbe Gegenstand in einem Geschäftsjahr mehr abgenutzt wird, wie im anderen (z. B. Maschinen durch größere Beanspruchung). Es ist deshalb nicht unbedingt nötig, daß der Prozentsatz der Abschreibung in jedem Jahr genau der gleiche ist.

Bezüglich der Normativbestimmungen betreffs der Abschreibungshöhe können natürlich nur einige **allgemeine Anhaltspunkte** gegeben werden.

Bei der Bemessung der Wertminderungen ist es zulässig, von bestimmten, durch die langjährige Erfahrung und sachverständige Übung festgestellten **Prozentsätzen** der einzelnen Werte auszugehen. In diesem Falle hat die Gesellschaft, soweit sie eine höhere als die erfahrungsmäßige Wertverminderung behauptet, die einzelnen Umstände, welche sie herbeigeführt haben sollen, eingehend darzulegen und in dieser Weise die höhere Wertverminderung nachzuweisen (EOVG. 10, 295 ff.).

Im allgemeinen werden in Preußen (Verf. vom 7. Febr. 1893, Mitteilung 26, 5) unbeanstandet durchgelassen für massive **Wohngebäude** in gutem Zustande $^1/_4$—$^1/_2$% vom Bauwert (nicht vom Feuerkassenwert). Diese Beträge sind aber im allgemeinen wohl etwas zu niedrig bemessen (EOVG. 9, 90). Regeln lassen sich indessen hier schwer aufstellen (vgl. Mitteilungen a. d. Verw. d. dir. Steuern 35, 9, wonach der Nachweis höherer Abnutzung jedenfalls nicht ausgeschlossen ist). Auszugehen ist vom **Bauwert** (EOVG. 13, 155; 15, 271), und aus der Vergleichung mit der voraussichtlichen durchschnittlichen **Lebensdauer** des Gebäudes ergibt sich der Betrag der zulässigen Abschreibungen.

Abschreibungen auf den bloßen **Grund und Boden** als solchen sind unzulässig; unter gewissen außergewöhnlichen Umständen kann indessen eine Abschreibung wegen Abnutzung bei Grund und Boden infolge Benutzung beim Bergbau zugelassen werden, wenn er zur Aufschüttung von Abraum (Halden) benötigt wird (EOVG. 9, 250).

Zu beachten ist für Preußen Art. 4 der AusfAnw. z. preuß. EinkStG.: „Die Abschreibungen sollen lediglich **derjenigen** Wertverminderung entsprechen, welche die Gebäude, Maschinen oder das Inventar durch den bestimmungsmäßigen Gebrauch im regelmäßigen Verlauf der Dinge innerhalb der für die Veranlagung **maßgebenden Zeitperiode** erlitten haben. Ihre zulässige Höhe ergibt sich mithin, indem man den **Wert** des in Frage kommenden Gegenstandes einmal am **Beginn** und sodann am **Ende** der für die Veranlagung maßgebenden Zeitperiode ermittelt und diese Werte einander **gegenüberstellt**, hierbei aber diejenige Differenz der Werthöhe **ausscheidet**, welche nicht durch den **bestimmungsmäßigen Gebrauch** des Gegenstandes, sondern durch andere Momente, z. B. durch **Preisschwankungen** u. dgl., mit herbeigeführt ist. Da einer strikten Durchführung dieses Verfahrens indessen unüberwindliche Schwierigkeiten entgegenstehen, ist den Veranlagungskommissionen nachgelassen, für die Abnutzung der einzelnen Gattungen der in Betracht kommenden Gegenstände, insbesondere der Gebäude, angemessene und den maßgebenden Verhältnissen entsprechend abgestufte Durchschnittssätze festzustellen, bis zu welchen die von dem Steuerpflichtigen beanspruchte Absetzung ohne weitere Erörterung zugelassen werden soll. Die Zulassung eines höheren Betrages als des angenommenen Durchschnitts- (Normal-) Satzes ist hierdurch jedoch im Einzelfalle nicht ausgeschlossen. Dem Steuerpflichtigen bleibt es vielmehr unbenommen, besondere, eine größere Wertverminderung bedingende Verhältnisse geltend zu machen und seine Anträge durch geeignete Beweismittel zu rechtfertigen; Art. 4 I Nr. 4 der AusfAnw. z. preuß. EinkStG. (EOVG. 5, 270 ff).

Für die Bemessung der Abschreibungen bei Berggewerkschaften auf Bergwerkssubstanz gelten nach dem preuß. EinkStG. die Entsch. des Oberverwaltungsgerichts in Kommunalsteuersachen 17, 128 und die entsprechenden Entsch. in Staatssteuersachen 4, 98 und 42; 5, 55, 59; 6, 179; 8, 210; 8, 33, 98.

Danach ist die Abschreibung $= \frac{\text{Wert der Bergwerkssubstanz} \times \text{Jahresförderung.}}{\text{Gesamtquantum}}$

Die Schwierigkeit liegt in der Bestimmung und Bewertung des einen Bestandteils dieser Gleichung, nämlich der Bergwerkssubstanz. Dieser Bestandteil wird nach der Rechtsprechung des Oberverwaltungsgerichts bestimmt durch ein Kapital, das beim üblichen Zinsfuße für Bergwerksunternehmungen in einer Reihe von Jahren (die sich aus dem Bruche $\frac{\text{Gesamtquantum}}{\text{Jahresförderung}}$ ergibt) unter Berücksichtigung der Zinseszinsrechnung eine dem reinen Jahreskohlenwerte gleich hohe Rente abwerfen würde. Die Formel lautet: Kapitalwert $= \frac{R \times p^{(n-1)}}{p^n \times (p-1)}$ hierbei ist $p = 100 + \frac{z}{100}$ (R bedeutet Rente, n die Lebensdauer der Grube, z den in Bergwerksbetrieben üblichen Zinsfuß). Eine eingehende Erklärung der Rentenformel gibt Maatz im Handwörterbuch der preuß. EinkStG. (Verlag Haude & Spener, Berlin 1914). Hieraus ergibt sich, daß die besonderen Verhältnisse des betreffenden Jahres, der jeweilige durchschnittliche Zinsfuß, die Produktions- und Absatzverhältnisse und der Kaufpreis für die Bestimmung des Substanzwertes und der Höhe der Abschreibung von entscheidender Bedeutung sind. Ferner ergibt sich hieraus, daß Substanzwert und Abschreibung infolgedessen jährlich großen Schwankungen unterworfen sind. Dabei kann es vorkommen, daß bei entsprechender Konjunktur eine Abschreibung wegen Substanzverminderung unzulässig ist (nämlich wenn der letzte Rest infolge der Konjunktur den ersten übersteigt), obwohl tatsächlich eine Quantitätsverminderung durch Abbau stattgefunden hat (vgl. dagegen die Regelung in dem nicht Gesetz gewordenen Entwurf eines preußischen Gesellschaftssteuergesetzes: Als jährliche Abschreibung für Substanzverminderung kommen beim Bergbaubetriebe auf Steinkohle, Steinsalz, Kali, Magnesia, Vorsalze nebst den mit diesen Salzen auf derselben Lagerstätte vorkommenden Salzen 3%, auf Braunkohle und Graphit 4%, auf Erze 6% des Verkaufswertes der jährlichen Förderung in Ansatz. Im übrigen s. betr. der Bilanzierung und Abschreibungen bei Berggewerkschaften Haußmann in Z. f. ges. Handelsrecht 78, 3 und 4.

b) Buchmäßige Darstellung der Abschreibungen.[3]

Die Abschreibungen können entweder durch unmittelbare Absetzung von der Aktivseite oder durch Einsetzung eines Gegenpostens auf der Passivseite vorgenommen werden.

Beispiel I.

Aktiva:			Passiva:	
Waren . . .	100000 *M*		Grundkapital	150000 *M*
Effekten . .	100000 „	200000 *M*	Gewinn	30000 „
Abschreibung		20000 *M*		
		180000 *M*		180000 *M*

Beispiel II.

Aktiva:			Passiva:	
Waren . .	100000 M		Grundkapital	150000 M
Effekten .	100000 „		Abschreibung (Erneuerungsfonds, Delkrederekonto	20000 „
		200000 M	Gewinn	30000 „
		200000 M		200000 M

Die Zulässigkeit beider Buchungsarten ist zwar allgemein anerkannt aber durch die AusfAnw. z. KrStG. von 1916 und die entsprechenden Bestimmungen der AusfAnw. von 1918 nochmals ausdrücklich bestätigt, die bestimmt:

„Die Vorschrift im § 16 Abs. 1 Satz 2 des Gesetzes gilt nicht nur für die Abschreibungen, die durch unmittelbare Einstellung des wirklichen zeitigen Wertes in die Bilanz erfolgen, sondern auch für die Abschreibungen, die durch Ansetzung des ursprünglichen Wertes unter bilanzmäßiger Gegenüberstellung eines besonderen, die Wertverminderung darstellenden Kontos (Erneuerungs-Delkrederekonto) erfolgen.

Die Form der Verbuchung ist ganz gleichgültig; es kommt nur darauf an, ob es sich bei den Abschreibungen um wirkliche notwendige Abschreibungen handelt oder um verschleierte Reserven. Daher ist es gleichgültig, ob die Rückstellung als „Rückstellungskonto" in der Bilanz erscheint oder ob daraus z. B. ein „Kreditor in laufender Rechnung" gemacht wird. Letztere Bilanzierungsart wäre lediglich eine Verschleierung des wirklichen Tatbestandes.

Eine Gesellschaft kann zwar beanspruchen, daß bei der Ermittlung der steuerpflichtigen Überschüsse eines Geschäftsjahres an Stelle der von den Veranlagungsbehörden als zu hoch bemängelten Beträge der in der Bilanz auf einzelne Konten der Betriebsgegenstände gemachten Abschreibungen die zu niedrig bemessenen Abschreibungen auf andere derartige Konten bis zur Erreichung des Gesamtbetrages der in der betreffenden Bilanz auf Betriebsgegenstände bewirkten Abschreibungen erhöht werden, dagegen dürfen zu niedrige Abschreibungen in der für ein Jahr der Durchschnittsperiode angefertigten Bilanz nicht zum Ausgleiche zu hoher Abschreibungen in der Bilanz für ein anderes der in der Durchschnittsperiode fallenden Geschäftsjahre verwendet werden (OVG. 11, 264; 10, 308).

Voraussetzung der Zulässigkeit von Abschreibungen ist, daß die Kosten für die Neuanschaffung der betreffenden Gegenstände nicht als Betriebskosten gebucht sind (§ 8 Ziff. 4 preuß. EinkStG.). Bei der Beurteilung der Abschreibungen ist daher auch zu berücksichtigen, daß durch gute und regelmäßige Reparaturen die Gebrauchsdauer und Lebensdauer der betreffenden Anlagen verlängert wird (EOVG. 14, 110).

Über die steuerliche spätere Behandlung von der Steuerbehörde gestrichener Abschreibungen läßt sich folgendes sagen:

Wird durch Herabsetzung der Abschreibungen eine Bilanz von seiten der Steuerbehörde steuerlich berichtigt, so ist bei der nächstjährigen Bilanz von dem Werte auszugehen, der nach den festgestellten Abschreibungen des Vorjahres beim Beginn des Geschäftsjahres verblieben ist, und dann zu ermitteln, um wieviel dieser Wert am Schlusse des Jahres verringert ist (EOVG. 7, 359;

8, 172; 15, 115). Ist nach steuerlicher Feststellung ein Aktivum zu gering bewertet und daher ein entsprechender stiller Rücklagefonds anzunehmen, der eigentlich bei den Passiven einzustellen wäre, so ist fürs nächste Jahr mit jenem stillen Passivposten und deshalb mit dem um diesen Betrag erhöhten Buchwerte des Aktivums zu rechnen. Abweichung von bilanzmäßiger Abschreibung ist näher zu begründen, die vom Pflichtigen zur Rechtfertigung ihrer Abschreibung vorgeführten Umstände zu würdigen.

Zulässig sind stets nur Abschreibungen, die die im Geschäftsjahre eingetretenen Wertminderungen ausgleichen, nicht aber solche, die irgendwelchen Erforderungen der Zukunft Rechnung tragen, besonders bleibt kaufmännischer Brauch und die Rücksicht auf weniger günstige Konjunktur außer Betracht (EOVG. 2, 198; 10, 295; 12, 313; 15, 241).

Maßgeblich für die Bewertung des Einzelgegenstandes ist sein Verkaufswert unter Voraussetzung des Fortbestandes des Gewerbebetriebes (a. a. O. 15, 270), wonach die voraussichtliche Gebrauchsdauer der einzelnen Arten der Anlage und Betriebsgegenstände zu erörtern und der entsprechende Prozentsatz der Abschreibung zu wählen ist (Entsch. des OVG. vom 4. Juli 1914 in Steuerarchiv 1915, 285 Nr. 20).

c) Realisierung stiller Reserven aus Friedensjahren in Kriegsjahren.

Sog. stille Reserven entstehen dadurch, daß Aktivwerte der Bilanz mit einem niedrigeren Werte zu Buche stehen als ihr wirklicher (gemeiner) Wert ist. Das beliebteste Verfahren, stille Reserven anzusammeln, ist die Vornahme übermäßiger (aus der Bilanz nicht in vollem Umfange ersichtlicher) Abschreibung, doch kann die Legung stiller Reserven noch in anderer Weise erfolgen. So bezeichnet mit Recht Moll (Preuß. VBl. 37, 360) „als stille Reserven" Verbuchung von Zugängen als Werbungskosten mit gleichsam sofortiger völliger Abschreibung behufs Kostenausgleichs, und Erwerb von zunächst für den Betrieb nicht unbedingt nötigen Grundstücken.

Die steuerliche Behandlung von stillen Reserven aus früheren Jahren (Friedensjahren) in Kriegsjahren ist in der Literatur viel umstritten worden, und auch bei den Kommissionsberatungen zum Sicherungsgesetz wurde keine volle Klarheit erzielt (KommBer. S. 16, 20; StenBer. S. 493 D). Maßgeblich für die Steuerbehörden ist zunächst die Auffassung des Reichsschatzsekretärs, daß, soweit solche Reserven in den Kriegsgeschäftsjahren durch Veräußerung der betreffenden Vermögensgegenstände als Gewinn in Erscheinung treten, sie von der Steuer auch betroffen werden. Es kann also vorkommen, daß eine Gesellschaft, die ihre stillen Reserven in einer Minderbewertung der (nicht zur Veräußerung bestimmten) Anlagewerte (Fabrikgebäude) zum Ausdruck gebracht hat, steuerlich besser fährt als eine Gesellschaft, die auf Warenbestände oder Forderungen (Betriebswerte) zu hohe Abschreibungen vorgenommen hatte. Eine wesentliche Härte liegt in der unterschiedlichen Behandlung nicht übrigens entspricht diese Unterscheidung auch der Rechtsprechung der Bundesstaaten.

Art. 8 preuß. AusfAnw. z. SichGes. 1915 und 1917 steht ohne Einschränkung auf dem Standpunkt, daß stille Rücklagen aus früheren Jahren, die in einem Kriegsgeschäftsjahr realisiert worden sind, Gewinne dieses Kriegsgeschäftsjahres sind. (Im

Gegensatz hierzu heißt es jedoch [worauf Rosendorf, Steuerrecht der stillen Reserven, Berlin 1919, S. 103 hinweist] im § 6 der BundesratsAusfBest. z. SichGes. vom 27. Jan. 1916 und § 20 der BundesratsAusfBest. z. KrStG. vom 30. Nov. 1916, daß die Vorschriften des § 3 Satz 1 u. 2 SichGes. und § 16 KrStG. sowohl für die Feststellung des Geschäftsgewinnes der Kriegsjahre wie der Friedensjahre gelten), sodaß man, da man nur gleiches mit gleichem vergleichen kann, von diesen Bestimmungen aus auch zu einer abweichenden Ansicht gelangen könnte.

Anders auch Hachenburg, JW. 1916, 15. „Der Nachweis, daß der Gewinn der Friedensjahre höher ist, als ihn die Bilanzen zeigen, ist überall gestattet. Die Tatsache, daß die Gesellschaften selbst ihren Mitgliedern die Bilanzen vorlegten, kann einer solchen Berichtigung nicht im Wege stehen. Man kann nur dann Gewinn von Gewinn abziehen und den Mehrgewinn feststellen, wenn unter Gewinn jeweils das gleiche verstanden wird. Es müssen also auch die früheren Bilanzen auf derselben Basis errichtet sein wie die späteren. Wenn im Kriegsjahre Abschreibungen nur so weit berücksichtigt werden dürfen, als sie einen angemessenen Ausgleich der Wertminderung darstellen, so muß die Gesellschaft für ihre früheren Geschäftsjahre dasselbe geltend machen dürfen. Hat der Reichsfiskus im Kriegsjahr ein Interesse daran, den wirklichen Gewinn zu erkennen und die stillen Reserven aus dem Versteck hervorzuholen, so zeigt sich dasselbe bei den Gesellschaften für die Friedensjahre. Sie haben das Recht, an Stelle der für die Gewinnverteilung bestimmten Bilanz des Friedens andere, nach den gesetzlichen Vorschriften und den gesetzlichen Grundsätzen ordentlicher kaufmännischer Buchführung berechnete, zu setzen."

Gegenüber der Ansicht Hachenburgs sei darauf verwiesen, daß es fraglich ist, ob den Gesellschaften damit ein Gefallen erwiesen wird, denn wenn die Gesellschaften selbst nachträglich ihre eigenen Bilanzen und Einkommensteuererklärungen jetzt als falsch bezeichnen, so ist die selbstverständliche Folge, daß sie sich einer Nachveranlagung zur Landeseinkommensteuer (§ 85 EinkStG.) aussetzen. (Vgl. weiter unten den § 23 Ziff. 2 AusfAnw. und die dazu gegebenen Beispiele zur Nachveranlagung.)

Ebenso Rosendorf, Steuerrecht der stillen Reserven, Berlin 1919, S. 101.

Wenn eine Gesellschaft ihre Friedensbilanz zum Zwecke der Kriegssteuererklärung mit der Behauptung revidiert, der Gewinn sei zu gering angegeben, so setzt sie sich dadurch der Gefahr aus, daß dieser Gewinn nicht nur nachträglich zur Einkommensteuer herangezogen wird, sondern daß ihre Organe auch der Strafverfolgung verfallen, falls nicht inzwischen Verjährung eingetreten ist. Allerdings können sich diese Personen dadurch vor der Strafe schützen, daß sie gleichzeitig mit der Kriegssteuererklärung die früheren falschen Einkommensteuererklärungen berichtigen, und die Nachsteuer innerhalb der gesetzten Frist entrichtet wird (§ 72 Abs. 3 preuß. EinkStG.).

Durch eine Verf. des preußischen Finanzministers (FinMinBl. 1917, 75) vom 20. Febr. 1917 wird die Gefahr der Strafverfolgung jedoch in den meisten Fällen als beseitigt gelten können. Denn hier wird bestimmt:

„Eine Veranlassung, den, sei es im Wege zu niedrigen Wertansatzes, sei es vermittels zu hoher Abschreibungen, in früheren Jahren erfolgten Minderbewertungen durch Einleitung eines Strafverfahrens nachzugeben, wird in den seltensten Fällen vorliegen, da in der Regel ohne weiteres wird angenommen werden können, daß die Minderbewertungen nicht in der Absicht der Steuerhinterziehung, sondern auf Grund einer handelsüblichen Geschäftsgebarung vorgenommen worden sind. Aber auch von einer Nachveranlagung auf Grund des § 85 EinkStG. wird, da die nunmehr realisierten stillen Reserven in dem Geschäftsgewinne des Veräußerungsjahrs zur Besteuerung gelangen, abzusehen sein, es sei denn, daß ohne die Nachveranlagung sich rechnungsmäßig ein erheblicher Nachteil für die Staatskasse ergäbe. Dies wäre beispielsweise dann der Fall, wenn das Veräußerungsjahr ein Verlustjahr ist, dessen Abschluß trotz des höheren Gewinns aus veräußerten Vermögensgegenständen einen steuerpflichtigen Überschuß nicht ergibt."

Stier-Somlo (Steuerarchiv 1916) bemerkt bezüglich der Frage der Behandlung stiller Reserven: „Sehr zweifelhaft ist die Frage der stillen Reserven, die dadurch entstehen, daß die Aktiengesellschaft gemäß § 261 HGB. Unterbewertungen vornehmen muß. Ein Grundstück darf danach von einer Aktiengesellschaft nur höchstens zu dem Anschaffungspreis angesetzt werden. Aber es kann tatsächlich das Vielfache wert sein. Dasselbe gilt für Effekten und Beteiligungen, die große Erträge gebracht haben und einen bedeutenden Mehrwert darstellen. Wie nun, wenn solche zum Anschaffungspreis angesetzte Werte während des Krieges mit einem Buchgewinn veräußert werden? Hier wird man meines Erachtens unterscheiden müssen. Der eine Fall ist der, daß die Unterbewertung eine objektiv zweifellose gewesen ist. Der wirkliche Wert war schon vor den Kriegsgeschäftsjahren vorhanden, kam nur buchtechnisch und bilanzmäßig nicht zum Ausdruck, durfte auch nach gesetzlicher Vorschrift nicht zum Ausdruck kommen. Dann wird dieser Gewinn schon früher erzielt sein. Wenn er buchmäßig erst jetzt infolge der Veräußerung hervortritt, so kann er doch nur als ein Gewinn der Friedensjahre angesehen werden. Der andere Fall ist der, daß die Unterbewertung nur eine scheinbare war, sich der angebliche Mehrwert bei etwaiger Absicht einer Realisierung während der Friedensjahre nicht verwirklicht haben würde und erst während der Kriegsgeschäftsjahre sich die Möglichkeit eines Mehrwertes herausstellte, worauf er auch tatsächlich realisiert worden ist. Für den letzteren Fall kann die Kriegsgewinnsteuerpflicht kaum zweifelhaft sein. Für den ersten von mir unterschiedenen Fall könnte man aber einwenden, daß eine während des Krieges entstandene Wertsteigerung der nicht veräußerten Werte auch nicht besteuert zu werden braucht. Eine Gesellschaft, die in ihrem Besitz Effekten eines von der Kriegskonjunktur günstig beeinflußten Unternehmens hat und in ihrem Besitz behält, braucht den Kursgewinn, den sie an diesen Aktien hat, nicht zu versteuern, weil sie diese Aktien nach § 261 HGB. in ihrer Bilanz nicht höher anführen darf also auch kein Bilanzgewinn vorliegt. Das ist aber eine Folge einerseits der letzterwähnten Gesetzesvorschrift, andererseits des § 3 KrStG., das den Bilanzgewinn für maßgeblich erklärt."

Diesen Ausführungen kann man mit Rücksicht auf die Rechtsprechung des Oberverwaltungsgerichtes nicht ganz beipflichten. Es ist klar, wenn Gegenstände, die zu einem niedrigeren Wert nach Handelsrecht in die Bilanz eingesetzt werden müssen und dann durch den Verkauf in Gegenstände mit vollem Werte verwandelt werden, so ist der Gewinn eben Gewinn desjenigen Geschäftsjahres, in dem die Realisierung (Verkauf) stattfindet. Dagegen ist Stier-Somlo natürlich dahin beizupflichten, daß noch nicht realisierte Gewinne, die aus der Vorschrift des § 261 HGB. entstammen, wonach gewisse Gegenstände, z. B. Grundstücke, nicht höher als mit den Anschaffungskosten angesetzt werden dürfen, auch nicht als Kriegsgewinne herangezogen werden können. Das ist eben die Folge des § 3 des Gesetzes, der die Bilanzvorschriften des Handelsgesetzbuches für anwendbar erklärt. Anders übrigens sogar hinsichtlich noch nicht realisierter Gewinne teilweise die Rechtsprechung einzelner Bundesstaaten hinsichtlich der Einkommensteuer: „Auch ein bloß buchmäßiger, noch nicht realisierter Gewinn, wie er durch die Höherbewertung von Bilanzaktiven sich ergeben kann, unterliegt der Einkommenbesteuerung, da gemäß Art. 13 Abs. 2 EinkStG. sich die Ermittlung des steuerbaren Gewerbeertrages grundsätzlich an die aus Inventur und Bilanz zu entnehmende Vermehrung des Geschäftsvermögens anschließt.“ (Entsch. des VGH. Stuttgart vom 15. Sept. 1909).

Es ist kein Zweifel: Bei Gegenständen des Betriebskapitals (d. h. den Gegenständen, die zum Umschlag bestimmt sind) kommt der Gewinn auch steuerlich in dem Augenblick zum Ausdruck, wo diese Gegenstände durch Verkauf realisiert werden. Dagegen könnte man den Ausführungen von Stier-Somlo bezüglich der Gegenstände des Anlagekapitals (d. h. der Gegenstände, die nicht zum Umschlag, sondern zum dauernden Gebrauch bestimmt sind), beipflichten, wenn dem nicht die Rechtsprechung zu den bundesstaatlichen Einkommensteuergesetzen entgegenstände, die in dieser Beziehung keinen Unterschied macht. So z. B. die Rechtsprechung in Württemberg. „Eine Veräußerung von Teilen des Anlage- oder Betriebskapitals, gleichviel aus welchem Grunde sie vorgenommen wird, gehört zum gewerblichen Betrieb; ein hierbei sich ergebender Gewinn ist demnach als gewerbliche Nutzung dem Geschäftsertrag zuzurechnen. Daß ein solcher Gewinn zugleich als eine Stammvermögensvermehrung sich darstellt, steht dem nicht entgegen; jeder Vermögenszuwachs eines Gewerbetreibenden, welcher das Ereignis seiner dem Betrieb gewidmeten Tätigkeit, der mit der Absicht verbundenen Veräußerung von Bestandteilen des Geschäftsvermögens ist, ist Geschäftsgewinn (Entsch. des VGH. Stuttgart vom 1. Dez. 1909). Auch in der Rechtsprechung der übrigen Bundesstaaten (Hamburg, Sachsen, Hessen) wird nicht zwischen dem Anlagekapital und Betriebskapital unterschieden. Für Preußen sei in dieser Beziehung wiederholt auf EOVG. 13, 329 verwiesen. Ob man im einzelnen Falle, wo bei Gegenständen des Anlagekapitals eine Wertvermehrung nachweislich schon in Friedenszeiten stattgefunden hatte, aber wegen § 261 HGB. bilanzmäßig nicht zum Ausdruck gebracht werden durfte, den Härteparagraph anwenden kann, wenn der Verkauf dieser Gegenstände zufällig in die Kriegszeit gefallen ist und so das Bilanzergebnis des betreffenden Kriegsjahres günstig beeinflußt hat, ist eine andere Frage.

Was insbesondere die Warenvorräte anlangt, so läßt sich darüber nur folgendes sagen:

Es ist bekanntlich eine Streitfrage, ob der Kaufmann die Waren mit dem Einkaufspreis (Fakturenpreis) oder mit dem gemeinen Wert, d. h. dem mutmaßlichen Verkaufspreis (Anschaffungskosten + Verdienstaufschlag = Auszeichnungspreis — Abschreibungen) einsetzen soll. Die Rechtsprechung folgert aus § 40 HGB., daß der Verkaufspreis (gemeiner Wert) maßgeblich sei. Die kaufmännische Übung ist freilich anders. Zutreffend, daher Walb, Kriegssteuer und Bilanzen 1916. „Es ergibt sich folgendes: Es sind heute viele Gegenstände des Dauerbesitzes, wie Drehbänke, Webstühle u. dgl. im Werte gewaltig gestiegen. Man kann aber niemanden zumuten, sie zu dem Tageswert anzunehmen, wenn sie aus dem Frieden mit herübergenommen worden sind. Ebenso wird man auch bei der Bewertung der Vorräte Rücksicht auf die eigenartigen Kriegspreise walten lassen müssen."

Man kann deshalb nur das als feststehend betrachten: Hat der Steuerpflichtige früher Waren und Bestände stets zum Anschaffungspreis eingesetzt, so muß er dabei bleiben. Die Steuerbehörde kann billigerweise jetzt nicht verlangen, daß er nun in den Kriegsbilanzen den gemeinen Wert (Verkaufspreis) ansetzt. Ebenso umgekehrt: Hat der Steuerpflichtige früher stets den gemeinen Wert eingesetzt, so kann er nicht jetzt in den Kriegsbilanzen den Anschaffungswert einsetzen. In beiden Fällen würde man durch den Übergang von der einen zur anderen Methode unvergleichbare Größen schaffen und ein schiefes Bild zeichnen. Für Aktiengesellschaften hat übrigens das Handelsgesetzbuch, dessen Bestimmungen auch für das Steuerrecht maßgeblich sind, hinsichtlich der Bewertung genaue Vorschriften gegeben. Vgl. die Anmerkungen weiter oben.

Es kommt beim Warenkonto allerdings vor, daß die Waren zwar mit den Fakturenpreisen bzw. mit den Gestehungswerten inventarisiert werden, dann aber am Schluß eine Pauschsumme abgeschrieben und der verbleibende Betrag in die Bilanz aufgenommen wird. Es kommt aber auch vor, daß sie mit einem geringeren als dem Fakturen- oder Gestehungswert in die Inventur aufgenommen werden. Deshalb müssen seitens der Steuerbehörde die den erwähnten Konten zugrunde liegenden Originalaufstellungen und eine Erklärung darüber eingefordert werden, nach welchen Grundsätzen die Warenroh- und Hilfsstoffe bei der Inventur bewertet sind. Es ist selbstverständlich zulässig, auch bei Einsetzung der Einkaufspreise sofort schon nach erfolgtem Einkauf Abschreibungen auf Waren zu machen (z. B. wegen Veraltung durch die Mode), aber auch hier muß bei der Bewertung in den Kriegs- und Friedensbilanzen folgerichtig und nach gleichen Grundsätzen verfahren werden, da sich sonst schiefe Bilder ergeben müssen.

Nun hat der § 23 Ziff. 2 AusfAnw. eine einschneidende Maßregel getroffen, die zwar für die Rechtsprechung nicht verbindlich ist, nach der sich aber die Steuerbehörden im allgemeinen wohl richten werden. Er bestimmt:

„Für die Berechnung des in einem Kriegsgeschäftsjahr erzielten Geschäftsgewinnes dürfen Vermögensgegenstände, insbesondere Warenvorräte, die in einem Kriegsgeschäftsjahre veräußert worden sind, anstatt mit dem Buchwerte der letzten Friedensbilanz, mit dem wirklichen Werte angesetzt werden, den sie zur Zeit der Aufstellung der letzten Friedensbilanz, jedoch zu keinem späteren Zeitpunkt als am 30. Juni 1914 gehabt haben. Als Veräußerung im Sinne dieser Vorschrift gilt jedoch nicht die Veräußerung durch Tausch, Fusion oder einen ähnlichen Rechtsvorgang."

Die Bestimmung gestattet also dem Steuerpflichtigen eine Korrektur seiner letzten Friedensbilanzen. (Übereinstimmend § 20 AusfBest. z. KrStG. von 1918)

Allerdings muß ausdrücklich hinzugefügt werden, daß § 23 Ziff. 2 AusfAnw. nur für Gesellschaften mit juristischer Person gilt, nicht für natürliche Personen. Das geht schon aus den Worten „Kriegsgeschäftsjahr" und „Geschäftsgewinn" hervor.

Rosendorff in einer ausgezeichneten Arbeit über „Das Steuerrecht der stillen Reserven" (Berlin 1919) bemerkt hierzu:

„Nach diesen Bestimmungen ist also für die Berechnung des Gewinns es nicht maßgebend, wann er in die Erscheinung tritt, sondern wann er in Wirklichkeit gemacht wurde. Gegenüber den formellen Bilanzen steht den Gesellschaften der Nachweis ihrer materiellen Unrichtigkeit offen. Soweit stille Reserven in einem Kriegsgeschäftsjahre realisiert werden, darf also der hierfür eingehende Betrag von dem Geschäftsgewinne der Kriegsgeschäftsjahre abgezogen werden. Wenn z. B. eine Maschine bei Beginn der Kriegsgeschäftsjahre nur mit 1 *M* zu Buche stand, und im Laufe derselben für eine Million veräußert wird, so darf dieser Gewinn von dem Bilanzgewinne der Kriegsgeschäftsjahre abgezogen, und die Berechnung so aufgestellt werden, als wenn das Maschinenkonto in den Friedensjahren noch eine Million betragen hätte. Allerdings wird man eine derartige Berechnung immer nur dann vornehmen können, wenn es sich um eine wirkliche stille Reserve handelt. Dieser Fall würde nicht vorliegen, wenn eine Maschine infolge ihrer Abnutzung während der Friedensgeschäftsjahre so weit abgeschrieben war, daß sie nur noch mit einem niedrigen Betrage zu Buche stand, infolge der Kriegskonjunktur und der dadurch geschaffenen Wertsteigerung aber zu einem unvorhergesehenen Preise veräußert werden konnte. Denn in einem solchen Falle entsprach der damalige Buchwert durchaus dem wirklichen Werte der Maschine, und es lag eine Unterbewertung nicht vor. Infolgedessen war der Gewinn erst während der Kriegsgeschäftsjahre erzielt und kann aus den Bilanzen der Kriegsgeschäftsjahre nicht ausgeschieden werden. Ebenso steht es mit den Forderungen. Wenn sich eine Forderung gegen einen Schuldner während des Friedens als nicht beitreibbar erwiesen hatte und infolgedessen auf 1 *M* abgeschrieben war, der Schuldner aber während des Krieges wieder zahlungsfähig geworden ist und seine Schuld tilgt, so kann auch hier von einer früher vorhanden gewesenen stillen Reserve nicht die Rede sein und eine Bilanzberichtigung nicht Platz greifen (Flechtheim, BankA. 1918, 245; Koppe u. Varnhagen S. 95). Es ist übrigens auffallend, daß die Ausführungsbestimmungen nur von der Veräußerung von Waren sprechen, den Fall, daß die Unterbewertung etwa in Forderungen steckt, jedoch nicht erwähnen. Nachdem aber das Prinzip, nach dem die Frage zu entscheiden ist, in den Ausführungsbestimmungen niedergelegt ist, darf dieser Fall bei der Auslegung derselben nicht etwa ausgeschieden werden. Es würde damit eine Inkongruenz in die gesetzlichen Bestimmungen hineingetragen und eine ungleichartige Behandlung der Vermögensgegenstände herbeigeführt werden, die der Gesetzgeber zweifellos nicht beabsichtigt hat. Man wird daher die gesetzliche Bestimmung nach dieser Richtung durch Analogie ausdehnen dürfen. Eventuell könnte man sich durch Veräußerung der Forderung an eine nahestehende Bank helfen.

Übrigens ist in den Ausführungsbestimmungen kein Unterschied gemacht, ob es sich um freiwillige oder gesetzlich notwendige, auf Grund des § 261 HGB. entstandene stille Reserven handelt. Rosendorff ist also bezüglich der weiter oben im Anschluß an die Ausführungen von Stier-Somlo und die Rechtsprechung der obersten Steuergerichtshöfe der Bundesstaaten von mir gemachten Ausführungen teilweise abweichender Ansicht dahin: Die Gesellschaften sind dazu berechtigt, auch diejenigen Vermögenswerte, die sie, selbst wenn ihr wirklicher Wert erheblich höher war, höchstens zum Anschaffungs- oder Herstellungspreis einsetzen dürfen, für die Berechnung des in einem Kriegsgeschäftsjahr erzielten Gewinns mit ihrem wirklichen Werte zur Zeit der letzten Friedensbilanz einzusetzen, sofern sie in einem Kriegsgeschäftsjahre veräußert werden. Diese Regelung entspricht um so mehr der Billigkeit, als die Aktiengesellschaften andernfalls gegenüber anderen juristischen Personen, für die die Vorschriften des § 261 HGB. keine Geltung haben, außerordentlich benachteiligt sein würden. Das wird auch von denjenigen anerkannt, die, wie Flechtheim, allerdings bevor die Ausführungsbestimmungen des Bundesrats erschienen waren, sich dahin ausgesprochen hatten, daß das Prinzip nicht auch auf die Fälle des § 261 HGB. ausgedehnt werden könne.

Wie in den Mitteilungen der Steuerauskunftsstelle des Kriegsausschusses des deutschen Industrierats (S. 14 vom 28. März 1918) mitgeteilt wird, hat die vom Kriegsausschusse veranstaltete Umfrage ergeben, daß die Veranlagungsbehörden auch fast durchweg die von § 23 Abs. 2 AusfBest. z. KrStG. gestattete Absetzung genehmigt haben. Nur drei Ablehnungen werden gemeldet. Eine Firma teilt mit, daß die Veranlagungsbehörde, die ursprünglich nur an Stelle des wirklichen Wertes den nach § 261 HGB. zu berechnenden gelten lassen wollte, ihren Einspruch fallen ließ" (Rosendorf a. a. O. S. 106).

Die Folge dieser Ausführungsbestimmungen ist nun allerdings, wie bereits mehrfach oben im Laufe der Darlegungen angedeutet, die, daß unter Umständen eine Nachveranlagung zur Staats- und Gemeindeeinkommensteuer eintreten muß, wenn der Steuerpflichtige von der Befugnis des § 23 Ziff. 2 AusfAnw. von 1916 (§ 20 AusfBest. von 1918) Gebrauch macht.

Beispiel.

I. **Ursprüngliche Bilanzen.**

1. Januar 1914 (letzter Friedensstand).

Aktiva.		Passiva.	
Waren (zu niedriger Buchwert) (wirklicher Wert 100000 M)	50000 M	Aktienkapital. . . .	200000 M
Sonstige Bestände.	225000 „	Gewinn.	75000 „
	275000 M		275000 M

1. Januar 1915 (erste Kriegsbilanz).

Aktiva.		Passiva.	
Waren (gänzlich ausverkauft) .	0 M	Aktienkapital. . . .	200000 M
Sonstige Bestände.	400000 „	Gewinn.	200000 „
	400000 M		400000 M

II. **Berichtigte Bilanz.**

1. Januar 1914 (letzter Friedensstand).

Aktiva.		Passiva.	
Waren (wirklicher Wert) . . .	100000 M	Aktienkapital. . . .	200000 M
Sonstige Bestände.	225000 „	Gewinn.	125000 „
	325000 M		325000 M

Während also nach der wirklichen (ursprünglichen Bilanz) nur 75000 M Gewinn zur Einkommensteuer vom Geschäftsjahr 1914 versteuert wurden, müssen jetzt nach Berichtigung der Bilanz von 1914 im Wege der Nachveranlagung noch außerdem 50000 M (also im ganzen statt 75000 M = 125000 M) Gewinn versteuert werden. Dementsprechend stellt sich der Gewinn des Kriegsjahres 1915 aber nur auf (200000 — 50000) = 150000 M.

Eine Verf. des preuß. FinMin. vom 20. Febr. 1917 II 1652 führt zur Frage der Nachbesteuerung aus: „Eine Veranlassung, den, sei es im Wege zu niedrigen

Wertansatzes, sei es vermittels zu hoher Abschreibungen, in früheren Jahren erfolgten Minderbewertungen durch Einleitung eines Strafverfahrens nachzugehen, wird in den seltensten Fällen vorliegen, da in der Regel ohne weiteres wird angenommen werden können, daß die Minderbewertungen nicht in der Absicht der Steuerhinterziehung, sondern auf Grund einer handelsüblichen Geschäftsgebarung vorgenommen worden sind." In der Regel soll auch von einer Nachveranlagung zur Einkommensteuer gemäß § 85 preuß. EinkStG. Abstand genommen worden, es sei denn, daß sich ohne Nachveranlagung ein erheblicher Nachteil für die Staatskasse ergäbe. „Dies wäre beispielsweise dann der Fall, wenn das Veräußerungsjahr ein Verlustjahr ist, dessen Abschluß trotz des höheren Gewinnes aus veräußerten Vermögensgegenständen einen steuerpflichtigen Überschuß nicht ergibt."

Diese Verfügung ist dahin zu verstehen:

Es kann natürlich keinem Zweifel unterliegen, daß der § 23 Ziff. 2 der AusfAnw. z. KrStG., wenn er überhaupt gültig ist, sich nur auf die Veranlagung der Gesellschaften zur Reichskriegssteuer, nicht aber auch auf ihre Veranlagungen zu den landesgesetzlichen Einkommensteuern Verwendung finden kann. Bei **letzteren,** nämlich den landesrechtlichen Einkommensteuern, verbleibt es also auf alle Fälle dabei, daß die realisierten stillen Reserven, welche in früheren Jahren angesammelt sind, als einkommensteuerpflichtiger Geschäftsgewinn desjenigen Jahres gelten, in dem die Realisierung stattgefunden hat. Da auf diese Weise die realisierten stillen Reserven bei der Einkommensteuer voll in dem Jahre ihrer Realisierung zur Versteuerung kommen, so besteht kein Anlaß, sie bei der Einkommensteuer im Jahre ihrer Realisierung steuerlich wieder abzusetzen und die Gesellschaft statt dessen gemäß § 85 EinkStG. zur Nachsteuer für diejenigen Jahre heranzuziehen, wo sie die stillen Reserven schon hätte offen legen und zur Einkommensteuer hätte versteuern müssen (Verf. preuß. FinMin. vom 20. Febr. 1917 II 1652). Immerhin können Fälle denkbar sein, wo es für den Landesfiskus zweckmäßiger ist, die aus der Realisierung stammenden Gewinne auch bei der Einkommensteuer vom Geschäftsgewinn des Jahres der Realisierung abzusetzen und sie dem Geschäftsgewinn der betreffenden früheren Jahre im Wege einer Nachveranlagung (gemäß § 85 EinkStG. für Preußen, dem die gesetzlichen Einkommensteuerbestimmungen der meisten deutschen Bundesstaaten entsprechen) nachträglich zuzusetzen. Das letztere soll erfolgen, wenn sich sonst für die Staatskasse ein Nachteil ergäbe (Verf. des preuß. FinMin. vom 20. Febr. 1917).

Rosendorff a. a. O. S. 107 macht übrigens auf einen Unterschied im Wortlaut des § 20 der AusfBest. von 1918 im Vergleich zu § 23 AusfBest. von 1916 aufmerksam, indem er ausführt: „Der § 20 der AusfBest. z. Gesetze von 1918 enthält eine analoge Vorschrift wie § 23 der AusfBest. z. Gesetz von 1916. Diese deckt sich jedoch keineswegs mit dem alten Texte, sonder weicht in einem wesentlichen Punkte von demselben ab.

§ 20 Abs. 2 lautet nämlich: „Für die Berechnung des im vierten Kriegsgeschäftsjahr erzielten Geschäftsgewinns dürfen Vermögensgegenstände, insbesondere Warenvorräte, die in diesem Jahre veräußert worden sind, anstatt mit dem Buchwerte der letzten Friedensbilanz, mit dem wirklichen Werte angesetzt werden, den sie zur Zeit der Aufstellung der letzten Friedensbilanz, jedoch zu keinem späteren Zeitpunkt als dem 30. Juni 1914 gehabt haben. Es darf somit der Unterschied zwischen dem Buchwert und dem wirklichen Werte, mit dem die Vermögensgegenstände hätten in die Bilanz eingesetzt werden können, von dem Geschäftsgewinne des vierten Kriegsgeschäftsjahres abgesetzt werden. Als Veräußerung im Sinne dieser Vorschrift gilt jedoch nicht die Veräußerung durch Tausch, Fusion oder einen ähnlichen Rechtsvorgang."

Die Fassung dieser Bestimmungen ist insofern keine glückliche, als das Wort „somit" logisch nicht richtig ist, es hätte dafür heißen müssen „jedoch nur". Denn der zweite Satz stellt keine Folgerung aus dem ersten Satze, sondern eine Einschränkung desselben dar. Durch die neue Fassung ist die Streitfrage für das neue Kriegsgesetz dahin entschieden worden, daß bei der Berechnung des Geschäftsgewinns des vierten Kriegsgeschäftsjahrs nur der aus der Realisierung freiwilliger stiller Reserven erzielte Gewinn ausgeschieden werden darf. Denn wenn man die Vermögensgegenstände, die nach § 261 HGB. unter ihrem wirklichen Werte in die Bilanz eingesetzt werden müssen, bei der Berechnung des Mehrgewinns höher einsetzen würde als hiernach zulässig ist, so würden sie damit nicht mit dem Werte erscheinen, „mit dem sie in die Bilanz hätten eingesetzt werden können. Daraus folgt jedoch nicht etwa, daß diese Vermögensgegenstände bei der Berechnung auch mit dem Werte eingesetzt werden müssen, mit dem sie tatsächlich zu Buche stehen. Man wird vielmehr auch bei ihnen immer dann von dem Bilanzwert absehen und sie höher bewerten können, wenn die betreffenden Wertpapiere, Waren oder sonstigen Vermögensgegenstände noch unter dem maßgebenden Börsen- oder Marktpreis oder unter ihrem Anschaffungs- oder Herstellungspreise zu Buche stehen. Die sich so ergebende Differenz kann man also bei einer Veräußerung im vierten Kriegsgeschäftsjahr aus dem Mehrgewinn ausscheiden."

Zur Frage, inwieweit die Friedensbilanzen auch noch über § 23 der AusfAnw. KrStG. 1916 hinaus hinsichtlich der Abschreibungen auf Anlage und Betriebsmaterialien aller Art korrigiert werden können, insbesondere betreffs der Möglichkeit der Behauptung des Steuerpflichtigen, daß er in Friedensjahren zu viel abgeschrieben habe, führt Mrozek (Kommentar) zu § 4 Anm. 6 S. 58 mit Recht folgendes aus:

„Für Friedensjahre werden die Gesellschaften größere Abschreibungen wohl nicht geltend machen, weil diese den Friedensgewinn herabdrücken und einen etwaigen Mehrgewinn erhöhen würden. Es ist aber nicht ausgeschlossen, daß die Behauptung aufgestellt wird, in bestimmten Friedensjahren seien die bilanzmäßigen Abschreibungen zu hoch gewesen, um eine stille Reserve zu schaffen, die nun dem bilanzmäßigen Friedensgewinne noch zugerechnet werden müßte. Die Beweislast würde dann die Gesellschaft treffen. Der Nachweis wird nur dann für erbracht anzusehen sein, wenn die Abschreibungen ganz offensichtlich weit über das Maß einer möglichen Wertverminderung hinausgegangen sind." (Übereinstimmend hiermit übrigens § 20 der AusfAnw., wonach die Gesellschaften die in den genehmigten Abschlüssen von ihnen selbst ausgewiesenen Gewinne bis zum Nachweis der Unrichtigkeit gegen sich gelten lassen müssen.) „Bei in Preußen einkommensteuerpflichtigen Gesellschaften hätten stille Reserven als steuerpflichtige Verwendungen in der Steuererklärung aufgeführt werden müssen. Ist das nicht geschehen, so würde die nachträgliche Geltendmachung stiller Reserven die Behauptung in sich schließen, der Vorstand, von welchem die Steuererklärung unterzeichnet worden sei, habe einen Steuerbetrug verübt, und der Aufsichtsrat, der nach § 246 HGB. die Geschäftsführung überwacht, habe den Steuerbetrug gutgeheißen. Mit einem solchen Vorbringen kann die Gesellschaft nicht gehört werden (vgl. Entsch. des OVG. in Staatssteuersachen 2, 41)." Zu diesen Ausführungen von Mrozek sei indessen auf die mildere Auffassung der oben angegebenen Verf. des preuß. FinMin. vom 20. Febr. 1917 II 1652 verwiesen.

f) **Bewertung der Aktivbestände der Bilanz (Abschreibungen).**

Bei der Bewertung der Aktiven der Bilanz bedarf es zunächst einer Einzelbewertung jedes einzelnen Postens der Bilanz nach bestem Wissen und Gewissen.

Also müssen die Debitoren einzeln durchgegangen und bewertet werden. Die Abschreibung auf Debitorenkonto soll erkennen lassen, wieviel auf jede einzelne Forderung abgeschrieben ist. Eine summarische Abschreibung in Prozenten der Gesamtsumme aller Debitoren ist zwar in weitem Umfange üblich, entbindet aber den Steuerpflichtigen nicht davon, der Steuerbehörde zu detaillieren, wieviel auf jeden einzelnen Debitor abgeschrieben ist und welche Gründe dafür maßgeblich waren (Konkurs, unbekannter Aufenthalt im Ausland, Zahlungsweigerung, Schweben eines Prozesses usw.).

Ebenso bedarf es einer bis ins einzelne gehenden Inventur über den Warenbestand, Utensilien usw. Auch die Grundstücke (Fabrikgebäude, Arbeiterwohnhäuser, Gleisanlagen, Halden, freie Plätze usw.) müssen zunächst einzeln für sich bewertet werden. Dabei ist ein Unterschied zu machen zwischen Wohngebäuden, Arbeitergebäuden, Fabrikgebäuden, massiven Gebäuden, Fachwerkbauten und Holzbauten (Schuppen) usw.

Soweit einzelne Vermögensteile eine wirtschaftliche Einheit bilden (z. B. Grund und Boden mit dem darauf bestehenden Fabrikgebäude), müssen diese allerdings als Einheit bewertet werden. Die einzelnen Aktiva der Bilanz sind aber trotz der Notwendigkeit ihrer Einzelbewertung nur Rechnungsfaktoren. Nach vorgenommener Einzelbewertung muß man sich die weitere Frage vorlegen, ob die Summe der Einzelposten den Gesamtwert auch zutreffend wiedergibt. Hierbei ist von der Voraussetzung eines Verkaufes der Gesamtanlage für den Weiterbetrieb auszugehen. Der Durchschnitt beider Werte ergibt ein ungefähres Bild des wirklichen Wertes der ganzen Anlage (vgl. hierzu EOVG. 15, 398, Art. 6 I, Nr. 2 preuß. AusfAnw. z. EinkStG. und Artikel „Bewertungseinheit" im Handwörterbuch der Einkommen- und Ergänzungssteuer, Verlag Haude & Spener, Berlin 1915 S. 315). Daher zutreffend die Ausführungen von Haußmann im BankA. 15, 2 Nr. 10, daß nicht die mechanische Summierung der Einzelbewertungen maßgeblich sei, sondern die Einzelbewertungen unter dem Gesichtspunkt erfolgen müssen, daß das Unternehmen ein einheitliches Ganze bildet und daher gleichzeitig die Gesamtlage und die Aussichten des Unternehmens als eines Ganzen gewürdigt werden müssen.

Vom Standpunkt der Steuerbehörden aus betrachtet, bedarf das Effektenkonto einer besonders genauen Prüfung bei der Einsicht in die Geschäftsbücher. Wertpapiere, die in Deutschland einen Börsenkurs haben, sind nach dem Börsenkurs einzusetzen (§ 12 Abs. 2 preuß. EinkStG., § 34 Abs. 1 BStG.), vorbehaltlich der Sonderbestimmungen für Aktiengesellschaften und Gesellschaften

m. b. H., wonach statt des Börsenkurses nur der Anschaffungs- bzw. Herstellungspreis eingesetzt werden darf, wenn dieser niedriger ist als der gegenwärtige Börsenkurs (§ 261 Ziff. 1 HGB.).

Besonders schwer durchsichtig pflegt bei größeren Gesellschaften das Beteiligungskonto an fremden Unternehmungen zu sein. Gerade hier ist aber die Wahrscheinlichkeit versteckter Reserven aber nicht so groß, weil die Aktionäre gerade bezüglich des Beteiligungskontos im allgemeinen klar sehen wollen und die Verwaltung dem im allgemeinen Rechnung tragen muß.

Außenstände (Forderungen) sind nach ihrem wahrscheinlichen Werte anzusetzen (§ 40 HGB.). Die Bewertung dieser Außenstände, besonders, soweit sie sich auf das feindliche Ausland beziehen, ist natürlich besonders schwierig. Der Reichsschatzsekretär hat bestätigt, daß die möglichen Verluste auf ausländische Forderungen, die Unsicherheit hinsichtlich der ausländischen Bestände an Rohstoffen u. dgl. eine Minderbewertung durchaus rechtfertigen.

Selbstverständlich muß bei der Behandlung der Abschreibungsgrundsätze der Außenstände folgerichtig verfahren werden. Eine Abschreibung, die summarisch in der Bilanz am Gesamtbetrag der Außenstände abgesetzt wird, aber in den Büchern nicht in den folgenden Jahren festgehalten wird, vielmehr die Außenstände unverkürzt in das neue Geschäftsjahr und die neue Bilanz übergehen läßt, kann bei der Steuerveranlagung keine Berücksichtigung finden (Entsch. d. bayr. OVK. vom 4. Dez. 1914, Beibl. z. FinMinBl. 1915, 107). Fürnrohr gibt in der Deutschen Steuerzeitung Jahrg. VIII S. 36 die Gründe der Entsch. der bayr. OberVerKom. vom 4. Dez. 1914 (OVK. Mitt. Bd. 15, 107) dahin an: Wenn die Firma, die einfache kaufmännische Buchführung hat, bei Jahresinventur sämtliche direkt unbeitreiblichen Außenstände voll abschreibt, aber daneben noch 5% des Bestandes an Außenständen summarisch am Gesamtbetrag der Außenstände absetzt, so ist ein solches Verfahren unzulässig. Zwar „ist zuzugeben, daß nach Art. 12 Abs. 1 Ziff. 9 des EinkStG. außer Betriebsverlusten auch Rücklagen für wahrscheinliche Betriebsverluste als Betriebsausgaben zu gelten haben. Allein auch für die Abschreibungen und Rücklagen gelten die Vorschriften in Art. 14 Abs. 2 des EinkStG., wonach für die Berechnung des Reinertrags die Grundsätze maßgebend sind, welche durch das Handelsgesetzbuch für die Inventur und die Bilanz vorgeschrieben sind und sonst dem Gebrauch eines ordentlichen Kaufmanns entsprechen. Die Oberberufungskommission hat denn auch in verschiedenen Entscheidungen den Grundsatz aufgestellt, daß Abschreibungen, die nicht in den Geschäftsbüchern vollzogen sind, auch für die Steueranlage außer Betracht zu bleiben haben (Mitteilungen Bd. 9 S. 70 u. 78, Bd. 12 S. 51). Nach dem Vorbringen der Beschwerde .... wird nun die 5%ige summarische Abschreibung an den Ausständen zwar in der Bilanz an der Summe der Ausstände abgesetzt; allein die einzelnen Ausstände bleiben in ungekürztem Betrag in den Büchern stehen und gehen so in das nächste Geschäftsjahr und auch in die nächste Inventur und Bilanz über, soweit sie bis dahin nicht einbezahlt oder vollkommen uneinbringlich geworden sind. Da hiernach die 5proz. summarische Abschreibung in den Büchern in keiner Weise festgehalten wird, kann sie auch für die Ertragsberechnung nicht in Berücksichtigung gezogen werden. Die Berufungskommission hat daher mit Recht die summarisch abgeschriebenen Beträge dem steuerbaren Ertrage wieder zugesetzt."

Maßgeblich auch bezüglich der Bewertung der Außenstände ist der Bilanzstichtag. Vielfach haben Gesellschaften, deren Geschäftsjahr vom 1. Juni bis 1. Juni oder 1. Juli bis 1. Juli läuft, in der Bilanz vom 1. Juni bzw. 1. Juli 1914, welche erst nach Kriegsausbruch fertiggestellt und beschlossen wurde, Abschreibungen auf Auslandsforderungen mit Rücksicht auf die Kriegslage gemacht. Das war unzulässig, da am 1. Juni bzw. 1. Juli 1914 noch kein Krieg war. Die Absetzung kann daher erst 1. Juni bzw. 1. Juli 1915 erfolgen (wodurch gegebenenfalls der Kriegsgewinn herabgedrückt wird), jedoch muß wegen zu geringer Einkommenversteuerung dann Nachveranlagung zur Einkommensteuer erfolgen. Vgl. auch die nachfolgende Entscheidung des Oberverwaltungsgerichts: „Ist für die Höhe des Vermögensstandes einer Bilanz ein Konto ‚Dubiose' von Bedeutung, so ist für dessen Bewertung allein der Bilanzstichtag maßgebend. Waren die auf solchem Konto gebuchten Werte nach den an jenem Tage gegebenen tatsächlichen Verhältnissen richtig bewertet, so muß diese Bewertung auch als richtig anerkannt werden, ohne Rücksicht darauf, ob später eingetretene Ereignisse (z. B. ein Vergleich über schwebende Ansprüche) eine andere Bewertung rechtfertigen." (VII. Sen. 22. Jan. 1918, VII. E. St. 145, 17).

Bezüglich der Werte, mit denen die vorhandenen Waren (Warenkonto) anzusetzen sind, wird man im allgemeinen Hachenburg, JW. 1906 S. 16, zustimmen müssen, der ausführt: „Streitig ist es, wie die Gestehungskosten hergestellter Waren zu berechnen sind. Die Anschauungen gehen von der Beschränkung auf die Materialien und Arbeitslöhne bis zur anteilmäßigen Verteilung aller Verwaltungskosten. Ich halte eine mittlere Meinung für zutreffend. Zu den Herstellungskosten gehört alles, aber nur alles, was aufgewendet wird um die Ware zu erzeugen. Die Gesellschaft muß berechtigt sein, bei ihren Bilanzen nach demselben System zu verfahren. Hatte sie früher nur die Rohstoffe und Arbeitslöhne zugrunde gelegt, so kann man ihr jetzt nicht zumuten, nur für die Kriegsbilanzen einen Zuschlag zu den Gestehungskosten für Abschreibungen auf Maschinen, für die Kosten der Beleuchtung in den Arbeitsräumen usw. zu machen."

Sofern hier über die tatsächlichen Werte keine Einigung zwischen Steuerbehörde und Pflichtigen erzielt wird, wird es sich empfehlen, daß beide Teile gegen die Veranlagung Berufung einlegen. Nach Ablauf einer gewissen Zeit läßt sich dann ex post die Richtigkeit der vorgenommenen Abschreibungen viel besser beurteilen. Jedenfalls ist aber zu berücksichtigen, daß, während bei der Einkommensteuer, die eine auf die Dauer erhobene Steuer ist, zu hohe Abschreibungen eines Jahres das oder die nächsten Jahre günstig beeinflussen, so daß die Prüfung der Abschreibungen nicht allzu scharf zu sein braucht, dies bei der Kriegssteuer nötig ist, weil sie auf eine kurze Zeitdauer beschränkt ist und die versteckten Gewinne sonst steuerlich nicht erfaßt werden. Wird freilich das KrStG. nochmals auf einen weiteren Zeitraum verlängert, so verliert die Frage, ob erzielte große Gewinne jetzt oder in einigen Jahren zur Versteuerung gelangen, wieder wesentlich an Bedeutung.

Eine erhebliche Klärung der Frage bedeutet der § 8 Abs. 2 der BundesratsAusfAnw. z. SichGes., der bestimmt:

Inwieweit Abschreibungen einen angemessenen Ausgleich der Wertverminderung darstellen, ist unter Berücksichtigung der besonderen Verhältnisse des einzelnen Unternehmens, insbesondere auch unter Berücksichtigung der durch den Krieg und durch die spätere Überführung in die Friedenswirtschaft bedingten Veränderungen nach den Grundsätzen eines ordentlichen Kaufmannes zu beurteilen.

Damit ist meines Erachtens entschieden, daß Anlagen, die während des Krieges und speziell und ausschließlich für Kriegslieferungen gemacht worden sind, nach dem Kriege für die betreffende Fabrik aber keinen Wert mehr haben, schon jetzt abgeschrieben werden können. Der Nachweis völliger Wertlosigkeit muß aber vom Steuerpflichtigen erbracht werden und können die Steuerbehörden in dieser Beziehung hohe Anforderungen stellen. Ebenso ist die etwaige verstärkte Abnutzung durch den Kriegsbetrieb zu berücksichtigen, dagegen nicht die Möglichkeit eines plötzlichen Preisrückganges bei den teuer eingekauften Rohmaterialien u. dgl., oder doch nur, wenn deren künftiger Preisrückgang bereits jetzt zweifellos feststeht, was aber nur in ganz seltenen Ausnahmefällen angenommen werden kann (vgl. übrigens betreffs aller dieser Fragen auch Pinner im BankA. 14, 125 ff. und Rießer daselbst 14, 125).

Ähnlich Rosendorff (Steuerrecht der stillen Reserven, Berlin 1919) auf Seite 96 ff.:

„Die Fassung des § 22 BundesratsAusfBest., § 19 AusfBest. z. KrStG. von 1918 hat man in der Industrie vielfach dahin ausgelegt, als sei danach jede Rückstellung bzw. weitere zu dem Zweck vorgenommene Abschreibung, um daraus die Kosten der späteren Überführung des Betriebs in die Friedenswirtschaft bestreiten zu können, nach Kriegssteuerrecht steuerfrei. Dieser Ansicht scheint auch Mrozek in seiner bereits in anderem Zusammenhange von uns wiedergegebenen Äußerung zu sein, denn er sagt, der Bundesrat lasse zwar eine weitere steuerfreie Abschreibung zu, nämlich zu dem Zwecke, Mittel bereitzustellen, um daraus die Kosten der späteren Überführung des Betriebs in die Friedenswirtschaft bestreiten zu können. Auch Rütgers vertritt die Auffassung, das Umstellungskonto sei steuerfrei, gleichviel, ob die darin steckenden Beträge sich als Abschreibung oder Rücklage charakterisieren. Diese Ansicht ist jedoch nicht zutreffend. Das folgt schon aus der Fassung der Bestimmung selbst. Denn sie besagt ausdrücklich, daß die Überleitung in die Friedenszeit auf die Berechnung des Kriegsgewinns nur so weit einwirken soll, als Abschreibungen stattfinden können. Und diese sind nach dem Gesetze wiederum nur insoweit zu berücksichtigen, als sie einen angemessenen Ausgleich der Wertminderung darstellen. Soweit das sicher eintretende Moment des Friedens schon jetzt den Bilanzwert der Aktiven mindert, soll es eben bei der Feststellung der Bilanz berücksichtigt werden können.

Zu der wichtigen Frage der Rücklagenbildung zwecks Umstellung in die Friedenswirtschaft hat das Oberverwaltungsgericht für die Gewerbesteuer in einem Urt. vom 16. Jan. 1919 (III. GSt. 118/17) folgende Entscheidung getroffen, die als Vergleichsmoment hier von erheblichem Interesse ist. Die Entscheidung lautet: Die Bezeichnung der Rückstellung als der „Überleitung in die Friedenswirtschaft" dienend allein kann es nicht rechtfertigen, ihr die Abzugsfähigkeit zu versagen. Es hätte vielmehr näher geprüft werden müssen, um was es sich denn bei dieser Rückstellung für Überleitung in Friedenszeit gehandelt hat. Erst wenn dies klargestellt ist, läßt sich beurteilen, ob diese Rückstellung bei Feststellung des für die Veranlagung zur Gewerbesteuer maßgebenden Ertrags abzugsfähig ist oder nicht. In dem insoweit von der Berufsentscheidung aufrecht erhaltenen Einspruchsbescheide vom 6. Juli 1917 ist zwar gesagt: „Der Betrag soll zur Deckung von Geschäftsausgaben dienen, die in Zukunft voraussichtlich entstehen werden", und daraus ist gefolgert worden, daß es sich um eine steuerpflichtige echte Reserve handelt. Es ist aber aus den Akten nicht zu ersehen, worauf diese tatsächliche Feststellung beruht, und außerdem reicht auch sie noch nicht aus, um daraus das Vorhandensein einer steuerpflichtigen Reserve zu entnehmen. Bei freier Beurteilung ist die Sache als nicht spruchreif der Regierung zurückgegeben. Dabei wird insbesondere zu prüfen sein, ob es sich etwa um einen Fall der „Passivantizipation" handelte, der nur dann vorliegen würde, wenn eine Verpflichtung zu den betreffenden Aufwendungen bereits im Vorjahre bestand (vgl. Entsch. d. OVG. in Staatssteuersachen Bd. 4 S. 349, 354; Bd. 2 S. 52; Bd. 8 S. 183; Bd. 10 S. 280), oder ob eine zulässige Abschreibung in Form eines Bewertungskontos in Frage kam. Nach den Ausführungen des L. in der Beschwerdeschrift hat dieser angeblich in seinem Betrieb, um Kriegsmaterial herstellen zu können, bestimmte Anlagen gemacht und Veränderungen vorgenommen, deren Wegschaffung nach Beendigung des Krieges notwendig werde. Dieser Umstand könnte unter Umständen bereits für das Jahr 1916 wertmindernd gewirkt haben und würde in diesem Falle schon in der Bilanz für den Schluß des Geschäftsjahres 1916 eine entsprechende Abschreibung oder die Einstellung eines Bewertungskontos rechtfertigen (vgl. Entsch. d. OVG. in Staatssteuersachen Bd. 16 S. 289 und Entsch. d. OVG. Bd. 66 S. 205ff., 207).

Von ganz besonderer Bedeutung ist besonders seit Ausbruch der Revolution die Frage der Lohnrücklagen. (Vgl. Dr. Varnhagen in der Januarnummer der Deutschen Steuerzeitung S. 161 und die in der genannten Zeitschrift dazu von anderer Seite gemachten Ausführungen.)

„Varnhagen rechtfertigt die Bildung eines steuerfreien Lohnkontos auf der Passivseite der Bilanz im wesentlichen mit dem Hinweis darauf, daß darin gleichzeitig der verminderte Realisationswert des ganzen Unternehmens am Bilanzstichtage zum Ausdruck kam. Vielleicht wird man auch ohne diese Begründung zum gleichen Ergebnis kommen können. Nach den neuen Verordnungen über die Einstellung, Entlassung und Entlohnung gewerblicher Arbeiter vom 4. Jan. 1919 (RGBl. S. 8) und der entsprechenden Anordnung für Angestellte vom 24. Jan. 1919 (RGBl. S. 100) sowie der Verordnung über die Beschäftigung Schwerbeschädigter vom 9. Jan. 1919 (RGBl. S. 28) werden den Betriebsunternehmern weitgehende Verpflichtungen zur Wiedereinstellung von Kriegsteilnehmern unter gleichzeitiger, mindestens vorläufiger Weiterbeschäftigung der an deren Stelle inzwischen getretenen Ersatzkräfte auferlegt, so daß oft in unwirtschaftlicher Weise mehrere Posten doppelt und dreifach besetzt sind; Arbeitern und Angestellten, die in die Heimat zurückkehren wollen, ist das Gehalt trotz früheren Ausscheidens aus dem Dienst noch einstweilen fortzuzahlen, längere Kündigungsfristen werden eingeführt und vorübergehende Betriebseinstellung und Feierschichten infolge Kohlen- und Rohstoffmangel bilden keinen Grund zur sofortigen Entlassung. Aus alledem folgt, daß der Arbeitgeber gesetzlich gezwungen ist, umfangreiche Beträge aufzuwenden, denen eine Arbeitsleistung entweder gar nicht oder nicht in entsprechendem Umfange gegenübersteht. Insoweit verlieren daher die betreffenden Zuwendungen für ihn den Charakter bestimmter, von der Leistung der Arbeit abhängiger und damit erst in Zukunft entstehender Entgelte, es handelt sich vielmehr um Dotationen eigener Art, die voraussichtlich vorübergehender Natur sind und in Ansehung der besonderen derzeitigen Rücklagen für ihn eine augenblickliche Belastung bedeuten können. Insoweit nun bereits am Bilanzstichtage eine dahingehende gesetzliche oder vertragliche Verpflichtung besteht, wird der Betriebsunternehmer zum Ausgleich eine entsprechende Rückstellung bzw. die Einrichtung eines besonderen Kontos für unwirtschaftliche Lohnausgaben vornehmen können. Bei einer derartigen Begründung bietet sich dann noch außerdem der Vorteil, daß die daneben neuerdings in Industrie und Handel verlangte und auch von Varnhagen unter Ziff. 2 dieses Aufsatzes anschaulich dargelegte Zulassung eines eigenen steuerfreien „Kontos für Minderbewertung des Gesamtunternehmens" nicht aufgebraucht wird, sondern unabhängig davon dem Steuerpflichtigen verbleibt."

Es muß sich aber stets um eine rechtliche Verpflichtung des Arbeitgebers zu derartigen Ausgaben handeln. Soweit eine rechtliche Verpflichtung nicht besteht, sondern nur eine moralische, kann von einer Steuerfreiheit derartiger Lohnrückstattungskonten keine Rede sein.

II. Erläuterungen zu § 17 KrStG. 1916.

1. Erläuterungen zu Absatz 1.

Für den durchschnittlichen früheren Geschäftsgewinn (Friedensgewinn) wird vom Gesetz ein verschieden berechneter Geschäftsgewinn angenommen, je nachdem die Gesellschaft schon seit längerer Zeit, bevor die Kriegsgeschäftsjahre zu laufen anfangen, besteht oder nicht.

Es sind drei Fälle zu unterscheiden hinsichtlich der früheren (Friedenszeit):

a) die Gesellschaft besteht bereits seit 5 Jahren,
b) die Gesellschaft besteht erst seit kürzerer Zeit, also 4, 3, 2 oder 1 Jahr, es liegt aber mindestens ein Jahresabschluß vor,
c) die Gesellschaft besteht erst seit so kurzer Zeit, daß ein Jahresabschluß noch nicht vorliegt.

Im Falle zu a kommen als früherer Durchschnittsgewinn die letzten fünf Jahre (d. h. ihr Durchschnitt) als Vergleichsobjekt in Ansatz (und zwar unter Ausscheidung des besten und schlechtesten Geschäftsjahres).

Im Falle zu b kommt die kürzere Zeit, für welche Geschäftsabschlüsse vorliegen (d. h. ebenfalls ein Durchschnitt mehrerer Jahre, mindestens aber ein volles Jahr), als Vergleichsobjekt in Ansatz.

Im Falle zu c findet Abs. 4 in Verbindung mit Abs. 3 des § 17 Anwendung, wonach (vorbehaltlich des Falles des § 24 Ziff. 1 AusfAnw.) als früherer durchschnittlicher Geschäftsgewinn 6% des Grund- bzw. Stammkapitals gelten.

Außer den oben genannten drei Hauptfällen ist im Abs. 3 noch ein Nebenfall behandelt, nämlich der, daß eine Gesellschaft in früheren Jahren weniger als 6% verdient hatte oder Verluste gehabt hatte (sog. notleidende Gesellschaften).

Unter „Ergebnissen" sind die Ergebnisse der gemäß § 16 des Gesetzes berechneten Geschäftsjahre, d. h. die nach steuerlichen Gesichtspunkten abgeänderten auf kaufmännischer Buchführung beruhenden oder (beim Nichtvorhandensein solcher) durch Schätzung ermittelter Erträge (Bilanzgewinn) zu verstehen. Der Begriff Ergebnisse der Friedensgeschäftsjahre ist gleichbedeutend mit dem Bilanzgewinn, Geschäftsgewinn des § 16.

Wenn das Gesetz von „vorangegangenen Geschäftsjahren" spricht, so sind unter den Geschäftsjahren nur satzungsmäßige Geschäftsjahre, nicht willkürlich ausgewählte Zeiträume zu verstehen.

Willkürlich zurechtgemachte Bücher über beliebige Zeiträume oder nachträglich lediglich für die Zwecke der Vorlage bei der Steuerbehörde zurechtgemachte Bücher sind überhaupt unbeachtlich (EOVG. 14, 366 ff.). In solchen Fällen hat die Steuerbehörde das Recht, jedes der einzelnen, nach § 17 maßgeblichen Geschäftsjahres hinsichtlich seines Ergebnisses durch Schätzung zu ermitteln. Im allgemeinen wird man sich bei der Berechnung der „Friedensgewinne" (§ 17) an die Veranlagung zur Einkommensteuer gehalten haben, wenn auch der Begriff „Überschüsse" der Einkommensteuergesetzgebung nicht ohne weiteres gleichbedeutend mit dem Begriff „Geschäftsgewinn" (Ergebnisse der vorangegangenen Geschäftsjahre) ist. Jedenfalls hat der Steuerpflichtige ein Recht (auch im Berufungsverfahren), daß die Friedensgewinne unabhängig von der Einkommensteuerveranlagung ermittelt werden.

Wenn eine Gesellschaft, die schon in Friedenszeiten lange bestand, während der fünf Friedensjahre ihr Geschäftsjahr verlegt, so ist nach folgendem Beispiel zu verfahren. Angenommen in den Friedensjahren war zunächst das Geschäftsjahr vom 1. Juli bis 1. Juli. Im Jahre 1912 wird es auf das Kalenderjahr verlegt.

Berechnung: Friedensjahre sind:

1. Juli 1909 bis 1. Juli 1910	mithin der Durchschnitt von $4^1/_2$ Jahren.
+1. Juli 1910 bis 1. Juli 1911	
+1. Juli 1911 bis 1. Juli 1912	
+1. Juli 1912 bis 31. Dezember 1912	
+1. Januar 1913 bis 31. Dezember 1913	

Weiter zurückzugreifen, auch noch auf das Geschäftsjahr 1. Juli 1908 bis 1. Juli 1909 zu nehmen und den Durchschnitt von $5^1/_2$ Jahren zu ziehen, ist unzulässig, denn das Gesetz kennt nur den Durchschnitt von fünf Jahren oder einen kürzeren Durchschnitt, keinen längeren.

Eine Ausscheidung des „besten" und „schlechtesten" Geschäftsjahres kommt im obigen Beispiel nicht in Frage, da nur $4^1/_2$ nicht 5 Durchschnittsjahre genommen werden können. Es ist auch nicht zulässig, das Geschäftsjahr 1. Juli 1908 bis 1. Juli 1909 hereinzubeziehen um eine Ausscheidung des besten und schlechtesten Geschäftsjahres zu ermöglichen.

Aus dem Ausdruck „Jahresabschlüsse" statt „Geschäftsabschlüsse" kann man folgern, daß überhaupt nur „Zwölfmonatsabschlüsse" beachtlich seien. Legt man das Gesetz in dieser Weise aus (was aber der Absicht des Gesetzgebers kaum entsprochen haben dürfte), so müßte der Halbjahresabschluß (1. Juli 1912 bis 31. Dezember 1912) ausscheiden, und man würde noch das Geschäftsjahr vom 1. Juli 1908 bis 1. Juli 1909 hineinbeziehen müssen. Diese letztere Auffassung wird von § 21 Abs. 1 Satz 2 der AusfAnw. vertreten, die bestimmt, daß für die Berechnung der Friedensjahre im Sinne des § 17 Abs. 1 nur volle Geschäftsjahre (12 Monatsergebnisse) in Betracht kommen. Sie ist allerdings für das neue Ges. von 1919 ausdrücklich durch die Neuaufnahme des Satzes 2 des ersten Abs. von § 16 ausdrücklich sanktioniert worden, welcher im entsprechenden § 22 KrAbgG. von 1918 noch fehlte.

Wenn eine Gesellschaft noch nicht fünf volle Geschäftsjahre besteht, kommt das Ergebnis der kürzeren Zeit, für die Geschäftsabschlüsse vorliegen, in Betracht.

Es kommt nur darauf an, ob die Gesellschaft schon so lange **besteht**, damit die Durchschnittsrechnung zulässig ist. Ob ihr Geschäftsbetrieb, die ganze Art und der Umfang ihrer Geschäfte früher anders war ist gleichgültig. Es kommt ferner nur darauf an, ob sie in der betreffenden Form (z. B. als Aktiengesellschaft) schon so lange besteht. Lediglich die **Gesellschaftsform** entscheidet.

Die **Aktiengesellschaft** entsteht mit dem Tage ihrer Eintragung in das Handelsregister, früher besteht sie als solche nicht (EOVG. 11, 196). Ebenso entsteht die G. m. b. H. nicht früher (EOVG. 13, i283), es müssen aber außerdem auch noch die Erfordernisse der §§ 3, 4, 5 des GmbHG. (gesetzmäßige Gründung, Vertragsschluß, Beschaffung des Stammkapitals) sowie Ordnung der Vertretung und Geschäftsführung erfüllt sein (s. Artikel **Gesellschaft** m. b. H. im **Handwörterbuch** des preuß. EStG., Berlin 1914, Haude & Spener zu C S. 550).

Das gleiche gilt sinngemäß für die **Genossenschaften**. Auch sie entstehen als solche erst mit der Eintragung im Genossenschaftsregister (§ 13 GenG.); eine noch nicht eingetragene Genossenschaft ist lediglich eine Gesellschaft des bürgerlichen Rechts (RGZ. 58, 56).

Ob und wann die Gesellschaft, Genossenschaft ihre Geschäfte aufgenommen hat, ist gleichgültig. Lediglich der Tag der Eintragung im Handelsregister (Genossenschaftsregister) entscheidet bei Gesellschaften, die erst hierdurch juristische Person werden.

Bezüglich der **umgewandelten Gesellschaften** (z. B. Umwandlung einer Gesellschaft m. b. H. in eine Aktiengesellschaft, auch Fusionen) waren im alten SichGes. keine Bestimmungen erlassen. Der Reichsschatzsekretär führte dann bei den Beratungen zum SichGes. aus (KommBer. S. 26 zum SichGes. zu § 5), daß die Regelung in der AusfAnw. geschehen könne. Dies ist dann im § 9 Abs. 1 AusfBest. zum SichGes. geschehen; der bestimmt: „Ist zur Fortführung desselben Unternehmens eine Gesellschaft der im § 1 des Ges. bezeichneten Art in eine andere Gesellschaft der im § 1 des Ges. bezeichneten Art umgewandelt worden, so sind für die Festsetzung des durchschnittlichen früheren Geschäftsgewinnes (§ 5 des Ges.) die Ergebnisse der Gesellschaft in der früheren Form mitzuberücksichtigen.“ Diese Bestimmung ist dann in den § 24 Ziff. 2 AusfAnw. z. KrStG. von 1916 und ebenso in § 21 Ziff. 2 der AusfAnw. z. Ges. 1918 unverändert übergegangen. In das Gesetz selbst ist indessen die Bestimmung nicht übergegangen.

Der § 24 Ziff. 2 BundesratsAusfAnw. von 1916 (§ 21 Ziff. 2 KrBA. von 1918) bezieht sich nur auf Umwandlung der im § 13 KrStG. von 1916 **bezeichneten** Gesellschaften in eine **andere** der daselbst genannten Gesellschaften, d. h. nur auf Umwandlung solcher Gesellschaften ineinander, die physische Rechtspersönlichkeit haben, dagegen **nicht** auf Umwandlungen einer **offenen Handelsgesellschaft** in eine Gesellschaft m. b. H. oder **Aktiengesellschaft** usw. In solchem Falle sind nur die vollen Jahresabschlüsse der neuen Gesellschaft zu berücksichtigen und, falls ein voller Jahresabschluß noch nicht vorlag, ist hinsichtlich der Friedensgewinnermittlung nach Abs. 4 und 3 des § 17 zu verfahren, also als Friedensgewinn 6% anzusetzen. Soweit dadurch im einzelnen Falle eine besondere Härte entstehen würde, findet der Härteparagraph Anwendung, wonach auf Antrag der Gesellschaft eine anderweite Festsetzung des „früheren durchschnittlichen Geschäftsgewinnes“ genehmigt werden kann, bzw. der Ermittlung des Friedensgewinnes das Ergebnis anderer Jahre zugrunde gelegt werden kann, oder überhaupt unter billiger Berücksichtigung der tatsächlichen wirtschaftlichen Verhältnisse eines Abgabepflichtigen eine abweichende Berechnung des Mehrgewinns vom Bundesrat zugelassen werden kann.

An sich verbleibt es also dabei, daß, falls eine Einzelfirma oder offene Handelsgesellschaft oder eine andere Gesellschaft ohne juristische Persönlichkeit in eine steuerpflichtige Gesellschaft mit juristischer Persönlichkeit umgewandelt ist, die letztere Gesellschaft nicht die früheren Geschäftsergebnisse zugrundelegen darf, sondern daß als Friedensgewinn von 6% ihres Grundkapitals ausgegangen werden muß. Sofern dadurch im Einzelfall erhebliche Härten gegeben seien, kann mit dem Härteparagraphen, wie bereits erwähnt, geholfen werden. Wenn es beispielsweise bei Umwandlung von offenen Handelsgesellschaften in Aktiengesellschaften oder andere Gesellschaften mit juristischer Person eine offenbare Härte bedeuten würde, von 6% statt von den wirklichen Friedensgewinnen der offenen Handelsgesellschaft auszugehen, so wäre beispielsweise in solchem Falle denkbar, daß beide Maßstäbe miteinander verbunden werden, also daß als Friedensgewinn von einem Gewinn von = (tatsächlichen Gewinn der OHG. + 6% vom Stammkapital der Gesellschaft m. b. H.) : 2 ausgegangen wird. Ob der Bundesrat in einzelnen Fällen eine solche Berechnung schon für statthaft erklärt hat, entzieht sich der Beurteilung. Dagegen ist in der Deutschen Steuerzeitung, VII. Jahrgang, S. 203, folgender Fall mitgeteilt worden, wo der Härteparagraph für anwendbar erklärt worden ist: Eine Gesellschaft m. b. H. war am 1. Januar 1914 begründet worden, konnte somit ihren durchschnittlichen Friedensgeschäftsgewinn nicht auf Grund des § 17 des KrAbgG. vom 21. Juni 1916 auf Grund der Ergebnisse der fünf den Kriegsgeschäftsjahren vorangegangenen Geschäftsjahre bemessen, vielmehr mußte ein fingierter Friedensdurchschnittsgewinn von 6% vom eingezahlten Stammkapital von 20000 *M* = 1200 *M* gemäß § 17 Abs. 4 angenommen werden. Die Gewinne in den Kriegsgeschäftsjahren waren 1914: = 8360 *M*, 1915 = 10900 *M* und 1916 = 18800 *M*. Infolge des geringen fingierten Friedensdurchschnittseinkommens wurde die noch in der Entwicklung begriffene Gesellschaft mit einer erheblichen Kriegsabgabe belegt, gegen welche sie ohne Erfolg Berufung einlegte, dagegen hatte ein Antrag gemäß § 36 KrAbgG. (Härteparagraph) beim Bundesrat vollen Erfolg. Die Gesellschaft legte dar, daß sie die unveränderte Fortsetzung einer offenen Handelsgesellschaft sei, die schon 10 Jahre vor dem Kriege bestanden habe. Im Betriebe habe sich nichts geändert, und die Gesellschafter seien dieselben geblieben. Nach den Vorschriften des § 17 KrAbgG. betrage der Friedensdurchschnittsgewinn auf Grund der Geschäftsergebnisse der früheren offenen Handelsgesellschaft = 6500 *M*, welcher anstatt des nicht den Tatsachen entsprechenden und nur errechneten Durchschnittsgewinnes von 1200 *M* zugrunde gelegt werden müsse. Dem Antrage wurde Folge gegeben und damit eine erhebliche Härte beseitigt.

Einer Betrachtung bedarf noch der Fall mehrfacher Umwandlung. Ist eine offene Handelsgesellschaft z. B. am 1. Oktober 1914 in eine Gesellschaft m. b. H. und am 1. Oktober 1915 wieder in eine offene Handelsgesellschaft, einfache Kommanditgesellschaft oder stille Gesellschaft umgewandelt worden, so würde die Steuerpflicht nur die Zeit des Bestehens der Gesellschaft m. b. H. also das eine Kriegsjahr 1. Oktober 1914 bis 1. Oktober 1915 umfassen..

Große Zweifel bestanden bezüglich der Behandlung von Fusionen.

Hierzu bestimmt § 24 AusfAnw. z. KrStG. von 1916:

„Auf Fusionen finden, soweit sie mit einer Kapitalvermehrung der aufnehmenden Gesellschaft verbunden sind, die Vorschriften des § 17 Abs. 2 und 5 des Ges. über Vermehrungen des Grund- und Stammkapitals entsprechende Anwendung. Bei der Feststellung des der Gesellschaft tatsächlich zugeflossenen Kapitalbetrages sind Sacheinlagen mit ihrem gemeinen Werte zur Zeit der Fusion anzusetzen."

Das gleiche bestimmt, indem er auf § 22 Abs. 1 des Ges. von 1918 Bezug nimmt, der § 21 Ziff. 3 der AusfBest. z. Ges. von 1918.

Bezüglich der steuerlichen Behandlung der Fusionen sind in den Einkommensteuergesetzen der Bundesstaaten mehrere wichtige Entscheidungen ergangen.

Geht das Vermögen einer Aktiengesellschaft oder einer Kommanditgesellschaft auf Aktien im Laufe ihres Geschäftsjahres durch Fusion ohne Liquidation auf eine andere Aktiengesellschaft über, so gehört der Gewinn, den das durch die übernehmende Gesellschaft zunächst getrennt zu verwaltende Vermögen der aufgelösten Gesellschaft im Laufe des ganzen Geschäftsjahres der letzteren abgeworfen hat, zu den Überschüssen der übernehmenden Gesellschaft nur insoweit, als er seit der Verschmelzung der beiden Gesellschaften erzielt ist. Der vorher erzielte Gewinn stellt sich als Kapitaleinlage dar und ist deshalb einkommensteuerfrei (EOVG. 14, 239). Bemerkenswert ist hierzu die früher ergangene allgemeiner gehaltene EOVG. 10, 265, welche ausführt: „Das infolge der Fusion zweier Aktiengesellschaften auf die übernehmende Gesellschaft übergehende Vermögen der übertragenden stellt sich rechtlich wie wirtschaftlich als Kapitaleinlage auf die der letzteren Gesellschaft bzw. deren Mitglieder gewährten Aktien der übernehmenden Gesellschaft dar. Die durch den Erwerb dieses Vermögens bewirkte Vermehrung des Vermögens der übernehmenden Gesellschaft ist daher zu keinem Teile steuerpflichtig." Weitere Entscheidungen in der Sache sind, soviel bekannt, in Preußen und in den anderen Bundesstaaten nicht ergangen.

Die Gesellschaften mit juristischer Person bestehen als solche so lange, als sie nicht aufgelöst, das ganze Vermögen ausgekehrt ist (wobei das Sperrjahr abgelaufen sein muß) und Löschung im Handelsregister erfolgt ist.

Liegen nur vier Jahre Friedensergebnisse vor, so müssen diese vier, andernfalls drei, zwei oder ein Jahr zugrunde gelegt werden. Ein mehrjähriger (z. B. dreijähriger) Durchschnitt ist nicht erforderlich. Es ist aber Voraussetzung, daß mindestens ein Jahresabschluß vor den maßgeblichen Kriegsgeschäftsjahren vorliegt. Abschlüsse, die weniger als zwölf Monate umfassen, bleiben außer Betracht, mithin muß der Abschluß für mindestens ein Friedensjahr von zwölf Monaten vorliegen. Ist also eine Gesellschaft erst am 1. Januar 1914 gegründet und ihr Geschäftsjahr deckt sich mit dem Kalenderjahr, so liegt kein Jahresabschluß für die Zeit vor dem ersten Kriegsgeschäftsjahr vor, denn das erste Geschäftsjahr der Gesellschaft ist zugleich das erste Kriegsgeschäftsjahr; es geht vom 1. Januar 1914 bis 31. Dezember 1914. Ist die Gesellschaft am 1. Juli 1913 gegründet mit Geschäftsjahr 1. Juli bis 30. Juni, so liegt dagegen bereits ein volles Geschäftsjahr des Friedens (1. Juli 1913 bis 30. Juni 1914) vor, denn das erste Kriegsgeschäftsjahr läuft dann vom 1. Juli 1914 bis 30. Juni 1915.

Wenn das erste unmittelbar vor dem ersten Kriegsgeschäftsjahr liegende Geschäftsjahr einer neugegründeten Gesellschaft, also z. B. der am 1. Juli 1913 gegründeten Gesellschaft nicht volle zwölf Monate, sondern z. B. nur sechs Monate umfaßt, also die Zeit vom 1. Juli 1913 bis 1. Januar 1914 umfaßt, so ist gemäß § 17 Abs. 1 mit 6% zu rechnen. Immerhin kann eine Härte darin liegen, wenn man eine Gesellschaft, die in ihrem ersten Halb- oder Vierteljahrsabschluß vor dem Kriege bereits einen erheblichen Friedensgewinn erzielt hat, der vom Ergebnis des ersten Kriegsjahres nicht oder nur unwesentlich übertroffen wird, nur 6% des Kapitals als früheren durchschnittlichen Gewinnes zubilligen würde. Deshalb bestimmt § 24 AusfAnw. z. KrStG. 1916 (ebenso § 21 Abs. 1 Satz 1 der AusfAnw. z. KrStG. 1918, daß, wenn eine Gesellschaft erst im Laufe des vor dem ersten Kriegsgeschäftsjahr liegenden Jahres gegründet worden ist, der im § 17 Abs. 4 des Gesetzes vorgesehene Mindestbetrag, also 6%, als Friedensgewinn nur dann zugrunde gelegt wird, wenn der im ersten Geschäftsjahr erzielte Geschäftsgewinn auf ein volles Jahr umgerechnet, keinen höheren Betrag ergibt.

Danach würde sich folgendes Beispiel ergeben: Angenommen der Friedensgewinn im ersten Halbjahr 1914 (1. Januar bis 1. Juli) einer am 1. Januar 1914 neugegründeten Gesellschaft beträgt 10000 ℳ, während 6% = 5000 ℳ ergeben würden, so ist trotzdem von 20000 ℳ Friedensgewinn auszugehen, da 10000 ℳ auf ein Jahr umgerechnet 20000 ℳ Friedensgewinn ergeben.

Ist dagegen der tatsächlich im ersten Geschäftsjahr erzielte, auf ein Jahr (12 Monate) umgerechnete Gewinn geringer als 6%, so wird von 6% ausgegangen.

2. Erläuterungen zu Abs. 2—5.

α) Vermehrungen des Grund- oder Stammkapitals.

Da man nur gleiches mit gleichem vergleichen kann, so mußte das Gesetz Vorsorge treffen für diejenigen Fälle, in denen sich das Grundkapital entweder während der Friedensjahre oder während der Kriegsjahre vermehrt hat. Die amtliche Begründung zum alten SichGes. (S. 13) bemerkt hierzu:

In welcher Weise Vermehrungen des eingezahlten Grund- oder Stammkapitals bei der Festsetzung des durchschnittlichen früheren Geschäftsgewinnes berücksichtigt werden sollen, ist im Abs. 2 und im Abs. 5 des § 17 geregelt. Abs. 2 bezieht sich auf die in den fünf den Kriegsgeschäftsjahren vorangegangenen Geschäftsjahren erfolgten Kapitalvermehrungen (Vermehrungen in den Friedensgeschäftsjahren), Abs. 5 dagegen auf die Kapitalvermehrungen innerhalb der Kriegsgeschäftsjahre.

Der Ausdruck „Vermehrung des eingezahlten Grund- oder Stammkapitals" umfaßt sowohl die Erhöhung des Grund- oder Stammkapitals im handelsrechtlichen Sinne als auch die weitere Einzahlung auf das (bisher nicht volleingezahlte) Grund- oder Stammkapital.

Die Vermehrung des Grundkapitals erfolgt in der Regel nur bei flottem Geschäftsgang, um der Gesellschaft mehr Mittel zuzuführen, den Umsatz zu steigern und mehr Kapital zu gewinnen, das sich an Gewinn und Risiko beteiligt.

Nach § 261 Abs. 5 HGB. (§ 42 Abs. 4 GmbHG.) ist das Aktienkapital (Stammkapital) unter die Passiva der Bilanz aufzunehmen. Neueinzahlungen auf das zu erhöhende Aktienkapital müssen natürlich in gleicher Weise als Passivum der Bilanz aufgeführt werden, wie das ursprüngliche Aktienkapital als Passivum in die Bilanz einzustellen ist. Wird also das Aktienkapital durch Neueinzahlung von 1 Million Mark auf 2 Millionen Mark gebracht, so muß in der neuen Bilanz der ganze Betrag von 2 Millionen Mark als Passivum erscheinen. Die Erhöhung des Aktienkapitals durch Ausgabe neuer Aktien soll nicht vor Volleinzahlung des ursprünglichen Kapitals erfolgen (§ 278 HGB.). Die Erhöhung des Aktienkapitals braucht nicht in Barzahlungen zu bestehen, kann vielmehr auch durch Einbringung von Sacheinlagen erfolgen. Hierfür gelten die §§ 279, 280, 281 HGB. sowie § 282 HGB. In solchem Falle ist der Wert, den die Sacheinlagen wirklich haben, derjenige Betrag, der der Gesellschaft tatsächlich zugeflossen ist, was gleichbedeutend mit ihrem gemeinen Wert ist (§ 9 Ziff. 2, letzter Satz Bundesrats-AusfAnw. z. SichGes.). Bezüglich der Berechnung der 6% im Falle, daß die Kapitaleinzahlung nicht durch Barzahlung sondern durch Einbringung von Sacheinlagen erfolgt, führte der Reichsschatzsekretär in den Kommissionsberatungen erster Lesung folgendes aus (Drucksachen Nr. 320 S. 80): Man werde fragen müssen, wie groß der effektive Wert des eingebrachten Kapitals sei, wie man das auch im Stempelsteuergesetz tun müsse. Es muß also eine richtige Bewertung des eingebrachten Kapitals stattfinden. Von der so bewerteten Einbringung werden die 6% berechnet. Diese gelten als Grundlage; was darüber an Geschäftsgewinn erzielt wird, gilt als Kriegsgewinn. Wenn also jemand ein Vermögen im wirklichen Werte von 1 Million einbringt und sich Aktien im Nennwerte von nur 500000 ℳ oder 600000 ℳ geben läßt, so würden die 6% nicht von den 500000 ℳ oder 600000 ℳ berechnet, sondern von dem wirklich eingebrachten Wert von 1 Million. Da diese Ansicht unwidersprochen blieb und weder in erster noch in zweiter Lesung gegenteilige Bestimmungen in das Gesetz aufgenommen worden sind, so muß diese Ansicht als maßgeblich angesehen werden, um so mehr, als diese Auslegung tatsächlich zu keiner Härte für die steuerpflichtige Gesellschaft führt. Der Betrag von Zuzahlungen der Aktionäre, die ohne Erhöhung des Grundkapitals von Aktionären gegen Gewährung von Vorzugsrechten für ihre Aktien geleistet werden (soweit nicht eine Verwendung dieser Zahlung zu außerordentlichen Abschreibungen oder Deckung außerordentlicher Verluste beschlossen wird), ist in der Bilanz in Reserve zu stellen (§ 262 Ziff. 3 HGB.). Der Zweck dieser Vorschrift ist der, daß solche Zuzahlungen nicht sofort wieder verteilt werden (im übrigen s. Staub-Könige, Komm. zu § 262 Ziff. 3 S. 997 Anm. 20). Bei den Gesellschaften m. b. H. kann eine Vermehrung des Grundkapitals insbesondere auch in der Weise bewirkt werden, daß von den Gesellschaftern Nachschüsse eingefordert werden. Das Recht der Gesellschaften m. b. H., derartige Nachschüsse einzufordern, darf von der Gesellschaft m. b. H. als Aktivum in die Bilanz nur insoweit eingestellt werden, als die Einziehung bereits beschlossen ist und den Gesellschaftern ein Recht, durch Verweisung auf den Geschäftsanteil sich von der Zahlung zu befreien, nicht zusteht. Den als Aktivum in die Bilanz aufgenommenen Nachschußansprüchen muß ein gleich großer Kapitalbetrag in den Passiven der Bilanz gegenüber gestellt werden (§ 40 Abs. 3 GmbHG.; vgl. auch Abs. 4 daselbst).

β. Herabsetzungen des Grund- oder Stammkapitals.

Der Fall, daß eine Herabsetzung des Grundkapitals oder Stammkapitals stattgefunden hat, ist im Gesetz nicht geregelt.

Man hat dabei zu unterscheiden, ob die Herabsetzung in Friedenszeiten oder in der Kriegszeit stattgefunden hat.

Im ersteren Falle, Herabsetzung während der Friedensjahre, sind die Prozente nach demjenigen Stande des Grundkapitals (Aktienkapitals) anzunehmen, mit dem die Gesellschaft in das erste Kriegsgeschäftsjahr eingetreten ist (so zutreffend Mösle, Komm. z. SichGes. zu § 5 Anm. 18 S. 42). Hat also vorher (d. h. in Friedenszeiten) eine Herabsetzung des Grundkapitals (Aktienkapitals) stattgefunden, so berechnet sich der Mindestgewinn von dem herabgesetzten Grundkapital (Stammkapital). Somit würden die vor der Herabsetzung des Grundkapitals liegenden Jahre für die Ermittlung des „durchschnittlichen früheren Geschäftsgewinnes" nicht mehr in Betracht kommen, sondern ganz ausscheiden, selbst wenn die Gesellschaft schon seit fünf und mehr Jahren bestanden hat.

Beispiel:	Gewinn Friedensjahre	1910 =	20000	auf 1 Million	= 2%
		1911 =	20000	„ 1 Million	= 2%
		1912 =		„ 1 Million	= 0%
		1913 =	20000	„ 500000	= 4%
	I. Kriegsjahr	1914 =	100000	„ 500000	= 20%
	II. Kriegsjahr	1915 =	100000	„ 500000	= 20%

Dann gilt als Friedensgewinn 6% von 500000 *M*, nicht etwa 6% von 1 Million. Auch wird nicht etwa der tatsächlich in den Friedensjahren erzielte Gewinn zugrunde gelegt. Dieser tatsächliche Gewinn der Friedensjahre wird in der Regel wohl auch geringer sein als 6%, denn bei gutem Geschäftsgang hatte die Gesellschaft ihr Kapital im allgemeinen nicht herabzusetzen brauchen, immerhin sind Fälle denkbar, wo (z. B. weil die Gesellschaft nicht mehr so viel flüssige Mittel [Betriebsmittel] braucht) im Frieden mehr als 6% verdient sind, aber trotzdem das Geschäftskapital herabgesetzt wurde. Wie in solchen Fällen verfahren werden soll ist zweifelhaft, ich nehme aber mit Mösle, a. a. O., an, daß mit 6% von dem Betrag zu rechnen ist, mit dem die Gesellschaft in das erste Kriegsjahr eingetreten ist (s. oben).

Für den zweiten Fall Vorsorge zu treffen, daß das Grundkapital während der Kriegsgeschäftsjahre herabgesetzt worden ist, lag kein Anlaß vor, da derartige Fälle für die Erhebung einer Kriegssteuer kaum in Betracht kommen.

Die Emission unter Pari ist bei Aktiengesellschaften verboten (§ 184 HGB.). Der Fall kann also nicht eintreten, daß von den Aktionären weniger einbezahlt worden ist als der Nominalbetrag der Aktien. Gesellschaften, deren Aktienkurs unter Pari steht, haben, um sich neue Betriebsmittel zu beschaffen, also nur den Ausweg, entweder vorher die Aktien zusammenzulegen bzw. von den Aktionären freiwillige Zuzahlungen einzufordern, oder Obligationen auszugeben, denn niemand wird Aktiengesellschaften, deren Kurs 60% steht, bei Ausgabe neuer Aktien 100% (Parikurs) Geld geben. Es war daher nicht erforderlich, Bestimmungen für den Fall zu treffen, daß weniger eingezahlt wird als der Nennwert der Aktie beträgt. Werden die Aktien zum Nennwert ausgegeben, so können die 6% auch nur vom Nennwert berechnet werden.

Dagegen ist Emission über Pari statthaft, wenn es im Gesellschaftsvertrag vorgesehen ist (§ 184 Abs. 1 HGB.) oder es durch Statutenänderung und Generalversammlungsbeschluß beschlossen wird. Der Mehrertrag (Agio) ist gemäß § 262 Ziff. 2 HGB. als Passivum der Bilanz in Reserve zu stellen. Das in Reserve zu stellende Aufgeld (Agio) deckt sich nicht ohne weiteres mit dem Betrage, der der Gesellschaft tatsächlich zugeflossen ist, denn es gehen von den von den Aktionären geleisteten Zahlungen Unkosten (Stempelkosten) usw. ab (s. hierzu Sintenis a. a. O. S. 89). Der Reichsschatzsekretär erklärte hierzu (KommBer. S. 27): „Wenn heute eine blühende Gesellschaft ihr Kapital erhöht, geschieht diese Erhöhung in der Regel zu einem Aufgeld. Das Aufgeld ist aber nicht identisch mit dem, was der Gesellschaft als Kapital über den Nominalbetrag der neuen Aktien effektiv zufließt. Es kommt nach dem Gesetz nur der Betrag in Frage, der als effektives Kapital der Gesellschaft netto zugeflossen ist." Nur das Kapital, das der Gesellschaft effektiv zugeflossen ist, kommt also in Betracht. Im übrigen vgl. auch Anmerkung 10.

αα) Vermehrung während der Friedensjahre (den Kriegsgeschäftsjahren vorangegangenen Jahren).

Der Abs. 2 des § 17 trifft diejenigen Fälle, wo sich das Grundkapital (Stammkapital) während der Friedensjahre, oder wie das Gesetz es ausdrückt, „während der den Kriegsgeschäftsjahren vorangegangenen" Geschäftsjahre vermehrt hat. Da man nur gleiches mit gleichem vergleichen kann, muß für die vor der Vermehrung liegende Zeit ein Betrag von 6% des neueingezahlten Kapitals dem wirklichen bis zur Vermehrung erzielten Geschäftsgewinn hinzugerechnet werden (als normale Verzinsung) in gleicher Weise, wie bei neugegründeten Gesellschaften fingiert wird, daß sie sich früher mit 6% des Grundkapitals rentiert haben.

Die 6% sind von demjenigen Tage an zu berechnen, an welchem die Einzahlung erfolgt ist (ebenso Mösle, Komm. z. SichGes. Anm. 5 zu § 15). Verteilt sich die Einzahlung auf mehrere Termine, so sind die Beträge von den jeweiligen Terminen an zu berechnen. Der Tag, an welchem der Generalversammlungsbeschluß auf Erhöhung gefaßt worden ist, ist unerheblich.

Ist das Kapital im Laufe der Friedensjahre mehrfach erhöht worden, so sind die Erhöhungen von den betreffenden Zeitpunkten an getrennt zu berechnen. Beispiel: Eine Gesellschaft mit Geschäftsjahr = Kalenderjahr, deren erstes Kriegsgeschäftsjahr das Kalenderjahr 1914 ist, hat ihr Kapital am 1. Juli 1912 von 1 Million um 1 Million auf 2 Millionen, am 1. Juli 1913 um weitere 1 Million auf 3 Millionen erhöht, seitdem beträgt es 3 Millionen. Als Friedensjahre kommen in Betracht die Jahre 1911, 1912 und 1913. Dann sind zuzusetzen:

1911 = 6% von 2 Millionen,
1912 = 6% von 2 Millionen vom 1. Januar 1912 bis 1. Juli 1912,
von 1 Million vom 1. Juli 1912 bis 1. Januar 1913,
1913 = 6% von 1 Million vom 1. Januar 1913 bis 1. Juli 1913,
von 0 Million vom 1. Juli 1913 bis 1. Januar 1914.

ββ) Vermehrungen während der Kriegsgeschäftsjahre.

Der letzte Abs. des § 17, nämlich Abs. 5 behandelt den Fall, wo das Grund- oder Stammkapital sich während der Kriegsgeschäftsjahre vermehrt hat, während der 2. Abs. den Fall der Vermehrung während der Friedensgeschäftsjahre im Auge hatte. Im übrigen ist der Gedankengang beider Absätze der gleiche.

Beispiel: Eine Gesellschaft, deren Geschäftsjahr das Kalenderjahr ist, und deren erstes Kriegsgeschäftsjahr das Geschäftsjahr 1. Januar 1914 bis 31. Dezember 1914 ist, erhöht zum 1. Januar 1915 ihr Kapital von 1 Million um 500000 ℳ auf 1,5 Millionen Mark, der Friedensgewinn betrug 100000 ℳ, der Geschäftsgewinn der Kriegsjahre 1914 = 200000, 1915 = 300000, 1916 = 400000.

Berechnung. Friedensgeschäftsjahre (Durchschnitt von 1911 1912 und 1913) = 100000 + 30000 (6% von 500000 ℳ).

(1914) 1. Kriegsgeschäftsjahr 200000 + 30000 (6% von 500000 ℳ)
(1915) 2. „ 300000 + 0
(1916) 3. „ 400000 + 0.

Zugerechnet sind also 6% von 500000 ℳ bis zum Tage der Vermehrung (Einzahlung), und zwar für die ganze frühere Zeit (Friedensjahre). Mithin beträgt im obigen Beispiel der Mehrgewinn (Kriegsgewinn) 1915 = 300000 — 130000 ℳ, 1916 = 400000 — 130000 ℳ. Der Geschäftsgewinn des ersten Kriegsjahres (1914) kann dagegen unmittelbar mit dem *wirklichen* Ergebnis der Friedensjahre (100000 ℳ) verglichen werden, weil die Kapitalserhöhung erst 1. Januar 1915 erfolgt ist. Mithin Kriegsgewinn 1914 = 200000 — 100000 Mark (oder, was auf dasselbe hinausläuft, 230000 — 130000 = 100000 ℳ).

3. Erläuterung zu Abs. 3.

Der Abs. 3 hat den Schutz der bisher „notleidenden" Gesellschaften im Auge, d. h. derjenigen, die im Frieden mit Verlust oder nur mit ganz geringfügigem Gewinn gearbeitet haben. Ihnen soll als fingierter Friedensgewinn ein Betrag von (mindestens) 6% angesetzt werden.

Bei den Beratungen entstand die Frage, wie es mit Gesellschaften gehalten werden sollte, die vor dem Krieg eine *Unterbilanz* gehabt hätten, die aber während des Krieges aus dem Geschäftsgewinn getilgt oder in ihrer Höhe vermindert worden ist. Ein Abgeordneter nahm an, daß die Unterbilanz zunächst beseitigt werden dürfte, und daß danach erst sich für das neue Geschäftsjahr ein Gewinn ergeben könne. Dies bestätigte der Staatssekretär des Reichsschatzamtes und fügte hinzu, daß auch solchen Gesellschaften ein Mindestgewinnsatz von 6% angerechnet würde; nur soweit der Gewinnbetrag während des Krieges über 6% des Grund- oder Stammkapitals hinausginge, würde er herangezogen werden (KommBer. S. 25). Unter allen Umständen werde zunächst gewissermaßen ein Normalgewinn von 6% angenommen. Wenn man der Gesellschaft, die vor dem Kriege schlecht gearbeitet habe, so daß sie eine Unterbilanz hat, 6% zubillige, müsse man auch in bezug auf die Abdeckung des Verlustes so verfahren, daß ein Verlustvortrag zuerst nach den handelsgesetzlichen Bestimmungen aus dem Rohgewinn eines folgenden Geschäftsjahres abgedeckt wird, ehe überhaupt ein Bilanzgewinn in Erscheinung treten kann (KommBer. S. 26 f.).

Diese Regelung bedeutet eine starke und nicht ganz gerechtfertigte Bevorzugung der Gesellschaften, die ihren *Verlust* früher von Jahr zu Jahr *vorgetragen* haben, gegenüber denjenigen, die ihre Unterbilanz durch *Zusammenlegung der Aktien* getilgt hatten. Allein die EinkStG. der Bundesstaaten haben in dieser Beziehung schon stets ähnlich verfahren, indem dort ein Gewinn, der lediglich in der Tilgung einer Unterbilanz besteht, auch nicht steuerpflichtig ist, sondern die Steuerpflicht erst nach Wiederherstellung des Aktienkapitals beginnt (so z. B. in Sachsen Mitt. Jahrbuch 4, 110).

Zimmermann, Grundzüge des Kriegssteuerentwurfs (1916) Heft 1 S. 10, 11 führt folgendes aus:

„Nach dem Wortlaut des Gesetzes könnte recht wohl die Ansicht vertreten werden, daß der 6% des Grundkapitals übersteigende Vermögenszuwachs als Kriegsgewinn anzusehen sei, auch wenn er in der Bilanz nur durch eine Verminderung des Verlustvortrages in die Erscheinung tritt. Damit würde eine Übereinstimmung mit der Besteuerung des Kriegsgewinnes von Einzelpersonen bestehen, bei denen nicht darauf Rücksicht genommen wird, ob und wieweit sie in den früheren Jahren Vermögensverluste erlitten haben.

Diese Ausführungen lassen sich aber mit der offenkundigen Absicht des Gesetzes, „den notleidenden Gesellschaften" ein Steuergeschenk zu machen nicht vereinbaren.

Nach erfolgter Zusammenlegung der Aktien beginnt sozusagen für die Gesellschaft ein neues Leben. Ist die Unterbilanz durch die Zusammenlegung getilgt und darüber hinaus ein Gewinn erzielt, so ist dieser auch steuerlich Gewinn, soweit er 6% des Grundkapitals überschreitet.

Nicht geklärt scheint die Frage, ob ein Mehrgewinn vorliegt, wenn zwar kein Verlustvortrag bestand, die Gesellschaft aber in den letzten Jahren vor dem Kriege die entstandenen Verluste lediglich durch Entnahme aus den vorhandenen Reserven hat decken können, und wenn nunmehr diese Reserven aus dem Kriegsgewinn wieder aufgefüllt werden. Es würde vom Standpunkt wirtschaftlicher Gleichberechtigung folgerichtig sein, dann auch diese Beträge für Wiederherstellung der in Anspruch genommenen Reservefonds aus dem steuerpflichtigen Mehrgewinn auszuscheiden (so Stier-Somlo, Komm. z. SichGes. S. 97, anderer Meinung, und zwar meines Erachtens mit Recht, Mösle, Komm. z. § 5 Anm. 17 S. 42 am Ende; die Frage ist angeregt und eingehend behandelt von Sintenis, BankA. S. 90). Die Ungerechtigkeit ist eine Folge der Vorschrift des HGB., wonach das Grundkapital einen veränderlichen Posten bilden muß.

§ 23 Ziff. 1 AusfAnw. des Bundesrats zum KrStG. 1916 bestimmt hierzu:

Bei Feststellung des in einem Geschäftsjahr erzielten Gewinnes sind grundsätzlich auch die Beträge zu berücksichtigen, die zur Deckung eines aus früheren Jahren herrührenden Verlustes verwendet worden sind. Ist jedoch eine Gesellschaft mit einer Unterbilanz in das erste Kriegsgeschäftsjahr eingetreten, so können die zur Beseitigung der Unterbilanz erforderlichen Beträge von dem Geschäftsgewinn der Kriegsgeschäftsjahre abgesetzt werden.

Dagegen bestimmt § 20 der BundesratsAusfBest. vom 26. Juli 1918 (RGBl. S. 964) zum KrStG. von 1918, im Anschluß an § 24 Abs. 3 KrAbgG. von 1918, das bestimmte, daß, falls eine Gesellschaft mit Unterbilanz in das fünfte Kriegsgeschäftsjahr eingetreten ist, die zur Beseitigung der Unterbilanz erforderlichen Beträge von dem Geschäftsgewinn dieses Geschäftsjahres abgesetzt werden können, lediglich folgendes: Bei der Ermittelung des in den einzelnen Friedensjahren erzielten Geschäftsgewinns sind auch die Beträge zu berücksichtigen, die zur Deckung eines aus früheren Jahren herrührenden Verlustes verwendet worden sind.

Tilgung der Unterbilanz ist kein Geschäftsgewinn.

Wenn also die Gesellschaft, die mit 100000 ℳ Unterbilanz in das erste Kriegsgeschäftsjahr eingetreten ist, im ersten Kriegsjahr (z. B. 1915) 100000 ℳ Gewinn gemacht hat, so daß ihre Unterbilanz getilgt ist und der Vermögensstand + 0 beträgt, so sind diese 100000 ℳ kein steuerpflichtiger Kriegsgewinn (s. oben).

Selbstverständlich gilt der Grundsatz, daß Tilgung der Unterbilanz kein Gewinn ist, sowohl für die Kriegsjahre wie für die Friedensjahre.

Beispiel:

1909	Unterbilanz	= 100000 ℳ	
1910	„	= 10000 „	(Verminderung der Unterbilanz = 90000 ℳ)
1911	„	= 0 „	(„ „ „ = 10000 „)
1912	Gewinn	= 50000 „	
1913	„	= 55000 „	

Auszuscheiden haben 1909 und 1913 als bestes und schlechtestes Jahr. Der Friedensgewinn beträgt 1/3 von 50000 ℳ, dagegen nicht 1/3 von (90000 ℳ in 1910 verminderter Unterbilanz + 10000 ℳ in 1911 getilgter Unterbilanz + 50000 ℳ Gewinn). Kurzum der Friedensgewinn beträgt nicht ein Drittel von 150000 ℳ, sondern ein Drittel von 50000 ℳ. Das ist ein großer Unterschied.

Die 6% werden berechnet vom Betrage des eingezahlten Grund- oder Stammkapitals.

Was als Grund- und Stammkapital der einzelnen Gesellschaften anzusehen ist, bestimmt der zweite und dritte Satz von Abs. 3 des § 17.

Ob als „eingezahlten Grund- oder Stammkapitals" in diesem Sinne der Nennwert gilt, oder ob im Falle der Agiozahlung bei Neueinlagen auch hier der Betrag des wirklich eingezahlten Kapitals (also Stammkapital + Agioreserve) gilt, scheint mir aus dem Gesetz nicht klar hervorzugehen. Reinert (Steuerarchiv 1917, 106 Nr. 8) vertritt die Ansicht, daß der Stammwert in solchem Falle maßgeblich sei. Ein weiteres Beispiel wird im Steuerarchiv 1917 Nr. 7 gegeben.

Was den Zusatz „Zuzüglich des Mehrbetrages zur Verteilung einer höheren festen Vorzugsdividende" anlangt, so führte die amtliche Begründung (S. 13) dazu aus: „Es kommt hierbei nur eine festbestimmte Vorrechtsdividende, nicht etwa auch der weitere Anteil am Gewinn in Betracht, mit dem sie über die feste Vorrechtsdividende hinaus am verbleibenden Restgewinn zusammen mit den Stammaktien beteiligt sind. In diesem Umfange erscheint eine Berücksichtigung der Vorzugsaktien gerechtfertigt, da sie wirtschaftlich den von Gesellschaften ausgegebenen Schuldverschreibungen nahestehen." Mithin werden diese Beträge gewissermaßen als Betriebskosten in gleicher Weise angesehen wie Obligationenzinsen.

Zur Frage, wie die 6 % vom Grundkapital zu rechnen sind, wenn eine Gesellschaft eigene Aktien erwirbt oder Aktien amortisiert (für nichtig erklärt), führt Rosendorff in der Deutschen Steuerzeitung, VII. Jahrgang S. 177, erschöpfend und zutreffend folgendes aus:

„1. Da das Aktienrecht von dem Prinzip der Unveränderlichkeit des Grundkapitals beherrscht wird, so darf der Erwerb eigener Aktien in der Bilanz nicht etwa derart zum Ausdruck gebracht werden, daß die Ziffer des Aktienkapitals um den entsprechenden Betrag herabgesetzt wird. Die eigenen Aktien bleiben vielmehr veräußerungsfähige Vermögensgegenstände und behalten mithin die Eigenschaft von wirklichen Aktiven. Daraus folgt, daß der Erwerb eigener Aktien nicht etwa eine Herabsetzung des Grundkapitals zur Folge hat, sondern die Aktien als Erwerb eines Vermögensgegenstandes auf der Aktivseite der Bilanz zu verbuchen sind. Mithin sind als früherer Durchschnittsgewinn 6 % des gesamten eingezahlten Grundkapitals zu berechnen, ohne daß etwa der Betrag der eigenen Aktien von dem Grundkapital abgezogen werden müßte. An dieser Berechnung wird auch durch die Tatsache nichts geändert, daß eine Gesellschaft, die eigene Aktien besitzt, die Dividende, die auf diese Aktien entfallen, wie die herrschende Meinung annimmt, nicht etwa unter die Aktionäre auszuzahlen braucht, sondern für sich behalten darf. (So Behrend, Lehrbuch des Handelsrechts, Bd. 1 S. 9; Lehmann, Aktiengesellschaften, Bd. 2 S. 86; anderer Ansicht Cosack, Handelsrecht S. 76.) Eine Aktiengesellschaft, die etwa von ihrem 2 Millionen Mark betragenden Aktienkapital 500000 *M* besitzt, braucht hiernach, wenn sie 10 % Dividende verteilt, zwar nur 150000 *M* auf $1\frac{1}{2}$ Millionen Mark auszuschütten, ist aber trotzdem dazu berechtigt, als früheren Durchschnittsgewinn 6 % von 2 Millionen Mark, also 120000 *M* zu berechnen.

2. Bei der Amortisation, d. h. der Vernichtung konkreter, einzelner Anteilsrechte seitens der Gesellschaft sind zwei Arten zu unterscheiden:

a) Erfolgt die Amortisation auf Grund eines Herabsetzungsbeschlusses, so finden auf sie ausschließlich die Bestimmungen des Handelsgesetzbuches über die Kapitalsherabsetzung Anwendung. Infolgedessen darf in die nächste Bilanz das Grundkapital nicht mehr mit der bisherigen Ziffer, sondern nur abzüglich des Betrages der amortisierten Aktien eingestellt werden. Infolgedessen kann auch der Berechnung des Durchschnittsgewinns nur das herabgesetzte Aktienkapital zugrunde gelegt werden.

b) Erfolgt jedoch die Amortisation ohne Herabsetzungsbeschluß im Sinne des § 227 HGB. derart, daß die Aktien aus dem Reingewinn amortisiert werden, so wird hierdurch keine Herabsetzung der Grundkapitalsziffer bewirkt (vgl. Denkschrift z. Entw. des HGB. von 1896 und Denkschrift z. HGB. 1897 S. 447 gegen EOVG. I 419). Später ist in der Entsch. des OVG. vom 27. Sept. 1902 (Bd. 10 S. 281 ff.) mit überzeugender Begründung dargetan, daß die Ansicht, nach der die Amortisation von Aktien aus dem bilanzmäßigen Jahresgewinne eine Herabsetzung des Grundkapitals nicht nach sich zieht und letzteres ungeachtet der Amortisation auch künftig in voller Höhe unter die Passiva der Bilanz einzustellen ist, als die gegenwärtig in der Litteratur vorherrschenden zu gelten haben und nunmehr auch vom Oberverwaltungsgericht gebilligt werden. Danach kommt Rosendorff zu dem Ergebnis, daß die 6 % trotz der Amortisation vom ganzen eingezahlten Aktienkapital abgezogen werden dürfen. Freilich macht er die Einschränkung, daß es sich um Einziehung einzelner Aktien und nicht um Einziehung aller Aktien (zum Zwecke der Liquidation) handelt (EOVG. 14, 220).

Bemerkenswert sind hierzu die betreffs der Genußscheine ergangenen Entscheidungen des Oberverwaltungsgerichts. Derartige Genußscheine werden zwecks Deckung langjähriger Verluste ausgegeben, so werden z. B. den Inhabern bestimmte Jahresentschädigungen (5 %, 3 % usw.) zugesichert von ihren auf die Genußscheine geleisteten Einzahlungen ohne daß Stimmrecht oder Gewinnanteilrecht gewährt wird, desgleichen kein Recht auf einen Anteil am Reinvermögen der Gesellschaft nach deren Auflösung. Eine derartige Einzahlung muß voll auf der Passivseite der Bilanz erscheinen (auch wenn sie voll zur Zahlung der Stempelkosten, Verlustdeckung oder zur Rücklagebildung verwendet ist, (SOVG. 13, 273).

Über die rechtliche Natur der Genußscheine steht die Rechtsprechung des Oberverwaltungsgerichts für Preußen auf dem folgenden Standpunkt: Bei der Beantwortung der Frage nach der rechtlichen Natur der von einer Aktiengesellschaft ausgegebenen sog. Genußscheine muß die rechtliche Natur der Genußscheine in jedem einzelnen Falle klargestellt werden. Ergibt es sich, daß die Inhaber der Genußscheine den Aktionären gleichzustellen, also als Mitglieder der Aktiengesellschaft zu erachten sind, so würde, soweit an dieselben Gewinnanteile zur Verteilung gekommen sind, eine steuerpflichtige Verwendung von Überschüssen vorliegen. Wenn aber keine Mitgliedschaft der Genußscheininhaber anzunehmen ist, so entsteht weiter die Frage, ob sie als Gläubiger der Gesellschaft anzusehen sind, so daß durch die zur Einlösung von Genußscheinen gezahlten Beträge der steuerpflichtige Fall einer Tilgung von Schulden stattgefunden hat. Durch die selbständige Übertragbarkeit des Genußscheines wird deren Zusammenhang mit der Aktie, auf welche der Zuschuß, für dessen Zahlung der Schein gewährt wurde, geleistet ist, vollständig gelöst. Wenn der Inhaber des Genußscheines zwar einen Anspruch auf den in der Bilanz nachgewiesenen Reingewinn hat, aber weder im Falle der Auflösung der Gesellschaft einen Anspruch auf einen verhältnismäßigen Anspruch am Vermögen der Gesellschaft, noch insbesondere während des Bestehens der Gesellschaft ein Stimmrecht in der Generalversammlung, so kann dem Genußscheininhaber eine Mitgliedschaft an der Gesellschaft nicht zugesprochen werden, vielmehr besteht zwischen ihm und der Gesellschaft nur ein obligatorisches Verhältnis zunächst auf einen Anteil am Reingewinn. Durch dessen Zahlung wird jedoch keine Kapitalschuld getilgt, wie § 16 EinkStG. voraussetzt (Schuldentilgung). Vielmehr wird ähnlich wie den Vorstands- und Aufsichtsratsmitgliedern für ihre Mühewaltung so hier dem Genußscheininhaber für den gewährten Zuschuß eine Verbindlichkeit aus den Überschüssen erfüllt. Eine steuerpflichtige Verwendung hat also insoweit nicht stattgefunden, als den Genußscheininhabern Gewinnanteile ausgezahlt worden sind, dagegen ist der zur Tilgung von Genußscheinen verwendete Teil den steuerpflichtigen Überschüssen der Gesellschaft hinzuzurechnen, weil die Genußscheine eine, wenn auch nur unvollkommene, Kapitalschuld darstellen (SOVG. 9, 240). In Sachsen ist die Steuerpflicht der an die Inhaber von Genußscheinen verteilten Beträge lediglich an die Voraussetzung geknüpft, daß die Genußscheine in irgendeiner Richtung eine Beteiligung am Unternehmen der Gesellschaft gewähren. Ist dies der Fall, so ist keine Untersuchung über die sonstige rechtliche Natur derselben erforderlich, insbesondere auch nicht darüber, ob sie Genußscheine im engeren Sinne oder Genußobligationen (Gläubigergenußscheine) sind (Entsch. des SächsOVG. vom 26. Jan. 1911, Jahrbuch 16, 363).

4. Erläuterungen zu Abs. 4.

Der Abs. 4 betrifft die Fälle, seit Beginn ihrer Kriegsgeschäftsjahre kein volles Geschäftsjahr bestanden hat. In solchem Falle werden als früherer durchschnittlicher Friedensgewinn 6% des Grund- oder Stammkapitals angesetzt.

Die Zugrundelegung der 6% bedeutet eine Unterstellung, als ob die Gesellschaft früher einen Gewinn von 6% gehabt habe.

Der § 17 Abs. 4 spricht von Nichtvorliegen von „vollen Geschäftsjahren vor den Kriegsgeschäftsjahren" (12 Monatsabschlüsse). Abs. 4 behandelt also den Fall, wo eine Gesellschaft erst im letzten Friedensgeschäftsjahr gegründet worden ist, so daß beim Eintritt in das erste Kriegsjahr ein volles Geschäftsjahr der Friedenszeit noch nicht vorliegt. Hierzu bestimmt § 24 Abs. 1 AusfAnw. zum KrStG. 1916 (ebenso § 21 AusfAnw. zum KrStG. 1918).

Ist eine Gesellschaft im Laufe des vor dem ersten Kriegsgeschäftsjahr liegenden Jahres gegründet worden, so wird der im § 17 Abs. 4 des Gesetzes vorgesehene Mindestbetrag als Friedensgewinn nur dann zugrunde gelegt, wenn der in dem ersten Geschäftsjahr erzielte Geschäftsgewinn auf ein volles Jahr umgerechnet keinen höheren Betrag ergibt.

Beispiel:

I. Gründung 1. Oktober 1913. Erster Abschluß 31. Dezember 1913. Gewinn dieser Zeit 4000 *M.* Stammkapital = 100000 *M.* 6% = 6000 *M.* Wirklicher Gewinn in drei Monaten = 4000 *M*, also auf zwölf Monate umgerechnet = 16000 *M.* Da 16000 *M* höher sind als 6000 *M*, wird als Friedensgewinn von 16000 *M* und nicht von 6000 *M* ausgegangen.

II. Gründung 1. Oktober 1913. Erster Abschluß 31. Dezember 1913. Stammkapital 100000 *M* (alles wie oben). 6% = 6000 *M.* Wirklicher Gewinn in drei Monaten = 250 *M*; also auf zwölf Monate umgerechnet = 1000 *M* Da 6000 *M* höher sind als 1000 *M*, ist als Friedensgewinn von 6000 *M* und nicht von 1000 *M* auszugehen.

Im Falle des § 17 Abs. 4 sollen nun aber für Aktien und Anteile, die zu einem den Nennwert übersteigenden Preise (mit Agio) ausgegeben sind, die 6% nur von dem Kapital berechnet werden, das der Gesellschaft als Einzahlung auf ihre Aktien oder Anteile tatsächlich zugeflossen ist.

Die Gründe für diese Bestimmung sind die gleichen wie bei Abs. 2 u. 5. Auch bei neugegründeten Gesellschaften kann man die 6% nur von dem tatsächlich eingebrachten Kapital und bei Einbringung von Sacheinlagen von deren wirklichen Sachwert berechnen.

2. 3. Behandlung der Tantiemen von Vorstand und Aufsichtsrat sowie der geschäftsführenden Gesellschafter von Gesellschaften mit beschränkter Haftung.

Die Vorschriften im § 16 Abs. 2 des Ges. von 1919 (entsprechend § 22 Abs. 2 u. 3 des Ges. von 1918) sind aus § 20 Abs. 2 u. 3 der BundesratsAusfBest. zum KrStG. vom 21. Juni 1916 übernommen worden. Sie gelten auch für die Feststellung des Geschäftsgewinnes des fünften Kriegsgeschäftsjahres, da nur vergleichbare Größen miteinander vergleichbar sind. Es kann also hierzu auf die Ausführungen verwiesen werden, welche weiter oben unter der fettgedruckten Überschrift „Besondere Bestimmungen für Gesellschaften m. b. H." gemacht worden sind. An dieser Stelle sei nur noch folgende Entscheidung des Oberverwaltungsgerichts nachgetragen. „Im Anschluß an seine Rechtsprechung über die Abzugsfähigkeit der auch einem Gesellschafter einer Gesellschaft m. b. H auf Grund rechtswirksamer Verpflichtung der Gesellschaft gezahlten Vergütung für geleistete Dienste (vgl. u. a Entsch. des VII. Sen. vom 5. Okt. 1917, VII. E. St. 4, 17, s. S. 126/127 der Deutschen Steuerzeitung 1918) hat nämlich der VII. Senat zu der Frage der Beurteilung des Übermaßes solcher Vergütung und der Annahme etwaiger Verdeckung einer Gewinnverteilung (in der Entsch. vom 21. Dez. 1918 VII. K. 47, 18) ausgeführt, daß eine solche Verdeckung klar erkennbar sein müsse. Sie wird nicht schon ohne weiteres aus einem Vergleich der Höhe der gezahlten Vergütung zum sonstigen Jahresgewinne gefolgert werden können, „sondern es bedarf einer Feststellung der den Geschäftsführern obliegenden Aufgaben und der für gleichwertige Leistungen in denselben oder ähnlichen Geschäftszweigen des in Frage stehenden Industriebezirkes an Nichtgesellschafter üblicherweise gezahlten Vergütungen. Auch wird zu ermitteln sein, wieviel auf feste Gehälter und auf Gewinnanteile entfällt, da die letzteren schwankender Natur sind und daher aus ihrer in einem gewinnreichen Geschäftsjahr erzielten Höhe nicht ohne weiteres auf ein Mißverhältnis zur Leistung ein Schluß gezogen werden kann."

4. Bei Gesellschaften m. b. H. und Genossenschaften gilt als Geschäftsgewinn nicht der Reingewinnteil, der als Entgelt ... oder Rückvergütung anzusehen ist.

Bei den Beratungen zum KrAbgG. von 1918 lag ein Antrag vor (Nr. 768 der Drucksachen des Ausschusses), folgende weiteren Absätze hinzuzufügen: als Abs. 4: „Bei Gesellschaften mit beschränkter Haftung und eingetragenen Genossenschaften, die der gemeinschaftlichen Verwertung von Erzeugnissen der Gesellschafter oder Genossen oder dem gemeinschaftlichen Einkauf von Waren für die Gesellschafter oder Genossen ausschließlich dienen, gilt als Geschäftsgewinn nicht derjenige Teil des Reingewinnes, der als Entgelt für die von den Gesellschaftern oder Genossen eingelieferten Erzeugnisse oder als Rückvergütung auf den Kaufpreis der von den Gesellschaftern oder Genossen bezogenen Waren anzusehen ist." Ferner als Abs. 5: Ebenso scheidet bei Versicherungsgesellschaften für die Feststellung des Geschäftsgewinnes derjenige Teil des Reingewinnes aus, der auf die den Versicherten selbst als sog. Dividende zurückzugewährenden Prämienüberschüsse entfällt. Der Antrag wurde zurückgezogen, nachdem ein Vertreter der verbündeten Regierungen zugesagt hatte, daß diese Bestimmungen wieder in die Ausführungsbestimmungen zum neuen Gesetz aufgenommen werden sollten. Im KrAbgG. von 1919 fehlten im Regierungsentwurf diese Bestimmungen wiederum; sie sind aber in den Beratungen des Ausschusses, s. o. Drucksachen Nr. 742 S. 5, doch in den Gesetzestext aufgenommen.

5. Für die Berechnung des Friedensgewinns kommen nur volle Geschäftsjahre in Betracht.

Die amtliche Begründung zum KrAbgG. von 1918 bemerkt hierzu: „Der in § 17 Abs. 1 des Entwurfs übernommenen Vorschrift des § 22 Abs. 1 des Kriegsabgabegesetzes für 1918 ist zur Beseitigung von Zweifeln die Bestimmung zugefügt, daß für die Berechnung des Friedensgewinns nur volle Geschäftsjahre in Betracht kommen sollen. Dabei sind unter vollen Geschäftsjahren solche zu verstehen, welche einen Zeitraum von 12 Monaten umfassen."

Diese Bestimmung war veranlaßt durch den oben in Anm. 1 erläuterten Zweifel in der Berechnungsweise.

§ 17.[1]) Als fünftes Kriegsgeschäftsjahr[2]) gilt das Geschäftsjahr, das auf den durch § 23 des Gesetzes über eine außerordentliche Kriegsabgabe für das Rechnungsjahr 1918 vom 26. Juli 1918 (Reichs-Gesetzbl. S. 964) als viertes Kriegsgeschäftsjahr erfaßten Zeitraum folgt.

Abgesehen von den Fällen der Neugründung oder der Auflösung einer Gesellschaft muß das fünfte Kriegsgeschäftsjahr einen Zeitraum von mindestens zwölf Monaten umfassen[3]). Ein beim Ablauf der zwölf Monate noch laufendes Geschäftsjahr ist voll zu berücksichtigen, es sei denn, daß für den Zeitpunkt des Ablaufs der zwölf Monate ein Geschäftsabschluß gemacht wird[4]).

1. Allgemeines.

Die Kriegssteuer der Gesellschaften für das fünfte Geschäftsjahr schließt unmittelbar an das vierte Kriegsgeschäftsjahr das KrAbgG. von 1918 an. Es dürfen keine Zeiträume übersprungen oder doppelt in die Berechnung gezogen werden. Gewisse Schwierigkeiten ergeben sich allerdings bei der Verlegung des Geschäftsjahres. (Vgl. hierzu Anmerkungen weiter unten.)

In Betracht kommen nur satzungsmäßige Geschäftsjahre. Satzungswidrige Geschäftsjahre bleiben außer Betracht.

In der Regel wird die Satzung der Gesellschaft darüber Bestimmungen treffen, welchen Zeitraum das Geschäftsjahr umfassen soll, doch ist dies nicht vorgeschrieben (§§ 33, 182 HGB.). Es ist daher zweifelhaft, wie in Fällen zu verfahren ist, wo die Satzungen über das Geschäftsjahr nichts enthalten. Hier bleibt nichts übrig, als sich an die tatsächlichen Geschäftsjahre zu halten. Dies bietet keine Schwierigkeiten, wenn die Geschäftsabschlüsse volle zwölf Monate umfassen. Ist z. B. eine Gesellschaft am 1. Oktober 1914 gegründet worden, während am gleichen Tage Eröffnungsbilanz, am 1. Oktober 1915 erste Jahresbilanz gezogen worden ist, so ist so zu verfahren, daß als die Kriegsgeschäftsjahre des KrStG. von 1916 die Jahre 1. Oktober 1914 bis 1. Oktober 1916 in Betracht kommen, woran sich dann das vierte und fünfte Geschäftsjahr, also die Zeiträume bis 1. Oktober 1917 und 1. Oktober 1918, anschließen.

Schließlich ist noch der Fall zu behandeln, daß eine Gesellschaft, die bereits vor dem Kriege bestanden hat, ihr satzungsmäßiges Geschäftsjahr verlegt. Die Frage, wie in solchen Fällen nach dem Gesetz von 1916 verfahren werden sollte, war zweifelhaft.

Zum Beispiel eine Gesellschaft, deren satzungsmäßiges Geschäftsjahr früher das Kalenderjahr war, deren erstes Kriegsgeschäftsjahr also das Geschäftsjahr 1914 ist (1. Januar 1914 bis 31. Dezember 1914), verlegt nach Ausbruch des Krieges ihr Geschäftsjahr auf den 30. Juni. Da nach § 39 Abs. 2 HGB. das Geschäftsjahr einer Gesellschaft nicht länger als 12 Monate sein darf, so muß die Gesellschaft bei richtiger Auslegung des KrStG. von 1916, obwohl sie erst 31. Dezember 1914 Bilanz gezogen hatte, infolge der zwingenden Vorschrift des § 39 Abs. 2 HGB. bereits wieder am 30. Juni 1915 Bilanz machen. Da es sich um keine neugegründete Gesellschaft handelt, müssen drei volle Geschäftsjahre zur Versteuerung gelangen (§ 25 Abs. 2 der AusfAnw.). Daher wird man in solchem Falle nach meiner Ansicht den Geschäftsgewinn der Zeit vom 1. Januar 1914 bis 30. Juni 1916 ($2^1/_2$ Jahre) auf 36 Monate (3 Jahre) umrechnen müssen. Hat die Gesellschaft entgegen den Bestimmungen des § 39 Abs. 2 HGB. ihre neue Bilanz statt am 30. Juni 1915 erst am 30. Juni 1916 gezogen (für $1^1/_2$ Jahre statt für $^1/_2$ Jahr), so liegt an sich keine ordnungsmäßige Buchführung vor. Die Steuerbehörden wären daher zur Schätzung des Geschäftsgewinnes befugt, aber da man sich in der Regel trotzdem an das Ergebnis der Buchführung halten wird, so werden auch in solchem Falle die Ergebnisse der Zeit vom 1. Januar 1914 bis 30. Juni 1916 auf drei volle Jahre (36 Monate) umzurechnen sein.

Mrozek (Kommentar S. 31) rechnet anders, indem er folgendes Beispiel gibt. Eine Gesellschaft hatte als Geschäftsjahr das Kalenderjahr und verlegte jenes im Anfang des Jahres 1915 auf die Zeit vom 1. Juli bis 30. Juni. Dann gelten als Kriegsjahre

das Geschäftsjahr vom 1. Januar 1914 bis 31. Dezember 1914
" " " 1. Januar 1915 bis 30. Juni 1915
" " " 1. Juli 1915 bis 30. Juni 1916
und 6 Monate des Geschäftsjahres vom 1. Juli 1916 bis 30. Juni 1917.

Der Berechnung von Mrozek muß entgegengehalten werden, daß es unmöglich sein würde, den Geschäftsgewinn der sechs Monate des Geschäftsjahres 1. Juli 1916 bis 30. Juni 1917 festzustellen, weil ja am 31. Dezember 1916 keine Bilanz gezogen wird und auch nicht gezogen zu werden braucht. Entschließt sich die Gesellschaft freiwillig zu einer solchen Halbjahreszwischenbilanz, so verdient die Berechnung von Mrozek den Vorzug. Man hat dann die wirklichen Ergebnisse von $(1 + {}^1/_2 + 1 + {}^1/_2) = 3$ Jahren. Liegt eine solche Zwischenbilanz nicht vor, so muß man meinem Vorschlag folgen, das Ergebnis der $2^1/_2$ Jahre (1. Januar 1914 bis 31. Juni 1916) auf 36 Monate umzurechnen, oder aber, wenn man dem Vorschlag von Mrozek folgt, muß das Ergebnis der restlichen 6 Monate im Wege der Schätzung mit der Hälfte des Ergebnisses des Geschäftsjahres 1. Juli 1916 bis 30. Juni 1917 angenommen werden.

Übrigens hat § 25 Ziff. 2 AusfAnw. zum KrStG. von 1916 noch einen dritten Weg gewiesen. Danach würden, falls kein Halbjahrsabschluß für das letzte Jahr gemacht ist, sogar $3^1/_2$ Kriegsgeschäftsjahre steuerpflichtig sein, was aber der Absicht des Gesetzes, nur drei Kriegsjahre zu besteuern, kaum entsprechen dürfte.

Der genannte § 25 Ziff. 2 der AusfAnw. bestimmt nämlich: „Die Kriegsgeschäftsjahre einer Gesellschaft, deren erstes Kriegsgeschäftsjahr nicht zugleich ihr erstes Geschäftsjahr war, müssen einen Zeitraum von mindestens 36 Monaten umfassen. Ein bei Ablauf der 36 Monate noch laufendes Geschäftsjahr ist voll zu berücksichtigen, es sei denn, daß für den Zeitpunkt des Ablaufes der 36 Monate ein Geschäftsabschluß gemacht wird." Dieser § 25 Ziff. 2 der AusfBest. ist dann als Satz 3 des § 25 KrStG. von 1918 (§ 17 Abs. 2 vorl. Ges.) zum Gesetz geworden (vgl. Anm. 3 u. 4).

Durch die Auflösung der Gesellschaft entfällt deren Steuerpflicht schon nach dem KrStG. von 1916 nicht.

Wenn also eine am 1. August 1914 gegründete Gesellschaft, deren Geschäftsjahr vom 1. August bis 31. Juli läuft, am 31. Juli 1915 schon wieder eingestellt ist, so hat sie trotzdem den Mehrgewinn des einen Kriegsgeschäftsjahres zu versteuern, ebenso hat eine am 1. August 1918 gegründete Gesellschaft mit Geschäftsjahr 1. August bis 1. August, wenn sie schon am 1. Februar 1919 aufgelöst wird, wenigstens das halbe Geschäftsjahr zu versteuern (§ 26 KrAbgG. von 1918).

Vor Ablauf des Sperrjahres und Tilgung sämtlicher Schulden der Gesellschaft, also auch vor Tilgung ihrer Steuerschulden, darf die Gesellschaft im Handelsregister nicht gelöscht werden, auch darf das vorhandene Vermögen früher nicht verteilt werden (§§ 297, 300, 301, 302 HGB. bezüglich der Aktiengesellschaften). Liquidatoren, welche diesen Vorschriften zuwiderhandeln, sind persönlich zur Erstattung des dem Fiskus erwachsenden Schadens, insbesondere also zur Zahlung der veranlagten Steuer verpflichtet (RGZ. 7, 105). Vor allem haben die Liquidatoren die Gläubiger (hierzu gehört auch der Reichsfiskus wegen der Kriegssteuer) öffentlich aufzufordern, ihre Ansprüche anzumelden, und wenn sich die Steuerbehörde nicht meldet, den geschuldeten Steuerbetrag zu hinterlegen (§ 301 Abs. 2 HGB.). Es ist also nicht möglich, sich etwa durch Einstellung des Betriebes, Verteilung des Vermögens und Löschung der Firma der Kriegssteuer zu entziehen.

Ebenso bestimmt § 25 der AusfAnw. von 1916 bereits:

Wird eine Gesellschaft nach dem 1. August 1914, vor Ablauf des Zeitraumes, der im Falle ihres Weiterbestehens in die Kriegsgeschäftsjahre hineinfallen würde, aufgelöst, so bleibt die Steuerpflicht für die Zeit bis zur Auflösung der Gesellschaft bestehen.

Auch dadurch, daß die Gesellschaft absichtlich ihr Geschäftsjahr verlegt (z. B. Bilanz bereits nach $2^1/_2$ Jahren statt nach 3 Jahren zieht), kann sie sich der Steuerpflicht nicht entziehen (vgl. oben die Auslegung des § 25 der AusfAnw.). In den Gesetzen von 1918 (§ 26) und 1919 (§ 17 Abs. 2) ist dies noch besonders zum Ausdruck gebracht.

Bezüglich der Gesellschaften, bei denen eines der Kriegsgeschäftsjahre einen kürzeren Zeitraum als 12 Monate umfaßt, bestimmt § 25 der AusfAnw. von 1916.

Umfaßt ein Kriegsgeschäftsjahr einen kürzeren Zeitraum als zwölf Monate, so wird für die Berechnung des Mehrgewinnes der Gewinn dieses Kriegsgeschäftsjahres mit einem verhältnismäßigen Teilbetrage des Friedensgewinnes verglichen (§ 25 AusfAnw.).

Diese Bestimmung bezieht sich aber nur auf neugegründete oder aufgelöste Gesellschaften, das heißt auf solche Gesellschaften, deren erstes Geschäftsjahr zugleich ihr erstes Kriegsgeschäftsjahr ist, da deren Kriegsgeschäftsjahr infolge vorzeitiger Auflösung weniger als 12 Monate beträgt.

Beispiel: Eine Gesellschaft ist gegründet 1. August 1914. Das erste Geschäftsjahr geht vom 1. August 1914 bis 31. Dezember 1914; die folgenden decken sich mit dem Kalenderjahr. Dann kann der Gewinn der 5 Monate von 1914 (1. August 1914 bis 31. Dezember 1914) nur mit dem auf 5 Monate zu berechnenden Friedensgewinn verglichen werden. Die beiden folgenden Kriegsgeschäftsjahre werden dann wieder mit dem vollen Gewinn der Friedensjahre verglichen. Betrug also der Gewinn der 5 Monate Kriegszeit 100000 *M*, der Jahresdurchschnittsgewinn des Friedens (§ 17) 80000 *M*, so sind zu versteuern 100000 *M* abzüglich 33333 *M* ($^5/_{12}$ von 80000 *M*).

Hinsichtlich dieser Berechnungsweise befindet sich § 25 AusfAnw. 1918 in Übereinstimmung mit § 20 des Ges. von 1919.

2. Fünftes Kriegsgeschäftsjahr.

In § 15 des KrStG. war zur Grundlage der Besteuerung ein dreijähriger Zeitraum festgelegt worden.

Die Notwendigkeit der Berücksichtigung von drei aufeinander folgenden Jahren ergab sich damals daraus, daß auch bei den Gesellschaften eine möglichste Anlehnung an den dreijährigen Zeitraum des BStG. erforderlich war. Welche Geschäftsjahre als Kriegsgeschäftsjahre gelten, ergab sich aus der Überlegung, ob das erste in Betracht kommende Geschäftsjahr noch den Monat August umfaßt (§ 15 KrStG. vom 21. Juni 1916). An diesen Zeitraum schloß sich das vierte Kriegsgeschäftsjahr des KrAbgG. von 1918.

Das vierte Kriegsgeschäftsjahr (das übrigens nach Satz 2 einen kürzeren Zeitraum als einen solchen von zwölf Monaten nicht umfassen darf) war:

wenn das Geschäftsjahr mit dem 31. August endet, das Geschäftsjahr vom 1. September 1916 bis 31. August 1917;
wenn das Geschäftsjahr mit dem 30. September endet, das Geschäftsjahr vom 1. Oktober 1916 bis 30. September 1917;
wenn das Geschäftsjahr mit dem 31. Oktober endet, das Geschäftsjahr vom 1. November 1916 bis 31. Oktober 1917;
wenn das Geschäftsjahr mit dem 30. November endet, das Geschäftsjahr vom 1. Dezember 1916 bis 30. November 1917;
wenn das Geschäftsjahr mit dem 31. Dezember endet, das Geschäftsjahr vom 1. Januar 1917 bis 31. Dezember 1917;
wenn das Geschäftsjahr mit dem 31. Januar endet, das Geschäftsjahr vom 1. Februar 1917 bis 31. Januar 1918;
wenn das Geschäftsjahr mit dem 28. Februar endet, das Geschäftsjahr vom 1. März 1917 bis 28. Februar 1918;
wenn das Geschäftsjahr mit dem 31. März endet, das Geschäftsjahr vom 1. April 1917 bis 31. März 1918;
wenn das Geschäftsjahr mit dem 30. April endet, das Geschäftsjahr vom 1. Mai 1917 bis 31. April 1918;
wenn das Geschäftsjahr mit dem 31. Mai endet, das Geschäftsjahr vom 1. Juni 1917 bis 31. Mai 1918;
wenn das Geschäftsjahr mit dem 30. Juni endet, das Geschäftsjahr vom 1. Juli 1917 bis 30. Juni 1918;
wenn das Geschäftsjahr mit dem 31. Juli endet, das Geschäftsjahr vom 1. August 1917 bis 31. Juli 1918.

Das weitere „fünfte Kriegsgeschäftsjahr" des neuen Gesetzes von 1919 schließt unmittelbar an die vorstehend genannten Zeiträume an.

Das KrStG. von 1916 bestimmte im § 15 Satz 2 bezüglich der neugegründeten Gesellschaften, d. h. bezüglich derjenigen, die erst so spät gegründet sind, daß bei ihnen ein den Monat August 1914 umfassendes Geschäftsjahr (12 Monate) noch nicht vorliegen konnte, daß in solchem Falle diejenigen Geschäftsjahre erfaßt werden sollen, deren erstes den „Monat August umfaßt haben würde, wenn die Gesellschaft damals schon bestanden hätte". Die Worte „oder umfassen würde, wenn eine erst später gegründete Gesellschaft schon früher bestanden hätte" bedeuten, daß auch bei neugegründeten Gesellschaften zunächst für die Frage, welche Jahre als Kriegsgeschäftsjahre in Betracht kommen, von dem satzungsmäßigen Geschäftsjahr auszugehen ist. Das letzte Kriegsgeschäftsjahr einer solchen Gesellschaft ist nach dem KrStG. von 1916 dasjenige Geschäftsjahr, das als drittes Kriegsgeschäftsjahr anzusehen wäre, wenn ein längeres Bestehen mit dem gleichen satzungsmäßigen Geschäftsjahr unterstellt wird. Ist z. B. eine Gesellschaft am 31. Dezember 1914 gegründet worden, so endete das letzte Kriegsgeschäftsjahr am 31. Dezember 1916, wenn ihr satzungsmäßiges Geschäftsjahr mit dem Kalenderjahr zusammenfällt, denn hätte die Gesellschaft schon am 31. Dezember 1913 bestanden, so wäre das erste Kriegsgeschäftsjahr vom 1. Januar 1914 bis 31. Dezember 1914 das zweite vom 1. Januar 1915 bis 31. Dezember 1915 und das dritte und letzte vom 1. Januar 1916 bis 31. Dezember 1916 berechnet worden. Wenn dagegen das Geschäftsjahr der Gesellschaft beispielsweise vom 1. Juli bis 30. Juni läuft, so endete die Steuerpflicht erst mit dem 30. Juni 1917, denn in solchem Falle war das erste Kriegsgeschäftsjahr dasjenige Geschäftsjahr, das das Geschäftsjahr 1. Juli 1914 bis 30. Juni 1915 umfaßt, das zweite das vom 1. Juli 1915 bis 30. Juni 1916 und das dritte das vom 1. Juli 1916 bis 30. Juni 1917 usw. Diese Berechnungsweise wird dann sinngemäß für das vierte und fünfte Kriegsgeschäftsjahr fortgesetzt.

3. Abgesehen von den Fällen der Neugründung oder Auflösung muß fünftes Geschäftsjahr mindestens 12 Monate umfassen.

Daß bei der Neugründung, d. h. wenn eine Gesellschaft erst im fünften Kriegsgeschäftsjahr gegründet worden ist (also z. B. am 1. August 1918 mit Geschäftsjahr 1. Januar bis 1. Januar), das „fünfte" Kriegsgeschäftsjahr nur knapp ein halbes Jahr, nämlich die fünf Monate vom 1. August 1918 bis 31. Dezember 1918, umfaßt, ist eigentlich selbstverständlich, aber im Gesetz noch besonders zum Ausdruck gebracht. (Würde die gleiche Gesellschaft allerdings Geschäftsjahr vom 1. August bis 1. August haben, so würde sie steuerpflichtig für ein ganzes Jahr (1. August 1918 bis 1. August 1919) sein.) Ebenso selbstverständlich ist es, daß eine im fünften Kriegsgeschäftsjahr aufgelöste Gesellschaft nicht länger als bis zur Auflösung steuerpflichtig bleibt, allerdings nur, wenn sie bei der Auflösung einen Abschluß gemacht hat (§ 17 Abs. 2 Satz 2), denn andernfalls bleibt sie nach § 17 Abs. 2 Satz 3 trotz der Auflösung noch bis zum vollen Ablauf des fünften Kriegsgeschäftsjahres steuerpflichtig. Durch § 17 Abs. 2 Satz 3, in Verbindung mit § 20 Abs. 2, ist auch die beim KrStG. von 1916 streitig gewesene Frage gelöst, wie es zu halten ist, wenn die Gesellschaft im letzten Kriegsgeschäftsjahr ihr Geschäftsjahr verlegt.

Beispiel: Das Geschäftsjahr einer Gesellschaft lief bisher vom 1. Januar zum 31. Dezember, so daß ihre 3 ersten Kriegsgeschäftsjahre die Geschäftsjahre 1. Januar 1914 bis 31. Dezember 1916, das vierte das Geschäftsjahr 1. Januar 1917 bis 31. Dezember 1917, das fünfte das Geschäftsjahr 1. Januar 1918 bis 31. Dezember 1918 sind. Im Laufe des Jahres 1918 verlegt sie das Geschäftsjahr auf 1. Juli bis 1. Juli. Macht sie am 31. Dezember 1918 Zwischenbilanz, so braucht sie nur die 12 Monate des Geschäftsjahres (Kalenderjahres) 1918 zu versteuern; versäumt sie den Zwischenabschluß, so muß sie als „fünftes Kriegsgeschäftsjahr" 18 Monate versteuern, nämlich die Zeit vom 1. Januar 1918 bis 1. Juli 1919.

4. Bei Ablauf der 12 Monate laufendes Geschäftsjahr voll zu berücksichtigen, es sei denn, daß Abschluß gemacht ist.

Diese Vorschrift entspricht dem § 25 Abs. 2 der AusfAnw. zum alten KrStG. Während aber zum mindesten sehr zweifelhaft ist, ob der § 25 Abs. 2 der AusfAnw. rechtsgültig ist, weil auf diese Weise unter Umständen 3½ Jahre statt 3 Jahre steuerpflichtig würden (vgl. die Anmerkung oben 1 zum alten KrStG.), ist nunmehr durch § 17 Abs. 2 des vorliegenden Gesetzes zweifelsfrei festgestellt, daß die Gesellschaft bei Verlegung des Geschäftsjahres sich einer unbilligen Ausdehnung der Kriegssteuer des vierten Kriegsgeschäftsjahres auf länger als 12 Monate nur dadurch entziehen kann, daß sie einen Zwischenabschluß macht.

§ 18. Der Geschäftsgewinn des fünften Kriegsgeschäftsjahrs ist nach den Vorschriften der §§ 16, 18 des Kriegssteuergesetzes vom 21. Juni 1916 und des § 16 Abs. 2 bis 4 dieses Gesetzes zu berechnen[1]).

Die Sonderrücklage (Kriegssteuerrücklage) und die Kriegssteuer (Kriegsabgabe) dürfen von dem Geschäftsgewinn eines Kriegsgeschäftsjahrs nicht abgesetzt werden. Beträge einer freigewordenen Sonderrücklage (Kriegssteuerrücklage) aus einem früheren Kriegsgeschäftsjahre, die den Bilanzgewinn erhöht haben, sind vom Geschäftsgewinne für die Zwecke der Kriegssteuerberechnung abzuziehen[2]).

Ist eine Gesellschaft mit einer Unterbilanz in das fünfte Kriegsgeschäftsjahr eingetreten, so können die zur Beseitigung der Unterbilanz erforderlichen Beträge von dem Geschäftsgewinne dieses Geschäftsjahrs abgesetzt werden[3]).

1. Der Geschäftsgewinn des fünften Kriegsgeschäftsjahres ist nach §§ 16, 18 KrStG. vom 21. Juni 1916 und § 16 Abs. 2—4 des Ges. zu berechnen.

Der Geschäftsgewinn des fünften Kriegsjahres ist nach § 16 des alten KrStG. von 1916 zu berechnen. Daher muß auf die eingehenden und alle Zweifelsfragen an der Hand der neuesten Rechtsprechung, amtlichen Erlasse und Ausführungsanweisungen erläuternden Bemerkungen zu § 16 des genannten Kriegssteuer gesetzes verwiesen werden, die im vollen Umfang auch auf § 18 des vorliegenden Gesetzes zutreffen. Der § 16 KrStG. von 1916 ist in den Anmerkungen zu § 16 abgedruckt und erläutert, da auch § 16 (Berechnung des Friedensgewinnes) auf den § 16 des KrStG. von 1916 verweist. Der Begriff „Geschäftsgewinn" ist natürlich der gleiche, sowohl im Sinne der Kriegsgeschäftsjahre (§§ 17, 18) wie der Friedensgeschäftsjahre (§ 16 des vorliegenden Gesetzes), denn man kann natürlich nur gleiches mit gleichem vergleichen. Der Unterschied, welcher aber in der Natur der Sache begründet ist, ist nur der, daß § 16 auf §§ 16 u. 17, der § 18 auf §§ 16 u. 18 des KrStG. von 1916 verweist.

Im übrigen ist nur Abs. 2, 3 u. 4 des § 16 des vorliegenden Gesetzes und Abs. 2 von § 18 des vorliegenden Gesetzes zu beachten.

Der § 18 des KrStG. von 1916, welcher bei der Berechnung des Geschäftsgewinnes auch des fünften Kriegsjahres maßgeblich ist, bestimmte:

> **§ 18.** Gesellschaften, die mehr als ein Fünftel aller Aktien oder Anteile einer anderen Gesellschaft der im § 13 bezeichneten Art besitzen, dürfen von dem Geschäftsgewinn eines Kriegsgeschäftsjahrs die Mehreinnahme aus diesen Aktien oder Anteilen absetzen.
>
> Als Mehreinnahme (Abs. 1) gilt der anteilige Betrag, der von der anderen Gesellschaft (Tochtergesellschaft) über den Durchschnitt der nach § 17 Abs. 1 in Betracht kommenden Jahre hinaus oder, wenn die Gesellschaft noch kein volles Jahr vor den Kriegsgeschäftsjahren bestanden hat, über eine fünfprozentige Dividende oder Ausbeute hinaus in einem Kriegsgeschäftsjahr als Dividende oder Ausbeute verteilt worden ist.

Der § 18 des KrStG. von 1916 betrifft die sog. Schachtelgesellschaften. Hierüber ist bereits bei den Beratungen zum alten SichGes. von 1915 eingehend verhandelt worden (Erklärungen des Reichsschatzsekretärs in der Rede vom 30. November 1915, StenBer. 421 D, KommBer. S. 5—7 und in der zweiten und dritten Plenarberatung StenBer. S. 461 A, 471 A, 479 B). Gesellschaften können nämlich ihrerseits wieder Gesellschafter anderer Gesellschaften sein. Bezüglich der sog. Schachtelungsgesellschaften führte der Staatssekretär des Reichsschatzamtes in der ersten Kommissionslesung (KommBer. S. 6) aus, daß hier in vielen Fällen die Verhältnisse kaum wesentlich anders liegen als bei Privaten, die als Aktionäre, Anteilseigner oder Gesellschafter Gewinne bezögen. Dieses Schachtelungssystem sei trotz der in gewissem Umfange bei uns bereits vorhandenen Doppelbesteuerung sehr stark ausgebaut; vielfach würden die betreffenden Gesellschaften infolge des Krieges vielleicht überhaupt keine Mehrgewinne aufzuweisen haben, da bei einzelnen Gesellschaften etwaigen Mehrgewinnen Verluste an anderen Unternehmungen gegenüberständen.

Unter Gesellschaften im Sinne der §§ 18, 13 des Gesetzes von 1916 sind solche Gesellschaften zu verstehen, die gemäß § 13 des Gesetzes (§§ 1 u. 10 SichGes.) subjektiv steuerpflichtig sind, also inländische Gesellschaften. Dagegen kann § 18 auf die im § 6 SichGes. (§ 20 des Gesetzes) genannten ausländischen Gesellschaften keine Anwendung finden, da nicht diese, sondern nur der inländische Betrieb (objektive Steuerpflicht) der Besteuerung unterworfen ist. Übrigens verweist § 18 ausdrücklich auf § 13, der nur die inländischen Gesellschaften betrifft.

Voraussetzung für die Anwendung des § 18 ist, daß die Gesellschaft mehr als ein Fünftel aller Aktien oder Anteile der anderen Gesellschaft besitzt.

Hat eine Gesellschaft mehr als ein Fünftel der Anteile von mehreren Gesellschaften, so darf sie die Mehreinnahme aus jeder dieser Gesellschaften absetzen.

Fraglich mag scheinen, ob das Fünftel an dem Grundkapital (Stammkapital) der anderen Gesellschaft gemessen werden muß, derart, daß Voraussetzung der Abzugsfähigkeit der Besitz von einem Fünftel des nominellen Grundkapitals (Stammkapitals) ist, oder ob es genügt, daß die Gesellschaft ein Fünftel der Aktien der anderen Gesellschaft besitzt, selbst wenn dieses ein Fünftel am Kapital weniger ausmachen, als ein Fünftel des Grundkapitals. Letzteres ist leicht möglich, weil Aktien auf 2000, 1500, 1200, 1000 und 600 ℳ lauten können. Man wird kaum fehlgehen in der Annahme, daß es die Absicht des Gesetzes war, zu verlangen, daß Voraussetzung der Abziehbarkeit ist, daß der Aktienbesitz ein Fünftel des Grundkapitals ausmacht, wenn auch der Wortlaut des Gesetzes („aller Anteile") ein anderer ist. Welcher Art die Aktien sind, ist gleichgültig; es können Stammaktien oder Vorzugsaktien sein, dagegen kommen Genußscheine nicht in Betracht. Die Gesellschaft muß aber mehr als ein Fünftel haben. Der Besitz von gerade ein Fünftel genügt nicht.

Der § 18 nimmt Bezug nur auf die im § 13 ausdrücklich genannten Gesellschaften. Nicht abgesetzt werden dürfen also die Mehreinnahmen aus Anteilen von ausländischen Gesellschaften.

Wenn das Gesetz von „Besitzen" spricht, so genügt nur der Eigenbesitz (d. h. der Besitz mit dem Willen und der Berechtigung, die Anteile wie ein Eigentümer zu besitzen). Pfandbesitz, Verwahrungsbesitz oder Treuhandbesitz genügt nicht (Mrozeck zu § 17 Anm. 6 S. 195, 196).

Als maßgeblich muß stets der Bilanztag des jeweiligen Kriegsgeschäftsjahres angesehen werden. Wenn die Kriegsjahre z. B. die Geschäftsjahre 1914, 1915 und 1916 sind und die Gesellschaft besitzt zwar am 31. Dezember 1915 ein Fünftel aller Anteile der anderen Gesellschaft, aber nicht am 31. Dezember 1914 und auch nicht 31. Dezember 1916, so kann sie den empfangenen anteiligen Mehrertrag nur vom Geschäftsgewinn des Geschäftsjahres 1915 absetzen. Das geht übrigens auch deutlich aus der Fassung „eines Kriegsgeschäftsjahres" hervor. Es genügt also nicht, um die Abzugsfähigkeit für drei Kriegsjahre zu begründen, wenn die Gesellschaft nur zu einem beliebigen Zeitpunkt der drei Jahre einmal mehr als ein Fünftel der Aktien oder Anteile besitzt.

Was als Mehreinnahme anzusehen ist, bestimmt Abs. 2 des § 18. Das ist der Betrag, den die Gesellschaft (Muttergesellschaft) an Ausbeute oder Dividende gegen früher von der anderen Gesellschaft (Tochtergesellschaft) mehr erhalten hat.

Beispiel. Eine Aktiengesellschaft mit 200000 ℳ Geschäftsgewinn und 50000 ℳ Mehrgewinn ist mit 30000 ℳ an einer anderen Aktiengesellschaft beteiligt. Letztere (Tochtergesellschaft) hat ein Aktienkapital von 100000 ℳ und hat darauf früher 10%, jetzt 30% Dividende verteilt, so daß die Muttergesellschaft früher auf ihre 30000 ℳ Anteile 3000 ℳ, jetzt 9000 ℳ, also 6000 ℳ mehr Dividende erhalten hat. Dann kann die Muttergesellschaft die 6000 ℳ Mehrertrag von ihrem Mehrgeschäftsgewinn von 50000 ℳ abziehen, so daß ihr steuerpflichtiger Mehrgewinn nur noch 44000 ℳ beträgt.

Wenn die Tochtergesellschaft vor den Kriegsgeschäftsjahren noch kein volles Jahr bestanden hat, ist absetzbar der über 5% hinausgehende Dividendenbetrag.

Dagegen findet der § 17 Abs. 2 u. 4 des Gesetzes von 1916 auf die Muttergesellschaft nicht Anwendung. Wenn also die Tochtergesellschaft schon länger als ein Jahr vor dem Kriege bestanden hat und früher (in Friedenszeiten) 1% Durchschnittsdividende verteilt hatte und in Kriegszeiten 4%, so daß die Muttergesellschaft auf ihre 30000 ℳ Anteile statt 300 ℳ = 1200 ℳ erhalten hat, so kann sie nicht etwa 5% von 30000 ℳ, sondern nur den wirklich empfangenen Mehrdividendenbetrag von 1200 — 300 = 900 ℳ abziehen. Aber auch die Zulässigkeit dieses Abzuges ist zum mindesten unbillig und deshalb zweifelhaft, denn die Tochtergesellschaft bezahlt im vorliegenden Falle überhaupt keine

Kriegsgewinnsteuer, weil ihr Geschäftsgewinn (4%) unter 6% geblieben ist (§ 17 Abs. 3 des Gesetzes). Wenn der Zweck des § 18 lediglich der war, eine Doppelbesteuerung zu verhüten, so wird man der Muttergesellschaft wegen der Steuerfreiheit der Tochtergesellschaft den Abzug der empfangenen Mehrdividenden aus der Tochtergesellschaft überhaupt nicht gestatten können, sondern den § 18 des Gesetzes so auslegen müssen, daß die Abzugsfähigkeit überhaupt nur unter der Voraussetzung zulässig ist, daß die Tochtergesellschaft nicht nur subjektiv steuerpflichtig ist, sondern auch wirklich Kriegssteuer zahlt.

Wenn die Muttergesellschaft noch kein volles Jahr an der anderen Gesellschaft beteiligt ist und daher von letzterer (Tochtergesellschaft) noch nichts erhalten hat, so kann sie natürlich auch keinen Abzug beanspruchen; nur die Mehrerträge, welche als Dividende oder Ausbeute verteilt worden sind, kommen in Betracht.

Der Ausdruck absetzen ist gleichbedeutend mit abziehen. (Also anders wie im § 10 des Gesetzes von 1916 bei Gesellschaften m. b. H.)

Der Steuerbehörde sind die inneren Beteiligungsverhältnisse der Gesellschaft im einzelnen nicht bekannt. Aus den Bilanzen geht nur aus Konto „Beteiligungen" hervor, daß eine Gesellschaft an anderen Gesellschaften beteiligt ist, aber nicht die Form dieser anderen Gesellschaft, die Höhe ihres Mehrgewinnes und der Betrag, mit dem die zu veranlagende Gesellschaft beteiligt ist. Daher muß die Gesellschaft, die auf die Vergünstigung des § 18 Anspruch macht, einen entsprechenden Antrag stellen und die Unterlagen dazu beibringen. Das muß im Veranlagungsverfahren, spätestens im Rechtsmittelverfahren, erfolgen, sonst kann es nicht berücksichtigt werden.

Absetzbar ist der „anteilige Betrag", also z. B. wenn die Gesellschaft die Hälfte aller Aktien hat, die Hälfte des Mehrgewinnes der Tochtergesellschaft.

Als Durchschnitt der nach § 17 Abs. 1 in Betracht kommenden Jahre gelten die 5 (bzw. 4, 3, 2 oder 1) den Kriegsgeschäftsjahren der Tochtergesellschaft unmittelbar vorangegangenen Jahre (§ 17 Abs. 1).

Der Abs. 2 bezieht sich, wie bereits oben angedeutet, nur auf die Dauer des Bestehens der Tochtergesellschaft, an welcher die Muttergesellschaft beteiligt ist. Also wenn die Tochtergesellschaft noch kein volles Jahr lang als juristische Person besteht, kann die Muttergesellschaft 5% von ihrer Beteiligung abziehen. Es ist übrigens nicht ganz sicher, ob das Gesetz hier mit voller Absicht 5% statt 6% genommen hat. Anscheinend sind aber 5% mit Absicht angenommen. Im § 17 ist ein Betrag von 6% des Geschäftsgewinnes freigelassen, im § 18 handelt es sich um einen Betrag von 5% der Dividende oder Ausbeute, dadurch erklärt sich wahrscheinlich der Unterschied, denn bei 6% Geschäftsgewinn ist in der Regel nur eine Dividende von 5% verteilbar, während der Rest als Tantiemen, für Wohlfahrtszwecke u. dgl. sowie als Vortrag auf neue Rechnung verwendet zu werden pflegt.

Nicht für ein Kriegsgeschäftsjahr, sondern der in einem Kriegsgeschäftsjahr verteilte Dividendenbetrag ist maßgeblich. Also entscheidet die Zeit des Empfanges (Ausschüttung) der Dividende. Die für das Kriegsgeschäftsjahr 1915 z. B. beschlossene Dividende wird z. B., wenn das Geschäftsjahr sich mit dem Kalenderjahr deckt, in der Regel erst im Kriegsgeschäftsjahr 1916 zur Ausschüttung gelangen. Also kann sie auch erst vom Mehrgewinn des Geschäftsjahres 1916, in welchem sie der Muttergesellschaft zugeflossen ist, von dieser abgesetzt werden.

Der § 18 KrAbgG. von 1919 bezieht sich bezüglich der Berechnung des Geschäftsgewinns des fünften Kriegsgeschäftsjahres nicht nur auf § 16 des Ges. von 1916, sondern auch auf § 16 Abs. 2—4 des vorliegenden Gesetzes selbst. Diese Absätze betreffen die Tantiemen, Gehälter und Vergütungen der Vorstände, Geschäftsführer und Beamten der Aktiengesellschaften und Gesellschaften m. b. H. und gewisse Sondervorschriften für Genossenschaften und Gesellschaften m. b. H. gewisser Arten. Daher sei auf die Anm. zu § 16 Abs. 2—4 des vorliegenden Gesetzes verwiesen.

2. Sonderrücklage und Kriegssteuer dürfen vom Geschäftsgewinn nicht abgesetzt werden; freigewordene Sonderrücklagebeträge aus dem buchmäßigen Geschäftsgewinn auszuscheiden.

Die amtliche Begründung zum KrAbgGes. von 1918 bemerkte zu Abs. 2 des § 24, der dem § 18 Abs. 2 des vorliegenden Gesetzes entspricht: Im § 24 Abs. 2 ist zur Beseitigung eines etwa möglichen Zweifels ausdrücklich ausgesprochen, was sich schon aus dem inneren Wesen der Kriegsabgabe ergibt. In der Form der Kriegsabgabe wird das Reich gewissermaßen an dem Mehrgewinn eines Kriegsgeschäftsjahres beteiligt. Die Abgabe kann daher in keinem Falle zu den Geschäftsunkosten gerechnet und vom Geschäftsgewinn eines Kriegsgeschäftsjahres abgesetzt werden.

Daß andererseits die Beträge einer freigewordenen Sonderrücklage aus einem früheren Geschäftsjahr, die den Bilanzgewinn erhöht haben, vom Geschäftsgewinn des betreffenden Geschäftsjahres abgesetzt werden dürfen, weil sie kein „Geschäftsgewinn", sondern ein buchmäßiger Gewinn sind, ist ebenso selbstverständlich.

Die Frage, ob die Tantieme des Vorstandes und Aufsichtsrates sich nach dem ganzen Geschäftsgewinn oder nach dem Geschäftsgewinn abzüglich Sonderrücklage bemißt, ist lange Gegenstand heftiger Erörterungen in Literatur und Tagespresse gewesen.

Hofmann (BankA. 1918, 88 ff.) kommt zu folgendem Ergebnis: Bei Verteilung des Reingewinnes ist die Tantieme der Vorstands- und Aufsichtsratsmitglieder ohne Rücksicht auf die Sonderrücklage zu berechnen. Eine gegenteilige Auffassung würde dahin führen, daß, wenn infolge nicht vollständiger Erhebung der Steuer ein Teil der Sonderrücklage wieder frei wird, der freiwerdende Betrag dem Reingewinn der Gesellschaft wieder zuzurechnen und dann unbestrittenermaßen der Tantiemenberechnung zugrunde zu legen wäre. Dann aber würden an der Tantieme Personen beteiligt sein können, die für die Erzielung des betreffenden Teiles des Reingewinnes nicht in Betracht kommen. Die Tantieme ist aber ihrer Natur nach eine Vergütung für die Tätigkeit bei Erzielung des Gewinnes, von dem sie jeweils als Anteil zu gewähren ist.

Dagegen Halbauer im BankA. 1918, 104ff. Vgl. auch Oswald daselbst S. 111, der u. a. folgendes ausführt: Für die Bejahung der Tantiemepflicht würde die Erwägung des Vortrages auf neue Rechnung sprechen, daß billigerweise die Tantieme aus einem Gewinn dem zufließen soll, der ihn erzielt hat und nicht dem, der ihn nur verteilt hat. Trotzdem überwiegt die Ansicht, daß der Vortrag nicht tantiemepflichtig sei; dagegen auch Schoen a. a. O. S. 110ff.

Schließlich hat das Reichsgericht die Frage, ob die Sonderrücklage tantiemepflichtig ist, entschieden (Entsch. vom 11. Jan. 1918, 2. ZS., ausführlich mitgeteilt von Sintenis, BankA. a. a. O. S. 126ff.), und zwar im verneinenden Sinne. Die Begründung des Reichsgerichtsurteils führt etwa folgendes aus:

„Die gemäß dem Kriegssteuersicherungsgesetz vom 24. Dez. 1915 vorgeschriebene Sonderrücklage muß für die Tantiemeberechnung des Vorstandsmitgliedes einer Aktiengesellschaft ausscheiden. Maßgebend ist die zwingende Vorschrift des § 237 HGB., wonach die Tantieme der Vorstandsmitglieder zu berechnen ist von dem nach Vornahme sämtlicher Abschreibungen und Rücklagen verbleibenden Reingewinn. Und die hier fragliche Sonderrücklage zur Sicherung der Kriegsgewinnsteuer ist eine ‚Rücklage' im Sinne des § 237 HGB. Der Begriff der Rücklage ist weiter zu erstrecken als der des Reservefonds. Unter Rücklage ist alles zu verstehen, was von dem in der Bilanz angegebenen Gewinn nicht verteilt, sondern zurückbehalten wird, insbesondere zur Deckung späterer Ausgaben. So dient auch die Sonderrücklage des Ges. vom 24. Dez. 1915 zur Sicherstellung der später zur Begleichung der zu erwartenden Kriegsgewinnsteuer erforderlich werdenden Mittel. Sie verliert ihre Eigenschaft als Rücklage im Sinne des § 237 HGB. nicht dadurch, daß sie in erster Linie dem Interesse des Steuerfiskus dient und auf Grund eines gesetzlichen Zwanges gebildet wird. Sie bleibt ein Teil des Reingewinnes, der von der Verteilung ausgeschlossen wurde zur Deckung einer in Aussicht stehenden Steuerpflicht der Gesellschaft. Die Steuerpflicht ist noch nicht entstanden; nur die künftige Erfüllung, wenn und soweit die Steuerpflicht entsteht, zu sichern ist die Gesellschaft nach § 1 SichGes. verpflichtet. Und diese Sicherungspflicht hat zum Inhalt die Rückstellung eines Teiles des Reingewinnes, setzt also das Vorhandensein eines Reingewinnes, von dem die Sonderrücklage einen Teil bildet, voraus. Die letztere bleibt im Eigentum der Gesellschaft und ist deren Verfügung nur so lange entzogen, als nicht feststeht, ob und inwieweit sie den zu zahlenden Steuerbetrag übersteigt. Soweit dies der Fall ist, wird die Sonderrücklage frei, steht wieder zur freien Verfügung der Gesellschaft. Mit Unrecht macht der Kläger mit der Revision geltend, daß die Sonderrücklage des Sicherungsgesetzes nur zu berechnen sei von demjenigen Mehrgewinne, der sich ergebe, wenn von den in Betracht kommenden Jahresgewinnen die Gewinnteile des Vorstandes als Betriebskosten abgezogen seien. Maßgebend für die Berechnung der Gewinnanteile des Vorstandes ist nicht der Geschäftsgewinn im Sinne des Sicherungsgesetzes, wie ihn dessen § 3 bestimmt, sondern der Reingewinn im Sinne des § 237 HGB. Danach aber bildet der Gewinnanteil des Vorstandes einen Teil des Reingewinnes, weil der Gewinnanteil, wenn er auch eine Gesellschaftsschuld ist, doch nur aus dem Reingewinn bezahlt werden soll. Nun stellt zwar im Sinne des § 237 HGB. auch die Sonderrücklage des Sicherungsgesetzes einen Teil des Reingewinnes dar, zugleich aber eine ‚Rücklage', so daß der Gewinnanteil des Vorstandes nur von demjenigen Betrage des Reingewinnes zu berechnen ist, der nach Abzug auch der Sonderrücklage übrigbleibt. Umgekehrt sollen nach § 20 der AusfBest. des Bundesrats vom 30. Nov. 1916 für die Berechnung der Kriegssteuer, für die Feststellung desjenigen Mehrgewinnes, der der Besteuerung unterliegt, die Gewinnanteile des Vorstandes nicht als ein Teil des Geschäftsgewinnes angesehen werden, sondern als eine Gesellschaftsschuld, durch deren Abzug vom Rohgewinn erst der Geschäftsgewinn ermittelt wird. Daß dies auch für die nach dem Sicherungsgesetz zu bildende Sonderrücklage gilt, ist indessen nicht anzuerkennen. Wäre aber auch der Bildung der Sonderrücklage ein durch Abzug der Gewinnanteile des Vorstandes verkürzter

Gewinnbetrag zugrunde zu legen und wären bei dessen Ermittlung die Gewinnanteile des Vorstandes, berechnet von einem die Sonderrücklage mitumfassenden Jahresgewinn, in Ansatz zu bringen, so würden durch die Feststellung der Gewinnanteile des Vorstandes die Bestimmungen des HGB., insbesondere die zwingende Bestimmung des § 237 HGB., maßgebend bleiben, wonach die Gewinnanteile von der Sonderrücklage des Sicherungsgesetzes als einer Rücklage im Sinne des § 237 HGB. nicht erhoben werden dürfen" (II 99/18. — 14. Juni 1918).

3. Ist eine Gesellschaft mit Unterbilanz in viertes Geschäftsjahr eingetreten, Absetzung der zur Beseitigung der Unterbilanz erforderlichen Beträge vom Geschäftsgewinn.

Die Vergünstigung im § 18 Abs. 2 des Gesetzes ist bereits für die frühere Kriegssteuer von 1916 im § 23 Abs. 1 Satz 2 der Kriegssteuer-Ausführungsbestimmungen zugestanden worden.

Im übrigen vergleiche die Anmerkungen zu § 16 des alten Kriegssteuergesetzes oben in den Anmerkungen zu § 16, wo die Frage der Tilgung der Unterbilanz eingehend und an Zahlenbeispielen erörtert ist.

§ 19.[1]) Sind die Geschäftsgewinne der früheren Kriegsgeschäftsjahre im Gesamtergebnisse hinter dem entsprechenden Betrage des Friedensgewinns zurückgeblieben, so darf der Mindergewinn von dem Mehrgewinne des fünften Kriegsgeschäftsjahrs abgezogen werden.

1. Allgemeines.

Die amtliche Begründung zu § 25 KrAbgG. von 1918, welcher dem § 19 des vorliegenden Gesetzes entspricht, bemerkte hierzu: Der Ausgleich eines im vierten Kriegsgeschäftsjahr erzielten Mehrgewinnes mit etwaigen Mindergewinnen der früheren Kriegsgeschäftsjahre wird billigerweise nicht versagt werden dürfen. Dagegen besteht kein Anspruch auf Erstattung früher gezahlter Kriegsabgabe für den Fall, daß sich im vierten Kriegsgeschäftsjahr ein Mindergewinn ergibt. Das gleiche gilt nun auch für § 19 des vorliegenden Gesetzes, der wie gesagt dem § 25 KrAbgG. von 1918 nachgebildet ist.

Wenn also im fünften Kriegsgeschäftsjahr ein Mindergewinn im Vergleich zu den Friedensgeschäftsjahren zu verzeichnen ist, so erfolgt keine Rückzahlung der etwa für die drei ersten oder für das vierte Kriegsgeschäftsjahr entrichteten Kriegsabgabe, vielmehr ist eben lediglich für das fünfte Kriegsgeschäftsjahr keine Kriegsabgabe zu zahlen.

Wenn dagegen im fünften Kriegsgeschäftsjahr gegenüber den Friedensjahren zwar ein Mehrgewinn, in den vier vorangegangenen Kriegsgeschäftsjahren gegenüber den Friedensjahren aber im Gesamtergebnis ein Mindergewinn ergeben hat, so kann der Mindergewinn der vier ersten Kriegsgeschäftsjahre gegenüber dem Mehrgewinn des fünften Kriegsgeschäftsjahres aufgerechnet werden. Dadurch ist gewissermaßen für das Gesamtergebnis der fünf Kriegsgeschäftsjahre ein einheitlicher Zeitraum gebildet (wenn auch die Steuertarife für die drei ersten, das vierte und das fünfte Kriegsgeschäftsjahr verschieden sind).

Unter Mindergewinn im Sinne des § 19 ist der gesamte Mindergewinn der vier ersten Kriegsgeschäftsjahre zu verstehen.

Beispiel.

1914 (1. Kriegsjahr)	=	10000 Mindergewinn gegenüber dem Durchschnitt der Friedensjahre.
1915 (2. „)	=	2000 Mehrgewinn gegenüber dem Durchschnitt der Friedensjahre.
1916 (3. „)	=	10000 Mindergewinn gegenüber dem Durchschnitt der Friedensjahre.
1917 (4. „)	=	6000 Mindergewinn gegenüber dem Durchschnitt der Friedensjahre.
Durchschnitt	=	24000 Mindergewinn.
1918 (5. Kriegsjahr)	=	44000 Mehrgewinn
also Kriegsgewinn fünftes Kriegsgeschäftsjahr . . .	=	20000 *M* Mehrgewinn.

Bei den Beratungen zum KrAbgG. von 1918 (Nr. 772 der Drucksachen) hatte man sich übrigens eingehend mit der Frage befaßt, ob man nicht auch eine Ausgleichung der im vierten Kriegsgeschäftsjahr erzielten Mindergewinne mit den Mehrgewinnen der ersten drei Kriegsjahre zulassen solle. Dem trat ein Regierungskommissar mit folgenden Ausführungen entgegen:

Er gebe zu, daß gewisse Billigkeitserwägungen für den Antrag sprechen. Indes möchte doch zu beachten sein, daß es an sich sehr wohl vertretbar gewesen wäre, wenn jedes Geschäftsjahr für sich allein als Veranlagungszeitraum genommen und ein Mehrgewinn des einzelnen Geschäftsjahres besteuert worden wäre, ohne daß das Ergebnis anderer (früherer wie späterer) Jahre berücksichtigt worden wäre. Es war daher schon ein großes Entgegenkommen gegen den Steuerpflichtigen, wenn die ersten drei Kriegsgeschäftsjahre als einheitlicher Veranlagungszeitraum, innerhalb dessen ein Ausgleich der Mehr- und Mindergewinne zugebilligt wurde, behandelt wurden. In dergleichen Richtung der Milde bewege sich der § 25 KrAbgG. von 1918. Diese Vorschrift gehe aber seines Erachtens bis an die Grenze dessen, was vom Standpunkt des fiskalischen Interesses noch zugestanden werden könne. Würde Ausgleich des Mindergewinns des vierten Kriegsgeschäftsjahrs mit früheren Mehrgewinnen zugestanden, so müßte das Reich in den Fällen, in denen in den ersten drei Kriegsgeschäftsjahren ein Mehrgewinn, im vierten Kriegsgeschäftsjahr ein Mindergewinn vorhanden sei, die bezahlte Kriegssteuer wieder herauszahlen. Das wäre wirklich ein Novum in der Finanzgesetzgebung und mit einem geordneten Staatshaushalt kaum verträglich. Es handle sich ja nicht um die Erstattung zu Unrecht erhobener Steuerbeträge, sondern um die Rückgabe von Steuerbeträgen, die völlig zu Recht veranlagt und erhoben worden seien. Mit der Rückzahlung einer zu Recht bezahlten Steuer werde auch kaum ein Steuerpflichtiger je gerechnet haben, wenigstens glaube er nicht, daß der Fiskus im Rufe einer derartigen Freigebigkeit stehe. Im vorigen Jahre sei beim Zuschlaggesetz die Möglichkeit einer Stundung des 20%igen Zuschlages für den Fall vorgesehen worden, daß das neue Jahr zu einem Mindergewinn führen werde. Damit sei genügend Milde geübt. Zu bedenken sei auch, daß eine Gesellschaft mit einem hohen Friedensgewinn die Rückzahlung wegen eines Mindergewinnes verlangen könnte, auch wenn es ihr noch ganz gut ginge; wenn sie z. B. statt einer 30%igen Friedensdividende immer noch 25 % verteilen könne. Im fiskalischen Interesse des Reiches, das doch jetzt weniger als je vernachlässigt werden dürfe, müsse er dringend bitten, den Antrag abzulehnen.

Auf die Anregung eines Abgeordneten, in den Fällen, in denen eine Gesellschaft, die in den ersten drei Kriegsgeschäftsjahren einen Mehrgewinn versteuert hat, im vierten Jahre Verluste erleidet, durch den Härteparagraphen abzuhelfen, erwiderte der Antragsteller, er müsse es doch für richtiger halten, die Fälle so, wie er es vorgeschlagen habe, durch das Gesetz zu regeln. Der Antrag wurde angenommen.

In zweiter Lesung wurde die Frage dann noch einmal aufgegriffen aber ohne Erfolg.

So ist dann auch bei den Beratungen zum KrAbgG. von 1919 die Frage nicht weiter verfolgt worden und § 19 dem § 25 KrAbgG. von 1918 entsprechend abgefaßt.

§ 20. Wird eine Gesellschaft vor Ablauf ihres fünften Kriegsgeschäftsjahrs aufgelöst, so bleibt die Abgabepflicht für die Zeit bis zur Auflösung der Gesellschaft bestehen[1]).

Umfaßt im Falle der Neugründung oder der Auflösung einer Gesellschaft das fünfte Kriegsgeschäftsjahr einen kürzeren Zeitraum als zwölf Monate, so wird für die Berechnung des Mehrgewinns der Gewinn dieses Geschäftsjahrs mit einem verhältnismäßigen Teilbetrage des Friedensgewinns verglichen[2]).

1. Bei Auflösung vor Ablauf des fünften Kriegsjahres Bestehenbleiben der Steuerpflicht.

Der § 20 Abs. 1 soll Versuche verhindern, die Steuer durch vorzeitige Auflösung der Gesellschaft zu sparen. Im selben Sinne hatte bereits § 25 Abs. 3 der AusfAnw. zum alten KrStG. von 1916 bestimmt, daß wenn eine Gesellschaft vor Ablauf des Zeitraumes, der im Falle des Weiterbestehens in die Kriegsgeschäftsjahre hineinfallen würde, aufgelöst wird, die Steuerpflicht für die Zeit bis zur Auflösung bestehenbleibt (anderer Ansicht Strutz DJZ. 1918, 343). Länger als bis zur Auflösung (Löschung der Firma und Beendigung der Liquidation) bleibt aber die Steuerpflicht nicht bestehen. Ist also das fünfte Kriegsgeschäftsjahr einer Gesellschaft z. B. das Kalenderjahr 1918 und wird die Gesellschaft am 1. Oktober 1918 aufgelöst, so sind nur noch neun Monate steuerpflichtig. Zur Ermittlung des steuerpflichtigen Mehrgewinnes wird der Geschäftsgewinn dieser neun Monate mit einem auf neun Monate ausgerechneten Teile des Friedensgewinnes verglichen (vgl. Abs. 2).

Unter „Auflösung" im obigen Sinne ist, wie ich bereits in meinem Komm. z. KrStG. von 1916 (Verlag Schwann, Düsseldorf) ausgeführt habe, die wirtschaftliche Auflösung zu verstehen. Also bleibt die Steuerpflicht (z. B. einer Aktiengesellschaft) trotz formeller Auflösung (§ 292 HGB.) darüber hinaus trotz Liquidation und trotz Konkurses bis zur vollständigen Abwickelung der Geschäfte und Ablauf des Sperrjahres bestehen (OVG. 13, 285); dagegen OVG. 14, 313; 3, 117; 12, 363, wonach Liquidationsbeendigung und Ende der Steuerpflicht auch schon vor Ablauf des Steuerjahres möglich sind.

Wie Hachenburg, JW. 1916, 13 ausführt, „darf die Liquidation einer Gesellschaft nicht zu einer Besteuerung eines Reingewinnes führen, der nicht aus dem Erwerbsgeschäft rührt. Das Mehrergebnis einer Versilberung des Gesellschaftsvermögens ist niemals Kriegsgewinn. Die Liquidationsbilanzen bilden nie den Ausgang einer Kriegsabgabe. Man denke sich eine schlecht rentierende Gesellschaft. Sie ist am 1. Juli 1914 aufgelöst worden. Sie verkaufte im März 1915 ihre Gebäude und Einrichtung weit höher als sie sie bei Beginn der Liquidation schätzte. Schuldner, die man verloren gab, wurden durch die Welle der Kriegslieferungen in die Höhe gerissen. Sie zahlten auf den Pfennig. Die zweite Liquidationsbilanz der Gesellschaft zeigt dadurch einen Überschuß, der größer ist als der durchschnittliche Friedensgewinn war. Es fehlt an der Voraussetzung der erwerbenden Gesellschaft. So wenig ihr Mehrerlös an Grundstücken in der Liquidation als steuerpflichtiges Einkommen zu betrachten ist, so wenig darf man hier von Kriegsgewinn reden. Anders nur, wenn die Gesellschaft in Liquidation wieder in das Erwerbsleben eintritt. Freilich kann die Auflösung der Gesellschaft nicht mehr rückgängig gemacht werden. Sie ist dem Untergange verfallen. Der Liquidator hat auch kraft Gesetzes keine Vertretungsmacht zu neuen Abschlüssen, soweit sie nicht zur Abwickelung schwebender Geschäfte erforderlich sind. Aber die Gesellschafter können ihm eine solche Vollmacht geben. Die formale Erscheinung der Auflösung befreit die wieder arbeitende Gesellschaft in Liquidation nicht von der Kriegsgewinnsteuer." „Noch weniger hat die Auflösung der Gesellschaft eine befreiende Wirkung. Nur soweit die Gesellschaft in Liquidation keine Geschäfte mehr betreibt, zahlt sie keine Steuer. Aber soweit dies der Fall war und ist, bleibt das Gesetz anwendbar. Allerdings haben die Liquidatoren bei Beginn der Liquidation eine Liquidationsbilanz aufzustellen (§ 299 HGB., § 71 GmbHG., § 89 GenG.). Eine Gewinnverteilung findet hier nicht statt. Die Liquidationsbilanz ist auch nach anderen Grundsätzen aufzumachen als die ordentlichen Geschäftsbilanzen. Das gilt auch von den Liquidationsbilanzen der folgenden Jahre. Die Aktionäre und Gesellschafter, Gewerker und Genossen können nur eine Anzahlung auf ihre Vermögensanteile erhalten. Allein für die Kriegsgewinnrücklage wird nicht verlangt, daß eine Gewinnverteilungsbilanz vorliege. Auch wenn eine Gesellschaft m. b. H., deren Geschäftsjahr am 31. Dezember 1915 abliefe, am 15. Dezember 1915 sich auflöste trifft die Rücklagepflicht den bis 15. Dezember 1915 erwachsenen Gewinn. Das Gesetz spricht nur von dem Schicksale der Sonderrücklage bei der Auflösung der Gesellschaft (§ 8 Abs. 5). Damit ist eine schon vorher gebildete gemeint. Sie ist aber ebenso auch in diesem Zeitpunkte zu bilden. Die Gesellschaft kann nicht durch ihre Auflösung während des Laufes des Geschäftsjahres sich der Steuerrücklagepflicht entziehen. Für diese ist es einerlei, ob die Vermögensvermehrung verteilt werden darf oder mit Rücksicht auf die Gläubiger zunächst zurückzuhalten ist."

2. Umfaßt bei Neugründung oder Auflösung fünftes Kriegsgeschäftsjahr weniger als 12 Monate, — Vergleichung mit verhältnismäßigem Teilbetrage des Friedensgewinnes.

Bei neugegründeten Gesellschaften, bei denen das fünfte Kriegsjahr keine zwölf Monate, sondern nur einen kürzeren Zeitraum umfaßt, z. B. nur drei Monate, kann das Ergebnis dieser drei Monate Kriegsjahr natürlich auch nur mit einem Teilbetrage

(Dreimonatsbetrage) des Friedensgewinnes (gegebenenfalls Dreimonatsbetrage von 6%) verglichen werden:

Dementsprechend bestimmte bereits § 25 AusfAnw. zum KrStG. von 1916: Umfaßt ein Kriegsgeschäftsjahr einen kürzeren Zeitraum als zwölf Monate, so wird für die Berechnung des Mehrgewinnes der Gewinn dieses Kriegsgeschäftsjahres mit einem verhältnismäßigen Teilbetrag des Friedensgewinnes verglichen.

Dementsprechend führte auch Mrozek (a. a. O. zu § 4 SichGes. Anm. 4 S. 61) zutreffend schon damals folgendes aus: „Wenn bei einer neugegründeten Gesellschaft das erste zu den Kriegsgeschäftsjahren gehörende Geschäftsjahr einen kürzeren als einen zwölfmonatigen Zeitraum umfaßt, so kann dem Ergebnisse dieses Geschäftsjahres auch nur ein entsprechender Teilbetrag des durchschnittlichen früheren Geschäftsgewinnes gegenübergestellt werden. Beispiele: Als früherer Durchschnittsgewinn gilt z. B. der Betrag von 100000 *M*. Das erste Kriegsgeschäftsjahr umfaßt nur vier Monate und hat 50000 *M* Gewinn gebracht. Diesen 50000 *M* sind deshalb auch nur $^4/_{12}$ jener 100000 *M*, das sind 33333 *M*, gegenüberzustellen. Der Mehrgewinn beträgt hiernach 16667 *M* rund 16000 *M*. (Übrigens ist dabei zu beachten, daß als Friedensgewinn bei neugegründeten Gesellschaften 6% vom Stammkapital gelten.)

Wie mit der Neugründung, so ist es auch mit der Auflösung.

Beispiel: Der „Friedensgewinn" betrug 10000 *M*. Der Kriegsgewinn des fünften Kriegsgeschäftsjahres bis zur Auflösung in neun Monaten 20000 *M*. Dann sind 20000 *M* mit $^3/_4$ von 10000 *M*, also mit 7500 *M* zu vergleichen.

§ 21. § 24 des Kriegssteuergesetzes vom 21. Juni 1916 oder Anordnungen auf Grund dieser Vorschrift finden für die Feststellung des abgabepflichtigen Mehrgewinns des fünften Kriegsgeschäftsjahrs Anwendung[1]).

Hat der Bundesrat gemäß § 36 des Kriegssteuergesetzes vom 21. Juni 1916 oder gemäß § 40 des Gesetzes über eine außerordentliche Kriegsabgabe für das Rechnungsjahr 1918 vom 26. Juli 1918 eine anderweite Berechnung des Friedensgewinns genehmigt, so ist diese Berechnung auch der Feststellung des Mehrgewinns des fünften Kriegsgeschäftsjahrs zugrunde zu legen[2]).

1. Der § 42 KrStG. und daraufhin getroffene Anordnungen finden Anwendung.

Der § 24 KrStG. behandelt die Befugnis des Reichskanzlers und Bundesrates zum Zwecke der Vermeidung von Doppelbesteuerungen mit außerdeutschen Staaten Vereinbarungen zu treffen.

Er lautet: „Der Reichskanzler kann zum Zwecke der Vermeidung einer Doppelbesteuerung durch das Reich und durch außerdeutsche Staaten mit Zustimmung des Bundesrates Anordnungen treffen, die von den gesetzlichen Vorschriften über die Feststellung des abgabepflichtigen Mehrgewinnes abweichen."

Hierzu sei bemerkt, daß Kriegsgewinnsteuern (und zwar ebenfalls meistens auf Grundlage der Bestimmung des Mehrgewinnes von den meisten Staaten, den neutralen, wie den verbündeten und feindlichen, eingeführt sind). Vereinbarungen mit außerdeutschen Staaten sind bisher nicht getroffen (betr. Österreich-Ungarn vgl. FinMin. Blatt 1917, 163 und AusfAnw. z. KrAbgG. 1918).

Bei Berechnung des abgabepflichtigen Mehrgewinnes inländischer Gesellschaften bleibt der Teil des Geschäftsgewinnes außer Betracht, der auf eine in Österreich-Ungarn einschließlich Bosnien und Herzegowina belegene Betriebsstätte (§ 3 Abs. 2 des Doppelsteuergesetzes vom 22. März 1909, RGBl. S. 332) entfällt.

Bei der Feststellung des Friedensgewinnes sind gegebenenfalls die 6 vom Hundert von dem Teile des Grund- oder Stammkapitals zu berechnen, der dem Verhältnisse des außerhalb Österreich-Ungarns einschließlich Bosnien und Herzegowina belegenen Anlage- und Betriebskapitals zum Gesamten der Gesellschaft entspricht.

2. Hat Bundesrat gemäß § 36 KrStG. anderweite Berechnung des Mehrgewinnes genehmigt, Geltung auch für fünftes Kriegsgeschäftsjahr.

Das heißt: Die gemäß § 36 KrStG. (Härteparagraph) von Reichskanzler und Bundesrat für die Behandlung des Einzelfalles aufgestellten Richtlinien sind auf diesen Einzelfall sinngemäß auch für das fünfte Kriegsjahr anzuwenden. Und zwar hat dies nicht nur auf Antrag der Gesellschaft, sondern von Amts wegen zu geschehen. Im übrigen vgl. Verf. des preuß. FinMin. vom 14. Mai 1917 II 5104.

§ 22. Von der Abgabe befreit sind inländische Gesellschaften¹), die auf Grund des § 7 des Gesetzes über vorbereitende Maßnahmen zur Besteuerung der Kriegsgewinne vom 24. Dezember 1915 (Reichs-Gesetzbl. S. 837) vom Bundesrat als ausschließlich gemeinnützige Gesellschaften²) anerkannt worden sind oder vom Reichsrat als solche anerkannt werden.

1. Inländische Gesellschaften.

Die Befreiungsvorschrift bezieht sich nur auf inländische, nicht auch auf ausländische Gesellschaften.

2. Als gemeinnützig anerkannte Gesellschaften im Sinne des § 7 Sicherungsgesetzes vom 24. Dezember 1915 (RGBl. S. 837).

Der § 7 des Sicherungsgesetzes vom 24. Dez. 1915 (RGBl. S. 837) betrifft die Befreiung der Gesellschaften von der Sicherungsrücklagepflicht, die ausschließlich gemeinnützigen Zwecken dienen. Er bestimmt: Von der Verpflichtung zur Bildung einer Sonderrücklage befreit sind inländische Gesellschaften, die nach der Entscheidung des Bundesrates ausschließlich gemeinnützigen Zwecken dienen.

Es handelt sich hier um die Befreiung gemeinnütziger Gesellschaften wegen ihres ganzen Geschäftsgewinnes, nicht aber um die von anderen Gesellschaften (Erwerbsgesellschaften) zu gemeinnützigen Zwecken bestimmten Gewinnbeträge.

Hierzu bestimmt § 11 BundesratsAusfAnw. z. SichGes.

1. Wird die Befreiung von der Verpflichtung zur Bildung einer Sonderrücklage auf Grund des § 7 des Gesetzes beansprucht, so ist der Antrag mit einer gutachtlichen Äußerung der gemäß § 2 der AusfBest. bestimmten Behörde durch Vermittlung der obersten Landesfinanzbehörde dem Bundesrate vorzulegen.

Darauf gerichtete Anträge sind in Preußen mit gutachtlichen Äußerungen des Vorsitzenden der Veranlagungskommission und des Vorsitzenden der Berufungskommission dem Finanzminister zur Herbeiführung der Entscheidung des Bundesrates einzeln vorzulegen. Die Vorlage hat zu unterbleiben, wenn sich ohne weiteres übersehen läßt, daß ein Mehrgewinn im Sinne des Gesetzes nicht vorliegt (Art. 3 preuß. AusfAnw. z. SichGes.).

Wegen der Kriegswirtschaftsgesellschaften ist die Gemeinnützigkeit vom Reichsschatzsekretär verneint worden (KommBer. S. 27). Wenn Gesellschaften (z. B. auch solche zur Beschaffung von künstlichen Gliedern, Krücken usw. für Kriegsinvalide) nicht von vornherein den Gewinn auf 5% des Kapitals in ihren Satzungen beschränkt haben, so ist die Steuerpflicht ohne weiteres gegeben. Speziell bezüglich der Kriegswirtschaftsgesellschaften bemerkte der Reichsschatzsekretär, daß überall, wo sich ein Anlaß und eine Möglichkeit biete, auf eine Änderung der Satzungen dahingehend gedrungen werde, daß der Überschuß über 5% der Reichskasse, und zwar ganz, nicht nur zur Hälfte, zufließt (erste Lesung der Reichstagskommission, KommBer. S. 27).

Zu § 28 des Ges. von 1918, das den § 22 entspricht, lag ein Antrag vor auf Nr. 773 der Ausschußdrucksachen: dem § 28 hinzuzufügen: „soweit sie statutarisch verpflichtet sind, im Falle der Auflösung ihr Vermögen nach Abzug des eingezahlten Kapitales dem Reiche zuzuführen". Der Antragsteller wies darauf hin, daß die sogenannten gemeinnützigen Gesellschaften doch vielfach hohe Kriegsgewinne gemacht haben. Es bestehe für das Reich kein genügender Anlaß, auf die Steuer zu verzichten, sofern die Gewinne nicht schon satzungsgemäß dem Reiche zugute kämen. Nachdem ein Regierungskommissar sich hiergegen gewendet hatte, wurde der Antrag abgelehnt.

§ 23. Die Abgabe[1]) beträgt für inländische Gesellschaften[2]) 80 vom Hundert des Mehrgewinns[3]). Der Abgabesatz ermäßigt sich jedoch

um 10 vom Hundert seines Betrags, wenn der Mehrgewinn 300000 Mark, aber nicht 500000 Mark übersteigt, oder wenn bei einem Mehrgewinne von nicht mehr als 1000000 Mark der Geschäftsgewinn des fünften Kriegsgeschäftsjahrs 25 vom Hundert des eingezahlten Grund- oder Stammkapitals[4]) zuzüglich der bei Beginn des ersten Kriegsgeschäftsjahrs ausgewiesenen[6]) wirklichen Reservekontenbeträge[5]) nicht übersteigt,

um 20 vom Hundert seines Betrags, wenn der Mehrgewinn 200000 Mark, aber nicht 300000 Mark übersteigt, oder wenn bei einem Mehrgewinne von nicht mehr als 1000000 Mark der

Geschäftsgewinn 20 vom Hundert dieses Kapitals nicht übersteigt,

um 30 vom Hundert seines Betrags, wenn der Mehrgewinn 100000 Mark, aber nicht 200000 Mark übersteigt, oder wenn bei einem Mehrgewinne von nicht mehr als 1000000 Mark der Geschäftsgewinn 15 vom Hundert dieses Kapitals nicht übersteigt,

um 40 vom Hundert seines Betrags, wenn der Mehrgewinn 50000 Mark, aber nicht 100000 Mark übersteigt, oder wenn bei einem Mehrgewinne von nicht mehr als 1000000 Mark der Geschäftsgewinn 10 vom Hundert dieses Kapitals nicht übersteigt,

um 50 vom Hundert seines Betrags, wenn der Mehrgewinn 50000 Mark nicht übersteigt, oder wenn bei einem Mehrgewinne von nicht mehr als 1000000 Mark der Geschäftsgewinn 8 vom Hundert dieses Kapitals nicht übersteigt.

Hat sich das eingezahlte Grund- oder Stammkapital einer Gesellschaft im Laufe des Geschäftsjahrs vermehrt, so ist bei der Berechnung der Abgabe ein den Zeitraum, innerhalb dessen die Gesellschaft mit dem veränderten Grund- oder Stammkapitale bestanden hat, berücksichtigender Durchschnittsbetrag des Grund- oder Stammkapitals zugrunde zu legen[7]).

Die zu zahlende Abgabe soll den Betrag, der sich bei Anwendung der nächstniedrigen Steuerstufe ergeben würde, nur um den Betrag des Mehrgewinns übersteigen, durch den sich die Anwendumg des gesetzlichen Satzes ergeben hat. Die Abgabe soll auch nicht höher sein als der Betrag, um den der abgabepflichtige Mehrgewinn die Freigrenze (§ 15 Abs. 2) übersteigt[8]).

Ist einer Gesellschaft auf Grund des § 6 des Gesetzes über Erhebung eines Zuschlags zur Kriegssteuer vom 9. April 1917 (Reichs-Gesetzbl. S. 349) der Zuschlag zur Kriegssteuer nach dem Kriegssteuergesetze vom 21. Juni 1916 gestundet worden, so ist der gestundete Zuschlag nur insoweit zu entrichten, als die nach dem Kriegssteuergesetze vom 21. Juni 1916 geschuldete Abgabe unter dem Betrage bleibt, der bei Annahme eines im Gesamtergebnisse aller fünf Kriegsgeschäftsjahre berechneten Mehrgewinns an Kriegsabgabe und Zuschlag nach dem Gesetze vom 21. Juni 1916 und vom 9. April 1917 zu zahlen gewesen wäre[9]).

1. Allgemeines.

Auch nach dem neuen Gesetz ist, wie im § 19 des alten KrStG. für inländische Gesellschafften der Abgabebetrag vom Mehrgewinn zu entrichten. Auch im § 23 des Gesetzes wird ebenso wie im § 29 des KrAbgG. von 1918 die Abgabe wie im § 19 des alten KrStG. nicht nach dem absoluten Mehrgewinn berechnet, sondern nach dem relativen Mehrgewinn. Anders ausgedrückt, die Abgabe wird erhoben unter Berücksichtigung der Rentabilität des Unternehmens. Diese Rentabilität drückt sich aus durch das Verhältnis, in dem Mehrgewinn und Geschäftsgewinn zum Grundkapital (Aktienkapital) stehen.

Während aber der § 19 des alten KrStG. von 1916 im ersten Absatz den Normalsteuersatz aufstellte, der vom Mehrgewinn zu entrichten war (und zwar von 10% vom Mehrgewinn bis 30% vom Mehrgewinn steigend, je nachdem der Mehrgewinn 2, 5, 10, 15% oder mehr Prozent vom Grundkapital bzw. Aktienkapital betrug) und im zweiten Absatz einen Zuschlag für diejenigen Gesellschaften festsetzte, die einen hohen Geschäftsgewinn (mehr als 8%) zu verzeichnen hatten, geht der § 23 ebenso wie der entsprechende § 10 des Ges. von 1918 einen völlig anderen Weg. Wegen der Gründe, welche die Regierung bewogen haben, diesen neuen Weg einzuschlagen, führt die amtliche Begründung zum Gesetz von 1918 folgendes aus: „Nachdem alle Gesellschaften zur Bildung einer Sonderrücklage in Höhe von 60% des Mehrgewinns verpflichtet sind, erscheint es durch den Finanzbedarf des Reiches dringend geboten und mit den wirtschaftlichen Verhältnissen der abgabepflichtigen Gesellschaften wohl vereinbar, daß an Stelle eines scharfen Ansteigens der Abgabesätze eine sich in mäßigen Grenzen bewegende degressive Ausgestaltung der Abgabe gewählt wird. Das Ges. von 1918 enthält gegenüber dem § 19 des alten KrStG. von 1916 eine für das Steueraufkommen erwünschte und sachlich nicht ungerechtfertigte Abschwächung des sog. „Rentabilitätsprinzipes". Diese Ausführungen treffen auch für das Gesetz von 1919 zu, nur ist der Steuersatz abermals erhöht worden.

Der Tarif des KrStG. von 1916 war also, wie man das auszudrücken pflegt, „progressiv" gestaltet, der jetzige ist „degressiv". Das Ges. von 1919 geht also nunmehr, nachdem schon das KrAbgG. von 1918 eine Abschwächung des Rentabilitätsprinzips bezüglich der Mehrgewinne von 1 Million gebracht hatte, von der vollen Rücklage von 80% aus, die auf Grund der Sicherungsverordnung vom 15. Nov. 1918 (vgl. Anh.) zu bilden war. Diese 80% bilden den Normalsteuersatz. Sie werden aber nur bei einem Mehrgewinn von 1 Million ℳ und mehr erhoben. Bei geringerem Mehrgewinn ermäßigt sich die Abgabe je nach der Höhe des Mehrgewinnes um 10, 20, 30, 40, 50% des Betrages (d. h. des Abgabensatzes von 80%) also beträgt der Abgabensatz in solchen Fällen z. B. 80% — 10% von 80% = 72%; 80% — 20% von 80% = 64% usw.

Die gleiche Ermäßigung tritt ein, bei inländischen Gesellschaften je nachdem der Geschäftsgewinn des fünften Kriegsgeschäftsjahres 25%, 20%, 15%, 10% bzw. 8% des eingezahlten Grund- oder Stammkapitals übersteigt. Also findet ähnlich wie im KrStG. von 1916, aber doch wieder in anderer Form als dort, eine Abstufung nicht nur nach dem Verhältnis statt in dem der Mehrgewinn zum Stammkapital (Grundkapital) steht, sondern auch nach dem Verhältnis, in dem der absolute Geschäftsgewinn zum Stammkapital (Grundkapital) steht.

Die Bemessung des Steuersatzes nach Prozenten des Aktienkapitales (Stammkapitales, Grundkapitales) findet jedoch nur bei inländischen Gesellschaften statt, bei ausländischen Gesellschaften ließ sich eine solche Gestaltung des Tarifes nicht durchführen, weshalb man bei diesen den absoluten Betrag des Mehrgewinnes zur Grundlage der Besteuerung machen mußte.

2. Inländische Gesellschaften.

Das sind solche, die im Deutschen Reich ihren Sitz haben.

Gegensatz: Ausländische Gesellschaften, d. h. solche, die im Ausland oder den deutschen Kolonien ihren Sitz haben. Wegen des Tarifs für ausländische Gesellschaften s. §§ 24, 25 des Gesetzes.

3. 80% vom Mehrgewinn.

Bezüglich der Höhe des Steuersatzes bemerkt die amtliche Begründung zum Gesetz folgendes: „Bei dem unglücklichen Ausgang des Krieges und den dringenden finanziellen Bedürfnissen des Reichs soll die Abgabe von dem Mehrgewinne der Gesellschaften in ihrem Höchstsatz auf 80% des im fünften Kriegsgeschäftsjahr erzielten Mehrgewinns bemessen werden. Dementsprechend ist denn auch bereits durch VO. vom 15. Nov. 1918 (RGBl. S. 1387) den Gesellschaften die Verpflichtung auferlegt worden, 80% ihres im fünften Kriegsgeschäftsjahr erzielten Mehrgewinns in eine Kriegssteuerrücklage einzustellen.

4. Vom Hundert des eingezahlten Grundkapitals.

Nur das eingezahlte Grundkapital kommt in Betracht. Ist also das Grundkapital noch nicht voll eingezahlt, so werden die Prozente nur nach dem Betrage der Einzahlung berechnet. Der Fall, daß mehr eingezahlt wird, als das Aktienkapital beträgt, kommt nicht vor (abgesehen von dem Fall der Zuniedrigbewertung von Sacheinlagen). Wurden auch Aktien über Pari ausgegeben, so war das Agio nach den maßgeblichen Vorschriften des HGB. in Reserve zu stellen, daher wird in solchem Falle schon von selbst der Jahresdurchschnitt an Kapital und Reserven gemessen (siehe weiter unten Anm. 4).

Das Grundkapital der Aktiengesellschaften und Kommanditgesellschaften ergibt sich als eine feste und unveränderliche Zahl aus der Bilanz der Gesellschaften (§§ 178, 261 Abs. 5 HGB.; 320 HGB.); aus der Bilanz muß sich auch ergeben, ob das Grundkapital (Aktienkapital) voll eingezahlt ist oder nicht, im letzteren Falle, zu welchem Teil es eingezahlt ist (RGSt. 26, 105). Nur das eingezahlte Grund- oder Stammkapital kommt in Betracht, nicht das nominelle (auf das vielleicht noch Einzahlungen zu machen sind). Dies ist im § 23 ausdrücklich durch den Zusatz „eingezahlten" zum Ausdruck gekommen. Mithin muß gegebenenfalls festgestellt werden, wieviel auf das Grund- und Stammkapital eingezahlt ist. Da das Gesetz nur vom eingezahlten Grund- bzw. Stammkapital spricht, muß man annehmen, daß Nachschüsse nicht in Betracht kommen. (Vgl. aber bezüglich der Vermehrung des Grund- bzw. Stammkapitals Abs. 2 des § 23.)

Bei Genossenschaften ist maßgeblich die Summe der eingezahlten Geschäftsanteile (nicht die jeweiligen Geschäftsguthaben), vgl. §§ 7 Nr. 2, 16, 19, 22 GenG. und § 5 III letzter Satz des alten SichGes. von 1915. Geschäftsanteil ist der Betrag, bis zu dem der einzelne Genosse sich mit einer Einlage an der Genossenschaft beteiligen kann (§ 5 Abs. 3 SichGes.). Bei Genossenschaften mit unbeschränkter Nachschußpflicht kommen ebenfalls nur die eingezahlten Geschäftsanteile, nicht aber die Nachschüsse in Betracht. Soweit Schwankungen im Betrage der eingezahlten Geschäftsguthaben im Laufe des Jahres zu verzeichnen sind, muß Durchschnittsrechnung erfolgen (Verf. des Reichsschatzamts vom 7. Mai 1917, FinMinBl. S. 202).

Bei Berggewerkschaften oder Bergbau treibenden Vereinigungen ist das Grundkapital aus dem Erwerbspreis und den Anlage- und Erweiterungskosten abzüglich des durch Schuldenaufnahme gedeckten Betrages zu berechnen (§ 5 Abs. 3 SichGes., § 17 Abs. 3 Satz 2 des Ges.). Die Fassung des Gesetzes deckt sich im Sinne, wenn auch nicht im Wortlaut mit Satz 1 des § 7 des Entw. des preuß. Gesellschaftssteuergesetzes. Ähnlich § 15 des preuß. EinkStG., jedoch mit Wahlrecht für den Steuerpflichtigen zwischen diesem Betrag und dem 20fachen Betrag der im Durchschnitt der letzten vier Jahre vor dem Inkrafttreten des EinkStG. verteilten Ausbeute, soweit die Kosten vor dem 1. April 1892 aufgewendet sind. Beträge, die aus aufgenommenen Schulden gedeckt sind, bleiben aber nach der ausdrücklichen Vorschrift des Abs. III § 5 SichGes. außer Betracht. Der Zusatz, daß die durch Schuldenaufnahme gedeckten Beträge außer Betracht bleiben sollen, war eingefügt, „um abweichend von der Rechtsprechung des preuß. OVG. zu § 15 Abs. 1 EinkStG. (EOVG. 8, 210) klarzustellen, daß der mit fremden Mitteln bestrittene Kapitalaufwand bei der Ermittlung des Grundkapitals auszuscheiden habe, was auch gerechtfertigt sei, da die für die Verzinsung fremder Gelder erforderlichen Beträge zu den Geschäftskosten gehören" (Mösle, Komm. z. SichGes. zu § 5 Anm. 20 S. 43).

Verschiedentlich war angeregt worden, neben dem Grund- oder Stammkapital auch das im Betriebe arbeitende Obligationenkapital zu berücksichtigen, aber das ist mit Recht abgelehnt worden. Die Befürworter einer Berücksichtigung des Obligationenkapitals hatten besonders darauf hingewiesen, daß Gesellschaften m. b. H. in der Regel, um Stempelkosten (Gründungskosten) zu sparen, mit einem nur kleinen Stammkapital gegründet würden, während die Hauptmenge des Geldes als Darlehen seitens der Gesellschafter gegeben würde, daher sei es unbillig, nur vom Verhältnis des Geschäftsgewinnes (Mehrgewinnes) zum Stammkapital auszugehen.

5. Zuzüglich des ... ausgewiesenen wirklichen Reservekontenbeträge.

Der Ausdruck wirkliche, in der Bilanz ausgewiesene Reservekontenbeträge entstammt dem § 11 Abs. 1 WG. Hierzu führt der § 26 BundesratsAusfAnw. übereinstimmend mit EOVG. 16, 252 folgendes aus: „Zu den wirklichen Reservekontenbeträgen gehören nur solche Bilanzposten, die ausweislich der Bilanz eine Kapitalansammlung über den Betrag des Grundkapitals hinaus darzustellen bestimmt sind (z. B. der gesetzliche Reservefonds, freiwillige Reservefonds, Dividendenausgleichsfonds, Rückstellungen für künftige, möglicherweise eintretende Verluste oder Ausgaben), dagegen u. a. nicht Posten, die einen Ausgleich für die Wertminderung von Vermögensgegenständen der Gesellschaft darstellen sollen (z. B. Erneuerungsfonds) oder die zur Deckung bereits begründeter Verpflichtungen eingestellt sind (Reserven für den Fall des ungünstigen Ausganges eines anhängigen oder bevorstehenden Rechtsstreites), bei Versicherungsgesellschaften die Rücklagen für die Versicherungssummen und für die den Versicherten selbst als sog. Dividende zurückzugewährenden Prämienüberschüsse.

Wie schon beim WG., so ist auch im KrStG. nicht die Benennung des Postens in der Bilanz, sondern seine aus dem Gesetze der Satzung oder den Generalversammlungsbeschlüssen und anderen Anhaltspunkten zu entnehmende Bestimmung maßgebend (§ 26 BundesratsAusfAnw.). Ein „Selbstversicherungsfonds" z. B. gehört als wirkliche Reserve im Sinne des § 11 Abs. 1 Ziff. 1 WG. zum beitragspflichtigen Vermögen einer Aktiengesellschaft (Entsch. des bad. VG. vom 1. Dez. 1914, Amtl. Mitt. der Reichsschatzamtes 1915, 13), also auch zu den wirklichen Reservekontenbeträgen des § 19 KrStG.

Bemerkenswert ist auch eine in der amtlichen Sammlung nicht veröffentlichte Entsch. des OVG., wonach zu den in der Bilanz ausgewiesenen wirklichen Reservekontenbeträgen auch das Agio gehört, das bei der Ausgabe von neuen Aktien über pari erzielt wird. Obwohl dasselbe in den Gesetzen der meisten Bundesstaaten nicht Einkommen der Gesellschaft ist, ist es doch jedenfalls offene Reserve im Sinne des § 11 des WG. und des § 23 KrAbgG. Es scheint zweckmäßig, die Ausführungen dieser Entsch. des OVG. an dieser Stelle etwas ausführlicher wiederzugeben.

Eine Aktiengesellschaft des westlichen Industriebezirks hatte gegen ihre Veranlagung zum Wehrbeitrage Berufung und, nachdem diese erfolglos geblieben war, auch Beschwerde eingelegt mit dem Antrage, das Aufgeld (Agio), welches bei der Ausgabe neuer Aktien auf Grund gesetzlicher Bestimmung, also nicht auf Grund freiwilliger Entschließung zur Verwendung für künftige Zwecke, dem Reservefonds zugeführt werden mußte, sowie die aus dem Gewinn des maßgebenden Geschäftsjahres zur Bildung von Reserven und zur Erhöhung des Gewinnvortrages entnommenen Beträge, welche am Ende dieses Geschäftsjahres noch keine Reserven, sondern Einkommen darstellen, steuerfrei zu lassen. Die Beschwerde ist kostenpflichtig abgewiesen. Das Oberverwaltungsgericht begründete diese Abweisung wie folgt: Zu den wirklichen Reservekontenbeträgen im Sinne von § 11 Abs. 1 Nr. 1 WG. gehören alle Bilanzposten, die ausweislich der Bilanz eine Kapitalansammlung über den Betrag des Grundkapitals hinaus darzustellen bestimmt sind. Hierbei ist es belanglos, ob die Ansammlung des Kapitals freiwillig oder kraft gesetzlichen oder sonstigen Zwanges erfolgt, so daß der gesetzliche Reservefonds ebenso wie der freiwillige hierunter fällt. Der gemäß § 262 Nr. 2 HGB. dem Reservefonds zugeführte Betrag, welcher durch Ausgabe von Aktien über ihren Nennwert erzielt ist (Agiogewinn), erfüllt alle Merkmale eines wirklichen Reservekontenbetrags, da er zur Kapitalansammlung über das Grundkapital hinaus bestimmt ist. Die Einkommensteuerfreiheit dieses Gewinnes hat die Berufungsentscheidung mit Recht für unerheblich erklärt.

Daß endlich auch der Gewinnvortrag in voller Höhe zu den wirklichen Reservekontenbeträgen gehört, folgt aus dem § 11 Abs. 1 Nr. 1 WG., der ihn ausdrücklich als beitragspflichtig erwähnt, ohne die von der Pflichtigen gewollte Unterscheidung zu machen.

6. Bei Beginn des ersten Kriegsgeschäftsjahres ausgewiesene.

Maßgeblich ist der Stand bei Beginn des ersten Kriegsgeschäftsjahres. Welches als erstes Kriegsgeschäftsjahr anzusehen ist, bestimmt sich nach § 15 des Ges. von 1916.

Unter ausgewiesene Reservekontenbeträge sind nur diejenigen Reservekontenbeträge zu verstehen, die in der Bilanz offen zutage getreten sind. Insoweit deckt sich § 23 mit § 11 Abs. 1 Nr. 1 WG. Stille Reserven bleiben außer Betracht. Bei „Beginn des ersten Kriegsgeschäftsjahres" sind „offen ausgewiesen" nur diejenigen Reserven, die in der Bilanz des letzten Friedensjahres buchmäßig erscheinen. Ob und wieweit unter die „ausgewiesenen" Reserven auch noch diejenigen fallen, die erst durch die letzte Friedensbilanz geschaffen wurden (Überweisung in den Reservefonds, Vortrag auf neue Rechnung aus dem Reingewinn des letzten Friedensjahres), mag zweifelhaft erscheinen, muß aber wohl angenommen werden. Reserven, die erst im ersten Kriegsjahr geschaffen worden sind, bleiben jedenfalls außer Betracht.

Das geht auch zweifelsfrei aus den Reichstagsverhandlungen hervor. Ein Abgeordneter regte nämlich bei den Beratungen des Gesetzes von 1918 an, ob es nicht richtiger wäre, statt „die bei Beginn des ersten Kriegsgeschäftsjahres ausgewiesenen wirklichen Reservekontenbeträge" zu sagen: „die bei Beginn des vierten Kriegsgeschäftsjahres usw." Hierzu bemerkte ein Regierungsvertreter, daß es wohl bei der Vorlage verbleiben könne, wenn man bedenke, daß die Reservestellungen aus Gewinnen der Kriegszeit gemacht seien. Wenn man einwende, daß dann die Gesellschaften besser daran wären, die ihr Kapital verwässert haben, so treffe dieser Einwand auch für das ganze Prinzip zu, welches das Verhältnis des Gewinnes zum Grund- oder Stammkapital zuzüglich der offenen Reserven berücksichtigen will.

7. Hat sich eingezahltes Grundkapital vermehrt, — Durchschnittsbetrag zugrunde zu legen.

Dieser Absatz bezieht sich nur auf Vermehrungen im Laufe des Geschäftsjahres (d. h. des Geschäftsjahres, dessen Mehrgewinn für die Besteuerung in Betracht kommt). Angenommen das Geschäftsjahr einer Gesellschaft deckt sich mit dem Kalenderjahr. Ihr fünftes Kriegsgeschäftsjahr ist das Kalenderjahr (Geschäftsjahr) 1918; am 1. Juli wird das Grundkapital von 1 Million auf 2 Millionen erhöht. Der Mehrgewinn ist 200000 *M*. Dann ist zunächst der tarifmäßige Steuersatz gemäß § 23 Abs. 1 zu berechnen. Aber es kommt als Stammkapital weder der Betrag von 1 Million noch der Betrag von 2 Millionen in Betracht; vielmehr ist das durchschnittliche Stammkapital maßgeblich. Dasselbe beträgt nach dem Verhältnis der Zeit vom 1. Jan. 1918—30. Juni 1918 und vom 1. Juli 1918—31. Dez. 1918, also nach dem Verhältnis von 6 : 6 Monaten = 1,5 Millionen. Wäre die Erhöhung des Kapitals am 1. Okt. 1918 eingetreten, so wäre der Durchschnittsbetrag nach dem Verhältnis von 9 : 3 und von 1 : 2 Millionen zu berechnen. Das gleiche gilt sinngemäß, wenn die Erhöhung im Laufe eines Monats stattgefunden hat (Umrechnung nach der Zahl der Jahrestage).

8. Die zu zahlende Abgabe soll den Betrag nicht übersteigen.

Dieser Absatz soll Härten vermeiden; die sich bei allen Staffeltarifen an den Grenzen zeigen, wenn die Grenze nur um einen geringen Betrag überschritten wird. Diese Härten soll Abs. 3 beseitigen. Die Abgabe soll in solchen Fällen den Betrag, der sich bei Anwendung der nächstniedrigeren Steuerstufe ergibt, nur um den Betrag des Mehrgewinnes überschreiten. Auch soll die Abgabe nicht höher sein als der Betrag, um den der abgabepflichtige Mehrgewinn die Freigrenze (§ 15 Abs. 2) übersteigt.

Beispiel: Mehrgewinn 5100 M, abgerundet auf 5000 M. Tarifmäßige Abgabe statt 50% von 80% nur = 100 M-Überschreitung der Freigrenze.

9. Ist auf Grund § 6 des Ges. vom 9. April 1917 (RGBl. S. 329) gestundet, so ist der Zuschlag nur beschränkt zu entrichten.

Die amtliche Begründung führt zu diesem Punkte folgendes aus:

„Nach § 6 des Gesetzes über die Erhebung eines Zuschlags zur Kriegssteuer vom 9. April 1917 (RGBl. S. 349) war der dort vorgeschriebene Zuschlag zur Kriegssteuer nach dem KrStG. vom 21. Juni 1916 den Gesellschaften bis auf weitere gesetzliche Regelung zu stunden, sofern die Gesellschaft glaubhaft machte, daß das Jahr, das auf den von dem KrStG. erfaßten Zeitraum folgt, zu einem Mindergewinn in Höhe von mindestens einem Fünftel des steuerpflichtigen Mehrgewinns geführt hat oder führen wird. Da der vorliegende Entwurf die Kriegsgewinnbesteuerung der Gesellschaften abschließend regeln will, muß nunmehr die damals vorbehaltene gesetzliche Regelung für die gestundeten Kriegssteuerzuschläge erfolgen. Diese Regelung sieht § 24 Abs. 5 des Entwurfs (§ 23 des Gesetzes) in der Weise vor, daß der gestundete Zuschlag nur insoweit zu entrichten ist, als die nach dem KrStG. vom 21. Juni 1916 — also ohne Zuschlag — geschuldete Abgabe unter dem Betrage bleibt, der bei Annahme eines im Gesamtergebnisse aller fünf Kriegsgeschäftsjahre berechneten Mehrgewinns an Kriegsabgabe und Zuschlag nach dem Ges. vom 21. Juni 1916 und vom 9. April 1917 zu zahlen gewesen wäre."

Das heißt: Es soll nach den Vorschriften des Ges. von 1919 berechnet werden, wieviel an Steuern und Zuschlag nach dem Gesetz von 1916 und 1917 zu zahlen gewesen wäre, wenn das Ergebnis nicht der ersten drei, sondern das Ergebnis der ganzen fünf Kriegsgeschäftsjahre zugrunde gelegt und der in diesen fünf Kriegsjahren erzielte Mehrgewinn gegenüber den Friedensjahren errechnet würde.

Beispiel: Friedensgewinn	= 100000 M
Mehrgewinn 14 + 15 + 16	= 500000 M
Angenommener Steuersatz gemäß § 19 KrAbgG.	= 200000 M
Zuschlag (gestundet)	= 40000 M

Das vierte Kriegsjahr 1917 hat keinen Gewinn, also auch keinen Mehrgewinn sondern einen Mindergewinn von 100000 M erbracht, das fünfte dagegen einen Gewinn von 150000 M, also einen Mehrgewinn von 50000 M.

Dann beträgt der Mehrgewinn für alle 5 Kriegsjahre 500000 + 50000 = 550000 M. Davon abgezogen der Mindergewinn von 1917 (0 — 100000) = — 100000, bleibt Gesamtmehrgewinn der 5 Kriegsjahre 550000 — 100000 = 450000 M. Angenommen, die Kriegssteuer gemäß Ges. von 1916 würde hiervon betragen 150000 M, der Zuschlag von 20% = 30000 M, zusammen also 180000 M. Dann kann der gestundete Zuschlag von 40000 M nicht unerhoben bleiben, weil bei Zugrundelegung des Steuertarifs von 1916 (ohne Zuschlag) schon 200000 M zu bezahlen waren, dieser Betrag also schon höher als 180000 M ist. Würde sich dagegen (bei Annahme anderer Zahlen des Beispiels) nach fünfjährigem Gesamtergebnis an Kriegsabgabe und Zuschlag gemäß Ges. von 1916 und 1917 eine Abgabe z. B. von 250000 ℳ (statt 180000 ℳ) ergeben, so bleibt die nach Ges. von 1916 nach dreijährigem Ergebnis berechnete Steuer von 200000 ℳ ohne Zuschlag um mehr als den ganzen Betrag des Zuschlags (der 40000 ℳ beträgt) hinter 250000 ℳ zurück. Also wird der Zuschlag überhaupt nicht erhoben.

2. Beispiel: Angenommen im 5. Kriegsjahr ist kein Mehrgewinn erzielt, sondern genau soviel wie in den Friedensjahren (100000 ℳ). Dann würde der Mehrgewinn für alle 5 Kriegsjahre zusammen betragen 500000 + 0 — 100000 ℳ = 400000 ℳ. Angenommen die Kriegssteuer von 1916 würde hiervon betragen 120000 ℳ des 20%-Zuschlags = 24000 ℳ, zusammen also = 144000 ℳ, dann muß der Zuschlag ebenfalls ganz erhoben werden, weil schon ohne Zuschlag nach dem Gesetz von 1916 = 200000 ℳ zu entrichten waren und eben dieser Betrag unter allen Umständen fällig ist und nach den obigen erläuternden Anmerkungen eine Herauszahlung von Steuern nicht stattfindet.

Eine Regelung dahin, was geschehen soll, wenn sich im sechsten Kriegsjahr ein Mindergewinn ergibt, hat das Gesetz nicht getroffen, eine solche Regelung ist aber auch nicht zu erwarten, da das Gesetz die Kriegsbesteuerung abschließend regeln will und Verluste, die nach Ablauf der Kriegsjahre eintreten, nicht weiter berücksichtigen kann und will.

§ 24. Der Abgabe[1]) unterliegen auch Gesellschaften der im § 14 bezeichneten Art, die ihren Sitz im Ausland haben[2]), aber im Inland einen Geschäftsbetrieb unterhalten[3]). Für die Berechnung des abgabepflichtigen Mehrgewinns der ausländischen Gesellschaften findet die Vorschrift im § 20 des Kriegssteuergesetzes vom 21. Juni 1916 Anwendung[4]).

1. **Allgemeines.**

Der § 24 handelt von ausländischen Gesellschaften und entspricht dem § 20 des KrStG. von 1916, dessen Bestimmungen durch § 24 für anwendbar erklärt sind.

Bezüglich der ausländischen Gesellschaften bemerkte ein Abgeordneter bei den Verhandlungen über das KrAbgG. von 1918, daß die ausländischen Gesellschaften schlechter gestellt seien als die inländischen, und er fragte, ob hiergegen keine Bedenken mit Rücksicht auf bestehende oder in Zukunft abzuschließende Handelsverträge bestünden. Ein Regierungskommissar erwiderte, daß von einer Schlechterstellung der ausländischen Gesellschaften keine Rede sein könnte. Die inländischen Gesellschaften würden mit ihrem ganzen Geschäftsgewinn herangezogen, während bei den ausländischen Gesellschaften nur der im Inland erzielte Gewinn berücksichtigt werde. Damit entfalle aus rein sachlichen Gründen die Möglichkeit der Anwendung des Rentabilitätsprinzipes. Abgesehen hiervon sei aber der Steuerschlüssel für inländische wie für ausländische Gesellschaften der gleiche. Hierzu ist übrigens zu bemerken, daß nach Art. 276 des Friedensvertrages ausländische Gesellschaften, die ihren Sitz in Feindesland haben, Anspruch darauf haben, daß die Kriegsabgabe für sie nicht höher ist, als für inländische Gesellschaften (Fuld, DStZ.

1919, 75), sie können also verlangen, daß der inländische Tarif (§ 23) auf sie angewendet wird, wenn dieser für sie günstiger ist.

Entscheidend für die Beantwortung der Frage, ob ausländische oder inländische Gesellschaft ist der Sitz der Gesellschaft.

Jede Gesellschaft kann stets nur einen Sitz haben, und zwar ist dies ihr statutenmäßiger Sitz (EOVG. 2, 264; 3, 55), einen Unterschied zwischen steuerlichem Sitz und handelsrechtlichem Sitz gibt es nicht. Als Sitz gilt stets der Ort der Verwaltung oder Hauptniederlassung (EOVG. 13, 239; 14, 465).

Die Rechtsverhältnisse ausländischer Gesellschaften bestimmen sich nach dem Rechte des Auslandes. Alle Gesellschaftsformen, die im Ausland eine den Formen der deutschen Aktiengesellschaft, Gesellschaft m. b. H. usw. entsprechende Stellung haben, fallen unter das Gesetz. So ist z. B. eine englische Company limited by shares einer deutschen Aktiengesellschaft gleichzuachten und daher steuerpflichtig (EOVG. 2, 249; 3, 163; vgl. auch RGZ. 68, 83). Ob die Gesellschaft nach ausländischem Recht die Eigenschaften einer juristischen Person hat oder nicht, ist gleichgültig. So auch Hachenburg, JW. 1916, 14: „Es genügt, wenn die rechtlichen Eigenschaften sich decken. Gesellschaften m. b. H. kennt neben Deutschland nur Österreich. Unerheblich aber ist die Frage der Rechtspersönlichkeit. Hier sind die Ansichten der Juristen der verschiedenen Länder verschieden. Im Herrschaftsgebiet des Code de commerce und seiner Nachbildungen ist die offene Handelsgesellschaft und die Kommanditgesellschaft ein être moral. Man wird trotzdem nicht die Zweigniederlassung einer solchen Gesellschaft für steuerpflichtig halten dürfen. Ebensowenig würde sie von der Steuer befreit sein, wenn eine Kommanditgesellschaft auf Aktien nicht juristische Persönlichkeit hätte."

2. Sitz im Ausland haben.

Sitz im Sinne des Gesetzes ist der Ort, an dem die Verwaltung der Gesellschaft geführt wird (§ 24 BGB.). Wo der Sitz der Gesellschaft ist, ergibt sich aus dem Inhalt des Gesellschaftsvertrages oder den Satzungen (§ 182 Abs. 2, § 320 Abs. 3 HGB; § 6 Nr. 1 des Ges., betr. die Genossenschaften; § 3 Nr. 1 GmbHG.), bei Berggewerkschaften aus der Belegenheit des Bergwerkes. Als Ausland gelten auch die deutschen Kolonien.

3. Im Inland einen Geschäftsbetrieb unterhalten.

Unterhaltung eines Geschäftsbetriebes im Sinne des § 6 ist wohl im allgemeinen gleichbedeutend mit gewerblicher Niederlassung im Sinne der Einkommensteuergesetze der Bundesstaaten.

Eine gewerbliche Niederlassung ist im Inland immer gegeben, wo ein zu dauerndem Gebrauch eingerichtetes Werk vorhanden ist, in dem eine ständige Fabrikationstätigkeit stattfindet; hierbei ist es z. B. ohne Belang, daß es nur unselbständige Arbeiter sind, welche im Auftrag und für Rechnung eines auswärtigen Unternehmers die gewerblichen Be- und Verarbeitungen vornehmen; einer besonderen Betriebsniederlassung bedarf es am Ort der Zweigniederlassung nicht (BadVGH. 16. Febr. 1909; BadVerwZ. 41, 137).

Bei ausländischen Gesellschaften ist Gegenstand der Steuer der auf den inländischen Geschäftsbetrieb entfallende Mehrgewinn, und zwar nur dieser.

Nur der Mehrgewinn, der auf den inländischen Betrieb entfällt, ist bei ausländischen Gesellschaften steuerpflichtig (Begr. S. 36). Auch die Rücklagebildungsverpflichtung geht bei den ausländischen Gesellschaften nicht weiter, dagegen ist bei inländischen Gesellschaften steuerpflichtig der gesamte Gewinn, also auch soweit er im Ausland erzielt worden ist (vgl. besonders bezüglich der Gesellschaften m. b. H. EOVG. 13, 294; 14 S. 319, 323). Auch der von einer deutschen Gesellschaft in der Schweiz oder Holland gemachte Gewinn unterliegt der Steuer und der Rücklagepflicht. Nur soweit es sich um eine ausländische Gesellschaft handelt, ist die Verpflichtung zur Kriegssteuer und zur Sonderrücklage für diese auf den Mehrgewinn beschränkt, der auf den inländischen Geschäftsbetrieb entfällt (Hachenburg, JW. 1916, 14).

4. § 20 des KrStG. vom 21. Juni 1916 findet Anwendung.

Der § 20 des KrStG. von 1916 bestimmt: Die Grundsätze, die bei einer bundesstaatlichen Einkommensteuerveranlagung für die Ausscheidung des auf den inländischen Geschäftsbetrieb entfallenden Teiles des steuerbaren Gesamteinkommens maßgebend waren, sind auch bei der Berechnung des auf den inländischen Betrieb entfallenden Teiles des Mehrgewinns anzuwenden. Wo eine Einkommensteuer nicht eingeführt ist, hat die Landesregierung entsprechende Vorschriften zu erlassen.

Mithin sind die landesgesetzlichen Grundsätze anzuwenden.

Die Ausscheidung desjenigen Teiles des Geschäftsgewinnes, der auf das deutsche Inland entfällt, von dem Gesamtergebnis des Unternehmens ist nicht ganz einfach. Vielfach fehlen die Unterlagen schon deshalb, weil das Gesamtergebnis des Unternehmens nicht bekannt ist. Überdies sind die Grundsätze, welche die einzelnen Bundesstaaten in Beziehung auf die Ausscheidung haben, nicht übereinstimmend. Daher läßt sich zusammenfassend nur etwa folgendes sagen:

Es werden im allgemeinen folgende Fälle zu unterscheiden sein.

1. Es liegt getrennte Buchführung über das vor, was im Deutschen Reich an Geschäftsgewinn erzielt wird. Dann ist dies im allgemeinen auch wohl maßgeblich (trotz EOVG. 15, 245), wenn auch nicht unbedingt (s. unten zu Ziff. 3).

2. Es ist keine Buchführung vorhanden, dann tritt Schätzung (nach dem Umsatz oder anderen äußeren Merkmalen des Betriebes) ein.

3. Es ist Buchführung bezüglich des Gesamtunternehmens vorhanden und keine getrennte Buchführung über das vorhanden, was in Deutschland erzielt wird oder dieser buchmäßige Ertrag über das, was im Inland erzielt ist, ist nicht maßgeblich, weil eine solche Berechnung zu unrichtigen Ergebnissen führen würde (z. B. weil in Deutschland nur die Fabrikation mit den Unkosten, im Ausland der Verkauf mit den Einnahmen stattfindet). Dann findet eine Verteilung des gesamten Ertrages auf Inland und Ausland nach gewissen äußeren Merkmalen des Betriebes statt. Nach welchen Unterlagen zu verteilen ist, richtet sich nach den besonderen Umständen des einzelnen Falles. Dabei sind diejenigen Gesichtspunkte auszuwählen, welche im besonderen Falle für die Gewinnerzielung vornehmlich von Bedeutung sind. Bei Versicherungsgesellschaften z. B. ist nach dem Verhältnis zu verteilen, in dem die gesamte Prämieneinnahme zu der im Deutschen Reiche einkommenden Prämieneinnahme steht (EOVG. 16, 250).

Bei anderen Gesellschaften ist der Umsatz (Wert der Produktion oder Wert des Einkaufes oder des Verkaufes) ein besonders geeigneter Maßstab, für andere ist der geeignetste Maßstab die Verteilung nach Gehältern und Löhnen, kurzum es sind die für die besonderen Verhältnisse des Falles besonders geeigneten Merkmale zu wählen.

In Fällen, in denen Fabrikation im Inland und Handel mit den Fabrikaten im Ausland oder umgekehrt stattfindet, ist für die Ermittelung des auf Deutschland fallenden gewerblichen Reinertrages in der Regel davon auszugehen, daß Fabrikation und Handel für die Gewinnerzielung gleichwertig sind und demgemäß auf Inland und Ausland im Zweifel die Hälfte des Gewinnes entfällt, sofern nicht im einzelnen Falle festgestellt werden kann, daß die eine Tätigkeit die Gewinnerzielung in höherem Maße beeinflußt als die andere (EOVG. 6, 421; 9, 454).

Für die Geschäftsleitung ist in der Regel ein Betrag von etwa 10% vorweg anzunehmen (EOVG. 15, 250, 242), da die in der Geschäftsleitung ausgeübte Tätigkeit von besonderem Einfluß auf das Unternehmen zu sein pflegt (EVOG. 12, 275; 10, 210). Dies ist in wohl allen deutschen Bundesstaaten gleichmäßige Übung (Entsch. der bayr. OberVerKom. vom 18. Mai 1907: Mitt. a. d. FinMin. 9, 41; Entsch. vom 13. Juni 1913; Mitt. a. d. FinMin. 1913, 157), daher sinngemäß auch auf § 23 anzuwenden.

Die Schwierigkeit der Verteilung nach diesen Maßstäben wird darin liegen, daß meistens weder der Gesamtgewinn des Utnernehmers, noch die im Ausland und Inland gegebenen Merkmale (Umsatz, Gehälter und Löhne usw.) als Vergleichsmaßstäbe benutzt werden können, weil sie, wenigstens soweit das Ausland in Betracht kommt, nicht immer bekannt sind. Es ist Sache der Gesellschaft, diese Unterlagen beizubringen; ist sie dazu nicht in der Lage, so erfolgt Schätzung durch die Steuerbehörde nach billigem Ermessen. Mithin ist es nicht Sache der Steuerbehörden, nachzuprüfen, wieviel auf den inländischen Betrieb entfällt, immerhin ist die Steuerbehörde nicht von ihrer amtlichen Ermittlungspflicht entbunden; muß sie also wenigstens einen Versuch machen, die Unterlagen zu verschaffen.

Wenn der inländische Betrieb in mehreren deutschen Bundesstaaten stattfindet, muß das Ergebnis zusammengerechnet werden. Dabei können natürlich Mindergewinne, die in einem Bundesstaat erzielt werden, gegen Mehrgewinne, die in einem andern Bundesstaate erzielt werden, gegeneinander aufgerechnet werden. Der „auf den inländischen Geschäftsbetrieb entfallende Mehrgewinn" ist auch im Falle des Vorhandenseins mehrerer Zweigstellen in verschiedenen Bundesstaaten eine einheitliche Größe.

§ 25. Die Abgabe beträgt für ausländische Gesellschaften 80 vom Hundert des Mehrgewinns[1]). Der Abgabesatz ermäßigt sich jedoch

um 10 vom Hundert seines Betrags bei einem Mehrgewinne von mehr als 300000 Mark und nicht mehr als 500000 Mark,

um 20 vom Hundert seines Betrags bei einem Mehrgewinne von mehr als 200000 Mark und nicht mehr als 300000 Mark,

um 30 vom Hundert seines Betrags bei einem Mehrgewinne von mehr als 100000 Mark und nicht mehr als 200000 Mark,

um 40 vom Hundert seines Betrags bei einem Mehrgewinne von mehr als 50000 Mark und nicht mehr als 100000 Mark, um 50 vom Hundert seines Betrags bei einem Mehrgewinne von nicht mehr als 50000 Mark,

§ 23 Abs. 3 und 4 und § 34 finden Anwendung[2]).

1. Die Abgabe beträgt 80% vom Mehrgewinn.

Der Tarif ist auch für ausländische Gesellschaften erhöht. Auch im § 25 beträgt der Normalsteuersatz (Höchststeuersatz) 80%, und es findet nur unter bestimmten Voraussetzungen eine Ermäßigung (Degression) statt. Die Besteuerung nach dem relativen Mehrgewinn, der „Rentabilität" des Unternehmens (wie solche im § 23 für inländische Gesellschaften nach dem Verhältnis von Mehrgewinn und Geschäftsgewinn zum Grundkapital vorgesehen ist), läßt sich natürlich bei ausländischen Gesellschaften nicht anwenden, weil das Grundkapital der ausländischen Gesellschaften sicheren Ermittelungen nicht zugänglich ist. Daher erfolgt ebenso wie in den Gesetzen von 1916 und 1918 Besteuerung nach dem absoluten Betrage des Mehrgewinnes.

Im übrigen sei auf die Anm. zu §§ 24 u. 23 verwiesen.

2. Der § 23 Abs. 3 u. 4 und § 34 findet Anwendung.

Der § 23 Abs. 3 u. 4 betrifft die Erleichterungen bei geringfügiger Überschreitung der Steuerstaffelstufe (vgl. Erläuterungen zu § 23 Abs. 3 u. 4).

Der § 34 verbietet höhere Gesamtbelastung durch direkte Steuern aller Art über 90% hinaus. Das gilt also auch für ausländische Gesellschaften.

§ 26. Der Reichsrat bestimmt, ob und inwieweit Gewinnanteile, die zu ausschließlich gemeinnützigen Zwecken allgemeiner Art auf dem Gebiete der Kriegswohlfahrt verwendet worden sind, von der Abgabe befreit sind.

Die gleiche Bestimmung betr. eventueller Befreiung der zu gemeinnützigen Zwecken verwendeten Gewinnanteile fand sich bereits im Gesetz von 1918 als § 32. Im Regierungsentwurf zum Gesetz von 1918 fehlte allerdings die Bestimmung; sie ist damals erst durch die Anträge Nr. 770 und 826, 6 der Reichstagsdrucksachen in das Gesetz gekommen. Der Antrag Nr. 770 lautete: „Der Bundesrat bestimmt, ob und inwieweit Gewinnanteile, welche ausschließlich gemeinnützigen Zwecken allgemeiner Art auf dem Gebiete der Kriegswohlfahrt dienen, von der Abgabe befreit sind." Bei Begründung des Antrages wurde hervorgehoben, die Antragsteller verkennten nicht, daß der gemeinnützigste Zweck zur Zeit zweifellos der sei, dem Reiche die notwendigen Mittel zuzuführen. Sie seien aber trotzdem der Meinung, daß einzelne gemeinnützige Zuwendungen auf dem Gebiete der Kriegswohlfahrt doch wohl zu privilegieren seien, da hier das Reich indirekt entlastet werde. Sie dächten z. B. an Zuwendungen für das Rote Kreuz, die Nationalstiftung für die Hinterbliebenen der im Kriege Gefallenen, die Marinestiftung, die Ludendorffspende. Im übrigen sei es nach dem Antrag in das freie Ermessen des Bundesrates gestellt, ob und in welchem Umfang eine Steuerbefreiung eintreten solle.

In zweiter Lesung (Antrag 826 der Ausschußdrucksachen) wurde beantragt, statt „Gewinnanteile, welche ausschließlich ... dienen" zu setzen: „Gewinnbeträge, die zu ausschließlich gemeinnützigen Zwecken allgemeiner Art auf dem

Gebiete der Kriegswohlfahrt verwendet worden sind". Der Antrag, der nur redaktionelle Bedeutung hat, wurde angenommen und so die aus dem Gesetz ersichtliche Fassung des § 32 KrAbgG. von 1918 hergestellt.

Ergänzend bestimmte dann § 30 der AusfBest. zu § 32 KrAbgG. von 1918 folgendes:

„1. Die Abgabe wird von den Gesellschaften insoweit nicht erhoben, als sie verhältnismäßig auf Gewinnbeträge entfällt, die dem Roten Kreuz, der Nationalstiftung für die Hinterbliebenen der im Kriege Gefallenen, der Marinestiftung und der Ludendorffspende zugewendet worden sind. Der unerhoben bleibende Betrag darf jedoch den zehnten Teil der nach dem Gesetze geschuldeten Abgabe nicht übersteigen.

2. Im übrigen entscheidet der Bundesrat über Abgabebefreiungen nach § 32 des Gesetzes.

3. Der Antrag auf Freilassung von Gewinnbeträgen gemäß § 32 des Gesetzes ist binnen einem Monat nach Zustellung des Bescheides bei dem Besitzsteueramte zu stellen. Wird der Antrag rechtzeitig gestellt, so kann das Besitzsteueramt die Erhebung des entsprechenden Abgabebetrages vorläufig aussetzen."

Infolge der Verfassungsänderung war als entscheidende Behörde im Regierungsentwurf des KrAbgG. von 1919 der Staatenausschuß vorgesehen, doch ist das bei den Beratungen des 10-Ausschusses (Drucksachen Nr. 742 S. 9) in „Reichsrat" umgeändert worden, im übrigen stimmt aber § 26 mit § 32 des KrAbgG. von 1918 überein.

Gemeinsame Vorschriften.

§ 27. Die Veranlagung und Erhebung der Kriegsabgabe erfolgt durch die für die Veranlagung und Erhebung der Besitzsteuer zuständigen Behörden [1]).

Soweit dieses Gesetz nichts anderes vorschreibt, gelten die Vorschriften des Besitzsteuergesetzes über die Veranlagung und Erhebung [2]) der Besitzsteuer entsprechend für die Veranlagung und Erhebung der Kriegsabgabe.

1. Für die Veranlagung und Erhebung zuständige Behörden.

Daß die Veranlagung und Erhebung der Kriegsvermögenszuwachssteuer der Einzelpersonen und der Kriegssteuer der Gesellschaften den für die Veranlagung und Erhebung der Besitzsteuer zuständigen Behörden zu übertragen ist, ergibt sich als selbstverständliche Folge der Ausgestaltung der Steuer.

In Betracht kommen ferner folgende Vorschriften des BStG.

§ 48. 1. Für die Verwaltung der Besitzsteuer ist der Bundesstaat zuständig, in welchem der Steuerpflichtige zur Zeit der Veranlagung seinen Wohnsitz oder in Ermangelung eines Wohnsitzes seinen gewöhnlichen Aufenthalt hat.

2. Bei mehrfachem Wohnsitz im Inland ist der dienstliche Wohnsitz vor einem anderen Wohnsitz, der Wohnsitz in dem Heimatstaate vor dem Wohnsitz in einem anderen Bundesstaat, und, wenn keiner dieser Fälle vorliegt, der Wohnsitz an dem Orte maßgebend, an welchem der Steuerpflichtige sich vorwiegend aufhält.

3. Steuerpflichtige, welche zur Zeit der Veranlagung im Inland weder einen Wohnsitz noch ihren gewöhnlichen Aufenthalt haben, sind in dem Bundesstaate zu veranlagen, in welchem sie ihren letzten inländischen Wohnsitz oder Aufenthalt gehabt haben.

4. Der Bundesrat kann weitere Bestimmungen über die Zuständigkeit der Bundesstaaten zur Verwaltung und Erhebung der Steuer erlassen. Er entscheidet auch auf Anrufen eines Bundesstaates, wenn zwischen mehreren Bundesstaaten Meinungsverschiedenheit über ihre Zuständigkeit herrscht.

§ 49. Die Landesregierung bestimmt die für die Verwaltung der Besitzsteuer zuständigen (Besitzsteuerämter) Behörden. Sie bestimmt auch, ob und inwieweit zur Mitwirkung bei der Veranlagung und zur Erhebung der Besitzsteuer Gemeinden oder Gemeindeverbände heranzuziehen sind. Die Besitzsteuerämter unterstehen Oberbehörden und diese der obersten Landesfinanzbehörde.

§ 50. 1. Die Reichsbevollmächtigten für Zölle und Steuern haben bei der Ausführung dieses Gesetzes die gleichen Befugnisse und Pflichten, die ihnen hinsichtlich der Zölle und Verbrauchssteuern beigelegt sind.

2. In den Staaten, in denen die Geschäfte der Oberbehörde für die Besitzsteuer anderen Behörden als den Zolldirektivbehörden übertragen sind, werden der Umfang und die Art der Tätigkeit der Reichsbevollmächtigten vom Reichskanzler im Einvernehmen mit den beteiligten Bundesregierungen geregelt.

3. Unter Zustimmung des Bundesrates kann der Reichskanzler die Wahrnehmung der Geschäfte der Reichsbevollmächtigten für die Besitzsteuer anderen Beamten übertragen.

4. Dem Reichstag ist alljährlich über die Tätigkeit der Reichsbevollmächtigten, soweit sie sich auf die Ausführung dieses Gesetzes bezieht, Bericht zu erstatten.

In Ausführung der Vorschrift im § 50 des Besitzsteuergesetzes hat der Herr Reichskanzler den Reichsbevollmächtigten für Zölle und Steuern und für die Ausübung der Reichsaufsicht über die Besitzsteuer und Kriegsabgabe dieselben Bezirke zugeteilt, die ihnen für die Ausübung der Reichsaufsicht über den Wehrbeitrag bereits zugeteilt sind (vgl. den Erlaß vom 2. Jan. 1914 — II 740 —) und sie zu diesem Zwecke den für die einzelnen Bezirke von den Landesregierungen bestimmten Oberbehörden für die Verwaltung der Besitzsteuer und der Kriegssteuer beigeordnet. (Verf. FinMin. vom 9. Jan. 1917 II 140).

I. Durch Allerhöchste Verordnung vom 14. Mai 1914 z. BStG. (GS. S. 91) ist für Preußen folgendes bestimmt:

Als die für die Verwaltung der Besitzsteuer zuständigen Behörden (Besitzsteuerämter) werden die Einkommensteuerveranlagungskommissionen bestimmt. Sie unterstehen den Regierungen — und für die Haupt- und Residenzstadt Berlin der Direktion für die Verwaltung der direkten Steuern — als Oberbehörden.*)

2. Die Vorschriften des BStG. gelten für die Veranlagung der Kriegsabgabe.

Durch § 27 des Gesetzes werden die Vorschriften des BStG. über die Veranlagung und Erhebung der Besitzsteuer auch für die Veranlagung und Er-

---

*) Die Bestimmungen sind teilweise überholt durch die Bestimmungen des Gesetzes über die Reichsfinanzverwaltung.

hebung der Kriegsvermögenszuwachssteuer und der Kriegssteuer für entsprechend anwendbar erklärt. Veranlagung und Erhebung ist im weitesten Sinne verstanden, so daß zu den entsprechend geltenden Veranlagungs- und Erhebungsvorschriften z. B. auch die Verjährungsvorschrift des § 75 BStG. gehört.

Der § 75 BStG. lautet:

> **§ 75.** Der Anspruch der Staatskasse auf die Besitzsteuer verjährt in vier Jahren. Die Frist beginnt mit dem Schlusse des Jahres, in welchem die Steuerbeträge fällig geworden sind, im Falle der Sicherheitsleistung für die Steuer jedoch nicht vor dem Ablauf des Jahres, in welchem die Sicherheit erlischt.

Nach § 27 Abs. 2 KrStG. sind auch die Vorschriften des § 71 BStG., Stundung betreffend, entsprechend für die Kriegssteuer anzuwenden (vgl. aber § 31, 32, und andererseits § 24 Abs. 2 Vermögenszuwachssteuer). Es kann auch eine ratenweise Abzahlung zugestanden werden. (Verf. preuß. Finanz-Ministers vom 14. April 1917 II 3978.)

Bei der gesetzlich zulässigen Stundung der Kriegsabgabe einschließlich des Zuschlags ist Entgegenkommen zu üben, vor allem in der Richtung, daß die Stundung bewilligt wird, wenn der Steuerpflichtige sonst gezwungen wäre, sein festgelegtes Vermögen, z. B. Teile seines Aktienbesitzes, zu veräußern. Hierzu muß aber bemerkt werden, daß zur Beschaffung flüssiger Mittel im allgemeinen keine Veräußerung nötig ist, sondern daß im allgemeinen eine Beschaffung von flüssigen Mitteln auch in der Weise zulässig ist, daß Wertpapiere bei Banken lombardiert werden (leihweise Aufnahme von Geld gegen Verpfändung und Hinterlegung von Wertpapieren bei Banken), also kann sich der Steuerpflichtige nicht ohne weiteres damit entschuldigen, daß er keine flüssigen Mittel habe; überdies hatte ja jeder Steuerpflichtige Gelegenheit, sich Reichskriegsanleihen zu kaufen, die er an Zahlungsstatt hingeben kann. Als Sicherheit kann im Stundungsfalle die pfandweise Hinterlegung von Aktien und sonstigen Effekten unter Zugrundelegung der amtlichen Kursfestsetzung zugelassen werden.

Welche Bedeutung das Gesetz über die Reichsfinanzverwaltung für § 27 hat, läßt sich zur Zeit noch nicht übersehen, da weder das Reich noch die Bundesstaaten Ausführungsbestimmungen dazu erlassen haben. Dieses Gesetz regelt die Behördenorganisation für die Reichsfinanzverwaltung und bestimmt in seinem § 1, daß die „Reichssteuer von den Reichsbehörden (Finanzbehörden) verwaltet werden". Als Reichssteuern gelten alle Abgaben, die ganz oder zum Teil zugunsten des Reichs erhoben werden. Die oberste Leitung steht dem Reichsfinanzministerium zu. Unter ihm stehen Landesfinanzämter als Oberbehörden und unter diesen Finanzämter mit ihren Hilfsstellen."

Während in Preußen bisher die Veranlagungskommissionen (Staatssteuerämter) zugleich Besitzsteuerämter waren (die Reichssteuern wurden durch die Einzelstaaten „verwaltet") werden sie hiernach demnächst vom Reich für das ganze Verfahren (von der Veranlagung ab) übernommen. Das bedeutet eine völlige Umwälzung gegenüber dem bisherigen Zustande, die sich wohl nicht von heute auf morgen durchführen läßt. Sie ist aber bereits im Gange und wird für die neu bewilligten Kriegssteuern aller Art (außerordentliche Kriegsabgabe 1919, Kriegsabgabe vom Vermögenszuwachse 1919, Besitzsteuer 1920/22 usw.)

bereits in die Erscheinung treten. §§ 4—13 des Reichsfinanzverwaltungsgesetzes regeln **Organe, Bezirke und Verfahren der Landesfinanzämter**, die sich tunlichst mit den Ländern oder mit größeren Verwaltungsbezirken der Länder decken oder mehrere Länder oder Verwaltungsbezirke umfassen sollen. Der Sitz der Landesfinanzämter wird im Einvernehmen mit den beteiligten Ländern bestimmt. Wird ein Einverständnis zwischen dem Reichsfinanzministerium und den beteiligten Ländern nicht erzielt, so entscheidet der Reichsrat. Den Sitz und den Bezirk der **Finanzämter** bestimmt nach Anhörung der obersten Finanzbehörden das Reichsfinanzministerium, ferner bestimmt letzteres den Umfang der Geschäfte der Finanzämter. Das Reichsfinanzministerium kann insbesondere Finanzämter und deren Hilfsstellen auf die Verwaltung bestimmter Steuern oder die Wahrnehmung bestimmter Aufgaben beschränken (§ 14). Die Gemeinde-, Ortspolizei und sonstigen Ortsbehörden haben den Finanzämtern Hilfe zu leisten, auch können ihnen durch das Reichsfinanzministerium gegen Entschädigung Geschäfte der Finanzämter übertragen werden (§ 15). Der **Reichsfinanzhof ist oberste Spruchbehörde in Steuersachen**. Nähere Bestimmung über seinen inneren Geschäftsbetrieb geben die §§ 25—39 ReichsFinVerwGes., nach dessen § 44 das Gesetz mit dem 1. Oktober 1919 in Kraft tritt. Das Reichsfinanzministerium wird ermächtigt, die zur Durchführung der für die neue Reichs-Finanzverwaltung erforderliche Behördenorganisation nötigen Maßnahmen zu treffen und bis zu dieser Durchführung abweichende Bestimmungen zu erlassen (§ 44). Vermutlich werden bis zur endgültigen Schaffung der Behörden die bisherigen Besitzsteuerämter die Geschäfte der Finanzämter, die Berufungskommission (in Preußen) diejenigen der Landesfinanzämter zu erledigen. **Bezüglich der zulässigen Rechtsmittel vgl. Anm. 3 zu § 29.**

Betreffs des Verfahrens bestimmen §§ 32—35 und 43—50 der BundesratsAusfBest. z. KrStG. vom 21. Juni 1916:

§ 32. Über die Erhebung der Kriegsabgabe werden zwei Bücher geführt, ein Kriegssteuersollbuch und ein Kriegssteuereinnahmebuch. Das Sollbuch umfaßt die Erhebung aller drei Teilbeträge der Kriegsabgabe, das Einnahmebuch den Zeitraum des Rechnungsjahres.

§ 33. 1. Das Sollbuch ist nach dem Muster 7 zu führen. Durch das Sollbuch ist zugleich der rechtzeitige Eingang der fälligen Teilbeträge der geschuldeten Kriegsabgabe sowie der Ablauf der bewilligten Zahlungsfristen zu überwachen.

2. Das Besitzsteueramt hat nach der Veranlagung auf Grund der festgestellten Kriegssteuerlisten A und B für jeden Erhebungsbezirk ein Sollbuch unter Ausfüllung der Spalten 1 bis 4 aufzustellen; das Sollbuch ist in Spalte 4 aufzurechnen und auf dem Titelblatte mit Feststellungsbescheinigung zu versehen.

3. Die Erhöhung oder Herabsetzung der zum Soll gestellten Kriegsabgabe im Rechtsmittel-, Berichtigungs-, Neu- oder Nachveranlagungsverfahren (§ 38 Abs. 3, § 43 Abs. 2, § 44 Abs. 2, § 66 Abs. 1, § 73 Satz 2 des Besitzsteuergesetzes) kommt in den Spalten 5 und 6 zur Darstellung. Die Inabgangstellung des Sollbetrages infolge Überweisung der Kriegsabgabe bei Verlegung des Wohnsitzes des Steuerpflichtigen erfolgt in Spalte 6. Die Ausfüllung dieser Spalten erfolgt durch die Hebestelle. Die Spalte 7 (Berichtigtes Soll) ist erst beim Abschluß des Sollbuches auszufüllen.

4. Das Sollbuch wird am 31. März 1919 durch die Hebestelle in den Spalten 5ff. aufgerechnet und abgeschlossen. Die nach Spalte 13 verbliebenen Rückstände werden in die Restnachweisung (§ 43) übernommen. Unter dem Abschluß des Sollbuches ist von einem an der Kassenführung nicht beteiligten Beamten zu bescheinigen, daß die nach Spalte 13 verbliebenen Rückstände sämtlich in die Restnachweisung übertragen worden sind.

§ 34. 1. Das Einnahmebuch ist nach Muster 8 für je ein Rechnungsjahr zu führen. Abweichungen in der Führung des Einnahmebuches sind mit Zustimmung des Reichskanzlers zulässig.

2. Der Nachweis der erstatteten oder zurückgezahlten Kriegsabgabebeträge ist in einem Anhang zum Kriegssteuereinnahmebuche zu führen. Muster 9 dient hierfür als Anhalt.

§ 35. In dem bei Bedarf anzulegenden Einnahmebuche für das Rechnungsjahr 1916 — und, soweit das Sollbuch noch nicht vorliegt, auch in dem Einnahmebuche für das Rechnungsjahr 1917 — sind bei Vorauszahlungen auf noch nicht veranlagte Kriegsabgabe zunächst nur die Spalten 1, 2 und 4—14 auszufüllen. Die Ausfüllung der Spalte 3 erfolgt erst nach Veranlagung der Kriegsabgabe und Aufstellung des Sollbuches.

Restnachweisung.

§ 43. 1. Sind am 31. März 1919 beim Abschluß des Sollbuches die zum Soll gestellten Kriegsabgabebeträge noch nicht oder nicht vollständig zur Hebung gelangt, so sind die Rückstände in eine Restnachweisung einzutragen und dort weiter abzuwickeln.

2. Die Restnachweisung wird nach Muster 15 geführt. Von einem an der Kassenführung nicht beteiligten Beamten ist auf dem Titelblatte zu bescheinigen, daß die beim Abschluß des Sollbuches rückständig gebliebenen Beträge in die Restnachweisung übertragen worden sind.

3. Einzahlungen auf diese Reste sind im Einnahmebuche zu buchen.

4. Eine Überweisung der in der Restnachweisung übernommenen Beträge findet im Falle des Wegzuges des Steuerpflichtigen in einen anderen Bezirk nicht statt.

Aktenführung.

44. 1. Die über jeden einzelnen in die Kriegssteuerliste A aufgenommenen Steuerpflichtigen geführten Verhandlungen sind mit den vorhandenen Besitzsteuerakten zu vereinigen.

2. Für die abgabepflichtigen Gesellschaften und anderen juristischen Personen sind Akten anzulegen, in welche alle auf die Veranlagung zur Kriegsabgabe bezüglichen Mitteilungen, Steuererklärungen und sonstige Schriftstücke aufzunehmen sind.

Aufbewahrung der Veranlagungsunterlagen.

§ 45. Die Kriegssteuerlisten A und B, die Kriegssteuerakten der Gesellschaften und anderen juristischen Personen sowie die Kassenbücher sind nach Abschluß des Veranlagungsverfahrens noch 15 Jahre aufzubewahren.

Prüfungsverfahren.

§ 46. Die Kriegssteuersollbücher, die Restnachweisungen und die Kriegssteuereinnahmebücher nebst den dazugehörigen Belegen sind durch die Oberbehörden nachzuprüfen. Zu diesem Zwecke sind nach Ablauf des Rechnungsjahres 1919 die Sollbücher und die Einnahmebücher nebst den dazugehörigen Belegen der Oberbehörde einzureichen. Die Einreichung der Restnachweisung und der hierzu gehörigen Einnahmebücher hat alsbald nach Abwicklung der Reste zu geschehen.

Portofreiheit.

§ 47. Postsendungen der Annahmestellen für Wertpapiere und der Reichsschuldenverwaltung in Kriegssteuerangelegenheiten (§§ 36—38) sind als „Reichsdienstsache" gebühren- und abgabefrei zu befördern. Ausgenommen sind Stadtpostsendungen, d. h. Sendungen an Empfänger im Orts- oder Landbestellbezirke des Aufgabepostortes.

Abrechnung über die Kriegsabgabe und Aufstellung der Einnahmeübersichten.

§ 49. 1. Über den Ertrag der Kriegsabgabe ist von den durch die Landesregierung bestimmten Kassen mit der Reichshauptkasse nach Maßgabe der „Bestimmungen zur Regelung der Abrechnungen zwischen der Reichshauptkasse und den Landeskassen vom 23. Juni 1910*)" abzurechnen. Entsprechend den Vorschriften im § 4 dieser Abrechnungsbestimmungen sind ferner besondere monatliche und vierteljährliche Übersichten der Einnahme an Kriegsabgabe aufzustellen, aus denen sich das Gesamtaufkommen an Kriegsabgabe einschließlich der Zinsen und Nacherhebungen (Spalte 13 des Einnahmebuches) nach Abzug der Zurückzahlungen (Spalte 14 des Anhanges zum Einnahmebuche) sowie der Betrag der Vergütung an die Bundesstaaten für die Veranlagung und Erhebung (§ 48) ergeben.

2. Die Übersichten sind den in den Abrechnungsbestimmungen bezeichneten Behörden oder Dienststellen innerhalb der daselbst angegebenen Fristen einzureichen. Statt dessen können die Angaben in die allgemeinen Reichssteuerübersichten aufgenommen werden.

§ 50. Die Landesregierung kann die den Oberbehörden in §§ 42 und 46 übertragenen Geschäfte anderen Behörden als den im § 1 der Besitzsteuer-Ausführungsbestimmungen bestimmten Oberbehörden übertragen. Die Behörden sind unter Angabe ihrer Amtsbezirke dem Reichskanzler mitzuteilen.

Ergänzend bestimmen die §§ 59—62 und 64—65 der Ausführungsbestimmungen zum Besitzsteuergesetz folgendes:

§ 59. Über die Erhebung der Besitzsteuer ist ein Sollbuch nach Muster 5 für je einen ganzen Erhebungszeitraum (§ 24 des Gesetzes) und ein Einnahmebuch nach Muster 6 für je ein Rechnungsjahr zu führen. Abweichungen in der Führung des Einnahmebuches sind mit Zustimmung des Reichskanzlers zulässig.

§ 60. 1. Das Besitzsteueramt hat nach der Veranlagung zur Besitzsteuer alsbald auf Grund der festgestellten Besitzsteuerliste für jeden Erhebungsbezirk ein Sollbuch unter Ausfüllung der Spalten 1 bis 4 aufzustellen. Das Sollbuch ist in Spalte 4 aufzurechnen und auf dem Titelblatte mit Feststellungsbescheinigung zu versehen.

2. Die Erhöhung oder Herabsetzung der zum Soll gestellten Besitzsteuer im Rechtsmittel-, Berichtigungs-, Neu- oder Nachveranlagungsverfahren (§ 38

*) ZBl. 1910, 352.

Abs. 3, § 43 Abs. 2, § 44 Abs. 2, § 45 Satz 2, § 66 Abs. 1, § 73 Satz 2 des Gesetzes) kommt in den Spalten 5 und 6 zur Darstellung. Die Inabgangstellung des Sollbetrags infolge Überweisung der Besitzsteuer bei Verlegung des Wohnsitzes des Steuerpflichtigen (§ 64) erfolgt in Spalte 6. Die Ausfüllung dieser Spalten geschieht durch die Hebestelle. Die Spalte 7 (Berichtigtes Soll) ist erst beim Abschluß des Sollbuches auszufüllen.

3. Das Sollbuch wird am Schlusse des auf den Erhebungszeitraum folgenden Rechnungsjahres — das Sollbuch für den Erhebungszeitraum 1917 bis 1919 also am 31. März 1921 — durch die Hebestelle in den Spalten 5ff. aufgerechnet und abgeschlossen. Die nach Spalte 12 verbliebenen Rückstände werden in die Restnachweisung (§ 72) übernommen. Unter dem Abschluß des Sollbuches ist von einem an der Kassenführung nicht beteiligten Beamten zu bescheinigen, daß die nach Spalte 12 verbliebenen Rückstände sämtlich in die Restnachweisung übertragen worden sind.

§ 61. Die oberste Landesfinanzbehörde kann im Einverständnisse mit dem Reichskanzler anordnen, daß von der Führung eines besonderen Sollbuches abzusehen ist. In diesem Falle ist die Besitzsteuerliste mit dem Sollbuch durch Aufnahme der Spalten 5ff. des Sollbuchs zu verbinden.

§ 62. In den Einnahmebüchern für die Rechnungsjahre 1920, 1921 und 1922 sind wegen der Vorschrift des § 86 des Gesetzes je besondere Einnahmespalten für die Einnahmen aus dem Erhebungszeitraum 1917 bis 1919 und die Einnahmen aus dem Erhebungszeitraum 1920 bis 1922 anzulegen.

§ 64. 1. Verlegt der Steuerpflichtige seinen Wohnsitz in den Bezirk eines anderen Besitzsteueramtes, so hat die Erhebung der Besitzsteuer durch die für den neuen Wohnsitz zuständige Hebestelle zu erfolgen.

2. Die bisherige Hebestelle stellt den noch rückständigen Teil der Besitzsteuer in Spalte 6 des Sollbuches in Abgang und übersendet ihrem Besitzsteueramt unter Angabe der Wohnsitzänderung einen beglaubigten Auszug aus dem Sollbuch (Spalte 1—11, 14, 15) in zweifacher Ausfertigung.

§ 65. 1. Das bisher zuständige Besitzsteueramt hat die noch nicht gezahlten Besitzsteuerbeträge dem für den neuen Wohnort zuständigen Besitzsteueramt unter Übersendung je eines Auszugs aus der Besitzsteuerliste und aus dem Sollbuch zur Einziehung zu überweisen. Beizufügen sind die den Steuerpflichtigen betreffenden Verhandlungen. Die Überweisung ist in der Bemerkungsspalte der Besitzsteuerliste zu vermerken, und der überwiesene Betrag ist am Schlusse der Besitzsteuerliste in Spalte 16 von dem aufgerechneten Gesamtsteuerbetrag abzusetzen.

2. Das Besitzsteueramt des neuen Wohnortes nimmt die überwiesene Besitzsteuer in eine Zugangsliste zur Besitzsteuerliste (§ 11) auf und übersendet der nunmehr zuständigen Hebestelle den Auszug aus dem Sollbuch unter Angabe der Nummer der Zugangsliste. Die Hebestelle trägt den Besitzsteuerbetrag in das Besitzsteuer-Sollbuch unter einer neuen Abteilung mit der Überschrift „Zugänge an Besitzsteuer" ein. Daß dies geschehen, ist dem Besitzsteueramt unter Angabe der Nummer des Sollbuchs alsbald anzuzeigen. Die Mitteilung des Besitzsteueramtes wird Beleg zum Sollbuch.

3. Demnächst bestätigt das Besitzsteueramt (unter Angabe der Nummer seiner Zugangsliste) dem bisherigen Besitzsteueramte die Übernahme der Besitzsteuer. Letzteres teilt der bisherigen Hebestelle die erfolgte Überweisung mit; die Mitteilung wird Beleg zum Sollbuch.

4. Gleichzeitig ist der Steuerpflichtige von der Überweisung mit der Aufforderung in Kenntnis zu setzen, weitere Zahlungen an die neue Hebestelle zu leisten.

5. Für die Überweisung innerhalb eines Bundesstaates kann die oberste Landesfinanzbehörde Abweichendes bestimmen.

§ 28.[1]) Die Vorstände, persönlich haftenden Gesellschafter[3]), Repräsentanten, Geschäftsführer oder Liquidatoren der pflichtigen Gesellschaften (§ 14), bei ausländischen Gesellschaften (§ 24) die Vorsteher der inländischen Niederlassungen[2]) [4]) sind verpflichtet, dem Besitzsteueramt eine Steuererklärung einzureichen, welche nach näherer Bestimmung des Reichsrats die für die Feststellung des abgabepflichtigen Mehrgewinns erforderlichen Angaben zu enthalten hat.

1. **Allgemeines**.

Der ursprüngliche (erste) Entwurf, der als Broschüre im Carl Heymannschen Verlage, Berlin, erschienen ist, enthielt als § 32 (jetzt § 28) außer obigem Wortlaut (Abs. 2) noch als Abs. 1: „Wer ein Vermögen von mehr als hunderttausend Mark besitzt, ist zur Abgabe einer Vermögenserklärung verpflichtet." In dem zweiten, von dem Reichsfinanzminister Dr. Dernburg unterm 16. Juni 1919 eingebrachten Entwurf (Drucksachen Nr. 372 S. 7) fehlten die die Vermögensabgabe der Einzelpersonen behandelnden drei Paragraphen, nachdem die beabsichtigte Vermögensabgabe einem besonderen Reichsgesetze vorbehalten wurde. Damit entfiel der bisherige Absatz ebenfalls. § 28 regelt nunmehr allein die Pflicht zur Abgabe einer Steuererklärung der Rechtspersonen und deckt sich im wesentlichen mit den entsprechenden §§ 26 KrStG. vom 21. Juni 1916 und 34 KrStG. von 1918.

2. **Die Vorstände ... sind verpflichtet ... eine Steuererklärung einzureichen.**

Die Haftung für diese Verpflichtung haben die im § 28 genannten Personen zu übernehmen. Dies erstreckt sich aber jedenfalls auf die formelle Seite der Sache, die Abgabe der Steuererklärung. Für den materiellen Teil, den Inhalt derselben, haften auch die Unterzeichner. Nur die Vorstände, nicht aber auch der Aufsichtsrat haften für die Erfüllung der Verpflichtung aus § 28. Der Aufsichtsrat würde aber gegebenenfalls der Gesellschaft gegenüber haftbar sein, wenn er es an der nötigen Aufsicht hat fehlen lassen. Der Verpflichtung des § 28 unterliegen alle im § 15 genannten Rechtspersonen, ohne Rücksicht darauf, ob sie „Mehrgewinn" im Sinne des Gesetzes erzielt haben oder nicht. Denn die Abgabe der Erklärung davon abhängig sein zu lassen, ob Mehrgewinn vorhanden war, hieße dem Steuerpflichtigen die Beurteilung in die Hand geben und ihn in vielen Fällen zu allzu subjektiver Beurteilung, d. h. zur Steuerhinterziehung zu veranlassen.

Ein formelles Verfahren zur Erörterung der Steuererklärungen ist nach dem Gesetze nicht vorgeschrieben. Es empfiehlt sich aber, etwaige Bedenken hinsichtlich der Erklärungen dem Abgabepflichtigen mitzuteilen.

Ebenso wie die Unterlagen der Veranlagung zur Einkommensteuer bei der

Feststellung der Kriegsabgabe benutzt werden müssen, sind in gleicher Weise die bei der Veranlagung zu letzterer gewonnenen Unterlagen, insbesondere der Inhalt der Kriegsabgabeerklärungen, für die Veranlagung zur Einkommensteuer nutzbar zu machen (Art. 9 preuß. AusfAnw. z. BStG. und z. KrStG. vom 21. Juni 1916).

3. Persönlich haftende Gesellschafter.

Also z. B. bei einer Kommanditgesellschaft auf Aktien nicht nur deren Vorstand, sondern auch die Komplementäre (persönlich haftende Gesellschafter).

§ 29[1]). Der Betrag der geschuldeten Abgabe[2]) wird dem Abgabepflichtigen von dem Besitzsteueramte durch einen Bescheid mitgeteilt. Der Bescheid enthält eine Belehrung über die zulässigen Rechtsmittel[3]) und eine Anweisung zur Entrichtung der Abgabe innerhalb der gesetzlichen Zahlungsfrist.

Soweit dem Abgabepflichtigen die Berechnungsgrundlagen der angeforderten Abgabe nicht anderweit bereits mitgeteilt sind oder mitgeteilt werden, sind sie ihm durch den Steuerbescheid bekanntzugeben. Dabei sind die Punkte zu bezeichnen, in welchen von den Angaben des Abgabepflichtigen abgewichen worden ist.

1. Allgemeines.

Der § 29 entspricht im wesentlichen dem § 47 WG. und den meisten bundesstaatlichen Gesetzen betr. Einkommensteuerfestsetzung und dagegen zulässige Rechtsmittel.

2. Betrag der geschuldeten Abgabe ... zulässige Rechtsmittel ... Anweisung der Zahlungsfrist.

Die Mitteilung dieser Punkte ist ein wesentliches Erfordernis für die Rechtsgültigkeit des Veranlagungsbescheides. Ihr Fehlen würde zwar die Veranlagung, d. h. die Festsetzung der Abgabe durch die zuständigen Organe (Veranlagungskommissionen usw.) als solche nicht ungültig machen, aber die Rechtsmittelfrist nicht in Lauf setzen (Entsch. in Einkommensteuersachen 10, 209; 12, 383; 15, 366; EIc vom 10. Juli 1902; Näheres s. Fusting-Strutz, Komm. z. EinkStG., S. 922, 1916 in Carl Heymanns Verlag, Berlin). Vgl. auch §§ 12 u. 32. Eigenartigerweise hat das Oberverwaltungsgericht allerdings in einer Besitzsteuersache entschieden, daß der Lauf der Rechtsmittelfrist nicht dadurch gehemmt werde, daß die Abweichungen von der Besitzsteuererklärung nicht im Steuerbescheide bezeichnet worden seien (VI. Senat vom 26. Okt. 1918, B. XIIIc 5/18, veröffentlicht im Deutschen Steuerblatt Nr. 10 für 1919.

Von dem entsprechenden § 35 des KrAbgG. von 1918 weicht der Wortlaut des § 29 nicht ab.

3. Rechtsmittel.

Hierzu bemerkt der zweite Entwurf des Gesetzes (Drucksachen Nr. 372 S. 12): „Im Hinblick auf § 8 des Ges. über die Errichtung eines Reichsfinanzhofs und über die Reichsaufsicht für Zölle und Steuern vom 26. Juli 1918 (RGBl. S. 959) konnte davon abgesehen werden, im den Entwurf eine Vorschrift über die Regelung der gegen den Steuerbescheid zulässigen Rechtsmittel aufzunehmen." Der genannte § 8 (das Gesetz ist abgedruckt im Steuerarchiv 1918 Nr. 15/16, S. 171) lautet:

„Die Rechtsmittel, die gegen die Veranlagung oder die Heranziehung zu Reichsabgaben (§ 7) zunächst zulässig sind, einschließlich der Rechtsmittelfristen und des Rechtsmittelverfahrens werden durch die Landesgesetzgebung geregelt.

Bis zum Inkrafttreten des Landesgesetzes ist diese Regelung von der Landesregierung zu treffen.

Der ordentliche Rechtsweg ist ausgeschlossen."

Im übrigen vgl. den folgenden § 30 dieses Gesetzes und Erläuterungen. Wieweit die Reichsabgabenordnung Änderungen bringen wird, bleibt abzuwarten, sie werden erheblich sein.

Die einschlägigen Vorschriften §§ 27, 28 der AusfAnw. z. KrStG. vom 21. Juni 1916 bestimmen noch folgendes:

§ 27. 1. Nach Abschluß der Ermittlungen über den der Abgabe nach § 9 Nr. 1 des Gesetzes unterliegenden Vermögenszuwachs und des der Abgabe nach § 9 Nr. 2 des Gesetzes unterliegenden Vermögens der Einzelpersonen sowie über den Mehrgewinn der Gesellschaften ist die außerordentliche Kriegsabgabe zu berechnen und das Ergebnis der Veranlagung in die Kriegssteuerliste A und B einzutragen.

2. Zur Berechnung der Abgabe dienen die beigefügten Hilfstafeln (hier nicht abgedruckt).

Die Erfordernisse eines gültigen Veranlagungsbescheides (Muster 5, 6 und 6a) sind im § 28 AusfAnw. festgelegt.

Kriegssteuerbescheid.

§ 28. 1. Dem Steuerpflichtigen ist ein Kriegssteuerbescheid nach Anleitung der Muster 5, 6 und 6a zu erteilen. Er hat zu enthalten

den Gesamtbetrag der zu zahlenden Kriegsabgabe,

die Berechnungsgrundlagen der angeforderten Abgabe,

eine Belehrung über die zulässigen Rechtsmittel unter Angabe der Rechtsmittelfristen und Bezeichnung der Behörden, bei denen die Rechtsmittel einzulegen sind,

die Anweisung zur Entrichtung der Kriegsabgabe innerhalb der vorgeschriebenen Zahlungsfristen,

einen Hinweis auf die Zulässigkeit der Vorauszahlung der späteren Teilbeträge sowie auf die Verpflichtung zur Verzinsung der bis zum 1. Juli 1917 noch nicht gezahlten Abgabebeträge,

die Bezeichnung der zur Empfangnahme der Zahlung zuständigen Kassenstelle,

eine Belehrung über die Annahme der Schuldverschreibungen, Schuldbuchforderungen und Schatzanweisungen der Kriegsanleihe des Deutschen Reiches an Zahlungs Statt.

2. Der Bescheid, durch den die Abgabe nur vorläufig festgesetzt wird, enthält statt der Rechtsmittelbelehrung einen Hinweis auf die spätere endgültige Festsetzung und eine Belehrung über die Vorschriften des § 28 Abs. 2, § 30 des Gesetzes.

3. In dem Kriegssteuerbescheid ist anzugeben, in welchen Punkten bei der Feststellung des Vermögenszuwachses, des Vermögens und des Mehrgewinnes von der Steuererklärung abgewichen worden ist. Eine Begründung der Abweichungen ist nicht erforderlich.

4. Dem Inhaber eines Lehens-, Fideikommisses oder Stammguts (§ 11 des Gesetzes) ist auf Verlangen der auf eine Vermehrung des Lehens-, Fideikommiß- oder Stammgutvermögens entfallende Betrag der Abgabe mitzuteilen.

§ 30. Die nach Landesrecht erfolgende Feststellung des Friedens- und Kriegseinkommens kann nur durch die gegen die landesrechtliche Einkommensteuerveranlagung zulässigen Rechtsbehelfe angefochten werden.

Der § 30 bezieht sich nur auf die Mehreinkommensteuer der Einzelpersonen. Bei der Mehrgewinnsteuer der Gesellschaften kommt die Rechtsmittelregelung des Gesetzes betr. den Reichsfinanzhof vom 26. Juli 1918 (erläutert im Kommentar des Verfassers z. BStG., 2. Aufl., Verlag Schwann, Düsseldorf 1918) zur Anwendung.

Vgl. hierzu die eingehenden Ausführungen in Anm. 1ff. zu § 4, Anm. 3 zu § 29 und § 66 meines Kommentars z. BStG. (2. Auflage, Verlag Schwann, Düsseldorf 1919), woselbst auch das Gesetz betr. Errichtung eines Reichsfinanzhofes vom 26. Juli 1918 (RGBl. S. 959ff.) zum Abdruck gelangt ist.

Weiter kommt für die Regelung des Rechtsmittelverfahrens § 67 BStG. in Betracht.

§ 67. Erfolgt die Veranlagung zur Besitzsteuer durch eine kollegiale Behörde, so stehen die Rechtsmittel gegen den Steuerbescheid auch dem Vorsitzenden dieser Behörde zu.

Ergänzend bestimmt § 69 der AusfBest. z. BStG.:

§ 69. 1. Gegen einen Nachveranlagungsbescheid auf Grund des § 38 Abs. 3 Satz 2, § 45 Satz 2, § 46 des Gesetzes sowie gegen einen Neuveranlagungsbescheid auf Grund von § 73 Satz 2 des Gesetzes stehen dem Steuerpflichtigen die gleichen Rechtsmittel zu wie gegen den Steuerbescheid. Von einer Nachveranlagung kann, sofern eine solche nicht gleichzeitig für die Kriegssteuer erforderlich wird, abgesehen werden, wenn der nachzufordernde Mehrbetrag an Besitzsteuer den Betrag von 30 Mark nicht übersteigt.

2. . . .

3. Soweit die Besitzsteuer infolge einer offenbaren Versehens zu Unrecht bezahlt worden ist, hat eine Erstattung auf Antrag des Steuerpflichtigen und, wenn die Überhebung mindestens fünf Mark beträgt, auch von Amts wegen durch die Oberbehörde zu erfolgen.

4. Dem Antrag auf Berichtigung der Veranlagung (Abs. 2) oder Erstattung von Besitzsteuer (Abs. 3) ist nur zu entsprechen, wenn er innerhalb eines Jahres nach Ablauf des Erhebungszeitraumes gestellt worden ist. Wird der Antrag auf Tatsachen gestützt, die erst nach Ablauf des Erhebungszeitraumes eingetrteen sind, so beginnt die einjährige Frist mit dem Tage, an dem der Antragsteller von diesen Tatsachen Kenntnis erhalten hat.

5. Im übrigen kann eine rechtskräftige Veranlagung zugunsten des Steuerpflichtigen nur im Wege des Billigkeitserlasses durch den Bundesrat geändert werden. § 31 Abs. 2 der Kriegssteuer-Ausführungsbestimmungen gilt entsprechend für die erstmalige Veranlagung der Besitzsteuer.

6 . . .

Die Rechtsmittel gegen die Veranlagung können nur schriftlich oder zu Protokoll angebracht werden. Eine im Laufe der Rechtsmittelfrist persönlich vorgetragene, aber nicht protokollierte Berufungserklärung des Steuerpflichtigen gilt nicht als Einlegung des Rechtsmittels (ErVG. V. Sen. vom 18. April 1916, Steuerarchiv 1916 Nr. 18 S. 258).

Da die eine Vermögensabgabe (ohne Rücksicht auf einen etwaigen Zuwachs) betreffenden §§ 15—17 des ursprünglichen Entwurfs, die den §§ 15—19 des KrAbgG. von 1918 entsprachen, im zweiten Entwurf und im endgültigen Gesetz fehlen, kommen aus § 69 der Besitzsteuer-Ausführungsbestimmungen nur die angeführten Teile in Betracht.

§ 31. Die Abgabe ist binnen drei Monaten nach Zustellung des Kriegssteuerbescheids zu entrichten [1]).

Nach Entrichtung der Abgabe steht der abgabepflichtigen Gesellschaft über den zur Zahlung nicht verwendeten Teil der nach den Vorschriften der Verordnung über Sicherung der Kriegssteuer vom 15. November 1918 (Reichs-Gesetzbl. S. 1387) gebildeten Kriegssteuerrücklage die freie Verfügung zu [2]).

Die auf Grund rechtskräftiger Entscheidung zu erstattenden Beträge sind mit fünf vom Hundert zu verzinsen [3]).

1. Die Abgabe ist binnen drei Monaten . . . zu entrichten.

Die Kriegssteuer der Gesellschaften nach dem Gesetze vom 21. Juni 1916 (RGBl. S. 561) war binnen drei Monaten nach Zustellung des Steuerbescheides zu entrichten. Diese Frist wurde für die Kriegsabgabe 1918 (RGBl. S. 964) auf einen Monat herabgesetzt (§ 37), nachdem die amtliche Begründung hierzu angenommen hatte, daß eine Verkürzung ohne Härte möglich sei, da die Gesellschaften die Mittel zur Zahlung wohl fast ausnahmslos in Kriegsanleihe bereitliegen hätten. Diesen Gedanken nahmen auch die beiden ersten Entwürfe zum vorliegenden Gesetze über eine außerordentliche Kriegsabgabe für das Rechnungsjahr 1919 auf und schlugen als Zahlungsfrist einen Monat vor. Das endgültige Gesetz setzte sie auf drei Monate hinauf. Das hat bei der schlechten wirtschaftlichen Lage wohl der meisten Abgabepflichtigen infolge des Krieges seine Berechtigung.

Nach fruchtlosem Ablauf der Frist zur Zahlung erfolgt zunächst Mahnung mit der Aufforderung, binnen drei Tagen zu zahlen. Nach fruchtlosem Ablauf der Mahnungsfrist wird zur Zwangsvollstreckung nach Maßgabe der Verordnung vom 15. Nov. 1899 und der dazu ergangenen Ausführungsanweisung geschritten (Art. 20 preuß. AusfAnw., Art. 90 preuß. AusfAnw. z. EinkStG.). Änderungen betreffs des Verfahrens wird die neue Abgabenordnung bringen.

2. Nach Entrichtung freie Verfügung über die nach Kriegssteuersicherungsgesetz vom 15. November 1918 (RGBl. S. 1387) gebildete Rücklage.

Die Verordnung über Sicherung der Kriegssteuer vom 15. Nov. 1918 (RGBl. S. 1387) bestimmte folgendes:

§ 1. Die Vorschriften in §§ 2ff. des Gesetzes über Sicherung der Kriegssteuer vom 9. April 1917 (Reichs-Gesetzbl. S. 351) werden auf das fünfte Kriegsgeschäftsjahr mit der Maßgabe ausgedehnt, daß die Gesellschaften in die Kriegssteuerrücklage achtzig vom Hundert des im fünften Kriegsgeschäftsjahr erzielten Mehrgewinns einzustellen haben.

§ 2. Diese Verordnung tritt am Tage ihrer Verkündung in Kraft.

Das Ges., betr. Sicherung der Kriegssteuer, vom 9. April 1917 (RGBl. S. 351), bestimmte folgendes:

§ 2. Die in den §§ 13, 20, 23 des Kriegssteuergesetzes vom 21. Juni 1916 bezeichneten Gesellschaften und juristischen Personen haben in eine neu zu bildende Kriegssteuerrücklage sechzig vom Hundert des in dem weiteren Kriegsgeschäftsjahr erzielten Mehrgewinnes einzustellen.

Als weiteres Kriegsgeschäftsjahr gilt das auf die Kriegsgeschäftsjahre im Sinne des § 15 des Kriegssteuergesetzes folgende Geschäftsjahr.

Für die Berechnung des Mehrgewinnes finden die Vorschriften im § 14 Abs. 1 und 2, §§ 16, 17, 18, 20, 23, 24 des Kriegssteuergesetzes Anwendung.

Hat der Reichskanzler mit Zustimmung des Bundesrats gemäß § 24 oder der Bundesrat gemäß § 36 des Kriegssteuergesetzes Anordnungen getroffen oder eine anderweite Berechnung des Mehrgewinnes bewilligt, so gelten die Grundlagen dieser Berechnung auch für das neue Kriegsgeschäftsjahr.

§ 3. Die Befreiung von der Verpflichtung zur Bildung einer Sonderrücklage gemäß § 7 des Gesetzes über vorbereitende Maßnahmen zur Besteuerung der Kriegsgewinne vom 24. Dezember 1915 (RGBl. S. 837) erstreckt sich auch auf das neue Kriegsgeschäftsjahr.

§ 4. Die Vorschriften im § 6 Abs. 2, § 8 Abs. 1 bis 3 und Abs. 5, § 9 des Gesetzes über vorbereitende Maßnahmen zur Besteuerung der Kriegsgewinne vom 24. Dezember 1915 gelten entsprechend auch für die neue Kriegssteuerrücklage[1]).

§ 5. Der Bundesrat ist ermächtigt, Ausführungsbestimmungen zu erlassen und Zuwiderhandlungen mit Geldstrafe bis zu eintausendfünfhundert Mark zu bedrohen.

§ 6. Dies Gesetz tritt am Tage seiner Verkündung in Kraft.

Das ist der 9. April 1917 (RGBl. S. 351).

I. Erläuterungen zu § 2 SichGes. vom 9. April 1917.

1. Die in den §§ 13, 23 KrStG. bezeichneten Gesellschaften.

Hierunter fallen nach § 13 KrStG. folgende inländische Gesellschaften: Aktiengesellschaften, Kommanditgesellschaften auf Aktien, Berggewerkschaften und andere Bergbau treibende Vereinigungen, letztere, sofern sie die Rechte juristischer Personen haben, Gesellschaften m. b. H. und eingetragene Genossenschaften, die im Deutschen Reiche ihren Sitz haben.

§ 23 KrStG. bestimmt bezüglich der ausländischen Gesellschaften:

Gesellschaften der im § 13 bezeichneten Art, die ihren Sitz im Ausland haben, aber im Inland einen Geschäftsbetrieb unterhalten (ausländische Gesellschaften), haben die Abgabe von dem auf den inländischen Geschäftsbetrieb entfallenden Mehrgewinne zu entrichten.

2. Neu zu bildende Rücklage — einzustellen.

Hierzu führt die amtliche Begründung folgendes aus:

Die §§ 2—4 des Entwurfs sehen zur Sicherung der künftigen Kriegsabgaben der Gesellschaften und juristischen Personen die Bildung einer neuen Kriegssteuerrücklage für ein weiteres Geschäftsjahr vor. Ihrer Art nach sind sonach die Sicherungsmaßnahmen die gleichen wie sie durch das Gesetz über vorbereitende Maßnahmen zur Besteuerung der Kriegsgewinne vom 24. Dezember 1915 (RGBl. S. 837) eingeführt worden sind. Zu einer grundsätzlichen Abweichung von der seitherigen Regelung besteht kein Anlaß.

Nach dem Entwurf soll eine neue Kriegssteuerrücklage gebildet werden. Mit dem Ablauf des von dem KrStG. vom 21. Juni 1916 erfaßten Zeitraumes wird ein neuer Veranlagungszeitraum beginnen. Es würde, wie die amtliche Begründung ausführt, sachlich nicht gerechtfertigt und auch mit dem finanziellen Interesse des Reichs schwer verträglich sein, wenn der Ausgleich eines Mindergewinnes mit einem Mehrgewinn über einen Veranlagungszeitraum hinaus zugestanden würde. Es handelt sich für die neue Sicherungsmaßnahme nur um ein Geschäftsjahr. Es ist deshalb eine dem § 8 Abs. 4 des SichGes. vom 24. Dez. 1915, § 14 Abs. 3 des KrStG. entsprechende Vorschrift nicht aufgenommen worden.

Bezüglich des formellen Verfahrens bestimmt § 2 AusfAnw.: Die bezeichneten Gesellschaften sowie die durch den Bundesrat ihnen gleichgestellten juristischen Prsonen haben die Geschäftsberichte und Jahresabschlüsse nebst den Gewinn- und Verlustrechnungen der Friedensgeschäftsjahre und der Kriegsgeschäftsjahre sowie die darauf bezüglichen Beschlüsse der Generalversammlungen der von der obersten Landesfinanzbehörde bestimmten Behörde zu einem von ihr festzusetzenden Zeitpunkt einzureichen. Inländische Gesellschaften haben die Geschäftsberichte usw. in dem Bundesstaat einzureichen, in dem sie ihren Sitz haben. Ausländische Gesellschaften haben die Einreichung in dem Bundesstaate zu bewirken, auf den der größte Teil ihres inländischen Geschäftsbetriebs entfällt. In Zweifelsfällen entscheidet der Bundesrat. Die Bildung der gesetzlichen Sonderrücklage ist, soweit sie nicht ohne weiteres aus den eingereichten Bilanzen oder Jahresabschlüssen ersichtlich ist, der zuständigen Behörde unter Beifügung einer Berechnung des Mehrgewinnes nachzuweisen. Die verantwortlichen Leiter der Gesellschaften können zur Erfüllung der ihnen nach Abs. 1 obliegenden Verpflichtungen durch Geldstrafen bis zu 500 *M* angehalten werden. Die zuständige Behörde wird durch die oberste Landesfinanzbehörde bestimmt.

In Preußen sind hinsichtlich des Verfahrens in der AusfAnw. folgende weitere Vorschriften erlassen:

Die Geschäftsberichte, Bilanzen und sonstigen Unterlagen sind den Vorsitzenden der Einkommensteuerveranlagungskommissionen einzureichen. Die Einreichung von Geschäftsberichten und Generalversammlungsbeschlüssen ist nur zu fordern, soweit deren Aufstellung gesetzlich vorgeschrieben ist. Die Vorsitzenden der Veranlagungskommissionen können eine Verlängerung der Fristen bewilligen. Von der Einreichung der Geschäftsberichte usw. kann abgesehen werden, wenn solche schon behufs Veranlagung zur Einkommensteuer eingereicht sind (Art. 1 Abs. 3—6 preuß. Ausf.-Anw. z. SichGes.).

Bleibt eine Gesellschaft mit der Einreichung der Abschlüsse usw. im Verzuge, so hat der Vorsitzende der Veranlagungskommission den verantwortlichen Leiter der Gesellschaft unter Androhung einer angemessenen Geldstrafe (§ 2 Abs. 2 BundesratsAusfAnw.) aufzufordern, binnen einer Frist von 14 Tagen seinen Verpflichtungen zu genügen. Bleibt diese Aufforderung fruchtlos, so ist die Strafe festzusetzen und die Aufforderung mit erneuter Strafandrohung zu wiederholen (Art. 6 preuß. AusfAnw. z. SichGes.).

Die Geldstrafen des Art. 6 preuß. AusfAnw. z. SichGes. sind Zwangsstrafen, die so lange zu wiederholen sind, bis der Betroffene seinen Verpflichtungen nachkommt. Ausgesprochene Strafen können ganz oder teilweise zurückgenommen werden. Die Ausfertigungen dieser Straffestsetzungsverfügungen unterliegen nicht der Stempelpflicht (Art. 7 preuß. AusfAnw. z. SichGes.). Die Androhung und Festsetzung der Geldstrafen erfolgt durch die Vorsitzenden der Einkommensteuerveranlagungskommissionen. Gegen deren Entscheidungen steht den Betroffenen innerhalb 14 Tagen die Beschwerde an die Vorsitzenden der Einkommensteuerberufungskommissionen offen. Gegen die Entscheidungen der Vorsitzenden der Berufungskommissionen ist innerhalb 14 Tagen die Beschwerde an den Finanzminister zulässig.

Die Erhebung, Kontrolle und Verrechnung der Strafen und Kosten hat nach Anleitung der Anweisung vom 16. März 1895 und der Verfügung vom 2. April 1904 — II 59 — (bei Tit. 8 des Etats von der Verwaltung der direkten Steuern) zu erfolgen (Art. 7 preuß. AusfAnw. z. SichGes.).

Eine Berechnung des Mehrgewinnes ist in allen Fällen einzureichen, also auch dann, wenn die Höhe der Sonderrücklage ohne weiteres aus der Bilanz hervorgeht (Art. 1 Abs. 2 preuß. AusfAnw. z. SichGes.).

Der Vorsitzende der Veranlagungskommission unterzieht die Abschlüsse (Bilanzen usw.) einer eingehenden Prüfung dahin, ob der Geschäftsgewinn nach den gesetzlichen Vorschriften und den Grundsätzen ordnungsmäßiger kaufmännischer Buchführung ermittelt worden und die Bildung der Sonderrücklage den Vorschriften des Gesetzes entsprechend erfolgt ist. Unter den entsprechenden gesetzlichen Vorschriften im Sinne des § 3 des Gesetzes sind nicht steuerrechtliche Vorschriften, sondern die bürgerlichrechtlichen (handelsrechtlichen) Vorschriften zu verstehen. Insbesondere bedarf es der Prüfung, ob die gemachten Abschreibungen lediglich einen angemessenen Ausgleich für eingetretene Wertverminderungen darstellen oder nicht darüber hinaus als Rücklagen anzusehen sind, die dem Geschäftsgewinne zuzusetzen sind.

Fehlende Unterlagen sind von der Gesellschaft einzufordern, auftauchende Bedenken durch Verhandlung mit dem Leiter der Gesellschaft aufzuklären (Art. 8 preuß. AusfAnw.).

3. Sechzig vom Hundert.

Hierzu führt die amtliche Begründung folgendes aus:

„Da mit der längeren Dauer des Krieges seine Einwirkungen immer weiter und tiefer greifen, erscheint die Forderung nach einer Verschärfung der Kriegssteuer begründet. Deshalb sollen auch in dem neuen Geschäftsjahr nicht wie bisher 50, sondern 60 vom Hundert des Mehrgewinnes der Kriegssteuerrücklage zugeführt werden. Die Festlegung der Mehrgewinne in noch größerem Umfange wird sich aus volkswirtschaftlichen Erwägungen verbieten."

4. Weiteres Kriegsgeschäftsjahr.

Weiteres Geschäftsjahr (das übrigens einen kürzeren Zeitraum als einen solchen von zwölf Monaten nicht umfassen darf) ist:

wenn das Geschäftsjahr mit dem 31. August endet, das Geschäftsjahr vom 1. September 1916 bis 31. August 1917;

wenn das Geschäftsjahr mit dem 30. September endet, das Geschäftsjahr vom 1. Oktober 1916 bis 30. September 1917;

wenn das Geschäftsjahr mit dem 31. Oktober endet, das Geschäftsjahr vom 1. November 1916 bis 31. Oktober 1917;

wenn das Geschäftsjahr mit dem 30. November endet, das Geschäftsjahr vom 1. Dezember 1916 bis 30. November 1917;

wenn das Geschäftsjahr mit dem 31. Dezember endet, das Geschäftsjahr vom 1. Januar 1917 bis 31. Dezember 1917;

wenn das Geschäftsjahr mit dem 31. März endet, das Geschäftsjahr vom 1. April 1917 bis 31. März 1918.

wenn das Geschäftsjahr mit dem 30. Juni endet, das Geschäftsjahr vom 1. Juli 1917 bis 30. Juni 1918.

Das „weitere Kriegsgeschäftsjahr" des neuen Sicherungsgesetzes schließt also unmittelbar an die drei Kriegsgeschäftsjahre des alten Kriegssteuergesetzes an. Der § 15 des alten Kriegssteuergesetzes bestimmte:

„Als Kriegsgeschäftsjahre gelten die drei aufeinander folgenden Geschäftsjahre, deren erstes noch den Monat August 1914 mitumfaßt oder bei einer später gegründeten Gesellschaft mitumfassen würde, wenn sie damals schon bestanden hätte."

5. Für die Berechnung des Mehrgewinnes finden die Vorschriften des Kriegssteuergesetzes Anwendung.

Die Berechnung des Mehrgewinnes soll nach den Vorschriften des Kriegssteuergesetzes erfolgen, die von denen des SichGes. vom 24. Dez. 1915 insofern abweichen, als ein Mindestfriedensgewinn von 6% statt 5% des Grund- und Stammkapitals zugrunde gelegt wird und die Vorschriften im § 16 Abs. 2 und § 18 KrStG. im Sicherungsgesetze nicht enthalten sind.

Das gebieterische Interesse der Reichsfinanzen verbot es, in den Entwurf eine dem § 1 Abs. 3 SichGes., § 22 Abs. 1 KrStG. entsprechende Vorschrift aufzunehmen, wonach Gewinnbeträge, die zu ausschließlich gemeinnützigen Zwecken bestimmt sind und deren dauernde Verwendung zu solchen Zwecken gesichert ist, von dem Geschäftsgewinne des neuen Kriegsgeschäftsjahres abgesetzt werden dürfen. Der § 22 Abs. 1 KrStG. ist daher im neuen Sicherungsgesetz mit voller Absicht weggelassen.

Anwendbar sind auch für das Sicherungsgesetz folgende Bestimmungen des alten Kriegssteuergesetzes von 1916:

§ 14 Abs. 1 u. 2. Als Mehrgewinn (§ 13) gilt der Unterschied zwischen dem durchschnittlichen früheren Geschäftsgewinn (§ 16, 17) und dem jeweils in einem Kriegsgeschäftsjahr (§ 15) erzielten Geschäftsgewinne (§ 16).

Die Unterschiedsbeiträge werden auf volle Tausende nach unten abgerundet. Beträge unter fünftausend Mark bleiben außer Betracht.

§ 16. Geschäftsgewinn (§§ 14, 17) ist der in einem Geschäftsjahr erzielte, nach den gesetzlichen Vorschriften und den Grundsätzen ordnungsmäßiger kaufmännischer Buchführung berechnete Bilanzgewinn. Abschreibungen sind insoweit zu berücksichtigen, als sie einen angemessenen Ausgleich der Wertverminderung darstellen.

Bei Kommanditgesellschaften auf Aktien bleiben diejenigen Gewinnbeträge, welche auf die von den persönlich haftenden Gesellschaftern nicht auf das Grundkapital gemachten Einlagen entfallen, außer Ansatz.

§ 17. Der durchschnittliche frühere Geschäftsgewinn (§ 14) ist nach den Ergebnissen der fünf den Kriegsgeschäftsjahren vorangegangenen Geschäftsjahre oder, wenn eine Gesellschaft noch nicht solange besteht, nach den Ergebnissen der kürzeren Zeit, für welche Jahresabschlüsse vorliegen, zu berechnen. Besteht eine Gesellschaft schon fünf Jahre, so haben für die Berechnung des Durchschnittsgewinnes die beiden Geschäftsjahre mit den besten und den schlechtesten Geschäftsergebnissen auszuscheiden.

Hat innerhalb der fünf den Kriegsgeschäftsjahren vorangegangenen Geschäftsjahre eine Vermehrung des eingezahlten Grund- oder Stammkapitals stattgefunden, so wird dem Geschäftsgewinne für die vor der Vermehrung liegende Zeit ein Betrag von sechs vom Hundert jährlich des der Gesellschaft durch die Neueinzahlungen tatsächlich zugeflossenen Kapitalbetrags zugerechnet.

Als früherer Durchschnittsgewinn wird mindestens ein Betrag von sechs vom Hundert des eingezahlten Grund- oder Stammkapitals angenommen zuzüglich des Mehrbetrags, der zur Verteilung einer etwaigen höheren festen Vorzugsdividende für bevorrechtigte Aktien notwendig gewesen wäre. Das Grundkapital einer Berggewerkschaft oder einer Bergbau treibenden Vereinigung ist aus dem Erwerbspreis und den Anlage- und Erweiterungskosten abzüglich des durch Schuldaufnahme gedeckten Aufwandes hierfür zu berechnen. An Stelle des Grundkapitals tritt bei eingetragenen Genossenschaften die Summe der eingezahlten Geschäftsanteile der Genossen.

Der im Abs. 3 vorgesehene Betrag wird als Mindestbetrag auch zugrunde gelegt, wenn ein volles Geschäftsjahr vor den Kriegsgeschäftsjahren nicht vorliegt. In diesem Falle werden jedoch für Aktien oder Anteile, die zu einem den Nennwert übersteigenden Preise ausgegeben worden sind, die sechs Hundertstel von dem Kapitale berechnet, das der Gesellschaft als Einzahlung auf ihre Aktien oder Anteile tatsächlich zugeflossen ist.

Hat sich das eingezahlte Grund- oder Stammkapital einer Gesellschaft während der Kriegsgeschäftsjahre vermehrt, so ist für die Zeit nach der Vermehrung dem durchschnittlichen früheren Geschäftsgewinn ein Betrag von sechs vom Hundert jährlich des der Gesellschaft durch die Neueinzahlungen tatsächlich zugeflossenen Kapitalbetrages hinzuzurechnen.

§ 18. Gesellschaften, die mehr als ein Fünftel aller Aktien oder Anteile einer anderen Gesellschaft der im § 13 bezeichneten Art besitzen, dürfen von dem Geschäftsgewinn eines Kriegsgeschäftsjahrs die Mehreinnahme aus diesen Aktien oder Anteilen absetzen.

Als Mehreinnahme (Abs. 1) gilt der anteilige Betrag, der von der anderen Gesellschaft (Tochtergesellschaft) über den Durchschnitt der nach § 17 Abs. 1 in Betracht kommenden Jahre hinaus oder, wenn die Gesellschaft noch kein volles Jahr vor den Kriegsgeschäftsjahren bestanden hat, über eine fünfprozentige Dividende oder Ausbeute hin in einem Kriegsgeschäftsjahr als Dividende oder Ausbeute verteilt worden ist.

§ 24. Der Reichskanzler kann zum Zwecke der Vermeidung einer Doppelbesteuerung durch das Reich und durch außerdeutsche Staaten mit Zustimmung des Bundesrats Anordnungen treffen, die von den gesetzlichen Vorschriften über die Feststellung des abgabepflichtigen Mehrgewinnes abweichen.

II. Erläuterungen zu § 3 SichGes. vom 9. April 1917.

1. § 7 SichGes. betrifft die Befreiung der Gesellschaften von der Sicherungsrücklagepflicht, die ausschließlich gemeinnützigen Zwecken dienen. Er bestimmt: „Von der Verpflichtung zur Bildung einer Sonderrücklage befreit sind inländische Gesellschaften, die nach der Entscheidung des Bundesrats ausschließlich gemeinnützigen Zwecken dienen."

Hierzu bestimmt ferner § 11 BundesratsAusfAnw. z. SichGes.:

„1. Wird die Befreiung von der Verpflichtung zur Bildung einer Sonderrücklage auf Grund des § 7 des Gesetzes beansprucht, so ist der Antrag mit einer gutachtlichen Äußerung der gemäß § 2 der Ausführungsbestimmungen bestimmten Behörde durch Vermittlung der obersten Landesfinanzbehörde dem Bundesrate vorzulegen." Darauf gerichtete Anträge sind in Preußen mit gutachtlichen Äußerungen des Vorsitzenden der Veranlagungskommission und des Vorsitzenden der Berufungskommission dem Finanzminister zur Herbeiführung der Entscheidung des Bundesrats einzeln vorzulegen. Die Vorlage hat zu unterbleiben, wenn sich ohne weiteres übersehen läßt, daß ein Mehrgewinn im Sinne des Gesetzes nicht vorliegt (Art. 3 preuß. AusfAnw. z. SichGes.).

III. Erläuterungen zu § 4 SichGes. vom 9. April 1917.

1. Im § 6 Abs. 2.

Der § 6 Abs. 2 betrifft die Verpflichtung der Vorstände der Gesellschaften zur Rücklagebildung und ist hier weiter nicht von besonderem Interesse.

2. § 8 Abs. 3 bis 5.

Der auch für das neue Sicherungsgesetz geltende § 8 des alten Sicherungsgesetzes bestimmt in Abs. 1, 2, 3 u. 5 folgendes:

„Die Sonderrücklage ist der freien Verfügung der Gesellschaften entzogen, getrennt von dem sonstigen Vermögen zu verwalten und in Schuldverschreibungen des Deutschen Reichs oder eines Bundesstaates anzulegen. Die Verwahrung und Verwaltung erfolgt, auch bei ausländischen Gesellschaften, im Inland.

Der Reichskanzler kann Ausnahmen von den Vorschriften des Abs. 1 bewilligen.

Die Zinsen der Sonderrücklage fließen den sonstigen Einnahmen zu.

Die Sonderrücklage ist auch im Falle der Auflösung einer Gesellschaft der freien Verfügung der Liquidatoren so lange entzogen, als nicht durch das künftige Gesetz über die Besteuerung der Kriegsgewinne über ihre Verwendung Bestimmung getroffen ist."

Hierzu ist folgendes zu bemerken:

Bei den Beratungen zum ursprünglichen Sicherungsgesetz ist über die Frage viel verhandelt worden, ob die Sonderrücklage von Gläubigern der Gesellschaft gepfändet werden dürfe, obwohl ihre Bedeutung nicht sehr groß ist (Abg. Schiffer in der Plenarberatung, StenBer. 494 C—495 A, 496 A, B; Abg. Südekum, StenBer. 496 B, C; Abg. Blunck, StenBer. 497 A, B). Auch dies ist nach der jetzigen Fassung des § 8 natürlich ausgeschlossen. Das gleiche gilt von der Verpfändung durch die Gesellschaft (vgl. KommBer. S. 27, 28).

Vgl. hierzu übrigens § 135 BGB. Verstößt eine Verfügung über einen Gegenstand gegen ein gesetzliches Veräußerungsverbot, das nur den Schutz bestimmter Personen bezweckt, so ist sie nur diesen Personen gegenüber wirksam. Der rechtsgeschäftlichen Verfügung steht eine Verfügung gleich, die im Wege der Zwangsvollziehung oder der Arrestvollziehung erfolgt. Die Vorschriften zugunsten derjenigen, welche Rechte von einem Nichtberechtigten herleiten, finden entsprechende Anwendung. Wer von der Gesellschaft ein durch das Sicherungsgesetz gesperrtes Wertpapier im guten Glauben erwirbt, wird selbstverständlich dessen voller Eigentümer, so daß durch Übergabe und Verkauf des Papiers das Recht des Reichsfiskus erlischt.

Zum Verständnis der Vorschrift, daß das der Sicherungsrücklage unterworfene Vermögen getrennt von dem übrigen Vermögen zu verwalten ist, muß auf die Bestimmungen des Handelsgesetzbuches über die Art der Verbuchung der Rücklagen (Reserven) zurückgegangen werden. An sich sind alle Reserven nach Handelsrecht nur buchmäßig getrennt vom Grundkapital (das einen unveränderlichen Posten zu bilden hat) zu führen, ohne daß eine abgesonderte Verwaltung nötig wäre. Die Reservefonds der Gesellschaften können daher nach Handelsrecht in allen beliebigen Aktivposten der Bilanz stecken, z. B. im Warenbestand, Wechselbestand usw. Das genügt aber für die Kriegssteuersicherungsrücklage nicht. Es müssen Schuldverschreibungen des Reichs oder der Bundesstaaten in gleicher Höhe wie die Sicherungsrücklage auf der Passivseite der Bilanz eingestellt ist, auf der Aktivseite offen ausgewiesen werden, und wenn sie noch nicht vorhanden waren, in dieser Höhe angekauft und behalten werden, bis die Zahlung der Steuer erfolgt. Manche Gesellschaften haben die Bestimmung des Gesetzes, nach der die Sonderrücklage der freien Verfügung der Gesellschaft entzogen, getrennt von dem sonstigen Vermögen zu verwalten und in Schuldverschreibungen des Reichs oder eines Bundesstaates anzulegen ist, nicht so ausgelegt, daß die Rücklage öffentlich in der Bilanz ausgewiesen werden muß. Einzelne haben den Betrag, der für die Kriegssteuer zurückzustellen war, nicht namhaft gemacht. Andere Gesellschaften haben zwar die zurückgestellten Beträge äußerlich sichtbar gemacht, aber sie haben sie in einem Posten mit anderen Reserven (z. B. für Kriegsfürsorge, für Kriegsschäden) oder auch gemeinsam mit dem Gewinnvortrag für das nächste Jahr aufgeführt. Ein derartiges Verstecken der Rücklagen erscheint jedoch nicht der Absicht des Gesetzes entsprechend.

Die Art der Verbuchung der Sicherungsrücklage ist natürlich, wie bei jeder Rücklage (Reserve), sowohl auf der Aktivseite (als Abzug eines zahlenmäßigen Postens in dieser Höhe) wie auf der Passivseite (als Zusetzung eines Postens im dieser Höhe) zulässig. Letztere Buchungsweise ist die üblichere (vgl. auch § 8 AusfBest. z. SichGes.).

I. Beispiel.

Aktiva:		Passiva:	
1. Verschiedene	100000 M	Grundkapital	100000 M
2. Reichsanleihe	50000 „	Gewinn zur Verteilung .	50000 „
3 Waren	50000 „		
	200000 M		
ab Sicherungsrücklage .	50000 M		
	150000 M		150000 M

II. Beispiel.

Aktiva:		Passiva:	
Verschiedene	100000 M	Grundkapital	100000 M
Reichsanleihe	50000 „	Gewinn zur Verteilung .	50000 „
Waren	50000 „	Sicherungsrücklage . . .	50000 „
	200000 M		200000 M

Hierzu führt Walb (a. a. O. S. 10) aus:

„Die Sonderrücklage braucht, wie aus anderen Bestimmungen hervorgeht, nicht in der Bilanz ersichtlich gemacht zu werden. Es kann daher die zurückgelegte Summe gegen Unkostenkonto verbucht werden und die dafür gebildete Reserve unter irgendeinem Passivkonto, z. B. den Kreditoren, versteckt werden. Die Wertpapiere können ebenfalls unter einem Aktivposten versteckt erscheinen. Die Folge ist, daß man bei den Gesellschaften, die Versteckungspolitik betreiben, nicht erkennen kann, wie groß der Kriegsgewinn war. Sie weisen nur eine beliebige Zahl aus, an der auch die Kriegsrücklage gekürzt ist. Ob es gut war, daß die Regierung dieser Politik so weitgehend entgegen kam, kann in Zweifel gezogen werden. Die Öffentlichkeit hat doch eigentlich ein Interesse daran, zu erfahren, wo die Quelle der Kriegsgewinne liegt. Die Vertreter der Theorie von der Bilanzwahrheit werden jetzt noch einen schwereren Standpunkt als seither haben." Das ist richtig! Nach dem Gesetz braucht nur eine Rücklage gebildet und der betreffende Posten Reichsanleihe getrennt verwaltet werden, aber die Rücklage braucht nicht offen in der Bilanz ausgewiesen zu werden. Der Absicht des Gesetzes entspricht diese Auslegung aber nicht, sondern nur dem Wortlaut (s. oben).

Die Reichsanleihestücke können bei der Gesellschaft selbst aufbewahrt werden oder bei der Reichsbank oder einer anderen öffentlichen oder privaten Bank deponiert werden. Umtausch von Reichsanleihe in bundesstaatliche Anleihen ist selbstverständlich zulässig.

Zu der Vorschrift, daß die Sicherungsrücklage in Schuldverschreibungen des Deutschen Reichs oder eines Bundesstaates anzulegen ist, bemerkte der Reichsschatzsekretär (KommBer. II. Session Nr. 175): „Es seien Zweifel geäußert worden, ob es praktisch sei, die Anlage der Reserven in bestimmten Papieren vorzuschreiben. Die meisten Gesellschaften, die Mehrgewinne erzielen konnten, haben heute schon einen großen Teil der Reserve in Kriegsanleihen angelegt. Die vorgeschlagene Maßnahme liege auch im Interesse der Gesellschaften. Die Zurückhaltung von fünfzig vom Hundert des Mehrgewinnes sei ja nicht eine Substanzminderung für die Gesellschaft, sondern im Gegenteil werde die Gesellschaft gezwungen, einen großen Teil ihres Gewinnes als neue Substanz bei sich zu behalten. Das sei vernünftig, weil ja nach Friedensschluß alle Unternehmungen vor ganz besonders schwere Aufgaben gestellt sein werden. Er erinnere nur an die Schwierigkeiten der Rohstoffbeschaffung aus dem Auslande.

Ein Antrag, auch Schuldverschreibungen der deutschen Gemeinden als genügende Anlage anzuerkennen, wurde nach längeren Erörterungen abgelehnt.

Was die Ausnahmen von obiger Anlageverpflichtung anlangt, so wird ein großer Teil der Sonderrücklage bei den meisten Gesellschaften sowieso schon in Kriegsanleihe angelegt sein, ein anderer Teil wird (besonders bei gutbeschäftigten Gesellschaften) aber in den übrigen Aktivwerten (Waren, Debitoren) stecken. Die Versilberung dieser Teile des Aktivvermögens zum Zwecke der Beschaffung von Reichsanleihe wird manchen Gesellschaften nicht leicht fallen. Daher ist bestimmt, daß der Reichskanzler Ausnahmen von der Vorschrift bewilligen kann. Derartige Anträge auf Bewilligung von Ausnahmen auf Grund des § 8 des Gesetzes sind dem Reichskanzler durch Vermittlung der obersten Landesfinanzbehörde vorzulegen (§ 11 BundesratsAusfAnw.).

Wenn gesagt ist, die Zinsen der Sonderrücklage fließen den sonstigen Einnahmen zu, so heißt das, sie fließen in das Geschäft. Diese Regelung ist absichtlich geschehen, weil die Gesellschaften nicht schlechter gestellt werden sollten als jeder Private. Der Private behält zunächst den ganzen Kriegsgewinn bei sich und zahlt schließlich die Steuer etwa zu dem gleichen Zeitpunkt wie die Gesellschaften. Er hat also auch zunächst den Zinsgenuß. Wenn man die Gesellschafen auf gleicher Stufe behandeln wollte, müßte man zugeben, daß die Zinsen der Rücklage dem Gewinn- und Verlustkonto der Gesellschaft zufließen, nicht aber der Sonderrücklage (KommBer. S. 17).

Bezüglich der Entziehung der Sicherungsrücklage von der Verfügung der Liquidatoren bemerkt zutreffend Mösle, Komm. z. SichGes. § 8 Anm. 10 unter Berufung auch auf Hachenburg JW. 1916, 13: „Die Auflösung einer Gesellschaft hat selbstverständlich den Wegfall der Steuerpflicht hinsichtlich der bis dahin erzielten Mehrgewinne nicht zur Folge. Das gilt auch für den Fall der Fusion für die fusionierte Gesellschaft. Eine in Liquidation befindliche Gesellschaft bleibt weiter rücklagepflichtig für die Mehrgewinne, die sie erzielt, während sie sich in Liquidation befindet. Der Feststellung eines etwaigen Mehrgewinnes ist aber nicht die Liquidationsbilanz zugrunde zu legen; neben der Liquidationsbilanz ist vielmehr eine besondere, den gesetzlichen Vorschriften entsprechende Steuerbilanz aufzumachen.

3. § 9 des Gesetzes.

Der § 9 des alten Sicherungsgesetzes bestimmt:

„Die Mitglieder des Vorstandes, persönlich haftenden Gesellschafter, Repräsentanten, Geschäftsführer oder Liquidatoren der pflichtigen Gesellschaften, bei ausländischen Gesellschaften die Vorsteher der inländischen Niederlassungen, die den Vorschriften dieses Gesetzes über die Bildung oder Verwaltung der Sonderrücklage vorsätzlich oder fahrlässig zuwiderhandeln und dadurch die Erhebung der Kriegsgewinnsteuer gefährden, werden mit Geldstrafe bis zu dreißigtausend Mark bestraft.

Sie haften für den Schaden, der durch ihr Verschulden dem Fiskus aus der

Nichterfüllung der durch dieses Gesetz begründeten Verpflichtungen erwächst; sind für den Schaden mehrere verantwortlich, so haften sie als Gesamtschuldner."

Wegen der Entstehungsgeschichte des § 9 und der ausführlichen darüber gepflogenen Verhandlungen vgl. amtl. Begr. z. SichGes. S. 14 und KommBer. 4, 5, 6, 7, 28 u. 35. Die Meinungen gingen besonders über die Begriffe **vorsätzlich** und **fahrlässig** auseinander, auch wurde beantragt, grobfahrlässig, statt fahrlässig zu setzen, doch wurde dies abgelehnt, indem ein Vertreter der Reichsjustizverwaltung hierzu folgendes ausführte: Wenn z. B. bezüglich der Abschreibungen zwischen der Steuerbehörde und dem seiner Gesellschaft verantwortlichen Gesellschaftsvorstand eine Meinungsverschiedenheit entstände, so bedeute das nicht ohne weiteres, daß der betreffende Vorstand, unter Außerachtlassung der kaufmännischen Grundsätze und der ihm gebotenen Vorsicht ein Verschulden auf sich geladen hat. Die Besorgnis, es könne zu leicht wegen Fahrlässigkeit Bestrafung eintreten, ist unbegründet (KommBer. S. 35). Er müsse aber weiter noch darauf hinweisen, daß **Fahrlässigkeit allein noch nicht zur Bestrafung führe**, sondern es müsse weiter der objektive **Erfolg der Gefährdung** der Erhebung der Steuer vorliegen. Man habe Wert darauf gelegt, diese weitere Schranke, nämlich das Erfordernis der Steuergefährdung, in das Gesetz einzufügen (KommBer. S. 28, 34f.).

Gefährdet ist die Steuer dann, wenn ihre **Beitreibung unsicher** wird, und zwar nicht nur **überhaupt**, sondern auch bezüglich des **Zeitpunktes** ihres Einganges, d. h. des Einganges an den Fälligkeitsterminen. Bemerkenswert ist, daß das Gesetz von der Gefährdung der **Erhebung** spricht, d. h. der **Beitreibung**, nicht der **Veranlagung**.

Stellt sich heraus, daß eine Gesellschaft den Vorschriften des Gesetzes über die Bildung oder Verwaltung der Sonderrücklage **vorsätzlich oder fahrlässig** zuwiderhandelt **und** dadurch die **Erhebung** der Kriegsgewinnsteuer **gefährdet** hat, so sind die entstandenen Verhandlungen — durch Vermittlung des Vorsitzenden der Berufskommission — an die Staatsanwaltschaft zur Einleitung des Strafverfahrens abzugeben (Art. 8 letzter Abs. preuß. AusfAnw. z. SichGes.). Bezüglich des **Begriffs der Gefährdung** wurde bei den Beratungen des Sicherungsgesetzes folgendes ausgeführt: Wenn die Gesellschaftsleiter in den Bilanzen, namentlich des ersten oder zweiten Kriegsgeschäftsjahres, eine weitergehende Minderbewertung für erforderlich halten, als die Steuerbehörden zuließen und als vielleicht auch die Beurteilung im dritten Kriegsgeschäftsjahr ergibt, in dem sich die Verhältnisse wohl besser übersehen lassen, so liegt darin doch nicht schon ohne weiteres auch eine Gefährdung der Steuer (Erklärung des Reichsschatzsekretärs, KommBer. S. 4). Mithin kann lediglich eine abweichende Beurteilung der **Angemessenheit von Abschreibungen** noch nicht als Gefährdung angesehen werden. Solange die **Mittel** vorhanden sind, die **endgültig** festgestellte Steuer **pünktlich** zu zahlen, kann jedenfalls keine Bestrafung aus § 9 SichGes. wegen **Steuergefährdung** erfolgen, selbst dann nicht, wenn die Bilanz unrichtig aufgestellt ist oder die Vorschriften über die Sonderrücklagebildung nicht beachtet sind (KommBer. S. 4). Wieweit dagegen später wegen **falscher Bilanzaufstellung** oder **unrichtiger Deklaration** eine Bestrafung wegen **Steuerhinterziehung** stattfinden muß, ist **unabhängig** von § 9 SichGes. zu beurteilen.

Die **Ausführung** der durch dieses Gesetz begründeten **Verpflichtungen** ist zunächst Sache der **berufenen Vertreter** der pflichtigen Gesellschaften.

Insbesondere ist vorläufig eine behördliche Feststellung der Mehrgewinne — abgesehen etwa von einem Strafverfahren auf Grund der Strafvorschrift des § 9 — nicht vorgesehen. Eine alsbaldige behördliche Mitwirkung bei Ausführung des lediglich vorbereitende Maßnahmen bezweckenden Gesetzes erscheint auch nicht erforderlich. Dagegen wird in dem späteren Steuergesetze selbst den Veranlagungsbehörden die Befugnis zuzuerkennen sein, bei der Veranlagung der Kriegssteuer zu prüfen, ob die Sonderrücklage auch den Vorschriften dieses Gesetzes entsprechend angesammelt worden ist. Trotzdem soll bereits im Sicherungsverfahren zwischen Steuerbehörde und Pflichtigen nach Möglichkeit alles so weit als möglich geklärt werden (vgl. Art. 8 preuß. AusfAnw.). Ebenso Zimmermann (Grundzüge des Kriegsgewinn- und Besitzsteuergesetzes S. 23).

---

3. Die auf Grund rechtskräftiger Entscheidung zu erstattenden Beträge sind mit fünf vom Hundert zu verzinsen.

Die Erstattung von Kriegsabgabe, bei deren Entrichtung Schuldverschreibungen, Schuldbuchforderungen oder Schatzanweisungen der Kriegsanleihen des Deutschen Reichs an Zahlungs Statt angenommen worden sind, ist, soweit dies nach der Stückelung möglich ist, durch Ausreichung von Schuldverschreibungen oder Schatzanweisungen der Kriegsanleihen des Deutschen Reiches mit gleichem Zinsfuß unter Berechnung des Annahmewertes (§ 36) zu bewirken, der Restbetrag ist bar herauszuzahlen (§ 42 AusfAnw.).

Verf. vom 26. Sept. 1917, betr. die Verzinsung der Kriegssteuer (II 9831).

Die Vorschrift im § 31 Abs. 5 KrStG. (§ 69 BStG.) über die Verzinsung der auf Grund rechtskräftiger Entscheidung zu erstattenden Abgabebeträge ist auf Erstattungen im Berichtigungsverfahren gemäß § 46 Abs. 2 AusfBest. z. BStG. (§ 2 AusfBest. z. KrStG.) nicht anwendbar (Verf. vom 26. Sept. 1917, II 9831).

Ergänzend bestimmt hierzu § 42 der AusfBest. z. KrStG. vom 21. Juni 1916:

„1. Die Erstattung von Kriegsabgabe hat bis zu dem Betrage, der bei ihrer Entrichtung bar eingezahlt worden war, in bar, darüber hinaus durch Ausreichung von Schuldverschreibungen oder Schatzanweisungen der Kriegsanleihen des Deutschen Reiches unter Berechnung des Annahmewertes (§ 36) zu erfolgen, soweit dies nach der Stückelung möglich ist.

2. Zu diesem Zwecke hat die Hebestelle bei der vorgesetzten Oberbehörde die Überweisung der benötigten Stücke unter Angabe des Gesamtbetrages der Herauszahlung, des davon durch Ausreichung von Wertpapieren zu begleichenden Teiles und des Zinsfußes der seinerzeit bei der Bezahlung der Abgabe in Zahlung genommenen Kriegsanleihe in vier Ausfertigungen nach Muster 14 zu beantragen.

3. Die Oberbehörde übersendet alle vier Ausfertigungen dieses Antrages an das Kontor der Reichshauptbank für Wertpapiere in Berlin SW 19 mit dem Ersuchen, die Stücke unmittelbar der Hebestelle zuzustellen.

4. Die Reichshauptbank hat aus den bei ihr für die Reichshauptkasse lagernden Beständen die entsprechenden Wertpapiere — und zwar, soweit angängig, solche mit gleichem Zinsfuß, wie die seinerzeit in Zahlung genommene Kriegsanleihe — zu entnehmen und der Hebestelle mit zwei Ausfertigungen des Antrages, auf denen der Nennwert, Zinsfuß, Zinsenlauf und der Annahmewert

der Wertpapiere anzugeben ist, unmittelbar zu übersenden. Von den übrigen zwei Ausfertigungen, auf denen ebenfalls Nennwert, Zinsfuß, Zinsenlauf und Annahmewert der übersandten Wertpapiere anzugeben ist, ist eine der Oberbehörde, die andere der Reichshauptkasse zuzustellen.

5. Die Hebestelle hat auf einer der ihr von der Reichshauptbank zugegangenen Ausfertigungen den Empfang der Wertpapiere zu bescheinigen, die Empfangsbescheinigung an das Kontor der Reichshauptbank für Wertpapiere zurückzusenden, die Wertpapiere nebst Zinsscheinen dem Empfangsberechtigten auszuhändigen und den von der Reichshauptbank berechneten Annahmewert auf den zurückzuzahlenden oder zu erstattenden Betrag anzurechnen.

6. Der Annahmewert der bei Zurückzahlungen oder Erstattungen ausgereichten, von der Reichshauptbank bezogenen Wertpapiere ist bei den Abrechnungen mit der Reichshauptkasse als „Einnahme für ausgereichte Wertpapiere aus dem Bestande der Reichshauptkasse" abzuliefern.

7. Die nach § 31 Abs. 5 des Gesetzes zu vergütenden Zinsen für die auf Grund rechtskräftiger Entscheidung zu erstattenden Beträge sind nur von dem bar herauszuzahlenden Betrage zu berechnen. Die Zinsen für den durch Ausreichung von Wertpapieren erstatteten Betrag sind im Annahmewert berücksichtigt.

§ 32. Die Entrichtung der Abgabe kann durch Hingabe von Schuldverschreibungen, Schuldbuchforderungen oder Schatzanweisungen der Kriegsanleihen des Deutschen Reichs an Zahlungs Statt erfolgen[1]).

Die Annahme der Schuldverschreibungen, Schuldbuchforderungen oder Schatzanweisungen an Zahlungs Statt erfolgt mit Zinsenlauf vom 1. Oktober 1919 ab zu den auf den 30. Juni 1919 festgesetzten Steuerkursen[2]).

Weist der Abgabepflichtige nach, daß er oder im Falle des § 11 seine Ehefrau die gemäß Abs. 1 an Zahlungs Statt hingegebenen Schuldverschreibungen, Schuldbuchforderungen oder Schatzanweisungen infolge einer Zeichnung von Kriegsanleihe erhalten hat, so werden die fünfprozentigen Schuldverschreibungen, Schuldbuchforderungen oder Schatzanweisungen mit Zinsenlauf vom 1. Oktober 1919 ab zum Nennwert[3]), die viereinhalbprozentigen Schatzanweisungen unter Zugrundelegung des gleichen Zinsenlaufs zu einem von dem Reichsminister der Finanzen festzusetzenden und bekanntzumachenden Kurse an Zahlungs Statt angenommen.

Die Vorschrift des Abs. 3 findet entsprechende Anwendung[4]), wenn der Abgabepflichtige nachweist, daß er oder im Falle des § 11 seine Ehefrau die gemäß Abs. 1 an Zahlungs Statt hingegebenen Schuldverschreibungen, Schuldbuchforderungen oder Schatzanweisungen aus dem Nachlaß eines Verstorbenen von Todes wegen erworben[5]) oder von einer offenen Handelsgesellschaft, Kommanditgesellschaft, Gesellschaft mit beschränkter Haftung oder Genossenschaft als deren Gesellschafter oder Genosse empfangen und der Erblasser, die Gesellschaft oder Genossenschaft diese Schuldverschreibungen, Schuldbuchforderungen oder Schatzanweisungen infolge einer Zeichnung von Kriegsanleihe erhalten hat oder die Zeichnung für eine Erbengemeinschaft erfolgt ist, an der der Abgabepflichtige beteiligt war[4]).

Die Vorschrift des Abs. 4 findet entsprechende Anwendung[4]), wenn der Abgabepflichtige von einer Genossenschaft als deren Mitglied die Schuldverschreibungen, Schuldbuchforderungen oder Schatzanweisungen käuflich erworben hat, sofern der dafür entrichtete Erwerbspreis nicht den Betrag des am 1. Oktober 1919 vorhandenen Guthabens des Abgabepflichtigen (Genossen) überstiegen und die Genossenschaft die Schuldverschreibungen, Schuldbuchforderungen oder Schatzanweisungen infolge einer Zeichnung erworben hat.

1. Allgemeines.

Der § 33 wie auch schon § 32 des alten KrStG. und § 38 des KrAbgG. von 1918 enthält eine Ausnahme von dem bisher stets festgehaltenen Grundsatz, daß Steuern nur in barem Gelde entrichtet werden können. Hierzu führte der Reichsschatzsekretär folgendes schon bei den Beratungen zum Sicherungsgesetz aus: Er habe schon im August gesagt, daß bei Entrichtung der Kriegssteuer die Reichskriegsanleihen an Zahlungs Statt angenommen werden sollen. Die Gesellschaften zahlen also in derjenigen Substanz, in der die Reserve nach Maßgabe des Sicherungsgesetzes angelegt worden ist. Wenn etwas übrig bleibe, so sei das für die Gesellschaften sehr erwünscht. Daß wir die Darlehenskassen noch erhebliche Zeit nach Friedensschluß werden aufrechterhalten müssen, darüber bestehe wohl Einigkeit. Sie werden später noch mehr zu tun haben als jetzt. Die Darlehenskassen werden auch dann in ihren Beleihungen vorsichtig sein müssen. Die Papiere, die für sie am beleihbarsten sein werden, werden immer noch die Kriegsanleihe und die Schuldverschreibungen des Reiches und der Bundesstaaten sein. Auf diesem Wege der Beleihung also werden die Unternehmungen zu barem Gelde kommen können, wenn sie dessen besonders zu dem Rohstoffbezug bedürfen werden. Also auch nach dieser Richtung hin seien die Konsequenzen des Systems sehr genau überlegt worden, und er möchte nochmals davor warnen, von diesem System abzugehen.

Die Bestimmung ist s. Z. unverändert aus dem Regierungsentwurf in das Gesetz übergegangen.

In der Begründung des Gesetzentwurfs 1919 (Drucks. Nr. 372 S. 12) führte der Reichsminister der Finanzen, nachdem bisher nach § 32 des KrStG. vom 21. Juni 1916 und § 38 KrAbgG. von 1918 bestimmt war, daß „bei Entrichtung der Abgabe die fünfprozentigen Schuldverschreibungen, Schuldbuchforderungen und Schatzanweisungen der Kriegsanleihen des Deutschen Reichs zum Nennwert und die viereinhalbprozentigen Schatzanweisungen dieser Kriegsanleihen zu einem vom Reichskanzler festzusetzenden und bekanntzumachenden Kurse an Zahlungs Statt angenommen wurden", folgendes aus:

Nach § 33 Abs. 1 des Entwurfs soll die Kriegsabgabe durch Hingabe von Kriegsanleihestücken usw. bezahlt werden können, und es soll nach § 33 Abs. 2 die Annahme dieser Kriegsanleihestücke mit Zinsenlauf vom 1. Oktober 1919 ab grundsätzlich zu dem für sie gemäß §§ 6 und 7 der Verordnung über die Aufstellung von Vermögensverzeichnissen und die Festsetzung von Steuerkursen auf den 31. Dezember 1918 vom 13. Januar 1919 festgestellten Steuerkurse erfolgen. Bei Zeichnern von Kriegsanleihe sollen dagegen die von diesen auf Grund der Zeichnung erhaltenen fünfprozentigen Kriegsanleihestücke zum Nennwerte, die viereinhalbprozentigen Schatzanweisungen unter Zugrundelegung des gleichen Zinsenlaufs zu einem von dem Reichsminister der Finanzen festzusetzenden und bekanntzumachenden Kurse an Zahlungs Statt angenommen werden. Es liegt kein Grund vor, denjenigen, welche die Kriegsanleihe nicht im Wege der Zeichnung erhalten, sondern — vielleicht zu einem wesentlich geringeren als dem Ausgabekurse — gekauft haben, die gleiche Vergünstigung zuteil werden zu lassen, wie sie den Zeichnern von Kriegsanleihe selbst in Aussicht gestellt worden ist. Dabei erschien es billig, die Vergünstigung, welche den Zeichnern der Kriegsanleihe zuteil wird, auch denjenigen zuzugestehen, die durch Erbschaft oder von einer offenen Handelsgesellschaft, einer Kommanditgesellschaft oder Gesellschaft m. b. H. als deren Gesellschafter die Kriegsanleihestücke empfangen haben, sofern der Erblasser oder die Gesellschaft diese Stücke infolge einer Zeichnung erhalten hatte.

Infolge der bisherigen unterschiedslosen Annahme zum Nennwert war im Laufe der Zeit die Nachfrage nach Kriegsanleihestücken als Zahlungsmittel groß, so daß diese ihre Besitzer lebhaft wechselten. Damit war naturgemäß eine der ursprünglichen Absichten des bisherigen Systems der Bezahlung mit ihnen in vielen Fällen nicht verwirklicht: Diese Absicht war die gewesen, denjenigen, die entweder bei Gelegenheit von Heereslieferungen mehr oder minder zwangsweise Kriegsanleihe gezeichnet hatten oder die dies aus patriotischen Gründen taten, hier eine gewisse Entschädigung zu bieten.

2. Die Annahme ... erfolgt ... zu den auf den 30. Juni 1919 festgesetzten Steuerkursen.

Abs. 2 des § 33 lautete in der Fassung des 2. Entwurfs:

„Die Annahme der Schuldverschreibungen, Schuldbuchforderungen und Schatzanweisungen an Zahlungs Statt erfolgt mit Zinsenlauf vom 1. Oktober 1919 ab **zu den für diese gemäß §§ 6 und 7 der Verordnung über die Aufstellung von Vermögensverzeichnissen und die Festsetzung von Steuerkursen auf den 31. Dezember 1918 vom 13. Januar 1919 (RGBl. S. 67) festgestellten Steuerkursen.**"

Da sich die Verabschiedung des Kriegsabgabegesetzes 1919 aus den verschiedensten Gründen lange hinzog und infolgedessen sich die Erhebung der Abgabe hinausschob, währenddessen aber der Kurs der Kriegsanleihen erheblich fiel, würde es widersinnig gewesen sein, den ursprünglich vorgesehenen Stichtag für die Kurse der Kriegsanleihe als Zahlungsmittel (den 31. Dezember 1918) beizubehalten, umsomehr, als nach § 5 des gleichzeitig verabschiedeten Gesetzes über eine Kriegsabgabe vom Vermögenszuwachse vom 10. September 1919 (RGBl.

S. 1579 ff.) das Vermögen für diese Abgabe nach dem Stande vom 30. Juni 1919 zu versteuern ist. Der endgültige § 33 des vorliegenden Gesetzes läßt daher nur eine Entrichtung der Einkommenszuwachssteuer — abgesehen von der Ausnahme in Abs. 3 — mit Kriegsanleihe nach dem Steuerkurse vom 30. Juni 1919 zu. Eine Bekanntgabe dieser Kurse steht übrigens noch aus.

§ 33 Abs. 2 entspricht wörtlich dem § 25 Abs. 2 des obengenannten Gesetzes über eine Kriegsabgabe vom Vermögenszuwachse, nach dem auch diese mit Anleihen entrichtet werden können.

8. Zum Nennwert angenommen.

Es besteht natürlich nur das Recht, nicht die Pflicht, in Kriegsanleihe zu zahlen. Die Ausführungsanweisung des Bundesrats zum Kriegsabgabegesetz von 1918 bestimmt bezüglich des Gegenstandes:

§ 35. 1. Bei Entrichtung der Kriegsabgabe 1918 sind nach § 38 des Gesetzes Schuldverschreibungen, Schuldbuchforderungen und Schatzanweisungen der Kriegsanleihen des Deutschen Reichs an Zahlungs Statt anzunehmen. Fünfprozentige Schuldverschreibungen, Schuldbuchforderungen und Schatzanweisungen sowie die auslosbaren viereinhalbprozentigen Schatzanweisungen der sechsten, siebenten und achten Kriegsanleihe mit Zinsen für die Zeit vom 1. Oktober 1918 ab werden zum Nennwert, die nicht auslosbaren viereinhalbprozentigen Schatzanweisungen der vierten und fünften Kriegsanleihe mit Zinsen vom 1. Oktober 1918 ab zum Werte von 96,50 *M* für je 100 *M* Nennwert angenommen. Sind Zinsen für einen nach dem 30. September 1918 liegenden Zeitraum bereits erhoben, so vermindert sich der Annahmewert um diesen Zinsenbetrag. Werden Wertpapiere mit Zinsen für einen vor dem 1. Oktober 1918 liegenden Zeitraum übergeben oder werden Schuldbuchforderungen mit Zinsen für einen vor dem 1. Oktober 1918 liegenden Zeitraum auf das Konto der Reichskasse übertragen, so erhöht sich der Annahmewert um die Zinsen.

2. Schuldverschreibungen, Schuldbuchforderungen und Schatzanweisungen der Kriegsanleihen des Deutschen Reichs können nur insoweit in Zahlung gegeben werden, als der Annahmewert (Abs. 1) den Betrag der geschuldeten Kriegsabgabe nicht übersteigt. Eine bare Herauszahlung auf hingegebene Stücke oder Buchforderungen der Kriegsanleihen findet nicht statt.

§ 36. 1. Wer bei Entrichtung der Kriegsabgabe 1918 Schuldverschreibungen oder Schatzanweisungen der Kriegsanleihen des Deutschen Reichs hingeben will, hat die Stücke nebst den dazugehörigen Zinsscheinen und Zinserneuerungsscheinen einer der vom Reichskanzler bekanntgegebenen Annahmestellen mit einem Antrage nach Muster 9 einzureichen.

2. Wer zur Entrichtung der Kriegsabgabe 1918 Schuldbuchforderungen der Kriegsanleihen des Deutschen Reichs verwenden will, hat bei der Reichsschuldenverwaltung (Schuldbuchangelegenheit) in Berlin SW 68, Oranienstraße 92/94, einen Antrag auf Übertragung seiner Schuldbuchforderung oder eines entsprechenden auf volle hundert Mark lautenden Teiles der Schuldbuchforderung auf das Konto der Reichskasse für Kriegsabgabe 1918 nach Muster 10 zu stellen. Der Antrag ist von dem Antragsteller zu unterschreiben. Von einer Beglaubigung der Unterschrift wird die Reichsschuldenverwaltung absehen. Der Antrag wird nur berücksichtigt, sofern sich auf dem Konto des

Antragstellers keine Beschränkung zugunsten Dritter, wie Zinsgenußrechte, Pfandrechte usw., befindet.

3. Vordrucke zu den Anträgen (Abs. 1 und 2) werden den Steuerpflichtigen kostenfrei verabfolgt.

4. Die Übertragung der Reichsschuldbuchforderungen auf das Konto der Reichskasse erfolgt gebührenfrei.

§ 37. 1. Die Annahmestellen für Wertpapiere (§ 36 Abs. 1) berechnen den Annahmewert der ihnen übergebenen Stücke, die Reichsschuldenverwaltung den Annahmewert der auf das Konto der Reichskasse übertragenen Schuldbuchforderungen nach § 35 und stellen den Antragstellern (Einlieferern von Stücken) Bescheinigungen über den Gesamtannahmewert der eingelieferten Stücke oder übertragenen Schuldbuchforderungen nach Muster 11 und 12 aus.

2. Diese Bescheinigungen sind von dem Steuerpflichtigen der Hebestelle zu übergeben, von dieser zu dem darin angegebenen Gesamtannahmewert auf die zu entrichtende Kriegsabgabe 1918 in Zahlung zu nehmen und bei den Einnahmeablieferungen als Belege über Zahlungen für Rechnung der Reichshauptkasse aufzurechnen.

§ 38. Die Verzinsung der bei der Reichsschuldenverwaltung auf das Konto der Reichskasse übertragenen Schuldbuchforderungen hört auf.

In Preußen kommen nach Verf. preuß. FinMin. vom 8. Jan. 1917 II 139 für die Annahme von Stücken in Betracht:

A. Reichsbankanstalten.

1. Kontor der Reichshauptbank für Wertpapiere in Berlin SW 19.

2. Reichsbankhauptstellen in

Breslau, Köln (Rhein), Danzig, Dortmund, Dresden, Frankfurt (Main), Hannover, Kiel, Königsberg (Ostpreußen), Magdeburg, Posen, Stettin.

3. Reichsbankstellen in

Aachen, Allenstein, Altona (Elbe), Barmen (Wupper), Bielefeld, Bochum, Brandenburg (Havel), Bromberg, Cassel, Charlottenburg, Koblenz (Rhein), Krefeld, Kottbus, Duisburg, Düsseldorf, Elberfeld, Elbing, Emden, Erfurt, Essen (Ruhr), Flensburg, Frankfurt (Oder), Fulda, Gießen, Glatz, Gleiwitz, Glogau, Görlitz, Göttingen, Graudenz, Hagen (Westfalen), Halberstadt, Halle (Saale), Hamm (Westfalen), Hildesheim (Hannover), Husum, Insterburg, Kattowitz (Oberschlesien), Köslin, Kreuznach, Landsberg (Warthe), Liegnitz, Lippstadt, Lissa (Bez. Posen), Memel, Minden (Westfalen), Mülheim (Ruhr), Münster (Westfalen), Nordhausen, Oppeln, Osnabrück, Remscheid, Schweidnitz (Niederschlesien), Siegen, Stolp (Pommern), Stralsund, Thorn, Tilsit, Wiesbaden, Wilhelmshaven.

B. Bundesstaatliche Annahmestellen.

Königreich Preußen.

Königliche Seehandlung (Preußische Staatsbank in Berlin W 56, Markgrafenstraße 38, Preußische Zentralgenossenschaftskasse in Berlin C 2, Am Zeughaus 1/2, Regierungshauptkasse in Königsberg (Ostpreußen), Gumbinnen, Allenstein, Danzig, Marienwerder, Potsdam, Frankfurt (Oder), Stettin, Köslin, Stralsund, Posen, Bromberg, Breslau, Liegnitz, Oppeln, Magdeburg, Merseburg, Erfurt, Schleswig, Hannover, Hildesheim, Lüneburg,

Stade, Osnabrück, Aurich, Münster, Minden, Arnsberg, Kassel, Wiesbaden, Köln, Koblenz, Düsseldorf, Trier, Aachen, Sigmaringen.

1. Die Vorschrift, daß bei dem vorgesehenen Annahmewerte der Schuldverschreibungen, Schuldbuchforderungen und Schatzanweisungen der Kriegsanleihen des Deutschen Reiches ein Zinsenlauf vom 1. Oktober 1919 zugrunde gelegt wird, enthält zugleich die Pflicht zur Verzinsung der Abgabe von diesem Tage an. (Zu vergleichen § 36 der Ausführungsbestimmungen zum Kriegssteuergesetze vom 21. Juni 1916.) Auf eine Verzinsung der bar zu zahlenden Beträge, bei denen es sich in der Regel nur um kleine Spitzenbeträge handeln wird, ist verzichtet worden, weil durch die Verzinsung auch dieser Beträge den Hebestellen eine Mehrarbeit entstehen würde, die wegen der geringfügigen finanziellen Bedeutung dieser Maßnahme nicht gerechtfertigt erscheint.

In vielen Fällen bewahren Steuerpflichtige Schuldverschreibungen oder Schatzanweisungen der Kriegsanleihen, die sie zur Entrichtung der Kriegsabgabe hinzugeben beabsichtigen, nicht an ihrem Wohnort auf, sondern haben sie bei einer Bankanstalt, die an einem anderen Ort ihren Sitz hat, niedergelegt. Es unterliegt keinem Bedenken, wenn diese Anleihestücke zum Zwecke der Entrichtung der Kriegsabgabe bei den staatlichen Annahmestellen am Sitze der betreffenden Banken durch diese für Rechnung ihrer Kunden eingereicht werden, sofern es sich um Annahmestellen des für die Erhebung der Kriegsabgabe zuständigen Bundesstaates handelt. Dagegen muß es dabei verbleiben, daß die selbständigen Reichsbankstellen und das Kontor für Wertpapiere als Annahmestellen nur für solche Steuerpflichtige gelten, die am Sitze dieser Anstalten wohnen oder hier ihren Sitz haben. Die Reichsbankanstalten werden die Annahme des von einer an ihrem Sitz ansässigen Firma für Rechnung eines an einem anderen Orte ansässigen Steuerpflichtigen eingelieferten Wertpapiere ablehnen. (Verf. preuß. FinMin. von 28. Febr. 1907 [JNr. II 2061]). Jedoch hat der preußische Finanzminister in einem Erlaß vom 18. März 1919 (II 5531, I 4676, abgedruckt im FinMinBl. Nr. 10 vom 24. Mai 1919 S. 207) darauf hingewiesen, daß die als Annahmestellen zur Empfangnahme von Kriegsanleihestücken behufs Entrichtung von Kriegsabgabe bestimmten Regierungshauptkassen verpflichtet sind, solche Kriegsanleihestücke nicht nur von Abgabepflichtigen aus dem eigenen Bezirk, sondern auch von solchen Abgabepflichtigen in Empfang zu nehmen, die in anderen preußischen Regierungsbezirken wohnen oder veranlagt sind.

In zahlreichen Fällen haben Hebestellungen Bescheinigungen über eingelieferte Kriegsanleihestücke oder übertragene Schuldbuchforderungen auf Grund des § 36 Abs. 2 KrStAusfBest. zurückgewiesen, weil sie über einen höheren Betrag lauteten als die Kriegsabgabe betrug. Dadurch sind Schwierigkeiten entstanden, weil die Annahmestellen, an die sich dann die Steuerzahler mit der Bitte um Rückgabe der Wertpapiere wandten, hierzu nicht mehr in der Lage waren. Da der Annahmestelle und manchmal — insbesondere bei Vorauszahlungen auf noch nicht veranlagte Kriegsabgabe — auch dem Einlieferer der Papiere die Steuerschuld unbekannt ist, wird sich eine Überzahlung schwer vermeiden lassen. In den Kriegssteuer-Ausführungsbestimmungen ist die Beseitigung solcher Überzahlungen nicht besonders geregelt. Die Beseitigung der Überzahlungen durch die Annahmestellen in der Weise bewirken zu lassen, daß bei Rückgabe der ausgestellten Bescheinigung die eingelieferten Kriegsanleihestücke oder gleichwertige Stücke ganz oder teilweise ausgefolgt werden, erweist sich als undurchführbar. Es erscheint deshalb geboten, die Rückgabe des zuviel gezahlten Betrages bei solchen Überzahlungen auf dem für Erstattungen (§ 42 KrStAusfBest.) vorgesehenen Wege zu bewerkstelligen. Die Hebestellen wären danach anzuweisen, die Bescheinigung auch dann anzunehmen, wenn sie über eine höhere Summe lauten als zu zahlen ist. Der volle Betrag der Bescheinigung würde in solchen Fällen im Kriegssteuereinnahmebuch in Einnahme zu buchen sein. Die Erstattung des zuviel gezahlten Betrages hätte nach den Bestimmungen des § 42 a. a. O. zu geschehen (Verf. vom 2. Okt. 1917, II 10805, FinMinBl. 1917, 324).

Gegen einen Verzicht auf die Erhebung von Zinsbeiträgen unter einer Mark sind unter der Voraussetzung keine Bedenken zu erheben, daß sich der Verzicht nicht auf die bereits eingezahlten oder in Zukunft ohne weiteres der Hebestelle übermittelten Zinsbeträge erstreckt und es sich nur um die Verzinsung des nicht durch Hergabe von Schuldverschreibungen, Schuldbuchforderungen und Schatzanweisungen der Kriegsanleihen des Deutschen Reiches beglichenen Restbetrages der geschuldeten Abgabe (§ 36 Abs. 3 der Kriegssteuer-Ausführungsbestimmungen) handelt. (Erlaß preuß. FinMin. II 8437 vom 24. Juli 1917.)

4. Vorschrift findet entsprechende Anwendung, wenn der Abgabepflichtige ... die Schuldverschreibungen ... aus dem Nachlaß eines Verstorbenen ... erhalten hat.

Die Vorschrift hat äußerlich eine Ähnlichkeit mit § 13 insofern, als sie bestimmte, durch das Gesetz vorgesehene Rechtsvorteile einem Personenkreise zuwendet, der mit den in erster Linie privilegierten Personen in einem Verwandtschafts- oder nahen Geschäftsverhältnisse steht. Die Begründung und Berechtigung entspricht der von § 13. Die Einbeziehung der Genossenschaften bzw. Genossen (Abs. 4) war im 2. Entwurf nicht vorgesehen und erfolgte auf Vorschlag des 10. Ausschusses (Drucksachen Nr. 742 S. 9), Abs. 5 ist erst im Plenum der Nationalversammlung eingefügt worden. Er war in der Fassung des Beschlusses des 10. Ausschusses noch nicht enthalten.

5. Von Todes wegen erworben hat.

Bezüglich des Begriffes vgl. §§ 1—3 des Erbschaftssteuergesetzes vom 3. Juni 1906 (RGBl. S. 654ff.) und meine Ausführungen zu § 6 des Vermögenszuwachssteuergesetzes.

§ 33.[1]) Die Strafvorschriften in §§ 33 bis 35 des Kriegssteuergesetzes vom 21. Juni 1916 finden für die nach diesem Gesetze zu erhebende Kriegsabgabe mit der Maßgabe Anwendung[2]), daß das Vergehen der Abgabegefährdung auch vollendet ist, wenn der Abgabepflichtige es bis zu einem vom Reichsrat zu bestimmenden Zeitpunkt unterläßt, eine bereits abgegebene unrichtige oder unvollständige Steuererklärung, auf Grund deren die Veranlagung der Kriegsabgabe vom Mehreinkommen zu erfolgen hat, der Behörde gegenüber zu berichtigen oder zu vervollständigen.

1. Allgemeines.

Der § 33 stellt fest, daß, wer seinerzeit unrichtige oder unvollständige Angaben über seine Einkommensverhältnisse bei der Landeseinkommensteuer gemacht hat, die nach § 4 des Gesetzes (vgl. auch §§ 5—7 und 8) als letzte Friedensveranlagung zugrunde zu legen ist, sich auch gegen die Strafbestimmungen des Kriegsabgabengesetzes 1919 vergeht, wenn er es unterläßt, seine unrichtigen oder unvollständigen Angaben rechtzeitig zu berichtigen. Der § 33 fand sich auch bereits (als § 39) im KrAbgG. von 1918, in welches er durch die Anträge 7547/56 (Drucksachen 1465/1739 S. 25) hineingekommen ist.

2. Die Strafvorschriften in §§ 33—35 des KrStG. vom 21. Juni 1916 finden Anwendung.

Die §§ 33—34 KrStG. von 1916 betreffen die allgemeinen Strafbestimmungen. Sie lauten:

§ 33. Wer als Abgabepflichtiger oder als Vertreter eines Abgabepflichtigen wissentlich der Steuerbehörde unrichtige oder unvollständige Angaben macht, die geeignet sind, eine Verkürzung der Abgabe herbeizuführen, wird mit einer Geldstrafe bis zum fünffachen Betrage der gefährdeten Abgabe bestraft.

§ 34. In den Fällen des § 33 kann neben der Geldstrafe auf Gefängnis bis zu einem Jahre und neben der Gefängnisstrafe auch auf Verlust der bürgerlichen Ehrenrechte erkannt werden, wenn die unrichtigen oder unvollständigen Angaben in der Absicht, die Abgabe zu hinterziehen, gemacht worden sind und wenn der Abgabebetrag, der durch die unrichtigen oder unvollständigen Angaben gefährdet worden ist, mindestens fünfhundert Mark ausmacht, oder wenn der Abgabepflichtige oder der Vertreter des Abgabepflichtigen Vermögen vom Inland ins Ausland gebracht hat, in der Absicht, dieses Vermögen der Steuerbehörde zu verheimlichen.

Bei einer Steuergefährdung der im Abs. 1 bezeichneten Art kann im Urteil angeordnet werden, daß die Bestrafung auf Kosten des Verurteilten öffentlich bekanntzumachen ist.

Besteht der Verdacht, daß eine Steuergefährdung der im Abs. 1 bezeichneten Art vorliegt, so hat die Steuerbehörde die Sache an die zuständige Staatsanwaltschaft abzugeben. Ist der Steuerpflichtige abwesend (§ 318 der Strafprozeßordnung), so kann gegen ihn nach Maßgabe der §§ 320—326 der Strafprozeßordnung verhandelt werden. Findet die Staatsanwaltschaft in einer an sie abgegebenen Sache, daß der Verdacht nicht hinreichend begründet ist, so kann sie die Sache zur weiteren Erledigung im Verwaltungsstrafverfahren an die Verwaltungsbehörde abgeben.

Im übrigen vgl. wegen der Erläuterung der Strafbestimmungen die ausführlichen Anmerkungen des Verfassers zu §§ 27 u. 28 des Vermögenszuwachsgesetzes.

§ 35. Die Vorschriften der §§ 78 bis 83 BStG. finden entsprechende Anwendung.

Die in Betracht kommenden Vorschriften lauten:

§ 78. Ist nach den obwaltenden Umständen anzunehmen, daß die unrichtigen oder unvollständigen Angaben, die geeignet sind, eine Verkürzung der Besitzsteuer herbeizuführen, nicht in der Absicht der Steuerhinterziehung gemacht worden sind, so tritt an Stelle der in § 76 vorgesehenen Strafe eine Ordnungsstrafe bis zu fünfhundert Mark ein.

§ 79. Straffrei bleibt, wer seine unrichtigen oder unvollständigen Angaben, bevor eine Anzeige erstattet oder eine Untersuchung gegen ihn eingeleitet ist, bei der Steuerbehörde berichtigt oder ergänzt und die gefährdete Steuer, soweit sie bereits fällig gewesen ist, entrichtet.

§ 80. Die Einziehung der Besitzsteuer erfolgt unabhängig von der Bestrafung.

§ 81. Wer in den nach § 58 Abs. 2 einzureichenden Nachweisungen oder in dem nach § 62 einzureichenden Verzeichnis wissentlich unrichtige oder unvollständige Angaben macht, die geeignet sind, das Steueraufkommen zu gefährden, wird mit einer Geldstrafe bis zu dreitausend Mark bestraft.

Straffrei bleibt, wer seine unrichtigen oder unvollständigen Angaben, bevor eine Anzeige erstattet oder eine Untersuchung gegen ihn eingeleitet ist, bei der Steuerbehörde berichtigt oder ergänzt.

§ 82.*) 1. Beamte, Angestellte oder ehrenamtliche Mitglieder von Behörden sowie Sachverständige werden, wenn sie die zu ihrer dienstlichen oder amtlichen Kenntnis gelangten Vermögens-, Erwerbs- oder Einkommensverhältnisse eines Steuerpflichtigen, insbesondere auch den Inhalt einer Besitzsteuererklärung oder der über sie gepflogenen Verhandlung unbefugt offenbaren, mit Geldstrafe bis zu fünfzehnhundert Mark oder mit Gefängnis bis zu drei Monaten bestraft.

2. Die Strafverfolgung tritt nur ein auf Antrag der obersten Landesfinanzbehörde oder des Steuerpflichtigen, dessen Interesse an der Geheimhaltung verletzt ist.

§ 83. Eine Ordnungsstrafe bis zu einhundertfünfzig Mark tritt ein bei Zuwiderhandlungen gegen die Vorschriften dieses Gesetzes oder die zu seiner Ausführung erlassenen Bestimmungen, die im Gesetze mit keiner besonderen Strafe bedroht sind.

Wenn eine Berichtigung oder Ergänzung erfolgt, die sich auf das Einkommen bezieht, so finden auf das Verfahren die Vorschriften der Landeseinkommensteuergesetze Anwendung (in Preußen also § 85 EinkStG.), im übrigen begründet § 33 nur die im § 85 preuß. EinkStG. fehlende Meldepflicht. Daß die seiner Zeit abgegebene Erklärung wissentlich falsch war, ist nicht erforderlich; es genügt, zur Begründung der Meldepflicht aus § 33, daß dem Pflichtigen nachträglich die Unrichtigkeit oder Unvollständigkeit seiner früheren Angaben zum Bewußtsein gekommen ist.

§ 34. Weist der Abgabepflichtige nach, daß die von ihm zu entrichtende Staats-, Gemeinde- und Kircheneinkommen- und Gewerbesteuer, soweit sie auf den nach diesem Gesetz abgabepflichtigen Betrag entfällt, zusammen mit der Kriegsabgabe mehr als 90 vom Hundert dieses Betrags beträgt, so kann mit Zustimmung der obersten

*) Hier sind Änderungen durch die Abgabenordnung zu erwarten.

Landesfinanzbehörde[2]) die Kriegsabgabe insoweit erstattet werden, daß sie zusammen mit der auf den abgabepflichtigen Betrag entfallenden Staats-, Gemeinde- und Kircheneinkommen- und Gewerbesteuer 90 vom Hundert des abgabepflichtigen Betrags nicht übersteigt[1]).

1. Weist der Abgabepflichtige Gesamtbelastung durch direkte Steuern von 90% nach, ... Erstattung der Kriegsabgabe bis 90% Belastung.

Der § 34 gilt sowohl für Gesellschaften wie für Einzelpersonen.

Die Kriegsabgabe wird insoweit erstattet, daß die Gesamtbelastung des Steuerpflichtigen nicht mehr als 90% des nach dem KrAbgG. von 1919 abgabepflichtigen Betrages ausmacht. Unter dem abgabepflichtigen Betrage ist das Mehreinkommen (bei Gesellschaften der Mehrgewinn) zu verstehen. Es ist also zu ermitteln, wieviel Staats-, Gemeinde- usw. Steuern aus dem Einkommen auf das Mehreinkommen entfallen. Das läßt sich nur durch eine Verhältnisrechnung ermitteln. Angenommen das Einkommen beträgt 1 Million, das Mehreinkommen 500000 ℳ, so ist folgende Gleichung aufzumachen:

1 Million : Gesamtsteuern für Staat, Gemeinde und Kirche = 500000 : x. Das x ist der auf das Mehreinkommen entfallende Betrag. x und Kriegsabgabe zusammen dürfen nicht mehr als 90% von 500000 ℳ ausmachen. Soweit sie mehr ausmachen, wird der überschießende Betrag erstattet.

Es findet nur eine Erstattung statt, und zwar eine Erstattung der Kriegsabgabe (nicht der Landessteuern) durch das Reich, das dabei den Ausfall trägt, dagegen bleibt der überschießende Betrag nicht etwa „unerhoben". Es muß also zunächst gezahlt werden, allerdings kann, falls Überbürdung über 90% glaubhaft gemacht wird, sofort gemäß § 35 gestundet werden.

Ursprünglich war die Vergünstigung des § 34 (als Absatzes von § 23 des Entwurfs) nur für die Gesellschaften vorgesehen, durch die Änderung, welche das Gesetz in den Beratungen erfahren hat, kommt die Vergünstigung nunmehr auch den Einzelperson n zugute.

Bei den Gesellschaften ist zu berücksichtigen, daß sich der „Geschäftsgewinn" (also auch der Mehrgewinn) begrifflich nicht genau mit dem „Einkommen" („Überschuß") im Sinne der Landeseinkommensteuergesetze deckt.

2. Mit Zustimmung der Landesfinanzbehörde.

Auf Antrag, nicht von Amts wegen. Der Antrag ist bei der zuständigen Veranlagungskommission (Finanzamt) einzureiche nund von dieser an den Landesfinanzminister abzugeben.

§ 35.[1]) Auf Antrag[3]) kann zur Vermeidung besonderer Härten eine von den Vorschriften dieses Gesetzes abweichende Berechnung des Mehreinkommens und Mehrgewinns unter billiger Berücksichtigung der tatsächlichen wirtschaftlichen Verhältnisse eines Abgabepflichtigen genehmigt werden. Es kann insbesondere[2]) zugelassen werden, daß der Ermittlung des Friedenseinkommens oder Friedensgewinns das Ergebnis anderer Jahre zugrunde gelegt wird. Ferner kann das Mehreinkommen, soweit es nicht auf einer wirklichen Einkommensvermehrung, sondern lediglich auf einer veränderten Schätzung des Ertrags einzelner Einkommensquellen bei der Veranlagung des Friedens- und Kriegseinkommens beruht, oder das Mehreinkommen, auf das der Abgabepflichtige auch seiner Höhe nach bereits vor dem Kriege einen Rechtsanspruch erworben hatte, von der Abgabe freigestellt werden. Auch können Unbilligkeiten beseitigt werden, die sich aus Besonderheiten der einzelstaatlichen Einkommensteuergesetze oder daraus ergeben daß die landesrechtliche Einkommensteuerveranlagung eine Wertminderung der Einkommensquelle nicht ausreichend berücksichtigt.

Über die Anträge entscheidet die oberste Landesfinanzbehörde im Einvernehmen mit dem Reichsminister der Finanzen. Bei Meinungsverschiedenheiten entscheidet der Reichsrat.

1. Allgemeines

Der § 35 entspricht dem § 40 des Ges. von 1918. Was zunächst den rechtlichen Charakter des § 40 des Ges. von 1918 (§ 35 des Ges. von 1919) anlangt, so ist dieser bereits bei den Beratungen des Gesetzes von 1918 klargestellt worden. Damals bereits legte ein Mitglied des Ausschusses Wert auf die Feststellung, daß § 40 nicht nur ein Gnaden- oder Erlaßrecht des Bundesrates festsetze, wie es ihm als Träger der Staatshoheit an sich zustehe, sondern, daß er materielles Recht schaffe, also derjenigen Behörde, die die Bestimmung auszuführen hat, die Verpflichtung auferlegt, die Ermäßigung der Steuer eintreten zu lassen, wenn nach ihrem pflichtmäßigen Ermessen die Voraussetzungen des § 40 vorliegen. Es wäre also eine actio ex aequo et bono, ein Billigkeitsanspruch, aber immerhin ein gesetzlicher Anspruch des Steuerpflichtigen geschaffen. Er bat, daß dies durch Erklärungen festgestellt werde. Regierungsseitig wurde erklärt: Man trete dem Vorredner in der Begriffsbestimmung bei, daß es sich nicht um einen Gnadenakt, sondern um einen Rechtsanspruch aus Billigkeitsgründen handle. Von einer Seite wurde ferner angeregt, nur den ersten Satz des § 40 in das Gesetz zu nehmen, die Beispiele aber wegzulassen. Diesem Vorschlag wurde widersprochen und Wert darauf gelegt, daß eine Anzahl der markantesten Fälle aufgezählt werde, ein Schaden könne durch die Aufzählung nicht entstehen. Man müsse betonen, daß es sich hier um einen Rechtsanspruch handle.

2. Insbesondere.

Die Beispiele sind nicht erschöpft.

Es gibt z. B. einmalige Einnahmen, die mit dem Kriege nicht das geringste zu tun haben, Frucht jahrelanger früherer Arbeit und Kapitalsaufwendungen sind, rein zeitlich in die Kriegszeit fallen und dem Steuerpflichtigen ohne den Krieg in ganz gleichem, möglicherweise oder wahrscheinlich aber höherem

Umfange zugeflossen wären. Hierher gehören die vom Verfasser im Juniheft 1915 der Zeitschrift Recht und Wirtschaft aufgeführten Einnahmen (z. B. ein Gelehrter hat jahrelang vor dem Kriege an einem Buche gearbeitet, das im Kriege erschienen ist); auch der von Strutz, Besteuerung der Kriegsgewinne in den Finanzwirtschaftlichen Zeitfragen (Verlag Encke, Stuttgart) Seite 34 angeführte Fall eines Professors gehört hierher. In Betracht kommen ferner gewisse Abfindungen (z. B. der geschiedenen Ehefrau, eines austretenden Gesellschafters oder Direktors einer Gesellschaft, der nach jahrelangen Diensten ausscheidet und für die vorzeitige Lösung seines Vertragsverhältnisses eine Abfindung erhält), Vergütung für langjährige Vermögensverwaltung, Testamentsvollstreckung u. dgl. Wo derartige einmalige Einnahmen (wie in den meisten Bundesstaaten und neuerdings nach der Novelle zum Einkommensteuergesetz auch in Preußen) als Einkommen zu versteuern sind, wird die Anwendung des Härteparagraphen gegeben sein. Auch wo wirtschaftliche Doppelbesteuerungen durch das Doppelsteuergesetz nicht beseitigt sind, würde er in Anwendung kommen. Das ist z. B. der Fall, wenn infolge der Verschiedenartigkeit der Landeseinkommensteuergesetze (wie z. B. in Hamburg und Bremen) einesteils das dort verzehrte Einkommen (Aufwand) zu versteuern ist, während gleichzeitig in einem anderen Bundesstaat (Preußen) das gleiche dort erworbene Einkommen zur Versteuerung gelangen muß. Auf solche aus der Verschiedenartigkeit der bundesstaatlichen Einkommensteuergesetze sich ergebende Härten weist § 40 noch besonders hin. Der Härteparagraph wäre z. B. auch anwendbar, wenn sich aus der Verschiedenartigkeit der Behandlung von Erbschaften in den einzelnen Bundesstaaten Doppelbesteuerungen ergeben (z. B. Besteuerung der hereditas jacens bis zum Schluß des Steuerjahres in einer gleichzeitig zugangsweisen Veranlagung der Erben vom Tode des Erblassers ab im anderen Bundesstaate). Auf eine unterschiedliche Wirkung bei Gesellschaften betr. der Frage der Abzugsfähigkeit der Landessteuern bei der Kriegsabgabe macht z. B. Pfeiffer in Deutsche Steuerzeitung Jahrg. VII S. 192 aufmerksam. Ebenso bietet ein wichtiges Beispiel die Verschiedenartigkeit der Landessteuergesetze betr. der Einkommensbesteuerung der Gesellschafter einer Gesellschaft m. b. H., wo in den einzelnen Bundesstaaten sehr verschiedene Bestimmungen gelten, und wo z. B. Preußen betreffs der „Außerhebungsetzung" des § 71 EinkStG. nur mit einzelnen Bundesstaaten (z. B. Sachsen, Hessen und Lippe) Vereinbarungen zur Vermeidung der Doppelbesteuerung der Gesellschafter der Gesellschaften m. b. H. getroffen hat (vgl. hierzu allerdings auch § 14 des Gesetzes, der für die Gesellschafter der Gesellschaften m. b. H. die Härten bereits nach Möglichkeit gemildert hat).

Der § 40 KrAbgG. von 1918 ist hinsichtlich seiner Hauptanwendungsfälle durch eine Bek. des Reichskanzlers vom 13. Sept. 1918 (ZBl. S. 1042) erläutert worden. Dieselbe bestimmt folgendes:

Der Bundesrat hat in seiner Sitzung vom 22. August 1918 beschlossen, die obersten Landesfinanzbehörden auf Grund von § 40 des Gesetzes über eine außerordentliche Kriegsabgabe für das Rechnungsjahr 1918 vom 26. Juli 1918 (RGBl. S. 964) zu ermächtigen, nach stattgefundener Kriegsabgabeveranlagung auf Antrag des Abgabepflichtigen zur Vermeidung besonderer Härten eine von den Vorschriften des Gesetzes abweichende Berechnung des Mehreinkommens in den nachstehenden Fällen und im nachstehenden Umfang zu genehmigen:

a) Ist bei der nach § 8 des Gesetzes für das Kriegseinkommen maßgebenden landesrechtlichen Einkommensteuerveranlagung nicht das Einkommen zugrunde gelegt worden, das der Abgabepflichtige im Jahre 1917 tatsächlich bezogen hat, sondern ist bei der Berechnung des als Kriegseinkommen nach § 8 des Gesetzes maßgebenden Jahreseinkommens ganz oder zum Teil auf Geschäftsgewinne oder sonstige Einkünfte des Abgabepflichtigen in früheren Jahren zurückgegriffen worden, und weist der Abgabepflichtige nach, daß sein tatsächliches Einkommen im Jahre 1917 um mehr als ein Fünftel hinter dem nach § 8 des Gesetzes als Kriegseinkommen maßgebenden Jahreseinkommen zurückgeblieben ist, so kann der Berechnung des Mehreinkommens das vom Abgabepflichtigen nachgewiesene, im Jahre 1917 tatsächlich bezogene Einkommen statt des nach § 8 des Gesetzes steuerpflichtigen Einkommens zugrunde gelegt werden, jedoch nur unter der Voraussetzung, daß dem hiernach freizustellenden Teile des Mehreinkommens ein Vermögenszuwachs gegenübersteht, der bei der auf Grund des KrStG. vom 21. Juni 1916 vom Abgabepflichtigen entrichteten Kriegsabgabe bereits der Kriegssteuer unterlegen hat.

b) Ist bei der Berechnung des als Kriegseinkommen nach § 8 des Gesetzes maßgebenden steuerpflichtigen Jahreseinkommens nach dem Landeseinkommensteuerrechte der Verlust eines Geschäftsverlustjahres nicht in Abzug gebracht, sondern nur durch Einstellen mit Null berücksichtigt worden, so kann das Kriegseinkommen bei der Berechnung des Mehreinkommens um den Betrag ermäßigt werden, um den sich das Jahreseinkommen vermindert haben würde, wenn der Verlust des Geschäftsverlustjahres bei der Berechnung des steuerpflichtigen Jahreseinkommens in Abzug gebracht worden wäre.

c) Sind bei der nach § 8 des Gesetzes für das Kriegseinkommen maßgebenden landesrechtlichen Einkommensteuerveranlagung von Reichs-, Staats- und Kommunalbeamten, Geistlichen und Lehrern aus Anlaß der Kriegssteurung bewilligte Beihilfen und Zulagen dem steuerpflichtigen Jahreseinkommen zugerechnet worden, so kann der Berechnung des Mehreinkommens statt des nach § 8 des Gesetzes steuerpflichtigen Jahreseinkommens das um den Betrag der zugerechneten Beihilfen und Zulagen verminderte Jahreseinkommen zugrundegelegt werden.

Es ist aber ganz zweifellos, daß die genannte Bekanntmachung nur die Hauptanwendungsfälle des § 40 aufgezählt hat, und daß die Anwendung des § 40 sich noch weit darüber hinaus auch auf andere Fälle ausdehnen läßt. Dasselbe gilt selbstverständlich für § 35 des KrAbgG. von 1919.

Rosendorff, Steuerpflicht der Reserven, Berlin 1919, führt zutreffend zu § 40 KrAbgGes. von 1918 folgendes aus (S. 21 ff.): „Der Bundesrat ist verpflichtet, die Ermäßigung eintreten zu lassen, wenn nach seinem pflichtmäßigen Ermessen die Voraussetzungen des § 40 gegeben sind; der Steuerpflichtige hat darauf einen gesetzlichen Anspruch.

1. Jedoch geht dieser Anspruch nicht auf Erlaß der ganzen Steuer oder eines Teils davon; vielmehr bezweckt der Anspruch lediglich, daß bei der Berechnung des Mehreinkommens oder des Mehrgewinns von den Vorschriften des Gesetzes abgewichen werde. Auch kann der Bundesrat nicht die Steuersätze ändern.

2. Voraussetzung ist, daß eine „besondere Härte" vorliegt, daß also die konsequente Anwendung des Gesetzes zu einem Ergebnisse führen würde,

welches den Steuerpflichtigen in einer sachlich ungerechtfertigten oder wegen seiner persönlichen Verhältnisse nicht zu billigenden erheblichen Weise belasten würde. Ob eine solche Härte vorliegt, entscheidet der Bundesrat nach pflichtmäßigem Ermessen.

a) Für die Einzelpersonen handelt es sich um Änderung der Vorschriften über die Berechnung des Mehreinkommens (oben unter I). Das Gesetz selbst führt folgende Fälle an:

Für das Friedenseinkommen: Hier kann die Zugrundelegung der letzten Friedensveranlagung gerade Jahre erfassen, die für den Steuerpflichtigen besonders ungünstige Ergebnisse hatten, so daß das Mehreinkommen höher erscheint; dann können andere Jahre zugrunde gelegt werden. Dieser Fall ist übrigens in der oben angegebenen Bek. vom 13. Sept. 1918 (ZBl. S. 1042) eigentümlicherweise nicht erwähnt. Im allgemeinen erledigen sich aber Härten in diesem Falle schon durch die Vorschrift des Gesetzes, wonach auf Antrag des Steuerpflichtigen als Friedenseinkommen der Durchschnitt mehrerer Veranlagungen zugrunde gelegt werden kann.

Für das Kriegseinkommen: Hier kann schon durch veränderte Schätzung einzelner Quellen eine Differenz herbeigeführt werden; dies kann ausgeglichen werden. Es kann ferner auf das Kriegseinkommen ganz oder teilweise schon im Frieden ein bestimmter, auch der Höhe nach feststehender Rechtsanspruch bestanden haben (z. B. für Ausführung eines Werkes durch einen Unternehmer; das Werk ist erst im Kriege vollendet und bezahlt worden). Endlich kann eine Wertminderung von Einkommensquellen eingetreten sein, die durch das Einkommensteuergesetz nicht berücksichtigt wird.

Für beide Einkommenveranlagungen können sich aus Besonderheiten der einzelstaatlichen Gesetzgebung sowohl an sich wie auch bei der für die Kriegsabgabe nötigen Vergleichung Unbilligkeiten ergeben; dies kann vor allem für Kriegsteuerungszulagen oder Mietsabzüge zutreffen.

b) Für die Gesellschaften kommt eine abweichende Berechnung des Mehrgewinns in Frage. Insbesondere können dem Friedensgewinn andere Jahre zugrunde gelegt werden, z. B. wenn die letzten Jahre vor dem Kriege aus besonderen Umständen ungewöhnlich ungünstig waren, wegen schlechter Absatzverhältnisse, Einwirkungen durch Kartellierung, ausländische Konkurrenz, buchmäßige Verschlechterung der Bilanz durch Aufnahme einer anderen Gesellschaft, Wechsel in der Leitung usw. Ebenso wird man hier bei der Berechnung des Kriegsjahresgewinns dieselben Gründe zu berücksichtigen haben, die bei der Einzelperson für die anderweite Berechnung des Kriegseinkommens gelten; höhere Schätzung im Kriege, Rechtsanspruch aus dem Frieden, Nichtberücksichtigung von Wertminderungen.

Nach Rechtskraft der Veranlagung ist ein Antrag aus § 40 nicht mehr von Erfolg; er muß möglichst vor der Veranlagung, spätestens aber im Berufungsverfahren erfolgen. Es ist aber zu bemerken, daß dem Bundesrat (Staatenausschuß) nach allgemeiner Auffassung das Recht zusteht, überhaupt und schlechthin auf einzelne veranlagte Steuerbeträge aus Billigkeitsgründen zu verzichten (vgl. Amtliche Begründung zu § 36 KrStG. von 1916; § 41 des Entwurfs zu diesem Gesetz; Art. 7 Reichsverfassung; Strutz, Kommentar S. 448 ff.; Rosendorff a. a. O. S. 19). Kraft dieses allgemeinen Rechtes des Bundesrates, nicht aus „Billigkeitsgründen" sondern als „Gnadenerlaß" auf die Hebung des veranlagten Steuerbetrages ganz oder teilweise zu verzichten, würde also auch nach Rechtskraft der Veranlagung noch ein Erlaß möglich sein (Rosendorff a. a. O. S. 22).

3. Auf Antrag.

Nach dem bestimmten Wortlaut des § 40 KrAbgGes. von 1918 und § 35 KrAbgGes. von 1919 können die Ermäßigungen nur auf Antrag des Steuerpflichtigen gewährt werden, nicht aber von Amts wegen. Allerdings kann das Besitzsteueramt dem Steuerpflichtigen nahe legen, einen solchen Antrag zu stellen. Ebenso Rosendorff a. a. O. S. 22. Was das Verfahren anlangt, so ist der Antrag beim Besitzsteueramt anzubringen (§ 31 AusfBest.) nicht bei den Oberbehörden oder beim Bundesrat (Staatenausschuß). Der Antrag wird vom Besitzsteueramte mit einer Darstellung des Sachverhältnisses und mit einer gutachtlichen Äußerung der Oberbehörde an den Finanzminister weitergegeben, der ihn dem Bundesrat vorlegt; dieser kann die Entscheidung nicht an eine andere Stelle delegieren, sondern muß selbst entscheiden. Ein Rechtsmittel gegen die Entscheidung gibt es nicht; jedoch besteht auch kein Hindernis, einen neuen, weiter begründeten Antrag dem Bundesrate wiederum vorzulegen, vorausgesetzt, daß nicht inzwischen die Rechtskraft der Veranlagung eingetreten ist (vgl. aber auch oben Anmerkung am Ende).

Schlußvorschriften.

§ 36. Die Länder erhalten für die Veranlagung und Erhebung der Abgabe eine Entschädigung von 1 vom Hundert ihrer Roheinnahme.

§ 37.[1] Im Falle einer zu niedrigen Veranlagung zur Kriegsabgabe auf Grund dieses Gesetzes kann mit Genehmigung der obersten Landesfinanzbehörde innerhalb zweier Jahre[2] vom Tage der Rechtskraft der Veranlagung ab eine Neuveranlagung auch dann erfolgen, wenn die Voraussetzungen des § 73 Satz 2 des Besitzsteuergesetzes vom 3. Juli 1913 nicht vorliegen.

1. Allgemeines.

Der § 73 BStG. Satz 2 bestimmt:

Eine Neuveranlagung hat zu erfolgen, wenn nachträglich neue Tatsachen und Beweismittel bekannt werden, die eine höhere Veranlagung des Steuerpflichtigen rechtfertigen.

Voraussetzung der Anwendbarkeit des § 73 Satz 2 BStG. ist, daß eine Veranlagung tatsächlich stattgefunden hat, daß die stattgefundene Veranlagung aber zu niedrig war.

Unter „Veranlagung" ist das Verfahren der Steuerbehörde zu verstehen, das sich mit Ermittlung von Vermögen oder Einkommen zum Zweck der Festsetzung eines künftig zu entrichtenden Steuerbetrages befaßt und mit der Festsetzung des Steuersatzes und dessen Bekanntgabe an den Pflichtigen endet (vgl. §§ 41, 42 preuß. EinkStG.). Daher ist das Verfahren zur Ermittlung einer Pflicht zur Nachsteuerentrichtung keine Veranlagung (Urt. des RG. vom 15. Febr.

1916, II 791/15, Deutschlands oberstrichterliche Rechtsprechung — Beil. zur Zeitschr. „Das Recht" 1916 Nr. 802).

Die Begrenzung der Zulässigkeit dieser Nachveranlagungen auf die Voraussetzungen des Vorhandenseins neuer Tatsachen und Beweismittel hatte während des Krieges zu schweren Mißständen und Nachteilen für den Fiskus geführt. Daher hat man sich bei den Beratungen zur Kriegsabgabe von 1918 nochmals mit § 73 Abs. 2 BStG. befaßt. Wie die amtliche Begründung zu § 42 KrAbgG. von 1918 ausführt, ist und war die Veranlagung der Kriegssteuer durch die Kriegsverhältnisse außerordentlich erschwert. Bei der Kriegsabgabe ist aber eine sorgfältige, alle Vermögensvermehrungen und Mehrgewinne erfassende Veranlagung in viel höherem Maße als bei gewöhnlichen Steuern ein Gebot der steuerlichen Gerechtigkeit und unbedingtes Erfordernis des fiskalischen Interesses. Es wäre für das geschärfte soziale Gewissen dieser schweren Zeit ein geradezu unerträglicher Gedanke, wenn in erheblichem Umfang dem Reiche Abgabebeträge, auf die es Anspruch hat, entgehen würden. Deshalb sollte schon nach § 42 des Gesetzes von 1918 die Neuveranlagung von Kriegssteuer von den oben näher bezeichneten einschränkenden Bedingungen befreit werden, die § 73 Satz 2 BStG. im Interesse der Steuerpflichtigen vorgesehen hat. Der § 42 KrAbgG. von 1918 führte in den Reichstagsausschußverhandlungen zu heftigen Erörterungen. Man war der Ansicht, er würde allen Grundsätzen über die Rechtskraft einer Entscheidung zuwiderlaufen und eine unerträgliche Unsicherheit und Unruhe bei den Steuerpflichtigen hervorrufen. Von den Vertretern der verbündeten Regierungen wurde dagegen darauf hingewiesen, daß die Rechtskraft der Entscheidung, abgesehen vom Wehrbeitrag, Besitz- und Kriegssteuer, der Nachforderung zu wenig bezahlter Steuer bei allen anderen Reichssteuern nicht entgegenstehe. Aber auch für die direkten Reichssteuern werde das Prinzip nicht gänzlich preisgegeben, da ja der § 73 Satz 2 BStG. an sich aufrechterhalten bleibe. Lediglich für die Kriegssteuer mit Rücksicht auf ihre Eigenart, die in der Veranlassung und der Höhe der Abgabe begründet sei, und in Anbetracht der schwierigen Verhältnisse, unter denen die Veranlagung vorgenommen werden mußte, soll die Beschränkung des § 78 Satz 2 BStG. fallen. Das liege aber im dringendsten Interesse des Reichsfiskus wie im Interesse der steuerlichen Gerechtigkeit. Schließlich wurde ein Vermittlungsantrag gestellt, im Satz 1 hinter „kann" einzuschalten: „mit Genehmigung der obersten Landesfinanzbehörde innerhalb zweier Jahre". Mit dieser Änderung wurde der § 42 angenommen. Mit dieser Beschränkung ist der § 42 des Gesetzes dann unverändert als § 37 in das neue KrAbgG. von 1919 übergegangen.

2. Mit Genehmigung der obersten Landesfinanzbehörde ... innerhalb zweier Jahre.

Die Neuveranlagung gemäß § 37 und Satz 2 des § 73 BStG. ist nur mit Genehmigung der obersten Landesfinanzbehörde (Finanzministerium) und auch nur innerhalb zweier Jahre (von dem Augenblick der Rechtskraft der ursprünglichen Veranlagung ab gerechnet) zulässig. Wegen der Gründe dieser Einschränkung sei auf die Ausführungen am Schlusse der vorigen Anmerkung verwiesen.

Die Nachveranlagung ist in einem gewöhnlichen Veranlagungsverfahren genau wie jede andere Veranlagung herbeizuführen und ein Nachveranlagungsbescheid zuzustellen; gegen diesen sind wieder die ordentlichen Rechtsmittel (§ 66) gegeben. Ebenso Hallbauer (Steuerarchiv 1918, 66ff.). Die Steuerbehörde hat das Nachveranlagungsverfahren einzuleiten, und zwar von Amts wegen einzuleiten (vgl. den Wortlaut des Gesetzes „hat eine Nachveranlagung stattzufinden") und hat, nach genügender Erörterung der Sache und wenn sich die Notwendigkeit einer Nachveranlagung ergibt, einen Nachveranlagungsbescheid zu erlassen (§ 69 Abs. 1 AusfBest.). Gegen den Neuveranlagungsbescheid stehen dem Steuerpflichtigen die gewöhnlichen ordentlichen Rechtsmittel zu (s. § 69 Abs. 1 AusfBest. und die Note 3 zu A 3); mit seinem Rechtsmittel kann er aber immer nur erreichen, daß die durch den Neuveranlagungsbescheid geschaffene Mehrbelastung ganz oder teilweise wieder beseitigt wird; keinesfalls kann er eine günstigere Gestaltung des Vorbescheides, z. B. eine Herabsetzung der im Vorbescheide (ursprünglichen) ausgeworfenen Steuersumme erreichen.

Die Nachveranlagung gemäß § 73 BStG. ist erst zulässig, nachdem die Veranlagung rechtskräftig geworden ist. Solange sie noch nicht rechtskräftig ist, hat der Vorsitzende der Kommission die Möglichkeit und Pflicht, Berufung einzulegen und die Veranlagung im Berufungsverfahren zu berichtigen.

§ 38. Die Vorschrift im § 35 Abs. 2 findet auf Anträge nach § 40 des Gesetzes über eine außerordentliche Kriegsabgabe für das Rechnungsjahr 1918 vom 26. Juli 1918 Anwendung.

Der § 35 Abs. 2, welcher durch § 38 angezogen wird, bestimmt, daß über Anträge aus dem Härteparagraphen § 85 die oberste Landesfinanzbehörde im Einvernehmen mit dem Reichsministerium der Finanzen entscheidet, während bei Meinungsverschiedenheiten der Reichsrat entscheiden solle. Nach § 40 edes Gesetzes von 1918 hatte dagegen auf Anträge aus dem Härteparagraphen der Bundesrat zu entscheiden; diese Bestimmung ist also durch § 38 des vorliegenden Gesetzes beseitigt. Die amtliche Begründung besagt hierüber folgendes:

Um eine Entlastung des Staatenausschusses herbeizuführen, wird es für angezeigt erachtet, die Entscheidung über Anträge auf Erlaß der Kriegsabgabe der obersten Landesfinanzbehörde zu übertragen. Die Gleichmäßigkeit in der Entscheidung solcher Anträge soll dabei dadurch gewahrt werden, daß die oberste Landesfinanzbehörde nur im Einvernehmen mit dem Reichsminister der Finanzen Entscheidung treffen soll und daß bei Meinungsverschiedenheiten die Entscheidung des Staatenausschusses einzuholen ist. Das gleiche Verfahren soll auch auf Anträge Anwendung finden, die auf Grund des § 40 KrAbgG. für 1918 gestellt werden.

§ 39. Die Ausführungsbestimmungen zu diesem Gesetz erläßt der Reichsminister der Finanzen mit Zustimmung des Reichsrats.

Berlin, den 10. September 1919.

Der Reichspräsident.
Ebert.
Der Reichsminister der Finanzen.
Erzberger.

Begründung zum Entwurf eines Gesetzes über eine Kriegsabgabe vom Vermögenszuwachse.

Das Verlangen nach einer ausgiebigen Besteuerung der Kriegsgewinne, wie es bald nach Ausbruch des Weltkriegs überall in der Öffentlichkeit hervorgetreten ist, entsprang dem berechtigten Volksempfinden, daß aus diesem verheerenden Kriege, in dem die ganzen Grundlagen der Volks- und Weltwirtschaft in nie gekanntem Umfang erschüttert wurden, in dem Millionen von Volksgenossen in schwerem Kampfe gegen übermächtige Feinde, ja fast gegen die ganze Welt, Leben, Gesundheit und Daseinsmöglichkeit einsetzen mußten, in dem eine völlige Umwälzung der Vermögensverteilung eintrat und der größte Teil des Volkes unter Not, Mangel und Einschränkungen auf das schwerste litt, daß aus einem solchen Kriege niemand persönliche Vorteile auf Kosten seiner Volksgenossen für sich ziehen dürfe, daß vielmehr jeder derartige Erwerb in weitestem Umfang dem Reiche und damit der Allgemeinheit wieder zugeführt werden müsse. Den Weg, dieses Ziel zu erreichen, erblickte man in einer möglichst scharfen Besteuerung der Kriegsgewinne.

Diese Erwägungen führten denn auch zu dem KrStG. vom 21. Juni 1916 (RGBl. S. 561), bei dessen Ausarbeitung und Beratung sich jedoch die Unmöglichkeit ergab, eine brauchbare Abgrenzung des Begriffs der Kriegsgewinne im engeren Sinne und der Vermögenszunahmen, welche nicht unmittelbar eine Folge des Krieges waren und ihren Grund nicht in glücklichen Kriegsgeschäften hatten, zu finden, wenn einerseits jede Unbilligkeit vermieden, andererseits aber auch die völlige Erfassung der eigentlichen Kriegsgewinne wirklich möglicht werden sollte. Aus Gründen der steuerlichen Gerechtigkeit wurde es daher für geboten erachtet, die Besteuerung überhaupt nicht auf bestimmte Erwerbsvorgänge, bei denen der Zusammenhang mit dem Kriege anzunehmen war, zu beschränken, sondern grundsätzlich jeden, dessen Vermögen sich während des Krieges erhöht hatte, mit diesem Vermögenszuwachse der Besteuerung ohne Rücksicht darauf zu unterwerfen, auf welche Ursachen dieser Zuwachs zurückzuführen ist.

Als Stichtag für die Feststellung des Vermögenszuwachses wählte das KrStG. den 31. Dezember 1916; hieraus ergibt sich ohne weiteres, daß mit diesem Gesetz eine abschließende Besteuerung der Kriegsgewinne nur für den Fall einer baldigen Beendigung des Krieges beabsichtigt sein konnte. Wütete der Krieg aber auch nach diesem Zeitpunkt weiter, und sollten nicht nur die bis dahin eingetretenen Vermögenserhöhungen durch die Kriegssteuer erfaßt, sondern auch den nachher eingetretenen Vermögensverschiebungen Rechnung getragen werden, so mußte demnächst ein weiteres KrStG. kommen. Hierüber waren sich denn auch die gesetzgebenden Körperschaften des Reichs bei Verabschiedung des KrStG. vom 21. Juni 1916 durchaus klar, wie sie sich auch darüber einig waren, daß auch eine kommende neue Kriegssteuer der Einzelpersonen wiederum auf der Grundlage der Besteuerung des Vermögenszuwachses aufgebaut werden soll.

Auf dieser Grundlage alsbald nach Durchführung des KrStG. die neue Kriegssteuer zu bringen, war jedoch nicht möglich. So lange der Krieg dauerte, konnte mit einer gewissen Ruhelage in den Vermögensverschiebungen nicht gerechnet werden. Zufälligkeiten in der Bewertung und in der Vermögenslage selbst konnten sich nicht ausgleichen, ja in vielen Fällen war eine zutreffende Bewertung oder Feststellung des Vermögens überhaupt nicht möglich. Sollte daher die neue Kriegssteuer der Einzelpersonen wiederum auf der Grundlage der Besteuerung des Vermögenszuwachses aufgebaut werden, so mußte es zur Vermeidung von Unbilligkeiten und Härten und zur Durchführung einer zutreffenden Besteuerung zweckmäßig erscheinen, mit einer neuen Kriegssteuer auf dieser Grundlage zu warten, und zwar am besten so lange, bis der Krieg beendet war und der Vermögenszuwachs auf einen nach dem Kriegsende liegenden Zeitpunkt festgestellt werden konnte. Nur dann war mit Sicherheit zu überblicken, welche Wirkung der Krieg auf die Vermögenslage des einzelnen ausgeübt hat.

Aus diesen Gründen wurde denn auch nach Erlaß des KrStG. vom 21. Juni 1916 zunächst davon abgesehen, eine neue Kriegsabgabe der Einzelpersonen auf der Grundlage des Vermögenszuwachses durchzuführen. Um jedoch zu verhindern, daß durch dieses Hinausschieben der neuen Kriegssteuer ein großer Teil der Kriegsgewinne der steuerlichen Erfassung entzogen wird, wurde durch das Ges. über eine außerordentliche Kriegsabgabe für das Rechnungsjahr 1918 vom 26. Juli 1918 (RGBl. S. 964) die Erhebung einer Kriegsabgabe vom Mehreinkommen der Einzelpersonen vorgeschrieben und gleichzeitig der Vermögensbesitz als solcher durch Erhebung einer Vermögensabgabe zu den Lasten des Krieges herangezogen.

Die Gründe, welche für ein Hinausschieben der Besteuerung der Einzelpersonen auf der Grundlage des Vermögenszuwachses sprechen, lagen naturgemäß nicht hinsichtlich der Kriegsgewinnbesteuerung der Gesellschaften vor, die auf Grund des in den einzelnen Kriegsgeschäftsjahren erzielten Mehrgewinns erfolgte und auch weiterhin erfolgen sollte. Demgemäß konnte das vorgenannte Gesetz die Besteuerung der Gesellschaften auch für das seither noch nicht erfaßte vierte Kriegsgeschäftsjahr auf der seitherigen Grundlage vorschreiben. Abschließend soll die Kriegsgewinnbesteuerung der Gesellschaften — wie hier bemerkt sei — durch das im Entwurf gleichzeitig vorgelegte Gesetz über eine außerordentliche Kriegsabgabe für das Rechnungsjahr 1919 erfolgen, auf welches hier verwiesen werden kann.

Der Krieg hat nunmehr tatsächlich sein Ende erreicht. Trotz aller Opfer an Gut und Blut, trotz aller Opferfreudigkeit und Entschlossenheit, trotz aller Leiden und Entbehrungen steht das deutsche Volk, niedergebrochen vor der Übermacht der Feinde, am Ende dieses Krieges vor der fast unlösbar erscheinenden Aufgabe, seine Volkswirtschaft neu aufzubauen, die Folgen des unglücklichen Krieges zu überwinden und die schweren Wunden, die dieser dem ganzen Volke wie Millionen von einzelnen Volksgenossen geschlagen hat, zu heilen. In dieser Zeit der schwersten Not und eines nationalen Unglücks, wie es ein Volk wohl niemals getroffen hat, muß aber die sittliche Forderung erhoben werden, daß nicht nur selbstverständlich jeder, der aus dem Kriege selbst persönliche Vorteile für sich vor seinen Volksgenossen ziehen konnte, sondern daß jeder, dessen Vermögen und Leistungsfähigkeit sich während und trotz des Krieges erhöht hat, dem Volke das wieder zurückgeben muß, was er während des Krieges erwerben konnte. Wenn Millionen von Volksgenossen Gut und Blut zum Wohle des Reichs und Volkes opferten, wenn dieses Volk heute in schwerster Not um seine Zukunft bangt und sorgt, da soll niemand von sich sagen müssen, er habe in dieser Zeit des schwersten nationalen Unglücks Reichtümer sammeln und Vermögen erwerben können.

Dieser sittlichen Forderung würde somit keineswegs Genüge geleistet, wenn nur die Kriegsgewinne im engeren Sinne restlos erfaßt würden; sie geht vielmehr weiter und enthält auch das Verlangen, daß überhaupt alle Vermögenserhöhungen, welche während und trotz des Krieges eingetreten sind, der Besteuerung unterworfen werden, ohne Rücksicht darauf, auf welche Ursachen sie zurückzuführen sind. Neben der auch heute noch bestehenden Unmöglichkeit, bestimmte objektive Anhaltspunkte für die Abgrenzung des Begriffs der eigentlichen Kriegsgewinne den Steuerbehörden gesetzlich an die Hand zu geben, muß somit unter den jetzigen Verhältnissen erst recht an dem Grundsatz des KrStG. vom 21. Juni 1916 festgehalten werden, daß unterschiedlos die während des Krieges eingetretenen Vermögenserhöhungen möglichst restlos erfaßt werden.

Dieser sittlichen Forderung will der vorliegende Entwurf entsprechen. Wenn er daher jeden während des Krieges eingetretenen Vermögenszuwachs der Besteuerung unterwirft und hierbei keinen Unterschied nach den Ursachen macht, auf die dieser Zuwachs zurückzuführen ist, so will er mit dieser unterschiedslosen Besteuerung des Vermögenszuwachses keineswegs jeden Vermögenszuwachs als Kriegsgewinn im engeren oder gar in üblem Sinne brandmarken. Eine derartige Absicht liegt ihm völlig fern; er erkennt vielmehr hierbei lediglich die Forderung als berechtigt an, daß jede während des Krieges eingetretene Vermögenszunahme nicht dem einzelnen, sondern dem ganzen Volke zugute kommen soll.

Es kann aber nicht verkannt werden, daß eine ausnahmslose Durchführung dieses Grundsatzes zweifellos erhebliche Härten und Unbilligkeiten zur Folge haben würde. Insbesondere müßte er auch zu einer restlosen Erfassung solcher Ersparnisse führen, die oft nur unter den schwersten Entbehrungen erzielt werden konnten und bestimmt sind, vor zukünftiger Not zu schützen. Gründe der Billigkeit sprechen daher dafür, eine verhältnismäßig geringere Besteuerung insoweit eintreten zu lassen, als nach der Höhe des Vermögenszuwachses angenommen werden kann, daß dieser im wesentlichen auf gewöhnliche, vom Kriege unabhängige Ersparnisse zurückzuführen ist, und nur den Zuwachs restlos zu erfassen, der diese Grenze überschreitet.

Aus diesen Gründen sieht der Entwurf vor, daß die Abgabe nur erhoben werden soll, wenn das Endvermögen (§ 5) unter Berücksichtigung der Hinzurechnungen mehr als 10000 ℳ beträgt. Des weiteren soll jeder Vermögenszuwachs nur insoweit der Abgabe unterliegen, als er den Betrag von 5000 ℳ übersteigt (§ 15), so daß in allen Fällen 5000 ℳ Vermögenszuwachs abgabefrei bleiben. Der Entwurf schlägt schließlich eine je nach der Höhe des Vermögenszuwachses gestaffelte Abgabe (§ 16) vor, durch welche der Vermögenszuwachs erst in einer bestimmten Höhe restlos erfaßt wird. Über die Ausgestaltung dieses gestaffelten Tarifs bestehen zwischen der Regierung und dem Staatenausschusse jedoch Meinungsverschiedenheiten. Während der Entwurf der Regierung diese Staffelung in der Weise vorsieht, daß bereits der Vermögenszuwachs restlos erfaßt wird, der den Betrag von 204500 ℳ (einschließlich der abgabefreien 5000 ℳ) übersteigt, schlägt der Staatenausschuß vor, die Staffelung der Abgabe in der Weise durchzuführen, daß die restlose Erfassung des Vermögenszuwachses erst bei einem solchen von 440500 ℳ (einschließlich der abgabefreien 5000 ℳ) eintritt. Die Wirkungen dieser beiden Tarife ergeben sich aus der Begründung zu § 16 (S. 24, 25).

Abgesehen von finanziellen Gründen ist die Regierung der Ansicht, daß der Forderung nach einer möglichst restlosen Erfassung der Kriegsgewinne unter Berücksichtigung aller Gründe der Billigkeit dann entsprochen wird, wenn einem Abgabepflichtigen für jedes der fünf Kriegsjahre im Höchstbetrage ein Vermögenszuwachs von rund 40000 ℳ gelassen wird, zumal der Entwurf in der Berücksichtigung der Landessteuern (§ 6 Abs. 1 Nr. 8 und 9, § 31 Abs. 2) und der im Laufe des Jahres 1919 eingetretenen Vermögensverluste (§ 31 Abs. 1) dem Abgabepflichtigen in weitgehendstem Maße entgegenkommt. Demgegenüber erachtet es der Staatenausschuß insbesondere auch mit Rücksicht auf die Entwertung des Geldes und im Interesse der Erhaltung einer leistungsfähigen Industrie sowie zur Vermeidung etwaiger Härten für dringend geboten, die volle Erfassung des Vermögenszuwachses nicht bei einem solchen von 204500 ℳ sondern erst bei einem Vermögenszuwachs von 440500 ℳ eintreten zu lassen und somit im Höchstbetrage einen jährlichen Vermögenszuwachs von rund 88000 ℳ von der Abgabe freizustellen.

Der Entwurf will nur die Besteuerung des während des Krieges bei Einzelpersonen eingetretenen Vermögenszuwachses abschließend regeln. Er sieht daher einerseits davon ab, auch den alten Besitz zu einer Kriegsabgabe heranzuziehen und will anderseits diese abschließende Regelung in der Weise durchführen, daß nunmehr der gesamte, seit Kriegsbeginn eingetretene Vermögenszuwachs der Abgabe unterworfen wird. Hiermit wird erreicht, daß der Vermögenszuwachs, welcher bereits der Kriegsabgabe nach dem KrStG. vom 21. Juni 1916 unterlegen hat, gleichwie der später eingetretene Vermögenszuwachs den im Entwurfe vorgesehenen hohen Abgabesätzen unterworfen wird, daß aber auch Vermögensverluste, welche den nach dem KrStG. besteuerten Vermögenszuwachs nachträglich vermindert haben, nunmehr berücksichtigt werden und daß somit im Endergebnisse regelmäßig nur der wirklich eingetretene Vermögenszuwachs erfaßt wird.

Dabei mußte der Entwurf naturgemäß berücksichtigen, daß der nach dem KrStG. bereits besteuerte Vermögenszuwachs nunmehr nochmals der Besteuerung unterworfen würde. Um diese Doppelbesteuerung zu vermeiden, sieht der Entwurf vor, daß der nach dem Kriegssteuergesetz entrichtete Abgabebetrag als Vorschußzahlung auf die nach dem Entwurfe zu entrichtende Abgabe behandelt wird. In der Annahme, daß — wäre die Abgabe nach dem KrStG. nicht gezahlt worden — der Vermögenszuwachs sich entsprechend höher berechnen würde, soll daher diese Abgabe dem Endvermögen und damit dem Vermögenszuwachse selbst zugerechnet (§ 8 Abs. 1 Nr. 6), anderseits aber von der nach dem Entwurfe geschuldeten Abgabe abgesetzt werden (§ 17), so daß in diesen Fällen nunmehr nur noch der verbleibende Restbetrag zu entrichten ist.

Die Wirkung dieser Bestimmungen ergibt sich aus folgenden Beispielen:

Beispiele zu § 8 Abs. 1 Nr. 6 und § 17 des Entwurfs.

I. Fall. Der Vermögenszuwachs ist ausschließlich in der Zeit vom 1. Januar 1914 bis 31. Dezember 1916 eingetreten.

Anfangsvermögen		20000 ℳ
Endvermögen am 31. Dezember 1916		80000 „
nach dem KrStG. vom 21. Juni 1916 abgabepflichtiger Vermögenszuwachs		60000 ℳ
Kriegssteuer	9500 ℳ	
Zuschlag	1900 „	11400 „
verbleibt Vermögenszuwachs:		48600 ℳ
Endvermögen am 31. Dezember 1918 ohne Zurechnung der gezahlten Kriegssteuer		68600 ℳ
dazu Kriegssteuer nebst Zuschlag		11400 „
Endvermögen am 31. Dezember 1916		80000 ℳ
Vermögenszuwachs		60000 ℳ
ab als abgabefrei (§ 15)		5000 „
nach dem Entwurf abgabepflichtiger Vermögenszuwachs		55500 ℳ
Abgabe nach dem Entwurfe[1]		12500 ℳ
ab gezahlte Kriegssteuer nebst Zuschlag		11400 „
verbleibt:		1100 ℳ

Insgesamt hat somit der Abgabepflichtige zu entrichten:

1. an Kriegssteuer nach dem KrStG.	9500 ℳ
2. Zuschlag zur Kriegssteuer	1900 „
3. Kriegsabgabe nach dem Entwurfe	1100 „
zusammen:	12500 ℳ

II. Fall. Der Vermögenszuwachs ist ausschließlich in der Zeit vom 1. Januar 1917 bis 31. Dezember 1918 eingetreten.

Anfangsvermögen	20000 ℳ
Endvermögen	80000 „
Zuwachs	60000 „
ab als abgabefrei (§ 15)	5000 „
nach dem Entwurf abgabepflichtiger Vermögenszuwachs	55000 ℳ
Kriegsabgabe nach dem Entwurfe[1]	12500 ℳ

Der Pflichtige hat also den gleichen Betrag zu zahlen, den der Pflichtige im ersten Falle insgesamt gezahlt hat.

III. Fall. Der Vermögenszuwachs ist teils in der Zeit vom 1. Januar 1914 bis 31. Dezember 1916, teils in der Zeit vom 1. Januar 1917 bis 31. Dezember 1918 eingetreten.

Anfangsvermögen	20000 ℳ
Vermögensstand am 31. Dezember 1916	50000 „
nach dem KrStG. abgabepflichtiger Vermögenszuwachs	30000 ℳ

[1]) Nach der Fassung der Reichsregierung.

Kriegssteuer	3000 ℳ		
Zuschlag	600 „	3600 ℳ	
verbleibt Vermögenszuwachs:		26400 ℳ	
Endvermögen am 31. Dezember 1918			76400 ℳ
dazu Kriegssteuer nebst Zuschlag			3600 „
			80000 ℳ
Vermögenszuwachs			60000 ℳ
ab als abgabefrei (§ 15)			5000 „
verbleibt abgabepflichtiger Vermögenszuwachs . . .			55000 ℳ
Abgabe nach dem Entwurfe			12500 ℳ
ab gezahlte Kriegssteuer nebst Zuschlag			3600 „
nachzuzahlen			8900 ℳ

Insgesamt hat der Abgabepflichtige zu entrichten:

1. Kriegssteuer	3000 ℳ
2. Zuschlag	600 „
3. Abgabe nach dem Entwurfe[1])	8900 „
zusammen:	12500 ℳ

Der Pflichtige hat also insgesamt den gleichen Betrag wie in den Fällen I und II zu zahlen.

Nichtentrichtete Beträge, die noch nach dem Kriegssteuergesetze geschuldet werden, sollen insoweit unerhoben bleiben (§ 18) als sie nicht den Betrag übersteigen, den der Abgabepflichtige nunmehr als Kriegsabgabe zu entrichten hat. Dagegen sollen Abgabebeträge, die auf Grund des § 6 des Ges. über die Erhebung eines Zuschlags zur Kriegssteuer vom 9. April 1917 (RGBl. S. 349) gestundet worden sind, unerhoben bleiben, womit zugleich die im § 6 dieses Gesetzes vorbehaltene gesetzliche Regelung der gestundeten Zuschläge getroffen wird.

Der Entwurf will zwar grundsätzlich nur den während des Krieges eingetretenen Vermögenszuwachs erfassen. Die Durchführung dieser Absicht scheitert jedoch an der Tatsache, daß eine Vermögensfeststellung auf den Beginn des Krieges nicht stattgefunden hat und auch nachträglich nicht mehr durchgeführt werden kann. Der Entwurf sieht daher vor (§ 4), daß bei Feststellung des Vermögenszuwachses als Anfangsvermögen das Vermögen gelten soll, das nach den Vorschriften des BStG. vom 3. Juli 1913 (RGBl. S. 524) für die erstmalige Besitzsteuerveranlagung als Anfangsvermögen zugrunde zu legen war oder im Falle der Steuerpflicht zugrunde zu legen wäre. Dieses Vermögen wird im Hinblick auf § 20 des BStG. regelmäßig das nach dem Wehrbeitragsgesetz auf den 31. Dezember 1913 festgestellte Vermögen sein. Die Annahme dieses Vermögens als Anfangsvermögen wird allerdings zur Folge haben, daß auch in einzelnen Fällen Vermögenserhöhungen, die vor dem Kriege eingetreten sind, von der Kriegsabgabe erfaßt werden. Gleichwohl verzichtet der Entwurf darauf, für solche Vermögenserhöhungen eine Ausnahme von der Abgabepflicht zuzulassen. Denn es wird nicht durchführbar sein, in jedem einzelnen Falle festzustellen, ob und inwieweit ein Vermögenszuwachs vor oder nach Kriegsbeginn eingetreten ist. Zur Vermeidung von Unbilligkeiten und im Interesse einer gleichmäßigen Besteuerung erachtet es der Ent-

[1]) Nach der Fassung der Regierung.

wurf daher für richtig, grundsätzlich auch den Vermögenszuwachs zu treffen, der nach dem 31. Dezember 1913 bis zum Kriegsausbruch eingetreten ist.

Dem Anfangsvermögen ist zwecks Feststellung des Vermögenszuwachses das Endvermögen gegenüberzustellen. Bei der Auswahl des Stichtags, auf welchen dieses Endvermögen festgestellt werden soll, ist einerseits zu berücksichtigen, daß der Krieg an diesem Tage tatsächlich beendigt, daß das tatsächliche Kriegsende aber doch auch lange genug eingetreten war, um die Wirkungen des Krieges auf allen Gebieten des Wirtschaftslebens hinreichend überblicken zu können. Anderseits erscheint es aber auch nicht angezeigt, diesen Stichtag allzuweit nach Kriegsende zu wählen. Denn abgesehen davon, daß alsdann in viel stärkerem Umfang die Höhe des Endvermögens durch Einwirkungen, die mit dem Kriege nichts zu tun haben, beeinflußt werden würde, müssen auch Industrie und Handel, Landwirtschaft und Gewerbe, wenn sie wieder möglichst rasch in vollen Gang gebracht werden sollen, alsbald die Möglichkeit haben, damit zu rechnen, daß ihnen ihr Verdienst von einem in der Vergangenheit liegenden Zeitpunkt ab nicht mehr durch eine derart hohe Abgabe, wie sie der Entwurf vorsieht, weggenommen wird. Aus diesen Erwägungen heraus glaubt der Entwurf im § 5 vorschlagen zu sollen, daß regelmäßig das Endvermögen auf den 31. Dezember 1918 festzustellen ist und Vermögensverschiebungen, welche nach diesem Zeitpunkt eintreten, nicht mehr zu berücksichtigen sind. Hieraus können sich zweifellos Härten in solchen Fällen ergeben, in denen die betreffenden Abgabepflichtigen zwar ihr Vermögen bis zum 31. Dezember 1918 erhöhen konnten, diesen Vermögenszuwachs aber und vielleicht auch ihr sonstiges Vermögen ganz oder zum Teil nach diesem Zeitpunkt infolge der wirtschaftlichen Verhältnisse wieder verloren haben. Der Entwurf sieht daher im § 31 Abs. 1 vor, daß auf Verlangen des Abgabepflichtigen Vermögensverluste, die dieser nachweislich in der Zeit vom 1. Januar bis 31. Dezember 1919 erlitten hat, bei Berechnung des abgabepflichtigen Vermögenszuwachses (§§ 1, 3) in Abzug gebracht werden sollen.

Gesetz über eine Kriegsabgabe vom Vermögenszuwachse.

Vom 10. September 1919.

(RGBl. S. 1579.)

Die verfassunggebende Deutsche Nationalversammlung hat das folgende Gesetz beschlossen, das mit Zustimmung des Reichsrats hiermit verkündet wird:

§ 1.[1]) Von dem nach den Vorschriften dieses Gesetzes[2]) festgestellten Vermögenszuwachse[3]) wird eine Kriegsabgabe zugunsten des Reichs erhoben.

1. Allgemeines.

Wie bei dem KrStG. vom 21. Juni 1916 (RGBl. S. 561), so ergab sich auch bei der Ausarbeitung und Beratung dieses Gesetzes die Unmöglichkeit, die Kriegsgewinne in ihrer Reinheit zu erfassen, da eine brauchbare Abgrenzung des Begriffs der Kriegsgewinne im engeren Sinne und der Vermögenszunahmen, welche nicht unmittelbar eine Folge des Krieges waren und ihren Grund nicht in glücklichen Kriegsgeschäften hatten, nicht zu finden war, wenn einerseits jede Unbilligkeit vermieden, anderseits aber auch die völlige Erfassung der eigentlichen Kriegsgewinne wirklich ermöglicht werden sollte. Aus Gründen der steuerlichen Gerechtigkeit wurde es daher für geboten erachtet, die Besteuerung überhaupt nicht auf bestimmte Erwerbsvorgänge, bei denen der Zusammenhang mit dem Kriege anzunehmen war, zu beschränken, sondern grundsätzlich jeden, dessen Vermögen sich während des Krieges erhöht hatte, mit diesem Vermögenszuwachse der Besteuerung ohne Rücksicht darauf zu unterwerfen, auf welche Ursachen dieser Zuwachs zurückzuführen ist.

Neben der auch heute noch bestehenden Unmöglichkeit, bestimmte objektive Anhaltspunkte für die Abgrenzung des Begriffs der eigentlichen Kriegsgewinne den Steuerbehörden gesetzlich an die Hand zu geben mußte somit unter den jetzigen Verhältnissen erst recht an dem Grundsatz des KrStG. vom 21. Juni 1916 festgehalten werden, daß unterschiedslos die während des Krieges eingetretenen Vermögenserhöhungen möglichst restlos erfaßt werden. Diesem Grundsatz liegt die sittliche Forderung zugrunde, daß jede während des Krieges eingetretene Vermögenszunahme angesichts der Millionenopfer an Gut und Blut nicht dem einzelnen, sondern dem ganzen Volk zugute kommen soll.

Das Gesetz will, ebenso wie das KrStG. vom 21. Juni 1916 grundsätzlich nur den während des Krieges erlangten Vermögenszuwachs erfassen. Die

Durchführung dieser Absicht scheitert jedoch an der Tatsache, daß eine Vermögensaufstellung auf den Beginn des Krieges nicht stattgefunden hat und auch nachträglich nicht mehr durchgeführt werden kann. Das Gesetz sieht daher in § 4 vor, daß bei Feststellung des Vermögenszuwachses als Anfangsvermögen das Vermögen gelten soll, das nach den Vorschriften des BStG. vom 3. Juli 1913 für die erstmalige Besitzsteuerveranlagung als Anfangsvermögen zugrunde zu legen war oder im Falle der Steuerpflicht zugrunde zu legen wäre. Dieses Vermögen wird im Hinblick auf § 20 BStG. regelmäßig das nach dem Wehrbeitragsgesetz auf den 31. Dezember 1913 festgestellte Vermögen sein. Die Annahme dieses Vermögens als Anfangsvermögen wird allerdings zur Folge haben, daß auch in einzelnen Fällen Vermögenserhöhungen, die vor dem Kriege eingetreten sind, von der Kriegsabgabe erfaßt werden. Gleichwohl verzichtet das Gesetz darauf, für solche Vermögenserhöhungen eine Ausnahme von der Abgabepflicht zuzulassen. Denn es wird nicht durchführbar sein, in jedem einzelnen Falle festzustellen, ob und inwieweit ein Vermögenszuwachs vor oder nach Kriegsbeginn eingetreten ist. Zur Vermeidung von Unbilligkeiten und im Interesse einer gleichmäßigen Besteuerung erachtet es das Gesetz daher für richtig, grundsätzlich auch den Vermögenszuwachs zu treffen, der nach dem 31. Dezember 1913 bis zum Kriegsausbruch eingetreten ist.

Dem Anfangsvermögen ist zwecks Feststellung des Vermögenszuwachses das Endvermögen gegenüberzustellen. Bei der Auswahl des Stichtages, auf welchen dies Endvermögen festgestellt werden soll, gelangte der Regierungsentwurf zur Annahme des 31. Dezember 1918, indem er berücksichtigte, daß der Krieg an diesem Tage tatsächlich beendigt und daß das Kriegsende auch lange genug eingetreten gewesen sei, um die Wirkungen des Krieges auf allen Gebieten des Wirtschaftslebens hinreichend überblicken zu können. Die Wahl eines späteren Stichtages erschien der Regierung nicht angezeigt, da alsdann in viel stärkerem Umfange die Höhe des Endvermögens durch Einwirkungen, die mit dem Kriege nichts zu tun hätten, beeinflußt werden würde. Um den Härten zu begegnen für diejenigen Abgabepflichtigen, die zwar ihr Vermögen bis zum 31. Dezember 1918 erhöhen konnten, diesen Zuwachs oder gar ihr Vermögen ganz oder teilweise nach diesem Zeitpunkt aber wieder verloren hatten, sah der Entwurf im § 31 Abs. 1 den Abzug solcher späteren Vermögensverluste bei Berechnung des abgabepflichtigen Zuwachses vor.

Bei den Kommissionsberatungen wurde dagegen der Standpunkt vertreten, daß gerade durch die Ereignisse der Revolution, also im wesentlichen nach dem 31. Dezember 1918, nicht nur große Vermögensverluste, sondern auch erhebliche Gewinne eingetreten seien, die nur erfaßt werden könnten, wenn man den Stichtag auf den 30. Juni 1919 hinausschiebe. Dieser Standpunkt gelangte sowohl in den Kommissionslesungen wie auch später im Plenum zur Anerkennung.

Hierbei mußte das Gesetz naturgemäß berücksichtigen, daß der nach dem KrStG. vom 21. Juni 1916 bereits besteuerte Vermögenszuwachs nunmehr nochmals der Besteuerung unterworfen wurde. Um diese Doppelbesteuerung zu vermeiden, sieht das Gesetz vor, daß der nach dem Kriegssteuergesetz entrichtete Abgabebetrag als Vorschußzahlung auf die nach diesem Gesetz zu entrichtende Abgabe behandelt wird. In der Annahme, daß — wäre die Abgabe nach dem Kriegssteuergesetze nicht gezahlt worden — der Vermögenszuwachs sich entsprechend höher berechnen würde, soll daher diese Abgabe dem Endvermögen und damit dem Vermögenszuwachse selbst zugerechnet (§ 8 Abs. 1 Nr. 6), anderseits aber von der nach dem Gesetze geschuldeten Abgabe abgesetzt werden (§ 17), so daß in diesen Fällen nunmehr nur noch der verbleibende Restbetrag zu entrichten ist. Vgl. im einzelnen die näheren Ausführungen zu den § 8 Abs. 1 Nr. 6 u. 17 in Verb. mit §§ 9 u. 18, sowie auch mit § 6 Ziff. 7. Siehe auch amtl. Begr. S. 12—17.

Soweit der endgültige Zuwachs am 30. Juni 1919 hinter dem am 31. Dezember 1916 versteuerten zurückbleibt und der Abgabebetrag für die Zeit vom 31. Dezember 1913 bis 31. Dezember 1916 schon entrichtet ist, findet natürlich eine Rückzahlung nicht mehr statt.

Umgekehrt bleibt, wenn der am 31. Dezember 1916 festgestellte Zuwachs den Endzuwachs am 30. Juni 1916 übersteigt und die Abgabe aus dem alten Kriegssteuergesetz noch nicht entrichtet ist, diese Abgabe nur in Höhe der nach diesem Gesetz zu entrichtenden Abgabe unerhoben, so daß also der Überschuß der alten über die neue Abgabe auf jeden Fall zu zahlen ist (§ 18 Abs. 2).

2. ... nach den Vorschriften dieses Gesetzes ...

§ 1 enthält die allgemeine Bestimmung, daß von dem nach den Vorschriften dieses Gesetzes selbständig festgestellten Vermögenszuwachs eine Kriegsabgabe zugunsten des Reiches erhoben werden soll. Hiermit weicht das Gesetz von den Bestimmungen des § 2 des KrStG. vom 21. Juni 1916 insofern ab, als nach dieser Bestimmung grundsätzlich der nach den Vorschriften des Besitzsteuergesetzes festgestellte Vermögenszuwachs abgabepflichtig war. Die Abweichung hat ihren Grund darin, daß gleichzeitig mit der Veranlagung nach dem Kriegssteuergesetz auch eine Veranlagung nach dem Besitzsteuergesetz erfolgte und daß daher ohne weiteres der bei dieser Veranlagung festgestellte Vermögenszuwachs auch für die Veranlagung zur Kriegssteuer als grundsätzlich maßgebend bestimmt werden konnte. Das Gesetz will demgegenüber aus den zu 1 angegebenen Gründen den bis zum 30. Juni 1919 eingetretenen Vermögenszuwachs erfassen, auf welchen Stichtag aber nach den derzeitigen Vorschriften des Besitzsteuergesetzes eine Veranlagung zur Besitzsteuer nicht zu erfolgen hat. Es muß daher eine selbständige Feststellung des abgabepflichtigen Vermögenszuwachses vorgesehen werden, bei der allerdings im wesentlichen die Vorschriften des Besitzsteuergesetzes insoweit anzuwenden sind, als sie sich auf die Feststellung des Vermögens beziehen.

Nicht alle Vorschriften des Besitzsteuergesetzes finden Anwendung. Insbesondere ist kein Raum für die Anwendung des Kinderprivilegs (§ 27 BStG.). Auch der § 26 BStG. (Milderung der Tarifsprünge an den Stufengrenzen) findet z. B. nicht Anwendung, weil der Tarif des Kriegssteuergesetzes und dieses Gesetzes nach ganz anderen Grundsätzen aufgestellt ist, als der Tarif des Besitzsteuergesetzes (§ 25 BStG.). Welche Vorschriften des Besitzsteuergesetzes anwendbar sind oder nicht, ergibt sich aus der Überlegung, inwieweit die Grundgedanken beider Gesetze die gleichen sind, oder sich widersprechen oder sonst unvereinbar miteinander sind.

Anwendbar sind vor allem auch die Bewertungsvorschriften des BStG., soweit nicht die Reichsabgabenordnung etwas anderes bestimmt. Ebenso namentlich § 14 BStG. (Zusammenrechnung des Vermögens der Ehegatten), vgl. im übrigen § 5 des Ges., sowie auch Schluß von Anm. 3 zu § 1.

8. Vermögenszuwachs ...

Der Vermögenszuwachs, welcher der Besitz- und Kriegssteuer unterlag und welcher dieser Abgabe unterliegt, umfaßt nach dem Kommissionsbericht zum Besitzsteuergesetz (S. 32):

a) den Vermögenserwerb auf Grund von Rechtstiteln, die dem Erbrecht angehören, sowie auf Grund von unentgeltlichen Zuwendungen unter Lebenden,
b) den Vermögenserwerb durch Spekulationsgewinne und infolge sonstiger Glücksfälle (z. B. Lotteriegewinn),
c) die Erhöhung des Vermögenswertes durch eine Wertsteigerung einzelner Vermögensgegenstände, z. B. Grundstücke, Wertpapiere (Konjunkturgewinn, Wertzuwachs im engeren Sinne),
d) die Vermögensbildung aus erspartem Einkommen (Umwandlung von Verbrauchsvermögen in Gebrauchsvermögen).

Auf den Grund der Vermögensvermehrung kommt es nicht an. Er kann auch in einer früheren Wehrbeitragshinterziehung liegen, die durch die Realisierung des Bilanzvermögens in Erscheinung getreten ist. Beispiel: Der Gesellschafter einer offenen Handelsgesellschaft hatte in früheren Zeiten erhebliche stille Reserven, die in seiner Bilanz nicht zum Ausdruck gekommen sind. Sein Vermögen ist infolgedessen zum Wehrbeitrag statt mit seinem wirklichen Wert von 200000 *M* entsprechend der Bilanz (Stichtag vom 1. Dezember 1913) nur mit 50000 *M* angenommen. Im Juli 1918 bringt er sein Bilanzvermögen in eine Gesellschaft m. b. H. ein, wobei es mit 200000 *M* bewertet wird. Zur Besitzsteuer wie zur Kriegssteuer sind 150000 *M* Zuwachs zu versteuern. Ein Recht, bei dem Wehrbeitrag nachträglich mit 200000 *M* herangezogen zu werden und statt dessen die 150000 *M* nicht als „Vermögenszuwachs" zu versteuern, hat Steuerpflichtiger nicht (vgl. § 43 KrStG. von 1918).

Grundsätzlich ist auch der Vermögenszuwachs, der durch die Realisierung früherer stiller Reserven erzielt ist, steuerpflichtig. In einzelnen Fällen kann allerdings in der Beiziehung der früheren stillen Reserven eine besondere Härte liegen, z. B. kann das der Fall sein, wenn ein ganzes Geschäft mit Aktiven und Passiven zu einem höheren Werte veräußert wird, als es zu Buch stand, wenn die Erben des Verstorbenen zur Veräußerung gezwungen sind. Andererseits kann aber gerade ein solcher Fall auch geradezu typisch für einen steuerpflichtigen Vermögenszuwachs sein.

Über die Möglichkeit der Berichtigung der Wehrbeitragsveranlagung vgl. § 4 Anm. 3 u. 5.

Daß es auf den Grund des Vermögenszuwachses überhaupt nicht ankommt, wird u. a. auch besonders bezüglich des landwirtschaftlichen Vermögens in einer Verf. des preuß. FinMin. vom 3. Jan. 1917 (II 13155) betont, die sich mit den Vermögensvermehrungen befaßt, welche durch vermehrten und vorteilhaften Holzeinschlag entstanden sind. In der Heranziehung des Erlöses aus dem Holzeinschlag kann ich eine besondere Härte insoweit nicht anerkennen, als es sich um innerhalb der regelmäßigen Nutzung liegende Abtriebe handelt. Der Erlös aus solchen Holzeinschlägen stellt sich als eine laufende Jahreseinnahme dar, und, da der lediglich aus Ersparnissen herrührende Vermögenszuwachs allgemein von der Besitzsteuer erfaßt wird, kann eine auch nur teilweise Freilassung solcher Holzerlöse nicht zugestanden werden. Anders liegt die Sache wenn außergewöhnliche oder nicht regelmäßige Abtriebe vorliegen, wenn insbesondere zufällig in dem Veranlagungszeitraum 1914/1916 der Holzzuwachs eines langen Zeitraumes unter Umständen eines solchen von 100 Jahren auf einmal genutzt wird. In Fällen dieser Art handelt es sich doch um einen außerordentlichen Vermögensanfall, der allerdings in seiner Höhe durch die Kriegsverhältnisse beeinflußt wird. Trotzdem wird nach den gesetzlichen Vorschriften auch hier wohl stets der gesamte Holzerlös, soweit er nicht verbraucht oder durch Vermögensverluste ausgeglichen ist, als steuerpflichtiger Vermögenszuwachs erscheinen. Der gemeine Wert eines Waldes, in dem außerordentliche Holzabtriebe vorgekommen sind, wird für den 31. Dezember 1916 selten, wenn nie, niedriger anzusetzen sein als der bei der Veranlagung des Wehrbeitrages zugrunde gelegte Wert. Das gleiche gilt, wenn für den 31. Dezember 1916 die Bewertung nach den Gestehungskosten beantragt wird, denn der Holzabtrieb wird nicht als eine durch Verschlechterung entstandene Verminderung im Sinne des § 30 Abs. 2 Satz 2 BStG., § 30 Abs. 4 der AusfBest. z. B. StG. angesehen werden können.

Nach § 29 BStG. ist bei der Feststellung des Vermögens der gemeine Wert (Verkaufswert) seiner einzelnen Bestandteile zugrunde zu legen, sofern das Gesetz nichts anderes vorschreibt. Bei der Ermittlung des gemeinen Wertes, den ein Vermögensteil am Ende des Veranlagungszeitraumes hat, sind die durch den Krieg herbeigeführten besonderen wirtschaftlichen Verhältnisse, wie die gesamte Marktlage, gebührend zu berücksichtigen. Insbesondere ist bei der Bewertung des gewerblichen Betriebsvermögens den Einwirkungen der Kriegszeit sowie den mit der Überführung in die Friedenswirtschaft zusammenhängenden Veränderungen der Rentabilität des Unternehmens Rechnung zu tragen. Das gleiche gilt auch für landwirtschaftliche Veränderungen der Schätzung des gemeinen Wertes von Grundstücken.

Nach § 30 BStG. tritt bei Grundstücken auf Antrag des Steuerpflichtigen an die Stelle des gemeinen Wertes der Betrag der Gestehungskosten. Nach § 33 BStG. gilt für Grundstücke, die der Steuerpflichtige bereits an dem für die Veranlagung des Wehrbeitrages maßgebenden Stichtag besessen hat, der bei der Veranlagung des Wehrbeitrages festgestellte Wert, also unter Umständen der Ertragswert am 31. Dezember 1913 als Betrag der bis dahin entstandenen Gestehungskosten. Von den Gestehungskosten sind nach § 30 Abs. 2 Satz 2 BStG. die durch Abnutzung entstandenen Wertverminderungen abzuziehen. Bei der Anwendung dieser Vorschrift wird den außergewöhnlichen Verhältnissen der Kriegszeit ebenfalls Rechnung zu tragen sein. (Hierzu ist zu bemerken, daß § 30 Abs. 2 Satz 2 BStG. durch § 39 KrStG. dahin abgeändert worden ist, daß nicht nur die durch die Abnutzung, sondern alle durch äußere Verschlechterungen entstandenen Wertverminderungen abgezogen werden können.

Wie nach § 6 des KrStG. von 1916, so sind auch nach § 10 dieses Gesetzes drei Arten von Grundstücken zu unterscheiden:

1. solche, deren Erwerb vor dem 1. Januar 1914 stattgefunden hat,
2. solche, die nach dem 1. August 1914 erworben worden sind,
3. solche, deren Erwerb in der Zeit vom 1. Januar bis 1. August 1914 erfolgt ist.

Zu 1: Hat der Erwerb vor dem 1. Januar 1914 stattgefunden, so war der gemeine Wert (§ 29 BStG.) oder auf Antrag des Steuerpflichtigen der Betrag der Gestehungskosten (§ 30 a. a. O.) maßgebend; der Steuerpflichtige hatte also die Wahl zwischen gemeinem Wert und Gestehungskosten. Als Betrag der bis zum 1. Januar 1914 entstandenen Gestehungskosten gilt der bei der Veranlagung des Wehrbeitrages festgestellte Wert (vgl. § 31 der Ausf.-Best. z. BStG.).

Zu 2: Hat der Erwerb nach dem 1. August 1914 stattgefunden, so hatte der Steuerpflichtige an sich gleichfalls die Wahl zwischen dem gemeinen Werte und den wirklichen Gestehungskosten, deren Begriff in § 30 Abs. 2 des alten KrStG. näher umschrieben war. Für diese Grundstücke war im alten KrStG. (§ 6) aber insofern eine Ausnahme gemacht, als sie zu keinem geringeren Werte als zu dem Betrage der Gestehungskosten angesetzt werden dürfen. Nach dieser Vorschrift traten somit die Gestehungskosten kraft des Gesetzes an Stelle des gemeinen Wertes, wenn sie höher als dieser sind. So auch jetzt § 10.

Zu 3: Ist der Erwerb in der Zeit vom 1. Januar bis zum 1. August 1914 erfolgt, so hatte der Steuerpflichtige gleichfalls die Wahl zwischen dem gemeinen Wert und den wirklichen Gestehungskosten. Wählte der Steuerpflichtige die Gestehungskosten, so trat indessen bei solchen Grundstücken, die durch eine im § 31 Abs. 1 BStG. bezeichneten Erwerbsarten erworben sind an die Stelle der Gestehungskosten beim Erwerbe (§ 30 Abs. 2 a. a. O.) der gemeine Wert, soweit jedoch die Grundstücke dauernd land- oder forstwirtschaftlichen oder gärtnerischen Zwecken zu dienen bestimmt sind, oder soweit bebaute Grundstücke Wohnzwecken oder gewerblichen Zwecken zu dienen bestimmt sind und ihre Bebauung und Benutzung der ortsüblichen Bebauung und Benutzung entspricht, der Ertragswert oder auf Antrag des Steuerpflichtigen ebenfalls der gemeine Wert zur Zeit des Erwerbes. Die gleichen Grundsätze galten bei anderen Erwerbsfällen, wenn der vereinbarte Preis um mehr als zehn vom Hundert hinter dem gemeinen Wert zur Zeit des Erwerbes und, sofern bei Grundstücken der Ertragswert zugrunde gelegt werden kann, zugleich auch hinter dem Ertragswert zur Zeit des Erwerbes zurückgeblieben ist.

§ 2.[1]) Abgabepflichtig sind

I. [2]) mit dem Zuwachs an dem gesamten steuerbaren Vermögen:

1. die Angehörigen des Deutschen Reichs [2a]), mit Ausnahme [3]) derer, die sich mindestens seit dem 1. Januar 1914 [3]) ununterbrochen im Ausland aufhalten, ohne einen Wohnsitz [3a]) im Deutschen Reiche zu haben. Die Ausnahme findet keine Anwendung auf Reichs- und Staatsbeamte [3b]), die im Ausland ihren dienstlichen Wohnsitz [3c]) haben. Wahlkonsuln gelten nicht als Beamte im Sinne dieser Vorschrift,
2. Ausländer [4]), wenn sie im Deutschen Reiche einen Wohnsitz oder in Ermangelung eines Wohnsitzes ihren dauernden Aufenthalt haben;

II. [4a]) mit dem Zuwachs an dem inländischen Grund- oder Betriebsvermögen:

alle natürlichen Personen ohne Rücksicht auf Staatsangehörigkeit, Wohnsitz oder Aufenthalt.

Die persönliche Abgabepflicht[5]) ist nach dem Stande am 30. Juni 1919[6]) zu beurteilen. Die Pflicht zur Entrichtung der Abgabe besteht auch dann[7]), wenn der inländische Wohnsitz oder Aufenthalt nach dem 31. Dezember 1913 aufgegeben worden ist[7]).

[8]) Personen, welche die deutsche Reichsangehörigkeit nach dem 1. August 1914 verloren haben, sowie nichtreichsangehörige Personen, die auch eine fremde Staatsangehörigkeit nicht besitzen, unterliegen der Abgabe in gleichem Umfang wie Angehörige des Deutschen Reichs.

1. Allgemeines.

Das Gesetz regelt hier die persönliche Abgabepflicht. Es begnügt sich aber nicht, wie im § 1 des KrStG. vom 21. Juni 1916 und § 1 des KrAbgG. vom 26. Juli 1918, mit dem kurzen Hinweis auf § 11 BStG., dessen Bestimmungen einfach übernommen wurden. Vielmehr stellt es mit Rücksicht auf die vorgenommenen Änderungen und Zusammenfassungen eine neue, selbständige Regelung auf, wenn auch in enger Anlehnung an § 11 BStG., § 12 des KrStG. vom 21. Juni 1916 und § 2 des KrAbgG. vom 26. Juli 1918. Die erwähnten gesetzgeberischen Vorbilder lauten:

§ 11 BStG. Steuerpflichtig sind:

I. mit dem Zuwachs an dem gesamten steuerbaren Vermögen:
   1. die Angehörigen des Deutschen Reiches, mit Ausnahme derer, die sich seit länger als zwei Jahren dauernd im Ausland aufhalten, ohne einen Wohnsitz im deutschen Bundesstaat zu haben. Die Ausnahme findet keine Anwendung auf Reichs- und Staatsbeamte, die im Ausland ihren dienstlichen Wohnsitz haben. Wahlkonsuln gelten nicht als Beamte im Sinne dieser Vorschrift;
   2. Ausländer, die im Deutschen Reich einen Wohnsitz oder in Ermangelung eines Wohnsitzes ihren dauernden Aufenthalt haben;

II. mit dem Zuwachs an dem inländischen Grund- und Betriebsvermögen: alle natürlichen Personen ohne Rücksicht auf Staatsangehörigkeit, Wohnsitz oder Aufenthalt.

§ 12 KrStG. vom 21. Juni 1916:

Die Pflicht zur Entrichtung der nach diesem Gesetze geschuldeten Abgabe entfällt nicht dadurch, daß ein Steuerpflichtiger vor dem 1. Januar 1917 seinen inländischen Wohnsitz oder Aufenthalt aufgibt.

Hat die Aufgabe des inländischen Wohnsitzes oder Aufenthaltes den Wegfall der Steuerpflicht nach dem Besitzsteuergesetz zur Folge, so ist der der außerordentlichen Abgabe unterliegende Vermögenszuwachs mit der Maßgabe festzustellen, daß der Veranlagungszeitraum statt mit dem 31. Dezember 1916 mit dem Zeitpunkt der Aufgabe des inländischen Wohnsitzes oder Aufenthaltes abläuft.

§ 2 MehreinkStG. vom 26. Juli 1918:

Die persönliche Abgabepflicht ist nach dem Stande vom 31. Dezember 1917 zu beurteilen. Bei Inländern und bei solchen Personen, die ihre inländische Staatsangehörigkeit nach dem 1. August 1914 verloren haben, entfällt die Abgabepflicht nicht dadurch, daß sie nach dem 31. Dezember 1913 ihren inländischen Wohnsitz oder Aufenthalt aufgegeben haben.

Es ergibt sich, daß der Abs. 1 des Gesetzes, von einer Abweichung in Nr. 1 Ziff. 1 abgesehen, mit dem § 11 BStG. wörtlich übereinstimmt.

Die Abs. 2 und 3 des Gesetzes bilden (in Verbindung mit § 5 Satz 2 des Gesetzes) eine teilweise Übernahme der in § 12 KrStG. vom 21. Juni 1916 und § 2 KrAbgG. vom 26. Juli 1918 getroffenen Regelung.

2. In Betracht kommen für § 2 des Gesetzes nur physische (natürliche) Personen.

Der Abs. 1 I regelt die persönlich und sachlich unbeschränkte, die In- und Ausländer jedoch in Ziff. 1 und 2 verschieden behandelnde Steuerpflicht, der Abs. 1 II die sachlich beschränkte, persönlich unbeschränkte, sowohl In- wie Ausländer umfassende Steuerpflicht.

2a. Angehöriger des Deutschen Reichs ...

Angehöriger des Deutschen Reichs ist nach § 1 des Reichs- und Staatsangehörigkeitsgesetzes vom 22. Juli 1913 (RGBl. 1913, 583), wer in einem deutschen Bundesstaat die Staatsangehörigkeit oder wer die unmittelbare Reichsangehörigkeit besitzt. Maßgeblich ist hierbei der Stand vom 30. Juni 1919 (vgl. Abs. 2).

3. Mit Ausnahme derer, die sich mindestens seit dem 1. Januar 1914 im Auslande aufhalten, ohne einen Wohnsitz im Deutschen Reich zu haben.

Diese Einschränkung stellt eine verschärftere Heranziehung der Auslandsdeutschen dar, die nach § 11 BStG. sowie den beiden KrStG. von 1916 und 1918 nur dann der Abgabepflicht unterlagen, soweit sie nicht länger als zwei Jahre dauernd im Ausland wohnten, wobei natürlich die zwei Jahre vom Endstichtag ab zurückgerechnet wurden. Die Abweichung in diesem Gesetz durch Zurückverlegung des Termins auf den 1. Januar 1914 wurde notwendig durch die Bestimmung des Abs. 2 Satz 2, wonach die Pflicht zur Entrichtung der Abgabe auch dann besteht, wenn der inländische Wohnsitz oder Aufenthalt nach dem 31. Dezember 1913 aufgegeben worden ist. Eine noch weitergehende Erfassung auch derjenigen Auslandsdeutschen, die noch vor dem 1. Januar 1914 sich länger als etwa 2—3 Jahre im Ausland aufgehalten haben, wurde zwar vielfach gefordert (vgl. Strutz in DStZtg. Jahrg. VIII Nr. 1), ist aber nicht zur Durchführung gekommen.

Zur allgemeinen Übersicht über den Umfang der Steuerpflicht sei folgendes bemerkt:

Deutsche Reichsangehörige sind unbedingt steuerpflichtig. Sie sind auch dann steuerpflichtig, wenn sie im Deutschen Reich weder Wohnsitz noch Aufenthalt haben. Ihre Steuerpflicht erlischt vielmehr nur durch seit 1. Januar 1914 ununterbrochenen Aufenthalt im Auslande. Wenn der Steuerpflichtige, der deutscher Reichsangehöriger ist, einen solchen ununterbrochenen Aufenthalt im Auslande behauptet, so trifft ihn die Beweislast, denn hier handelt es sich um einen Einwand gegen die Steuerpflicht, die an sich ohne weiteres durch die Reichsangehörigkeit begründet ist. Die Veranlagungsbehörde darf daher die Heranziehung und Veranlagung eines Reichsangehörigen nicht etwa deshalb unterlassen, weil seine Aufenthaltsverhältnisse seit 1. Januar 1914 noch ungeklärt sind, vielmehr hat die Veranlagung (und demgemäß auch gegebenenfalls Sicherheitsleistung) zu erfolgen, sobald die Tatsache der Reichsangehörigkeit feststeht, während es dem Steuerpflichtigen überlassen bleiben muß, seinen ununterbrochenen Aufenthalt im Ausland durch ortspolizeiliche An- und Abmeldebescheinigungen, Vorlage des Veranlagungszettels zu den direkten Steuern im Ausland usw. (vgl. auch § 66 preuß. EinkStG.) nachzuweisen.

Bei Ausländern trifft umgekehrt die Steuerbehörde die Beweislast, daß der Steuerpflichtige an dem für die Veranlagung maßgeblichen Stichtag Wohnsitz oder dauernden Aufenthalt im Deutschen Reich gehabt hat (§ 11 I Ziff. 2 BStG.).

Steuerfrei sind deutsche Reichsangehörige, die sich seit 1. Januar 1914 im Auslande aufhalten und keinen Wohnsitz in einem deutschen Bundesstaat haben. Beide Voraussetzungen müssen erfüllt sein. Dauernder Aufenthalt im Auslande genügt nicht, es kann trotzdem ein Wohnsitz in Deutschland vorhanden sein (z. B. wenn eine Villa in Deutschland vorhanden ist, die Familie in Deutschland zurückgeblieben ist oder der dienstliche Wohnsitz in Deutschland ist).

Der Aufenthalt muß ein ununterbrochener gewesen sein. Abschnitte eines unterbrochenen Aufenthaltes im Auslande werden nicht zusammengerechnet. Vorübergehende Unterbrechung (z. B. Urlaub, Erholungsreise in Deutschland) schadet nichts. Ebenso EOVG. 14, 5: „Durch eine ganz vorübergehende besuchsweise oder ausflugsweise Rückkehr in das Inland wird weder der dauernde Aufenthalt im Auslande unterbrochen, noch von neuem begründet, wenn der dauernde Aufenthalt bereits länger als zwei Jahre gewährt hat." (EOVG. 14, 5.)

Voraussetzung der rechtlichen Erheblichkeit eines Aufenthaltes im Sinne des Gesetzes ist, daß die Wahl des Aufenthaltes vom freien Willen des Betreffenden abhängig ist, Wirtschaftliche Notwendigkeiten, welche zur Wahl des Aufenthaltes zwingen, schließen das Vorhandensein eines freien Willens selbstverständlich nicht aus, vielmehr kann derselbe nur da ausgeschlossen gelten, wo ein unmittelbarer äußerer Zwang vorliegt, der es dem Betreffenden unmöglich macht, seinen Willen durchzusetzen (so z. B. bei Gefangenen oder Internierten).

Während ein mehrfacher Wohnsitz rechtlich durchaus möglich ist, ist ein mehrfacher dauernder Aufenthalt begrifflich und rechtlich unmöglich.

3a. Begriff des Wohnsitzes und dauernden Aufenthaltes.

Der Begriff Wohnsitz ist im Sinne des Doppelsteuergesetzes vom 22. März 1909 (RGBl. S. 332) zu verstehen. Einen Wohnsitz hat nach § 1 Abs. 2 a. a. O. ein Deutscher an dem Ort, an welchem er eine Wohnung unter Umständen inne hat, die auf die Absicht ihrer dauernden Beibehaltung schließen läßt. Übereinstimmend die Gesetze der deutschen Bundesstaaten. So z. B. § 1 Ziff. 6 des Hamburger Ges. vom 9. Jan. 1914: „Als Wohnsitz im Sinne dieses Gesetzes gilt der Ort, an dem eine Person eine Wohnung unter Umständen inne hat, welche auf die Absicht der dauernden Beibehaltung einer solchen schließen lassen."

Voraussetzung des Vorhandenseins eines Wohnsitzes ist danach das Innehaben einer Wohnung, verbunden mit der Absicht ihrer dauernden Beibehaltung. Beide Voraussetzungen müssen erfüllt sein. Ein einmal begründeter Wohnsitz kann auch bei vorübergehender oder gar dauernder Abwesenheit vom Orte des Wohnsitzes beibehalten werden. Der Verlust tritt erst ein, wenn eines jener Merkmale nicht mehr zutrifft.

Zum Innehaben einer Wohnung im Sinne des Gesetzes gehört die tatsächliche Herrschaft über die Wohnung, und zwar derart, daß dem Inhaber der Wohnung das ausschließliche Verfügungsrecht (Hausrecht) über die Wohnung zusteht, sei es infolge Eigentums oder anderer dinglicher Rechte (Nießbrauch) oder infolge persönlicher Rechtsbeziehungen (z. B. als Mieter).

Als Wohnung gelten nur Unterkunftsräume, die dem Steuerpflichtigen und seiner Familie als dauernde standesgemäße Unterkunft dienen sollen (also nicht Hotelzimmer, Pensionsräume, Schlafstellen). Dabei gilt in der Regel als Wohnort nicht derjenige Ort, wo der Steuerpflichtige selbst sich aufhält, sondern der, wo er seine Familie zurückgelassen hat.

Was als Wohnsitz im Sinne des Gesetzes anzusehen ist, richtet sich nach den besonderen Umständen des Falles.

So ist z. B. (um nur einen Anhalt zu geben) in einem Falle, wo eine Besitzerin von zwei großen Schlössern in einer Stadt eine Wohnung von vier Zimmern gemietet hatte, woselbst sie sich nur jährlich etwa bis zu 20 Tagen aufhält, kein Wohnsitz, sondern nur ein Absteigequartier angenommen worden (Ed. bayr. OB. K. vom 30. April 1915, Beil. z. FinMin. Bl. 1915, 229).

Was den Wohnsitz eines Saisonarztes anlangt, so ist angenommen, daß ein Arzt, der in einem Badeort von Mitte Mai bis Ende September die ärztliche Praxis betreibt und zu diesem Zwecke dort eine Wohnung gemietet hatte, über die er das ganze Jahr über das Verfügungsrecht hat, dort, selbst wenn er sich den übrigen Teil des Jahres auswärts aufhält, seinen steuerrechtlichen Wohnsitz hat. EOVG. in ZPVB. 17, 204.

Die Absicht der dauernden Beibehaltung einer Wohnung wird bei Berufsarten, deren Wesen, wie bei dem Berufe der Handlungsreisenden, in stetem Aufenthaltswechsel liegt, schon dann zu bejahen sein, wenn der Pflichtige eine Wohnung inne hat, in die er nicht in Ausübung seines Berufes als Reisender, sondern aus anderen Gründen dauernder Art, namentlich aus Familienrücksichten, in regelmäßigen Zwischenräumen immer wieder zurückkehrt. Daß er die Wohnung nicht selber gemietet hat und keinen Mietzins dafür zahlt, sondern nur mit Verwandten mitbenutzt, schließt den Begriff der Innehabung nicht aus (SächsOVG. vom 21. Mai 1908; EOVG. 12, 281; Regers Entsch. 29, 269). Von der Wohnung begrifflich verschieden ist das Geschäftslokal eines Geschäftsreisenden (OVG. vom 26. Juni 1901; Entsch. i. St. X 4; I 83 vom 2. Dez. 1898; VII 209 vom 19. Jan. 1899; VII 212 vom 5. Jan. 1905).

Die Ehefrau teilt den Wohnsitz des Mannes, sofern sie nicht dauernd von ihm getrennt lebt (EOVG. 14, 63). Minderjährige Kinder, die von ihren Eltern noch wirtschaftlich abhängig sind, teilen den Wohnsitz der Eltern. Sofern aber keine wirtschaftliche Abhängigkeit mehr besteht (z. B. weil dem Minderjährigen vom Inhaber der elterlichen Gewalt gestattet ist, ein selbständiges Erwerbsgeschäft zu treiben oder in Dienst und Arbeitsverhältnis zu treten), kann auch der Minderjährige einen eigenen Wohnsitz begründen.

3b. Reichs- und Staatsbeamte.

Ihr dienstlicher Wohnort ist der Ort, an dem der Betreffende nach den für ihn maßgeblichen Dienstvorschriften Wohnung zu nehmen verpflichtet ist.

Diese Personen sind demnach mit ihrem gesamten Vermögen wehrbeitragspflichtig und ebenso abgabepflichtig mit ihrem gesamten Vermögenszuwachs. Falls diese Personen am 31. Dezember 1913 und zur Zeit der Veranlagung zur Besitzsteuer keinen inländischen Wohnsitz hatten, war die Veranlagungsbehörde des letzten inländischen Wohnorts zur Veranlagung des Wehrbeitrages zuständig (Verf. vom 27. Febr. 1914, II 2760). Dasselbe gilt sinngemäß für diese Abgabe.

3 c. Dienstlicher Wohnsitz.

Der dienstliche Wohnsitz ist nicht an die Innehabung einer Wohnung geknüpft, er ist der dem Beamten zur Ausübung seines Berufes angewiesene Ort, gleichviel, ob er mit dem Ort des tatsächlichen Wohnens zusammentrifft oder nicht. Er erlischt nur mit der Beendigung des Dienstverhältnisses, nicht aber bei einer, wenn auch längere Zeit dauernden Beurlaubung.

4. Ausländer . . .

a) Zweifel bestehen darüber, inwieweit auch Ausländer der Abgabe überhaupt unterworfen werden konnten, und zwar mit Rücksicht auf die bis zum Kriege bestehenden völkerrechtlichen Verträge.

Im Handelsvertrage mit Italien vom 6. Dezember 1891 bzw. 3. Dezember 1904 findet sich folgende Bestimmung:

„Die Angehörigen eines jeden der vertragschließenden Teile werden in dem Gebiete des anderen von jedem Militärdienste sowohl in der regulären Armee und in der Marine als in der Miliz und Nationalgarde befreit sein.

Ebenso werden sie von jedem zwangsweisen Amtsdienste gerichtlicher, administrativer oder munizipaler Art, von allen militärischen Requisitionen und Leistungen sowie Zwangsanleihen und sonstigen Lasten, welche zu Kriegszwecken oder infolge anderer außergewöhnlicher Umstände aufgelegt werden, befreit sein; ausgenommen jedoch diejenigen Lasten, welche mit dem Besitz eines Grundstückes oder einer Pachtung verknüpft sind, und die militärischen Leistungen oder Requisitionen, zu welchen die Inländer und die Angehörigen der meistbegünstigten Nation als Besitzer oder Mieter unbeweglicher Güter herangezogen werden können."

Einer gleichen Bestimmung begegnet man im Handelsvertrage mit Rumänien vom 21./9. Oktober 1893 bzw. 8. Oktober/25. September 1904, die lautet:

„Die Angehörigen eines jeden der vertragschließenden Teile sollen im Gebiete des anderen von jedem Militärdienst und von jeder militärischen Leistung sowie von allen außerordentlichen Anforderungen, welche infolge außergewöhnlicher Umstände gestellt werden, befreit sein.

Ausgenommen hiervon sind jedoch die an irgendeine Art des Besitzes unbeweglichen Vermögens geknüpften Lasten, sowie die militärischen Leistungen und Anforderungen, zu welchen alle Inländer als Eigentümer, Pächter oder Mieter unbeweglicher Güter herangezogen werden können."

Ähnliche Bestimmungen finden sich auch in anderen Staatsverträgen, so im Handelsvertrage mit Rußland vom 10. Februar/29. Januar 1894 bzw. 28./15. Juli 1904, nach dessen Art. 3 „die Angehörigen jedes der vertragschließenden Teile von Leistungen jeder Art befreit sein sollen, welche im Kriegsfalle oder infolge von außergewöhnlichen Umständen aufgelegt werden", und im Handelsvertrage mit Griechenland vom 9. Juli 1884, nach dem die Angehörigen der vertragschließenden Staaten „von allen militärischen Requisitionen und Leistungen sowie von Zwangsanleihen und sonstigen Lasten, welche zu Kriegszwecken oder infolge anderer außergewöhnlicher Umstände aufgelegt werden, befreit sein sollen".

Art. 19 des Vertrages vom 6. Dezember 1891 mit Österreich-Ungarn, Fassung des Zusatzvertrages vom 25. Januar 1905 bestimmt (Hauptvertrag RGBl. 1892, 3 ff., Zusatzvertrag RGBl. 1906, 143 ff.):

„Die Angehörigen der vertragschließenden Teile sollen gegenseitig in bezug auf den Antritt, den Betrieb und die Abgaben von Handel und Gewerbe den Inländern völlig gleichgestellt sein."

Bestimmungen gleichen oder ähnlichen Inhaltes finden sich in den Verträgen mit Griechenland (Art. 5 des Vertrages vom 9. Juli 1884, RGBl. 1885, 23 ff.), Japan (Art. 1 Ziff. 7 des Vertrages vom 24. Juni 1911, RGBl. 1911, 480), Portugal (Art. 1 des Vertrages vom 30. November 1908, RGBl. 1910, 680), Rumänien (Art. 1 des Vertrages vom 21./9. Oktober 1893, Fassung des Zusatzvertrages vom 8. Oktober/25. September 1904, RGBl. 1894, 1 ff., Zusatzvertrag RGBl. 1905, 253 ff.), Rußland (Art. 1 des Vertrages vom 10. Februar/29. Januar 1894, Fassung des Zusatzvertrages vom 28./15. Juli 1904, RGBl. 1894, 153 ff., Zusatzvertrag RGBl. 1905, 35 ff.), Schweden (Art. 1. Abs. 3 des Vertrages vom 2. Mai 1911, RGBl. 1911, 276). Nach all diesen Verträgen ist die ungünstigere Behandlung der Angehörigen des ausländischen Staates und damit auch die verschiedene Behandlung ausländischer und inländischer AG. in bezug auf die Heranziehung zu Abgaben an sich wohl unzulässig.

Nun ist aber zu beachten, daß die betr. völkerrechtlichen Verträge mit den Staaten, mit denen wir uns im Kriegszustand befunden haben, durch den Krieg jedenfalls aufgehoben waren. Inwieweit nach dem jetzigen Friedensschluß die Heranziehung dieser Staatsangehörigen und der Neutralen zulässig oder mit Rücksicht auf die Friedensbedingungen durchführbar ist, kann jetzt noch nicht überblickt werden.

b) Die Fassung von Ziff. 2 von I. des § 2 deckt sich dem Wortlaut nach mit § 11 BStG., ist dagegen weiter als die des § 10 I, 2 WG. Abgabepflichtig sind alle Ausländer, die in Deutschland Wohnsitz oder dauernden Aufenthalt haben, ohne Rücksicht darauf, ob sie in Deutschland Erwerb betreiben oder nicht. Wehrbeitragspflichtig waren dagegen nur „nicht reichsangehörige Personen, die auch keine fremde Staatsangehörigkeit besaßen", also sog. heimatlose Personen, wenn sie in Deutschland Wohnsitz oder dauernden Aufenthalt hatten, und solche Ausländer, die des Erwerbes wegen in Deutschland lebten. Bisher waren wehrbeitragsfrei alle Angehörigen außerdeutscher Staaten (z. B. Russen, Engländer), die in Deutschland als Rentner lebten. Maßgebend hierfür war die Absicht, eine Auswanderung aus Furcht vor dem ziemlich hohen Wehrbeitrag zu verhindern. Erwägungen dieser Art scheiden bei dieser Abgabe, wie erst recht beim BStG., aus.

Darüber, daß heimat- oder staatenlose Personen durch dieses Gesetz (in Abs. 3 des § 2) den deutschen Reichsangehörigen schlechthin, ohne jede Beschränkung, gleichgestellt werden, vgl. zu Anm. 8.

Die Vorschrift des § 2 I Ziff. 2 findet übrigens auch auf solche Ausländer Anwendung, denen durch Handelsvertrag ihres Heimatlandes mit dem

Deutschen Reiche Abgabefreiheit zugesichert ist (Urt. d. OVG. WB. 32/14 vom 5. Mai 1915, DJZ. 20, 1167 ff.).

4 a. Beschränkte Steuerpflicht.

Der § 11 II ist unverändert übernommen. Er behandelt im Gegensatz zum Abs. I die sog. beschränkte Steuerpflicht. Ihr unterliegen ohne Rücksicht auf Staatsangehörigkeit, Wohnsitz oder Aufenthalt alle Personen mit ihrem Zuwachs an inländischem Grundvermögen oder Betriebsvermögen.

Beim Betriebsvermögen ist Voraussetzung der Anrechnung als steuerbares Vermögen stets, daß eine Betriebsstätte in Deutschland vorhanden ist. Wegen des Begriffes Betriebsstätte vgl. Anm. 1 zu § 4. Das Gesetz spricht im § 11 unter Ziff. II und im § 5 vom Grund- und Betriebsvermögen, wobei beides sprachlich zusammengezogen ist. Grundstücke, die nicht zum gewerblichen oder landschaftlichen Betriebsvermögen gehören, werden im § 2 Ziff. I als Grundstücke (Grundvermögen schlechthin) bezeichnet.

Inländisches Grundvermögen sind die im Inland gelegenen Grundstücke, ausländisches Grundvermögen alle im Ausland gelegenen Grundstücke nebst allem ihrem Zubehör. Inländisches Betriebsvermögen sind diejenigen Wertgegenstände, die einem im Deutschen Reiche betriebenen Gewerbe oder Bergbau (einerlei ob stehendes oder Wandergewerbe) oder einem im Deutschen Reich betriebenen land- oder forstwirtschaftlichen Betriebe dienen. Ausländisches Betriebsvermögen sind diese Werte, wenn sie einem im Ausland betriebenen Gewerbe oder einer im Ausland betriebenen Land- oder Forstwirtschaft dienen, kurzum, wenn sie Betrieben dienen, dessen Betriebsstätte (Niederlassung, Sitz) im Auslande liegt. Nun können Grundstücke Teile eines Betriebsvermögens sein (z. B. Grundstücke eines bilanzmäßigen Vermögens). Es entsteht die Frage, wie es zu halten ist einerseits mit im Deutschen Reiche belegenen Grundstücken, die Teile eines im Auslande befindlichen Betriebsvermögens (ausländischen Betriebes) sind und umgekehrt mit im Ausland befindlichen Grundstücken, die Teile eines in Deutschland befindlichen Betriebsvermögens (inländischen Betriebes) sind. Nach dem ganzen Sinn der §§ 11 und 5 BStG. können diese Paragraphen wohl nur dahin ausgelegt werden, daß auch in solchen Fällen die im Auslande belegenen Grundstücke als steuerfrei auszuscheiden sind, obwohl sie zum inländischen Betriebsvermögen (Bilanzvermögen) gehören, und andererseits die im Inland befindlichen Grundstücke als steuerpflichtig heranzuziehen sind, obwohl sie zum ausländischen Betriebsvermögen (Bilanzvermögen) gehören. Eine Ausdehnung der beschränkten Steuerpflicht auch auf das auf inländischem Grundbesitz haftende oder in dem Betriebskapital inländischer gewerblicher Unternehmungen enthaltene fremde Kapital (wie sie Strutz in DStZtg. Jahrg. VIII Nr. 1 erwähnt und z. B. Art. 3 des hess. ErgStG. vorsieht), hat nicht stattgefunden.

5. Persönliche Abgabepflicht.

Das heißt, die Frage, wer steuerpflichtig ist (subjektive Steuerpflicht). Vgl. darüber die Anm. zu § 11 des BStG. des Komm. von Buck, Verlag Schwann, Düsseldorf.

6. Nach dem Stand vom 30. Juni 1919.

Der Stichtag für die persönliche Steuerpflicht ist also identisch mit dem für die Berechnung des Endvermögens (§ 5).

7. Abgabepflicht auch bei Aufgabe des inländischen Wohnsitzes oder Aufenthaltes nach dem 31. Dezember 1913.

Der Zweck der Vorschrift ist, mit der persönlich und sachlich unbeschränkten (subjektiven) Abgabepflicht auch diejenigen Reichsangehörigen und Ausländer zu treffen, die nach dem 31. Dezember 1913, dem Beginn des Veranlagungszeitraumes, ihren inländischen Wohnsitz oder Aufenthalt aufgegeben haben, gleichwohl aber im Inland noch Vermögen und Einkommen besitzen. Die Ausdehnung auch auf Ausländer ist neu im Vergleich zum § 2 des KrAbgG. vom 26. Sept. 1918 und zeitlich umfassender wie der Abs. des § 12 KrStG. vom 21. Juni 1916. Dagegen werden die Ausländer im § 5 Satz 2 dieses Gesetzes insofern besser gestellt, als wenn der Wohnsitz oder dauernde Aufenthalt im Inland vor dem 30. Juni 1919 aufgegeben worden ist, als Endvermögen das auf den Tag des Wegzugs rechtskräftig festgestellte oder, falls eine solche Feststellung nicht erfolgt ist, das auf diesen Tag festzustellende steuerbare Vermögen des Abgabepflichtigen gilt (vgl. dazu die ähnliche, auf In- und Ausländer bezügliche Vorschrift des § 12 Abs. 2 KrStG. vom 21. Juni 1916 (s. oben Anm. 1).

8. Personen ohne Reichsangehörigkeit seit 1. August 1914 und staatenlose Personen ...

Hier werden, ähnlich wie in § 2 des KrAbgG. vom 26. Juli 1918, diejenigen Personen getroffen, die alsbald nach Kriegsausbruch ihre Reichsangehörigkeit preisgegeben haben. Sie werden zusammen mit den sog. staatenlosen Personen den Reichsangehörigen nach jeder Richtung ihrer Abgabepflicht gleichgestellt. Soweit solche Personen nach Aufgabe ihrer deutschen Reichsangehörigkeit noch Vermögen oder Einkommen im Inlande haben, werden sie, falls sie sich nicht etwa schon vor dem 1. Januar 1914 im Auslande befanden (vgl. Abs. 1 I § 1 des Gesetzes), nach dem Stande vom 30. Juni 1919 voll erfaßt.

§ 3.[1]) Als Vermögenszuwachs (§ 1) gilt der Unterschied zwischen dem Anfangsvermögen (§ 4) und dem Endvermögen (§§ 5 bis 14).

§ 4.[1]) Als Anfangsvermögen gilt das Vermögen[2]), das nach den Vorschriften des Besitzsteuergesetzes[1]) vom 3. Juli 1913 (Reichs-Gesetzbl. S. 524) für die erstmalige Besitzsteuerveranlagung als Anfangsvermögen zugrunde zu legen war oder im Falle der Steuerpflicht zugrunde zu legen wäre.

[2a]) Ist das Anfangsvermögen bereits rechtskräftig[3]), aber infolge eines Rechtsirrtums der Steuerbehörde oder des Abgabepflichtigen unrichtig[3]) festgestellt, so ist diese Vermögensfeststellung für die Veranlagung der Kriegsabgabe zu berichtigen[3]). Die Berichtigung ist insbesondere auch dann vorzunehmen, wenn im Falle der fortgesetzten Gütergemeinschaft[4]) der Anteil eines Abkömmlinges am Gesamtgut nicht bei Feststellung seines Anfangsvermögens, sondern bei Fest-

stellung des Anfangsvermögens des überlebenden Ehegatten in Ansatz gebracht worden ist.

[5])In Fällen, in denen Grundstücke[5]) bei der Wehrbeitragsveranlagung mit einem unter dem gemeinen Werte (Verkaufswert) bleibenden Ertragswerte bewertet und innerhalb des Veranlagungszeitraums veräußert worden sind, wird auf Antrag das Anfangsvermögen unter Zugrundelegung des gemeinen Wertes des veräußerten Grundstücks am 31. Dezember 1913 anderweit festgestellt.

Als Veranlagungszeitraum[6]) im Sinne dieses Gesetzes gilt der Zeitraum zwischen dem für die Feststellung des Anfangsvermögens und dem für die Feststellung des Endvermögens maßgebenden Stichtag.

1. Allgemeines.

Der Vermögenszuwachs ist gemäß § 3 durch Vergleich des Anfangs- mit dem Endvermögen zu finden. Als Anfangsvermögen soll dabei nach § 4 das Vermögen gelten, das nach den Vorschriften des BStG. für die erste Veranlagung zur Besitzsteuer als Anfangsvermögen zugrunde zu legen war oder im Falle der Steuerpflicht zugrunde zu legen wäre. War daher die persönliche Steuerpflicht nach dem BStG. bereits am 1. Januar 1914 begründet, so gilt gemäß § 20 dieses Gesetzes das nach dem WG. vom 3. Juli 1913 festgestellte Vermögen oder das im Wege des aus Billigkeitsrücksichten gewährten gänzlichen oder teilweisen Erlasses des rechtskräftig veranlagten Wehrbeitrags anderweit ermittelte Vermögen als Anfangsvermögen. Wurde die persönliche Steuerpflicht nach dem BStG. erst nach dem 1. Januar 1914 begründet, so gilt als Anfangsvermögen das gemäß § 22 des BStG. auf den Zeitpunkt des Eintritts der Steuerpflicht festgestellte oder festzustellende Vermögen.

Maßgeblich ist also grundsätzlich als Anfangsgrundlage derjenige Vermögensbestand, der durch Veranlagungsbescheid (§ 47 WG.) oder Feststellungsbescheid (§ 47 WG.) rechtskräftig festgestellt worden ist.

Von Interesse sind hier hauptsächlich folgende Paragraphen des BStG.:

§ 19. Als Vermögenszuwachs gilt der Unterschied zwischen dem reinen Werte des steuerbaren Gesamtvermögens am Ende des jeweiligen Veranlagungszeitraumes (§ 18 BStG.) und dem reinen Werte des steuerbaren Gesamtvermögens am Anfang dieses Zeitraumes, soweit in den §§ 21, 22 BStG. nichts anderes bestimmt ist.

Der Unterschied (Abs. 1) verringert sich um den Betrag, um den die Summe der abzugsfähigen Schulden und Lasten den Gesamtwert des Aktivvermögens des Steuerpflichtigen zu Beginn des maßgebenden Zeitraums überstiegen hat.

§ 28. Für die Steuerpflicht und die Ermittlung der Vermögenswerte ist maßgebend der Stand in den in §§ 18—22 bezeichneten Zeitpunkten.

(Für Betriebe, bei denen regelmäßige jährliche Abschlüsse stattfinden, kann der Vermögensfeststellung der Vermögensstand am Schlusse des letzten Wirtschafts- oder Rechnungsjahres zugrunde gelegt werden.) (Gemäß § 5 Abs. 3 nicht anwendbar.)

Bei der Veranlagung der Besitzsteuer wird das Vermögen des Steuerpflichtigen auf volle Tausende nach unten abgerundet.

2. Vermögen ...

Über den Begriff des Vermögens bestimmen die einschlägigen Bestimmungen des BStG. folgendes:

§ 2. Als Vermögen im Sinne des § 1 gilt, soweit das Gesetz nichts anderes vorschreibt, das gesamte bewegliche und unbewegliche Vermögen nach Abzug der Schulden. Es umfaßt:

1. Grundstücke einschließlich des Zubehörs (Grundvermögen);
2. das dem Betriebe der Land- oder Forstwirtschaft, des Bergbaues oder eines Gewerbes dienende Vermögen (Betriebsvermögen);
3. das gesamte sonstige Vermögen, das nicht Grund- oder Betriebsvermögen ist (Kapitalvermögen).

§ 3. Den Grundstücken (§ 2 Nr. 1) stehen gleich Berechtigungen, für welche die sich auf Grundstücke beziehenden Vorschriften des bürgerlichen Rechtes gelten.

§ 4. Zum Betriebsvermögen (§ 2 Nr. 2) gehören alle dem Unternehmen gewidmeten Gegenstände.

Das Betriebsvermögen einer offenen Handelsgesellschaft oder einer anderen Erwerbsgesellschaft, bei welcher der Gesellschafter als Unternehmer (Mitunternehmer) des Betriebes anzusehen ist, wird den einzelnen Teilhabern nach dem Verhältnis ihres Anteiles zugerechnet.

§ 5. Zum steuerbaren Vermögen gehört nicht das im Ausland befindliche Grund- und Betriebsvermögen.

§ 6. Als Kapitalvermögen (§ 2 Nr. 3) komm n insbesondere, soweit die einzelnen Vermögensgegenstände nicht unter § 2 Nr. 1, § 3 oder unter § 2 Nr. 2, § 4 fallen, in Betracht:

1. selbständige Rechte und Gerechtigkeiten;
2. verzinsliche und unverzinsliche Kapitalforderungen jeder Art;
3. Aktien oder Anteilscheine, Kuxe, Geschäftsguthaben bei Genossenschaften, Geschäftsanteile und andere Gesellschaftseinlagen;
4. bares Geld deutscher Währung, fremde Geldsorten, Banknoten und Kassenscheine, ausgenommen die aus den laufenden Jahreseinkünften vorhandenen Bestände und Bank- oder sonstige Guthaben, soweit sie zur Bestreitung der laufenden Ausgaben für drei Monate dienen, sowie Gold und Silber in Barren;
5. der Kapitalwert der Rechte auf Renten und andere wiederkehrende Nutzungen und Leistung, welcheen dem Berechtigten auf seine Lebenszeit oder auf die Lebenszeit eines anderen, auf unbestimmte Zeit oder auf die Dauer von mindestens zehn Jahren entweder vertragsmäßig als Gegenleistung für die Hingabe von Vermögenswerten oder aus letztwilligen Verfügungen, Schenkungen oder Familienstiftungen oder vermöge hausgesetzlicher Bestimmungen zustehen;

6. noch nicht fällige Ansprüche aus Lebens- und Kapitalversicherungen oder Rentenversicherungen, aus denen der Berechtigte noch nicht in den Rentenbezug eingetreten ist.

§ 7. Die Vorschrift im § 6 Nr. 5 gilt nicht
a) für Ansprüche an Witwen-, Waisen- und Pensionskassen;
b) für Ansprüche aus einer Kranken- oder Unfallversicherung, aus der Reichsversicherung oder der gesetzlichen Versicherung der Angestellten;
c) für Renten und ähnliche Bezüge, die mit Rücksicht auf ein früheres Arbeits- oder Dienstverhältnis gewährt werden.

§ 8. Als steuerbares Vermögen gelten nicht Möbel, Hausrat und andere nicht unter § 6 fallende bewegliche körperliche Gegenstände, sofern sie nicht als Zubehör eines Grundstückes (§ 2 Nr. 1, § 3) oder als Bestandteil eines Betriebsvermögens (§ 2 Nr. 2, § 4) anzusehen sind.

§ 9. Das zu einem Lehen, Fideikommiß oder Stammgut gehörige Vermögen gilt als Vermögen des Inhabers.

§ 10. Von dem Vermögen sind abzuziehen die dinglichen und persönlichen Schulden des Steuerpflichtigen sowie der Wert der dem Steuerpflichtigen obliegenden oder auf einem Lehen, Fideikommiß oder Stammgut ruhenden Leistungen der im § 6 Nr. 5 bezeichneten Art.

Nicht abzugsfähig sind
a) Schulden, die zur Bestreitung der laufenden Haushaltungskosten eingegangen sind (Haushaltungsschulden);
b) Schulden und Lasten, welche in wirtschaftlicher Beziehung zu nicht steuerbaren Vermögensteilen stehen.

Beschränkt sich die Zuwachsbesteuerung auf das inländische Grund- und Betriebsvermögen (§ 11 Nr. II), so sind nur die in einer wirtschaftlichen Beziehung zu diesen Vermögensteilen stehenden Schulden und Lasten abzugsfähig.

2a. Zu § 4 lag dem 10. Ausschuß der Antrag vor, folgenden Abs. 2 einzufügen:

„Ausländisches Grund- oder Betriebsvermögen ist bei Berechnung des Anfangs- und Endvermögens — beides zum Valutastande vom 1. August 1914 — zu berücksichtigen."

Der Regierungsvertreter erklärte, der Antrag bezwecke wohl in erster Linie, eine Berücksichtigung der Verluste, die an ausländischem Grund- und Betriebsvermögen während des Krieges entstanden sind, bei Berechnung des abgabepflichtigen Vermögenszuwachses zu ermöglichen. Er bitte aber den Antrag abzulehnen, da es tatsächlich nicht nur überaus schwierig sei, jetzt nachträglich noch den Wert des ausländischen Grund- und Betriebsvermögens für den 1. August 1914 festzustellen, wie sich auch jetzt kaum übersehen lasse, welchen Wert das insbesondere im feindlichen Ausland angelegte Vermögen habe. Hierüber die Entscheidung in den Instanzenzug zu legen und dem Abgabepflichtigen einen Rechtsanspruch auf die Berücksichtigung dieser Verluste zu geben, halte er für bedenklich. Hier könne nur im Wege des Billigkeitserlasses geholfen werden. Allerdings habe der Bundesrat und Staatenausschuß sich seither gegenüber der Berücksichtigung solcher Verluste ablehnend verhalten; er glaube aber zusichern zu können, daß in Zukunft in allen geeigneten Fällen die sich etwa ergebenden Härten dieser Art im Wege des Billigkeitserlasses beseitigt würden. Der Antrag wurde daraufhin zurückgezogen.

3. . . . rechtskräftig . . . aber unrichtig festgestellt.

Der Abs. 2 des § 4 trifft hier eine grundsätzlich von den Normen des BStG. und KrStG. vom 21. Juni 1916 abweichende Regelung.

Indem das BStG. und mit ihm das KrStG. den Stand des Vermögens vom 31. Dezember 1913, so wie es bei der Wehrbeitragsveranlagung rechtskräftig festgestellt war (mit Ausnahme des § 54 WG. und § 73 BG.), als unanfechtbare Grundlage annahm, war jedenfalls entschieden, daß die rechtskräftige Feststellung nachträglich weder durch Rechtsmittel noch sonst anfechtbar war. Das galt auch, wenn sich nachträglich ergeben haben sollte, daß bei der Berechnung des Wehrbeitragsvermögens offenbare Fehler vorgekommen waren. Um nun Unbilligkeiten zu vermeiden, die dadurch entstehen können, daß das Anfangsvermögen zwar rechtskräftig, aber infolge eines Rechtsirrtums der Steuerbehörde oder des Abgabepflichtigen unrichtig festgestellt wurde, sieht § 4 Abs. 2 des Gesetzes vor, daß diese unrichtige Veranlagung für die Veranlagung der Kriegsabgabe zu berichtigen ist. Die Berichtigung ist gegebenenfalls von Amts wegen vorzunehmen und soll auch dann nicht ausgeschlossen sein, wenn sie zuungunsten des Pflichtigen wirkt. Ohne Bedeutung wird dabei sein, ob die rechtskräftige aber unrichtige Feststellung des Anfangsvermögens im Veranlagungs- oder im Rechtsmittelverfahren erfolgt ist. Insoweit dagegen das Anfangsvermögen ohne Rechtsirrtum rechtskräftig festgestellt ist, kann eine Berichtigung desselben nicht mehr erfolgen.

Hierzu lag weiter dem 10. Ausschuß der Antrag vor, in Abs. 2 an Stelle des Wortes: „Rechtsirrtums" zu setzen: „Irrtums".

Der Regierungsvertreter erklärte, es sei zweifellos, daß bei Annahme des Antrages der größte Teil der Abgabepflichtigen eine Neufeststellung ihres Anfangsvermögens verlangen werde. Dies bedeute aber eine völlige Beseitigung der sicheren Grundlage, auf der der Entwurf die Berechnung des Vermögenszuwachses aufbauen wolle, nämlich die Beseitigung der Rechtskraft der Feststellung des Anfangsvermögens. Dies würde nicht nur zu einer außerordentlichen Erschwerung, sondern auch zu einer Unsicherheit der Veranlagung führen, da es in den meisten Fällen jetzt nicht mehr möglich sei, festzustellen, inwieweit wirklich ein tatsächlicher Irrtum bei der Wehrbeitragsveranlagung unterlaufen sei. Er halte es daher für sehr bedenklich, dem Pflichtigen hiermit einen Anspruch auf die Nachprüfung seiner Wehrbeitragsveranlagung zu geben und diese Nachprüfung in den Instanzenzug zu legen. Auch hier könne nur im Wege des Billigkeitserlasses geholfen werden, wie dies auch seither schon geschehen sei und wie dies auch in Zukunft, wenn sich Härten infolge eines tatsächlichen Fehlers bei der Wehrbeitragsveranlagung ergeben würden, geschehen werde.

Der Antrag wurde mit Rücksicht auf diese Erklärung zurückgezogen.

4. im Falle der fortgesetzten Gütergemeinschaft.

Vgl. die Ausführungen zu Anm. 3. Es soll also die Berichtigung insbesondere dann erfolgen, wenn im Falle der fortgesetzten Gütergemeinschaft bei Feststellung des Anfangsvermögens eines Abkömmlings nicht dessen Anteil am Gesamtgut in Ansatz gebracht worden ist, weil die Steuerbehörde oder der

Abgabepflichtige der Ansicht war, daß dieser Anteil dem Anfangsvermögen des überlebenden Ehegatten hinzuzurechnen sei. In diesem Falle wird eine Berichtigung des Anfangsvermögens sowohl des Abkömmlings wie des überlebenden Ehegatten zu erfolgen haben, und zwar in der Weise, daß das Anfangsvermögen des Abkömmlings dem Anteil am Gesamtgut entsprechend höher, das Anfangsvermögen des überlebenden Ehegatten dagegen entsprechend niedriger festgesetzt wird.

5. Bei Grundstücken, die bei der Wehrbeitragsveranlagung mit einem unter dem gemeinen Wert (Verkaufswert) bleibenden Ertragswerte bewertet und innerhalb des Veranlagungszeitraums veräußert worden sind ...

Der Abs. 3 verdankt seine Entstehung folgender Erwägung:

Nach § 17 WG. (und mit Einschränkung auch § 31 BStG.) wurde bei Grundstücken, die dauernd land- oder forstwirtschaftlichen oder gärtnerischen Zwecken, sowie bei bebauten Grundstücken, die Wohnzwecken oder gewerblichen Zwecken zu dienen bestimmt waren, der Ertragswert an Stelle des nach § 16 WG. (§ 29 bzw. 30 BStG.) grundsätzlich zu veranschlagenden gemeinen Wertes (Verkaufswertes) zugrunde gelegt, wodurch eine erhebliche Schonung des Steuerpflichtigen erreicht wurde, da der kapitalisierte Ertragswert meist erheblich niedriger war als der Verkaufs- oder Gestehungswert. Wenn nun ein solches beim Wehrbeitrag nach dem Ertragswert veranlagtes Grundstück innerhalb des für dieses Gesetz festgelegten Veranlagungszeitraums (zwischen 31. Dezember 1913 und 30. Juni 1919) veräußert worden ist, so ergibt sich — insbesondere angesichts der erheblich gestiegenen Bodenwerte — in vielen Fällen ein außergewöhnlich hoher Vermögenszuwachs. Da dieser nur daraus zu erklären ist, daß dasselbe Grundstück an verschiedenen Stichtagen unter grundsätzlich verschiedenen Gesichtspunkten bewertet wurde, also nur ein Zuwachs im rechnerischen Sinne vorliegt, so gestattet das Gesetz eine nachträgliche Zugrundelegung des gemeinen Wertes am 31. Dezember 1913 auch bei Feststellung des Anfangvermögens. Über die Frage, ob infolge der nachträglichen Berichtigung der Feststellung des Anfangsvermögens nun auch eine Zurückzahlung der zum 31. Dezember 1916 veranlagten und gezahlten Kriegssteuer beansprucht werden könne, vgl. Anm. 2 zu § 17.

6. Unter dem Veranlagungszeitraum im Sinne des Gesetzes soll der Zeitraum zwischen dem für die Feststellung des Anfangs- und dem für die Feststellung des Endvermögens maßgebenden Stichtage verstanden werden. In der Regel wird somit der Veranlagungszeitraum die Zeit vom 1. Januar 1914 bis 30. Juni 1919 (vgl. § 5) umfassen. In den Fällen, in welchen die Steuerpflicht nach dem Besitzsteuergesetz erst nach dem 1. Januar 1914 begründet wurde oder die Abgabepflicht nach dem Entwurfe vor dem 30. Juni 1919 aufhört, bestimmt sich der Veranlagungszeitraum nach Beginn und Ende der Steuer- oder Abgabepflicht.

§ 5.[1]) Als Endvermögen gilt — vorbehaltlich der in den §§ 6 bis 14 vorgesehenen Abweichungen — das auf den 30. Juni 1919 nach den Vorschriften des Besitzsteuergesetzes festzustellende[1]) steuerbare Vermögen des Abgabepflichtigen. Ist der Abgabepflichtige ein Ausländer, so gilt, sofern er seinen Wohnsitz oder dauernden Aufenthalt im Inland vor dem 30. Juni 1919 aufgegeben hat, das nach den Vorschriften des Besitzsteuergesetzes auf den Tag des Wegzugs rechtskräftig festgestellte oder, falls eine solche Feststellung nicht erfolgt ist, das auf diesen Tag festzustellende steuerbare Vermögen des Abgabepflichtigen.

Die Vorschrift des § 28 Abs. 2 des Besitzsteuergesetzes findet bei Feststellung des Endvermögens keine Anwendung[3]). Dem Abgabepflichtigen steht es aber frei, den Abschluß des Wirtschafts- oder Rechnungsjahrs[3]) zugrunde zu legen, das in der Zeit zwischen dem 31. März 1919 und dem 29. Februar 1920 endigt.

1. Allgemeines.

Vgl. die Ausführungen zu Anm. 2 des § 1. Die Vorschrift macht somit aus den zu § 1 angegebenen Gründen eine nach den Vorschriften des BStG. vorzunehmende, besondere, selbständige Feststellung des am 30. Juni 1919 vorhandenen Vermögens nötig. Die vom BStG. zum Teil abweichenden Vorschriften in §§ 6—14 sind dabei zu beachten.

Die Bewertungsvorschriften der §§ 28—47 BStG. sind, soweit nicht die kodifizierende Regelung durch die Reichsabgabenordnung eingreift, ganz besonders zu beachten. Vgl. hierzu die erschöpfenden Erläuterungen Bucks im Komm. z. BStG., Verlag Schwann, Düsseldorf, II. Aufl. 1918, auf die hier verwiesen werden muß.

Zur Frage der Bewertung wurde in der Kommission die Anfrage gestellt, wie die Bewertung von Erfinderpatenten erfolgen solle und wie etwaige Härten, die sich hierbei aus den gesetzlichen Vorschriften ergeben, beseitigt werden könnten.

Der Regierungsvertreter erwiderte, der Erfinder befinde sich im Vergleich zu demjenigen, der das Patent entgeltlich erworben habe, zweifellos in einer wirtschaftlich sehr verschiedenen Lage, weshalb die gleichmäßige Anwendung der Bewertungsvorschriften zu Unbilligkeiten und Härten führen könnte. Die Frage, in welcher Weise man den Interessen der Erfinder durch Änderung der Bewertungsvorschriften entgegenkommen könne, bilde zur Zeit den Gegenstand eingehender Prüfung bei dem Reichsfinanzministerium, die jedoch noch nicht zum Abschluß gekommen sei. Vorerst müßten die Härten, die sich aus der Bewertung der Erfinderpatente nach den bestehenden Vorschriften ergeben könnten, im Wege des Billigkeitserlasses beseitigt werden, bis die endgültige gesetzliche Regelung erfolgt sei.

Die Anfrage wurde hierauf nicht weiter verfolgt.

Was nach dem 30. Juni 1919 Vermögensbestandteil wird, ist für die Veranlagung gleichgültig (von der Ausnahme des Abs. 2 abgesehen). Die erst nach dem 30. Juni 1919 fällig werdenden Zinsen und Dividenden bleiben außer Ansatz. Wenn allerdings, wie das im Bankverkehr üblich ist, Zinsen von Reichs-, Staats- und Gemeindeanleihen, die an sich erst am 1. Juli oder 1. Januar fällig sind, schon vor dem 1. Juli bzw. 1. Januar ausgezahlt oder gutgeschrieben werden, so gehören sie mit zum steuerpflichtigen Vermögen. Ein Gegengewicht bietet der § 6 Ziff. 4 letzter Satz des BStG., wonach der Haushaltsbedarf für 3 Monate abgezogen werden darf.

2. Ausländer, die ihren inländischen Wohnsitz oder Aufenthalt nach dem 30. Juni 1919 aufgegeben haben bleiben, da für die persönliche Abgabepflicht gemäß § 2 Abs. 2 Satz 1 als Stichtag der 30. Juni 1919 maßgeblich ist, überhaupt abgabepflichtig (ebenso wie sie am 31. Dezember 1916 auch besitz- und kriegssteuerpflichtig geblieben waren) mit ihrem gesamten Vermögenszuwachs und es können zur Sicherung der Jahresraten und Halbjahrsraten (vgl. §§ 24 und 70 BStG.) ohne weiteres ihre in Deutschland belegenen Vermögensteile versteigert auch können ihnen gehörige inländische Grundstücke zwangsweise gepfändet werden (§ 72 BStG.).

Für Ausländer die ihren inländischen Wohnsitz oder Aufenthalt vor dem 30. Juni 1919 aufgegeben haben und die daher für den nach ihrem Wegzug bis zum 30. Juni 1919 eingetretenen Vermögenszuwachs gemäß § 2 Abs. 2 Satz 2 noch abgabepflichtig gemacht werden können hat der Gesetzgeber in Satz 2 des § 5 eine besondere dem § 12 KrStG. vom 21. Juni 1916 zwar nachgebildete aber doch zum Teil von ihm abweichende Regelung getroffen. (Vgl. den zu Anm. 1 beim § 1 abgedruckten § 12 KrStG. von 1916).

Soweit es sich dagegen um abgabepflichtige Reichsangehörige oder um solche Personen handelt welche nach § 2 Abs. 3 des Gesetzes der Abgabe in gleichem Umfange wie jene unterliegen, ist stets das auf den 30. Juni 1919 festzustellende Vermögen als Endvermögen anzunehmen.

3. Abschluß des Wirtschafts- oder Rechnungsjahres, das in der Zeit zwischen 31. März 1919 und 29. Febr. 1920 endigt.

Diese Vorschrift trägt dem Umstande Rechnung, daß das Gesetz als Endstichtag nicht das Ende des Kalenderjahres und damit in den meisten Fällen auch des Geschäfts- oder Rechnungsjahres, sondern den 30. Juni 1919, also einen Tag bestimmt, an dem nur in Ausnahmefällen ein Geschäftsjahr abschließt. Mit Rücksicht hierauf wird jedem Abgabepflichtigen freigestellt, bei Feststellung des Endvermögens den Abschluß desjenigen Wirtschafts- oder Rechnungsjahres zugrunde zu legen, das in der Zeit zwischen 31. März 1919 und 29. Febr. 1920 endigt. Diese Vorschrift unterscheidet sich erheblich von der ähnlich lautenden Vorschrift des § 28 Abs. 2 BStG., die das Gesetz ausdrücklich für nicht anwendbar erklärt. Sie lautet:

„Für Betriebe, bei denen regelmäßige jährliche Abschlüsse stattfinden, kann der Vermögensfeststellung der Vermögensstand am Schlusse des letzten Wirtschafts- oder Rechnungsjahres zugrunde gelegt werden."

Folgende Abweichungen vom § 28 Abs. 2 BStG. sind bemerkenswert:

a) Nicht vorausgesetzt sind „Betriebe" im steuertechnischen Sinne, also lediglich gewerbliches oder land- und forstwirtschaftliches Betriebsvermögen. Die Verschiebung des Endstichtages ist somit einerseits für das gesamte Vermögen eines Abgabepflichtigen, andrerseits überhaupt für jeden Abgabepflichtigen statthaft, mag er einen gewerblichen Betrieb besitzen oder nicht (also auch für Ärzte, Rechtsanwälte, Künstler usw.). Immerhin dürfte eine ordnungsmäßige (aber nicht notwendig doppelte) Buchführung vorausgesetzt werden müssen. — Aus dem Umstand, daß das Gesetz auf eine Feststellung des Vermögensstandes hinzielt, könnte man folgern, daß § 5 ebenso wie wohl auch

§ 28 Abs. 2 BStG. nur bei solchen Buchführungen anwendbar ist, die nicht nur Einnahmen und Ausgaben, sondern gleichzeitig Vermögensabschlüsse darstellen. Zu dieser Auffassung kann man insbesondere durch das Wort Abschluß veranlaßt werden. Legt man den § 5 in diesem Sinne aus, so würden die Abschlüsse der Landwirtschaft und Forstwirtschaft ausscheiden, weil sie sich im allgemeinen im Gegensatz zur kaufmännischen Bilanz-Buchführung auf die Vergleichung der Einnahmen und Ausgaben beschränken und sogar bei der Einkommensbesteuerung in den meisten deutschen Bundesstaaten land- und forstwirtschaftliche Buchführungen, welche zugleich die Bewegungen des Vermögensstandes widerspiegeln, als zur Ermittelung des steuerpflichtigen Einkommens geeignet nicht angesehen werden. Trotzdem geht die Absicht des Gesetzes ebenso wie im § 9 des preuß. EinkStG. und § 10 des preuß. ErgStG. dahin, auch beim Vorhandensein einer nur die Einnahmen und Ausgaben widerspiegelnden landwirtschaftlichen Buchführung die Vermögensangabe nach dem letzten Abschlußtage der Buchführung für zulässig zu erachten. Ein veranlagungstechnisch durchschlagender Grund hierfür ist allerdings nicht gegeben, denn wenn der Land- und Forstwirt in seine Buchführung doch nicht den Vermögensstand einbezieht, so bedeutet es bei ihm auch keine Erleichterung, wenn ihm das Recht eingeräumt wird, den Vermögensstand nach dem letzten Buchabschlußtage statt nach dem 30. Juni 1919 anzugeben. Eine solche Erleichterung zu gewähren ist aber der Zweck des § 5.

b) Nicht vorausgesetzt sind ferner regelmäßige jährliche Abschlüsse, also Zwölfmonatsabschlüsse, d. h. solche Abschlüsse, die regelmäßig aneinander anschließend für volle 12 Monate gemacht werden. Unregelmäßige, nicht aneinander anschließende Abschlüsse oder Abschlüsse für mehr oder weniger als 12 Monate sind zulässig.

c) Ein wesentlicher Unterschied besteht ferner hinsichtlich der Zeitspanne, in welche jener willkürliche Abschluß fallen darf und muß. Nach dem BStG. kann der Vermögensstand am Schlusse des letzten Wirtschafts- oder Rechnungsjahres zugrunde gelegt werden, wobei (allerdings nicht unbestritten!) das Ende des betr. Geschäftsjahres in das Kalenderjahr 1918 fallen muß, also nicht hinter den 31. Dez. 1918, dem gesetzlichen Endstichtag, liegen darf, während andrerseits für eine Verschiebung des Abschlußtages nach rückwärts keine zeitliche Grenze (außer der logischen des 1. Jan. 1918) gesetzt ist. Nach § 5 dieses Gesetzes dagegen ist die Zeitspanne in der Art festgelegt, daß der Abschlußtag nicht hinter dem 29. Febr. 1920, aber auch nicht vor dem 31. März 1919 liegen darf. Hierdurch ist der Schwierigkeit Rechnung getragen, daß durch die Wahl des 30. Juni 1919 als Endstichtag ein Riß in die handelsüblichen Geschäftsjahre (31. Dez. 1918—31. Dez. 1919 und 31. März 1919—29. Febr. 1920) geschaffen worden wäre.

Im übrigen bedeutet die im Abs. 2 gewährte Wahlfreiheit eine weitere, erhebliche und gewissermaßen automatische Milderung etwaiger Härten bei solchen Abgabepflichtigen, die noch nach dem 30. Juni 1919 eine nachträgliche Verminderung ihres Vermögenszuwachses erfahren haben.

Zweifelhaft ist die Frage, ob es dem Abgabepflichtigen gestattet ist, nur bezüglich eines Teiles seines Vermögens von der Wahlfreiheit des § 5 Abs. 2 Gebrauch zu machen, also beispielsweise den Zuwachs für sein Betriebsvermögen nach dem Rechnungsjahre 31. März 1919—29. Febr. 1920, für sein Privatvermögen auf den 31. Dez. 1919 oder 30. Juni 1919 zu berechnen. Die Frage dürfte zu bejahen sein. Alsdann mußte es natürlich dem Abgabepflichtigen weiterhin freigestellt sein, Verschiebungen zwischen den beiden Vermögensmassen, die bis zum späteren Berechnungstage eingetreten sind, zu berücksichtigen. Hat beispielsweise der Abgabepflichtige für sein Betriebsvermögen den 1. April 1919 als Abschlußtag gewählt, und hat er nach diesem Tage Kapital aus dem Geschäft herausgezogen und in Wertpapieren oder Grundstücken, also als außerbilanzmäßiges Vermögen angelegt, so ist dieses letztere, soweit nicht ein noch späterer Stichtag gewählt wird, nach dem 30. Juni 1919 zu berechnen. Damit nun aber keine Doppelbesteuerung eintritt, muß dieser zur Steuererklärung als Kapital oder Grundvermögen besonders angemeldete Betrag natürlich vom Bilanzvermögen des 1. April 1919 wieder abgesetzt werden. Umgekehrt muß natürlich ein entsprechender Betrag dem Bilanzvermögen vom 1. April 1919 zugeschrieben werden, wenn nach diesem Zeitpunkt Kapital oder Grundvermögen in das Geschäft eingelegt werden. Kurzum, die Verschiebungen dürfen weder zu Lücken in der Besteuerung, noch zur Doppelbesteuerung führen.

§ 6.[1]) Von dem nach § 5 festgestellten Vermögen sind abzuziehen[1]):

1. der Betrag[1]) des Vermögens, das nachweislich[3]) im Veranlagungszeitraume durch Erbanfall[4]), durch Lehen-, Fideikommiß- oder Stammgutanfall[5]), infolge Vermächtnisses oder auf andere Weise aus dem Nachlaß eines Verstorbenen von Todes wegen[2]) erworben worden ist. Als Erwerb aus dem Nachlaß eines Verstorbenen gilt auch die Abfindung für die Ausschlagung einer Erbschaft oder eines Vermächtnisses. Im Falle der fortgesetzten Gütergemeinschaft gilt auch der Anteil der Abkömmlinge am Gesamtgut sowie ein Anteil, der nach §§ 1490, 1491 des Bürgerlichen Gesetzbuchs den anderen Abkömmlingen oder dem überlebenden Ehegatten zuwächst, im Sinne dieser Vorschrift als aus dem Nachlaß eines Verstorbenen von Todes wegen erworben[5a]).

Der Abzug ist für den entsprechenden Anteil an dem Betrage des Nachlaßvermögens ausgeschlossen[5b]), der abgabepflichtiger Vermögenszuwachs des Erblassers gewesen wäre, wenn der Erblasser auf den Zeitpunkt seines Todes zu der Abgabe zu veranlagen gewesen sein würde[5b]);

2. der Kapitalwert[6]) der Leistungen, die auf dem Vermögen des Abgabepflichtigen geruht haben und auf die Lebenszeit einer bestimmten Person beschränkt waren, sofern infolge des während des Veranlagungszeitraums eingetretenen Todes[6a]) des Berechtigten die Verpflichtung zur Leistung weggefallen ist, und zwar mit dem Betrage, mit dem der Kapitalwert bei Feststellung des Anfangsver-

mögens oder des durch einen der in Nr. 1 und 4 bezeichneten Anfälle erworbenen Vermögensbetrags in Abzug gebracht worden ist;

3. [7a]) der Betrag einer nachweislich im Veranlagungszeitraum erfolgten Kapitalauszahlung [7b]) aus einer Versicherung [8]) oder der Kapitalwert [7b]) eines im Veranlagungszeitraum erlangten Rentenanspruchs aus einer Versicherung nach Absetzung des bei der Ermittlung des Anfangsvermögens [8a]) festgestellten Kapitalwerts der betreffenden Versicherung;

4. [9]) der Betrag des Vermögens, das nachweislich im Veranlagungszeitraume durch Schenkung [10]) oder durch eine sonstige ohne entsprechende Gegenleistung [11]) erhaltene Zuwendung (Vermögensübergabe) erworben ist, soweit es sich um Zuwendungen im Einzelbetrage [10a]) von wenigstens 1000 Mark handelt und nicht ein gesetzlicher Anspruch auf die Zuwendung bestand [12];

5. Vermögensbeträge, die nachweislich aus der Veräußerung [13]) ausländischen Grund- oder Betriebsvermögens oder sonstiger Gegenstände herrühren, die zu Beginn des Veranlagungszeitraums zum nichtsteuerbaren Vermögen des Abgabepflichtigen gehört haben [13]). Das gleiche gilt für solche zum ausländischen Grund- oder Betriebsvermögen gehörige Gegenstände, die während des Veranlagungszeitraums in das Inland verbracht worden sind.

Als Vermögensbetrag, der aus der Veräußerung von zu Beginn des Veranlagungszeitraums zum nichtsteuerbaren Vermögen gehörigen Gegenständen herrührt, darf höchstens der Wert dieser Gegenstände zu Beginn des Veranlagungszeitraums in Abzug gebracht werden [14]). Diese Vorschrift findet keine Anwendung, soweit der Vermögensbetrag aus der Veräußerung ausländischen Grund- oder Betriebsvermögens herrührt;

6. der Betrag einer Kapitalabfindung [15]), die als Entschädigung für den durch Körperverletzung oder [15]) Krankheit herbeigeführten gänzlichen oder teilweisen Verlust der Erwerbsfähigkeit an den Abgabepflichtigen während des Veranlagungszeitraums gezahlt worden oder zu zahlen ist;

7. der Betrag einer Kapitalabfindung, die als Entschädigung für die durch Unfall oder Verschulden eines Dritten erfolgte Tötung [15a]) während des Veranlagungszeitraums denjenigen gezahlt worden

oder zu zahlen ist, denen gegenüber der Getötete unterhaltspflichtig war;

8. [16]) die von dem Abgabepflichtigen nach dem Gesetz über eine außerordentliche Kriegsabgabe für das Rechnungsjahr 1918 vom 26. Juli 1918 (Reichs-Gesetzbl. S. 964) und nach dem Gesetz über eine außerordentliche Kriegsabgabe für das Rechnungsjahr 1919 vom 10. September 1919 zu entrichtenden Abgabebeträge[16]), soweit sie am Ende des Veranlagungszeitraums noch geschuldet sind;

9. [17]) die von dem Abgabepflichtigen für das Rechnungsjahr 1918 oder für frühere Jahre zu entrichtende Staats-, Gemeinde-, Kirchen- und Umsatzsteuer sowie die Besitzsteuer, soweit diese Steuerbeträge am Ende des Veranlagungszeitraums noch nicht gezahlt sind;

10. [17]) die von dem Abgabepflichtigen für das Rechnungsjahr 1919 zu entrichtenden, auf das Einkommen entfallenden Staats-, Gemeinde- und Kirchensteuern. Das gleiche gilt für die Gewerbesteuer, soweit sie nach dem Ertrage bemessen wird.

1. Allgemeines.

Das im § 5 bezeichnete Vermögen soll nicht ohne weiteres dem Anfangsvermögen als Endvermögen zwecks Berechnung des abgabepflichtigen Vermögenszuwachses gegenübergestellt werden. Vielmehr sieht § 6 vor, daß dieses Vermögen zunächst zugunsten des Pflichtigen zu berichtigen ist um als Endvermögen gelten zu können. Und zwar ist der Zweck der Vorschrift des § 6 einmal der, gewisse Vermögensanfälle auszuscheiden die wie Erbschaften (Ziff. 1) nach anderen Gesichtspunkten zu behandeln sind und teilweise auch bereits einer Sondersteuer (Erbschaftssteuer) unterliegen, oder deren Besteuerung als Kriegszuwachs der Billigkeit nicht entsprechen würde, weil sie keinen tatsächlichen sondern nur einen rechnungsmäßigen (z. B. durch Fortfall eines kapitalisierten Nießbrauchsrechts) entstandenen (Ziff. 2) Vermögenszuwachs darstellen oder ein Ausgleich für eine verminderte Leistungsfähigkeit oder Tod sind, wie Kapitalversicherungen und Lebensversicherungen (Ziff. 3) und Entschädigungen für Körperverletzungen (Ziff. 6) und Tötungen (Ziff. 7); weiter aber ist der Zweck des § 6 der, Schiebungen zu verhindern (Ziff. 4 in Verbindung mit § 8 Ziff. 1) oder der, zu verhindern, daß nur ein scheinbarer Vermögenszuwachs, der sich aus der Umwandlung von steuerfreiem in steuerbares Vermögen ergibt, z. B. der Erlös aus dem Verkauf ausländischen Grund- und Betriebsvermögens, zur Besteuerung herangezogen wird (Ziff. 5 in Verbindung mit § 8 Ziff. 2 und 3). Neu ist gegenüber § 3 des KrStG. vom 21. Juni 1916 (RGBl. S. 561), dem § 6 nachgebildet ist, die Bestimmung über Absetzung der nach den KrAbgG. 1918 und 1919 zu zahlenden aber noch nicht entrichteten Kriegsabgaben (Ziff. 8). Sie fällt aus dem Rahmen (d. h. der allgemeinen oben bezeichneten Tendenz) des § 6 heraus und will verhindern, daß der auf den 30. Juni 1919 festzustellende Vermögenszuwachs um den Betrag noch zu entrichtender Steuern vermehrt wird, die an diesem Stichtage das Vermögen des Abgabepflichtigen als Schulden belasteten. Auf demselben Gedanken beruht die in Ziff. 9 und 10 normierte Abzugsfähigkeit geschuldeter Staats- und Gemeindeeinkommensteuern und einiger anderen Steuern aus den Rechnungsjahren 1918 und 1919. Daß an dieser Stelle von einem Abzug etwa geschuldeter Abgabebeträge aus dem KrStG. von 1916 keine Rede ist, findet seine Erklärung in dem Gesichtspunkte der Doppelbesteuerung, welcher den Gesetzgeber zu einer gesonderten Regelung in den §§ 8 Ziff. 6 und 17 einerseits und den §§ 9 und 18 andererseits veranlaßt hat. Vgl. dort das nähere hierzu.

Zunächst wird nach den Vorschriften des BStG. das Vermögen auf den 30. Juni 1919 festgestellt (§ 5), dann werden die Abrechnungen nach §§ 6 und 7 und die Zurechnungen nach § 8 gemacht. In dem für die Veranlagung einzureichenden Vermögensverzeichnis sind auf Seite 4, Abteilung VI, Angaben über die zuzurechnenden Beträge zu machen. Damit ist die Steuerbehörde gesichert. Wegen etwaiger Abrechnungen nach § 6 sieht das Formular des Vermögensverzeichnisses nichts vor. Es bleibt daher dem Steuerpflichtigen überlassen, in demselben seine Abzüge gemäß § 6 selbst geltend zu machen. Um unnütze Erörterungen zu vermeiden, tut er dies zweckmäßig möglichst genau unter Bezeichnung sämtlicher Punkte und Daten (Erblasser, Tag seines Todes, letzter Wohnort, Ursache, Herkunft, Betrag und Zeitpunkt ausgezahlter Versicherungssummen oder Entschädigungen usw.), die gemäß § 6 wesentlich sind.

Der gemäß § 6 des Gesetzes abzuziehende Betrag ist, wie § 13 der AusfBest. z. KrStG. vom 21. Juni 1916 schon bestimmt hatte, unter Zugrundelegung des Vermögenswertes zur Zeit des Erwerbes, bei der Umwandlung von nicht steuerbarem Vermögen in steuerbares Vermögen unter Zugrundelegung des Vermögenswertes zur Zeit der Umwandlung zu berechnen.

Vermögensgegenstände, die auf eine der im § 6 Absatz Ziff. 1, 3—5 des Gesetzes bezeichneten Arten erworben worden und im Endvermögen des Steuerpflichtigen noch enthalten sind, müssen für den Abzug gemäß § 6 des Gesetzes nach den gleichen Grundsätzen bewertet werden wie bei der Feststellung des Endvermögens. Wird z. B. in das zum 30. Juni 1919 ermittelte Endvermögen ein durch Erbschaft u. dgl. im Veranlagungszeitraum ererbtes Haus mit dem gemeinen Werte (§ 29 BStG.) eingesetzt, so darf für den Abzug nach § 6 Abs. 1 Ziff. 1 nicht der Ertragswert (§ 30 BStG.) eingesetzt werden. Ist aber dieser gemeine Wert seit dem Erbanfall bis zum 30. Juni 1919 gesunken, so darf der Abzug nach Ziff. 1 dennoch mit dem zur Zeit des Erbanfalls vorhandenen höheren Werte erfolgen. Insofern enthalten also Abs. 1 und 2 des § 13 der oben angeführten BundesratsAusfAnw. z. KrStG. vom 21. Juni 1916 nichts sich Widersprechendes.

2. Von Todes wegen erworben worden ist.

Wegen der Ausscheidung der Erbschaften und anderer von Todes wegen angefallenen Vermögen bemerkte die amtliche Begründung zum alten Gesetz (S. 13), daß für die Besteuerung der Erbschaften andere Gesichtspunkte maßgebend sein müßten, als für die Besteuerung der Kriegsgewinne. An sich war man in den Kommissionsberatungen auch darüber einig, daß die Erbschaften auszuscheiden seien (Drucks. Nr. 320 S. 95). Allein ein Antrag Nr. 234 S. 3 (a. a. O. S. 95 ff.) verfolgte das Ziel, Kriegserbschaften und andere Erbschaften nunmehr allgemein höher als bisher zur Erbschaftssteuer heranzuziehen und die Erbschaftssteuer auch auf die Kinder und Enkel auszudehnen und auch die Ehefrau nicht davon auszunehmen. Da dieser Antrag eine schwere Gefährdung des Burgfriedens bedeutete und das Zustandekommen des ganzen KrStG. gefährdete, so wurde dieser Antrag durch die Einigung auf einen Kompromiß (Drucks. II. Lesung S. 109) für erledigt erklärt. Es verblieb also dabei, daß die Erbschaften und ähnlichen Erwerbungen von Todes wegen vom steuerpflichtigen Vermögenszuwachs abzuziehen und auch keiner Erhöhung des ErbStG. vom 3. Juli 1913 (RGBl. S. 521) bzw. vom 3. Juni 1906 (RGBl. S. 654) unterworfen werden sollen.

3. Nachweislich.

Liegt Vermögensvermehrung vor, so trifft den Steuerpflichtigen die Beweislast, daß ein Betrag derselben auf einen der in § 3 angegebenen Anfälle zurückgeführt werden muß. Insbesondere sind Name, Todestag und Todesort des Erblassers so genau anzugeben, daß eine Nachprüfung möglich ist.

Nach § 62 BStG. ist im Erbschaftsfalle der Erbe, Testamentsvollstrecker und Nachlaßpfleger verpflichtet, der Steuerbehörde binnen sechs Monaten nach dem Tode des betreffenden Verstorbenen ein Verzeichnis über das Kapital und Betriebsvermögen einzureichen. Ferner besteht eine Auskunftspflicht der Standesämter (§ 61 BStG.) und der Erbschaftssteuerämter (§ 63 BStG.). Ferner ist in Preußen durch Verf. des FinMin. (Mitt. a. d. Verw. d. dir. Steuern Heft 31, 60) eine gegenseitige Pflicht zur Mitteilung und Aktenüberlassung zwischen Erbschaftssteueramt und Besitzsteuerbehörde vorgeschrieben.

4. Erbanfall.

Hierzu bemerkt die amtliche Begründung zum KrStG. von 1916: Abzugsfähig ist der Betrag des Vermögens, das aus dem Nachlaß eines Verstorbenen von Todes wegen erworben ist. Hierunter fällt nicht der Erbschaftskauf (§§ 2371 ff. BGB.). Ein nicht geltend gemachter Anspruch auf den Pflichtteil kommt bei der Feststellung des Vermögens nach dem BStG. nicht in Betracht, ebensowenig daher für die Absetzung nach § 6 Abs. 1 Nr. 1.

Maßgebend ist der Wert des Vermögens zur Zeit des Anfalls (vgl. Schluß der Anm. 1). Abzugsfähig ist nur der Betrag, um den der Erbe usw. durch den Erbanfall usw. wirklich bereichert ist, also der um die geschuldete Erbschaftssteuer gekürzte Wert des Erwerbes. Nachlaßgegenstände, die nicht zum steuerbaren Vermögen gehören, bleiben unberücksichtigt, es sei denn, daß die Abzugsfähigkeit nach Abs. 1 Nr. 1 begründet ist.

Abzugsfähig vom Vermögensanfall ist selbstverständlich auch der Kapitalwert etwaiger auf dem Vermögensanfall ruhender, auf die Lebenszeit einer bestimmten Person beschränkter Verpflichtungen (z. B. Auflagen, Renten). Wenn in solchem Falle der Berechtigte während des Veranlagungszeitraumes stirbt, so ist, wie dies Ziff. 2 des § 6 übrigens ausdrücklich bestimmt, dieser abgesetzte Kapitalwert auch von dem nach § 5 festgestellten Endvermögen abzuziehen, weil sich andernfalls rechnerisch ein in Wirklichkeit gar nicht bestehender Vermögenszuwachs ergeben würde. Vgl. hierzu im folgenden Ziff. 2 zu § 6 und die Anm. 6 am Ende.

Wenn somit maßgeblich ist der Wert des Vermögens zur Zeit des Anfalls, so ist damit zugleich gesagt, daß es nicht darauf ankommt, wieviel das ererbte Vermögen jetzt wert ist; infolgedessen kann im allgemeinen das zugrunde gelegt werden, was im Erbschaftssteuerbescheid als angefallenes Vermögen rechtskräftig festgestellt worden ist. Dabei ist allerdings zu beachten, das daß Reichserbschaftssteuergesetz nicht in allen Punkten mit den Grundsätzen des BStG. übereinstimmt (z. B. bezüglich des ausländischen Vermögens § 5 ErbschStG. s. a. § 6 a. a. O., § 7 Abs. 2, der Befreiung von Schulden § 11 Ziff. 3, der Behandlung des Mobiliarvermögens, das bei der Erbschaftssteuer in gewissem Umfang steuerpflichtig ist § 11 Ziff. 4 f. und gewisser Steuerbefreiungen § 11 Ziff. 4e und h sowie der Bewertungen der landwirtschaftlichen Grundstücke §§ 15, 16 Abs. 2). Immerhin wird es sich empfehlen, im Falle des § 6 Ziff. 1 des Gesetzes stets die Erbschaftssteuerakten einzusehen oder den Erbschaftssteuerfeststellungsbescheid einzureichen.

Im Zusammenhang hiermit seien die entsprechenden Paragraphen des ErbschStG. vom 3. Juni 1906 (RGBl. S. 654 ff.) wiedergegeben, durch deren Vergleichung die Bestimmungen des § 6 erst in das richtige Licht gesetzt werden.

§ 1. Als Erwerb von Todes wegen gilt, außer demjenigen, was durch Erbfolge, durch Vermächtnis oder als Pflichtteil erworben wird:

1. ein Erwerb, auf welchen die für Vermächtnisse geltenden Vorschriften des bürgerlichen Rechtes Anwendung finden, sowie dasjenige, was durch eine nach den Vorschriften des bürgerlichen Rechtes als Verfügung von Todes wegen zu beurteilende Schenkung erworben wird;
2. ein Erwerb, welcher infolge der Vollziehung einer durch Verfügung von Todes wegen angeordneten Auflage oder infolge der Bewirkung einer Leistung, von welcher der Erblasser einen Erwerb von Todes wegen abhängig gemacht hat, oder, sofern der Erwerb der Genehmigung einer Behörde bedarf, infolge der Vollziehung einer Anordnung dieser Behörde erlangt wird.

§ 2. Als Erwerb von Todes wegen ist außerdem anzusehen:

1. was durch Rechtsgeschäft unter Lebenden mit der Bestimmung zugewendet wird, daß es auf den Pflichtteil angerechnet werden soll;
2. was als Abfindung für einen Erbverzicht (§§ 2346, 2352 BGB.) oder für die Ausschlagung einer Erbschaft oder eines Vermächtnisses gewährt wird.

§ 3. Als Erwerb von Todes wegen sind ferner anzusehen:

1. was durch den Eintritt eines Lehens- oder Fideikommißanfalls erworben wird;
2. Bezüge aus Familienstiftungen, sofern sie infolge Todesfalls an den stiftungsmäßig oder gesetzlich dazu Berufenen gelangen, sowie der Erwerb des Vermögens einer solchen Stiftung, sofern das Vermögen infolge Erlöschens der Stiftung an den stiftungsmäßig oder gesetzlich dazu Berufenen gelangt;
3. Vermögensvorteile, die auf Grund eines von dem Erblasser geschlossenen

Vertrags unter Lebenden von einem Dritten mit dem Tode des Erblassers unmittelbar erworben werden;

4. was als Abfindung für den Verzicht auf einen Erwerb der unter Nr. 1, 2 bezeichneten Art gewährt wird.

5. Lehens-, Fideikommiß- und Stammgutanfall.

Nach § 9 BStG. gilt das zu einem Lehen, Fideikommiß oder Stammgut gehörige Vermögen als Vermögen des Inhabers dieses Gutes. Für den, dem ein solches gebundenes Gut infolge Todes des früheren Berechtigten zufällt, steht der Anfall einer Erbschaft gleich. (Im übrigen vgl. auch § 11 KrStG. in Verb. mit § 19 dieses Gesetzes).

5 a. Zur Beseitigung von Härten, die sich aus §§ 1483, 1490, 1491 BGB. ergeben können, ist noch hinzugefügt, daß im Falle der fortgesetzten Gütergemeinschaft auch der Anteil des Abkömmlinges am Gesamtgut sowie ein Anteil, der infolge Todes oder Verzichts eines Abkömmlings den anderen Abkömmlingen oder den überlebenden Ehegatten zuwächst, im Sinne dieser Vorschrift als aus dem Nachlaß eines Verstorbenen von Todes wegen erworben gelten soll. Falls daher der Erwerb des Anteils während des Veranlagungszeitraums erfolgte, ist dieser Anteil vom Endvermögen des Abkömmlings oder des überlebenden Ehegatten abzusetzen (wegen des Anfangsvermögens vgl. § 4 Abs. 2 S. 2).

5 b. Der Abzug ... ist ausgeschlossen.

Die Bedeutung und Tragweite der Vorschrift des Abs. 2 ergibt sich aus folgendem Beispiel der amtlichen Begründung (S. 18) zum alten Kriegssteuergesetz.

A ist mit einem Vermögen von 200000 ℳ zum Wehrbeitrage veranlagt worden. Er stirbt am 1. Juli 1916 und hinterläßt ein steuerbares Vermögen von 500000 ℳ. Er wird von zwei Kindern zu gleichen Teilen beerbt. Zur Zeit des Todes war ein abgabepflichtiger Vermögenszuwachs von 300000 ℳ bei einem Gesamtvermögen von 500000 ℳ vorhanden; drei Fünftel des Nachlaßvermögens sind somit abgabepflichtig. Jeder der beiden Erben darf daher nur zwei Fünftel des ererbten Vermögens abziehen.

Der Sinn ist folgender: Beim *Besitzsteuergesetz* wird derjenige Zuwachs nicht erfaßt, der seit der jeweiligen letzten Besitzsteuerveranlagung bis zum Tode des Erblassers von diesem erzielt worden ist.

Beispiel:

Vermögen des Erblassers am 31. Dezember 1913 . .	100000 ℳ
„ „ „ „ Todestage (1. Juli 1916)	300000 „
Zuwachs vom 31. Dezember 1913 bis Todestag . . .	200000 ℳ

Vorhanden sind zwei Erben, deren jeder ½ = 150000 ℳ erben. Angenommen die Erben waren bei der Wehrbeitragsveranlagung (letzten Besitzsteuerveranlagung) vermögenslos, so beträgt ihr *besitzsteuerpflichtiger* Zuwachs 150000 ℳ. Gemäß § 6 Abs. 1 gehen bei ihnen für die Berechnung der Kriegsabgabe 150000 ℳ Erbschaft ab, so daß kein kriegsabgabepflichtiger Vermögenszuwachs bei ihnen zu verzeichnen wäre. Nun würden aber die 200000 ℳ Kriegssteuerzuwachs, die der *Erblasser* gehabt hat, überhaupt nicht von der Kriegsabgabe erfaßt werden, weil Erblasser den Stichtag des 31. Dezember 1918 nicht mehr erlebt hat, also auch nicht mehr veranlagt werden konnte, wenn nicht

§ 6 Ziff. 1 Abs. 2 die Heranziehung seines Kriegszuwachses noch bei den Erben ermöglichen würde. Im obigen **Beispiel** ist also für jeden der Erben der Abzug des § 6 Ziff. 1 in Höhe von je 100000 *M* ausgeschlossen (weil Steuerpflichtiger, wenn er nicht gestorben wäre, sondern nach dem Stand vom 1. Juli 1916 hätte veranlagt werden können, 200000 *M* Vermögenszuwachs zu versteuern gehabt haben würde). Jeder Erbe hat also zur Kriegssteuer zu versteuern: 150000 *M* — (150000 — 100000 *M*) 50000 = 100000 *M*. Mithin versteuern beide Erben jetzt zur Kriegssteuer zusammen die 200000 *M* Zuwachs, die infolge vorzeitigen Ablebens des Erblassers bei diesem nicht steuerlich erfaßt werden können.

Dies gilt analog auch dann, wenn der nach § 1 dieses Gesetzes (§ 11 BStG.) am 31. Dezember 1913 oder einem späteren Stichtage nicht steuerpflichtig gewesene Erblasser während des Veranlagungszeitraumes durch Zuzug aus dem Auslande oder sonstwie steuerpflichtig geworden, aber vor dem für die fragliche Veranlagung in Betracht kommenden Stichtage verstorben ist. Zwecks Ermittlung des gemäß Ziff. 1 Abs. 2 nicht abzugsfähigen Vermögenszuwachses müßte dann erst eine Feststellung des Anfangsvermögens nach § 22 BStG. stattfinden.

6. Der Kapitalwert der auf dem Vermögen ruhenden . . . Leistungen.

Hierzu führt die Begründung zum Entwurf aus:

„Gemäß § 9 in Verb. mit § 5 Nr. 5 WG. und § 10 in Verb. mit § 6 Nr. 5 BStG. ist von dem Vermögen eines Abgabepflichtigen der Wert der diesem obliegenden Leistungen in Abzug zu bringen, welche dem Berechtigten auf seine Lebenszeit oder auf die Lebenszeit eines anderen entweder vertragsmäßig als Gegenleistung für die Hingabe von Vermögenswerten oder aus letztwilligen Verfügungen, Schenkungen oder Familienstiftungen oder vermöge hausgesetzlicher Bestimmungen zustehen. Hat daher an dem für die Feststellung des Anfangsvermögens maßgebenden Stichtage die Verpflichtung zu einer solchen Leistung auf dem Vermögen des Abgabepflichtigen geruht, so war ihr Kapitalwert bei Feststellung dieses Vermögens in Abzug zu bringen und verminderte dementsprechend das Anfangsvermögen. Ist der Berechtigte im Laufe des Veranlagungszeitraums gestorben und damit die Verpflichtung zur Leistung weggefallen, so kann deren Kapitalwert nunmehr bei Feststellung des Endvermögens nicht mehr in Abzug gebracht werden. Bei Vergleichung des Anfangs- und Endvermögens ergibt sich daher ein Zuwachs, der dem bei Feststellung des Anfangsvermögens in Abzug gebrachten Kapitalwert der Leistung entspricht. Um diesen sich rechnungsmäßig ergebenden Zuwachs von der Abgabe freizustellen, sieht das Gesetz vor, daß in solchen Fällen der Kapitalwert der Leistung mit dem Betrage, mit dem er bei Feststellung des Anfangsvermögens in Abzug gebracht worden ist, auch vom Endvermögen abgesetzt werden soll.

Das gleiche soll gelten, wenn eine solche Verpflichtung auf einem der in § 6 Abs. 1 Nr. 1 u. 4 bezeichneten, während des Veranlagungszeitraums eingetretenen Vermögensanfälle geruht hat und die Verpflichtung zur Leistung vor dem Ende des Veranlagungszeitraumes weggefallen ist. Da auch in diesen Fällen nach Nr. 1 u. 4 nur der um den Kapitalwert der Leistung verminderte Vermögensbetrag abzusetzen ist, erscheint es gerechtfertigt, diesen Kapitalwert vom Endvermögen abzusetzen."

Gemeint ist also der Fall, daß z. B. jemand Vermögen besitzt, an dem ihm der Nießbrauch nicht zusteht. Bei der Feststellung des steuerpflichtigen Vermögens war der Nießbrauch, der zu den im § 6 Ziff. 5 BStG. genannten „Leistungen" gehört, zu kapitalisieren und der Kapitalwert gemäß § 10 Abs. 1 BStG. neben den Schulden abzuziehen. Fällt das Nießbrauchsrecht im Veranlagungszeitraum — etwa ab 15. Juli 1917 — durch den Tod des bisherigen Berechtigten dem Vermögenseigentümer zu, so erhält dadurch einerseits das Vermögen des letzteren einen erhöhten Wert, andererseits ist diese Werterhöhung unzweifelhaft kein Vermögensanfall, dessen Ursache der Tod des bisherigen Berechtigten ist (Erbanfall). Der Wegfall der Nießbrauchslast konnte ebensogut durch Vertrag mit einem bestimmten Zeitpunkt — etwa 15. Juli 1917 nach 20jährigem Bestehen — eintreten. Mit anderen Worten: das Erlöschen eines Nießbrauchsrechts (einerlei ob durch Tod oder Zeitablauf) ist deshalb auch nicht gleichbedeutend mit Erbanfall. Da die bisherige Rechtsprechung aus § 3 des KrStG. vom 21. Juni 1916 den Abzug der Wertsteigerung nicht zugelassen hat (Entsch. des OVG. vom 22. März 1918, veröffentlicht im Steuerarchiv 1918, 152), war es nötig, die Abzugsfähigkeit ausdrücklich auszusprechen, um Unbilligkeiten zu vermeiden.

Beispiel: Rentner A besitzt nach dem Stande vom 31. Dezember 1913 folgendes Vermögen:

Häuser		200000 ℳ
Kapitalien		150000 „
Ab Hypothekenschulden	120000 ℳ	
„ Kapitalwert des Nießbrauchrechts	10000 „	130000 „
Reinvermögen		220000 ℳ

An einem der Häuser hatte die Mutter des Steuerpflichtigen, die am 31. Dezember 1913 70 Jahre alt war, das Nießbrauchsrecht. Der Kapitalwert desselben betrug gemäß § 38 BStG. — Reinertrag des Hauses jährlich 2000 ℳ — 5 × 2000 = 10000 ℳ. Mit dem Tode der Berechtigten, die am 1. August 1918 starb, fiel dieser Nießbrauch dem A zu. Sein Vermögen war am 30. Juni 1919 folgendes:

Häuser	200000 ℳ
Kapitalien (vermehrt durch Ersparnisse)	160000 „
	360000 ℳ
Ab Hypothekenschulden	120000 „
Endvermögen	240000 ℳ
Anfangsvermögen	220000 „
Zuwachs	20000 ℳ
Abzug gemäß § 6 Ziff. 2	10000 „
Steuerpflichtiger Zuwachs	10000 ℳ

War die Verpflichtung zur Leistung durch einen in Ziff. 1 oder 4 des § 6 näher bezeichneten Vermögensanfall entstanden (z. B. Auflage einer Rente auf Lebenszeit einer bestimmten Person), so verminderte diese Verpflichtung, solange der Berechtigte lebte, den Wert des Vermögensanfalls. Ihr Kapitalwert war daher bei dem gemäß Ziff. 1 oder 4 vorgesehenen Abzug vom Endvermögen vorher vom Vermögensanfall selbst abzuziehen. Starb nun der Berechtigte vor dem 30. Juni 1919, so ergäbe sich auch hier naturgemäß rechnerisch ein Vermögenszuwachs, wenn nicht nachträglich noch jener vom Vermögensanfall abgezogene Kapitalwert nun auch vom Endvermögen abgezogen würde (vgl. auch Anm. 4 a. A.).

Die gleiche Behandlung würde einzutreten haben, wenn z. B. von zwei Altenteilern der eine weggestorben ist und infolge der dadurch eingetretenen Herabsetzung des jährlichen Altenteils die Last für das Vermögen des Verpflichteten geringer geworden ist.

6a. ... eingetretenen Todes ...

Vgl. die entsprechende Bestimmung des § 12 des Gesetzes, die nicht den im Laufe des Veranlagungszeitraums erfolgten Tod, sondern die bloße Alterszunahme berücksichtigt.

7a. Zu Abs. 1 Nr. 3, 4 u. 5.

Die Vorschriften entsprechen im wesentlichen den Bestimmungen des § 3 Abs. 1 Nr. 2, 3 u. 4 KrStG. Nur wird in Nr. 3 der Kapitalwert eines im Veranlagungszeitraum erlangten Rentenanspruchs aus einer Versicherung der Kapitalauszahlung aus einer Versicherung gleichgestellt. Auch ist in Nr. 5 Abs. 2 insofern eine neue Vorschrift vorgesehen, als im Falle der Veräußerung von zu Beginn des Veranlagungszeitraums zum nichtsteuerbaren Vermögen gehörigen Gegenständen, soweit es sich nicht um ausländisches Grund- oder Betriebsvermögen handelt, höchstens der Wert dieser Gegenstände zu Beginn des Veranlagungszeitraums in Abzug gebracht werden darf. Hiermit soll vermieden werden, daß Vermögenserhöhungen, die auf den vorteilhaften Verkauf solcher Gegenstände zurückzuführen sind, abgabefrei bleiben.

7b. Kapitalwert der Versicherung, Kapitalauszahlung.

Das sind nach § 20 Abs. 2 WG. (§ 36 Abs. 2 BStG.) bei noch nicht fälligen Ansprüchen aus Lebens-, Kapital- und Rentenversicherungen zwei Drittel der Summe der eingezahlten Prämien oder Kapitalbeiträge oder (falls dieser Betrag nachgewiesen werden kann) der Betrag, für den die Lebensversicherungsanstalt die Police zurückkaufen würde (Rückkaufswert). Die Differenz zwischen diesem Betrage und der tatsächlich durch Eintreten des Versicherungsfalles angefallenen Versicherungssumme ist an sich Vermögensvermehrung, soll aber nicht als Kriegsgewinn gelten und daher von der tatsächlichen Vermögensvermehrung in Abzug gebracht werden. Lief also z. B. eine Versicherung in Höhe von 10000 M, deren Rückkaufswert am 1. Januar 1914 8000 M betrug und die im Jahre 1916 zur Auszahlung gelangt ist, so ist ein Betrag von 2000 M, um den sich das Vermögen an sich vermehrt hat, von dem für den 31. Dezember 1916 ermittelten Vermögen abzusetzen.

Beispiel.

Vermögen des Steuerpflichtigen am 31. Dezember 1913 . . . . (einschl. 17500 M Rükaufswert der Lebensversicherung (§ 6 Ziff. 6 BStG., die am 1. April 1918 ablief)		50000 M
Vermögen am 30. Juni 1919		95000 „
Zuwachs also		45000 M
Die Lebensversicherungssumme wurde entsprechend dem Versicherungsvertrage am 15. April 1918 dem Versicherungsnehmer ausgezahlt mit	20000 M	
Wert am 31. Dezember 1913	17500 „	
Die Differenz ist also abzuziehen mit		2500 „
so daß ein steuerpflichtiger Zuwachs verblieb von		42500 M

Kapitalauszahlungen als Abfindung für Körperverletzungen sind bereits nach § 16 BStG. als abzugsfähig erklärt, brauchten also im § 6 KrAbgG. von 1919 nicht mehr besonders genannt zu werden.

Bemerkt sei noch, daß Ansprüche aus Witwen-, Waisen- und Pensionskassen sowie Ansprüche aus der Kranken-, Unfall- und Invalidenversicherung überhaupt nicht steuerpflichtig sind (§ 7 BStG.).

Im Lauf des Krieges sind die Versicherungsgesellschaften wegen der alle Berechnungen übersteigenden Zahl der Kriegssterbefälle dazu übergegangen, nur einen bestimmten Teil der Versicherungssumme sofort auszubezahlen und den Rest einer späteren Regelung vorzubehalten, die sich nach dem Kriegsreservefonds bestimmt. In vielen Fällen konnte der sich so ergebende Anspruch des Versicherungsnehmers bzw. seiner Erben an die Versicherungsgesellschaft im ungefähren Betrag geschätzt werden. Dieser Anspruch auf spätere Auszahlung wurde von den Steuerbehörden in der Regel dem Kapitalvermögen hinzugerechnet. Die überwiegende Mehrzahl der Steuerämter hat nun den ausbezahlten Teil und den stehengebliebenen Teil der Versicherungssumme bei der Berechnung des kriegssteuerpflichtigen Vermögenszuwachses als steuerfrei in Abzug gebracht, soweit der Betrag den angegebenen Wert der Versicherung beim Wehrbeitrag überstieg. Dies entspricht dem Sinn und der Absicht des Gesetzes. In einzelnen Fällen dagegen scheinen die Steuerbehörden an dem Wortlaut „Kapitalauszahlung" hängen geblieben zu sein. Sie unterschieden zwischen Eintritt des Versicherungsfalls und tatsächlicher Auszahlung der Versicherungssumme. Sie haben einerseits die gesamte durch den Eintritt des Versicherungsfalls erfolgte Vermögensvermehrung im sog. Endvermögen des Steuerpflichtigen eingestellt, andererseits aber nur die tatsächlich ausbezahlte Teilsumme als kriegssteuerfrei in Abzug gebracht. Der Erfolg ist also der, daß die nicht ausbezahlte Teilsumme der Versicherung der Kriegsabgabe unterworfen wurde. Der Wortlaut des Gesetzes (Kapitalauszahlung) im landläufigen Sinne wäre eigentlich dahin auszulegen, daß damit der Eintritt des Versicherungsfalls, der eine Vermögensvermehrung mit sich bringt, gemeint ist. Nun hat das preuß. OVG. in letzter Instanz dahin entschieden, daß nur die tatsächlich ausbezahlte Versicherungssumme die Steuerbegünstigung genießen soll. Die Begründung der Entscheidung geht auf die innere Ursache der gesetzlichen Bestimmung nicht ein und hält sich ängstlich an das Wort „Auszahlung" (vgl. Baumann in FrankfZ. vom 25. Aug. 1919). Das vorliegende Gesetz hat leider die wichtige Frage unberührt gelassen.

8. Versicherung.

Welcher Art die Versicherung ist, ist gleichgültig. Vor allem ist an die Lebensversicherungen gedacht. Aber auch die reinen Kapitalversicherungen kommen in Betracht. Ob die Versicherungsanstalt eine öffentliche oder private ist, ist gleichgültig; ebenso ist gleichgültig, ob eine Pflicht zur Versicherung (Versicherungszwang) bestand oder nicht (freiwillige Versicherung, Zusatzversicherung). In Betracht kommen nur Personalversicherungen, nicht Sachversicherungen. Mithin ist eine ausgezahlte Versicherung, die etwa (wegen Überversicherung) über den wahren Wert der versicherten Gegenstände (Feuerversicherung) hinausgeht, in vollem Umfang steuerbarer Vermögenszuwachs.

Der Sinn der Vorschrift, daß auch Kapitalauszahlungen aus einer Versicherung ausscheiden sollen, ist der gleiche, wie bei der Absetzung der Erbschaften.

Derjenige Betrag, der über zwei Drittel der eingezahlten Prämien hinaus ausgezahlt worden ist (Versicherungssumme) soll nicht lediglich deshalb von den Tarifsätzen der hohen Kriegsabgabe getroffen werden, weil zufällig die Auszahlung der Versicherungssumme in die Kriegszeit fiel.

Wegen der Behandlung der noch nicht fälligen Ansprüche aus während des Veranlagungszeitraums eingegangenen Lebens- usw. Versicherungen vgl. § 11 d. Ges.

Eine weitere Frage ist die der Behandlung derjenigen Versicherungsbeträge, die dem Bezugsberechtigten aus einer von einem anderen abgeschlossenen Kapitalversicherung zugefallen sind. Zum Beispiel: Ein Vater schließt eine Kapitalversicherung zugunsten seiner Kinder ab, zahlbar mit dem Augenblick, wo sie das 22. Lebensjahr erreichen (Aussteuerversicherung, Militär-, Studienversicherung). Zweifellos ist der dem Kinde aus der Versicherung zufallende Kapitalbetrag im Augenblick der Auszahlung besitzsteuerpflichtiger Zuwachs des Kindes, aber ob er auch abgabepflichtig ist, muß zweifelhaft erscheinen. Wegen der allgemein gehaltenen Fassung des Gesetzes, die allgemein von „einer Versicherung" spricht, muß die Abgabepflicht verneint werden. Jedenfalls läge in der Heranziehung zur Abgabe eine unbillige Härte, so daß der Härteparagraph Anwendung finden würde.

8a. Anfangsvermögen.

Vgl. § 4 des Gesetzes, §§ 20ff. BStG.

9. Vorbemerkung zu Ziff. 4.

Ziff. 4 bezweckt in Verbindung mit § 8 Ziff. 1, Schiebungen zu verhindern. Die gemäß Ziff. 4 beim Empfänger abzurechnenden Beträge sind gemäß § 8 Ziff. 1 beim Geber hinzuzurechnen.

10. Schenkung.

Hinsichtlich des Begriffes Schenkung im Sinne des § 3 Abs. 3 des KrStG. vom 21. Juni 1916, dem § 6 Ziff. 4 KrAbgG. von 1919 entspricht, legte ein Vertreter der verbündeten Regierungen seinerzeit ausführlich dar, was in § 3 Nr. 3 unter „Schenkung" und unter den Worten „oder durch eine sonstige, ohne entsprechende Gegenleistung erhaltene Zuwendung" zu verstehen sei. Während unter „Schenkung" die Schenkung im Sinne des BGB. zu verstehen sei, sollten unter dem zweiten Begriff, der ein wirtschaftlicher sei, in weitestem Sinne alle Vermögensübergaben unter Lebenden verstanden werden, z. B. Gutsüberlassungen, Ausstattungen, Abfindungen für Erbverzicht, Zuwendungen unter Lebenden, die auf den Pflichtteil angerechnet werden sollen, also auch Zuwendungen, die unter § 2 ErbschStG. fallen. Die Veranlagung der Kriegsgewinnsteuer solle so erfolgen, wie wenn derartige Vermögensverschiebungen nicht erfolgt wären (Drucks. II. Sess. 13. LegPer. 1914/15 Nr. 320 S. 11). Unter Schenkungen im obigen Sinne sind aber nur die reinen und gemischten Schenkungen zu verstehen, aber nicht alle Vermögensvorteile, die jemand aus einem rein entgeltlichen Geschäft zieht.

Der Begriff Schenkung richtet sich nach dem BGB. In Betracht kommen folgende Bestimmungen:

§ 516. Eine Zuwendung, durch die jemand aus seinem Vermögen einen andern bereichert, ist Schenkung, wenn beide Teile darüber einig sind, daß die Zuwendung unentgeltlich erfolgt.

§ 517. Eine Schenkung liegt nicht vor, wenn jemand zum Vorteil eines andern einen Vermögenserwerb unterläßt oder auf ein angefallenes, noch nicht endgültig erworbenes Recht verzichtet oder eine Erbschaft oder ein Vermächtnis ausschlägt.

§ 518. Zur Gültigkeit eines Vertrags, durch den eine Leistung schenkungsweise versprochen wird, ist die gerichtliche oder notarielle Beurkundung des Versprechens erforderlich. Das gleiche gilt, wenn ein Schuldversprechen oder ein Schuldanerkenntnis der in den §§ 780, 781 bezeichneten Art schenkungsweise erteilt wird, von dem Versprechen oder der Anerkennungserklärung.

Zu § 518 BGB. sei bemerkt, daß der Mangel der dort vorgesehenen Form durch die Vollziehung der Schenkung geheilt wird. § 518 Abs. 1 BGB. handelt nur von Schenkungsversprechen.

Der Mangel der Form wird durch die Bewirkung der versprochenen Leistung geheilt.

§ 534. Schenkungen, durch die einer sittlichen Pflicht oder einer auf den Anstand zu nehmenden Rücksicht entsprochen wird, unterliegen nicht der Rückforderung und dem Widerrufe.

Der Abzugsfähigkeit der durch Schenkung erworbenen Beträge steht gegenüber deren Anrechnung beim Schenker (§ 8 Ziff. 1 d. Ges.). Augenscheinlich haben beide einen inneren Zusammenhang, so daß eines vom anderen abhängig zu machen ist. Es kann jedoch eintreten, daß die Anrechnung des verschenkten Betrages beim Schenker nicht möglich ist, weil er den maßgeblichen Stichtag am Ende des Veranlagungszeitraumes nicht erlebt hat und daher zur Besitzsteuer und Kriegssteuer nicht mehr zu veranlagen war. Hier fehlt die sachliche und logische Voraussetzung für die Anwendbarkeit von § 6 Ziff. 4, so daß in diesem Falle der Abzug beim Beschenkten zu versagen ist. Dafür spricht der Sinn des § 8 Abs. 1 Ziff. 1 („Der Bedachte haftet für den Abgabebetrag, der auf den ihm zugeflossenen Teil des abgabepflichtigen Vermögenszuwachses verhältnismäßig entfällt"), wenn dort auch in erster Linie eine Vorschrift für die Beitreibung gegeben werden soll.

11. Ohne entsprechende Gegenleistung.

Bei einem Mißverhältnis zwischen Leistung und Gegenleistung kann angenommen werden, daß hinsichtlich des überschießenden Betrages eine Schenkung beabsichtigt sei (RGZ. 29, 265).

Unter den Begriff der „ohne entsprechende Gegenleistung aus dem Vermögen eines anderen gemachten Zuwendungen (Vermögensübergaben)" gehören auch Gutsüberlassungen von Eltern an Kinder.

Es mag gewiß in vielen Fällen eine Härte darin liegen, daß einerseits Vermögen, die infolge von Erbanfall von Eltern auf Kinder übergehen, von der Abgabe nicht getroffen werden (§ 6 Ziff. 1), während Gutsüberlassungen von Eltern auf Kinder davon betroffen werden. Diese Härten müssen aber in Kauf genommen werden, wenn der Zweck des § 8 (§ 6 Ziff. 4) erreicht werden soll. Ob der Härteparagraph gegeben ist, wenn tatsächlich die Gutsüberlassung nicht in der Absicht erfolgt ist, Kriegssteuer zu sparen, wäre zu prüfen.

Wegen rechtlich verpflichtender Mitgiftversprechen s. zu Anm. 12.

12. Und nicht ein gesetzlicher Anspruch auf die Zuwendung bestand.

Hierzu sind die Beratungen zur ersten Lesung des an dieser Stelle gleichlautenden Paragraphen des KrStG. vom 21. Juni 1916 von historischem und sachlichem Interesse.

Der Zusatz „und nicht ein gesetzlicher Anspruch bestand" war im Regierungsentwurf damals nicht enthalten. Es wandte daher ein Abgeordneter ein, die Fassung (ohne diesen Zusatz) sei zu eng, weil z. B. für die Ausstattung keine gesetzliche Verpflichtung, wohl aber eine moralische Verpflichtung vorliege und weil auch Fälle von Alimentation in Frage kommen könnten. Der Staatssekretär des Reichsschatzamtes erklärte, daß man die Tragweite der angestrebten Unterscheidung nicht überschätzen möge, denn das Vermögen werde doch an irgendeiner Stelle erfaßt; wenn es nicht bei dem Schenkenden erfaßt werde, so werde es bei dem Beschenkten erfaßt. Der Schenkende werde regelmäßig der Wohlhabendere sein und einen höheren Steuersatz zu zahlen haben. Es liege im fiskalischen Interesse, daß es möglichst bei dem Schenkenden erfaßt werde, weil es entsprechend mehr bringe. Es sei aber von geringer Bedeutung, wie und wo man es erfasse.

Was die Ausstattung oder Mitgift betreffe, so falle sie ohnedies nicht unter die angeregte Fassung, weil ja eine gesetzliche Verpflichtung nicht vorliege. Soweit andererseits die Aussteuer, zu deren Gewährung eine gesetzliche Pflicht bestehe, in Möbeln, Wäsche u. dgl. erfolge, falle sie nicht unter das Gesetz. Möbel u. dgl. unterliegen nicht dem Besitzsteuergesetz und der besonderen Abgabe. Sie würden also ausscheiden. Er schlüge vor, es bei der Fassung der Vorlage bewenden zu lassen. Von allen Einschränkungen sei ihm die sympathischste die, welche die Einschränkung auf den gesetzlichen Anspruch zurückschraube, er sei aber bereit, den beantragten Zusatz aufzunehmen.

Hierzu stellte ein Abgeordneter noch die besondere Frage, ob die Mitgift, die ein ausländischer Vater seiner nach Deutschland heiratenden Tochter gibt, in Deutschland als Vermögenszuwachs versteuert werden müsse? Der Staatssekretär bejahte diese Frage für das Besitzsteuergesetz.

Darauf wurde § 3 mit dem beantragten Zusatz „soweit nicht ein gesetzlicher Anspruch auf die Zuwendung bestand" angenommen (a. a. O. S. 12).

Inwieweit eine Summe, die ein Vater seiner Tochter als Mitgift bei der Heirat oder später mitgibt als „Ausstattung" anzusehen ist (auf welche die Tochter gemäß § 1620 BGB. einen Anspruch hat) oder als „Schenkung", richtet sich nach den Verhältnissen des Vaters (§§ 1620—1625, insbesondere § 1624 BGB.). Die Ausstattung gilt insoweit als Schenkung als sie die Vermögensverhältnisse und Einkommensverhältnisse des Vaters offensichtlich übersteigt (vgl. auch RGZ. 80, 217ff. sowie bad. VG. in Steuerarchiv 1918, 74ff.).

Beispiel. Ein Vater, bisher im Frieden stets mit 3000—4000 *M* Einkommen, in den Kriegsjahren mit 100000 *M* Einkommen veranlagt, besaß am Wehrbeitragsstichtag 10000 *M* Vermögen. Er gibt seiner Tochter 50000 *M* Mitgift und behält am 30. Juni 1919 nur noch 20000 *M* Vermögen. Nach den Verhältnissen des Vaters (selbst mit Berücksichtigung der außergewöhnlichen Kriegsverdienste) kann keinesfalls eine höhere Mitgift als höchstens 10000 *M* als „Ausstattung" angesehen werden, zumal er selbst nur noch 20000 *M* Vermögen übrig behält. 40000 *M* würden also als „Schenkung" anzusehen und dem Vater trotz Abtretung zur Abgabe angerechnet werden müssen (§ 8 Ziff. 1).

Das freie Ermessen entscheidet über die Grenze zwischen „Ausstattung" und „Schenkung". Auch bei Gutsüberlassungen zwischen Vater und Tochter kann es sich um „Ausstattungen" handeln. Man wird auch hier zu prüfen haben, ob die Ausstattung die Verhältnisse des Vaters und das in bäuerlichen Kreisen übliche Einkommen übersteigt. Soweit dies der Fall ist, liegt „Schenkung" vor, soweit es nicht der Fall ist, „Ausstattung" (vgl. das oben gegebene Beispiel).

Insoweit ein gemäß § 328 BGB. rechtlich verpflichtendes Mitgiftversprechen vorlag und daraufhin die Mitgift später gezahlt wurde, war zwar „ein gesetzlicher Anspruch" auf die Zuwendung gegeben. Es ist aber zweifelhaft, ob hier die erste Voraussetzung: „ohne entsprechende Gegenleistung" (vgl. Anm. 11) gegeben ist, da man nicht sagen kann, daß die Gewährung der Mitgift eine entsprechende Gegenleistung für die Eheschließung darstellt. (Vgl. über diese vom Reichsfinanzhof noch zu klärende Frage insbes. Erler in DStZ. Jahrg. VII Nr. 11 S. 175).

In einem Einzelfalle hat der Reichskanzler (Reichsschatzamt) bezüglich der steuerlichen Behandlung einer Kapitalzuwendung an die Ehefrau eines Offiziers zum Zwecke der Sicherstellung des Heiratsgutes folgendes ausgeführt: Nach § 3 Abs. 1 Nr. 3 KrStG. ist behufs Ausscheidung des kriegssteuerfreien Vermögenszuwachses vom Endvermögen der Betrag desjenigen Vermögens abzuziehen, welches nachweislich im Veranlagungszeitraum durch Schenkung oder durch eine sonstige, ohne entsprechende Gegenleistung erhaltene Zuwendung (Vermögensübergabe) erworben ist, soweit es sich um Zuwendungen von wenigstens eintausend Mark handelt und nicht ein gesetzlicher Anspruch auf die Zuwendung bestand. Ein gesetzlicher Anspruch besteht nur auf die Aussteuer (§ 1620 BGB.), nicht dagegen auf die Ausstattung oder Mitgift (§ 1624 BGB.).

Demnach ist die Mitgift bei der Empfängerin bzw. ihrem Ehemann abzugsfähig, woraus dann folgt, daß der gleiche Betrag dem Vermögen des Gebers hinzuzurechnen ist (§ 8 Ziff. 1 des Gesetzes).

13. Beträge aus Veräußerung ausländischen Grund- und Betriebsvermögens, nicht steuerbarer oder ins Inland gebrachter Gegenstände.

Durch die Vorschrift der Nr. 5 soll der fiktive Vermögenszuwachs, der aus der bloßen Umwandlung nichtsteuerbaren Vermögens in steuerbares Vermögen herrührt, von der Vermögenszuwachssteuer befreit werden.

Eine Umwandlung von nichtsteuerbarem Vermögen in steuerbares Vermögen ist auch in der Weise denkbar, daß ein ausländisches Unternehmen oder Teile davon in eine Aktiengesellschaft eingebracht werden, da die den Gegenwert bildenden Aktien zum steuerbaren Kapitalvermögen gehören.

Alle diese nur scheinbaren Vermögenszuwachse sollen von der Besteuerung nicht betroffen werden.

Was insbesondere das vor dem Kriege im Ausland angelegt gewesene Grund- und Betriebsvermögen anlangt so muß berücksichtigt werden, daß dieses dem Wehrbeitrag nicht unterlag (§ 10 I Abs. 1 WG.).

Auch im Falle der Ziff. 4 handelt es sich natürlich nur um die zugeflossenen Nettobeträge (Verkaufspreis des ausländischen Besitzes abzüglich aller Unkosten).

Das Gesetz spricht ausdrücklich von der Veräußerung ausländischen Grund- und Betriebsvermögens. Ist dagegen dem Steuerpflichtigen z. B. aus dem Ausland eine Erbschaft angefallen, so ist die Abzugsfähigkeit gemäß § 6 Ziff. 1

gegeben. Für die Abzugsfähigkeit gemäß § 6 Ziff. 1 ist es gleichgültig, ob die Erbschaft aus dem Auslande oder aus dem Inlande stammt.

Es ist die Frage aufgeworfen worden, ob unter den im § 6 Ziff. 5 bezeichneten „sonstigen Gegenständen" nicht nur ausländische, sondern alle Gegenstände zu verstehen sind, die zu Beginn des Veranlagungszeitraumes zum nichtsteuerbaren Vermögen des Steuerpflichtigen gehört haben. Diese Frage ist, wie der preuß. FinMin. in einer Verf. vom 6. Febr. 1917 II 1291 im Einvernehmen mit dem Herrn Reichskanzler (Reichsschatzamte) bemerkt, zu bejahen. Denn durch die Vorschrift der Nr. 4 soll der fiktive Vermögenszuwachs, der aus der bloßen Umwandlung nichtsteuerbaren Vermögens in steuerbares Vermögen herrührt, von der außerordentlichen Kriegsabgabe befreit werden. Es gelten nun, ebenso wie für den Wehrbeitrag, als nichtsteuerbares Vermögen Möbel, Hausrat und andere bewegliche körperliche Gegenstände, sofern sie nicht als Zubehör eines inländischen Grundstückes oder als Bestandteil eines inländischen Betriebsvermögens anzusehen sind. Hat ein Steuerpflichtiger in dem Veranlagungszeitraume nachweislich derartige nichtsteuerbare bewegliche Sachen verkauft, so soll der Erlös aus dem Verkaufe, der nach dem BStG. steuerpflichtig ist, von der Kriegssteuer befreit bleiben.

Weitere Beispiele: Verkauf einer Firma, eines Patentes im Veranlagungszeitraum, vgl. zu dieser ganzen Frage Kitzinger in DStZ. VIII S. 197.

14. Als Vermögensbetrag aus der Veräußerung ... darf höchstens der Wert zu Beginn des Veranlagungszeitraumes in Abzug gebracht werden.

Diese Vorschrift fehlte im KrStG. von 1916. Wenn z. B. ein Kaufmann seine vorher als besonderes Steuerobjekt nicht veranlagte Firma für 50000 ℳ veräußert und von dem Erlöse Industriepapiere kauft, die beim Erwerbe mit 100%, am 30. Juni 1919 aber mit 200% notiert wurden, so kann der Abzug nach Abs. 2 Satz 1 doch nur 50000 ℳ betragen. Verkauft derselbe Kaufmann aber sein in der Schweiz gelegenes Grundvermögen für 100000 ℳ, für die er sich dieselben Industriepapiere zu gleicher Zeit kauft, so wäre ein Abzug von 200000 ℳ gestattet. Diese Ausnahme von der Vorschrift des Abs. 2 Satz 1 bezieht sich jedoch nur auf den Erlös ausländischen Grund- und Betriebsvermögens, nicht auch auf den Erlös hierzu gehöriger während des Veranlagungszeitraumes ins Inland verbrachter Gegenstände!

Vgl. übrigens die im gedanklichen Zusammenhang stehende Bestimmung des § 4 Abs. 3 d. Ges.

15. Betrag einer Kapitalabfindung für Verlust der Erwerbsfähigkeit.

Die Vorschrift weicht insofern von der entsprechenden Bestimmung des § 16 BStG. ab, als nicht nur die Kapitalabfindung für einen durch Körperverletzung, sondern auch die Abfindung für einen durch Krankheit eingetretenen Verlust der Erwerbsfähigkeit von dem Endvermögen in Abzug gebracht werden soll. Hiermit sollen bestehende Zweifel beseitigt werden. Wie unter Ziff. 5 wird hier ebenfalls der Umwandlung von nicht steuerbarem in steuerbares Vermögen Rechnung getragen. Es kommen insbesondere in Betracht die Kapitalabfindungen, die an Stelle von Renten gezahlt werden (z. B. nach dem Kapitalabfindungsgesetz für Kriegsbeschädigte). Da derartige Renten nicht zum Kapitalvermögen gehören (§ 6 Ziff. 5 BStG.), also ihr Kapitalwert nicht im steuerpflichtigen Vermögen enthalten sein würde, wäre es unbillig gewesen, die als Ersatz für die Rente gezahlte Abfindung nicht steuerfrei zu lassen, umsomehr als diese unzweifelhaft nicht Vermögenszuwachs sondern Ersatz für die ganz oder teilweise verloren gegangene Erwerbsfähigkeit ist. Ob die Kapitalabfindung auf Grund eines gesetzlichen Anspruchs (BGB., HaftpflG. usw.) erlangt oder freiwillig gewährt ist, ist für die Abzugsfähigkeit ohne Bedeutung.

15a. Betrag einer Kapitalabfindung für durch Unfall oder Verschulden erfolgte Tötung ...

Diese Ziff. 7 ist erst in 2. Lesung (Nr. 769 Ziff. 1 der Drucksachen) ins Gesetz gekommen und ist gegenüber dem bisherigen Rechtszustande zweifellos ein Fortschritt. Der gesetzgeberische Gedanke ergibt sich ohne weiteres aus dem in Anm. 15 Gesagten. Bei den Kommissionsberatungen wurde hier die Frage aufgeworfen, ob nicht auch der Betrag von Kapitalabfindungen anderer als der in § 6 genannten Art von dem Endvermögen in Abzug gebracht werden müßte, wenn deren tatsächlicher oder rechtlicher Grund bereits vor dem Kriege entstanden sei.

Der Regierungsvertreter erwiderte, daß unter Umständen gewiß Gründe der Billigkeit dafür sprechen könnten, auch solche Kapitalabfindungen zu berücksichtigen. Doch seien die Verhältnisse der einzelnen Fälle derart verschieden, daß es sich nicht empfehle, eine entsprechende Vorschri t in das Gesetz selbst aufzunehmen; auch hier müßten Härten, die sich in den einzelnen Fällen zeigte, im Wege des Billigkeitserlasses beseitigt werden.

Die Anfrage wurde hierauf nicht weiter verfolgt.

16. Die zu entrichtenden Abgabebeträge, soweit sie usw.

Kriegsabgabebeträge die auf Grund des Gesetzes vom 26. Juli 1918 (RGBl. S. 964) und vom KrAbgGes. vom 10. Sept. 1919, also vom „Mehreinkommen" der Jahre 1917 und 1918 geschuldet werden, vermindern natürlich das Vermögen und damit den Vermögenszuwachs in gleicher Weise wie Vermögensteuerbeträge, die veranlagt aber noch nicht bezahlt sind. Derartige Steuerschulden sind „Schulden", Passiva, müssen daher vom Vermögensstand abgezogen werden, denn wenn sie vor dem 1. Juli 1919 bezahlt worden wären, hätten sie das Vermögen von selbst vermindert. Hiermit wird zugleich erreicht, daß die Abgabe nicht von einem Vermögenszuwachs erhoben wird, der zur Begleichung anderer Abgaben verwendet werden muß, daß also der Steuerpflichtige, der wegen langsamerer Veranlagung oder wegen Fehlens flüssiger Mittel noch nicht in der Lage war, seine Mehreinkommensteuer pro 1918 zu zahlen, nicht schlechter wegkommt als derjenige, welcher bereits bezahlen konnte.

Eine grundsätzliche Bedeutung hat die Vorschrift weiterhin dadurch, daß sie von der Ansicht ausgeht, daß eine Steuerschuld entsteht, sobald der Tatbestand verwirklicht ist, an den das Gesetz die Besteuerung knüpft. Nach der bisherigen, in Literatur und Rechtsprechung überwiegenden (Entsch. des OVG. VII. Sen. vom 31. Mai 1918, Reg.-Nr. VII E 11, 16, 18; a. a. O. 1918, 153, sowie neuerdings Entsch. vom 28. Sept. 1918 B XI. a. 5, 18; vom 23. Nov. 1918 B XI. c. 7, 18), wenn auch nicht ganz unbestrittene (vgl. darüber Maatz in Nr. 23/24 des Steuerarchiv 1918) Rechtsauffassung, hat die in dem Veranlagungsakt sich äußernde Feststellung der Abgabebeträge konstitutive, nicht deklaratorische

Bedeutung, so daß also die Steuerschuld erst mit der Fälligkeit, also mit der Veranlagung entsteht. Diese Auffassung eröffnete angesichts der immer stärker anziehenden Steuerschrauben die Möglichkeit, daß schließlich einmal die Steuern den Geschäftsgewinn überstiegen, und sie hätte insbesondere bei den von Ziff. 7 ins Auge gefaßten Abgabebeträgen zu bedenklichen Konsequenzen geführt, wenn nicht nunmehr das Gesetz durch seine Fassung den gordischen Knoten durchhauen und die Abzugsfähigkeit der erst nach dem 30. Juni 1919 fälligen und noch geschuldeten, an sich nicht abzugsfähigen Steuern gestattet hätte. Nachdem der Gesetzgeber, dem Gebot der praktischen Notwendigkeit folgend, bereits auf Grund der Bestimmungen betr. Aufstellung eines Vermögensverzeichnisses in weitgehendstem Maße einen Abzug der zwischen dem 1. Januar 1919 und 31. März 1919 fälligen Steuer ermöglicht hatte, bildet die vorliegende grundsätzliche Feststellung der Abzugsfähigkeit gewissermaßen die gesetzgeberische Sanktionierung einer praktischen Übung. Vgl. III Ziff. 4 u. 5 des Vermögensverzeichnisses und über diese Frage überhaupt Lehmann in DStZ. VIII S. 55, sowie ganz besonders der amtl. Begr. zur Reichsabgabenordnung S. 102 zu § 80. Dort ist u. a. mit Recht darauf hingewiesen, daß der nunmehr geschaffene Rechtszustand dem bürgerlichen Recht entspricht.

Von einem besonderen Standpunkt aus hat der Gesetzgeber die in diesem Zusammenhang auftauchende Frage der Abzugsfähigkeit derjenigen Abgabebeträge behandelt, die der Abgabepflichtige auf Grund des KrStG. von 1916 oder des Kriegssteuerzuschlagsgesetzes von 1917 infolge Stundung oder aus anderen Gründen am Ende des Veranlagungszeitraumes noch schuldete. Hier konnte eine der Mehrgewinnsteuer aus 1918 und 1919 analoge Behandlung um deswillen nicht platzgreifen, weil das Gesetz naturgemäß berücksichtigen mußte, daß der nach dem KrStG. von 1916 bereits besteuerte Vermögenszuwachs nunmehr nochmals der Besteuerung unterworfen wird. Um diese Doppelbesteuerung zu vermeiden, bestimmt einerseits § 8 Ziff. 6 des Gesetzes, daß der nach dem KrStG. entrichtete Abgabebetrag als Vorschußzahlung auf die nach diesem Gesetz zu entrichtende Abgabe behandelt wird. In der Annahme, daß — wäre die Abgabe nach dem KrStG. nicht gezahlt worden — der Vermögenszuwachs sich entsprechend höher berechnen würde, soll daher diese (entrichtete) Abgabe dem Endvermögen und damit dem Vermögenszuwachse selbst zugerechnet, andererseits aber von der nach dem Gesetz geschuldeten Abgabe abgesetzt werden (§ 17), so daß in diesen Fällen nur noch der verbleibende Restbetrag zu entrichten ist. Ist dagegen die Abgabe aus dem KrStG. noch geschuldet, so besteht ja bereits jenes rechnerisch erwünschte Verhältnis, welches das Gesetz durch die Hinzurechnung der entrichteten Beträge zum Endvermögen gerade herbeiführen wollte. Es ist daher durchaus konsequent und selbstverständlich, wenn § 9 des Gesetzes einen Abzug solcher noch geschuldeter Abgabebeträge vom Endvermögen ausdrücklich verbietet, und wenn § 18 des Gesetzes anordnet, daß diese Beträge demnächst bis zu dem Betrage unerhoben bleiben, den der Abgabepflichtige auf Grund dieses Gesetzes als Kriegsabgabe zu entrichten hat, daß also nur eine Überschußzahlung zu erfolgen braucht. Das Nähere siehe zu § 8 Ziff. 6, §§ 9, 17, 18 d. Ges.

17. Zur Vermeidung von Zweifeln sieht § 6 Abs. 1 Nr. 9 vor, daß von dem Endvermögen die von dem Abgabepflichtigen für das Rechnungsjahr 1918 und für frühere Jahre zu entrichtende Staats-, Gemeinde-, Kirchen-

und Umsatzsteuer sowie die Besitzsteuer, soweit diese Steuerbeträge am Ende des Veranlagungszeitraums noch nicht gezahlt waren und daher als Schulden auf dem Vermögen des Abgabepflichtigen lasten, in Abzug gebracht werden können. Da nach den EinkStG. verschiedener Bundesstaaten bei der Veranlagung zur Einkommen- und Gewerbesteuer für das Rechnungsjahr 1918 das vor dem 1. Januar 1919 erzielte Einkommen in vollem Umfange zu berücksichtigen ist, erschien es weiterhin billig, die von dem Abgabepflichtigen für dieses Rechnungsjahr zu entrichtende Staats-, Gemeindeeinkommen- und Kirchensteuer sowie die Gewerbesteuer, soweit sie nach dem Ertrage bemessen wird, allgemein in Abzug zuzulassen (Nr. 10). Der Grundgedanke aller dieser Abzugsbewilligungen ist der gleiche wie zu Ziff. 7 des § 6 (vgl. Anm. 16). Vgl. ferner den gedanklich sich anschließenden § 31 d. Ges.

§ 7.[1]) Im Falle der beschränkten Abgabepflicht (§ 2, II) sind von dem Endvermögen alle nachweislich[2]) während des Veranlagungszeitraums aus dem der Besteuerung nicht unterworfenen[3]) Vermögen des Abgabepflichtigen gemachten, nicht zu den laufenden Wirtschaftsausgaben[4]) zählenden Aufwendungen für steuerpflichtige Vermögensteile abzurechnen[5]).

Die Vorschrift des Abs. 1 findet insoweit keine Anwendung[6]), als den Aufwendungen ein Vermögen gegenübersteht, das im maßgebenden Veranlagungszeitraume der Veranlagung entzogen worden ist.

1. Allgemeines.

Die Vorschrift entspricht im wesentlichen dem § 23 BStG.; nur sollen die darin bezeichneten Aufwendungen nicht dem Anfangsvermögen zugerechnet, sondern vom Endvermögen abgesetzt werden.

Die Bedeutung des § 7 ist nach der amtlichen Begründung zum § 23 BStG. (S. 44) dahin zu verstehen: „Wenn jemand, der nicht unbeschränkt steuerpflichtig ist (§ 11 II), d. h. jemand, der als Ausländer steuerpflichtig nur mit seinem inländischen Grund- und Betriebsvermögen ist, im Inland ein Grundstück für 50000 ℳ kauft, so ist nach § 23 Abs. 1 in Verbindung mit § 30 keine Vermögenszuwachssteuer zu zahlen. Denn tatsächlich handelt es sich nicht um einen Vermögenszuwachs, sondern um Umwandlung früher steuerfreien Vermögens in steuerpflichtiges Vermögen (inländisches Grundvermögen). Eine Zuwachssteuer (Besitzsteuer) ist vielmehr nur zu entrichten, wenn das Grundstück unentgeltlich (durch Erbschaft, Schenkung) oder erheblich unter seinem Werte (§§ 31, 32) erworben worden ist."

Hat jemand im Inland ein Grundstück geerbt und noch vor Ablauf des Veranlagungszeitraumes gegen ein anderes, ebenfalls im Inland belegenes Grundstück eingehandelt, so muß er sich nach Abs. 2 des § 7 den Wert des ererbten Grundstückes auf den für das neue Grundstück gezahlten Erwerbspreis anrechnen lassen.

Hatte jemand, als Ausländer im Ausland wohnend, im Inlande ein Grundstück und verkauft er dies mit erheblichem Gewinn, den er in Kapitalvermögen anlegt, so kann er, weil seine Steuerpflicht nach § 11 in Deutschland überhaupt erloschen ist, auch nicht mehr zur Zuwachssteuer veranlagt werden.

Ebenso hat derjenige, welcher bisher überhaupt steuerfrei, in Deutschland unentgeltlich ein Grundstück erwirbt und dadurch gemäß § 11 Ziff. II erst beschränkt steuerpflichtig wird, den Wert des Grundstückes als Zuwachs zu versteuern.

Der § 7 Abs. 1 findet nur dann Anwendung, wenn lediglich durch den Erwerb des inländischen Grund- und Betriebsvermögens erst die Steuerpflicht in Deutschland begründet wird. Bestand die Steuerpflicht schon, weil Steuerpflichtiger bereits ein Grundstück in Deutschland hatte, und erfährt dieses oder ein hinzugekauftes Grundstück eine Wertsteigerung, so ist diese als Zuwachs zu versteuern.

2. Nachweislich.

Die Beweislast trifft den Steuerpflichtigen.

3. Aus dem der Besteuerung nicht unterworfenen Vermögen.

Das ist Kapitalvermögen und ausländisches Grund- und Betriebsvermögen. Im übrigen vgl. die in Anm. 1 gegebenen Beispiele.

4. Nicht zu den laufenden Wirtschaftsausgaben zählende Aufwendungen.

Hierunter fallen alle Aufwendungen, die gemacht werden, um den Wert des Grundstücks zu erhöhen.

Ob der Zweck der Aufwendung erreicht ist, ist gleichgültig.

Der aufgewendete Betrag selbst ist abzurechnen.

Der Begriff laufende Wirtschaftsausgaben deckt sich ungefähr mit dem Begriff der Werbungskosten (§ 8 I preuß. EinkStG.). Es sind diejenigen Beträge, die zur Erhaltung und Sicherung des Ertrages des Grundstückes gemacht werden. Die in § 8 Ziff. 1 und 3 sowie 5 preuß. EinkStG. aufgezählten Beträge sind aber begrifflich nicht ohne weiteres laufende Wirtschaftsausgaben für das Grundstück im Sinne des § 23 Abs. 1 BStG., ihre Abzugsfähigkeit bei der Einkommensteuer beruht vielmehr auf der ausdrücklichen Vorschrift des § 8 Abs. 1 ,3, 5 preuß. EinkStG., sie sind daher gemäß § 23 Abs. 1 BStG. hinzuzusetzen.

Laufende Wirtschaftsausgaben im Sinne des § 23 Abs. 1, § 7 Abs. 1 dieses Gesetzes, sind u. a. auch folgende Ausgaben: Rentenbankrenten (EOVG. 7, 129 ff.), Reparaturkosten (im Gegensatz zu den Instandsetzungskosten EOVG. 10, 104; 12, 108). Kosten für Beleuchtung, Reinigung, Haushalter usw. bei Hausgrundstücken (EOVG. 1, 249), Versicherungskosten gegen Brand, Hagelschlag usw. (Art. 11 II 3 preuß. AusfAnw. z. EinkStG.), Unterhaltung der Grundstücke, Betriebsgebäude und deren Zubehör bei landwirtschaftlichen Grundstücken und Betriebsvermögen.

Nicht zu den laufenden Wirtschaftsausgaben gehören aber Kosten der Mergelung und Tiefkultur von Grundstücken, Anlage von Spargelpflanzungen, Baumschulen, Obstbäumen, Weidenbäumen, welche alle eine Verbesserung des Grundstückes bedeuten (EOVG. 12, 98). Nicht zu den laufenden Wirtschaftskosten gehören auch die Auflassungskosten, Stempelkosten und Hypothekenbeschaffungskosten (EOVG. 10, 106; 9, 214; 2, 171), sowie Zusammenlegungs- und Vermessungskosten (EOVG. 9, 217; 10, 87).

5. Abzurechnen.

Beispiel: Ein 1914 in Berlin des Erwerbes wegen lebender und dort wohnhafter Amerikaner hatte beim Wehrbeitrag ein Kapitalvermögen von 30000 ℳ und ein Grundstück von 100000 ℳ, ist also mit 130000 ℳ als subjektiv steuerpflichtig zum Wehrbeitrag veranlagt (§ 11 I 2 BStG.). Er verzieht nach Baltimore und bleibt am 31. Dezember 1916 nur mit seinem Grundstück als objektiv (beschränkt) steuerpflichtig (§ 11 II BStG.). Die 30000 ℳ hat er an das Grundstück als Verbesserungen verwendet, so daß es am 30. Juni 1919 130000 ℳ wert ist. Dann werden von dem Stand vom 30. Juni 1919, wo das Grundstück 130000 ℳ wert war, 30000 ℳ abgerechnet so daß sich ein steuerpflichtiger Zuwachs nicht ergibt (100000 — 100000 = 0) Würde man anders verfahren, so ergäbe sich zu Unrecht ein Vermögenszuwachs am Grundstück (130000 — 100000) von 30000 ℳ.

6. Die Anrechnung erfolgt insoweit nicht als ... entzogen worden ist.

Die Bedeutung des Abs. 2 des § 7 wird durch folgendes Beispiel klargestellt: Hat jemand im Inlande ein Grundstück geerbt und dies im Veranlagungszeitraum in ein anderes umgetauscht, das ebenfalls im Inlande liegt, so muß er sich den Wert des ererbten Grundstückes auf den das neue Grundstück gezahlten Kaufpreis anrechnen lassen. Betrug der Wert des ererbten Grundstückes beim Erbfall 30000 ℳ, es wird verkauft zu 60000 ℳ und dafür ein neues Grundstück für 50000 ℳ angekauft, das im Inland liegt, so beträgt der steuerpflichtige Zuwachs 50000 ℳ — 30000 ℳ = 20000 ℳ. Die 10000 ℳ, welche Pflichtiger in Wertpapieren angelegt hat, entgehen allerdings der Besteuerung, weil Pflichtiger als Ausländer nur mit seinem inländischen Grundvermögen steuerpflichtig ist.

§ 8.[1]) Dem nach § 5 festgestellten Vermögen sind hinzuzurechnen:

1. Beträge, die der Abgabepflichtige im Veranlagungszeitraume zu Schenkungen[2]) oder sonstigen Vermögensübergaben[3]) (§ 6 Nr. 4) verwendet hat. Von der Hinzurechnung ausgenommen sind fortlaufende Zuwendungen[4]) zum Zwecke des angemessenen Unterhalts[5]) oder der Ausbildung[5]) des Bedachten, Zuwendungen, die auf Grund eines gesetzlichen Anspruchs[5a]) des Bedachten gemacht worden sind, Pensionen[6]) und ähnliche Zuwendungen[6]), die ohne rechtliche Verpflichtung früheren Angestellten oder Bediensteten gewährt werden, übliche Gelegenheitsgeschenke, Zuwendungen zu kirchlichen, mildtätigen oder gemeinnützigen Zwecken und, sofern nicht die Absicht der Abgabeersparung anzunehmen ist, Zuwendungen im Werte von weniger als 1000 Mark.

Der Bedachte haftet[7]) für den Abgabebetrag, der auf den ihm zugeflossenen Teil des abgabepflichtigen Vermögenszuwachses verhältnismäßig entfällt. Der Abgabepflichtige kann von dem Bedachten Ersatz[8]) dieses Abgabebetrags verlangen;

2. Beträge, die im Veranlagungszeitraum in ausländischem Grund- oder Betriebsvermögen [9]) (§ 5 des Besitzsteuergesetzes) angelegt worden sind;

3. Beträge, die im Veranlagungszeitraume zum Erwerbe von [10]) Gegenständen aus edlem Metalle, von Edelsteinen oder Perlen, von Kunst-, Schmuck-, und Luxusgegenständen sowie von Sammlungen [11]) aller Art aufgewendet worden sind, sofern [12]) der Anschaffungspreis für den einzelnen Gegenstand fünfhundert Mark und darüber oder für mehrere gleichartige oder zusammengehörige [13]) Gegenstände eintausend Mark und darüber beträgt;

4. Beträge, die im Veranlagungszeitraume zu sonstigen Anschaffungen [14]) verwendet worden sind, soweit diese Anschaffungen nicht dem gewöhnlichen Bedarfe des Abgabepflichtigen oder seines Haushalts dienen. Inwieweit die Anschaffungen dem gewöhnlichen Bedarfe des Abgabepflichtigen dienen, ist nach den Verhältnissen des Abgabepflichtigen am Beginne des Veranlagungszeitraums zu beurteilen. Die Anrechnung findet nur statt, sofern der Anschaffungspreis für den einzelnen Gegenstand fünfhundert Mark oder mehr oder für mehrere gleichartige oder zusammengehörige Gegenstände eintausend Mark oder mehr beträgt und soweit die für Anschaffungen dieser Art während des Veranlagungszeitraums aufgewendeten Beträge zusammen zehntausend Mark übersteigen;

5. [14a]) Zahlungen oder Hingaben an Zahlungs Statt, die der Abgabepflichtige während des Veranlagungszeitraums auf Grund vertraglicher Verpflichtung oder aus sonstigen Gründen im voraus geleistet hat, sofern die Vorausleistung nach den Gebräuchen des Handels oder Verkehrs erst nach Ablauf dieses Zeitraums zu bewirken gewesen wäre und soweit der Abgabepflichtige nicht während dieses Zeitraums einen der Leistung entsprechenden Gegenwert erhalten hat. Die Hinzurechnung findet nur statt, sofern der Betrag der Zahlung oder der Wert der Leistung im einzelnen Falle tausend Mark oder mehr beträgt;

6. [15]) der Betrag der nach dem Kriegssteuergesetze vom 21. Juni 1916 (Reichs-Gesetzbl. S. 561) und dem Gesetz über Erhebung eines Zuschlags zur Kriegssteuer vom 9. April 1917 (Reichs-Gesetzbl. S. 349) von dem Abgabepflichtigen während des Veranlagungszeitraums gezahlten Kriegssteuer.

Außer in den Fällen des Abs. 1 Nr. 1 findet die Hinzurechnung [16]) der im Abs. 1 Nr. 2, 3 und 4 bezeichneten Beträge nur statt, wenn die erworbenen Gegenstände am Ende des Veranlagungszeitraums noch im Besitze [16]) des Abgabepflichtigen sind. Ist die Anlage im ausländischen Grund- oder Betriebsvermögen [17]) erfolgt, so verringert sich die Hinzurechnung um den Betrag einer nachweislich eingetretenen erheblichen Wertminderung.

1. Allgemeines.

Der Zweck des § 8 ist, von Ziff. 6 abgesehen, lediglich der, steuerlichen Schiebungen vorzubeugen, irgendwelche darüber hinausgehende Zwecke verfolgt er nicht. Die Bestimmung ist deshalb auch im Zusammenhang mit § 6 zu betrachten. Vgl. daher die Anmerkungen daselbst. Der Hinzurechnung der Beträge beim Geber (§ 8 Ziff. 1) entspricht die Abrechnung beim Empfänger (§ 6 Ziff. 4). Im übrigen decken sich die Ziff. 1—3 mit den Bestimmungen der §§ 4 und 5 Abs. 3 des KrStG. von 1916, und der Abs. 2 mit § 5 Abs. 2 daselbst.

Für Preußen bestimmte bereits eine Verf. des FinMin. (Mitteil. a. d. Verw. d. dir. Steuern Heft 12 S. 11), daß die Einkommensteuerbehörden den Erbschaftssteuerämtern von den zu ihrer Kenntnis gelangten Schenkungen Mitteilung zu machen haben; jetzt wird einer gegenseitigen Mitteilungspflicht der Behörden eine noch viel höhere Bedeutung beigemessen werden müssen. Für die Feststellung eines nach § 8 des Gesetzes dem Vermögen des Steuerpflichtigen hinzuzurechnenden Betrages sind die betreffenden Vermögensgegenstände nach den Grundsätzen zu bewerten, die anzuwenden gewesen wären, wenn die Hingabe nicht stattgefunden hätte (s. unten).

Bei Vermögensübergaben (§ 6 Abs. 1 Nr. 4 und § 8 Abs. 1 Nr. 1 des Gesetzes) ist der um den Wert etwaiger Gegenleistungen gekürzte Betrag abzuziehen oder hinzuzurechnen (s. unten), d. h. auch bei Vermögensübergaben (Gutsüberlassungen usw.) soll nur der Betrag dem Empfänger abgerechnet und dem Geber zugerechnet werden, um den Empfänger bereichert und Geber ärmer geworden ist.

Hierzu bestimmte § 14 der BundesratsAusfBest. z. KrStG. vom 21. Juni 1916, das denselben Gegenstand hatte:

„1. Für die Feststellung eines nach § 4 (§ 8 des vorliegenden Gesetzes) des Gesetzes dem Vermögen des Steuerpflichtigen hinzuzurechnenden Betrages sind die betreffenden Vermögensgegenstände nach den Grundsätzen zu bewerten, die anzuwenden gewesen wären, wenn die Hingabe nicht stattgefunden hätte.

2. Bei Vermögensübergaben (§ 3 Abs. 1 Nr. 3 und § 4, Abs. 1 des Gesetzes) mindert sich der abzuziehende oder hinzuzurechnende Betrag um den Wert etwaiger Gegenleistungen.

3. Zuwendungen von Gegenständen, die nicht zum steuerbaren Vermögen gehören, fallen weder unter § 3 Abs. 1 Nr. 3 noch unter § 4 des Gesetzes, dagegen sind sie unter den Voraussetzungen des § 5 des Gesetzes dem Vermögen des Zuwendenden hinzuzurechnen.

4. Schenkungen oder sonstige Vermögensabgaben (§ 3 Abs. 1 Nr. 3 des Gesetzes) sind, wenn der Zuwendende während des Veranlagungszeitraumes gestorben ist, dem Vermögen der Erben nach § 4 des Gesetzes hinzuzurechnen."

2. Schenkung. (Siehe Anm. 11 zu § 6).

Es ist nicht erforderlich, daß die Schenkungen in der Absicht der Steuerersparung gemacht sind, vielmehr findet die Ab- und Zurechnung ganz ohne Rücksicht auf die mit der Schenkung verfolgten Zwecke statt. Ist die Schenkung in Form einer Rente gemacht, so ist als Vermögen des Empfängers der volle Kapitalwert der Rente (natürlich nur, wenn es sich um eine unter § 6 Ziff. 5 des KrStG. zu kapitalisierende Rente handelt) anzusehen, während ihr Kapitalwert bei Verpflichteten in Abzug kommt (§ 38 BStG.). Dementsprechend muß bei der Kriegssteuer der volle Betrag (nicht nur der Betrag der Rente der drei Kriegsjahre) zu- und abgesetzt werden (so auch Strutz, KrStG. Anm. 4a zu § 4).

3. Sonstige Vermögensübergabe.

Der Ausdruck ist gleichbedeutend mit dem Ausdruck „sonstige ohne entsprechende Gegenleistung aus dem Vermögen eines anderen gemachte Zuwendung (Vermögensübergabe)" und „Zuwendungen, im Einzelbetrage von mindestens 1000 ℳ" im § 6 Ziff. 4.

4. Fortlaufende Zuwendungen.

Die amtliche Begründung führt hierzu aus: Der Ausdruck „fortlaufende Zuwendungen" soll keinen Gegensatz zu einmaligen Zuwendungen bedeuten, so daß nicht etwa zu prüfen ist, ob solche Zuwendungen in der Vergangenheit regelmäßig gewährt worden sind, oder ob die Weitergewährung in der Zukunft in Aussicht steht. Es sollen nur solche Zuwendungen nicht unter den § 8 Abs. 1 Ziff. 1 Satz 2 fallen, die wegen ihrer Höhe nicht mehr als laufende Ausgaben des Zuwendenden angesehen werden können. Hierbei ist die Gesamtlage des Gebers und des Empfängers der Zuwendungen zu berücksichtigen. Wird an Stelle früherer laufender Zuwendungen eine einmalige Abfindung gegeben, so ist diese beim Geber zuzurechnen und beim Empfänger abzusetzen, denn eine derartige Abfindung ist eben keine fortlaufende Zuwendung mehr.

Bei Zuwendungen über 1000 ℳ spricht die Vermutung für die Absicht der Steuerersparung. Diese Vermutung ist unwiderleglich, so daß Beträge über 1000 ℳ unbedingt zuzurechnen sind. Bei Zuwendungen unter 1000 ℳ spricht die Vermutung gegen die Absicht der Steuerersparung, so daß der Steuerbehörde der Nachweis obliegt, daß der Steuerpflichtige mit der Weggabe seines Vermögensteils eine Steuerersparung bezweckte.

Zuwendungen, die der Abgabepflichtige im Veranlagungszeitraum mehrmals gemacht hat, und die zwar im Einzelbetrage die 1000 ℳ-Grenze nicht erreichen, zusammengerechnet diese aber weit übersteigen, dürfen gleichwohl nicht hinzugerechnet werden; es sei denn, daß es sich um Teilerfüllung eines rechtsgültig zustandegekommenen Zuwendungsvertrages handelt, wenn also insbesondere in gerichtlicher oder notarieller Form ein später allmählich zu erfüllendes Schenkungsversprechen abgegeben worden ist (§ 518 BGB.; vgl. PrOVG. vom 30. Okt. 1918; Xb 22 resp. K. Xb 11/18). Insoweit irrtümlich die Absicht der Steuerersparung anzunehmen war, müßte die Hinzurechnung gleichwohl erfolgen.

5. Zuwendungen zum Zwecke des angemessenen Unterhaltes und der Ausbildung des Bedachten.

Derartige Zuwendungen sind dem Geber nicht zuzurechnen, sondern beim Empfänger anzurechnen, soweit sie nicht überhaupt zur Bestreitung des Unterhaltes von letzterem verbraucht sind und deshalb überhaupt nicht zu einem Vermögenszuwachs führen.

Die Fassung des KrStG. 1916: „zum Zwecke des standesgemäßen Unterhalts" ist durch die Wahl des Wortes „angemessenen" zeitgemäß abgeändert. Eine sachliche Beschränkung dürfte darin kaum zu finden sein.

Der Umfang der gesetzlichen Unterhaltspflicht ergibt sich aus dem BGB. (§§ 1601 ff.).

§ 1601. Verwandte in gerader Linie sind verpflichtet, einander Unterhalt zu gewähren.

§ 1602. Unterhaltsberechtigt ist nur, wer außerstande ist, sich selbst zu unterhalten.

Ein minderjähriges unverheiratetes Kind kann von seinen Eltern, auch wenn es Vermögen hat, die Gewährung des Unterhaltes insoweit verlangen, als die Einkünfte seines Vermögens und der Ertrag seiner Arbeit zum Unterhalt nicht ausreichen.

§ 1603. Unterhaltspflichtig ist nicht, wer bei Berücksichtigung seiner sonstigen Verpflichtungen außerstande ist, ohne Gefährdung seines standesgemäßen Unterhaltes den Unterhalt zu gewähren.

§ 1606. Die Abkömmlinge sind vor den Verwandten der aufsteigenden Linie unterhaltspflichtig. Die Unterhaltspflicht der Abkömmlinge bestimmt sich nach der gesetzlichen Erbfolgeordnung und dem Verhältnisse der Erbteile.

§ 1608. Der Ehegatte des Bedürftigen haftet vor dessen Verwandten.

§ 1610. Das Maß des zu gewährenden Unterhaltes bestimmt sich nach der Lebensstellung des Bedürftigen (standesgemäßer Unterhalt).

Der Unterhalt umfaßt den ganzen Lebensbedarf, bei einer der Erziehung bedürftigen Person auch die Kosten der Erziehung und der Vorbildung zu einem Berufe.

§ 1612. Der Unterhalt ist durch Entrichtung einer Geldrente zu gewähren.

Haben Eltern einem unverheirateten Kinde Unterhalt zu gewähren, so können sie bestimmen, in welcher Art und für welche Zeit im voraus der Unterhalt gewährt werden soll.

Die Bestimmung des § 8 umfaßt nicht nur die Zuwendungen, welche infolge gesetzlicher Unterhaltspflicht gemacht werden, sondern auch solche Zuwendungen, welche in Erfüllung einer moralischen Unterhaltspflicht gegeben werden (Unterstützungen).

5a. Der Zusatz entspricht demjenigen in § 6 Ziff. 4 (vgl. auch § 3 Ziff. 3 des KrStG. von 1916). „Fortlaufend" brauchen die Zuwendungen hier nicht zu sein.

6. Pensionen und Zuwendungen an frühere Angestellte und Bedienstete.

Daß auch solche Schenkungen und Zuwendungen, die an frühere Angestellte (gewissermaßen als Pensionen) gemacht werden, nicht hinzuzurechnen sind, ist eigentlich selbstverständlich aber im Gesetz nochmals besonders zum Ausdruck gebracht. Selbstverständlich muß es sich aber auch hier um fortlaufende

Zuwendungen handeln (s. Anm. 4). Diese Zahlungen haben den Vermögensstand des Gebers vermindert, und es bleibt auch für die Berechnung der Abgabe bei diesem verminderten Vermögensstande.

7. Im Falle der Hinzurechnung fremden Vermögens haftet der Bedachte verhältnismäßig.

Der Abgabebetrag, der auf den dem Bedachten zugeflossenen Teil des abgabepflichtigen Vermögenszuwachses entfällt, ist gemäß § 8 Abs. 1 Ziff. 1 nach dem auf den Gesamtzuwachs entfallenden Durchschnittssteuersatze zu berechnen, da die Abgabe zwar nach den einzelnen Staffelbeträgen (§ 16) errechnet wird, aber als einheitlicher Betrag den ganzen Vermögenszuwachs trifft.

Beispiel: Jemand hatte früher ein Vermögen von 100000 ℳ, Zuwachs 150000 ℳ, also im ganzen jetzt 250000 ℳ Vermögen. Von diesen 250000 ℳ Vermögen hat er 100000 ℳ seinem volljährigen Sohn übertragen, so daß bei ihm nur 50000 ℳ Zuwachs bleiben, während dem Sohn 100000 ℳ zugewachsen sind. Die Übertragung bleibt für die Zwecke der Berechnung der Abgabe außer Betracht, so daß von 250000 ℳ Vermögen und 150000 ℳ Zuwachs beim Geber auszugehen ist. Auf 150000 (250000 — 100000) ℳ Zuwachs entfallen tarifmäßig A Mark Steuern. Dann ist folgende Rechnung aufzumachen:

$$150000 : A = 100000 : X$$

$$X = \frac{100000 \times A.}{150000}$$

Mithin haftet der Sohn für den Betrag, der hiernach als X auf seine ihm zugeflossenen 100000 ℳ entfällt.

Ob der Vater nur für seine ihm verbliebenen 50000 ℳ anteilmäßig haftet, oder ob er für die ganze Summe haftet und der Sohn in Höhe von X Mark nur mithaftet (als Gesamtschuldner), geht aus der Fassung des Abs. 2 Satz 1 vielleicht nicht ganz klar hervor, allein aus Satz 2 folgt zweifellos, daß der Vater für die ganze Steuer haftet, und daß anteilmäßig der Sohn mithaftet. Soweit der Vater den Betrag, für den der Sohn mithaftet, gezahlt hat, kann er vom Sohne Ersatz verlangen. Genauer hätte es also im Gesetz heißen müssen, daß der Sohn für einen entsprechenden Anteil mithaftet.

Eine ähnliche Gesamthaftung wie im § 8 Ziff. 1 letzter Absatz besteht übrigens auch im § 14 Satz 2 BStG. (Gesamthaftung der Ehegatten). Vgl. hierüber Buck, Komm. z. BStG., II. Aufl., Anm. 3 zu § 14. Der Unterschied ist aber der, daß nach § 14 BStG. beide Ehegatten für die ganze Steuer haften, während nach § 8 dieses Ges. der Geber für die ganze Steuer, der Empfänger neben ihm nach dem Betrage seiner Vermögensvermehrung haftet.

8. Der Abgabepflichtige kann vom Bedachten Ersatz verlangen.

Aus dem Begriff der Haftung als Gesamtschuldner geht hervor, daß von der Steuerkasse der Steuerbetrag nur einmal verlangt werden kann, entweder vom Geber oder vom Empfänger. Hat also der Sohn den anteilmäßigen Betrag bezahlt, für den er mithaftet, so kann dieser vom Vater seitens des Reichsfiskus nicht auch noch verlangt werden. Der Vater haftet in solchem Falle nur noch nach dem ihm verbliebenen Vermögenszuwachs. Hat der Vater den ganzen Betrag bezahlt, so kann er vom Sohn Ersatz desjenigen Teiles verlangen, der im Verhältnis von Vater und Sohn dem Sohn zur Last fällt. Diese Verfolgung muß gegebenenfalls durch die ordentlichen Gerichte erfolgen. Der Abs. 2 von Ziff. 1 des § 8 ist keine öffentlich-rechtliche, sondern eine bürgerlich-rechtliche Bestimmung, welche das Verhältnis zwischen den Parteien (Geber und Empfänger) regelt, gegenüber der Steuerbehörde aber ohne Bedeutung ist. Im obigen Beispiel kann also der Vater, wenn er den ganzen Steuerbetrag nach dem Vermögenszuwachs von 150000 ℳ gezahlt hat, vom Sohn Ersatz in Höhe von X Mark verlangen, welche im Verhältnis von Vater und Sohn dem Sohn zur Last fallen und eben, wie das das Gegebene ist, vom Sohn aus dem ihm vom Vater zugewandten Betrage von 100000 ℳ bestritten werden können.

9. Ausländischem Grund- und Betriebsvermögen.

Auch die Einbeziehung des ausländischen Grund- und Betriebsvermögens ist erfolgt, um Steuerschiebungen zu verhindern, da man beobachtet hatte, daß zum Zwecke der Umgehung der Kriegssteuern Gelder in ausländischem Grundvermögen oder ausländischen gewerblichen Unternehmungen angelegt wurden. Da diese Objekte der Besitzsteuer nicht unterliegen (§ 5 BStG.) und dieses Gesetz auf das BStG. Bezug nimmt (§§ 4, 5), so würden ohne eine Bestimmung, wie sie § 8 Ziff. 2 enthält, die in der Absicht der Steuerhinterziehung in ausländischem Grund- und Betriebsvermögen angelegten Werte der Besteuerung entgangen sein.

Die Anlegung in ausländischem Grund- oder Betriebsvermögen kann auch dadurch erfolgen, daß Gegenstände, die bisher zum steuerbaren Vermögen gehörten, durch Verbringung ins Ausland dem ausländischen Grund- oder Betriebsvermögen zugeführt werden, oder daß auf andere Weise bisher steuerbares Vermögen in nicht steuerbares ausländisches Grund- und Betriebsvermögen umgewandelt wird. Ist der Betrag, der in ausländischem Grund- oder Betriebsvermögen angelegt oder zur Anschaffung anderer Gegenstände der im § 8 Abs. 1 Ziff. 2—4 des Gesetzes bezeichneten Art verwendet worden ist, nicht in einer Geldsumme ausgedrückt, so ist er nach dem Werte zu berechnen, den die zur Anlegung oder Anschaffung verwendeten Gegenstände gehabt haben. Diese Vorschrift schon in § 15 der BundesratsAusfBest. z. KrStG. vom 21. Juni 1916 enthalten.

Außer Betracht bleibt dabei allerdings der Betrag, um den sich das im Ausland angelegte Vermögen nach der Anlage im Wert vermindert hat (§ 8 Abs. 2 Satz 2). Die Hinzurechnung findet nur statt, wenn die erworbenen Werte am Ende des Veranlagungszeitraumes noch im Besitze des Steuerpflichtigen sind (§ 8 Abs. 2). Denn Zweck der Vorschrift ist nur der, die aus dem steuerbaren Vermögen ausgeschiedenen Werte zu erfassen. Befindet sich ein Gegenwert (Erlös) wieder in demselben, oder ist der ausländische Grundbesitz bzw. das ausländische Grundvermögen ohne Gegenleistung verloren (z. B. durch feindliche Sequestration oder höhere Gewalt, wie Brand, Überschwemmung oder andere Schadensereignisse), so kommt Ziff. 2 nicht in Frage.

Beispiel: Jemand, der 300000 ℳ Vermögenszuwachs hatte, hat 100000 ℳ zum Ankauf einer Villa in der Schweiz verwendet, hat also nur noch 200000 ℳ inländisches Vermögen. Die Villa ist inzwischen durch Schwamm und Einbruch von Grundwasser in die Keller im Werte auf 60000 ℳ gesunken. Gemäß

§ 4 sind den dem Steuerpflichtigen trotz Ankaufs der Villa noch verbliebenen 200000 *M* zuzurechnen 100000 — 40000 *M* = 60000 *M* Jetztwert der Villa.

Als erhebliche Wertminderung im Sinne des § 8 Abs. 2 Satz 2 des Gesetzes ist jedenfalls eine zeitweilige, auf vorübergehenden Umständen beruhende Wertminderung nicht anzusehen.

10. Edelmetall, Edelsteine, Perlen, Kunst-, Schmuck- und Luxusgegenstände.

Über die Bestimmung ist in den Kommissionen bei der Beratung von § 5 des alten KrStG. viel beraten und verhandelt worden. Ein Antrag (Nr. 245) in erster Lesung wollte neben den Kunstgegenständen auch die Kunstgewerbegegenstände mit einbezogen wissen, doch wurde dies als zu weitgehend abgelehnt. Das Ergebnis der längeren Verhandlungen läßt sich dahin zusammenfassen: a) sollen Sammlungen aller Art unter denselben Bedingungen wie Kunst- und Luxusgegenstände dem am 30. Juni 1919 festgestellten Vermögen hinzugerechnet werden; b) soll diese Anrechnung geschehen, sofern der Anschaffungswert für den einzelnen Gegenstand 500 *M* und darüber (statt 1000 *M*) beträgt, und c) soll die Anrechnungspflicht nicht nur auf zusammengehörige, sondern auf gleichartige oder zusammengehörige Gegenstände der erwähnten Art sich beziehen. Befinden sich die erworbenen Gegenstände am 30. Juni 1919 nicht mehr im Besitze des Steuerpflichtigen, so findet die Hinzurechnung nicht statt (§ 8 Abs. 2). Vgl. auch Schluß Anm. 9.

Im einzelnen ist noch folgendes zu bemerken:

Was den Begriff Luxusgegenstände anlangt, so führte der Reichsschatzsekretär hierüber in den Beratungen erster Lesung zum alten KrStG. (Druckf. 6 II. Sess. Nr. 320 S. 16) folgendes aus: „Es sei zuzugestehen, daß der Begriff ‚Luxusgegenstand‘ ein sehr flüssiger sei, und daß es deshalb erwünscht und notwendig sei, in den Ausführungsbestimmungen dem Begriff ‚Luxusgegenstand‘ eine nähere Erklärung zu geben. Allerdings können die Ausführungsbestimmungen des Bundesrats, da es sich nicht um Rechtsverordnungen handelt, vor den Gerichten angefochten werden; immerhin würden sie einen genügenden Anhalt für die Auslegung des Gesetzes geben. Tische, Stühle, überhaupt Möbel schieden aus. Es sei auch nicht zu befürchten, daß Wohnungseinrichtungen über den Bedarf hinaus angeschafft würden. Man könne nicht verhindern, daß jemand sein Geld in unsinniger Weise verschwende, wenn man in dieser Hinsicht weitergehen wolle, so hätte man von vornherein nicht auf dem Vermögenszuwachs, sondern auf dem Einkommen (Einkommensvermehrung) aufbauen müssen. Was man treffen wolle und in erster Linie treffen müsse, seien die Fälle, in denen Kunstgegenstände und ähnliche Dinge erworben werden, nicht weil der Käufer sie behalten, sondern weil er sie später wieder verkaufen wolle, oder weil nach dieser Richtung mindestens eine Eventualabsicht bei ihm bestehe oder zu vermuten sei. Das gelte vor allen Dingen für alte Kunstwerke, für Bilder von alten Meistern, die im Kunsthandel einen einigermaßen feststehenden Wert haben. Es solle eben verhindert werden, daß solche Dinge gekauft werden, um das Geld der Kriegsgewinnsteuer zu entziehen und nachher, wenn die Kriegsgewinnsteuer erhoben ist, wieder verkauft werden.“ Mehr war nicht beabsichtigt. Hieraus geht also hervor, daß Wohnungseinrichtungen, auch wenn sie im Vergleich zu den früheren Verhältnissen des Steuerpflichtigen ziemlich wertvoll sind, nicht ohne weiteres als Vermögenswert anzusetzen sind, sondern nur, soweit die Wohnungseinrichtung als solche oder einzelne Stücke einen hohen Kunstwert haben, so daß immerhin mit der Möglichkeit eines späteren Verkaufes gerechnet werden kann.

In der Ausführungsanweisung ist der Absicht des Gesetzes noch genauer dahin Ausdruck gegeben worden:

In Zweifelsfällen ist bei Beurteilung der Frage, ob es sich um einen Luxusgegenstand handelt oder nicht, entsprechend der mit der Gesetzesvorschrift erfolgten Absicht, denjenigen zu treffen, der sein Vermögen in wertvollen Gegenständen angelegt hat, um es der Besteuerung zu entziehen, dem Umstand Bedeutung zuzumessen, daß der Gegenstand wieder ohne erhebliche Verluste veräußert werden kann (§ 15 Ziff. 3 AusfAnw. z. KrStG. 1916).

Die Vorschrift findet (im Gegensatz zu § 5 Abs. 3 KrStG. von 1916) auch Anwendung auf die Kunstwerke lebender oder kürzlich verstorbener Künstler, da gerade solche Bilder usw. in großem Umfang zwecks Ersparung der Kriegssteuer und späterer spekulativer Veräußerung gekauft worden sind.

11. Sammlungen aller Art.

Dieser Zusatz fehlte im Regierungsentwurf zum KrStG. vom 21. Juni 1916, was seitens mehrerer Abgeordneter bemängelt wurde. Darauf führte der Reichsschatzsekretär aus: „Was die Sammlungen anbelangt, so werde eine Sammlung von gebrauchten Briefmarken, die keine Gebrauchsgegenstände mehr seien, doch wohl noch zu den Luxusgegenständen zu zählen sein. Die einzelnen Briefmarken gehören auch zweifellos zusammen. Es sei aus einer Zeitung einiges über derartige Briefmarkensammlungen vorgelesen worden. Auch er habe Zusendungen bekommen wonach Briefmarkensammlungen für 40000 bis 50000 ℳ verkauft und gekauft worden sind. Eine derartige Sammlung sei nach seiner Meinung ein Luxusgegenstand. Die einzelne Briefmarke ist nicht mehr als 1000 ℳ wert aber die Sammlung gehöre zusammen und derartige Erwerbungen fallen unter das KrStG." Vgl. auch Schluß Anm. 10.

12. Für den einzelnen Gegenstand 500 Mark und darüber.

Im Regierungsentwurf 1916 lautete die betreffende Stelle „sofern der Anschaffungspreis für den einzelnen Gegenstand oder für mehrere gleichartige oder zusammenhängende Gegenstände eintausend Mark und darüber beträgt". Dazu führte ein Abgeordneter aus, daß nach dieser Fassung folgender Fall denkbar sei (Antrag Nr. 244 der Drucks. S. 74): „Kaufe jemand bei verschiedenen Juwelenhändlern hundert einzelne Perlen zu je 900 ℳ so könne er nach den jetzigen Bestimmungen des Entwurfs eine Perlenkette zum Anschaffungswert von 90000 ℳ hinterher zusammenstellen, nämlich aus nicht zueinander gehörenden Perlen, und damit dies Geld der Besteuerung entziehen. Es sei daher nötig, den § 5 Abs. 1 (jetzt § 8 Abs. 1 Ziff. 3) zu ergänzen."

13. Gleichartige oder zusammengehörige.

Über den Begriff zusammengehörig führte der Reichsschatzsekretär bei der Beratung des § 5 des KrStG. vom 21. Juni 1916 (a. a. O. S. 17) aus:

Was als zusammengehörig anzusehen sei, kann im Einzelfall allerdings zweifelhaft sein. Unstreitig handele es sich z. B. bei einem Meißner Porzellanservice, das einen großen Kunstwert repräsentieren könne, um zusammengehörige Gegenstände, so daß der Preis für das Service als solches maßgebend und es gleichgültig sei, wenn der Preis der einzelnen Tassen oder Teller unter 1000 *M* betrage. Auch mehrere Perlen oder Edelsteine würden in den meisten Fällen als zusammengehörig anzusehen sein. Um hier Zweifel auszuschließen, habe er keine Bedenken dagegen geltend zu machen, wenn statt „zusammengehörige" Gegenstände gesagt werde „gleichartige oder zusammengehörige Gegenstände". Dementsprechend wurde dem § 5 des KrStG. vom 21. Juni 1916 die entsprechende Fassung gegeben, die in dieses Ges. übernommen ist.

14. Beträge, die zu sonstigen Anschaffungen ...

Die amtliche Begründung sagt hierzu:

„Es ist bekannt, daß während des Krieges große Vermögensbeträge zu Anschaffungen, die nicht unter § 8 Abs. 1 Ziff. 2 und 3 des Gesetzes fallen, verwendet worden sind, zum Teil sogar in der bewußten Absicht, sie auf diese Weise der Kriegsabgabe zu entziehen. Dabei haben sich die Anschaffungen auf alle möglichen Gegenstände wie Teppiche, Möbel, Kleider, Wäsche, Stoffe, Wein u. dgl. erstreckt, die nicht ohne weiteres unter den Begriff der Luxusgegenstände im Sinne der Nr. 3 fallen. Das Gesetz will nun auch Beträge, die zu solchen Anschaffungen verwendet worden sind, bei Berechnung des Vermögenszuwachses berücksichtigt wissen. Dabei mußte es jedoch vermeiden, daß nicht jede Anschaffung geringfügiger oder notwendiger Art in Anrechnung gebracht wird, wie sie das tägliche Leben, sei es in Form von Neu- oder von Ersatzanschaffungen bringt. Demgemäß beschränkt sich das Gesetz nur auf solche Anschaffungen, die nicht dem gewöhnlichen Bedarfe des Abgabepflichtigen oder seines Haushalts dienen, und deren Anschaffungspreis für den einzelnen Gegenstand 500 *M* oder mehr oder für mehrere gleichartige oder zusammengehörige Gegenstände 1000 *M* oder mehr beträgt, soweit die für Anschaffungen dieser Art während des Veranlagungszeitraums aufgewendeten Beträge zusammen 10000 *M* übersteigen."

Inwieweit die Anschaffungen dem gewöhnlichen Bedarfe des Abgabepflichtigen dienen, ist dabei nach den Verhältnissen des Abgabepflichtigen am Beginne des Veranlagungszeitraums zu beurteilen.

Hat also beispielsweise ein Junggeselle, der zu heiraten beabsichtigt, von seinem während des Krieges erheblich gestiegenen Gehalt zu seiner Zweizimmereinrichtung allmählich so viel einzelne Möbelstücke hinzugekauft, daß er bis 30. Juni 1919 eine Vierzimmerwohnung als Aussteuer zusammen hatte, so muß der Preis der Neuerwerbungen, zusammen etwa 15000 *M*, dem zum Ende des Veranlagungszeitraumes ohne dieselben nicht gestiegenen Vermögen hinzugesetzt werden.

14a. Zahlungen oder Hingaben an Zahlungs Statt ... im voraus geleistet ...

Die amtliche Begründung sagt hierzu:

„Die Bestimmung will Umgehungen der Kriegsabgabe entgegenwirken, die dadurch versucht worden sind, daß Zahlungen und sonstige geldwerte Leistungen entgegen den Gebräuchen des Handels und Verkehrs bereits vor Ablauf des Veranlagungszeitraums bewirkt worden sind, um die hierfür aufgewendeten Beträge aus dem Endvermögen auszuscheiden und dieses entsprechend zu vermindern. So sind Jagden gepachtet und die Jagdpachtbeträge auf die ganze Pachtdauer im voraus gezahlt worden. In gleicher Weise wurden Prämien für Unfall-, Haftpflicht- und sonstige derartige

Versicherungen, Vereinsbeiträge u. dgl. *im voraus gezahlt.* Derartige entgegen den Gebräuchen des Handels und Verkehrs bewirkte Vorauszahlungen sollen ohne Rücksicht darauf, ob sie auf Grund besonderer vertraglicher Verpflichtung oder aus sonstigen Gründen erfolgt sind, dem Endvermögen zugerechnet werden, soweit der Abgabepflichtige nicht während des Veranlagungszeitraums einen der Leistung entsprechenden Gegenwert erhalten hat und der Betrag der Zahlung oder der Wert der Leistung im einzelnen Falle 1000 M oder mehr beträgt."

15. Entrichtete Abgabebeträge aus dem KrStG. vom 21. Juni 1916 und dem Gesetz über Erhebung eines Zuschlags zur Kriegssteuer vom 9. April 1917.

I. Durch diese Bestimmung hat das Gesetz dem Umstande Rechnung getragen, daß durch das *Zurückgreifen* auf den 31. Dezember 1913 derjenige Zuwachs, der bereits durch das KrStG. von 1916 und das Zuschlagsgesetz von 1917 versteuert worden ist, nun nochmals erfaßt wird. Um diese *Doppelbesteuerung* zu vermeiden, sieht das Gesetz vor, daß die nach jenen Gesetzen bereits entrichteten Abgabebeträge als *Vorschußzahlung* auf die nach diesem Gesetz zu entrichtende Abgabe behandelt wird. Zu diesem Zwecke geht es von der Fiktion aus, daß jene Abgabebeträge noch nicht gezahlt worden sind. Da sich aber alsdann der Vermögenszuwachs naturgemäß entsprechend höher berechnet, so folgt daraus ohne weiteres die Notwendigkeit der Hinzurechnung der Abgabebeträge zum Endvermögen. Andererseits ist es natürlich nur folgerichtig, wenn es in dem gedanklich hiermit zusammenhängenden § 17 bestimmt, daß jene dem Endvermögen hinzugerechneten Abgabebeträge von der nach diesem Gesetz geschuldeten Abgabe wiederum *abgesetzt* werden, da sie eben nur als Vorschußzahlung zu gelten haben.

Die Wirkung dieser Bestimmungen ergibt sich aus folgenden von der amtlichen Begründung angeführten Beispielen:

I. Fall. Der Vermögenszuwachs ist ausschließlich in der Zeit vom 1. Januar 1914 bis 31. Dezember 1916 eingetreten.

Anfangsvermögen		20000 M
Endvermögen am 31. Dezember 1916		80000 „
nach dem KrStG. vom 21. Juni 1916 abgabepflichtiger Vermögenszuwachs		60000 M
Kriegssteuer	9500 M	
Zuschlag	1900 „	11400 „
verbleibt Vermögenszuwachs:		48600 M
Endvermögen am 30. Juni 1919 ohne Zurechnung der gezahlten Kriegssteuer		68600 M
dazu Kriegssteuer nebst Zuschlag		11400 „
Endvermögen am 30. Juni 1919		80000 M
Vermögenszuwachs		60000 M
ab als abgabefrei (§ 15)		5000 „
nach diesem Gesetz abgabepflichtiger Vermögenszuwachs		55000 M
Abgabe nach diesem Gesetz		12500 M
ab gezahlte Kriegssteuer nebst Zuschlag (§ 17)		11400 „
verbleibt:		1100 M

Insgesamt hat somit der Abgabepflichtige zu entrichten:

1. an Kriegssteuer nach dem KrStG.	9500 *M*
2. Zuschlag zur Kriegssteuer	1900 „
3. Kriegsabgabe nach diesem Gesetz	1100 „
zusammen:	12500 *M*

II. Fall. Der Vermögenszuwachs ist ausschließlich in der Zeit vom 1. Januar 1917 bis 30. Juni 1919 eingetreten.

Anfangsvermögen	20000 *M*
Endvermögen	80000 „
Zuwachs	60000 *M*
ab als abgabefrei (§ 15)	5000 „
nach diesem Gesetz abgabepflichtiger Vermögenszuwachs	55000 *M*
Kriegsabgabe nach diesem Gesetz	12500 *M*

Der Pflichtige hat also den gleichen Betrag zu zahlen, den der Pflichtige im ersten Falle insgesamt gezahlt hat.

III. Fall. Der Vermögenszuwachs ist teils in der Zeit vom 1. Januar 1914 bis 31. Dezember 1916, teils in der Zeit vom 1. Januar 1917 bis 30. Juni 1919 eingetreten.

Anfangsvermögen		20000 *M*
Vermögensstand am 30. Juni 1919		50000 „
nach dem KrStG. abgabepflichtiger Vermögenszuwachs		30000 *M*
Kriegssteuer	3000 *M*	
Zuschlag	600 „	3600 „
verbleibt Vermögenszuwachs:		26400 *M*
Endvermögen am 30. Juni 1919		76400 *M*
dazu Kriegssteuer nebst Zuschlag		3600 „
		80000 *M*
Vermögenszuwachs		60000 *M*
ab als abgabefrei (§ 15)		5000 „
verbleibt abgabepflichtiger Vermögenszuwachs		55000 *M*
Abgabe nach diesem Gesetz		12500 *M*
ab gezahlte Kriegssteuer nebst Zuschlag (§ 17)		3600 „
nachzuzahlen		8900 *M*

Insgesamt hat der Abgabepflichtige zu entrichten:

1. Kriegssteuer	3000 *M*
2. Zuschlag	600 „
3. Abgabe nach diesem Gesetz	8900 „
zusammen:	12500 *M*

Der Pflichtige hat also insgesamt den gleichen Betrag wie in den Fällen I und II zu zahlen.

II. Durchaus folgerichtig und in gedanklichem Zusammehang mit den §§ 8 Ziff. 6, 17 wird vom Gesetz auch der Fall berücksichtigt, daß jene Abgabebeträge **noch nicht** entrichtet sind. Daß hier eine Hinzurechnung zum Endvermögen nicht in Frage kommt ist selbstverständlich. Ebensowenig kann natürlich von einem **Abzug** vom Endvermögen die Rede sein, wie ihn der § 6 in Ziff. 8 für die

nach den Mehreinkommen-Abgabegesetzen vom 26. Juli 1918 und 10. September 1919 am 30. Juni 1919 noch geschuldeten Abgabebeträge vorsieht (vgl. **Anm.** 16 zu Ziff. 8 des § 6), da hier ja eine Doppelbesteuerung nicht in Frage kam, also nicht vermieden zu werden brauchte. Um jeden Zweifel hierüber auszuschließen, bestimmt denn auch der § 9 ausdrücklich, daß bei Feststellung des Endvermögens jene Abgabebeträge nicht in Abzug gebracht werden dürfen. Infolge dieses „Nichtabzugs" ist denn auch jenes erwünschte rechnerische Verhältnis gewahrt, welches das Gesetz durch die Hinzurechnung der entrichteten Beträge zum Endvermögen gerade herbeiführen wollte.

Zeigt sich somit am Ende des Veranlagungszeitraumes (30. Juni 1919) der weder durch Abzug noch durch Hinzurechnung beeinflußte, nunmehr der Besteuerung durch dieses Gesetz voll zur Verfügung stehende Vermögenszuwachs, so ist es weiterhin selbstverständlich, daß jene aus KrStG. von 1916 noch geschuldeten Abgabebeträge insoweit unerhoben bleiben, als sie nicht den Betrag übersteigen, den der Abgabepflichtige nunmehr als Kriegsabgabe zu zahlen hat. Dies wird im § 18 des Gesetzes noch ausdrücklich ausgesprochen und weiterhin bestimmt, daß Abgabebeträge, die auf Grund des § 6 des Gesetzes über die Erhebung eines Zuschlags zur Kriegssteuer vom 9. April 1917 gestundet worden sind, schlechthin unerhoben bleiben, womit zugleich die in § 6 jenes Gesetzes vorbehaltene gesetzliche Regelung der gestundeten Zuschläge erfolgt ist (vgl. das nähere zu alledem in den Bem. zu den §§ 9 und 18 des Gesetzes).

16. Hinzurechnung nur, wenn die erworbenen Gegenstände am Ende des Veranlagungszeitraumes noch im Besitz des Abgabepflichtigen sind.

Der Zweck des § 8 ist nur der, die aus dem steuerbaren Vermögen ausgeschiedenen Werte zu erfassen. Befindet sich ein Gegenwert (Erlös) wieder in demselben, so finden die Ziff. 2, 3 und 4 keine Anwendung.

17. Bei Anlage in ausländischem Grund- oder Betriebsvermögen.

Außer Betracht bleibt nach Satz 2 bei der Hinzurechnung derjenige Betrag, um den sich das im Ausland angelegte Grund- und Betriebsvermögen nach der Anlage im Werte verringert hat. Vgl. hierzu das Beispiel in Anm. 9 am Ende.

Ursprünglich war im Entwurf des alten KrStG. die Abzugsfähigkeit einer nachträglichen Verschlechterung der betreffenden ausländischen Grundstücke obe Betriebsgegenstände auf die Zeit vom 1. Januar 1914 bis 1. August 1914 beschränkt. Erwerbungen, die nach dem 1. August 1914 eingetreten sind, sollten keine Rücksichten mehr beanspruchen dürfen, wenn aber die Anlage des Vermögens eines Steuerpflichtigen schon vor dem Kriege, also in der Zeit vom 1. Januar 1914 bis 1. August 1914, wo von der Absicht, durch Anlage von Geldern in ausländischem Grund- und Betriebsvermögen Kriegssteuer zu sparen, noch keine Rede sein konnte, erfolgt ist, so sollten alle nach dem 1. August 1914 eingetretenen Verschlechterungen Berücksichtigung finden. Ein Abgeordneter machte darauf aufmerksam (Drucks. Nr. 320 S. 13), daß sich aus der Beschränkung der Abzugsfähigkeit von Verschlechterungen auf solche, die nach dem 1. August entstanden sind, Härten ergeben würden. Man habe das ausländische Grund- und Betriebsvermögen bei Wehrbeitrag und Besitzsteuer von der Besteuerung freigelassen. Wenn nun Wertminderungen an Grund-

und Betriebsvermögen, das im Ausland in der Zeit vom 1. Januar bis 1. August 1916 angelegt sei, nicht berücksichtigt würden, so müsse das zu Härten führen. Da der Reichsschatzsekretär erklärte, auf die zeitliche Begrenzung keinen besonderen Wert zu legen, wurde die zeitliche Begrenzung gestrichen.

Wird zur Anschaffung eines ausländischen Grundstückes oder Unternehmens der Erlös von Geldern angewendet, die ihrerseits aus dem Verkauf ausländischen Grund- und Betriebsvermögens stammen, so findet in dieser Höhe eine Kompensation statt. Es findet also, soweit beide Beträge sich decken, weder eine Zurechnung noch eine Abrechnung statt.

§ 9. Bei Feststellung des Endvermögens dürfen Abgabebeträge, welche der Abgabepflichtige auf Grund des Kriegssteuergesetzes vom 21. Juni 1916 oder des Gesetzes über die Erhebung eines Zuschlags zur Kriegssteuer vom 9. April 1917 infolge Stundung oder aus anderen Gründen am Ende des Veranlagungszeitraums noch schuldete, nicht in Abzug gebracht werden.

Diese Bestimmung gehörte ihrem sachlichen Inhalte nach hinter § 6 des Gesetzes. Sie steht in gedanklichem Zusammenhang mit den § 8 Ziff. 6 und § 17 einer- und § 18 andererseits und im Gegensatz zu § 6 Ziff. 8. Vgl. das dort Ausgeführte, insbes. die Anm. 16 zu Ziff. 8 des § 6, die Anm. 15 II zu Ziff. 6 des § 8 und die Ausführungen zu §§ 17 und 18 des Gesetzes, auf die zur Vermeidung von Wiederholungen verwiesen werden muß.

§ 10. Grundstücke, die der Abgabepflichtige erst nach dem 1. August 1914 erworben hat, dürfen bei Feststellung des Endvermögens zu keinem geringeren Werte [1]) als dem Betrage der Gestehungskosten [2]) angesetzt werden. Von diesen sind die durch Verschlechterung [4]) entstandenen Wertminderungen abzuziehen [3]).

1. **Zu keinem geringeren Werte.**

Durch die Vorschrift im § 10, die sich fast wörtlich an die des § 6 des KrStG. vom 21. Juni 1916 anschließt, soll erreicht werden, daß Grundstücke, insbesondere herrschaftliche Besitzungen, die ein Steuerpflichtiger nach Ausbruch des Krieges vielleicht zu einem hohen Liebhaberpreis erworben hat, auch mit dem Betrag angesetzt werden, den der Steuerpflichtige für den Erwerb angewendet hat.

2. **Betrag der Gestehungskosten.**

Der Begriff der Gestehungskosten ist im § 30 BStG. umschrieben. Es heißt dort: „Zu den Gestehungskosten sind zu rechnen der Gesamtwert der Gegenleistungen beim Erwerb (Erwerbspreis), sonstige Anschaffungskosten sowie alle auf das Grundstück gemachten besonderen Aufwendungen während der Besitzzeit.“ Es versteht sich von selbst, daß die Provisionen und Abgaben, die bei dem Kauf zu zahlen waren, mit zu den Gestehungskosten gehören (vgl. die Äußerungen des Reichsschatzsekretärs zu § 6, Drucks. Nr. 320 S. 21).

Im übrigen sei zu § 30 BStG. auf die Erläuterungen Bucks in seinem im

Verlage von Schwann, Düsseldorf erschienenen Kommentar zum BStG. verwiesen, in dem auch die Bewertungsfrage der Grundstücke eingehend erläutert wird.

Über die Frage der Bewertung von Grundstücken, die mit zu den schwierigsten des BStG. gehört, ist in den Verhandlungen des Reichstags zum KrStG. von 1916 (Drucks. Nr. 320 S. 20—24) ausführlich beraten worden.

Ein Abgeordneter führte aus: „Die frühere Gesetzgebung (BStG.) und die Regierungsvorlage zwinge nunmehr durch die Vorschrift im § 6 zur Unterscheidung von drei Arten von Grundstücken.

Für die, die nach dem 1. August 1914 erworben seien, müßten mindestens die Gestehungskosten zugrunde gelegt werden; für diejenigen, die zwischen 1. Januar und 1. August 1914 erworben seien, habe der Besitzer die Wahl zwischen dem gemeinen Wert und den tatsächlichen Gestehungskosten; endlich für diejenigen, die vor dem 1. Januar 1914 erworben seien, gelte nach § 33 BStG. der bei der Veranlagung zum Wehrbeitrag festgestellte Wert als Betrag der Gestehungskosten."

Diese Ausführungen geben in der Tat das Ergebnis der gesetzgeberischen Maßnahmen zutreffend wieder. Der Berichterstatter Dr. Südekum faßte das Ergebnis (Drucks. Nr. 320 S. 24) in gleicher Weise zutreffend dahin zusammen:

Der Besitzer eines Grundstückes habe das Recht, bei der Deklaration für den 31. Dezember 1916 nach dem BStG. zugrunde zu legen die Gestehungskosten oder den gemeinen Wert. Wenn der gemeine Wert niedriger sei als die Gestehungskosten, so könne und dürfe er also den gemeinen Wert zugrunde legen. Davon sei in § 6 eine Ausnahme gemacht, nicht für das BStG. als solches, sondern lediglich für die Kriegssteuer, die hier in Frage komme, und zwar eine Ausnahme nur für diejenigen Grundstücke, die nach dem 1. August 1914 erworben sind. Bei diesen Erwerbungen werde es sich in der Tat in der Hauptsache um Spekulationen oder um Hinterziehungsversuche handeln oder um den Erwerb von Luxusgrundstücken durch reichgewordene Leute. Bei diesen Erwerbungen nach dem 1. August 1914 solle zugrunde gelegt werden nicht etwa der hinter den Gestehungskosten zurückbleibende gemeine Wert, sondern es sollen ausschließlich die Gestehungskosten als Grundlage dienen. Das sei eine Abänderung gegenüber den Grundsätzen, die im übrigen gelten und in ihrer Totalität auch für die Kriegsgewinnsteuer aufrecht erhalten werden (vgl. hierzu auch § 1 Anm. 3 a. E.).

3. Von diesen ... sind abzuziehen.

Hierzu führte der Berichterstatter Dr. Südekum bei den Verhandlungen zum § 6 des KrStG. von 1916 (a. a. O. S. 5 folgendes) aus:

„In den Fällen, in denen Grundstücke nach dem 1. August erworben worden sind und also nicht auf Antrag, sondern kraft gesetzlicher Vorschrift die Gestehungskosten und nicht der gemeine Wert zugrunde zu legen seien, gelte die Einschränkung im Abs. 2 des § 6, in dem es heiße:

Von den Gestehungskosten sind die durch Verschlechterung entstandenen Wertminderungen abzuziehen.

Nehme man einmal das Beispiel, es habe jemand in Ostpreußen nach Kriegsausbruch, aber vor dem zweiten Russeneinfall, ein Grundstück gekauft, so finde zunächst die Bewertung nach den Gestehungskosten statt. Wenn aber durch den zweiten Einfall der Russen dieses Grundstück beschädigt worden sei, wenn also eine materielle Verschlechterung eingetreten sei, so dürfe diese Wertverminderung von den Gestehungskosten abgezogen werden. Das gleiche gelte natürlich auch für Grundstücke, die vor dem 1. August 1914 erworben wurden, soweit der Besteuerung der Gestehungspreis überhaupt zugrunde gelegt wird, und zwar sowohl hinsichtlich der Besitzsteuer als auch der besonderen Kriegsabgabe.

Wenn man alle diese Bestimmungen zusammenhalte, so werde man zugeben müssen, daß diese Regelung die Interessen des Fiskus wahrnimmt und auch im Hinblick auf die beteiligten Steuerzahler als billig zu bezeichnen ist.

Mit dem Begriff „Verschlechterung" sei jede materielle Verschlechterung gemeint, eine Verschlechterung, die durch Beschädigung infolge der Kriegsereignisse, Brand usw., durch Abnahme des Inventars, aber auch durch Abnutzung, mangelhafte Bestellung hervorgerufen sein könne. Allerdings sei eine materielle Verschlechterung vorausgesetzt, so daß ein Minderwert, der lediglich durch die allgemeine Konjunktureinwirkung des Krieges bei unveränderter Substanz entstanden sei, nicht in Berücksichtigung gezogen werde."

An dieser Auffassung ist auch für dieses Gesetz festzuhalten, insbesondere steht außer Zweifel, daß nicht in Betracht gezogen werden dürfen Minderwerte, die lediglich durch die allgemeine Konjunktur hervorgerufen worden sind, daß vielmehr nur in Betracht kommen Minderwerte, die durch äußere Verschlechterung (Zerstörung, Zerfall) entstanden sind.

4. Verschlechterung ... Wertminderung.

Bei den Kommissionsberatungen zum § 6 des KrStG. von 1916 wurden Zweifel geäußert (Anträge Nr. 237 und 238, Drucks. II. Sess. 126), ob unter den Ausdruck Verschlechterungen auch die Abnutzungen fallen. Dies bejahte der Reichsschatzsekretär (a. a. O. S. 27), daher wurden die Anträge Nr. 238 und 237, welche dahin zielen, dies noch schärfer zum Ausdruck zu bringen, zurückgezogen bzw. abgelehnt.

Was umgekehrt die Entschädigungsgelder anbelangt, welche zur Wiederherstellung der zerstörten Ortschaften in Ostpreußen nud Westpreußen gezahlt worden sind, so hat das Gesetz hierüber keine Sonderbestimmungen getroffen. Auch in den Beratungen wurde die Frage nicht erörtert, daher bleibt es bei den allgemeinen Grundsätzen. Die Zerstörung geschah entweder im Interesse der Landesverteidigung oder durch den Feind. Beides ist ohne Einfluß auf die steuerliche Behandlung. Die Entschädigung kann entweder auf Grund eines Rechtstitels gezahlt sein oder freiwillig, auch dieses ist gleichgültig. Was jemand am 30. Juni 1919 an Vermögen irgendwelcher Art zu eigen besitzt, einerlei, auf Grund welches Rechtstitels, ist Vermögen und mit seinem gegenwärtigen Werte zu vergleichen mit dem was er am 31. Dezember 1913 an Vermögen hatte. Hatte jemand früher ein Wohnhaus, das mit 10000 ℳ veranlagt war, und hat er zum Bau eines neuen, dem alten gleichwertigen Hauses jetzt erhaltene Entschädigungsgelder 30000 ℳ aufwenden müssen, so ist der Wert mit 30000 ℳ anzusetzen, also der Unterschied mit 20000 ℳ als Vermögenszuwachs zu versteuern. Hierin liegt in der Regel auch keine Härte, weil die Herstellungskosten des neuen Hauses in vielen

Fällen nur ein Beweis dafür sind, daß das alte Haus zu niedrig eingeschätzt war. Sollte jedoch im einzelnen Falle aus der Ansetzung des vollen Betrages als Vermögenszuwachs eine unbillige Härte entstehen, so kommt die Anwendung des Härteparagraphen in Betracht.

Bei den Kommissionsberatungen zum § 10 b. Ges. wurde der Antrag gestellt, im zweiten Satze die Worte „durch Verschlechterung" zu streichen. Der Regierungsvertreter bat, den Antrag abzulehnen. Der Vorschrift des Entwurfs liege die Absicht zugrunde, auch die Kriegsgewinne voll zu erfassen, die zum Zwecke der Verschiebung dazu verwendet worden seien, Grundstücke zu hohen Luxuspreisen zu erwerben. Dieser Absicht widerspreche es, wenn man jede Wertminderung und insbesondere auch jeden Konjunkturverlust in Abzug zulasse. Wo sich in diesen Fällen eine wirkliche Härte zeige, könne im Wege des Billigkeitserlasses geholfen werden, insbesondere da, wo Grundstücke zur Erweiterung kriegswichtiger Betriebe erworben werden mußten und der Unternehmer hohe Preise in einer gewissen Zwangslage bewilligen mußte.

Auf Grund dieser Erklärung wurde der Antrag zurückgezogen.

§ 11.[1]) Noch nicht fällige Ansprüche aus während des Veranlagungszeitraums eingegangenen Lebens-, Kapital- und Rentenversicherungen sind bei Feststellung des Endvermögens mit der vollen Summe der eingezahlten Prämien oder Kapitalbeträge anzusetzen, falls die jährliche Prämienzahlung den Betrag von tausend Mark oder die einmalige Kapitalzahlung den Betrag von dreitausend Mark übersteigt.

Als Kapitalversicherung[2]) im Sinne des Abs. 1 gilt jede Versicherung, auf Grund deren dem Versicherten unter allen Umständen eine Kapitalauszahlung gewährleistet ist.

1. Allgemeines.

Die Vorschrift entspricht in Abs. 1 dem Gesetz zur Ergänzung des KrStG. vom 17. Dez. 1916 (RGBl. S. 1407). Nach § 20 Abs. 2 WG., § 36 Abs. 2 BStG. kamen noch nicht fällige Ansprüche aus Lebens-, Kapital- und Rentenversicherungen mit $^2/_3$ des eingezahlten Prämien- oder Kapitalbetrags oder mit dem Rückkaufswert in Ansatz. Diese Bestimmung veranlaßte manche Steuerpflichtige, Versicherungen abzuschließen, die keine Kapitalsbildung oder Versorgung, sondern nur eine Steuerverminderung, also eine verkappte Steuerflucht bezweckten. Man schloß, vielfach in der Absicht oder mit der Abrede, sie alsbald nach dem 1. Januar 1917 wieder aufzugeben, Versicherungen ab unter Vorausbezahlung der Prämie auf mehrere Jahre. Im Anschluß an die Novelle z. KrStG. vom 17. Dezember 1916 bestimmt daher § 11 des Gesetzes, daß Prämien und Kapitalbeträge in voller Höhe einzusetzen sind, falls die Versicherung im Veranlagungszeitraum, also nach dem 31. Dezember 1913 abgeschlossen worden ist, und die jährliche Prämienzahlung 1000 ℳ oder die einmalige Kapitalzahlung den Betrag von 3000 ℳ übersteigt. Bei älteren Versicherungen und solchen mit geringeren Beträgen bleibt es bei den bisherigen Bestimmungen.

Fällige Ansprüche sind selbstverständlich mit dem vollen Betrage anzusetzen.

2. **Kapitalversicherung.**

Das Gesetz gibt im 2. Abs. eine Erläuterung des Begriffs „Kapitalversicherung" in dem Sinne, daß als eine solche jede Versicherung gelten soll, auf Grund deren dem Versicherten unter allen Umständen eine Kapitalsauszahlung gewährleistet ist. Demgemäß werden hierunter auch insbesondere Unfallversicherungen mit Prämienrückgewähr, Sozienversicherungen und Geschäftsversicherungen zu rechnen sein, bei denen die Auszahlung eines Kapitals — sei es auch nur in Höhe des vollen oder teilweisen Betrags der eingezahlten Prämien — in jedem Falle erfolgt.

§ 12.[1]) Der Kapitalwert von Renten oder anderen auf die Lebenszeit einer Person beschränkten Nutzungen oder Leistungen ist bei Feststellung des Endvermögens eines Abgabepflichtigen mit der gleichen Vervielfältigungszahl wie bei Feststellung des Anfangsvermögens einzusetzen, sofern und soweit das Recht auf die Nutzung oder die Verpflichtung zur Leistung schon bei Beginn des Veranlagungszeitraums bestanden hat[2]).

1. **Allgemeines.**

Die amtliche Begründung sagt:

„Entsprechend der Bestimmung im § 6 Abs. 1 Nr. 2 will der § 12 Vorsorge dahin treffen, daß sich auch in den Fällen, in welchen der zu einer Nutzung Berechtigte oder zu einer Leistung Verpflichtete am Ende des Veranlagungszeitraums noch lebt, durch Alterszunahme aber der Kapitalwert der Nutzung oder Leistung sich gegenüber dem Beginne des Veranlagungszeitraums verringert hat, insoweit keine Vermögensänderung ergibt, als der Kapitalwert der Nutzung oder Leistung infolge Alterszunahme des Berechtigten geringer wie bei Beginn des Veranlagungszeitraums zu berechnen ist."

Beispiel: Die Rente ist auf die Lebenszeit des Nutzungsberechtigten beschränkt und beträgt jährlich 3000 ℳ. Der Rentenberechtigte war am 31. Dezember 1913 50 Jahre, der kapitalisierte Wert seines Rentenanspruchs wurde demgemäß nach § 6 Ziff. 5 BStG. mit annahmsweise 10 × 3000 ℳ = 30000 ℳ bei Feststellung des Anfangsvermögens als Kapitalvermögen eingesetzt, beim Rentenpflichtigen gemäß § 10 BStG. in gleicher Höhe abgezogen. Am 30. Juni 1919 ist der Rentenberechtigte 55 Jahre, der Kapitalwert seines Anspruchs beträgt an diesem Tage daher nur noch annahmsweise 5 × 3000 ℳ = 15000 ℳ. Würde nur dieser Betrag bei Feststellung des Endvermögens des Leistungspflichtigen abgezogen, so ergäbe sich rechnerisch ein Zuwachs von 15000 ℳ, dem eine tatsächliche Vermögensvermehrung nicht entspricht. Umgekehrt würde der Abzug von nur 15000 ℳ bei Feststellung des Endvermögens des Rentenberechtigten rechnerisch eine Vermögensverminderung ergeben, die in Wirklichkeit nicht eingetreten ist. Es sind daher im Sinne dieser Vorschrift in beiden Fällen ebenfalls 10 × 3000 ℳ = 30000 ℳ beim Endvermögen abzusetzen.

Dasselbe gilt natürlich auch für den völlig gleichliegenden Fall, daß die Leistung oder Nutzung auf die Lebenszeit des Leistungsverpflichteten beschränkt ist.

2. Soweit natürlich der Kapitalwert der Nutzung oder Leistung lediglich infolge Änderung in deren einjährigem Werte anderweitig zu berechnen ist, ist dieser Änderung bei Feststellung des Endvermögens Rechnung zu tragen (vgl. amtliche Begründung).

§ 13. Bei Feststellung des Endvermögens treten an die Stelle der Kurswerte im Sinne des § 34 und der Verkaufswerte im Sinne des § 35 des Besitzsteuergesetzes die auf den 30. Juni 1919 nach den Vorschriften der Reichsabgabenordnung festzusetzenden Steuerkurse und Steuerwerte.

Anmerkung: Diese Vorschrift will die Schwierigkeiten beseitigen, welche einer zutreffenden und gleichmäßigen Bewertung des in Wertpapieren und Schuldbuchforderungen angelegten Vermögens entgegenstehen. Die hierfür jetzt geltenden Grundsätze sind in der Reichsabgabenordnung einheitlich aufgestellt und im Zusammenhang mit den Bewertungsgrundsätzen bei anderen Vermögenswerten geregelt.

§ 14. Die Abrundung des Endvermögens auf volle Tausende (§ 28 Abs. 3 des Besitzsteuergesetzes) erfolgt erst nach Berücksichtigung der Abzüge und Hinzurechnungen gemäß §§ 6 bis 8 dieses Gesetzes.

Anmerkung: Der vom § 14 herangezogene § 28 BStG. lautet:

„Für die Steuerpflicht und die Ermittlung der Vermögenswerte ist maßgebend der Stand in den in §§ 18—22 BStG. bezeichneten Zeitpunkten.

Für Betriebe, bei denen regelmäßige jährliche Abschlüsse stattfinden, kann der Vermögensfeststellung der Vermögensstand am Schlusse des letzten Wirtschafts- oder Rechnungsjahres zugrunde gelegt werden.

Bei der Veranlagung der Besitzsteuer wird das Vermögen des Steuerpflichtigen auf volle Tausend nach unten abgerundet."

Danach wird also zunächst der Vermögensstand nach § 28 BStG. und den weiteren einschlägigen Bestimmungen des Besitzsteuergesetzes (vgl. auch § 39 KrStG.) ermittelt; dann erfolgen die Zu- und Abrechnungen gemäß §§ 6 bis 8 d. Ges., und schließlich erfolgt die Abrundung auf volle 1000 ℳ nach unten.

Beispiel.

Zur Besitzsteuer festgestelltes Vermögen . .	112530 ℳ
Ab § 6 Erbschaft.	2500 „
Bleibt.	110030 ℳ
Dazu § 8 Schenkungen	4500 „
	114530 ℳ
Abrundung gemäß § 14	114000 „

Die Bestimmung entspricht wörtlich dem § 7 des KrStG. vom 21. Juni 1916. Es konnten Zweifel darüber entstehen, ob nicht eine doppelte Abrundung einzutreten hätte, einmal vor den Zu- und Abrechnungen, dann nach denselben. Denn nach § 5 des vorliegenden Gesetzes soll als Endvermögen gelten das auf den 30. Juni 1919 nach den Vorschriften des Besitzsteuergesetzes festzustellende steuerbare Vermögen. „Festgestellt" ist aber für die Besitzsteuer das abgerundete Endvermögen, das allein der Besteuerung unterliegt.

Weiter müßte, der Vorschrift des § 28 Abs. 3 BStG. entsprechend, doch auch eine Abrundung des Vermögens nach den Zu- und Abrechnungen erfolgen. Denn steuerpflichtig ist immer wieder nur das auf volle Tausende begrenzte Vermögen (s. den amtlichen Tarif). Eine solche Auslegung wäre widersinnig und unberechtigt. Wie schon der Ausdruck sagt, kann es nur ein Endvermögen geben und dieses ist das unter Berücksichtigung aller maßgebenden Veranlagungsvorschriften einschließlich derer dieses Gesetzes errechnete. Am Schluß kann daher auch erst die Abrundung vorgenommen werden.

§ 15.[1]) Die Abgabe wird nur erhoben, wenn das Endvermögen (§ 5) unter Berücksichtigung der Hinzurechnungen[2]) zehntausend Mark übersteigt.

Abgabepflichtig ist nur der den Betrag von fünftausend Mark[3]) übersteigende Vermögenszuwachs[2]).

1. Allgemeines.

Schon nach dem KrStG. vom 21. Juni 1916 richtete sich die Steuer nach zwei Maßen, einmal nach der absoluten Höhe des Vermögens, zum andern nach der Höhe des Vermögenszuwachses. Der Aufbau entsprach damit dem des Besitzsteuergesetzes, in welchem die gleiche Unterscheidung gemacht wird (§§ 13, 12 BStG.). So grundsätzlich auch dieses Gesetz, das sich jedoch hinsichtlich der Besteuerungsgrenzen beim Vermögenszuwachs von seinen Vorbildern unterscheidet. Sowohl das alte Kriegssteuergesetz wie auch dieses Gesetz lassen die Besteuerung erst zu bei einem 10000 ℳ übersteigenden Endvermögen (BStG.: 20000 ℳ). Dagegen wird nicht, wie im alten Kriegssteuergesetz, bereits ein Vermögenszuwachs von mehr wie 3000 ℳ, sondern erst ein solcher von mehr wie 5000 ℳ (BStG.: 10000 ℳ) erfaßt.

2. Der Vermögenszuwachs ist derjenige im Sinne der §§ 1, 3—13 dieses Gesetzes. Zu- und Abrechnungen und vom Besitzsteuergesetz abweichende Bewertungsvorschriften müssen dabei berücksichtigt werden.

3. Fünftausend Mark-Grenze.

Abgabepflichtig ist jeweils nur der 5000 ℳ übersteigende Zuwachs, der sich nach der Abrundung (§ 14) ergibt. Da als festgestellt stets abgerundeter Zuwachs — denn nur solcher kann bei Vergleichung der abgerundeten Anfangs- und Endvermögen entstehen — gilt, ist steuerfrei der Zuwachs von 5000 ℳ. Der erste steuerpflichtige Betrag ist aber erst 6000 ℳ. Die dazwischen liegenden Beträge kommen für die Besteuerung nicht in Frage; denn Vermögenszuwachs im Sinne des Gesetzes kann, wie eine Verf. des preuß. FinMin. vom 16. April 1917, II 3977, abgedruckt mit weiteren Erläuterungen in dieser Frage in Anm. 6 zu § 8 des Kommentars Bucks zum KrStG. vom 21. Juni 1916, Verlag Schwann in Düsseldorf 1918, eingehend darlegt, stets nur ein durch tausend teilbarer Betrag sein. Es gibt hierbei keinen Vermögenszuwachs, der mehr als 5000 M, aber weniger als 6000 M beträgt. Dieser Erlaß ist sinngemäß hier anzuwenden.

§ 16. Die Kriegsabgabe beträgt

für die ersten angefangenen oder vollen 10000 Mark des abgabepflichtigen Vermögenszuwachses	10	vom Hundert,
für die nächsten angefangenen oder vollen 10000 Mark	15	" "
für die nächsten angefangenen oder vollen 10000 Mark	20	" "
für die nächsten angefangenen oder vollen 20000 Mark	30	" "
für die nächsten angefangenen oder vollen 50000 Mark	40	" "
für die nächsten angefangenen oder vollen 75000 Mark	50	" "
für die nächsten angefangenen oder vollen 100000 Mark	60	" "
für die nächsten angefangenen oder vollen 100000 Mark	80	" "
für die weiteren Beträge	100	" "

Der Gegenstand des Steuertarifs, der sowohl in der Fassung der Reichsregierung als auch in der weniger scharfen Fassung des Staatenausschusses zur Vorlage und Beratung gelangte, war Gegenstand langwieriger Erörterungen.

Die Regierung vertrat die Ansicht, daß — abgesehen von finanziellen Gründen — der Forderung nach einer möglichst restlosen Erfassung der Kriegsgewinne unter Berücksichtigung aller Gründe der Billigkeit nur dann entsprochen werde, wenn einem Abgabepflichtigen für jedes der fünf Kriegsjahre im Höchstbetrage ein Vermögenszuwachs von rund 40000 M gelassen werde, zumal das Gesetz in der Berücksichtigung der Landessteuern (§ 6 Abs. 1 Nr. 9 u. 10, § 31) und der im Laufe des Jahres 1919 eingetretenen Vermögensverluste (Endstichtag 30. Juni 1919) dem Abgabepflichtigen in weitgehendstem Maße entgegenkommt. Demgegenüber erachtete es der Staatenausschuß insbesondere auch mit Rücksicht auf die allgemeine Entwertung des Geldes und im Interesse der Erhaltung einer leistungsfähigen Industrie sowie zur Vermeidung etwaiger Härten für dringend geboten, die volle Erfassung des Vermögenszuwachses nicht — wie die Regierungsvorlage es vorsah — bei einem solchen von 204500 M, sondern erst bei einem solchen von 440500 M eintreten zu lassen und somit im Höchstbetrage einen jährlichen Zuwachs von rund 88000 M von der Abgabe freizustellen (vgl. amtl. Begr. allg. Teil S. 14).

Die Beschlüsse des 10. Ausschusses (Drucksachen Nr. 743) und mit ihm die Nationalversammlung gingen mit einer noch weiteren Verschärfung in der 6. und 8. Staffelstufe über den Regierungsstandpunkt noch hinaus, so daß die volle Erfassung des Zuwachses schon bei einem solchen von 172000 M eintritt, somit unter Berücksichtigung des 5½jährigen Veranlagungszeitraumes im Höchstbetrage ein jährlicher Zuwachs von rund 26000 M von der Abgabe freigestellt bleibt.

Nachstehendes Beispiel mag die Berechnung anschaulicher machen: Angenommen, jemand hat am 30. Juni 1919 einen abgabepflichtigen Vermögenszuwachs von 375000 M zu verzeichnen, dann werden erhoben:

für die ersten	10000 M	= 10%	= 1000 M
„ „ nächsten	10000 „	= 15%	= 1500 „
„ „ „	10000 „	= 20%	= 2000 „
„ „ „	20000 „	= 30%	= 6000 „
„ „ „	50000 „	= 40%	= 20000 „
„ „ „	75000 „	= 50%	= 37500 „
„ „ „	100000 „	= 60%	= 60000 „
„ „ „	100000 „	= 80%	= 80000 „
Summe:	375000 M		208000 M

Abgabepflichtiger Vermögenszuwachs: 375000 M

Abgabe: 208000 „

somit freibleibender Vermögenszuwachs 167000 M + 5000 M gemäß § 15 Abs. 2.

Über das auch in dem Tarif dieses Gesetzes zur Anwendung gelangte Prinzip der Durchstaffelung ist folgenes zu sagen:

Das Prinzip der Durchstaffelung ist zum erstenmal im WG. (§ 32 WG.), später gleichfalls im KrStG. von 1916 (§ 9) verwirklicht worden. Diese Berechnungsweise der Durchstaffelung an Stelle eines Tarifs mit festen Steuersätzen ist zwar etwas verwickelter, weil so viele Abgabensätze angewendet werden müssen, als das Vermögen Staffeln durchlaufen muß, um bei der Ausrechnung des auf es entfallenden Steuerbetrages seine tatsächliche Höhe zu erreichen, hat aber den großen Vorteil, daß die Sprünge vermieden oder doch stark gemildert werden, welche bei einem einfachen Progressionstarif immer an den Stufengrenzen eintreten, sobald für die betreffende höhere Stufe des Vermögens eine höhere Progression einsetzt. (Angenommen, um dies an einem beliebigen Beispiel zu erläutern, bis 50000 M betrüge der Steuersatz 1% vom Vermögen, von 50000 M an bis 100000 M 2%, so würden bei 50000 M = 500 M, bei 51000 M aber nicht 510 M, sondern 1020 M zur Hebung kommen. Solche großen Sprünge sind beim Staffeltarif nicht möglich.) Wenn man beim BStG. dieses Prinzip der Durchstaffelung nicht anwandte, sondern die Hundertsätze von dem vollen Betrage des Zuwachses erhob, so geschah dies mit Rücksicht auf die niedrigen Sätze. Immerhin sah der § 26 BStG. gewisse Milderungen vor.

§ 17.[1]) Von der nach § 16 berechneten Abgabe[2]) wird der Betrag in Abzug gebracht, den der Abgabepflichtige nach dem Kriegssteuergesetze vom 21. Juni 1916 und dem Gesetz über die Erhebung eines Zuschlags zur Kriegssteuer vom 9. April 1917 entrichtet hat[3]).

1. Allgemeines.

Diese Vorschrift ist lediglich die folgerichtige Anwendung des bereits den § 8 Ziff. 6, §§ 9, 18 zugrunde liegenden Gesichtspunktes. Durch alle diese Bestimmungen will das Gesetz dem Umstande Rechnung tragen, daß durch das Zurückgreifen der Besteuerung auf den 31. Dezember 1913 derjenige Zuwachs, der bereits auf Grund des KrStG. vom 21. Juni 1916 und das Zuschlagsgesetz von 1917 versteuert worden ist, nun nochmals erfaßt wird. Das Gesetz berücksichtigt hierbei einerseits den Fall, daß diese Steuer zwar veranlagt, aber noch nicht entrichtet (§§ 9, 18), sowie andererseits den Fall, daß sie tatsächlich entrichtet worden ist (§ 8 Ziff. 6, § 17). Um im letzteren Falle eine Doppelbesteuerung zu vermeiden, geht das Gesetz davon aus, daß die nach jenen Gesetzen bereits entrichtete Steuer als Vorschußzahlung auf die nach diesem Gesetz zu entrichtende Abgabe behandelt wird. Aus diesem Gesichtspunkt der Vorschußzahlung ergibt sich aber zweierlei:

1. Die Notwendigkeit, die durch die Zahlung der Abgabebeträge erfolgte Verminderung des Vermögens und damit des Vermögenszuwachses auszugleichen. Dieser Ausgleich erfolgt durch die Bestimmung des § 8 Ziff. 6, wonach diese Abgabebeträge dem Endvermögen hinzuzurechnen sind.

2. Die Notwendigkeit, jene dem Endvermögen hinzugerechneten Beträge vor der nach diesem Gesetz geschuldeten Abgabe wiederum abzusetzen, weil sie eben nur als Vorschußzahlung zu gelten haben (vgl. hierzu auch die Ausführungen zu § 8 Anm. 15 I u. II. § 6 Anm. 16 a. E.).

2. Von der nach § 16 berechneten Abgabe.

Zunächst ist also die Abgabe nach dem Tarif zu berechnen und dann die Kriegssteuer von 1916/17 abzusetzen. Der Unterschied ist die nach diesem Gesetz zu zahlende Steuer. Bleibt der Unterschied unter 10 ℳ, so wird er nicht erhoben, da die Verrechnung und Einziehung den Veranlagungs- und Erhebungsbehörden unverhältnismäßige Arbeit machen würde.

Ist die nach diesem Gesetz zu zahlende Abgabe niedriger als die nach dem KrStG. von 1916 entrichtete, so findet eine Zurückzahlung nicht statt. Hierzu wurde in der Kommission beantragt, folgenden Abs. 2 einzufügen:

„Beträge, die nach den Vorschriften dieses Gesetzes nicht hätten erhoben werden dürfen (§ 4 Abs. 3), sind zurückzuzahlen."

Der Regierungsvertreter erklärte, nach dem Antrag sollten in den Fällen, in denen sich die nach dem KrStG. von 1916 gezahlte Kriegssteuer höher berechne als die nach dem Entwurf zu entrichtende Abgabe, die Veranlagung nach dem KrStG. entsprechend den Vorschriften des Entwurfs und insbesondere entsprechend der in dem Entwurf aufgenommenen Vorschrift des § 4 Abs. 3 berichtigt und die zuviel gezahlte Kriegssteuer zurückerstattet werden. Soweit aber ein Abgabepflichtiger die Kriegssteuer nach dem KrStG. zu Recht gezahlt habe, könne ihm ein Rechtsanspruch auf Erstattung der Steuer nicht eingeräumt werden, auch wenn sich nach den Bestimmungen des Entwurfs eine niedrigere Abgabe berechnet hätte, denn der Fiskus könne ein Recht auf Zurückzahlung gesetzlich geschuldeter Steuern nicht anerkennen. Soweit es sich aber um die neu aufgenommene Vorschrift des § 4 Abs. 3 handle, sei die Aufnahme der beantragten Bestimmung auch nicht notwendig, denn in den Fällen des § 4 Abs. 3 sei seither schon regelmäßig die Kriegssteuerveranlagung im Wege des Billigkeitserlasses berichtigt worden.

3. Der nach dem Kriegssteuergesetze vom 21. Juni 1916 und dem Gesetz über die Erhebung eines Zuschlags vom 9. April 1917 entrichtete Betrag.

Hierunter sind nicht nur die bei der ordentlichen Veranlagung, sondern auch die durch Neuveranlagung (§ 73 BStG., § 25 KrStG.) etwa nachträglich festgesetzten Abgaben zu verstehen, da die Neuveranlagung lediglich eine Korrektur der ordentlichen Veranlagung ist. Ebenso sind die Abgaben von Ehegatten, für welche die Gründe für die Zusammenrechnung des Vermögens (Heirat, Aufgabe der dauernden Trennung, § 14 BStG.) erst im Veranlagungszeitraum (1. Januar 1914 bis 30. Juni 1919) eingetreten sind, zum Abzuge nach § 17 zusammenzurechnen, weil analog der Handhabung beim alten Kriegssteuergesetz für die Veranlagung der Kriegsabgabe von 1919 das Anfangsvermögen der Ehegatten ebenfalls zusammengerechnet wird. Vgl. hierüber § 26 Bundesrats-AusfBest. z. BStG.

Schwierigkeiten macht nur der Fall des Abs. 2 von § 26 AusfBest., wenn das Vermögen der Ehegatten zum 31. Dezember 1916 zusammenzurechnen. also die Abgabe nur in einem Betrage zu erheben war, und die Voraussetzungen für die gemeinsame Veranlagung zum 30. Juni 1919 nicht mehr gegeben sind, sei es, daß im Veranlagungszeitraum der eine Ehegatte gestorben ist oder daß die Ehegatten die eheliche Gemeinschaft (§§ 1353, 1354 BGB.) aufgehoben haben und dauernd getrennt voneinander leben (§ 1361 BGB.) oder gerichtlich geschieden werden (§ 1564 BGB.). Hier bleibt nichts anderes übrig, als den steuerpflichtigen Vermögenszuwachs jedes der beiden Eheleute auf den 31. Dezember 1916 für sich nach den Vorschriften des KrStG. von 1916/17 und den darauf nach § 9 desselben entfallenden Steuerbetrag zu ermitteln. Dieser ermittelte Betrag ist dann dem in Frage kommenden Ehegatten zum Abzug nach § 17 zuzulassen. Es ist anzunehmen, daß sich die zu erwartenden Ausführungsbestimmungen in diesem Sinne aussprechen.

§ 18. Abgabebeträge, die auf Grund des § 6 des Gesetzes über die Erhebung eines Zuschlags zur Kriegssteuer vom 9. April 1917 gestundet worden sind, bleiben unerhoben.

Abgabebeträge, die der Abgabepflichtige auf Grund des Kriegssteuergesetzes vom 21. Juni 1916 infolge Stundung oder aus anderen Gründen am Ende des Veranlagungszeitraums noch schuldete, bleiben bis zu dem Betrag unerhoben, den der Abgabepflichtige auf Grund dieses Gesetzes als Kriegsabgabe zu entrichten hat.

Diese Bestimmung steht in engem gedanklichen Zusammenhang mit § 9 einerseits, den §§ 8 Ziff. 6 und 17 andererseits.

Während die §§ 8 Ziff. 6 u. 17 des Gesetzes die bereits entrichteten Abgabebeträge aus dem alten Kriegssteuergesetz und dem Zuschlagsgesetz von 1917 als Vorschußzahlung auf die nach diesem Gesetz zu entrichtende Abgabe behandeln, um so eine doppelte Besteuerung des Vermögenszuwachses der Zeit vom 31. Dezember 1913 bis 31. Dezember 1916 zu verhindern (vgl. im einzelnen die Ausführungen zu § 17), so findet hier sowie im § 9 der Fall Berücksichtigung, daß jene Abgabebeträge am 30. Juni 1919 noch geschuldet wurden. Daß hier zunächst eine Hinzurechnung zum Endvermögen analog des § 8 Ziff. 6

nicht in Frage kommt, ist selbstverständlich, da eine Verminderung des auf den 30. Juni 1919 festzustellenden Vermögenszuwachses durch Steuerzahlung ja nicht stattgefunden hat. Ebensowenig kann natürlich von einem Abzug vom Endvermögen die Rede sein, wie ihn der § 6 in Ziff. 8 für die nach den beiden Mehreinkommen-Abgabegesetzen vom 26. Juli 1918 und 10. September 1919 am 30. Juni 1919 geschuldeten Abgabebeträge vorsieht (vgl. Anm. 16 zu Ziff. 8 des § 6), da bei diesen ja eine Doppelbesteuerung nicht in Frage kam, also auch nicht vermieden zu werden brauchte. Um aber jeden Zweifel auszuschließen, bestimmt der § 9 noch ausdrücklich die Nichtabzugsfähigkeit. Infolge dieses „Nichtabzugs" ist denn auch jenes erwünschte rechnerische Verhältnis gewahrt, welches das Gesetz in § 8 Ziff. 6 durch die Hinzurechnung der entrichteten Beträge zum Endvermögen gerade herbeiführen wollte.

Zeigt sich somit am Ende des Veranlagungszeitraumes (30. Juni 1919) der weder durch Abzug noch durch Hinzurechnung beeinflußte, nunmehr der Besteuerung durch dieses Gesetz voll zur Verfügung stehende Vermögenszuwachs, so ist es weiterhin selbstverständlich, daß jene aus dem KrStG. vom 21. Juni 1916 noch geschuldeten Beträge insoweit unerhoben bleiben, als sie nicht den Betrag übersteigen, den der Abgabepflichtige nunmehr für den gesamten fünfjährigen Veranlagungszeitraum als Kriegsabgabe zu zahlen hat. Dies wird im vorliegenden § 18 noch ausdrücklich ausgesprochen und damit so klar wie möglich zum Ausdruck gebracht, daß die Abgaben aus diesem Gesetze nur als Überschußzahlung in Frage kommen. Es wird also durch die Bestimmung des § 18 für die geschuldeten Beträge der gleiche rechnerische Erfolg erreicht, wie ihn für die bereits entrichteten Beträge der § 17 durch die Vorschrift ihrer Abzugsfähigkeit herbeiführt.

Weiterhin ist aber bestimmt in Abs. 1, daß Abgabebeträge, die auf Grund des § 6 des Ges. über die Erhebung eines Zuschlags zur Kriegssteuer vom 9. April 1917 gestundet worden sind, schlechthin unerhoben bleiben, womit zugleich die in § 6 jenes Gesetzes vorbehaltene gesetzliche Regelung der gestundeten Zuschläge erfolgt ist (vgl. auch die Anm. 15 II zu § 8).

Unter § 18 gehören auch die Fälle, in denen Kriegssteuer 1916/17 zwar veranlagt, aber nach § 14 KrStG. unerhoben blieben, weil der steuerbare Vermögenszuwachs auf Beteiligung an einer zur Mehrgewinnsteuer der Gesellschaften (§§ 13ff. KrStG.) veranlagten Gesellschaft m. b. H. zurückzuführen war. Die Enthebung gemäß § 14 a. a. O. hatte ihren inneren Grund darin, daß der beim Steuerpflichtigen sich ergebende Vermögenszuwachs bereits als Mehrgewinn der Gesellschaft m. b. H. zur Versteuerung gelangte, so daß eine Doppelbesteuerung zu vermeiden war. Danach liegt hier die Voraussetzung des § 17 indirekt ebenfalls vor und § 18 ist anzuwenden.

§ 19.[1]) Der Inhaber eines Hausguts, Familienfideikommisses, Lehens oder Stammguts oder eines sonstigen auf Grund von Vorschriften gebundenen Vermögens, die nach den Artikeln[2]) 57, 58, 59 des Einführungsgesetzes zum Bürgerlichen Gesetzbuch vom 18. August 1896 (Reichs-Gesetzbl. S. 604) unberührt geblieben sind, ist mit Genehmigung der Aufsichtsbehörde befugt, den Betrag der Abgabe aus dem gebundenen Vermögen zu entnehmen und zu diesem Zwecke über die zu dem Vermögen gehörenden Gegenstände zu verfügen. Die Genehmigung ist zu erteilen, wenn der Inhaber im Konkurs oder zur Zahlung unvermögend ist. Für den Betrag der Abgabe, der auf den Zuwachs an Vermögen des Inhabers[3]) entfällt, wird der Inhaber Schuldner des Stammvermögens[3]). Die Rückzahlung hat spätestens beim Erlöschen der Rechte des Inhabers am gebundenen Vermögen zu erfolgen.

Durch die Vorschrift des Abs. 1 wird die Befugnis des Inhabers nicht berührt, auf Grund solcher gesetzlicher, hausgesetzlicher oder stiftungsmäßiger Vorschriften, welche die Verfügung unter anderen Voraussetzungen zulassen, über das gebundene Vermögen zu verfügen.

Fehlt eine Aufsichtsbehörde oder ist ungewiß, welche Behörde zur Aufsicht berufen ist, so gilt als Aufsichtsbehörde im Sinne des Abs. 1 das Oberlandesgericht, in dessen Bezirke das gebundene Vermögen sich seinem Hauptbestande nach befindet. Ist die Genehmigung von einem Oberlandesgericht erteilt, so kann nicht geltend gemacht werden, daß das Oberlandesgericht für die Genehmigung nicht zuständig gewesen sei. Die Landeszentralbehörde kann bestimmen, daß an Stelle des Oberlandesgerichts eine andere Behörde tritt.

1. Allgemeines

Die amtliche Begründung führt hierzu folgendes aus:

Der § 19 will die Schwierigkeiten beseitigen, die sich bei gebundenem Vermögen für die Aufbringung der Steuer infolge der Verfügungsbeschränkungen ergeben, denen der Inhaber des gebundenen Vermögens durch die für dieses Vermögen geltenden Bestimmungen unterworfen ist. Der Abs. 1 entspricht im wesentlichen der Fassung des § 11 KrStG., der seinerseits auf § 8 des Ges. über einen einmaligen außerordentlichen Wehrbeitrag vom 3. Juli 1913 (RGBl. S. 505) zurückgeht. Von seiner Vorlage unterscheidet sich Abs. 1 dadurch, daß er, um alle gebundenen Vermögen ohne Ausnahme zu treffen, neben der Sonderaufzählung von vier Gruppen des gebundenen Vermögens (landes- und standesherrliche Hausgüter, Familienfideikommisse, Lehen und Stammgüter) besonders auf die Art. 57—59 EG. z. BGB. verweist, ferner dadurch, daß er nicht bloß in den Fällen, in denen eine Aufsichtsbehörde vorhanden ist, sondern in allen Fällen die Genehmigung der Aufsichtsbehörde verlangt, letzteres aus dem Grunde, weil es sich bei der Kriegsabgabe vom Vermögenszuwachs um sehr bedeutende Abgaben handeln kann. Dem Besitzer des gebundenen Vermögens kann nicht die mit der Idee und dem Zwecke der Erhaltung des gebundenen Vermögens in Widerspruch stehende volle Selbständigkeit zur Verfügung über dieses Vermögen gegeben werden. Es darf nicht möglich sein, daß der Besitzer zum Zwecke der Aufbringung der Abgabe ohne jede Kontrolle, ob

§ 46. Prüfungsverfahren.

Die Kriegssteuersollbücher, die Restnachweisungen und die Kriegssteuereinnahmebücher nebst den dazugehörigen Belegen sind durch die Oberbehörden nachzuprüfen. Zu diesem Zwecke sind die Sollbücher und die Einnahmebücher nebst den dazugehörigen Belegen der Oberbehörde einzureichen. Die Einreichung der Restnachweisung und der hierzu gehörigen Einnahmebücher hat alsbald nach Abwicklung der Reste zu geschehen.

§ 67. Portofreiheit.

Postsendungen der Annahmestellen für Wertpapiere und der Reichsschuldenverwaltung in Kriegssteuerangelegenheiten (§§ 36—38) sind als „Reichsdienstsache" gebühren- und abgabefrei zu befördern. Ausgenommen sind Stadtpostsendungen, d. h. Sendungen an Empfänger im Orts- oder Landbestellbezirke des Aufgabepostortes.

§ 60. 1. Das Besitzsteueramt hat nach der Veranlagung zur Besitzsteuer alsbald auf Grund der festgestellten Besitzsteuerliste für jeden Erhebungsbezirk ein Sollbuch unter Ausfüllung der Spalten 1—4 aufzustellen. Das Sollbuch ist in Spalte 4 aufzurechnen und auf dem Titelblatte mit Feststellungsbescheinigung zu versehen.

2. Die Erhöhung oder Herabsetzung der zum Soll gestellten Besitzsteuer im Rechtsmittel-, Berichtigungs-, Neu- oder Nachveranlagungsverfahren (§ 38 Abs. 3, § 43 Abs. 2, § 44 Abs. 2, § 45 Satz 2, § 66 Abs. 1, § 73 Satz 2 des Gesetzes) kommt in den Spalten 5 und 6 zur Darstellung. Die Inabgangstellung des Sollbetrags infolge Überweisung der Besitzsteuer bei Verlegung des Wohnsitzes des Steuerpflichtigen (§ 64) erfolgt in Spalte 6. Die Ausfüllung dieser Spalten geschieht durch die Hebestelle. Die Spalte 7 (Berichtigtes Soll) ist erst beim Abschluß des Sollbuches auszufüllen.

3. Das Sollbuch wird am Schlusse des auf den Erhebungszeitraum folgenden Rechnungsjahres — das Sollbuch für den Erhebungszeitraum 1917 bis 1919 also am 31. März 1921 — durch die Hebestelle in den Spalten 5 ff. aufgerechnet und abgeschlossen. Die nach Spalte 12 verbliebenen Rückstände werden in die Restnachweisung (§ 72) übernommen. Unter dem Abschluß des Sollbuches ist von einem an der Kassenführung nicht beteiligten Beamten zu bescheinigen, daß die nach Spalte 12 verbliebenen Rückstände sämtlich in die Restnachweisung übertragen worden sind.

§ 64. 1. Verlegt der Steuerpflichtige seinen Wohnsitz in den Bezirk eines anderen Besitzsteueramtes, so hat die Erhebung der Besitzsteuer durch die für den neuen Wohnsitz zuständige Hebestelle zu erfolgen.

2. Die bisherige Hebestelle stellt den noch rückständigen Teil der Besitzsteuer in Spalte 6 des Sollbuches in Abgang und übersendet ihrem Besitzsteueramt unter Angabe der Wohnsitzänderung einen beglaubigten Auszug aus dem Sollbuch (Spalte 1—11, 14, 15) in zweifacher Ausfertigung.

§ 65. 1. Das bisher zuständige Besitzsteueramt hat die noch nicht gezahlten Besitzsteuerbeträge dem für den neuen Wohnort zuständigen Besitzsteueramt unter Übersendung je eines Auszugs aus der Besitzsteuerliste und aus dem Sollbuch zur Einziehung zu überweisen. Beizufügen sind die den Steuerpflichtigen betreffenden Verhandlungen. Die Überweisung ist in der Bemerkungsspalte der Besitzsteuerliste zu vermerken, und der überwiesene Betrag ist am Schlusse der Besitzsteuerliste in Spalte 16 von dem aufgerechneten Gesamtsteuerbetrag abzusetzen.

2. Das Besitzsteueramt des neuen Wohnortes nimmt die überwiesene Besitzsteuer in eine Zugangsliste zur Besitzsteuerliste (§ 11) auf und übersendet der nunmehr zuständigen Hebestelle den Auszug aus dem Sollbuch unter Angabe der Nummer der Zugangsliste. Die Hebestelle trägt den Besitzsteuerbetrag in das Besitzsteuer-Sollbuch unter einer neuen Abteilung mit der Überschrift „Zugänge an Besitzsteuer" ein. Daß dies geschehen, ist dem Besitzsteueramt unter Angabe der Nummer des Sollbuchs alsbald anzuzeigen. Die Mitteilung des Besitzsteueramtes wird Beleg zum Sollbuch.

3. Demnächst bestätigt das Besitzsteueramt (unter Angabe der Nummer seiner Zugangsliste) dem bisherigen Besitzsteueramte die Übernahme der Besitzsteuer. Letzteres teilt der bisherigen Hebestelle die erfolgte Überweisung mit; die Mitteilung wird Beleg zum Sollbuch.

4. Gleichzeitig ist der Steuerpflichtige von der Überweisung mit der Aufforderung in Kenntnis zu setzen, weitere Zahlungen an die neue Hebestelle zu leisten.

5. Für die Überweisung innerhalb eines Bundesstaates kann die oberste Landesfinanzbehörde Abweichendes bestimmen.

In Betacht kommen ferner folgende Vorschriften des Besitzsteuergesetzes.

§ 48. 1. Für die Verwaltung der Besitzsteuer ist der Bundesstaat zuständig, in welchem der Steuerpflichtige zur Zeit der Veranlagung seinen Wohnsitz oder in Ermangelung eines Wohnsitzes seinen gewöhnlichen Aufenthalt hat.

2. Bei mehrfachem Wohnsitz im Inland ist der dienstliche Wohnsitz vor einem anderen Wohnsitz, der Wohnsitz in dem Heimatstaate vor dem Wohnsitz in einem anderen Bundesstaat, und, wenn keiner dieser Fälle vorliegt, der Wohnsitz an dem Orte maßgebend, an welchem der Steuerpflichtige sich vorwiegend aufhält.

3. Steuerpflichtige, welche zur Zeit der Veranlagung im Inland weder einen Wohnsitz noch ihren gewöhnlichen Aufenthalt haben, sind in dem Bundesstaate zu veranlagen, in welchem sie ihren letzten inländischen Wohnsitz oder Aufenthalt gehabt haben.

4. Der Bundesrat kann weitere Bestimmungen über die Zuständigkeit der Bundesstaaten zur Verwaltung und Erhebung der Steuer erlassen. Er entscheidet auch auf Anrufen eines Bundesstaates, wenn zwischen mehreren Bundesstaaten Meinungsverschiedenheit über ihre Zuständigkeit herrscht.

§ 49. Die Landesregierung bestimmt die für die Verwaltung der Besitzsteuer zuständigen (Besitzsteuerämter) Behörden. Sie bestimmt auch, ob und inwieweit zur Mitwirkung bei der Veranlagung und zur Erhebung der Besitzsteuer Gemeinden oder Gemeindeverbände heranzuziehen sind. Die Besitzsteuerämter unterstehen Oberbehörden und diese der obersten Landesfinanzbehörde.

2. Die Vorschriften des Besitzsteuergesetzes gelten für die Veranlagung der Kriegsabgabe.

Im § 21 Abs. 2 des Gesetzes werden die Vorschriften des Besitzsteuergesetzes über die Veranlagung und Erhebung der Besitzsteuer auch für die Veranlagung und Erhebung der Kriegsvermögenszuwachssteuer für entsprechend anwendbar erklärt. Veranlagung und Erhebung ist im weitesten Sinne verstanden, so daß zu den entsprechend geltenden Veranlagungs- und Erhebungsvorschriften z. B. auch die Verjährungsvorschrift des § 75 BStG. gehört.

Der § 75 BStG. lautet: „Der Anspruch der Staatskasse auf die Besitzsteuer verjährt in vier Jahren. Die Frist beginnt mit dem Schlusse des Jahres, in welchem die Steuerbeträge fällig geworden sind, im Falle der Sicherheitsleistung für die Steuer jedoch nicht vor dem Ablauf des Jahres, in welchem die Sicherheit erlischt."

Hinsichtlich der Steuererklärung gelten neben dem § 22 des Gesetzes auch die Vorschriften der §§ 52 Abs. 1 Satz 2 Abs. 2 und 3 und §§ 53 und 54 BStG. Die betreffenden Vorschriften des BStG. lauten:

§ 52. Der Bundesrat bestimmt die Fristen zur Abgabe der Besitzsteuererklärung.

Die Steuerbehörde ist berechtigt, von jedem Steuerpflichtigen binnen einer von ihr festzusetzenden Frist, die mindestens zwei Wochen betragen muß, die Abgabe einer Besitzsteuererklärung zu verlangen.

Die Besitzsteuererklärung ist unter der Versicherung zu erstatten, daß die Angaben nach bestem Wissen und Gewissen gemacht sind.

§ 53. In der Besitzsteuererklärung hat der Steuerpflichtige seine Vermögensverhältnisse zu den in den §§ 18–22 BStG. bezeichneten Zeitpunkten klarzulegen und zu diesem Zwecke nach näherer Bestimmung des Bundesrates das gesamte steuerbare Vermögen getrennt nach seinen einzelnen Bestandteilen unter Angabe ihres Wertes aufzuführen.

Soweit die Vermögenswerte sich nicht aus dem Nenn- oder Kurswert oder dem Betrage der geleisteten Zahlungen ergeben, kann der Steuerpflichtige sich in der Besitzsteuererklärung auf die tatsächlichen Mitteilungen beschränken, die er behufs Schätzung des Wertes beizubringen vermag.

§ 54. Der Steuerpflichtige kann zur Abgabe der Besitzsteuererklärung mit Geldstrafen bis zu fünfhundert Mark angehalten werden.

Dem Steuerpflichtigen, der die ihm nach § 52 obliegende Besitzsteuererklärung nicht rechtzeitig abgibt, kann ein Zuschlag von 5—10 vom Hundert der rechtskräftig festgestellten Besitzsteuer auferlegt werden.

Auch die Vorschriften des § 71 des BStG., Stundung betreffend, sind entsprechend für die Kriegssteuer anzuwenden. Die „entsprechende" Anwendung der Stundungsvorschriften würde an sich dahin führen, daß eine Stundung der Kriegsabgabe bis zum Ablauf von drei Jahren möglich ist, jedoch ist diese Frist durch § 24 Abs. 2 dieses Gesetzes auf 5 bzw. 10 oder 20 Jahre verlängert worden.

Eine ratenweise Abzahlung konnte schon nach den früheren Gesetzen zugestanden werden (Verf. des preuß. FinMin. vom 14. April 1917 II 3978). Jetzt ist auch diese Art der Abtragung durch § 24 des Gesetzes geregelt worden.

Bei der gesetzlich zulässigen Stundung der Kriegsabgabe einschließlich des Zuschlags ist Entgegenkommen zu üben, vor allem in der Richtung, daß die Stundung bewilligt wird, wenn der Steuerpflichtige sonst gezwungen wäre, sein festgelegtes Vermögen, z. B. Teile seines Aktienbesitzes, zu veräußern. Hierzu muß aber bemerkt werden, daß zur Beschaffung flüssiger Mittel im allgemeinen keine Veräußerung nötig ist, sondern daß im allgemeinen eine Beschaffung von flüssigen Mitteln auch in der Weise zulässig ist, daß Wertpapiere bei Banken lombardiert werden (leihweise Aufnahme von Geld gegen Verpfändung und Hinterlegung von Wertpapieren bei Banken), also kann sich der Steuerpflichtige nicht ohne weiteres damit entschuldigen, daß er keine flüssigen Mittel habe; überdies hatte jeder Steuerpflichtige Gelegenheit, sich Reichs-Kriegsanleihen zu kaufen, die er an Zahlungs Statt hingeben kann. Im übrigen siehe § 24, woselbst die Voraussetzung der Stundungsbewilligung erschöpfend geregelt sind.

§ 22. Innerhalb einer von der obersten Landesfinanzbehörde zu bestimmenden Frist hat jeder Abgabepflichtige, dessen Endvermögen sein Anfangsvermögen um mindestens sechstausend Mark übersteigt, eine Steuererklärung abzugeben. Die Erklärung hat nach näherer Bestimmung des Reichsrats die für die Feststellung des der Kriegsabgabe unterliegenden Vermögenszuwachses erforderlichen Angaben zu enthalten.

Das Besitzsteueramt ist außerdem berechtigt, von jedem Abgabepflichtigen die Abgabe einer Steuererklärung binnen einer von ihm zu bestimmenden Frist, die mindestens zwei Wochen betragen muß, zu verlangen.

Erschwert oder vereitelt ein im Ausland sich aufhaltender Abgabepflichtiger die Veranlagung der Kriegsabgabe dadurch, daß er eine Steuererklärung nicht rechtzeitig abgibt, so kann sein im Inland befindliches Vermögen mit Beschlag belegt werden.

Zu § 22 Abs. 3 lag der Antrag vor, den Worten „daß er eine Steuererklärung" hinzufügen „ungeachtet rechtzeitig erlangter Kenntnis von der nach Abs. 1 angesetzten Frist oder von dem nach Abs. 2 gestellten Verlangen des Besitzsteueramts". Der Antrag wurde zurückgezogen, nachdem Unterstaatssekretär Moesle erklärt hatte, daß der Entwurf das gleiche wie der Antrag meine und daß danach bei der Ausführung dieser Bestimmung verfahren werde.

§ 23. Ergibt die Vergleichung des Anfangs- und Endvermögens einen abgabepflichtigen Vermögenszuwachs, so erteilt das Besitzsteueramt einen Bescheid über den Gesamtbetrag der zu zahlenden Abgabe (Kriegsabgabebescheid)[1]).

Der Bescheid hat eine Belehrung über die gegen ihn zulässigen Rechtsmittel und eine Anweisung zur Entrichtung der Abgabe in den vorgeschriebenen Teilbeträgen zu den bestimmten Zahlungsfristen (§ 24) zu enthalten[2]). Dem Abgabepflichtigen sind in dem Bescheide zugleich die Berechnungsgrundlagen der angeforderten Abgabe mitzuteilen und die Punkte zu bezeichnen, in welchen von seinen Angaben in der Steuererklärung abgewichen worden ist[3]).

1. Ergibt sich abgabepflichtiger Vermögenszuwachs — Kriegsabgabebescheid.

Das Besitzsteuergesetz sieht zweierlei Arten von Veranlagungsbescheiden vor:
a) den Besitzsteuerbescheid. Er hat zum Gegenstand
 1. den Betrag der geschuldeten Steuer,
 2. die Höhe des für eine künftige Veranlagung maßgebenden Vermögensstandes;
b) den Feststellungsbescheid, der nur die Feststellung zu a 2 enthält (Höhe des für eine künftige Veranlagung maßgebenden Vermögensstandes).

Gegen den Feststellungsbescheid sind die gleichen Rechtsmittel gegeben wie gegen den Besitzsteuerbescheid. Die zulässigen Rechtsmittel sind in § 66 BStG. geregelt.[1])

§ 66 BStG. Die gegen den Steuer- und den Feststellungsbescheid zulässigen Rechtsmittel, die Rechtsmittelfristen und das Rechtsmittelverfahren werden durch die Landesgesetzgebung geregelt. Bis zum Inkrafttreten des Landesgesetzes sind nach näherer Bestimmung der Landesregierung gegen den Steuer- und den Feststellungsbescheid die Rechtsmittel zulässig, welche den Steuerpflichtigen nach Landesrecht gegen die Veranlagung einer direkten Staatssteuer zustehen.

Das Rechtsmittelverfahren (Abs. 1) muß derartig geordnet sein, daß der Steuerpflichtige nacheinander mindestens zwei Rechtsmittelinstanzen anrufen kann, und daß ihm die Möglichkeit offen steht, entweder die endgültige Entscheidung eines obersten Verwaltungsgerichtes oder einer einem obersten Verwaltungsgerichte gesetzlich gleichgeordneten Rechtsinstanz herbeizuführen oder die Klage im ordentlichen Rechtsweg zu erheben.

Wird keine oder eine falsche Rechtsmittelbelehrung erteilt, so wird die Rechtsmittelfrist nicht in Lauf gesetzt, doch ist ein von dem Steuerpflichtigen eingelegtes Rechtsmittel nicht aus diesem Grunde unzulässig.

Diese Bestimmungen werden durch das Reichsfinanzverwaltungsgesetz und die Abgabenordnung in Kürze einschneidende Veränderungen erfahren. Der zweite Entwurf des Gesetzes (Drucks. Nr. 372 S. 12): „Im Hinblick auf § 8 des Gesetzes über die Errichtung eines Reichsfinanzhofs und über die Reichsaufsicht für Zölle und Steuern vom 26. Juli 1918 (RGBl. S. 959) konnte davon abgesehen werden, in den Entwurf eine Vorschrift über die Regelung der gegen den Steuerbescheid zulässigen Rechtsmittel aufzunehmen. Der genannte § 8 (das Gesetz ist abgedruckt im Steuer-Archiv 1918 Nr. 15/16 S. 171) lautet:

„Die Rechtsmittel, die gegen die Veranlagung oder die Heranziehung zu Reichsabgaben (§ 7) zunächst zulässig sind, einschließlich der Rechtsmittelfristen und des Rechtsmittelverfahrens werden durch die Landesgesetzgebung geregelt.

Bis zum Inkrafttreten des Landesgesetzes ist diese Regelung von der Landesregierung zu treffen.

Der ordentliche Rechtsweg ist ausgeschlossen."

Bereits bei den Beratungen zum Wehrbeitragsgesetz wurde es für das Besitzsteuergesetz als zweckmäßig angesehen, daß die Höhe des Vermögens, auch

---

[1]) Vgl. aber auch § 8 des Reichsfinanzhofgesetzes vom 26. Aug. 1918 und §§ 217—227 des Entwurfs der Abgabenordnung.

wenn kein besitzsteuerpflichtiger Zuwachs vorliegt, rechtskräftig festgestellt werde, so daß bei späteren Veranlagungen ohne weiteres auf den rechtskräftig festgestellten Vermögensstand aufgebaut werden kann. Mithin hat auch derjenige, der keine Besitzsteuer zu zahlen hat, die im § 65 gegebenen Rechtsmittel, wenn sein Vermögen abweichend von seinen Angaben angenommen worden ist. Auch im Feststellungsbescheid müssen dem Steuerpflichtigen die Punkte bezeichnet werden, in denen von seinen Angaben der Besitzsteuererklärung abgewichen worden ist. Die Erteilung eines Feststellungsbescheides ist nach dem Besitzsteuergesetz nur für die Steuerpflichtigen mit mehr als 20000 ℳ Vermögen vorgesehen. Diese Bestimmung hängt mit § 13 BStG. zusammen, wonach die Veranlagungsbehörden der Mühe enthoben sein sollen, das Anwachsen und das Auf und Nieder der Vermögen von weniger als 20000 ℳ zu kontrollieren. Steuerpflichtigen mit mehr als 20000 ℳ Vermögen muß ein Feststellungsbescheid erteilt werden. Steuerpflichtigen mit weniger als 20000 ℳ kann ein Feststellungsbescheid erteilt werden. Das Kriegsvermögenszuwachssteuergesetz kennt dagegen nur den Kriegsabgabebescheid, d. h. ein Bescheid wird nur erteilt, wenn ein abgabepflichtiger Vermögenszuwachs, also mindestens 6000 ℳ (§§ 14, 15) vorhanden ist, und das Endvermögen mindestens 11000 ℳ (§ 15 Abs. 1) beträgt.

Für die Regelung des Rechtsmittelverfahrens kommen bis zur endgültigen Regelung durch Reichsfinanzverwaltungsgesetz und Abgabenordnung noch die §§ 67—69 BStG. in Betracht.

§ 67 BStG. Erfolgt die Veranlagung zur Besitzsteuer durch eine kollegiale Behörde, so stehen die Rechtsmittel gegen den Steuerbescheid auch dem Vorsitzenden dieser Behörde zu.

§ 68 BStG. Wohnt weder der Steuerpflichtige noch ein Vertreter des Steuerpflichtigen im Inland, so ist der Steuerpflichtige gehalten, eine im Inland wohnende Person zum Empfange der für ihn bestimmten Schriftstücke in Besitzsteuerangelegenheiten zu bevollmächtigen. Ist die Benennung eines Zustellungsbevollmächtigten unterblieben, so gilt die Zustellung eines Schriftstückes mit der Aufgabe zur Post als bewirkt, selbst wenn die Sendung als unbestellbar zurückkommt.

Ergänzend bestimmt § 69 AusfBest. z. BStG.:

§ 69. 1. Gegen einen Nachveranlagungsbescheid auf Grund des § 38 Abs. 3 Satz 2, § 45 Satz 2, § 46 des Gesetzes sowie gegen einen Neuveranlagungsbescheid auf Grund von § 73 Satz 2 des Gesetzes stehen dem Steuerpflichtigen die gleichen Rechtsmittel zu wie gegen den Steuerbescheid. Von einer Nachveranlagung kann, sofern eine solche nicht gleichzeitig für die Kriegssteuer erforderlich wird, abgesehen werden, wenn der nachzufordernde Mehrbetrag an Besitzsteuer den Betrag von 30 Mark nicht übersteigt.

2. Gegen den Bescheid des Besitzsteueramts, durch den die Veranlagung zugunsten des Steuerpflichtigen auf Grund von § 38 Abs. 3 Satz 1, § 43 Abs. 2, § 44 Abs. 2, § 46 des Gesetzes berichtigt wird, oder die auf Grund dieser Vorschriften beantragte Berichtigung der Veranlagung abgelehnt wird, steht dem Steuerpflichtigen nach näherer Bestimmung der obersten Landesfinanzbehörde die Beschwerde im Verwaltungsweg offen.

3. Soweit die Besitzsteuer infolge eines offenbaren Versehens zu Unrecht bezahlt worden ist, hat eine Erstattung auf Antrag des Steuerpflichtigen

und, wenn die Überhebung mindestens fünf Mark beträgt, auch von Amts wegen durch die Oberbehörde zu erfolgen.

4. Dem Antrag auf Berichtigung der Veranlagung (Abs. 2) oder Erstattung von Besitzsteuer (Abs. 3) ist nur zu entsprechen, wenn er innerhalb eines Jahres nach Ablauf des Erhebungszeitraumes gestellt worden ist. Wird der Antrag auf Tatsachen gestützt, die erst nach Ablauf des Erhebungszeitraumes eingetreten sind, so beginnt die einjährige Frist mit dem Tage, an dem der Antragsteller von diesen Tatsachen Kenntnis erhalten hat.

5. Im übrigen kann eine rechtskräftige Veranlagung zugunsten des Steuerpflichtigen nur im Wege des Billigkeitserlasses durch den Bundesrat geändert werden. § 31 Abs. 2 der AusfBest. z. KrStG. gilt entsprechend für die erstmalige Veranlagung der Besitzsteuer.

2. Der Bescheid hat Belehrung über die Rechtsmittel zu enthalten.

Wenn die Rechtsmittelbelehrung nicht oder unrichtig erteilt ist, so ist der Bescheid nicht ungültig, aber der Lauf der Rechtsmittelfrist wird nicht in Bewegung gesetzt.

Die Rechtsmittel gegen die Veranlagung können nur schriftlich oder zu Protokoll angebracht werden. Eine im Laufe der Rechtsmittelfrist persönlich vorgetragene, aber nicht protokollierte Berufungserklärung des Steuerpflichtigen gilt nicht als Einlegung des Rechtsmittels (Entsch. des VG. V. Senat vom 18. April 1916, Steuerarchiv 1916, 258 Nr. 18).

3. Die Berechnungsgrundlagen sind mitzuteilen und die Punkte in denen von den Angaben der Steuererklärung abgewichen ist, zu bezeichnen.

Abs. 2 Satz 2 weicht im Wortlaut von § 65 BStG. nicht ab, geht aber weiter als § 47 Ziff. 2 letzter Satz WG., wonach dem Steuerpflichtigen nicht die „Berechnungsgrundlagen" (Steuermerkmale), sondern nur allgemein die „Punkte, in denen von den Angaben des Pflichtigen abgewichen worden ist", angegeben zu werden brauchten.

Entsprechend bestimmt § 28 AusfAnw. In dem Kriegssteuerbescheid ist anzugeben, in welchen Punkten bei der Feststellung des Mehrgewinnes abgewichen worden ist. Eine Begründung der Abweichungen ist nicht erforderlich.

Dem Inhaber eines Lehens-, Fideikommisses oder Stammguts ist auf Verlangen der auf eine Vermehrung des Lehens-, Fideikommiß- oder Stammgutvermögens entfallende Betrag der Abgabe mitzuteilen.

§ 24. Die Kriegsabgabe ist zur Hälfte binnen drei Monaten, zu einem Viertel binnen sechs Monaten und mit dem letzten Viertel binnen neun Monaten nach Zustellung des Kriegsabgabebescheids (§ 23) zu entrichten [1]). Bei Zahlung in barem Gelde vor Ablauf der festgesetzten Zahlungsfristen werden sechs vom Hundert Zwischenzinsen abgezogen [3]).

Macht der Abgabepflichtige glaubhaft, daß die Einziehung der Abgabe zu den gesetzlichen Zahlungsfristen mit einer besonderen Härte für ihn verbunden sein würde, so kann die Abgabe durch das Besitzsteueramt oder die Erhebungsbehörde auf längstens fünf Jahre, durch die Oberbehörde auf längstens zehn Jahre und durch die oberste Landesfinanzbehörde im Einvernehmen mit dem Reichsminister der Finanzen auf längstens zwanzig Jahre in der Weise gestundet werden, daß die Abgabeschuld in monatlichen oder jährlichen Teilbeträgen getilgt wird[2]). Die gestundete Abgabe ist bei Barzahlung vom Tage der Fälligkeit ab (Abs. 1) mit fünf vom Hundert zu verzinsen.

Die Stundung muß bewilligt werden, wenn zu besorgen ist, daß ohne sie die Einstellung oder eine wesentliche Einschränkung eines Betriebs erfolgen würde[4]). Gegen die Ablehnung eines Stundungsgesuchs steht binnen der Frist eines Monats die Beschwerde an den Reichsfinanzhof offen.

Die Stundung kann von einer angemessenen Sicherheitsleistung abhängig gemacht werden.

Die Stundungsbewilligung wird zurückgenommen, wenn die Voraussetzungen hierfür weggefallen sind oder wenn eine nachträglich verlangte Sicherheit nicht geleistet wird.

Die näheren Bestimmungen erläßt der Reichsrat.

Die auf Grund rechtskräftiger Entscheidung zu erstattenden Beträge sind mit fünf vom Hundert zu verzinsen[5]).

1. Kriegsabgabe binnen ... Monaten zu entrichten.

Hierzu bemerkt die amtliche Begründung zum Gesetz folgendes: „Die außergewöhnliche Höhe der Abgabe macht es erforderlich, dem Pflichtigen die Entrichtung der Abgabe möglichst zu erleichtern, soweit sich dies mit den Interessen des Reiches vereinbaren läßt. Demgemäß sieht das Gesetz zunächst für den Regelfall vor, daß die Abgabe zur Hälfte innerhalb drei und je zu einem Viertel innerhalb sechs und neun Monaten nach Zustellung des Kriegsabgabenbescheides entrichtet werden soll. Macht der Abgabepflichtige aber glaubhaft, daß eine Einziehung der Abgabe in diesen Zahlungsfristen mit einer erheblichen Härte für ihn verbunden wäre, so soll ihm die Abgabe bis längstens 20 Jahre in der Weise gestundet werden können, daß die Abgabeschuld bis zu 5% verzinst und in monatlichen oder jährlichen Teilbeträgen getilgt wird. Aber auch diese ratenweise Abtragung der Schuld wird nicht in allen Fällen möglich sein. Es ist daher in § 26 eine gesetzliche Regelung dafür vorbehalten, inwieweit die Abgabeschuld auch noch in anderer Weise als durch Barzahlung oder die nach § 25 zulässige Hingabe von Kriegsanleihen entrichtet werden kann. Die gesetzliche Regelung soll dem Gesetz über die außerordentliche Vermögensabgabe vorbehalten werden. Bei Bemessung der Frist zählt der Tag der Zustellung nicht mit. Die Frist endigt mit Ablauf desjenigen Tages, der durch seine Benennung (Zahl) dem Zustellungstage entspricht (§ 188 BGB.). Durch Einlegung eines Rechtsmittels wird die Zahlung der Steuer nicht aufgehalten.

2. Macht Abgabepflichtiger Härte glaubhaft — Stundung zulässig.

Vgl. hierzu Anm. 1 oben.

3. Bei Zahlung in barem Geld vor Ablauf der Zahlungsfristen werden 6 % Zwischenzinsen abgezogen.

Diese Vergünstigung ist erst nachträglich in das Gesetz gelangt (Drucksachen Nr. 373 in zweiter Beratung der Nationalversammlung S. 3 Nr. 826), um Vorauszahlungen zu erleichtern, die nicht in Kriegsanleihe (welche dem Selbstzeichner zum Nennwert angerechnet wird statt zum Kurswert), sondern in bar geleistet werden.

4. Stundung muß erfolgen, wenn Einschränkung des Betriebes erfolgen würde.

Diese Bestimmung ist nicht nur im Interesse des Steuerpflichtigen, sondern zugleich im Interesse der Arbeiter und Angestellten erlassen. Sie ist durch Antrag Schiffer, Gröber und Löbe (Nr. 768 der Drucksachen) in das Gesetz gekommen.

5. Die auf Grund rechtskräftiger Entscheidung zu erstattenden Beträge sind mit 5% zu verzinsen.

Die Erstattung von Kriegsabgabe, bei deren Entrichtung Schuldverschreibungen, Schuldbuchforderungen oder Schatzanweisungen der Kriegsanleihen des Deutschen Reichs an Zahlungs Statt angenommen worden sind, ist, soweit dies nach der Stückelung möglich ist, durch Ausreichung von Schuldverschreibungen oder Schatzanweisungen der Kriegsanleihen des Deutschen Reiches mit gleichem Zinsfuß unter Berechnung des Annahmewertes zu bewirken, der Restbetrag ist bar herauszuzahlen (§ 42 AusfAnw.).

Nach Verf. vom 26. Sept. 1917, betr. die Verzinsung der Kriegssteuer (II 9831) ist die Vorschrift im § 31 Abs. 5 KrStG. (§ 69 BStG.), also auch 24 letzter Absatz des vorliegenden Gesetzes, über die Verzinsung der auf Grund rechtskräftiger Entscheidung zu erstattenden Abgabebeträge auf Erstattungen im Berichtigungsverfahren gemäß § 46 Abs. 2 AusfBest. z. BStG. § 2 Ausf-Best. z. KrStG.) nicht anwendbar (vgl. auch das RG. vom 26. Febr. 1919 II A 13/19).

§ 25. Die Entrichtung der Abgabe kann durch Hingabe von Schuldverschreibungen, Schuldbuchforderungen und Schatzanweisungen der Kriegsanleihen des Deutschen Reichs an Zahlungs Statt erfolgen [1]).

Die Annahme der Schuldverschreibungen, Schuldbuchforderungen und Schatzanweisungen an Zahlungs Statt erfolgt mit Zinsenlauf vom 1. Oktober 1919 ab zu den auf den 30. Juni 1919 festgesetzten Steuerkursen [2]).

Weist der Abgabepflichtige nach, daß er oder im Falle des § 14 des Besitzsteuergesetzes vom 3. Juli 1913 seine Ehefrau die gemäß

Abs. 1 an Zahlungs Statt hingegebenen Schuldverschreibungen, Schuldbuchforderungen oder Schatzanweisungen infolge einer Zeichnung von Kriegsanleihe erhalten hat, so werden die fünfprozentigen Schuldverschreibungen, Schuldbuchforderungen und Schatzanweisungen mit Zinsenlauf vom 1. Oktober 1919 ab zum Nennwert, die viereinhalbprozentigen Schatzanweisungen unter Zugrundelegung des gleichen Zinsenlaufs zu einem von dem Reichsminister der Finanzen festzusetzenden und bekanntzumachenden Kurse an Zahlungs Statt angenommen.

Die Vorschrift des Abs. 3 findet entsprechende Anwendung, wenn der Abgabepflichtige nachweist, daß er oder im Falle des § 14 des Besitzsteuergesetzes seine Ehefrau die gemäß Abs. 1 an Zahlungs Statt hingegebenen Schuldverschreibungen, Schuldbuchforderungen oder Schatzanweisungen aus dem Nachlaß eines Verstorbenen von Todes wegen erworben oder von einer offenen Handelsgesellschaft, Kommanditgesellschaft, Gesellschaft mit beschränkter Haftung oder Genossenschaft als deren Gesellschafter oder Genosse empfangen und der Erblasser, die Gesellschaft oder Genossenschaft diese Schuldverschreibungen, Schuldbuchforderungen oder Schatzanweisungen infolge einer Zeichnung von Kriegsanleihe erhalten hat oder die Zeichnung für eine Erbengemeinschaft erfolgt ist, an der der Abgabepflichtige beteiligt war.

Die Vorschrift des Abs. 4 findet entsprechende Anwendung, wenn der Abgabepflichtige von einer Genossenschaft als deren Mitglied die Schuldverschreibungen, Schuldbuchforderungen oder Schatzanweisungen käuflich erworben hat, sofern der dafür entrichtete Erwerbspreis nicht den Betrag des am 1. Oktober 1919 vorhandenen Guthabens des Abgabepflichtigen (Genosse) überstiegen und die Genossenschaft die Schuldverschreibungen, Schuldbuchforderungen oder Schatzanweisungen infolge einer Zeichnung erworben hat.

1. Allgemeines.

Der § 25 des Gesetzes enthält eine Ausnahme von dem Grundsatz, daß Steuern nur in barem Gelde entrichtet werden können. Hierzu führte der Reichsschatzsekretär folgendes schon bei den Beratungen zum Sicherungsgesetz von 1915 aus: Er habe schon im August gesagt, daß bei Entrichtung der Kriegssteuer die Reichskriegsanleihen an Zahlungs Statt angenommen werden sollen. Die Gesellschaften zahlen also in derjenigen Substanz, in der die Reserve nach Maßgabe des Sicherungsgesetzes angelegt worden ist. Wenn etwas übrig bleibe, so sei das für die Gesellschaften sehr erwünscht. Daß wir die Darlehnskassen noch erhebliche Zeit nach Friedensschluß werden aufrecht erhalten müssen, darüber bestehe wohl Einigkeit. Sie werden später noch mehr zu tun haben als jetzt.

Die Berechtigung, in Kriegsanleihe zu zahlen, ist denn auch in die Gesetze von 1916 und 1918 und 1919 aufgenommen. Bezüglich des Verfahrens bei der Hingabe der Kriegsanleihen bestimmten die Ausführungsanweisungen zum Gesetz von **1916** folgendes:

§ 36. 1. Bei Entrichtung der Abgabe sind nach § 32 des Gesetzes Schuldverschreibungen, Schuldbuchforderungen und Schatzanweisungen der Kriegsanleihen des Deutschen Reiches an Zahlungs Statt anzunehmen.

2. Schuldverschreibungen, Schuldbuchforderungen und Schatzanweisungen der Kriegsanleihen des Deutschen Reiches können nur insoweit in Zahlung gegeben werden, als der Annahmewert (Abs. 1) den Betrag der geschuldeten Kriegsabgabe nicht übersteigt. Eine bare Herauszahlung auf hingegebene Stücke oder Buchforderungen der Kriegsanleihen findet nicht statt.

§ 37. 1. Wer bei Entrichtung der Kriegsabgabe Schuldverschreibungen oder Schatzanweisungen der Kriegsanleihen des Deutschen Reiches hingeben will, hat die Stücke nebst den dazugehörigen Zinsscheinen und Zinserneuerungsscheinen einer der vom Reichskanzler öffentlich bekanntzumachenden Annahmestellen mit einem Antrag nach Muster 10 einzureichen.

2. Wer zur Entrichtung der Kriegsabgabe Schuldbuchforderungen der Kriegsanleihen des Deutschen Reiches verwenden will, hat bei der Reichsschuldenverwaltung (Schuldbuchangelegenheit) in Berlin SW 68, Oranienstraße 92, 94, einen Antrag auf Übertragung seiner Schuldbuchforderung oder eines entsprechenden, auf volle hundert Mark lautenden Teiles derselben auf das Konto der Reichskasse für Kriegsabgabe nach Muster 11 zu stellen. Der Antrag ist von dem Antragsteller zu unterschreiben. Von einer Beglaubigung der Unterschrift wird die Reichsschuldenverwaltung absehen. Der Antrag wird nur berücksichtigt, sofern sich auf dem Konto des Antragstellers keine Beschränkung zugunsten Dritter, wie Zinsgenußrechte, Pfandrechte usw., befinden.

3. Vordrucke zu den Anträgen (Abs. 1 und 2) werden den Steuerpflichtigen kostenfrei verabfolgt.

4. Die Übertragung der Reichsschuldbuchforderungen auf das Konto der Reichskasse erfolgt gebührenfrei.

§ 38. 1. Die Annahmestellen für Wertpapiere (§ 37 Abs. 1) berechnen den Annahmewert der ihnen übergebenen Stücke, die Reichsschuldenverwaltung den Annahmewert der auf das Konto der Reichskasse übertragenen Schuldbuchforderungen nach § 36 und stellen den Antragstellern (Einlieferern von Stücken) Bescheinigungen über den Gesamtannahmewert der eingelieferten Stücke oder übertragenen Schuldbuchforderungen nach Muster 12 und 13 aus.

2. Diese Bescheinigungen sind von dem Steuerpflichtigen der Hebestelle zu übergeben, von dieser zu dem darin angegebenen Gesamtannahmewert auf die zu entrichtende Kriegsabgabe in Zahlung zu nehmen und bei den Einnahmeablieferungen als Belege über Zahlungen für Rechnung der Reichshauptkasse aufzurechnen.

§ 39. Die Verzinsung der bei der Reichsschuldenverwaltung auf das Konto der Reichskasse übertragenen Schuldbuchforderungen hört auf.

In Preußen kommen nach einer Verf. des preuß. FinMin. vom 8. Jan. 1917 II 139 für die Annahme von Stücken in Betracht:

A. Reichsbankanstalten.

1. Kontor der Reichshauptbank für Wertpapiere in Berlin SW 19.

2. Reichsbankhauptstellen in

Breslau, Köln (Rhein), Danzig, Dortmund, Dresden, Frankfurt (Main), Hannover, Kiel, Königsberg (Ostpreußen), Magdeburg, Posen, Stettin.

3. Reichsbankstellen in

Aachen, Allenstein, Altona (Elbe), Barmen (Wupper), Bielefeld, Bochum, Brandenburg (Havel), Bromberg, Cassel, Charlottenburg, Koblenz (Rhein), Krefeld, Kottbus, Duisburg, Düsseldorf, Elberfeld, Elbing, Emden, Erfurt, Essen (Ruhr), Flensburg, Frankfurt (Oder), Fulda, Gießen, Glatz, Gleiwitz, Glogau, Görlitz, Göttingen, Graudenz, Hagen (Westfalen), Halberstadt, Halle (Saale), Hamm (Westfalen), Hildesheim (Hannover), Husum, Insterburg, Kattowitz (Oberschlesien), Köslin, Kreuznach, Landsberg (Warthe), Liegnitz, Lippstadt, Lissa (Bez. Posen), Memel, Minden (Westfalen), Mülheim (Ruhr), Münster (Westfalen), Nordhausen, Oppeln, Osnabrück, Remscheid, Schweidnitz, (Niederschlesien), Siegen, Stolp (Pommern), Stralsund, Thorn, Tilsit, Wiesbaden, Wilhelmshaven.

B. Bundesstaatliche Annahmestellen.

Königreich Preußen.

Königliche Seehandlung (Preußische Staatsbank in Berlin W 56, Markgrafenstraße 38, Preußische Zentralgenossenschaftskasse in Berlin C 2, Am Zeughaus 1/2, Regierungshauptkasse in Königsberg (Ostpreußen), Gumbinnen, Allenstein, Danzig, Marienwerder, Potsdam, Frankfurt (Oder), Stettin, Köslin, Stralsund, Posen, Bromberg, Breslau, Liegnitz, Oppeln, Magdeburg, Merseburg, Erfurt, Schleswig, Hannover, Hildesheim, Lüneburg, Stade, Osnabrück, Aurich, Münster, Minden, Arnsberg, Kassel, Wiesbaden, Köln, Koblenz, Düsseldorf, Trier, Aachen, Sigmaringen.

In vielen Fällen bewahren Steuerpflichtige Schuldverschreibungen oder Schatzanweisungen der Kriegsanleihen, die sie zur Entrichtung der Kriegsabgabe hinzugeben beabsichtigen, nicht an ihrem Wohnort auf, sondern haben sie bei einer Bankanstalt, die an einem anderen Ort ihren Sitz hat, niedergelegt. Es unterliegt keinem Bedenken, wenn diese Anleihestücke zum Zwecke der Entrichtung der Kriegsabgabe bei den staatlichen Annahmestellen am Sitze der betreffenden Banken durch diese für Rechnung ihrer Kunden eingereicht werden, sofern es sich um Annahmestellen des für die Erhebung der Kriegsabgabe zuständigen Bundesstaates handelt. Dagegen muß es dabei verbleiben, daß die selbständigen Reichsbankstellen und das Kontor für Wertpapiere als Annahmestellen nur für solche Steuerpflichtige gelten, die am Sitze dieser Anstalten wohnen oder hier ihren Sitz haben. Die Reichsbankanstalten werden die Annahme des von einer an ihrem Sitz ansässigen Firma für Rechnung eines an einem anderen Orte ansässigen Steuerpflichtigen eingelieferten Wertpapiere ablehnen (Verf. des preuß. FinMin. vom 28. Febr. 1907 II 2061).

Die Hebestellen sind angewiesen, die Bescheinigung auch dann anzunehmen, wenn sie über eine höhere Summe lauten als zu zahlen ist, sofern es sich um kleinere „Spitzenbeträge" handelt. (Vgl. aber oben Ausführungsanweisung von 1916 zu Ziff. 2.) Der volle Betrag der Bescheinigung würde in solchen Fällen im Kriegssteuereinnahmebuch in Einnahme zu buchen sein. Die Erstattung des zuviel gezahlten Betrages hätte nach den Bestimmungen des § 42 a. a. O. zu geschehen (Verf. vom 2. Okt. 1917 II 10805, FinMinBl. 1917, 324).

Gegen einen Verzicht auf die Erhebung von Zinsbeiträgen unter einer Mark sind unter der Voraussetzung keine Bedenken zu erheben, daß sich der Verzicht nicht auf die bereits eingezahlten oder in Zukunft ohne weiteres der Hebestelle übermittelten Zinsbeträge erstreckt und es sich nur um die Verzinsung des nicht durch Hergabe von Schuldverschreibungen, Schuldbuchforderungen und Schatzanweisungen der Kriegsanleihen des Deutschen Reiches beglichenen Restbetrages der geschuldeten Abgabe (§ 36 Abs. 3 AusfBest. z. KrStG.) handelt (Erlaß des preuß. FinMin. II 8437 vom 24. Juli 1917).

2. Annahme mit Zinsenlauf vom 1. Oktober 1919 ab zu den auf 30. Juni festgesetzten Steuerkursen.

Die Festsetzung dieser Kurse ist noch nicht erfolgt. Die Bestimmung des § 25 Abs. 1 u. 2 betrifft ganz allgemein die Annahme von Kriegsanleihe. Auf Zeichner von Kriegsanleihe findet § 25 Abs. 3 Anwendung, andere Personen, die die Kriegsanleihen nicht durch Zeichnung erhalten haben, sondern zu einem vielleicht ganz niedrigen Kurse gekauft haben, den Kriegsanleihezeichnern gleichzustellen, lag kein Grund vor. Wer Kriegsanleihe gezeichnet hat und diese nur gegen andere Kriegsanleihestücke umgetauscht hat, muß natürlich dem Anleihezeichner gleichgestellt werden. (Vgl. auch Nr. 372 S. 11 der Drucksachen KrAbgG. von 1919).

Wenn bestimmt ist, daß Anleihestücke mit Zinsenlauf vom 1. Oktober 1919 ab angenommen werden, so folgt daraus, daß der Abgabepflichtige von diesem Tage ab die Abgabe verzinsen muß (vgl. aber § 24 Abs. 1).

3. Weist Abgabepflichtiger nach, daß er Zeichner ist — Annahme zum Nennbetrage bzw. bekanntzumachenden Kurse.

Also werden gezeichnete 5 %-Kriegsanleihen nicht zum Kurswert, sondern zum vollen Nennbetrage angenommen. Da der Kurs der Reichsanleihe unter Pari steht, bedeutet es einen Vorteil für den Steuerpflichtigen, statt in bar in Reichsanleihe zu zahlen.

4½ %-Schatzanweisungen werden zu einem vom Reichsminister noch festzusetzenden Kurse angenommen.

4. Die Vorschrift Abs. 3 findet entsprechende Anwendung usw.

Daß die Vergünstigung auch solchen Personen zugute kommen sollte, die Kriegsanleihe aus einer Erbmasse erhalten haben, wenn Erblasser Zeichner war, erschien billig.

§ 26. Inwieweit die Entrichtung der Abgabe in anderer Weise als durch Barzahlung oder Hingabe von Schuldverschreibungen, Schuldbuchforderungen oder Schatzanweisungen der im § 25 Abs. 1 bezeichneten Art erfolgen kann, bleibt gesetzlicher Regelung vorbehalten.

Diese Vergünstigung ist vorgesehen, weil auch eine ratenweise Abtragung oder Stundung (§ 24) nicht in allen Fällen eine genügende Hilfe für den Abgabepflichtigen sein würde. Die im § 26 vorgesehene gesetzliche Regelung soll dem Gesetz über eine außerordentliche Vermögensabgabe (Reichsnotopfer) vorbehalten bleiben (Amtl. Begr. zum Gesetz S. 27).

§ 27. Wer als Abgabepflichtiger oder als Vertreter eines Abgabepflichtigen wissentlich der Steuerbehörde unrichtige oder unvollständige Angaben macht, die geeignet sind, eine Verkürzung der Kriegsabgabe herbeizuführen, wird mit einer Geldstrafe vom einfachen bis zum fünffachen Betrage der gefährdeten Abgabe bestraft.

1. **Allgemeines.**

Der § 27 entspricht, abgesehen von dem Unterschied in der Strafhöhe, wörtlich dem § 76 BStG. welcher bestimmt:

„Wer als Steuerpflichtiger oder als Vertreter eines Steuerpflichtigen wissentlich der Steuerbehörde unrichtige oder unvollständige Angaben macht, die geeignet sind, eine Verkürzung der Besitzsteuer herbeizuführen, wird mit einer Geldstrafe bis zum zwanzigfachen Betrage der gefährdeten Steuer bestraft."

Die amtliche Begründung zum alten KrStG. 1916 bemerkt zu § 33 KrStG, der dem § 27 des vorliegenden Gesetzes entspricht, folgendes: „Im § 76 BStG. ist die Steuergefährdung mit einer Geldstrafe bis zum zwanzigfachen Betrage der gefährdeten Steuer bedroht. Im § 38 des Entwurfs (§ 33 des Gesetzes) ist mit Rücksicht auf die ungleich höheren Steuersätze des Entwurfs als Höchstbetrag der Geldstrafe das Fünffache der gefährdeten Abgabe vorgesehen. In schwereren Fällen der Steuergefährdung ist im § 77 BStG. (§ 57 WG.) neben der Geldstrafe auch Gefängnisstrafe bis zu sechs Monaten und öffentliche Bekanntmachung des Urteils angedroht. § 39 des Entwurfs (§ 34 des Gesetzes) bringt eine in dem besonderen Charakter der Kriegssteuer begründete weitere Verschärfung, indem er das Höchstmaß der Gefängnisstrafe auf ein Jahr erhöht und neben der Gefängnisstrafe und der öffentlichen Bekanntmachung des Urteils die Zulässigkeit der Aberkennung der bürgerlichen Ehrenrechte in das Steuerstrafrecht einführt."

Der Unterschied des § 27 des Gesetzes von 1919 gegenüber den §§ 33 u. 34 KrStG. von 1916 wird in der amtlichen Begründung folgendermaßen erläutert:

„Die Vorschrift entspreche im wesentlichen den Bestimmungen der §§ 33 bis 35 KrStG. Nur ist für die Fälle des § 28 insofern eine Verschärfung der angedrohten Strafe vorgesehen, als nach § 34 KrStG. nur auf eine Gefängnisstrafe bis zu einem Jahre erkannt werden konnte, während der Entwurf eine solche Beschränkung nicht enthält und daher in diesen Fällen die Möglichkeit gegeben ist, gemäß § 16 StGB. auf eine Gefängnisstrafe bis zu fünf Jahren zu erkennen."

Außerdem aber kann nach dem Wortlaut des § 34 KrStG. von 1916 auf Verlust der bürgerlichen Ehrenrechte nur neben der Gefängnisstrafe, nicht aber neben der reinen Geldstrafe erkannt werden, was nach § 28 des Gesetzes von 1919 zulässig ist.

Für Preußen bestimmt betreffs der Zuständigkeiten Art. 31 preuß.

AusfAnw. z. BStG. und KrStG. von 1916, der hier sinngemäß Anwendung findet: Im Verwaltungsstrafverfahren, welches nach den Vorschriften des Ges., betr. Verwaltungsstrafverfahren bei Zuwiderhandlungen gegen die Zollgesetze vom 26. Juli 1897 (GS. S. 237) zu handhaben ist, entscheiden in den Fällen der §§ 54 Abs. 1, 56 Abs. 2, 58 Abs. 4, 62 Abs. 4 BStG. an Stelle der Hauptzollämter die Vorsitzenden der Veranlagungskommissionen und im Beschwerdeverfahren die Vorsitzenden der Berufungskommissionen, in allen übrigen Fällen die Regierungen. Also sind in allen Fällen, wo es sich um regelrechte Steuerhinterziehungen und nicht nur um Verstöße gegen die Ordnungsvorschriften handelt, die Regierungen zuständig. Diese Zuständigkeiten werden allerdings durch die Neuorganisation der Steuerbehörden Änderungen erfahren.

2. Als Abgabepflichtiger oder Vertreter.

Im Falle der Vertretung wird, wenn die falschen Angaben vom gesetzlichen Vertreter gemacht sind, nur dieser, nicht auch der Vertretene zu bestrafen sein. Für die Beitreibung der Strafe haftet auch nur das Vermögen des Vertreters, nicht auch das des Vertretenen (KommBer. z. WG. S. 99). Dagegen trifft die Nachveranlagung (§ 73 BStG., § 30 vorliegenden Gesetzes) natürlich den Vertretenen. Wenn die falschen Angaben von einem freiwilligen Vertreter (Bevollmächtigten) gemacht sind, so ist strafbar auf jeden Fall der Vertreter, es sei denn, daß dieser die Unrichtigkeit der Angaben nicht gekannt hat. Aber auch der Vertretene muß als straffällig angesehen werden, es sei denn, daß er nachweist, daß er dem Vertreter (Bevollmächtigten) richtige Angaben gemacht hat und dieser von sich selbst aus die falschen Angaben gemacht hat.

Daß unter „Vertreter" nur die gesetzlichen Vertreter zu verstehen seien, kann nicht angenommen werden. Die Unrichtigkeit dieser Annahme ergibt sich aus der Erwägung, daß im § 76 BStG. vom „Vertreter", im § 59, §§ 52 bis 54, 57 BStG., vom „gesetzlichen Vertreter" die Rede ist (unrichtig daher Hoffmann, Komm. z. WG. Anm. 6 zu § 56 WG.). Der freiwillige Vertreter ist straffrei nur, wenn er lediglich als Organ des Auftraggebers gehandelt, und die unrichtigen Angaben lediglich auf Anweisung des Auftraggebers gemacht hat, ohne deren Unrichtigkeit zu kennen; in solchem Falle ist der Auftraggeber allein Täter. Im übrigen ist aber auch der Beauftragte strafbar. Die allgemeinen Bestimmungen des Strafgesetzbuches über Mittäterschaft, Gehilfen und Anstifter §§ 47—49 RStGB. finden Anwendung.

Der Ehemann hat sowohl eigene unrichtige Angaben, wie unrichtige Angaben seiner Ehefrau zu vertreten. Die Ehefrau kommt, wenn sie dem Ehemann unrichtige Angaben über ihr Vorbehaltsgut macht, als Mittäter, unmittelbarer Täter oder Anstifter in Betracht.

2. Wissentlich.

Voraussetzung der Bestrafung ist, daß die Angaben wissentlich falsch gemacht sind. Mithin liegt eine strafbare Handlung nicht vor, wenn der Steuerpflichtige die Unrichtigkeit seiner Angaben tatsächlich nicht gekannt hat. Angenommen, ein Steuerpflichtiger ist zum Erben eingesetzt, hat aber vom Erbanfall noch keine Kenntnis und gibt daher das ererbte Vermögen nicht an, so kann ihm dies nicht zum Verschulden gerechnet werden. Hat der Steuerpflichtige wissentlich falsche Angaben gemacht, so ist in der Regel nicht ohne weiteres anzunehmen, daß er die Absicht der Steuerhinterziehung hatte (§ 28), zur Bestrafung aus § 27 ist im Gegensatz zu § 28 der Nachweis der Absicht der Steuerhinterziehung nicht erforderlich. Da nun § 29 auch den § 78 BStG. für anwendbar erklärt, der bestimmt, daß, wenn nach den obwaltenden Umständen anzunehmen ist, daß die unwichtigen oder unrichtigen Angaben nicht in der Absicht der Steuerhinterziehung gemacht sind, so sind nach dem BStG. wie nach dem vorliegenden Gesetz drei Fälle zu unterscheiden.

a) wissentlich unrichtige oder unvollständige Angaben, bei denen zweifelhaft ist, ob Absicht der Steuerhinterziehung vorgelegen hat oder nicht;
b) wissentlich unrichtige oder unvollständige Angaben mit Absicht der Steuerhinterziehung;
c) unrichtige oder unvollständige Angaben ohne Absicht der Steuerhinterziehung.

Zu den entsprechenden Strafbestimmungen des BStG. lagen die Anträge Nr. 272 Ziff. 13 vor, folgenden Absatz hinzuzufügen: Wer über Landwirtschafts- oder Gewerbebetriebe, bei denen regelmäßige jährliche Abschlüsse stattfinden, Angaben macht, die mit dem Abschlusse über den Vermögensstand am Schlusse des letzten Wirtschafts- oder Rechnungsjahres übereinstimmen, kann zur Strafe nur dann herangezogen werden, wenn er diesen Abschluß wissentlich und in der Absicht, die Besitzsteuer zu hinterziehen, unrichtig oder unvollständig angefertigt hat. Ein Kommissar des Bundesrates legte dar: Gegen den Antrag auf Nr. 272 Ziff. 13 der Kommissions-Drucksachen habe schon der Berichter Bedenken erhoben. Er möchte weitere Bedenken dagegen zur Sprache bringen. Nach dem Antrag würde z. B. jemand, der eine Bilanz zu anderen Zwecken als dem der Steuerersparung falsch aufgestellt habe und sie später in voller Kenntnis ihrer Unrichtigkeit und in der Absicht, die Steuer zu sparen, der Veranlagungsbehörde einreiche, straffrei bleiben. Der Antrag sei aber auch wohl kaum nötig, denn er glaube nicht, daß jemand, der eine Bilanz nach den Grundsätzen eines sorgfältigen Kaufmannes aufgestellt habe und diese Bilanz bona fide einreiche, die Einleitung eines Strafverfahrens zu befürchten habe, auch wenn die Prüfung der Steuerbehörde ergebe, daß ein höherer Vermögensstand, als die Bilanz aufweise, der Veranlagung zugrunde zu legen sei. Der Antrag ist daher mit Recht abgelehnt worden.

3. Der Steuerbehörde.

In Beziehung auf den Ausdruck Steuerbehörde stimmt § 27 und ebenso § 76 BStG. mit § 56 WG. nicht ganz überein. § 56 hat dafür das Wort Veranlagungsbehörde gewählt. Die Angaben müssen also, um nach dem Wehrbeitragsgesetz strafbar zu sein, gegenüber der Veranlagungsbehörde gemacht sein. Die Veranlagungsbehörden werden gemäß § 35 WG. durch die Landesregierung bestimmt (vgl. hierzu § 1 Bundesratsverordnung und Art. 1 preuß. AusfAnw. z. WG. Hiernach gelten als Veranlagungsbehörden die Einkommensteuerveranlagungs- und Berufungskommissionen, aber nicht die Gemeindebehörden (Hebungsorgane), soweit diesen nicht die Geschäfte der Veranlagungskommission durch den Staat vertragsmäßig übertragen sind. Art. 1 a. a. O. I Abs. 5 (wegen der Berufungskommissionen anderer Meinung, aber mit Unrecht Hoffmann, Komm. zu § 56 WG. S. 87 zu d). Nach § 76 des BStG., und ebenso nach § 27 des vorliegenden Gesetzes sind aber jedenfalls strafbar alle falschen Angaben, die gegenüber einer überhaupt mit der Besitzsteuer befaßten Behörde (Steuerbehörde) gemacht werden, also sind strafbar auch falsche Angaben gegenüber den Rechtsmittelinstanzen wie gegenüber den mit den Vorbereitungen zur Veranlagung und Vollstreckung betrauten Behörden (Gemeindebehörden).

4. Angaben.

Entgegen z. B. den Strafbestimmungen des preußischen und bayerischen Rechtes (§ 44 preuß. ErgStG., Art. 74 bayr. EinkStG.), die ausdrücklich unrichtige oder unvollständige tatsächliche Angaben unter Strafe stellen, fehlt das Wort „tatsächliche" im § 27 ebenso wie schon im § 56 WG. und § 76 BStG. Trotzdem darf im allgemeinen angenommen werden, daß nur tatsächliche falsche Angaben, also keine falschen Schätzungsangaben in Frage kommen; wenn aber die Schätzung derart grob falsch war, daß eine offenbare Hinterziehungsabsicht und Bewußtsein der Unrichtigkeit der Schätzung angenommen werden muß, so ist eine Strafe auch im Falle wissentlich falscher Schätzung jedenfalls dann verwirkt, wenn aus den Erklärungen des Steuerpflichtigen nicht hervorgeht, daß seine Angaben auf Schätzung beruhen, denn der Steuerpflichtige hat es, soweit es sich lediglich um Bewertungen (Schätzungen) handelt, in der Hand, ob er zahlenmäßige Angaben machen oder sich auf Angabe der tatsächlichen Unterlagen beschränken will, deren die Steuerbehörde zur Schätzung bedarf. Wählt er zahlenmäßige Angaben, so haftet er auch für grobe falsche Schätzungen. So wird strafbare Hinterziehung z. B. angenommen werden müssen, wenn Steuerpflichtiger die Anteile an einer Gesellschaft m. b. H. auf 1000 *M* ohne nähere Bezeichnung als die, daß er 1000 *M* Kapital besitze, angibt, während ihr Wert tatsächlich 10000 *M* beträgt. Straffrei bleibt er in solchem Falle nur, wenn die Steuerbehörde aus den Erklärungen des Steuerpflichtigen entnehmen konnte, wieviel Anteile er an der Gesellschaft m. b. H. hatte, und um welche Gesellschaft m. b. H. es sich handelt, so daß sie in Verhandlungen über den Wert der Anteile mit dem Steuerpflichtigen treten konnte. Will also der Steuerpflichtige sich vor Strafe schützen, so wird er gut tun, Wertpapiere und Gesellschaftsanteile, deren Wert aus dem Börsenkurszettel nicht ersichtlich ist, namentlich anzugeben, um der Steuerbehörde die Gelegenheit zu geben, sich mit ihm über den Wert auseinanderzusetzen.

Daß falsche tatsächliche Angaben über die tatsächlichen Unterlagen einer Schätzung strafbar sind, bedarf es selbstverständlich keiner Ausführung. Als solche Schätzungsunterlagen kommt z. B. die Größe (Flächenumfang) der Besitzung, Anzahl der bebauten Fläche, Stückzahl des lebenden und toten Inventars usw. in Betracht.

Strafbar sind alle unrichtigen und unvollständigen Angaben, so z. B. auch falsche Angaben über die subjektive Steuerpflicht (Staatsangehörigkeit) oder die Steuerermäßigungsgründe (Kinderzahl) strafbar sind; denn § 27 setzt nur voraus, daß die Angaben geeignet sind, eine Verkürzung der Steuer herbeizuführen, wohingegen es gleichgültig ist, wodurch, d. h. durch welche falschen Angaben über welche steuerlich bedeutsamen Tatsachen die Steuer herabgedrückt werden sollte.

5. Geeignet sind.

Die Angaben müssen geeignet sein, eine Verkürzung der Besitzsteuer herbeizuführen, d. h., sie müssen geeignet sein, den Steuersatz zu beeinflussen. Hoffmann, Komm. z. WG., nimmt an (a. a. O. S. 87 zu b), daß dies zutreffe, wenn eine auf Grund der unrichtigen oder unvollständigen Angaben bewirkte Feststellung einen niedrigeren als den geschuldeten Wehrbeitrag oder keinen Wehrbeitrag ergeben würde, daß mithin der strafbare Tatbestand auch dann gegeben sei, wenn einer wissentlich zu niedrigen Angabe eines Vermögensteiles (Kapitalvermögen) eine wissentlich oder versehentlich zu hohe Angabe eines anderen Vermögensteiles (Grundbesitz) gegenübersteht, obwohl sich hierdurch an dem Gesamtbetrag des Vermögens und demgemäß an dem Steuersatze nichts ändern würde. Man wird dieser Auffassung im Interesse der Zuverlässigkeit des Veranlagungsverfahrens beipflichten müssen, zumal die Veranlagungsbehörden die offenbar zu hohen Bewertungen zugunsten des Steuerpflichtigen beanstanden müssen, also wenn der Steuerpflichtige andere Vermögensteile zu niedrig oder gar nicht angibt, stets die Gefahr der Verkürzung der Besitzsteuer vorliegt.

6. Geldstrafe.

Im Falle des § 27 kann nur auf Geldstrafe erkannt werden. Eine Umwandlung einer nicht beizutreibenden Geldstrafe in Freiheitsstrafe findet nicht statt. Das ist eine Lücke des Gesetzes.

7. Bestraft.

Soweit im einzelnen Falle nicht mit genügender Sicherheit feststellbar ist, ob es sich um strafbare Einkünfte (Wucher, Betrug, Bestechung, Hehlerei, Überschreitung der Höchstpreise) oder unsittliche Geschäfte (Unzucht) und Vermögenszuwächse daraus handelt, ist eine Mitwirkung der Polizeibehörden, und zwar auch der Kriminalpolizei zulässig (§ 63 BStG.). Die Mitwirkung kann von den Steuerbehörden auch in Anspruch genommen werden, ohne daß ein Strafverfahren wegen Steuerhinterziehung eingeleitet wird. Ergeben die Vorermittlungen, daß der Verdacht strafbarer Handlungen obenbezeichneter Art (gemeine Vergehen oder Verbrechen) vorliegt, so steht der Überlassung der Akten an die Staatsanwaltschaft zum Zwecke der Verfolgung dieser Delikte nichts im Wege. Insbesondere findet § 64 BStG. nicht Anwendung. Im Gegenteil, es ist wünschenswert, daß die Steuerbehörden die Staatsanwaltschaften auf die Wahrscheinlichkeit des Vorliegens solcher Vergehen aufmerksam machen. Die Ermittlung darüber, ob strafbare Handlungen obengenannter Art oder Steuerhinterziehung vorliegt, ist Sache der Polizeibehörden und Staatsanwaltschaften, nicht Sache der Steuerbehörden.

§ 28. In den Fällen des § 27 kann neben der Geldstrafe auf Gefängnis und auf Verlust der bürgerlichen Ehrenrechte erkannt werden, wenn die unrichtigen oder unvollständigen Angaben in der Absicht, die Kriegsabgabe zu hinterziehen, erfolgt sind und wenn der Abgabebetrag, der durch die unrichtigen oder unvollständigen Angaben gefährdet worden ist, mindestens fünfhundert Mark ausmacht oder wenn der Abgabepflichtige oder der Vertreter des Abgabepflichtigen Vermögen vom Inland ins Ausland verbracht hat in der Absicht, dieses Vermögen der Steuerbehörde zu verheimlichen.

Bei einer Steuergefährdung der im Abs. 1 bezeichneten Art kann im Urteil angeordnet werden, daß die Bestrafung auf Kosten des Verurteilten öffentlich bekanntzumachen ist.

Besteht der Verdacht, daß eine Steuergefährdung der im Abs. 1 bezeichneten Art vorliegt, so hat die Steuerbehörde die Sache an die zuständige Staatsanwaltschaft abzugeben. Ist der Abgabepflichtige abwesend, so kann gegen ihn nach Maßgabe der §§ 320 bis 326 der Strafprozeßordnung verhandelt werden. Findet die Staatsanwaltschaft in einer an sie abgegebenen Sache, daß der Verdacht nicht hinreichend begründet ist, so kann sie die Sache zur weiteren Erledigung im Verwaltungsstrafverfahren an die Steuerbehörde zurückgeben.

1. In den Fällen des § 27.

Die Voraussetzungen des § 28 sind die gleichen wie im § 27, doch kommen als strafschärfende Tatbestandsmerkmale hinzu Absicht der Steuerhinterziehung und gewisse Höhe der gefährdeten Abgabe oder Verschleppung des Vermögens ins Ausland.

Wegen der Erläuterung des § 128 vgl. zunächst die Ausführungen zu § 27.

Der dem § 28 KrStG. entsprechende § 76 BStG. bestimmt:

„1. In den Fällen des § 76 kann neben der Geldstrafe auf Gefängnis bis zu sechs Monaten erkannt werden, wenn die unrichtigen oder unvollständigen Angaben in der Absicht, die Besitzsteuer zu hinterziehen, gemacht worden sind, und wenn der Steuerbetrag, der durch die unrichtigen oder unvollständigen Angaben gefährdet worden ist, nicht weniger als 10 vom Hundert der geschuldeten Steuer, mindestens aber dreihundert Mark ausmacht, oder wenn der Steuerpflichtige wegen Besitzsteuerhinterziehung vorbestraft ist.

2. Bei einer Steuergefährdung der in Abs. 1 bezeichneten Art kann im Urteil angeordnet werden, daß die Bestrafung auf Kosten des Verurteilten öffentlich bekanntzumachen ist.

3. Besteht der Verdacht, daß eine Steuergefährdung der in Abs. 1 bezeichneten Art vorliegt, so hat die Steuerbehörde die Sache an die zuständige Staatsanwaltschaft abzugeben. Findet die Staatsanwaltschaft in einer an sie abgegebenen Sache, daß dieser Verdacht nicht hinreichend begründet ist, so kann sie die Sache zur weiteren Erledigung im Verwaltungsstrafverfahren an die Verwaltungsbehörde abgeben."

Es sind dabei aber die geringen Unterschiede im Wortlaut zu beachten. Wie denn auch der § 28 im Wortlaut nicht genau mit § 34 KrStG. von 1916 übereinstimmt.

2. Neben der Geldstrafe ... Gefängnis und Verlust der bürgerlichen Ehrenrechte.

Diese Strafen sind, wie das Gesetz ausdrücklich betont, Nebenstrafen. Das Gericht hat das Recht, aber nicht die Pflicht, auf Gefängnis oder Verlust der bürgerlichen Ehrenrechte zu erkennen. (Vgl. den Wortlaut „Kann ... erkannt werden".)

3. Ist der Steuerpflichtige abwesend ... Verhandlung gemäß §§ 320 bis 326 StPO.:

Die betreffenden Bestimmungen lauten:

§ 318. Ein Beschuldigter gilt als abwesend, wenn sein Aufenthalt unbekannt ist oder, wenn er sich im Ausland aufhält und seine Gestellung vor das zuständige Gericht nicht ausführbar oder nicht angemessen erscheint.

§ 320. Die Ladung des Angeklagten zur Hauptverhandlung ist im Falle, daß sein Aufenthalt unbekannt ist oder die Befolgung der für Zustellungen im Auslande bestehenden Vorschriften unausführbar oder voraussichtlich erfolglos erscheint, in einer beglaubigten Abschrift an die Gerichtstafel bis zum Tage der Hauptverhandlung anzuheften. Außerdem ist ein Auszug der Ladung in das für amtliche Bekanntmachungen des betreffenden Bezirkes bestimmte Blatt und nach Ermessen des Gerichtes auch in ein anderes Blatt dreimal einzudrucken. Zwischen dem Tage der letzten Bekanntmachung und dem Tage der Hauptverhandlung muß eine Frist von mindestens einem Monate liegen.

§ 321. Die Ladung muß enthalten:

die Angabe des Namens und, soweit dies bekannt, des Vornamens, Alters, Gewerbes und Wohnortes oder Aufenthaltsorts des Angeklagten, die Bezeichnung der dem Angeklagten zur Last gelegten strafbaren Handlung sowie die Angabe des Tages und der Stunde der Hauptverhandlung.

Zugleich ist die Warnung hinzuzufügen, daß bei unentschuldigtem Ausbleiben des Angeklagten zur Hauptverhandlung werde geschritten werden.

§ 322. In der Hauptverhandlung kann für den Angeklagten ein Verteidiger auftreten. Auch Angehörige des ersteren sind, ohne daß sie einer Vollmacht bedürfen, als Vertreter zuzulassen.

§ 323. Die Zustellung des Urteils erfolgt nach Maßgabe der Bestimmungen des § 40 Abs. 2.

§ 324. Die im § 322 bezeichneten Personen können von den dem Beschuldigten zustehenden Rechtsmitteln Gebrauch machen.

§ 325. Insoweit es nach dem Ermessen des Richters zur Deckung der den Angeschuldigten möglicherweise treffenden höchsten Geldstrafe und der Kosten des Verfahrens erforderlich ist, können einzelne zum Vermögen des Angeschuldigten gehörige Gegenstände mit Beschlag belegt werden. Auf diese Beschlagnahme finden die Bestimmungen der Zivilprozeßordnung über die Vollziehung und die Wirkungen des dinglichen Arrestes entsprechende Anwendung. Die Beschlagnahme ist aufzuheben, wenn der Grund derselben weggefallen ist.

§ 326. Insoweit eine Deckung in Gemäßheit der vorstehenden Bestimmung nicht ausführbar erscheint, kann durch Beschluß des Gerichtes das im Deutschen Reiche befindliche Vermögen des Angeschuldigten mit Beschlag belegt werden. Der Beschluß ist durch den Deutschen Reichsanzeiger und nach Ermessen des Gerichtes auch durch andere Blätter zu veröffentlichen.

Verfügungen, welche der Angeschuldigte über sein mit Beschlag belegtes Vermögen nach der ersten durch den Deutschen Reichsanzeiger bewirkten Veröffentlichung des Beschlusses vornimmt, sind der Staatskasse gegenüber nichtig.

Die Beschlagnahme des Vermögens ist aufzuheben, sobald der Grund derselben weggefallen oder die Deckung der Staatskasse durch eine Beschlagnahme in Gemäßheit des § 325 bewirkt ist.

Die Aufhebung der Beschlagnahme ist durch dieselben Blätter bekanntzumachen, durch welche die Beschlagnahme veröffentlicht worden ist.

Diese Vorschriften werden ergänzt durch nachstehende Vorschriften der Zivilprozeßordnung.

§ 928. Auf die Vollziehung des Arrestes finden die Vorschriften über die Zwangsvollstreckung entsprechende Anwendung, soweit nicht die nachfolgenden Paragraphen abweichende Bestimmungen enthalten.

§ 929. Arrestbefehle bedürfen der Vollstreckungsklausel nur, wenn die Vollziehung für einen anderen als den in dem Befehle bezeichneten Gläubiger oder gegen einen anderen als den in dem Befehle bezeichneten Schuldner erfolgen soll. Die Vollziehung des Arrestbefehls ist unstatthaft, wenn seit dem Tage, an welchem der Befehl verkündet oder der Partei, auf deren Gesuch derselbe erging, zugestellt worden ist, ein Monat verstrichen ist. Die Vollziehung ist vor der Zustellung des Arrestbefehls an den Schuldner zulässig. Sie ist jedoch ohne Wirkung, wenn die Zustellung nicht innerhalb einer Woche nach der Vollziehung und vor Ablauf der für diese im vorhergehenden Absatze bestimmten Frist erfolgt.

§ 930. Die Vollziehung des Arrestes in bewegliches Vermögen wird durch Pfändung bewirkt. Die Pfändung erfolgt nach denselben Grundsätzen wie jede andere Pfändung und begründet ein Pfandrecht mit den im § 804 bestimmten Wirkungen. Für die Pfändung einer Forderung ist das Arrestgericht als Vollstreckungsgericht zuständig. Gepfändetes Geld und ein im Verteilungsverfahren auf den Gläubiger fallender Betrag des Erlöses werden hinterlegt. Das Vollstreckungsgericht kann auf Antrag anordnen, daß eine bewegliche körperliche Sache, wenn sie der Gefahr einer beträchtlichen Wertverringerung ausgesetzt oder wenn ihre Aufbewahrung unverhältnismäßige Kosten verursachen würde, versteigert und der Erlös hinterlegt werde.

§ 932. Die Vollziehung des Arrestes in ein Grundstück oder in eine Berechtigung, für welche die sich auf Grundstücke beziehenden Vorschriften gelten, erfolgt durch Eintragung einer Sicherungshypothek für die Forderung; der nach § 923 festgestellte Geldbetrag ist als der Höchstbetrag zu bezeichnen, für welchen das Grundstück oder die Berechtigung haftet. Im übrigen finden die Vorschriften der §§ 867, 868 Anwendung. Der Antrag auf Eintragung der Hypothek gilt im Sinne des § 929 Abs. 2, 3 als Vollziehung des Arrestbefehls.

§ 29. Die Vorschriften der §§ 78 bis 83 des Besitzsteuergesetzes finden entsprechende Anwendung.

Die in Betracht kommenden Vorschriften lauten:

§ 78. Ist nach den obwaltenden Umständen anzunehmen, daß die unrichtigen oder unvollständigen Angaben, die geeignet sind, eine Verkürzung der Besitzsteuer herbeizuführen, nicht in der Absicht der Steuerhinterziehung gemacht worden sind, so tritt an Stelle der in § 76 vorgesehenen Strafe eine Ordnungsstrafe bis zu fünfhundert Mark ein.

§ 79. Straffrei bleibt, wer seine unrichtigen oder unvollständigen Angaben, bevor eine Anzeige erstattet oder eine Untersuchung gegen ihn eingeleitet ist, bei der Steuerbehörde berichtigt oder ergänzt und die gefährdete Steuer, soweit sie bereits fällig gewesen ist, entrichtet.

§ 80. Die Einziehung der Besitzsteuer erfolgt unabhängig von der Bestrafung.

§ 81. Wer in den nach § 58 Abs. 2 einzureichenden Nachweisungen oder in dem nach § 62 einzureichenden Verzeichnis wissentlich unrichtige oder unvollständige Angaben macht, die geeignet sind, das Steueraufkommen zu gefährden, wird mit einer Geldstrafe bis zu dreitausend Mark bestraft.

Straffrei bleibt, wer seine unrichtigen oder unvollständigen Angaben, bevor eine Anzeige erstattet oder eine Untersuchung gegen ihn eingeleitet ist, bei der Steuerbehörde berichtigt oder ergänzt.

§ 82. 1. Beamte, Angestellte oder ehrenamtliche Mitglieder von Behörden sowie Sachverständige werden, wenn sie die zu ihrer dienstlichen oder amtlichen Kenntnis gelangten Vermögens-, Erwerbs- oder Einkommensverhältnisse eines Steuerpflichtigen, insbesondere auch den Inhalt einer Besitzsteuererklärung oder der über sie gepflogenen Verhandlungen unbefugt offenbaren, mit Geldstrafe bis zu fünfzehnhundert Mark oder mit Gefängnis bis zu drei Monaten bestraft.

2. Die Strafverfolgung tritt nur ein auf Antrag der obersten Landesfinanzbehörde oder des Steuerpflichtigen, dessen Interesse an der Geheimhaltung verletzt ist.

§ 83. Eine Ordnungsstrafe bis zu einhundertfünfzig Mark tritt ein bei Zuwiderhandlungen gegen die Vorschriften dieses Gesetzes oder die zu seiner Ausführung erlassenen Bestimmungen, die im Gesetze mit keiner besonderen Strafe bedroht sind.

Besonders bemerkenswert ist es, daß der § 84 BStG. nicht für anwendbar erklärt ist, der Umwandlung einer nicht beitreibbaren, wegen Besitzsteuerhinterziehung erkannten Strafe in Freiheitsstrafe verbietet. Danach wird also eine nicht beizutreibende Strafe, welche wegen Hinterziehung der Kriegssteuer erkannt ist, nach den maßgeblichen Umwandlungsvorschriften des Strafgesetzbuches in Freiheitsstrafe (Haft, Gefängnis) umgewandelt werden können. (Dagegen Mrozek, D. Strafrechtszeitung 1918, 143.) Die Umwandlung ist aber selbstverständlich nur wegen des Betrages der Strafe, nicht auch wegen der Nachsteuer zulässig. Reicht das Vermögen zur Bezahlung von Strafe und Nachsteuer nicht aus, so ist zuerst die Strafe als die lästigere Schuld und dann erst die Nachsteuer zu begleichen. Für die Verjährung der Strafe (nicht der Nachsteuer) gelten die allgemeinen Bestimmungen des Strafgesetzbuchs, wenn die Frist bei Vergehen mit mehr als 3 Monaten Höchststrafe Gefängnis 5 Jahre, bei sonstigen Vergehen 3 Jahre, bei Übertretungen 3 Monate beträgt.

§ 30. Im Falle einer zu niedrigen Veranlagung zur Kriegsabgabe nach diesem Gesetze kann mit Genehmigung der obersten Landesfinanzbehörde innerhalb zweier Jahre vom Tage der Rechtskraft der Veranlagung ab eine Neuveranlagung auch dann erfolgen, wenn die Voraussetzungen im § 73 Satz 2 des Besitzsteuergesetzes vom 3. Juli 1913 nicht vorliegen.

1. Allgemeines.

Der § 73 BStG. bestimmt:

„Ist die Veranlagung zu Unrecht unterblieben, so wird dadurch die Pflicht zur Zahlung der Besitzsteuer nicht berührt. Eine Neuveranlagung hat zu erfolgen, wenn nachträglich neue Tatsachen und Beweismittel bekannt werden, die eine höhere Veranlagung des Steuerpflichtigen rechtfertigen."

(Ergänzend bestimmt § 73 der Ausführungsbestimmungen zum Besitzsteuergesetz:

1. „Besitzsteuern, welche wegen zu Unrecht unterbliebener Veranlagung erst später veranlagt werden, sind in der Zugangsliste zur Besitzsteuerliste und in dem Besitzsteuer-Sollbuche (Zweite Abteilung) oder nach dessen Abschluß in der Restnachweisung nachzuweisen. Die Bestimmungen im § 65 Abs. 2 finden sinngemäße Anwendung.

2. Sind die im § 70 Abs. 1 des Gesetzes vorgesehenen gesetzlichen Zahlungsfristen bereits verstrichen, so ist die Besitzsteuer binnen vier Wochen nach Zustellung des Steuerbescheids zu entrichten.")

Nach § 73 BStG. sind also zwei Fälle zu unterscheiden:

a) Veranlagung ist zu Unrecht unterblieben,

b) „ „ „ niedrig gewesen.

Hallbauer (Steuerarchiv 1918 S. 82ff., 66ff.) unterscheidet zwischen „Neuveranlagung" (§ 73 Satz 2, deren Ziel auf eine höhere Veranlagung geht, also oben Fall b) und „Nachträgliche Veranlagung" (§ 73 Satz 1, also oben Fall a), deren Ziel auf eine Nachholung versäumter Veranlagung geht). Ein materieller Unterschied der Rechtsauffassung zwischen mir und Hallbauer besteht nicht, doch ist die verschiedenartige Wortbildung für die einzelnen Berichtigungsfälle zweckmäßig. (Außerdem verweist er zum Vergleich noch auf §§ 38 Abs. 3 Satz 2, 39, 45 Satz 2 u. 46 BStG., die ebenfalls unter gewissen Voraussetzungen eine nachträgliche Berichtigung einer rechtskräftig gewordenen Veranlagung kennen. Diese hier nicht weiter interessierenden Fälle bezeichnet er mit „Nachveranlagung".)

a) Die Veranlagung ist zu Unrecht unterblieben.

Zu Unrecht unterblieben (§ 73 Satz 1) ist die Veranlagung, wenn sie, obwohl nach den gesetzlichen Bestimmungen eine Veranlagung hätte erfolgen müssen, absichtlich oder versehentlich unterblieben ist oder deshalb unterblieben ist, weil sie der Steuerpflichtige auf irgendeine Weise zu vereiteln gewußt hat. Wer „steuerfrei" veranlagt ist (z. B. wegen zu geringen Vermögens), ist „veranlagt", fällt also nicht unter a, sondern kann, falls die Voraussetzungen zu b gegeben sind, höchstens unter b fallen. Im Falle zu a) kann nach dem Besitzsteuergesetz ohne weiteres eine „nachträgliche Veranlagung" (Nachholung der versäumten Veranlagung) erfolgen; im

Falle zu b) ist die „Neuveranlagung" nach dem Besitzsteuergesetz nur unter ganz gewissen begrenzten Voraussetzungen zulässig. Zutreffend gibt also Hallbauer a. a. O. S. 82 als wichtigsten Fall der „nachträglichen Veranlagung" (§ 73 Satz 1) den an, daß z. B. ein Versehen oder Übersehen der Veranlagungsbehörde vorliegt, oder z. B. eine irrige Auffassung derselben betreffs der Steuerpflicht oder des für steuerfrei gehaltenen Vermögens des Steuerpflichtigen liegt vor, eine irrige Auffassung, die sich auf rechtlichem oder tatsächlichem Boden bewegen kann. (Z. B. den Fall, daß die Behörde den Steuerpflichtigen für einen steuerfreien Ausländer hält und deshalb von Erörterungen abgesehen hatte, während sich jetzt die Inländereigenschaft herausstellt.)

b) Die Veranlagung ist zu niedrig gewesen.

Voraussetzung der Anwendbarkeit des Falles b (§ 73 Satz 2 BStG.) ist, daß eine Veranlagung tatsächlich stattgefunden hat (also anders wie im Fall a, wo es sich um völlige Übergehung handelt), daß die stattgefundene Veranlagung aber zu niedrig war.

Zutreffend also bezüglich dieser Unterscheidung Hallbauer a. a. O. S. 82. Die „Neuveranlagung" (§ 73 Satz 2) kann nicht stattfinden, wenn eine Vorveranlagung überhaupt nicht stattgefunden hatte, wenn also ein Steuer- oder Feststellungsbescheid nicht erlassen worden war; hier kann nur eine „nachträgliche Veranlagung" (§ 73 Satz 1) in Frage kommen. Köppe a. a. O. S. 214 läßt allerdings die Neuveranlagung nicht zu, wenn nur ein „Feststellungsbescheid" vorliegt. Dies ist, wie Hallbauer a. a. O. zutreffend ausführt, nicht zutreffend. Richtig Zimmermann S. 69 Ziff. 3; Glaser S. 168. Liegt einmal ein Feststellungsbescheid vor, so kann eine Neuveranlagung nur erfolgen, wenn die Voraussetzung von § 73 Satz 2 gegeben ist. Dagegen ist eine Neuveranlagung durch Feststellungsbescheid ausgeschlossen; die Neuveranlagung muß stets die Auswerfung eines Steuerbetrags oder eines höheren Steuerbetrags zur Folge haben; so auch Rheinstrom a. a. O. S. 238.

2. Im Falle einer zu niedrigen Veranlagung.

Wegen der Bedeutung dieser Vorschrift s. zunächst Anm. 1 u. 4.

Liegen die Voraussetzungen des § 30 vor, so kann die Steuerbehörde die Neuveranlagung vornehmen, aber ob sie dieselbe vornehmen will, darüber entscheidet nur ihr freies Ermessen; der Steuerpflichtige hat kein Recht auf Neuveranlagung.

Durch Entsch. des OVG. vom 6. März 1919, I A 5/18 (D. Steuerzeitung VIII Nr. 9 S. 81) ist für § 54 WG. (analog § 47 preuß. ErgStG., Art. 72 bayr. EinkStG., Art. 11 bayr. VermögStG., § 47 sächs. ErgStG., Art. 81 württemberg. EinkStG.) entschieden, daß, wenn § 54 Satz 2 WG. besage: „Eine Neuveranlagung hat zu erfolgen, wenn nachträglich neue Tatsachen und Beweismittel bekannt werden, die eine höhere Veranlagung des Beitragspflichtigen rechtfertigen", angenommen werden muß, daß es sich auch hier nicht um eine Begünstigung des Steuerpflichtigen handelt, sondern ausschließlich nur um die Sicherung des Steuerfiskus gegen Steuerverkürzungen infolge zu geringer Veranlagung. „Daß dies die Absicht des Gesetzgebers war, ergibt sich übrigens ganz unzweideutig aus der Entstehungsgeschichte des Gesetzes vom 26. Juli 1918 über eine außerordentliche Kriegsabgabe für das Rechnungsjahr 1918. In dieses Gesetz ist bei der Kommissionsberatung im Reichstag der § 43 Satz 1 aufgenommen worden, der lautet: ‚Die Vorschrift im § 54 Satz 2 WG. und im § 73 Satz 2 BStG. gibt dem Steuerpflichtigen keinen Rechtsanspruch auf eine Neuveranlagung des Wehrbeitrags oder der Besitzsteuer (§§ 20, 21 BStG).‘ Hierbei führte der Antragsteller, ohne Widerspruch zu erfahren, aus: ‚Der Steuerpflichtige müsse an die Vermögensfeststellung gebunden sein. Im Einzelfalle könne durch Vornahme einer Neuveranlagung zum Wehrbeitrage dem Steuerpflichtigen, dem genügend Entschuldigungsgründe zur Seite stehen, nach Ermessen der Behörde oder im Billigkeitswege geholfen werden. Einen Rechtsanspruch auf Neuveranlagung solle er aber nicht haben. Aus der Wortfassung der in Betracht kommenden Vorschriften des Wehrbeitrags- und des Besitzsteuergesetzes könnte allerdings geschlossen werden, daß der Steuerpflichtige die Vornahme der Neuveranlagung als ein Recht beanspruchen dürfe. Diese Zweifel sollten durch den beantragten § 17a beseitigt werden‘ (Reichstagsverhandlungen, 13. LegPer., II. Sess. 1914/18 Drucksache Nr. 1739 S. 56). Der Gesetzgeber war demnach schon von Anfang an der Meinung, daß § 54 Satz 2 WG. einen Rechtsanspruch des Steuerpflichtigen auf Neuveranlagung nicht gewähre. Durch § 43 Satz 1 des Gesetzes über eine außerordentliche Kriegsabgabe für das Rechnungsjahr 1918 sollten nur allenfallsige, aus der Wortfassung des § 54 Satz 2 WG. sich ergebende Zweifel beseitigt werden. Hat hiernach der Steuerpflichtige einen Rechtsanspruch auf Neuveranlagung nicht, so kann er hierwegen auch nicht die ordentlichen Rechtsmittelinstanzen angehen, er kann sich mit seinem Verlangen nach Neuveranlagung vielmehr nur an die Veranlagungsbehörde wenden, in deren Ermessen die Vornahme oder Nichtvornahme der Neuveranlagung gestellt ist" (Urt. vom 6. März 1919, I A 5/18).

Um außer Zweifel zu stellen, daß Steuerpflichtige keinen Rechtsanspruch auf Neuveranlagung haben, wurde also der § 42 KrAbgG. von 1918 aufgenommen. Bei den Beratungen zu § 42 des Gesetzes von 1918 führte der Antragsteller aus:

Nach § 20 BStG. gelte das bei der Veranlagung des Wehrbeitrages festgestellte Vermögen für die erste Besitzsteuerveranlagung und gemäß § 2 KrStG. auch für die Kriegssteuerveranlagung als Anfangsvermögen, von dem bei der Ermittlung eines etwaigen steuerpflichtigen Vermögenszuwachses auszugehen sei. Nun sei es vielfach vorgekommen, daß Steuerpflichtige aus nicht ganz gerechtfertigter Zurückhaltung, wenn nicht aus schlimmerer Steuerscheu, bei der Wehrbeitragsveranlagung ihr Vermögen zu niedrig angegeben haben. Als dann die hohe Kriegssteuer gekommen sei, haben sie die Entdeckung gemacht, daß sie sich verrechnet hätten, und daß sie sich bei der Feststellung eines hohen Wehrbeitragsvermögens doch erheblich besser stellen würden. Sie hätten deshalb eine Neuveranlagung des Wehrbeitrages gemäß § 54 Satz 2 WG. beantragt, nicht etwa, weil die Benachteiligung des Fiskus sie geschmerzt habe, sondern zum Nachteil des Fiskus, der sonst die höhere Steuer vom Zuwachs bekommen würde. Nun sei aber die Vorschrift des § 54 Satz 2 WG. ausschließlich zugunsten des Fiskus getroffen und dürfe nicht dazu mißbraucht werden, daß der Steuerpflichtige hintennach für sich eine Rechnung aufmache, wie er sich besser stelle. Der Steuerpflichtige müsse an die Vermögensfeststellung, die er habe rechtskräftig werden lassen, auch gebunden sein. Im Einzelfalle könne durch Vornahme einer Neuveranlagung zum Wehrbeitrag dem Steuerpflichtigen, dem genügende Entschuldigungsgründe zur Seite stehen, nach Ermessen der Behörde oder im Billigkeitswege geholfen werden. Einen Rechtsanspruch auf Neuveranlagung sollte er aber nicht haben. Nun könnte allerdings aus der Wortfassung der in Betracht kommenden Vorschriften des Wehrbeitrag- und Besitzsteuergesetzes geschlossen werden, daß der Steuerpflichtige die Vornahme der Neuveranlagung als sein Recht beanspruchen dürfe. Diese Zweifel sollten durch den Antrag 826, 8 beseitigt werden. Der Antrag wurde daraufhin damals als § 42 angenommen und dem Gesetz eingefügt.

Im Vermögenszuwachsgesetz von 1919 findet sich nun allerdings ein dem § 42 KrAbgG. von 1918 entsprechende Vorschrift nicht. Trotzdem muß angenommen werden, daß Steuerpflichtiger keinen Rechtsanspruch auf Neuveranlagung hat, denn der § 42 KrAbgG. von 1918 ist durch die Gesetze von 1919 nicht aufgehoben, vielmehr erübrigte es sich, eine dem § 42 KrAbgG. von 1918 entsprechende Vorschrift noch einmal auszusprechen, eben weil § 42 KrStG. noch in Geltung ist.

Der § 54 Satz 2 WG. und § 79 BStG. bestimmt, daß straffrei bleibt, wer seine Angaben vor Einleitung einer Untersuchung oder Anzeige berichtigt und die hinterzogene Steuer zugleich bezahlt. Es wäre nun eine große Härte gewesen, jemanden, der stillschweigend seine früheren Vergehen dadurch wieder gut gemacht hat, daß er statt der Berichtigung seiner früheren falschen Wehrbeitragsangaben jetzt richtig deklariert und stillschweigend die gleich hohe oder härtere Vermögenszuwachssteuer zahlt, zu bestrafen. Deshalb bestimmt § 42 KrAbgG. 1918, daß die Wohltat des § 79 BStG., § 54 WG. auch diesen Reuigen zugute kommen soll.

Als Entrichtung des gefährdeten Wehrbeitrags oder der gefährdeten Besitzsteuer gilt also nach § 42 KrAbgG. 1918 auch die Entrichtung des gleich hohen oder höheren Betrages, der infolge Zugrundelegung des niedrigeren Anfangsvermögens bei der späteren Besitz- und Kriegssteuerveranlagung zu zahlen ist.

Unter „Veranlagung" im Sinne des § 30 ist das Verfahren der Steuerbehörde zu verstehen, das sich mit Ermittlung von Vermögen oder Einkommen zum Zweck der Festsetzung eines künftig zu entrichtenden Steuerbetrages befaßt und mit der Festsetzung des Steuersatzes und dessen Bekanntgabe an den Pflichtigen endet (vgl. §§ 41, 42 preuß. EinkStG.). Daher ist das Verfahren zur Ermittlung einer Pflicht zur Nachsteuerentrichtung keine Veranlagung (Urt. des RG. vom 15. Febr. 1916, II 791/15, Deutschlands oberstrichterliche Rechtsprechung — Beil. zur Zeitschr. „Das Recht" 1916 Nr. 802).

3. Eine Neuveranlagung kann erfolgen.

Wegen der allgemeinen Bedeutung des § 30 vgl. Anm. 1 oben und 4 unten sowie Anm. 2.

Was das Verfahren anlangt, so läßt sich darüber folgendes sagen.

Die Neuveranlagung ist in einem gewöhnlichen Veranlagungsverfahren genau wie jede andere Veranlagung herbeizuführen und ein Neuveranlagungsbescheid zuzustellen; gegen diesen sind wieder die ordentlichen Rechtsmittel (§ 66) gegeben. Ebenso Hallbauer (Steuerarchiv 1918, 66ff.). Die Steuerbehörde hat das Neuveranlagungsverfahren einzuleiten, und zwar von Amts wegen einzuleiten und hat, nach genügender Erörterung der Sache und wenn sich die Notwendigkeit einer Neuveranlagung ergibt, einen Nachveranlagungsbescheid zu erlassen (§ 69 Abs. 1 AusfBest. z. BStG.). Die Zuständigkeit der Behörden betreffs des Neuveranlagungsverfahrens ist in den Landesgesetzen verschieden geregelt; vgl. für Sachsen die Vollziehungsvorschriften vom 11. Dez. 1916 §§ 35, 36; für Preußen Mrozek, Direkte Reichssteuer, S. 173/74. Dieser Steuerbescheid kann von dem Steuerpflichtigen (vgl. § 69 Abs. 1 Satz 1 BundesratsAusfBest.) mit den gleichen Rechtsmitteln angefochten werden, wie der Steuerbescheid im Sinne von §§ 65, 66 BStG. Ebenso Hallbauer (Steuerarchiv 1918, 81): „Gegen den Neuveranlagungsbescheid stehen dem Steuerpflichtigen die gewöhnlichen ordentlichen Rechtsmittel zu (s. § 69 Abs. 1 AusfBest. und die Note 3 zu A 3); mit seinem Rechtsmittel kann er aber immer nur erreichen, daß die durch den Neuveranlagungsbescheid geschaffene Mehrbelastung ganz oder teilweise wieder beseitigt wird; keinesfalls kann er eine günstigere Gestaltung des Vorbescheides, z. B. eine Herabsetzung der im Vorbescheide (ursprünglichen) ausgeworfenen Steuersumme erreichen", ebensowenig kann er aber eine Höherveranlagung seiner rechtskräftig zu niedrig ausgefallenen ursprünglichen Veranlagung beanspruchen, um etwa auf diese Weise eine geringere Vermögenszuwachssteuer zu erzwingen, vielmehr steht es ganz im pflichtmäßigen Ermessen der Behörde, ob sie eine Neuveranlagung für notwendig und zweckmäßig hält oder nicht.

Die Neuveranlagung gemäß § 73 BStG. ist erst zulässig, nachdem die Veranlagung rechtskräftig geworden ist. Solange sie noch nicht rechtskräftig ist, hat der Vorsitzende der Kommission die Möglichkeit und Pflicht, Berufung einzulegen und die Veranlagung im Berufungsverfahren zu berichtigen.

Mangels anderweiter gesetzlicher Bestimmung muß man annehmen, daß die Neuveranlagung gemäß § 73 Abs. 1 u. 2 BStG. dreißig Jahre lang möglich ist (allgemeine Verjährungsfrist), gerechnet vom Augenblick der Rechtskraft der ursprünglichen Entscheidung bis zum Bekanntwerden der neuen Tatsachen und Beweismittel. Hätte das Gesetz eine frühere Verjährung gewollt, so hätte es dies zum Ausdruck bringen müssen, wie dies z. B. im § 85 preuß. EinkStG. geschehen ist (drei Jahre). Dagegen ist die Nachveranlagung gemäß § 42 KrAbgG. von 1918 (§ 30 des vorliegenden Gesetzes) nur innerhalb zweier Jahre vom Tage der Rechtskraft der ursprünglichen Entscheidung ab zulässig.

4. Wenn die Voraussetzungen des § 73 Satz 2 des Besitzsteuergesetzes nicht vorliegen . . .

Wegen der allgemeinen Bedeutung des § 73 BStG. vgl. oben Anm. 1 unter „Allgemeines". Nach § 73 Abs. 2 BStG. ist im Falle einer zu niedrigen Veranlagung eine Neuveranlagung (Nachbesteuerung) nur zulässig, wenn nachträglich neue Tatsachen und Beweismittel ermittelt werden.

Wenn § 73 BStG. im Gegensatz zu § 85 EinkStG. von neuen Tatsachen und Beweismitteln spricht, so liegt übrigens nur eine Ungenauigkeit des Ausdrucks vor. Nach der Entstehungsgeschichte und dem Sinne der Vorschrift ist die Anwendung des § 54 WG. und § 73 BStG. als gegeben anzusehen, wenn nur eine der Voraussetzungen erfüllt ist, sei es, daß nachträglich neue Tatsachen ermittelt oder in betreff bisher vermuteter Tatsachen neue Beweismittel bekannt werden, aber jedenfalls ist erforderlich nach § 73 Satz 2 BStG., daß die Tatsachen und Beweismittel neue sind. Abweichende rechtliche Beurteilung eines Tatbestandes ist keine neue Tatsache (EOVG. 4, 54; 11 S. 376, 377), ebensowenig eine abweichende Schätzung (EOVG. 9, 332; 11, 372).

Die Begrenzung der Zulässigkeit dieser Nachveranlagungen hatte während des Krieges zu schweren Mißständen und Nachteilen für den Fiskus geführt. Daher hat man sich bei den Beratungen zur Kriegsabgabe von 1918 nochmals mit § 73 Abs. 2 BStG. befaßt. Wie die amtliche Begründung zu § 42 KrAbgG. von 1918 ausführt, ist und war die Veranlagung der Kriegssteuer durch die Kriegsverhältnisse außerordentlich erschwert. Bei der Kriegsabgabe ist aber eine sorgfältige, alle Vermögensvermehrungen und Mehrgewinne erfassende Veranlagung in viel höherem Maße als bei gewöhnlichen Steuern ein Gebot der steuerlichen Gerechtigkeit und unbedingtes Erfordernis des fiskalischen Interesses. Es wäre für das geschärfte soziale Gewissen dieser schweren Zeit ein geradezu unerträglicher Gedanke, wenn in erheblichem Umfang dem Reiche Abgabebeträge, auf die es Anspruch hat, entgehen würden. Deshalb sollte die Neuveranlagung von Kriegssteuern von den oben näher bezeichneten einschränkenden Bedingungen befreit werden, die § 73 Satz 2 BStG. im Interesse der Steuerpflichtigen vorgesehen hat.

Also konnte schon gemäß § 42 des Gesetzes von 1918 im Falle zu niedriger Veranlagung sowohl eine Nachbesteuerung der Gesellschaften, und zwar für die drei ersten Kriegsgeschäftsjahre ebensogut wie für das vierte Kriegsgeschäftsjahr stattfinden, wie eine Nachbesteuerung der Einzelpersonen für die Periode 1914—1917 (§ 1 KrStG.) und für das Jahr 1918. Der § 42 KrAbgG. von 1918 führte in den Reichstagsausschußverhandlungen zu heftigen Erörterungen. Man war der Ansicht, er würde allen Grundsätzen über die Rechtskraft einer Entscheidung zuwiderlaufen und eine unerträgliche Unsicherheit und Unruhe bei den Steuerpflichtigen hervorrufen. Von den Vertretern der verbündeten Regierungen wurde dagegen darauf hingewiesen, daß die Rechtskraft der Entscheidung, abgesehen vom Wehrbeitrag, Besitz- und Kriegssteuer, der Nachforderung zu wenig bezahlter Steuer bei allen anderen Reichssteuern nicht entgegenstehe. Aber auch für die direkten Reichssteuern werde das Prinzip nicht gänzlich preisgegeben, da ja der § 73 Satz 2 BStG. an sich aufrechterhalten bleibe. Lediglich für die Kriegssteuer mit Rücksicht auf ihre Eigenart, die in der Veranlassung und der Höhe der Abgabe begründet sei, und in Anbetracht der schwierigen Verhältnisse, unter denen die Veranlagung vorgenommen werden mußte, sollte die Beschränkung des § 73 Satz 2 BStG. fallen. Schließlich wurde ein Vermittlungsantrag gestellt, im Satz 1 hinter „kann" einzuschalten: „mit Genehmigung der obersten Landesfinanzbehörde innerhalb zweier Jahre". Mit dieser Änderung wurde der § 42 damals angenommen.

5. Mit Genehmigung der obersten Landesfinanzbehörde ... innerhalb zweier Jahre.

Die Neuveranlagung gemäß § 30 ist nur mit Genehmigung der obersten Landesfinanzbehörde (Finanzministerium) und auch nur innerhalb zweier Jahre (von dem Augenblick der Rechtskraft der ursprünglichen Veranlagung ab gerechnet) zulässig. Wegen der Gründe dieser Einschränkung sei auf die Ausführungen am Schlusse der vorigen Anmerkung verwiesen.

Zu § 30 lag übrigens der Antrag vor, folgenden Abs. 2 einzufügen:

„Diese Neuveranlagung kann mit Genehmigung der obersten Landesfinanzbehörde binnen gleicher Frist im Fall einer zu hohen Veranlagung zur Kriegsabgabe auch auf Antrag des Pflichtigen erfolgen."

Unterstaatssekretär Moesle erklärte, der Antrag wolle der obersten Landesfinanzbehörde das Recht geben, im Falle einer zu hohen Veranlagung auch nach deren Rechtskraft eine Ermäßigung dieser Abgabe zu bewilligen. Dies laufe also auf einen Billigkeitserlaß hinaus. Stelle sich nach Rechtskraft der Veranlagung heraus, daß eine zu hohe Veranlagung zur Kriegsabgabe vorliege und daß es zur Vermeidung einer Härte billig erscheine, die Veranlagung zu berichtigen, so könne diese Berichtigung im Wege des Billigkeitserlasses auch ohne Aufnahme der beantragten Vorschrift erfolgen. Die Aufnahme dieser Vorschrift sei daher überflüssig.

Auf Grund dieser Erklärung wurde der Antrag zurückgezogen.

§ 31. Ist bei der Veranlagung der Staats-, Gemeinde- und Kirchensteuer vom Einkommen oder Gewerbebetrieb in den Rechnungsjahren 1920, 1921 und 1922 für die Berechnung des steuerpflichtigen Einkommens auf Erträge zurückgegriffen worden, die der Abgabepflichtige im Veranlagungszeitraum erzielt hat, so ist auf seinen Antrag von dem Endvermögen der Teil der Steuern, der auf die im Veranlagungszeitraum erzielten Erträge entfällt, abzuziehen und die Veranlagung zur Kriegsabgabe, falls sie schon erfolgt ist, entsprechend zu berichtigen.

1. Allgemeines.

Ursprünglich war vorgesehen, daß die im Laufe des Jahres 1919 entstehenden Verluste an Vermögen abzugsfähig sein sollten, denn ursprünglich war der 31. Dezember 1918 noch als Stichtag vorgesehen. Nachdem als Stichtag der 30. Juni 1919 vorgesehen ist, kommen Verluste der Zeit vom 1. Januar bis 30. Juni 1919 ganz von selbst in Erscheinung. (Vgl. auch § 5, wonach bei kaufmännischen Betrieben mit ordnungsmäßiger Buchführung sich der Stichtag sogar noch bis 29. Febr. 1920 hinausschieben kann.) Unter diesen Umständen glaubte man (freilich sehr mit Unrecht), daß man keine Schutzbestimmung zugunsten des Steuerpflichtigen bei im Laufe des Jahres 1919 eintretenden Verlusten mehr nötig habe, zumal der Härteparagraph (§ 32) gegebenen Falles Anwendung finden kann.

2. Berücksichtigung künftiger Staats-, Gemeinde- und Kirchensteuern vom Einkommen und Gewerbe bei der Kriegsabgabe.

Der § 31 schließt an § 6 Ziff. 10 des Gesetzes an, welches bestimmt, daß von dem auf den 30. Juni 1919 festzustellenden Vermögen die bereits für das Rechnungsjahr 1919 zu entrichtenden direkten, auf das Einkommen entfallenden Staats-, Gemeinde- und Kirchensteuern sowie Gewerbesteuern (vom Ertrage) abzuziehen sind. Nun kann nach Landeseinkommen- oder Gewerbesteuergesetzen bzw. Gemeinde- und Kirchensteuern der Rechnungsjahre 1920, 21 u. 22 bei der Veranlagung dieser Steuern auf Erträge zurückgegriffen sein (dreijährige Durchschnittsrechnung), die im Kriegsabgabeveranlagungszeitraum 1. Januar 1914 bis 30. Juni 1919 erzielt worden sind. Auch in solchen Fällen soll der Teil der Steuern, die auf diese Erträge fallen, vom Endvermögen des Steuerpflichtigen (nach dem Stande vom 30. Juni 1919) abgezogen und die Kriegsabgabeveranlagung noch nachträglich berichtigt werden, wenn Steuerpflichtiger das beantragt.

Die Abzüge gemäß § 31 dürfen erst gemacht werden, wenn die letzte Veranlagung vorliegt, die nach den Erträgen die Zeit vom 1. Januar 1914 bis 30. Juni 1919 umfaßt. Läßt sich die Berechtigung des Antrags des Steuerpflichtigen schon vorher übersehen, so kann bis zur endgültigen Abrechnung und Regelung Stundung erfolgen.

Im Sinne dieser Ausführungen bemerkt die amtliche Begr. zum Gesetzentwurf folgendes:

„Der Abs. 2 setzt den Gedanken, der der Vorschrift des § 6 Abs. 1 Nr. 10 zugrunde liegt, insofern fort, als auch in den Fällen, in welchen bei der Veranlagung der staatlichen oder gemeindlichen Einkommensteuer in den Rechnungsjahren 1920, 1921 und 1922 für die Berechnung des steuerpflichtigen Einkommens aus Gewerbe oder Landwirtschaft auf Erträge zurückgegriffen wird, die vor dem 1. Januar 1919 erzielt worden sind, der Teil der Steuern, der auf die vor dem 1. Januar 1919 erzielten Erträge entfällt, von dem Endvermögen auf Antrag des Pflichtigen abgesetzt und die etwa bereits erfolgte Veranlagung der Kriegsabgabe entsprechend berichtigt werden soll. Während aber § 6 Abs. 1 Nr. 9 die Berücksichtigung der für 1919 zu entrichtenden Einkommen- und Gewerbesteuer, soweit sie nach dem Ertrag bemessen wird, in vollem Umfange und von Amts wegen vorschreibt, soll somit nach § 31 Abs. 2 der Abzug vom Endvermögen nur auf Antrag des Pflichtigen und nur insoweit erfolgen, als diese Steuern auf die vor dem 1. Januar 1919 aus Gewerbe oder Landwirtschaft erzielten Erträge entfallen. Auch soll der nach § 31 Abs. 2 abzugsfähige Betrag nur nach Maßgabe der Steuersätze und Zuschläge berechnet werden, die für das Rechnungsjahr 1918 gegolten haben, indem es den Einzelstaaten überlassen wird, bei etwaiger Erhöhung ihrer Steuersätze hierauf Rücksicht zu nehmen."

§ 32. Auf Antrag können zur Vermeidung besonderer Härten einzelne außerordentliche Vermögensanfälle von der Abgabe befreit oder eine anderweite Berechnung des Vermögenszuwachses bewilligt werden. Über die Anträge entscheidet die oberste Landesfinanzbehörde im Einvernehmen mit dem Reichsminister der Finanzen. Bei Meinungsverschiedenheiten entscheidet der Reichsrat.

Hat der Bundesrat oder der Reichsrat gemäß § 36 des Kriegssteuergesetzes vom 21. Juni 1916 einzelne außerordentliche Vermögensanfälle von der Kriegsabgabe ganz oder teilweise befreit oder eine anderweite Berechnung des Vermögenszuwachses bewilligt oder aus Billigkeitsgründen die Kriegsabgabe ganz oder teilweise erlassen, so ist der auf Grund des Kriegssteuergesetzes vom 21. Juni 1916 festgestellte Vermögenszuwachs in gleichem Umfang von der Kriegsabgabe auf Grund dieses Gesetzes befreit.

1. Allgemeines.

Der § 32 ist der sog. Härteparagraph, wie einen solchen schon die Gesetze von 1916 und 1918 kannten.

Die amtliche Begr. zum Gesetz führt dazu folgendes aus:

„Der Abs. 1 entspricht sachlich dem § 36 des KrStG.; nur soll die Entscheidung über derartige Anträge durch die oberste Landesfinanzbehörde im Einvernehmen mit dem Reichsminister der Finanzen und gegebenenfalls durch den Staatenausschuß erfolgen. Die Gründe hierfür sind zu § 35 des Entwurfs eines KrAbgG. für 1919 (S. 12) dargelegt, worauf hier Bezug genommen werden kann."

Die Gründe sind die, eine Entlastung des Reichsrats herbeizuführen, anderseits aber die Gleichmäßigkeit der Entscheidungen dadurch zu wahren, daß die zur Entscheidung für zuständig erklärte oberste Landesfinanzbehörde nur im Einvernehmen mit dem Reichsminister der Finanzen Entscheidung treffen soll und nur bei Meinungsverschiedenheiten der Reichsrat entscheiden solle.

Zum § 36 KrStG. von 1916 bemerkte die amtliche Begr.:

„Die dem Bundesrate übertragene Zuständigkeit geht inhaltlich über die allgemeine Befugnis des Bundesrates zum Erlasse von Reichsabgaben aus Billigkeitsgründen hinaus."

Die Befugnis des Bundesrates ist eine doppelte. Sie geht einmal dahin, einzelne außerordentliche Vermögensanfälle von der Steuer zu befreien oder eine anderweite Berechnung des Vermögenszuwachses zu bewilligen. Der Bundesrat vermag diese Anordnungen nur auf Antrag, nicht von Amts wegen und auch nicht allgemein, sondern nur in jedem einzelnen Falle zu treffen.

Es muß sich immer um außerordentliche Anfälle handeln, und zwar um Anfälle, deren Besteuerung als „Vermögenszuwachs" eine ungerechtfertigte Härte bedeuten würde. Derartige Fälle werden selten sein.

Gelegentlich der Beratungen über den entsprechenden § 36 des KrStG. von 1916 fragte ein Abgeordneter an, ob man für die Anwendung des Härteparagraphen nicht einen Sachverständigenbeirat aus den Kreisen der Industrie und der Landwirtschaft heranziehen solle, was der Reichsschatzsekretär für zweckmäßig erklärte (Drucksachen Nr. 320 S. 90).

Der § 32 (Härteparagraph) setzt nicht nur ein Gnaden- oder Erlaßrecht des Bundesrates fest, wie es ihm als Träger der Staatshoheit an sich zusteht, sondern schafft materielles Recht, legt also derjenigen Behörde, die die Bestimmung auszuführen hat, die Verpflichtung auf, die Ermäßigung der Steuer eintreten zu lassen, wenn nach ihrem pflichtmäßigen Ermessen die Voraussetzungen des § 32 vorliegen. Es handelt sich also um eine actio ex aequo et bono, einen Billigkeitsanspruch, aber immerhin einen gesetzlichen Anspruch des Steuerpflichtigen. Bei den Beratungen des Gesetzes von 1918 war angeregt, zur Entscheidungsbehörde den Reichsfinanzhof zu bestimmen. Anderseits wurde doch Bedenken Rechnung getragen, die dagegen geltend gemacht wurden, den höchsten Gerichtshof mit der Durchführung dieses Billigkeitsanspruches zu belasten. Deshalb wurde weiter erwogen, ob nicht durch eine gesetzliche Bestimmung als besondere Behörde ein Ausschuß des Bundesrates geschaffen werden könne, dessen Mitglieder nicht nach Instruktion, sondern nach eigenem richterlichen Ermessen entscheiden. Regierungsseitig wurde erklärt: Man trete in der Begriffsbestimmung bei, daß es sich nicht um einen Gnadenakt, sondern um einen Rechtsanspruch aus Billigkeitsgründen handle. Man gebe weiter zu, daß, wenn man die rechtliche Konstruktion handhabe, man dazu komme, die Entscheidung in die Hände des Reichsfinanzhofes zu legen. Aber praktische Gründe sprechen dafür, die Entscheidung dem Bundesrat zu überlassen.

Darüber, wann im einzelnen Falle der Härteparagraph Anwendung finden soll, lassen sich Regeln nicht aufstellen.

Bezüglich des älteren Härteparagraphen (§ 36 des Ges. von 1916) ist der Beschluß des Staatenausschusses vom 5. April 1919 von Bedeutung dahingehend:

Der Staatenausschuß hat in seiner Sitzung vom 3. April 1919 beschlossen, die obersten Landesfinanzbehörden auf Grund des § 36 KrStG. vom 21. Juni 1916 (GRBl. S. 561) zu ermächtigen, nach stattgefundener Kriegsabgabeveranlagung auf Antrag des Abgabepflichtigen zur Vermeidung besonderer Härten zu genehmigen:

1. daß in Fällen, in denen Grundstücke bei der Wehrbeitragsveranlagung mit einem unter dem gemeinen Werte (Verkaufswert) bleibenden Ertragswert bewertet und innerhalb des Veranlagungszeitraums veräußert worden sind, für die Berechnung der Kriegsabgabe das Anfangsvermögen unter Zugrundelegung des gemeinen Wertes des veräußerten Grundstücks am 31. Dez. 1913 anderweit festgestellt wird;
2. daß in den Fällen, in denen das Anfangsvermögen rechtskräftig, aber infolge eines Rechtsirrtums der Steuerbehörde oder des Abgabepflichtigen unrichtig festgestellt ist, für die Berechnung der Kriegsabgabe eine Berichtigung des Anfangsvermögens erfolgt;
3. daß in Fällen, in denen das Vermögen von Eltern oder Voreltern an Abkömmlinge übereignet, aber zugunsten eines Verwandten der aufsteigenden Linie mit einem Nießbrauch belastet worden ist und der Nießbrauch mit dem innerhalb des Veranlagungszeitraums erfolgten Tode des Nießbrauchers weggefallen ist, der Wegfall der Nießbrauchlast einem Erbanfall im Sinne des § 3 Abs. 1 Nr. 1 des Kriegssteuergesetzes gleichgestellt wird;
4. daß für die Berechnung der Kriegsabgabe der Kapitalwert von Renten oder anderen auf die Lebenszeit einer Person beschränkten Nutzungen oder Leistungen bei Feststellung des Endvermögens eines Abgabepflichtigen mit dem gleichen Betrage wie bei Feststellung des Anfangsvermögens zu berücksichtigen ist, sofern das Recht auf die Nutzung oder die Verpflichtung zur Leistung schon bei Beginn des Veranlagungszeitraums bestanden hat;
5. daß in Fällen, in denen die Festsetzung des Anfangsvermögens gemäß § 15 Abs. 2 des Wehrbeitragsgesetzes ein nicht in das Jahr 1913 fallender Geschäftsabschluß zugrunde gelegt worden ist, für die Berechnung der Kriegsabgabe das Anfangsvermögen unter Zugrundelegung des späteren, in das Jahr 1913 fallenden Geschäftsabschlusses oder nach dem Vermögensstande vom 31. Dez. 1913 anderweit festgestellt wird, vorausgesetzt, daß der Vermögenszuwachs mindestens einen dreijährigen Zeitraum umfaßt;
6. daß die Erlöse aus nicht regelmäßigen (nicht innerhalb der regelmäßigen Nutzung liegenden) Holzabtrieben bis zur Höhe des letzten Friedenspreises von der Kriegsabgabe freigestellt werden. — Rundschreiben des Reichskanzlers (Reichsschatzamt) vom 10. Dez. 1916 — II. A. 10885 —;

7. daß die Versäumung der Frist für den Antrag auf Zugrundelegung der Gestehungskosten (§ 29 Abs. 2 der AusfBest. z. BStG.) für die Berechnung der Kriegsabgabe nachgesehen wird, wenn die Versäumung der Frist hinreichend entschuldigt ist;
8. daß bei Kriegsteilnehmern eine unrichtige Kriegs- und Besitzsteuerveranlagung trotz ihrer Rechtskraft berichtigt wird.

Berlin, den 17. April 1919.

Der Reichsminister der Finanzen.
Im Auftrage: Boden.

Hierzu ist zu bemerken, daß ein Teil der Fälle, die der Beschluß vom 3. April 1919 trifft, im vorliegenden Gesetz selbst schon seine gesetzliche Regelung gefunden hat § 4 des Gesetzes, sowie § 6 Ziff. 2 und § 12).

Betreffs des Verfahrens bestimmt § 31 der AusfAnw. z. KrStG. von 1916:

Ist nach Ansicht des Besitzsteueramts die Anwendung des Härteparagraphen des Gesetzes gerechtfertigt, so kann das Besitzsteueramt die Erhebung des entsprechenden Abgabebetrags vorläufig aussetzen und dem Steuerpflichtigen anheimstellen, binnen einem Monat die Befreiung eines einzelnen außerordentlichen Vermögensanfalles von der Abgabe oder eine anderweite Berechnung des Vermögenszuwachses beim Bundesrate zu beantragen. Derartige Anträge sind beim Besitzsteueramt anzubringen und mit einer gutachtlichen Äußerung der Oberbehörde durch Vermittlung der obersten Landesfinanzbehörde dem Bundesrate vorzulegen. Den einzelnen außerordentlichen Vermögensanfällen stehen gleich Vermögensbeträge, die nachweislich aus der Veräußerung ausländischen Grund- oder Betriebsvermögens herrühren und solche zum ausländischen Grund- oder Betriebsvermögen gehörige Gegenstände, die während des Veranlagungszeitraumes ins Inland verbracht worden sind.

1. Stellt sich heraus, daß im Ausland befindliche Wertpapiere oder Forderungen gegen ausländische Schuldner einen geringeren als den bei der Veranlagung der Kriegssteuer angenommenen Wert gehabt haben, so ist die oberste Landesfinanzbehörde ermächtigt, auf Antrag eine dem nachgewiesenen tatsächlichen Werte entsprechende Berechnung des Vermögenszuwachses zu bewilligen. Auf Antrag des Steuerpflichtigen ist der aus der Mitberücksichtigung dieser Wertpapiere oder Forderungen sich ergebende Abgabebetrag ohne Sicherheitsleistung zu stunden; ein solcher Antrag kann schon bei Abgabe der Steuererklärung gestellt werden.

Ergänzend bestimmt Art. 27 Abs. 2 der preuß. AusfAnw. zum KrStG. von 1916: Anträge auf Befreiung einzelner außerordentlicher Vermögensanfälle von der Abgabe § 36 KrStG., § 31 Bundesrats Ausf.-Best. z. KrStG., und Anträge aus § 69 Ziff. 6 Bundesrats Ausf.-Best. z. BStG. sind mit gutachtlichen Äußerungen des Vorsitzenden der Veranlagungskommission und des Vorsitzenden der Berufungskommission dem Finanzminister vorzulegen.

Anträge aus § 36 KrStG. von 1916 sind erst nach erfolgter Festsetzung der Kriegsabgabe angängig (vgl. auch § 31 der BundesratsAusfBest. z. KrStG. von 1916). Derartigen Anträgen sind die Unterlagen für die Veranlagung beizufügen (Verf. des preuß. FinMin. vom 5. Febr. 1917 II 1170). Diese Verfügung des Finanzministers ist mehrfach (u. a. von Strutz) angefochten worden (vgl. auch Rohde, DStZ. 1918, 61 f.). Für die Ansicht von Strutz und Rohde würde sprechen, daß es sich bei § 36 (§ 31 Ges. von 1919) nicht um einen Gnadenerlaß, sondern um einen Rechtsanspruch des Abgabepflichtigen handelt. Tatsächlich ist die Frage von verhältnismäßig geringer Bedeutung, weil Abgabepflichtige in der Regel wohl erst die ordentlichen Rechtsmittel (einschl. Reichsfinanzhof) erschöpfen werden, gegebenenfalles unter Durchsetzung einer Stundung (§ 24), ehe er sich als letztes Mittel auf den Härteparagraphen beruft.

Vorstehende Grundsätze der AusfBest. z. KrStG. von 1916 gelten sinngemäß auch für § 32 des Gesetzes von 1919. Die amtliche Begründung zum Gesetz von 1919 besagt ausdrücklich: „Der Abs. 1 entspricht sachlich dem § 36 KrStG.; nur soll die Entscheidung über derartige Anträge durch die oberste Landesfinanzbehörde im Einvernehmen mit dem Reichsminister der Finanzen und gegebenenfalls durch den Staatenausschuß erfolgen. Die Gründe hierfür sind zu § 35 des Entwurfs eines Kriegsabgabengesetzes für 1919 (S. 12) dargelegt, worauf hier Bezug genommen werden kann."

2. Hat der Bundesrat oder Staatenausschuß bereits gemäß Gesetz von 1916 befreit — andere Befreiung von der Kriegsabgabe 1919.

Zur Begründung dieses Absatzes bemerkt die amtliche Begründung folgendes: „Um zu vermeiden, daß in den Fällen, in welchen der Bundesrat bereits gemäß § 36 KrStG. einzelne außerordentliche Vermögensanfälle von der Kriegsabgabe ganz oder teilweise befreit oder eine anderweite Berechnung des Vermögenszuwachses bewilligt oder aus Billigkeitsgründen die Kriegsabgabe ganz oder teilweise erlassen hat, die Entscheidung des Staatenausschusses zum entsprechenden Erlasse der im Entwurfe vorgesehenen Abgabe nochmals notwendig wird, will der Entwurf in diesen Fällen den auf Grund des Kriegssteuergesetzes festgestellten Vermögenszuwachs in dem der Entscheidung des Bundesrats entsprechenden Umfang ohne weiteres von der im Entwurf vorgesehenen Abgabe befreit sein lassen."

Zu § 32 Abs. 2 wurde übrigens angeregt, eine Bestimmung dahin aufzunehmen, daß die anderweite Berechnung des Zuwachses aus Anlaß des jetzigen § 4 Abs. 3 auch dann noch stattfinden könne, wenn erst künftig gegenüber einer rechtskräftigen Festsetzung der Kriegssteuer von 1916 der § 36 des KrStG. vom 21. Juni 1916 angerufen werde.

Unterstaatssekretär Moesle erwiderte, die Aufnahme der angeregten Bestimmung könne nicht in § 32 Abs. 3 erfolgen, da hier lediglich vorgesehen sei, daß bereits ergangene Entscheidungen in Billigkeitssachen auch bei Veranlagung der nach dem Entwurf zu erhebenden Abgabe berücksichtigt werden sollen, während die angeregte Bestimmung doch neue Gesuche um Billigkeitserlaß betreffe. Er halte aber auch die Aufnahme einer derartigen Bestimmung aus den bereits zu § 17 dargelegten Erwägungen nicht für erforderlich. Auch nach Rechtskraft der Veranlagung und nach Entrichtung der Abgabe werde in den geeigneten Fällen ein Erlaß der Abgabe aus Billigkeitsgründen im Sinne des § 4 Abs. 3 erfolgen. Lehne die oberste Landesfinanzbehörde Anträge auf Erlaß aus Billigkeitsgründen ab, so bleibe es dem Abgabepflichtigen unbenommen, ein entsprechendes Gesuch an den Reichsrat zu richten.

§ 33. Die Länder erhalten für die Veranlagung und Erhebung der Abgabe eine Entschädigung von eins vom Hundert ihrer Roheinnahme.

Die gleiche Bestimmung findet sich auch im § 37 KrStG. 1916.

§ 34. Die Ausführungsbestimmungen zu diesem Gesetz erläßt der Reichsminister der Finanzen mit Zustimmung des Reichsrats.

Die Ausführungsbestimmungen haben im Gegensatz zum Gesetz selbst keine Gesetzeskraft, im Entwurf der Abgabenordnung war (vgl. Strutz, DJZ. 1918, 340) vorgesehen, den Ausführungsbestimmungen eine weitgehende Bedeutung beizulegen (vgl. AusfBest. der amtlichen Begr. zu § 2 des Entwurfs der Abgabenordnung). Der Zusatz, daß statt des Staatenausschusses der Reichsfinanzminister mit Zustimmung des Reichsrats die Ausführungsbestimmungen erläßt, ist erst durch Antrag Dernburg, Braun, Gröber in das Gesetz gekommen (Drucksachen 2. Lesung Nr. 826 S. 4).

Berlin, den 10. September 1919.

Der Reichspräsident.
Ebert.

Der Reichsminister der Finanzen.
Erzberger.

Anhang: Gesetzestexte.

Ausführungsbestimmungen zum Gesetz über eine außerordentliche Kriegsabgabe für das Rechnungsjahr 1918, vom 26. Juli 1918,

(RGBl. S. 964). — A. B. Kr. A. 1918.

Bekanntmachung des Reichskanzlers vom 22. August 1918.
(Zentralblatt für das Deutsche Reich S. 801 ff.)[1])

Steuerbehörden.

§ 1. Die Veranlagung und Erhebung der außerordentlichen Kriegsabgabe für das Rechnungsjahr 1918 erfolgt durch die mit der Veranlagung und Erhebung der Besitzsteuer betrauten Behörden.

Anwendung der Besitzsteuer-Ausführungsbestimmungen.

§ 2. Die Besitzsteuer-Ausführungsbestimmungen finden für die Veranlagung und Erhebung der Kriegsabgabe für das Rechnungsjahr 1918 entsprechende Anwendung, soweit sich aus dem Gesetz über eine außerordentliche Kriegsabgabe für das Rechnungsjahr 1918 und den Ausführungsbestimmungen zu diesem Gesetze nichts anderes ergibt.

Zuständigkeit.

§ 3. Die Zuständigkeit der Bundesstaaten zur Veranlagung und Erhebung der Kriegsabgabe der Einzelpersonen regelt sich, vorbehaltlich der Bestimmung im Abs. 2, ebenso wie bei der Besitzsteuer.

Maßgebend für die Zuständigkeit sind die Wohnsitz- und Aufenthaltsverhältnisse des Abgabepflichtigen am 31. Dezember 1917. Hat ein Abgabepflichtiger nach dem 31. Dezember 1917 in einem Bundesstaate seinen Wohnsitz begründet oder seinen gewöhnlichen Aufenthalt genommen und ist er oder wird er hier bei der nach § 8

---

[1]) Die Anlagen, Hilfstafeln sowie die Muster 1—14 sind hier nicht mit abgedruckt, z. T. sind sie im Text der Erläuterungen berücksichtigt.

des Gesetzes maßgebenden Jahresveranlagung zur Einkommensteuer veranlagt, so ist dieser Bundesstaat zuständig, es sei denn, daß der Abgabepflichtige in dem Bundesstaate des früheren Wohnsitzes oder Aufenthalts ebenfalls bei der nach § 8 des Gesetzes maßgebenden Jahresveranlagung zur Landeseinkommensteuer veranlagt worden ist oder veranlagt wird.

Zur Veranlagung und Erhebung der Kriegsabgabe inländischer Gesellschaften ist der Bundesstaat zuständig, in dem sie ihren Sitz haben. Zur Veranlagung und Erhebung der Kriegsabgabe ausländischer Gesellschaften ist der Bundesstaat zuständig, in dessen Gebiete sich der inländische Geschäftsbetrieb befindet, und wenn sich der inländische Geschäftsbetrieb auf mehrere Bundesstaaten erstreckt, der Bundesstaat, auf den der größte Teil des inländischen Geschäftsbetriebs entfällt.

In Zweifelsfällen entscheidet der Bundesrat.

Ermittlung der Abgabepflichtigen und deren Eintragung in die Steuerlisten.

§ 4. Nach Anleitung der Muster 1 und 2 sind Steuerlisten anzulegen. Das Muster 1 ist für die Einzelpersonen (Kriegsabgabe 1918 — Steuerliste A), das Muster 2 für die Gesellschaften (Kriegsabgabe 1918 — Steuerliste B) bestimmt.

Die Ermittlung der für die Veranlagung der Kriegsabgabe in Frage kommenden Gesellschaften und ihre Eintragung in die Steuerliste B hat alsbald zu erfolgen; die Ermittlung der für die Veranlagung der Kriegsabgabe in Frage kommenden Einzelpersonen und ihre Eintragung in die Steuerliste A hat zu erfolgen, sobald dies nach dem Stande der für die Feststellung des Kriegseinkommens maßgebenden Steuerveranlagung möglich ist.

§ 5. In die Steuerliste A sind jedenfalls die Personen aufzunehmen, welche die Voraussetzungen der persönlichen Abgabepflicht nach den §§ 1, 2 des Gesetzes erfüllen und außerdem bei der für die Feststellung des Kriegseinkommens maßgebenden Einkommensteuerveranlagung mit einem steuerpflichtigen Einkommen von zusammen (§§ 8, 9) mindestens 14000 Mark veranlagt worden sind oder in den Fällen der §§ 9, 11, 12 des Gesetzes vermutlich ein Kriegseinkommen in dieser Höhe haben, oder bei denen nach den Vorschriften des Besitzsteuergesetzes auf den 31. Dezember 1916 ein Vermögen von mindestens 101000 Mark festgestellt oder im Falle des § 16 des Gesetzes für den 31. Dezember 1917 das Vorhandensein eines Vermögens von mindestens 101000 Mark zu vermuten ist.

§ 6. Gesellschaften der im § 20 des Gesetzes bezeichneten Art sind in die Steuerliste B aufzunehmen. Die Aufnahme darf nur dann unterbleiben, wenn die Verhältnisse der Gesellschaft dem Besitzsteueramte genügend bekannt sind und danach feststeht, daß sie zu der Kriegsabgabe nicht zu veranlagen sind.

Kriegsabgabe vom Mehreinkommen.

§ 7. Mit dem Mehreinkommen sind abgabepflichtig diejenigen Einzelpersonen, welche die Voraussetzungen der persönlichen Abgabepflicht nach den §§ 1, 2 des Gesetzes und außerdem bei der nach § 8 des Gesetzes maßgebenden Jahresveranlagung die Voraussetzungen der persönlichen Steuerpflicht nach den Vorschriften der Landeseinkommensteuergesetze erfüllen.

Als Friedenseinkommen wird stets ein Mindestbetrag von 10000 Mark angenommen. Die ersten 3000 Mark des Mehreinkommens bleiben immer abgabefrei. Abgabepflichtiges Mehreinkommen (§ 13 des Gesetzes) ist sonach das auf volle Tausende nach unten abgerundete und um den abgabefreien Betrag von 3000 Mark gekürzte Mehreinkommen.

§ 8. Ist ein Steuerpflichtiger in mehreren Bundesstaaten zur Einkommensteuer veranlagt, so ist für die Berechnung des Mehreinkommens das in den einzelnen Bundesstaaten festgestellte Einkommen zusammenzurechnen. Dies gilt nicht für mehrere Einkommensteuerveranlagungen auf Grund der unbeschränkten Steuerpflicht (vgl. § 9).

§ 9. Ist ein Steuerpflichtiger in mehreren Bundesstaaten mit seinem gesamten steuerbaren, nach den Vorschriften des Doppelsteuergesetzes vom 22. März 1909 (Reichs-Gesetzbl. S. 332) der Landesbesteuerung nicht entzogenen Einkommen zur Einkommensteuer veranlagt, so sind die Einkommensteuerveranlagungen in dem Bundesstaate, der für die Veranlagung der Kriegsabgabe zuständig ist, maßgebend. Hat in diesem Bundesstaat eine nach § 4 Abs. 1 und 2 des Gesetzes in Betracht kommende Einkommensteuerveranlagung auf Grund der unbeschränkten Steuerpflicht nicht stattgefunden, so ist für die Ermittlung des Friedenseinkommens die Einkommensteuerveranlagung in dem Bundesstaate, der für die Veranlagung des Wehrbeitrags zuständig war, maßgebend. Dem hiernach maßgebenden Einkommen ist das Einkommen zuzurechnen, das in Gemäßheit des Doppelsteuergesetzes der ausschließlichen Besteuerung in einem andern Bundesstaate vorbehalten ist.

§ 10. Der Abgabepflichtige bleibt an einen gemäß § 4 Abs. 3 des Gesetzes gestellten Antrag gebunden.

Wird ein solcher Antrag noch rechtzeitig nach Zustellung des Steuerbescheids gestellt, so ist die Veranlagung zunächst zu berichtigen. In diesen Fällen wird mit der Zustellung des berichtigten

Steuerbescheids oder der Mitteilung, daß sich an dem Veranlagungsergebnisse nichts ändere, eine neue Rechtsmittelfrist eröffnet.

Für die Ermittlung des Vermögensbetrags, von dem eine fünfprozentige Verzinsung nach den §§ 5 und 6 des Gesetzes zu berechnen ist, finden die Vorschriften des Besitzsteuergesetzes entsprechende Anwendung. Sind in dem Kriegseinkommen die Erträge ausländischen Grund- und Betriebsvermögens enthalten, so ist bei der Berechnung der fünfprozentigen Verzinsung auch dieses Vermögen zu berücksichtigen.

Der Nachweis eines nach den §§ 5 und 6 des Gesetzes zu berücksichtigenden Vermögens und Einkommens kann auch im Rechtsmittelverfahren geführt werden, solange die Berücksichtigung neuer Tatsachen und Beweise zulässig ist.

§ 11. War jemand bei der Feststellung des Friedenseinkommens nur beschränkt einkommensteuerpflichtig und ist er später unbeschränkt einkommensteuerpflichtig geworden, so findet § 5 des Gesetzes mit der Maßgabe Anwendung, daß der Veranlagung mindestens das der beschränkten Einkommensteuerpflicht unterworfene Einkommen als Friedenseinkommen zugrunde gelegt wird.

§ 12. Ist das Kriegseinkommen von Ehegatten nach § 11 des Gesetzes zusammenzurechnen und hat eine Zusammenrechnung der Friedenseinkommen nicht stattgefunden, so gilt als Friedenseinkommen die Summe des festgestellten oder gemäß §§ 5 und 6 des Gesetzes oder gemäß § 11 nachträglich zu ermittelnden Einkommens jedes der beiden Ehegatten.

War dagegen das Friedenseinkommen der Ehegatten zusammengerechnet worden und sind die Voraussetzungen der Zusammenrechnung bei der Feststellung des Kriegseinkommens nicht mehr gegeben, so ist das frühere Einkommen nachträglich für jeden Ehegatten gesondert zu ermitteln und als Friedenseinkommen zugrunde zu legen.

§ 13. Verzieht ein Abgabepflichtiger aus einem Bundesstaat, in dem gemäß § 8 Satz 2 des Gesetzes die Jahresveranlagung für das Rechnungsjahr 1919 maßgebend ist, in einen Bundesstaat, in dem die Jahresveranlagung für das Rechnungsjahr 1918 maßgebend ist, und liegt infolgedessen für ihn in dem Bundesstaate des frühern Wohnsitzes oder Aufenthalts keine Jahresveranlagung für 1919 und in dem Bundesstaate des neuen Wohnsitzes oder Aufenthalts keine Jahresveranlagung für 1918 vor, so ist der Ermittlung des Kriegseinkommens die in dem Bundesstaate des früheren Wohnsitzes oder Aufenthalts erfolgte Jahresveranlagung für 1918 zugrunde zu legen.

§ 14. Ist die landesrechtliche Einkommensteuerveranlagung durch eine andere Behörde als durch die für die Veranlagung der Kriegsabgabe zuständige Behörde erfolgt, so hat die Einkommensteuerveranlagungsbehörde dieser die maßgebende Einkommensfeststellung mitzuteilen.

In den Fällen des § 12 des Gesetzes kann die Feststellung des Kriegseinkommens, in den Fällen des § 5 des Gesetzes und des § 12 Abs. 2 der Ausführungsbestimmungen kann die Feststellung des Friedenseinkommens und in den Fällen des § 11 der Ausführungsbestimmungen kann die nach Maßgabe der Bestimmungen im § 5 des Gesetzes erfolgte Feststellung des Friedenseinkommens durch die im § 36 des Gesetzes vorgesehenen Rechtsmittel gegen den Steuerbescheid angefochten werden. In allen übrigen Fällen kann die Feststellung des Friedens- und Kriegseinkommens durch die im § 36 des Gesetzes vorgesehenen Rechtsmittel gegen den Steuerbescheid nur angefochten werden, sofern und soweit die Verletzung von Vorschriften des Kriegsabgabegesetzes selbst (z. B. des § 6 und § 9) behauptet wird, nicht dagegen, sofern und soweit die Verletzung von Vorschriften der Landeseinkommensteuergesetze behauptet wird.

Kriegsabgabe von Vermögen.[1])

§ 15. Mit dem Vermögen sind abgabepflichtig diejenigen Einzelpersonen, welche die Voraussetzungen der persönlichen Abgabepflicht nach den §§ 1, 2 des Gesetzes erfüllen.

Abgabepflichtig ist das nach den Vorschriften des Besitzsteuergesetzes auf den 31. Dezember 1916 festgestellte Vermögen.

Eine Neufeststellung auf den 31. Dezember 1917 nach den Vorschriften des Besitzsteuergesetzes hat nur zu erfolgen,

1. wenn eine Vermögensfeststellung auf den 31. Dezember 1916 nicht stattgefunden hat,
2. wenn sich das Vermögen eines Abgabepflichtigen nach dem 31. Dezember 1916 durch Erbanfall, durch Lehen-, Fideikommiß- oder Stammgutanfall, infolge Vermächtnisses oder auf andere Weise aus dem Nachlaß eines Verstorbenen von Todes wegen, ferner durch Schenkung oder durch eine sonstige ohne entsprechende Gegenleistung erhaltene Zuwendung um mehr als 5000 Mark vermehrt hat,
3. auf Antrag, wenn der Abgabepflichtige nachweist, daß sich sein Vermögen gegenüber dem Stande vom 31. Dezember 1916 um mehr als den fünften Teil vermindert hat.

Alle Vermögen von weniger als 101 000 Mark sind von der Abgabe befreit.

§ 16. Wird ein Antrag gemäß § 17 des Gesetzes noch rechtzeitig nach Zustellung des Steuerbescheids gestellt, so ist die Veranlagung zunächst zu berichtigen. Mit der Zustellung des berichtigten

[1]) §§ 15—16 gelten nicht für das Kriegsabgabengesetz 1919.

Steuerbescheids oder der Mitteilung, daß sich an dem Bescheide nichts ändere, wird eine neue Rechtsmittelfrist eröffnet.

Ermittlung des abgabepflichtigen Mehrgewinns der Gesellschaften.

§ 17. Die Gesellschaften haben die in den genehmigten Abschlüssen ausgewiesenen Gewinne bis zum Nachweis der Unrichtigkeit der Abschlüsse gegen sich gelten zu lassen.

§ 18. Bei Gesellschaften mit beschränkter Haftung und eingetragenen Genossenschaften, die der gemeinschaftlichen Verwertung von Erzeugnissen der Gesellschafter oder Genossen oder dem gemeinschaftlichen Einkauf von Waren ausschließlich für die Gesellschafter oder Genossen dienen, gilt als Geschäftsgewinn im Sinne des Gesetzes und des Kriegssteuergesetzes vom 21. Juni 1916 nicht derjenige Teil des Reingewinns, der als Entgelt für die von den Gesellschaftern oder Genossen eingelieferten Erzeugnisse oder als Rückvergütung auf den Kaufpreis der von den Gesellschaftern oder Genossen bezogenen Waren anzusehen ist.

Ebenso scheidet bei Versicherungsgesellschaften für die Feststellung des Geschäftsgewinns im Sinne des Gesetzes und des Kriegssteuergesetzes vom 21. Juli 1916 derjenige Teil des Reingewinns aus, der auf die den Versicherten selbst als sogenannte Dividende zurückzugewährenden Prämienüberschüsse entfällt.

§ 19. Die Vorschrift im § 24 Abs. 1 des Gesetzes, § 16 Abs. 1 Satz 2 des Kriegssteuergesetzes vom 21. Juni 1916 gilt nicht nur für die Abschreibungen, die durch unmittelbare Einstellung des wirklichen zeitigen Wertes in die Bilanz erfolgen, sondern auch für die Abschreibungen, die durch Ansetzung des ursprünglichen Wertes unter bilanzmäßiger Gegenüberstellung eines besonderen, die Wertverminderung darstellenden Kontos (Erneuerungs-, Delkrederekonto) erfolgen.

Inwieweit Abschreibungen einen angemessenen Ausgleich der Wertverminderung darstellen, ist unter Berücksichtigung der besonderen Verhältnisse des einzelnen Unternehmens, insbesondere auch unter Berücksichtigung der durch den Krieg und durch die spätere Überführung in die Friedenswirtschaft bedingten Veränderungen, nach den Grundsätzen eines ordentlichen Kaufmanns zu beurteilen.

§ 20. Bei der Ermittlung des in den einzelnen Friedensjahren erzielten Geschäftsgewinns sind auch die Beträge zu berücksichtigen, die zur Deckung eines aus früheren Jahren herrührenden Verlustes verwendet worden sind.

Für die Berechnung des im vierten Kriegsgeschäftsjahr erzielten Geschäftsgewinns dürfen Vermögensgegenstände, insbesondere Warenvorräte, die in diesem Jahre veräußert worden sind, anstatt mit dem Buchwert der letzten Friedensbilanz, mit dem wirklichen

Werte angesetzt werden, den sie zur Zeit der Aufstellung der letzten Friedensbilanz, jedoch zu keinem späteren Zeitpunkt als am 30. Juni 1914 gehabt haben. Es darf somit der Unterschied zwischen dem Buchwert und dem wirklichen Werte, mit dem die Vermögensgegenstände hätten in die Bilanz eingesetzt werden können, von dem Geschäftsgewinne des vierten Kriegsgeschäftsjahrs abgesetzt werden. Als Veräußerung im Sinne dieser Vorschrift gilt jedoch nicht die Veräußerung durch Tausch, Fusion oder einen ähnlichen Rechtsvorgang.

§ 21. Ist eine Gesellschaft im Laufe des vor dem ersten Kriegsgeschäftsjahre liegenden Jahres gegründet worden, so wird der im § 22 Abs. 1 des Gesetzes, § 17 Abs. 4 des Kriegssteuergesetzes vom 21. Juni 1916 vorgesehene Mindestbetrag als Friedensgewinn nur dann zugrunde gelegt, wenn der in dem ersten Geschäftsjahr erzielte Geschäftsgewinn auf ein volles Jahr umgerechnet keinen höheren Betrag ergibt. Für die Berechnung des Friedensgewinns gemäß § 22 Abs. 1 des Gesetzes, § 17 Abs. 1 des Kriegssteuergesetzes vom 21. Juni 1916 kommen dagegen nur volle Geschäftsjahre in Betracht.

Ist zur Fortführung desselben Unternehmens eine Gesellschaft der im § 20 des Gesetzes bezeichneten Art in eine andere Gesellschaft der im § 20 des Gesetzes bezeichneten Art umgewandelt worden, so sind für die Festsetzung des Friedensgewinns die Ergebnisse der Gesellschaft in der früheren Form mitzuberücksichtigen.

Auf Fusion finden, soweit sie mit einer Kapitalsvermehrung der aufnehmenden Gesellschaft verbunden sind, die Vorschriften des § 22 Abs. 1 des Gesetzes, § 17 Abs. 2 und 5 des Kriegssteuergesetzes vom 21. Juni 1916 über Vermehrungen des Grund- oder Stammkapitals entsprechende Anwendung. Bei der Feststellung des der Gesellschaft tatsächlich zugeflossenen Kapitalbetrags sind Sacheinlagen mit ihrem gemeinen Werte zur Zeit der Fusion anzusetzen.

Wirkliche Reservekontenbeträge.

§ 22. Zu den wirklichen Reservekontenbeträgen (§ 29 des Gesetzes) gehören nur solche Bilanzposten, die ausweislich der Bilanz eine Kapitalsansammlung über den Betrag des Grundkapitals hinaus darzustellen bestimmt sind (z. B. der gesetzliche Reservefonds, freiwillige Reservefonds, Dividendenausgleichsfonds, Rückstellungen für künftige, möglicherweise eintretende Verluste oder Ausgaben), dagegen u. a. nicht Posten, die einen Ausgleich für die Wertminderung von Vermögensgegenständen der Gesellschaft darstellen sollen (z. B. Erneuerungsfonds) oder die zur Deckung bereits begründeter Verpflichtungen eingestellt sind, bei Versicherungsgesellschaften die Rücklagen für die Versicherungssummen und für die den Versicherten selbst als sogenannte Dividende zurückzugewährenden Prämienüberschüsse. Hierbei ist nicht die Benennung des Postens in der Bilanz, sondern seine aus dem Gesetze, der Satzung, den Geschäftsberichten, Generalversammlungsbeschlüssen und anderen Anhaltspunkten zu entnehmende Bestimmung maßgebend.

§ 23. Ist der Gesamtbetrag der Geschäftsgewinne der früheren Kriegsgeschäftsjahre hinter einem der Zahl der früheren Kriegsgeschäftsjahre entsprechenden Vielfachen des Friedensgewinns (§ 22 Abs. 1 des Gesetzes) zurückgeblieben, so darf dieser Minderbetrag von dem Mehrgewinne des vierten Kriegsgeschäftsjahrs abgezogen werden.

Steuererklärung.

§ 24. Die Frist für die Abgabe der Vermögenserklärung der Einzelpersonen, die nach § 34 Abs. 1 des Gesetzes zu einer Vermögenserklärung verpflichtet sind, wird durch die oberste Landesfinanzbehörde festgesetzt.

Die Steuererklärung der Gesellschaften (§ 34 Abs. 2 des Gesetzes) ist in der Zeit vom 1. bis zum 31. Oktober 1918 abzugeben. Für Gesellschaften, deren viertes Kriegsgeschäftsjahr erst nach dem 31. März 1918 endigt, erstreckt sich die Frist auf sechs Monate nach Ablauf dieses Geschäftsjahrs.

Eine beim Inkrafttreten des Gesetzes bereits abgegebene unrichtige oder unvollständige Steuererklärung, auf Grund deren die Veranlagung der Kriegsabgabe vom Mehreinkommen oder Vermögen zu erfolgen hat, ist vom Abgabepflichtigen zur Vermeidung des im § 39 des Gesetzes angedrohten Rechtsnachteils spätestens innerhalb eines Monats nach Zustellung des Steuerbescheids (§ 35 des Gesetzes) der Behörde gegenüber zu berichtigen oder zu vervollständigen.

§ 25. Für die Vermögenserklärung der Einzelpersonen ist das Muster der Besitzsteuererklärung sinngemäß zu verwenden.

Für die Gesellschaften ist die Kriegssteuererklärung nach Anleitung des Musters 3 zu gestalten.

Berechnung der Kriegsabgabe und Eintragung in die Steuerlisten.

§ 26. Von dem festgestellten Mehreinkommen und Vermögen der Einzelpersonen sowie von dem festgestellten Mehrgewinne der Gesellschaften ist die Kriegsabgabe zu berechnen und das Ergebnis der Veranlagung in die Kriegsabgabe 1918-Steuerlisten A und B einzutragen.

Steuerbescheid.

§ 27. Dem Abgabepflichtigen ist ein Steuerbescheid nach Anleitung der Muster 4 und 5 zu erteilen. Er hat zu enthalten

den Gesamtbetrag der zu zahlenden Kriegsabgabe,
die Berechnungsgrundlagen der angeforderten Abgabe, soweit sie dem Abgabepflichtigen nicht anderweit bereits mitgeteilt sind,
eine Belehrung über die zulässigen Rechtsmittel unter Angabe der Rechtsmittelfristen und Bezeichnung der Behörden, bei denen die Rechtsmittel einzulegen sind,
die Anweisung zur Entrichtung der Kriegsabgabe innerhalb der vorgeschriebenen Zahlungsfrist,
die Bezeichnung der zur Empfangnahme der Zahlung zuständigen Kassenstelle,
eine Belehrung über die Annahme der Schuldverschreibungen, Schuldbuchforderungen und Schatzanweisungen der Kriegsanleihe des Deutschen Reichs an Zahlungs Statt.

In dem Steuerbescheid ist anzugeben, in welchen Punkten bei der Feststellung des Vermögens und des Mehrgewinns von der Vermögens- und Steuererklärung abgewichen worden ist. Eine Begründung der Abweichungen ist nicht erforderlich.

Zuschlag.

§ 28. Für die Festsetzung eines Zuschlags gemäß § 33 Abs. 2 des Gesetzes, § 54 Abs. 2 des Besitzsteuergesetzes scheiden die nach den §§ 14, 29 Abs. 3 und § 31 Abs. 2 des Gesetzes unerhoben bleibenden Beträge aus.

§ 29. Hat ein nach dem 31. Dezember 1917 gestorbener Abgabepflichtiger die Voraussetzungen der persönlichen Steuerpflicht nach den Vorschriften der Landeseinkommensteuergesetze bei der nach § 8 des Gesetzes maßgebenden Jahresveranlagung nicht mehr erfüllt, so ist er, wenn er Vermögen in kriegsabgabepflichtiger Höhe besessen hat, trotz des Ablebens in die Steuerliste A aufzunehmen und zur Kriegsabgabe vom Vermögen zu veranlagen. Der Steuerbescheid ist den Erben zuzustellen, die Kriegsabgabe ist nach Fälligkeit von den Erben einzuziehen.

Ist der Abgabepflichtige nach Veranlagung und Insollstellung der Kriegsabgabe gestorben, so ist die noch nicht gezahlte Kriegsabgabe nach Fälligkeit von den Erben einzuziehen. Die Hebestelle hat das Ableben des Abgabepflichtigen der Veranlagungsbehörde anzuzeigen. War dem Abgabepflichtigen eine Stundung der Kriegsabgabe oder deren Entrichtung in Teilbeträgen bewilligt, so erlischt die Bewilligung mit dem Ableben.

Im Falle des Ablebens eines Abgabepflichtigen findet eine Überweisung der Kriegsabgabe zur Einziehung nicht statt.

Freilassung von gemeinnützigen Zuwendungen.

§ 30. Die Abgabe wird von den Gesellschaften insoweit nicht erhoben, als sie verhältnismäßig auf Gewinnbeträge entfällt, die dem Roten Kreuz, der Nationalstiftung für die Hinterbliebenen der im Kriege Gefallenen, der Marinestiftung und der Ludendorff-Spende zugewendet worden sind. Der unerhoben bleibende Betrag darf jedoch den zehnten Teil der nach dem Gesetze geschuldeten Abgabe nicht übersteigen.

Im übrigen entscheidet der Bundesrat über Abgabebefreiungen nach § 32 des Gesetzes.

Der Antrag auf Freilassung von Gewinnbeträgen gemäß § 32 des Gesetzes ist binnen einem Monat nach Zustellung des Bescheides bei dem Besitzsteueramt zu stellen. Wird der Antrag rechtzeitig gestellt, so kann das Besitzsteueramt die Erhebung des entsprechenden Abgabebetrags vorläufig aussetzen.

Abweichende Berechnung des Mehreinkommens und des Mehrgewinns durch den Bundesrat.

§ 31. Ist nach Ansicht des Besitzsteueramts die Anwendung des § 40 des Gesetzes gerechtfertigt, so kann das Besitzsteueramt die Erhebung des entsprechenden Abgabebetrags vorläufig aussetzen und dem Abgabepflichtigen anheimstellen, binnen einem Monat eine abweichende Berechnung des Mehreinkommens oder des Mehrgewinns beim Bundesrate zu beantragen. Derartige Anträge sind beim Besitzsteueramt anzubringen und mit einer Darstellung des Sachverhalts sowie mit einer gutachtlichen Äußerung der Oberbehörde durch Vermittlung der obersten Landesfinanzbehörde dem Bundesrate vorzulegen.

Erhebung.

§ 32. Über die Erhebung der Kriegsabgabe werden zwei Bücher geführt, ein Kriegsabgabe 1918-Sollbuch und ein Kriegsabgabe 1918-Einnahmebuch. Das Sollbuch umfaßt die Erhebung der gesamten Kriegsabgabe, das Einnahmebuch den Zeitraum des Rechnungsjahrs.

§ 33. Das Kriegsabgabe 1918-Sollbuch ist nach dem Muster 6 zu führen. Durch das Sollbuch ist zugleich der rechtzeitige Eingang der geschuldeten Kriegsabgabe sowie der Ablauf der bewilligten Zahlungsfrist zu überwachen.

Das Besitzsteueramt hat nach der Veranlagung auf Grund der festgestellten Kriegsabgabe 1918=Steuerlisten A und B für jeden Erhebungsbezirk ein Sollbuch unter Ausfüllung der Spalten 1 bis 4 aufzustellen; das Sollbuch ist in Spalte 4 aufzurechnen und auf dem Titelblatte mit Feststellungsbescheinigung zu versehen.

Die Erhöhung oder Herabsetzung der zum Soll gestellten Kriegsabgabe im Rechtsmittel=, Berichtigungs=, Neu= oder Nachveranlagungsverfahren kommt in den Spalten 5 und 6 zur Darstellung. Die Inabgangstellung des Sollbetrags infolge Überweisung der Kriegsabgabe bei Verlegung des Wohnsitzes des Steuerpflichtigen erfolgt in Spalte 6. Die Ausfüllung dieser Spalten nimmt die Hebestelle vor. Die Spalte 7 (Berichtigtes Soll) ist erst beim Abschluß des Sollbuchs auszufüllen.

Das Sollbuch wird am 31. März 1920 durch die Hebestelle in den Spalten 5 ff. aufgerechnet und abgeschlossen. Die nach Spalte 12 verbliebenen Rückstände werden in die Restnachweisung (§ 41) übernommen. Unter dem Abschluß des Sollbuchs ist von einem an der Kassenführung nicht beteiligten Beamten zu bescheinigen, daß die nach Spalte 12 verbliebenen Rückstände sämtlich in die Restnachweisung übertragen worden sind.

§ 34. Das Kriegsabgabe 1918=Einnahmebuch ist nach Muster 7 für je ein Rechnungsjahr zu führen. Abweichungen in der Führung des Einnahmebuchs sind mit Zustimmung des Reichskanzlers zulässig.

Der Nachweis der erstatteten oder zurückgezahlten Beträge an Kriegsabgabe ist in einem Anhang zum Kriegsabgabe 1918=Einnahmebuch zu führen. Muster 8 dient hierfür als Anhalt.

Annahme von Schuldverschreibungen, Schuldbuchforderungen und Schatzanweisungen der Kriegsanleihen des Deutschen Reichs an Zahlungs Statt.

§ 35. Bei Entrichtung der Kriegsabgabe 1918 sind nach § 38 des Gesetzes Schuldverschreibungen, Schuldbuchforderungen und Schatzanweisungen der Kriegsanleihen des Deutschen Reichs an Zahlungs Statt anzunehmen. Fünfprozentige Schuldverschreibungen, Schuldbuchforderungen und Schatzanweisungen sowie die auslosbaren viereinhalbprozentigen Schatzanweisungen der sechsten, siebenten und achten Kriegsanleihe mit Zinsen für die Zeit vom 1. Oktober 1918 ab werden zum Nennwert, die nicht auslosbaren viereinhalbprozentigen Schatzanweisungen der vierten und fünften Kriegsanleihe mit Zinsen vom 1. Oktober 1918 ab zum Werte von 96,50 Mark für je 100 Mark Nennwert angenommen. Sind Zinsen für einen nach dem 30. September 1918 liegenden Zeitraum bereits erhoben, so vermindert sich der Annahmewert um diesen Zinsenbetrag. Werden Wertpapiere mit Zinsen für einen vor dem 1. Oktober 1918 liegenden Zeitraum übergeben oder werden Schuldbuchforderungen mit Zinsen für einen vor dem 1. Oktober 1918 liegenden Zeitraum auf das Konto der Reichskasse übertragen, so erhöht sich der Annahmewert um diese Zinsen.

Schuldverschreibungen, Schuldbuchforderungen und Schatzanweisungen der Kriegsanleihen des Deutschen Reichs können nur insoweit in Zahlung gegeben werden, als der Annahmewert (Abs. 1) den Betrag der geschuldeten Kriegsabgabe nicht übersteigt. Eine bare Herauszahlung auf hingegebene Stücke oder Buchforderungen der Kriegsanleihen findet nicht statt.[1])

§ 36. Wer bei Entrichtung der Kriegsabgabe 1918 Schuldverschreibungen oder Schatzanweisungen der Kriegsanleihen des Deutschen Reichs hingeben will, hat die Stücke nebst den dazugehörigen Zinsscheinen und Zinserneuerungsscheinen einer der vom Reichskanzler bekanntgegebenen Annahmestellen mit einem Antrag nach Muster 9 einzureichen.

Wer zur Entrichtung der Kriegsabgabe 1918 Schuldbuchforderungen der Kriegsanleihen des Deutschen Reichs verwenden will,

---

[1]) Der Grundkurs — berechnet für einen Zinsenlauf vom 1. Oktober 1918 ab —, zu dem die mit mindestens 110 ℳ für 100 ℳ Nennwert auslosbaren $4^1/_2$ prozentigen Schatzanweisungen der neunten Kriegsanleihe des Deutschen Reichs bei der Entrichtung der nach dem Gesetz über eine außerordentliche Kriegsabgabe für das Rechnungsjahr 1918 geschuldeten Abgabe an Zahlungs Statt anzunehmen sind, wird nach einer Bekanntmachung des Reichskanzlers ebenso wie der Grundkurs, zu dem nach § 35 der Ausführungsbestimmungen zu dem genannten Gesetze die $4^1/_2$ prozentigen Schatzanweisungen der 6., 7. und 8. Kriegsanleihe bei der Entrichtung von Kriegsabgabe 1918 anzunehmen sind, auf 100 ℳ für 100 ℳ Nennwert festgesetzt. Bei der Entrichtung der nach dem Kriegssteuergesetz von 1916 noch geschuldeten Kriegsabgabe ist der auf die Zeit vom 1. Juli 1917 bis zum Beginn des Zinsenlaufs der mit übergebenen Zinsscheine entfallende Zinsenbetrag und bei der Entrichtung der nach dem Gesetz über eine außerordentliche Kriegsabgabe für das Rechnungsjahr 1918 geschuldeten Abgabe der auf die Zeit vom 1. Oktober 1918 bis zum Beginn des Zinsenlaufs der mit übergebenen Zinsscheine entfallende Zinsenbetrag abzuziehen. Es sind deshalb a) die fünfprozentigen Schuldbuchforderungen und Schuldverschreibungen der neunten Kriegsanleihe mit Zinsenlauf vom 1. April 1919 ab bei der Entrichtung von Kriegsabgabe 1916 zum Annahmewerte von 91,25 ℳ, bei der Entrichtung von Kriegsabgabe 1918 zum Annahmewerte von 97,50 ℳ, b) die $4^1/_2$ prozentigen Schatzanweisungen der neunten Kriegsanleihe mit Zinsenlauf vom 1. Januar 1919 ab bei der Entrichtung von Kriegsabgabe 1918 zum Annahmewerte von $98{,}87^1/_2$ ℳ für je 100 ℳ Nennwert an Zahlungs Statt anzunehmen. Eine Annahme von $4^1/_2$ prozentigen Schatzanweisungen auf Kriegsabgabe 1916 findet nicht statt. Die vom Reichsbankdirektorium ausgestellten Zwischenscheine sind zu demselben Annahmewert anzunehmen wie die Anleihestücke selbst.

hat bei der Reichsschuldenverwaltung (Schuldbuchangelegenheit) in Berlin SW 68, Oranienstraße 92/94, einen Antrag auf Übertragung seiner Schuldbuchforderung oder eines entsprechenden auf volle hundert Mark lautenden Teiles der Schuldbuchforderung auf das Konto der Reichskasse für Kriegsabgabe 1918 nach Muster 10 zu stellen. Der Antrag ist von dem Antragsteller zu unterschreiben. Von einer Beglaubigung der Unterschrift wird die Reichsschuldenverwaltung absehen. Der Antrag wird nur berücksichtigt, sofern sich auf dem Konto des Antragstellers keine Beschränkung zugunsten Dritter, wie Zinsgenußrechte, Pfandrechte usw., befindet.

Vordrucke zu den Anträgen (Abs. 1 und 2) werden dem Steuerpflichtigen kostenfrei verabfolgt.

Die Übertragung der Reichsschuldbuchforderungen auf das Konto der Reichskasse erfolgt gebührenfrei.

§ 37. Die Annahmestellen für Wertpapiere (§ 36 Abs. 1) berechnen den Annahmewert der ihnen übergebenen Stücke, die Reichsschuldenverwaltung den Annahmewert der auf das Konto der Reichskasse übertragenen Schuldbuchforderungen nach § 35 und stellen den Antragstellern (Einlieferern von Stücken) Bescheinigungen über den Gesamtannahmewert der eingelieferten Stücke oder übertragenen Schuldbuchforderungen nach Muster 11 und 12 aus.

Diese Bescheinigungen sind von dem Steuerpflichtigen der Hebestelle zu übergeben, von dieser zu dem darin angegebenen Gesamtannahmewert auf die zu entrichtende Kriegsabgabe 1918 in Zahlung zu nehmen und bei den Einnahmeablieferungen als Belege über Zahlungen für Rechnung der Reichshauptkasse aufzurechnen.

§ 38. Die Verzinsung der bei der Reichsschuldenverwaltung auf das Konto der Reichskasse übertragenen Schuldbuchforderungen hört auf.

§ 39. Bei der Verlegung des Sitzes einer Gesellschaft findet eine Überweisung der Kriegsabgabe zur Einziehung nicht statt.

Verfahren bei Erstattung von Kriegsabgabe.

§ 40. Die Erstattung von Kriegsabgabe 1918 hat bis zu dem Betrage, der bei ihrer Entrichtung bar eingezahlt worden war, in bar, darüber hinaus durch Ausreichung von Schuldverschreibungen oder Schatzanweisungen der Kriegsanleihen des Deutschen Reichs unter Berechnung des Annahmewerts (§ 35) zu erfolgen, soweit dies nach der Stückelung möglich ist.

Zu diesem Zwecke hat die Hebestelle bei der vorgesetzten Oberbehörde die Überweisung der benötigten Stücke unter Angabe des Gesamtbetrags der Herauszahlung, des davon durch Ausreichung von Wertpapieren zu begleichenden Teiles und des Zinsfußes

Hundert der in seinem Gebiete zur Verrechnung gekommenen Einnahmen vergütet. Die Vergütung ist von der nach Spalte 11 der Kriegsabgabe 1918-Einnahmebücher aufgekommenen Gesamteinnahme einschließlich der Nacherhebungen nach Abzug der Zurückzahlungen (Spalte 15 des Anhangs zu den Kriegsabgabe 1918-Einnahmebüchern) zu berechnen.

Abrechnung über die Kriegsabgabe und Aufstellung der Einnahmeübersichten.

§ 47. Über den Ertrag der Kriegsabgabe 1918 ist von den durch die Landesregierung bestimmten Kassen mit der Reichshauptkasse nach Maßgabe der „Bestimmungen zur Regelung der Abrechnungen zwischen der Reichshauptkasse und den Landeskassen vom 23. Juni 1910" abzurechnen. Entsprechend den Vorschriften in § 4 dieser Abrechnungsbestimmungen sind ferner besondere monatliche und vierteljährliche Übersichten der Einnahme an Kriegsabgabe 1918 aufzustellen, aus denen sich das Gesamtaufkommen an Kriegsabgabe 1918 einschließlich der Nacherhebungen (Spalte 11 des Kriegsabgabe 1918-Einnahmebuchs) nach Abzug der Zurückzahlungen (Spalte 15 des Anhangs zum Kriegsabgabe 1918-Einnahmebuche) sowie der Betrag der Vergütung an die Bundesstaaten für die Veranlagung und Erhebung (§ 46) ergeben. Die Übersichten sind den in den Abrechnungsbestimmungen bezeichneten Behörden oder Dienststellen innerhalb der daselbst angegebenen Fristen einzureichen. Statt dessen können die Angaben in die allgemeinen Reichssteuerübersichten aufgenommen werden.

§ 48. Die Landesregierung kann die den Oberbehörden in §§ 40 und 44 übertragenen Geschäfte anderen als den in § 1 der Besitzsteuer-Ausführungsbestimmungen bestimmten Behörden übertragen. Die Behörden sind unter Angabe ihrer Amtsbezirke dem Reichskanzler mitzuteilen.

Gesetz über die Erhebung eines Zuschlags zur Kriegssteuer.

Vom 9. April 1917.

(RGBl. S. 349.)

§ 1. Zu der auf Grund des Kriegssteuergesetzes vom 21. Juni 1916 / 17. Dezember 1916 (Reichs-Gesetzbl. S. 561 und 1407) geschuldeten außerordentlichen Kriegsabgabe wird zugunsten des Reichs ein Zuschlag in Höhe von 20 vom Hundert ihres Betrags erhoben.

Sofern das Gesamtvermögen des Steuerpflichtigen nach dem Stande vom 31. Dezember 1916 einhunderttausend Mark nicht übersteigt, ermäßigt sich auf Antrag des Steuerpflichtigen der Zuschlag bei Steuerpflichtigen

mit mehr als 2 Kindern unter 18 Jahren auf 15 vom Hundert,
mit mehr als 3 Kindern unter 18 Jahren auf 10 vom Hundert,
mit mehr als 4 Kindern unter 18 Jahren auf 5 vom Hundert

und wird bei Steuerpflichtigen mit mehr als 5 Kindern unter 18 Jahren nicht erhoben. Dem Antrag ist nur stattzugeben, wenn er binnen einem Monat nach Zustellung des Steuerbescheides (§ 2 Satz 1) oder der nachträglichen Mitteilung (§ 2 Satz 2) gestellt wird.

§ 2. Die Festsetzung des Zuschlags erfolgt durch den Steuerbescheid (§ 29 des Kriegssteuergesetzes). Ist ein Steuerbescheid ohne gleichzeitige Festsetzung des Zuschlags erteilt worden, so erfolgt die Festsetzung des Zuschlages durch eine nachträgliche Mitteilung des Besitzsteueramts an den Steuerpflichtigen.

§ 3. Wird die Kriegsabgabe im Rechtsmittel-, Berichtigungs-, Neu- oder Nachveranlagungsverfahren anderweit verlangt, oder wird die Kriegsabgabe aus Billigkeitsgründen ermäßigt oder erlassen, so ist auch der Zuschlag entsprechend anderweit festzusetzen oder zu erlassen.

§ 4. Gegen die Festsetzung des Zuschlags steht dem Steuerpflichtigen nach näherer Bestimmung der obersten Landesfinanzbehörde nur die Anrufung der übergeordneten Verwaltungsbehörden offen.

§ 5. Der Zuschlag wird mit der Abgabe zu den gleichen Fristen und Teilbeträgen erhoben.

Die Vorschriften im § 25, § 31 Abs. 3 bis 5 und § 32 des Kriegssteuergesetzes gelten auch für die Entrichtung des Zuschlags.

§ 6. Machen steuerpflichtige Einzelpersonen oder Gesellschaften glaubhaft, daß das Jahr, das auf den vom Kriegssteuergesetz erfaßten Zeitraum folgt, zu einer Vermögensminderung oder einem Mindergewinn in Höhe von mindestens einem Fünftel des steuerpflichtigen Vermögenszuwachses oder Mehrgewinns geführt hat oder führen wird, so ist auf ihren Antrag der Zuschlag bis auf weitere gesetzliche Regelung ohne Sicherheitsleistung zu stunden. Die bezahlte Kriegsabgabe sowie etwaige im neuen Jahre gemachte Zuwendungen zu kirchlichen, mildtätigen oder gemeinnützigen Zwecken sind hierbei nicht zu berücksichtigen.

Die Vorschrift im Abs. 1 findet keine Anwendung, wenn der Steuerpflichtige seinen Wohnsitz oder Aufenthalt ins Ausland verlegt hat.

§ 7. Als Abgabe im Sinne von §§ 10, 11, § 28 Abs. 2, §§ 33, 34, 37 des Kriegssteuergesetzes gilt die Abgabe einschließlich des Zuschlags.

Von dem Gesamtaufkommen an Kriegsabgabe und Zuschlag gilt ein Sechstel als Aufkommen aus dem Zuschlag.

§ 8. Die Erhebung eines Zuschlags zur Kriegssteuer sowie die Sonderbesteuerung des Vermögenszuwachses, Mehreinkommens und Mehrgewinns für einen von der Kriegssteuer erfaßten Zeitraum durch die Bundesstaaten oder Gemeinden (Gemeindeverbände) ist unzulässig.

§ 9. Dieses Gesetz tritt am Tage seiner Verkündung in Kraft.

Verordnung über Maßnahmen gegen die Kapitalabwanderung in das Ausland.

Vom 21. November 1918.

(RGBl. S. 1325.)

§ 1. Wertpapiere dürfen nur durch Vermittlung von Banken nach dem Ausland versandt oder überbracht werden.

Als Wertpapiere im Sinne dieser Verordnung gelten auch die unverzinslichen Schatzanweisungen des Reichs oder der Bundesstaaten, Zins- und Gewinnanteilscheine, Urkunden, durch welche die Beteiligung an einem Unternehmen verbrieft ist, sowie Hypotheken, Grundschuld- und Rentenschuldbriefe. Dagegen gelten im Sinne dieser Verordnung nicht als Wertpapiere Papiergeld, Banknoten, Darlehnskassenscheine, Wechsel, Anweisungen und Schecks.

Als Banken im Sinne dieser Verordnung gelten alle Personen

und Unternehmungen einschließlich der Sparkassen und Genossenschaften, die gewerbsmäßig Bank- oder Bankiersgeschäfte betreiben.

§ 2. Banken dürfen Aufträge, wonach

1. Wertpapiere nach dem Ausland versandt oder überbracht, für einen Ausländer in Verwahrung genommen oder ihm auf Stückekonto gutgeschrieben,
2. Geldbeträge in in- oder ausländischer Währung einem Ausländer gutgeschrieben

werden sollen, nur ausführen, wenn der Auftraggeber eine Erklärung nach dem anliegenden Muster in doppelter Ausfertigung einreicht.

Die Banken haben eine Ausfertigung der Erklärung binnen einer Woche an das für ihre Niederlassung (Zweigniederlassung) zuständige Besitzsteueramt weiterzugeben.

Ausländer im Sinne dieser Verordnung sind Personen, die im Ausland ihren Wohnsitz oder dauernden Aufenthalt haben, und Unternehmungen, soweit sie im Ausland ihren Sitz haben.

§ 3. Die Vorschriften im § 2 finden keine Anwendung,

1. wenn die Bank Wertpapiere im eigenen Namen nach dem Ausland versendet oder überbringt oder für einen Ausländer in Verwahrung nimmt oder ihm auf Stückekonto gutschreibt;
2. wenn Wertpapiere nur zum Bezuge von Zins- oder Gewinnanteilscheinen, zum Austausch oder zur Abstempelung bei Konversionen oder ähnlichen Anlässen, oder nur zur Ausübung von Stimm- und Bezugsrechten versandt oder überbracht werden;
3. wenn der Auftraggeber ein Ausländer ist.

§ 4. Auf den Postanweisungs-, Postscheck-, Postnachnahme- und Postauftragsverkehr finden die Vorschriften dieser Verordnung keine Anwendung.

Das Reichsschatzamt kann weitere Ausnahmen zulassen.

§ 5. Niemand darf bei einer Bank auf einen falschen oder erdichteten Namen für sich oder einen Dritten ein Konto errichten lassen, Wertsachen offen oder verschlossen hinterlegen oder ein Schließfach mieten.

Bei Anträgen auf Errichtung eines Kontos oder Überlassung eines Schließfachs hat die Bank sich über die Person des Antragstellers zu vergewissern.

§ 6. Wer der Vorschrift im § 1 Abs. 1 oder im § 5 Abs. 1 dieser Verordnung zuwiderhandelt, wird mit Geldstrafe von einhundert bis zu einhunderttausend Mark bestraft. Daneben kann auf Gefängnis bis zu drei Jahren und auf Verlust der bürgerlichen Ehrenrechte erkannt werden. Der Versuch ist strafbar.

Die Vermögenswerte, auf die sich die strafbare Handlung bezieht, können im Urteil für dem Reiche verfallen erklärt werden.

§ 7. Wer den Vorschriften im § 2 Abs. 1 und 2 oder im § 5 Abs. 2 dieser Verordnung zuwiderhandelt, wird mit Geldstrafe bis zu zehntausend Mark bestraft.

§ 8. Alle Geschäfte, Verabredungen und sonstigen Handlungen, die dazu bestimmt sind, die durch die Vorschriften in §§ 1 und 2 bezweckte Kenntnis der Steuerbehörde über das Verbringen von Vermögenswerten ins Ausland zu vereiteln, sind verboten.

Wer der Vorschrift im Abs. 1 vorsätzlich zuwiderhandelt, wird, soweit nicht nach anderen Gesetzen eine schwerere Strafe verwirkt ist, mit Geldstrafe von einhundert bis zu einhunderttausend Mark und mit Gefängnis bis zu drei Jahren oder mit einer dieser Strafen bestraft. Der Versuch ist strafbar. § 6 Abs. 2 findet Anwendung.

§ 9. Alle Reichs-, Staats- und Gemeindebehörden sowie die Notare sind verpflichtet, Zuwiderhandlungen gegen die Vorschriften dieser Verordnung, die ihnen zur Kenntnis kommen, der Steuerbehörde mitzuteilen.

§ 10. Diese Verordnung tritt am Tage ihrer Verkündung in Kraft.

Verordnung zur Ergänzung der Verordnung über Maßnahmen gegen die Kapitalabwanderung in das Ausland vom 21. November 1918 (Reichs-Gesetzbl. S. 1325).

Vom 15. Januar 1919.

(RGBl. S. 43.)

§ 1. Wer in der Zeit vom 1. Juli bis 22. November 1918 Wertpapiere ohne Vermittlung von Banken nach dem Ausland versandt oder überbracht hat oder durch einen Dritten hat versenden oder überbringen lassen, hat dem für ihn zuständigen Besitzsteueramt eine Anzeige nach dem Muster der Anlage 1 zu erstatten.

Die Anzeige ist binnen einem Monat nach dem Inkrafttreten dieser Verordnung einzureichen.

§ 2. Wer in der Zeit vom 1. Juli bis 22. November 1918 Aufträge an Banken erteilt hat, wonach

1. Wertpapiere nach dem Ausland versandt oder überbracht, für einen Ausländer in Verwahrung genommen oder ihm auf Stückekonto gutgeschrieben,
2. Geldbeträge in in- oder ausländischer Währung einem Ausländer gutgeschrieben

werden sollten, hat innerhalb der im § 1 Abs. 2 bezeichneten Frist, sofern der Auftrag nicht rückgängig gemacht wird, der Bank eine Erklärung nach dem Muster der Anlage 2 in doppelter Ausfertigung einzureichen. Die Banken haben eine Ausfertigung der Erklärung binnen einer Woche an das für ihre Niederlassung (Zweigniederlassung) zuständige Besitzsteueramt einzureichen.

Die Banken sind ferner verpflichtet, ihre Bücher und Geschäftspapiere daraufhin nachzuprüfen, ob in der Zeit vom 1. Juli bis 22. November 1918 Aufträge der im Abs. 1 bezeichneten Art von ihnen entgegengenommen und ausgeführt worden sind. Soweit der Auftraggeber der im Abs. 1 bezeichneten Verpflichtung nicht nachkommt, haben sie über die Ausführung des Auftrags dem im Abs. 1 Satz 2 bezeichneten Besitzsteueramte bis längstens 30. April 1919 nach dem Muster der Anlage 3 Anzeige zu machen; das gleiche gilt, wenn sich bei der Prüfung herausstellt, daß die gemäß Abs. 1 der Bank eingereichten Erklärungen unrichtige oder unvollständige Angaben enthalten.

§ 3. Die Vorschriften im § 1 Abs. 2, 3, § 2 Abs. 3, § 3 der Verordnung vom 21. November 1918 gelten entsprechend.

§ 4. Wer den Vorschriften im § 1 oder im § 2 Abs. 1 dieser Verordnung zuwiderhandelt oder in den von ihm eingereichten Erklärungen unrichtige oder unvollständige Angaben macht, wird mit Geldstrafe bis zu fünfzigtausend Mark bestraft. Daneben kann auf Gefängnis bis zu einem Jahre erkannt werden. Die Vermögenswerte, auf die sich die strafbare Handlung bezieht, können im Urteil für dem Reiche verfallen erklärt werden.

Wer den im § 2 Abs. 2 bezeichneten Verpflichtungen vorsätzlich zuwiderhandelt, wird, soweit nicht nach andern Gesetzen eine schwerere Strafe verwirkt ist, mit Geldstrafe bis zu zehntausend Mark bestraft.

Der Versuch ist strafbar.

§ 5. Die Vorschrift des § 5 Abs. 1 der Verordnung vom 21. November 1918 findet auch auf solche Fälle, in welchen die Errichtung des Kontos oder die Hinterlegung von Wertsachen oder die Mietung eines Schließfachs bei einer Bank vor dem 23. November 1918 erfolgt ist, entsprechende Anwendung. Der Kontoinhaber ist in diesen Fällen verpflichtet, innerhalb einer Frist von einem Monat nach dem Inkrafttreten der gegenwärtigen Verordnung der Bank unter Angabe seines wahren Namens Anzeige zu machen oder das Konto aufzulösen.

Die Banken sind hinsichtlich der vor dem 23. November 1918 bei ihnen errichteten Konten verpflichtet, falls Anlaß zu Zweifeln besteht, ob die über die Person des Kontoinhabers gemachten Angaben der Wahrheit entsprechen, sich über diese Person nachträglich bis längstens 30. April 1919 zu vergewissern; ergibt sich, daß das Konto auf einen falschen oder erdichteten Namen errichtet worden ist, so ist es unverzüglich aufzulösen. Entsprechendes gilt für die im Abs. 1 bezeichneten anderen Geschäfte.

§ 6. Wer den Vorschriften im § 5 Abs. 1 zuwiderhandelt, wird mit Geldstrafe bis zu fünfzigtausend Mark bestraft.

Wer den Vorschriften des § 5 Abs. 2 vorsätzlich zuwiderhandelt, wird mit Geldstrafe bis zu zehntausend Mark bestraft.

§ 7. Das Besitzsteueramt kann die im § 1 Abs. 2, § 2 Abs. 1 und 2 und § 5 Abs. 1 und 2 bezeichneten Fristen auf Antrag angemessen verlängern.

§ 8. Die Verordnung vom 21. November 1918 wird, wie folgt, geändert:

1. Im § 2 Abs. 1 werden die Worte „in doppelter Ausfertigung einreicht" ersetzt durch:

   „in doppelter, bei Wertpapiersendungen in dreifacher Ausfertigung einreicht".

2. Im § 2 Abs. 2 wird hinzugesetzt:

   „und eine Ausfertigung der Wertpapiersendung beizufügen".

3. § 5 Abs. 2 erhält folgende Fassung:

   „Bei Anträgen auf Errichtung eines Kontos, auf die Annahme von Hinterlegungen der im Abs. 1 bezeichneten Art oder auf Überlassung eines Schließfachs hat die Bank sich über die Person des Antragstellers zu vergewissern".

§ 9. Diese Verordnung hat Gesetzeskraft. Sie tritt am Tage ihrer Verkündung in Kraft.

Anlage

Muster 1. (Anzeige gemäß § 1 der Verordnung vom 15. Januar 1919 zur Ergänzung der Verordnung über Maßnahmen gegen die Kapitalabwanderung in das Ausland vom 21. November 1918.)

(Datum) ......, den 19..

An

in ....

Gemäß § 1 der Verordnung vom 15. Januar 1919 (Reichs-Gesetzbl. S. 43) zur Ergänzung der Verordnung über Maßnahmen gegen die Kapitalabwanderung in das Ausland vom 21. November 1918 zeige ich hierdurch an, daß in der Zeit vom 1. Juli bis 22. November 1918 von mir oder in meinem Auftrag die nachstehend bezeichneten Wertpapiere ohne Vermittlung von Banken in das Ausland versandt oder überbracht worden sind. Ich versichere hiermit, daß die gemachten Angaben der Wahrheit entsprechen.

Name (Firma)

Wohnort (Sitz) ....

Straße

....

(Unterschrift)

Erklärungen ohne Unterschrift gelten als nicht abgegeben.

Zeitpunkt der Versendung oder Überbringung[1])	Bezeichnung der Wertpapiere[2])	Währung	Betrag (Nennwert)[3])	Name und Wohnort (Sitz) des Empfängers	Zweck des Geschäfts
1	2	3	4	5	6

[1]) Es genügt die ungefähre Angabe des Zeitpunkts.

[2]) Es genügt die Bezeichnung der Gattung der Wertpapiere.

[3]) Bei Wertpapieren ohne Nennwert genügt anderweite handelsübliche Bezeichnung.

Anlage

Muster 2. (Anzeige gemäß § 2 Abs. 1 der Verordnung vom 15. Januar 1919 zur Ergänzung der Verordnung über Maßnahmen gegen die Kapitalabwanderung in das Ausland vom 21. November 1918.)

Doppelt auszufertigen, eine Ausfertigung ist für das Besitzsteueramt bestimmt.

(Datum) ...., den 19...

An

....

in...

Ich habe Sie in der der Zeit vom 1. Juli bis 22. November 1918 beauftragt, das/die umstehend angeführte(n) Geschäft(e) für mich auszuführen und versichere hiermit unter Bezugnahme auf § 2 Abs. 1 der Verordnung vom 15. Januar 1919 (Reichs-Gesetzbl. S. 43) zur Ergänzung der Verordnung über Maßnahmen gegen die Kapitalabwanderung in das Ausland vom 21. November 1918, daß die gemachten Angaben der Wahrheit entsprechen.

In deutlicher Schrift oder unter Beifügung eines Stempels auszufüllen.
Name (Firma)
Wohnort (Sitz)
Straße ....

....

(Unterschrift)

Erklärungen ohne Unterschrift gelten als nicht abgegeben.

Zeitpunkt des Auftrags[1])	Gegenstand des Geschäfts (Versendung, Überbringung, Hinterlegung, Gutschrift auf Stückekonto, Gutschrift auf Konto)	Bezeichnung der Wertpapiere[2])	Währung	Betrag (bei Wertpapieren Nennwert)[3])	Name und Wohnort (Sitz) des Empfängers	Zweck der Versendung, Überbringung, Gutschrift usw.
1	2	3	4	5	6	7

[1]) Es genügt die ungefähre Angabe des Zeitpunkts.

[2]) Bei Gutschrift eines Geldbetrags ist diese Spalte nicht auszufüllen, es genügt die Angabe des Geldbetrags in Spalte 4, 5. Bei Wertpapieren genügt die Angabe der Gattung.

[3]) Bei Wertpapieren ohne Nennwert genügt anderweite handelsübliche Bezeichnung.

Anlage

Muster 3. (Anzeige gemäß § 2 Abs. 2 der Verordnung vom 15. Januar 1919 zur Ergänzung der Verordnung über Maßnahmen gegen die Kapitalabwanderung in das Ausland vom 21. November 1918.)

(Datum) ...., den .... 19..

An

in ....

Auf Grund unserer Bücher und Geschäftspapiere haben wir festgestellt, daß in der Zeit vom 1. Juli bis 22. November 1918 die in dem nachstehenden Verzeichnis bezeichneten Geschäfte durch uns vorgenommen worden sind. Für die unter A aufgeführten Geschäfte sind Erklärungen des Kunden bei uns nicht eingegangen; für die unter B aufgeführten Geschäfte haben sich die abgegebenen Erklärungen als unrichtig oder unvollständig erwiesen.

Name (Firma), Wohnort (Sitz), Straße des Auftraggebers	Zeitpunkt des Auftrags	Gegenstand des Geschäfts (Versendung, Überbringung, Hinterlegung, Gutschrift auf Stückekonto, Gutschrift auf Konto)	Bezeichnung der Wertpapiere[1])	Währung	Betrag (bei Wertpapieren Nennwert)[2])	Name und Wohnort (Sitz) des Empfängers	Bemerkungen
1	2	3	4	5	6	7	8

[1]) Bei Gutschrift eines Geldbetrags ist diese Spalte nicht auszufüllen, es genügt die Angabe des Geldbetrags in Spalte 5, 6. Bei Wertpapieren genügt die Angabe der Gattung.

[2]) Bei Wertpapieren ohne Nennwert genügt anderweite handelsübliche Bezeichnung.

Verordnung über Kapitalabwanderung in das Ausland durch Abschluß von Versicherungen.

Vom 15. Januar 1919.

(RGBl. S. 49.)

§ 1. Ausländische, zum Geschäftsbetrieb im Inland zugelassene Versicherungsunternehmungen sind verpflichtet, den Abschluß von Lebensversicherungsverträgen (Kapital- und Rentenversicherung) sowie von Verträgen über Kapitalsparversicherungen oder Unfallversicherungen mit Prämienrückgewähr mit Versicherungsnehmern, die im Inland ihren gewöhnlichen Aufenthalt haben, dem Besitzsteueramt anzuzeigen, sofern die Auszahlung des Gegenwerts der Versicherung im Ausland oder die Übertragung auf den Bestand einer ausländischen Niederlassung der Unternehmung bedungen wird. Das gleiche gilt, wenn nach Abschluß der Versicherung Vereinbarungen der im Satze 1 bezeichneten Art getroffen werden.

§ 2. Zur Anzeige verpflichtet ist der inländische Bevollmächtigte der Versicherungsunternehmung, der sie bei Abschluß oder Änderung des Versicherungsvertrags vertritt oder, wenn der Abschluß nicht durch einen inländischen Bevollmächtigten erfolgt ist, derjenige, der für eine der im § 1 bezeichneten Unternehmungen den Abschluß der Versicherung vom Inland aus vermittelt.

Die Anzeige gemäß Abs. 1 ist binnen 2 Wochen nach Abschluß des Vertrags dem für den Wohnsitz oder Aufenthaltsort des Vertreters oder Vermittlers zuständigen Besitzsteueramte nach dem anliegenden Muster zu erstatten.

§ 3. Werden Versicherungen der im § 1 bezeichneten Art von einem im Inland wohnhaften Versicherungsnehmer bei einer ausländischen Versicherungsunternehmung ohne Mitwirkung eines inländischen Vertreters oder Vermittlers unmittelbar im Ausland abgeschlossen, so ist der Versicherungsnehmer verpflichtet, binnen 2 Wochen dem für ihn zuständigen Besitzsteueramt Anzeige zu erstatten.

Im Inland wohnende Vertreter, Bevollmächtigte, Agenten oder sonstige Vermittler einer ausländischen Versicherungsunternehmung, die von dem Abschluß einer Versicherung der im Abs. 1 bezeichneten Art Kenntnis erlangen, haben dies binnen 2 Wochen nach erlangter Kenntnis dem für ihren Wohnsitz oder Aufenthaltsort zuständigen Besitzsteueramt anzuzeigen.

§ 4. Die Vorschriften im § 101 des Reichsstempelgesetzes bleiben unberührt.

Die Stempelsteuerbehörden sind im Falle des § 101 Abs. 2 des Reichsstempelgesetzes verpflichtet, von der bei ihnen erstatteten Anzeige unverzüglich dem Besitzsteueramte Mitteilung zu machen.

§ 5. Die Vorschriften der §§ 1, 2 finden entsprechende Anwendung auf Versicherungen bei inländischen Versicherungsunternehmungen, wenn die Zahlung des Gegenwerts der Versicherung im Ausland oder die Übertragung auf den Bestand einer ausländischen Niederlassung der Unternehmung bedungen wird.

§ 6. Die Vorschriften der §§ 1 bis 3 und 5 finden auch auf Vereinbarungen Anwendung, welche vor dem Inkrafttreten dieser Verordnung, jedoch nach dem 1. Juli 1918 getroffen worden sind. Die nachträgliche Anzeige ist im Falle der §§ 2 und 5 binnen einem Monat, im Falle des § 3 binnen 2 Wochen nach dem Inkrafttreten dieser Verordnung zu erstatten.

§ 7. Wer die in den §§ 2, 3, 5 und 6 vorgeschriebenen Anzeigen unterläßt oder wissentlich unrichtige oder unvollständige Angaben macht, wird mit Geldstrafe bis zu einhunderttausend Mark bestraft. Gegen den zur Anzeige verpflichteten Versicherungsnehmer kann neben der Geldstrafe auf Gefängnis bis zu einem Jahr erkannt werden.

Wer im Inland für eine daselbst nicht zum Geschäftsbetriebe befugte Unternehmung Versicherungen der im § 1 bezeichneten Art als Vertreter oder Bevollmächtigter abschließt oder den Abschluß solcher Versicherungen vermittelt, wird mit Geldstrafe bis zu fünfzigtausend Mark oder mit Gefängnis bis zu sechs Monaten bestraft.

§ 8. Alle Geschäfte, Verabredungen und sonstigen Handlungen, die dazu bestimmt sind, die durch die Vorschriften der §§ 1 bis 6 bezweckte Kenntnis der Steuerbehörde über die dort bezeichneten Verabredungen zu vereiteln, sind verboten.

Wer der Vorschrift im Abs. 1 vorsätzlich zuwiderhandelt, wird, soweit nicht nach andern Gesetzen eine schwerere Strafe verwirkt ist, mit Geldstrafe von einhundert bis einhunderttausend Mark und mit Gefängnis bis zu einem Jahr oder mit einer dieser Strafen bestraft. Der Versuch ist strafbar.

§ 9. Alle Reichs-, Staats- und Gemeindebehörden sind verpflichtet, Zuwiderhandlungen gegen die Vorschriften dieser Verordnung, die ihnen zur Kenntnis kommen, der Steuerbehörde mitzuteilen.

§ 10. Diese Verordnung hat Gesetzeskraft. Sie tritt am Tage ihrer Verkündung in Kraft.

Anlage

(Datum) ...., den 191

An

....

in ....

Name, Stand und Wohnort des Versicherungsnehmers: ....

....

Bezeichnung des Versicherers: ....
Art und Dauer der Versicherung: ....
Betrag der Versicherungssumme (Kapital oder Rente): ....
Betrag des gezahlten Entgelts: ....
Zahlungsart des Versicherungsentgelts, einmalig oder wiederkehrend, letzterenfalls unter Angabe der Fristen für die Zahlung:

....

Zahlungsort a) des Entgelts: ....
b) des Gegenwerts der Versicherung: ....

Die Richtigkeit und Vollständigkeit bescheinigt

....

Unterschrift

Gesetz gegen die Kapitalflucht.

Vom 8. Sept. 1919.

(RGBl. S. 1540.)

§ 1. Auf Reichs- oder ausländische Währung lautende Zahlungsmittel dürfen nur durch Vermittlung von Banken nach dem Ausland versandt oder überbracht werden.

Als Zahlungsmittel im Sinne dieses Gesetzes gelten außer Geldsorten, Papiergeld, Banknoten und dergleichen auch Anweisungen, Schecks und Wechsel.

Als Banken im Sinne dieses Gesetzes gelten auch Sparkassen sowie weiter alle Personen und Unternehmungen, die geschäftsmäßig Bank- oder Bankiergeschäfte betreiben. Welche Personen und Unternehmungen unter diese Vorschrift fallen, entscheidet auf Anfrage der Beteiligten die Landeszentralbehörde oder eine von ihr bezeichnete Behörde.

§ 2. Banken dürfen Aufträge, wonach Zahlungsmittel nach dem Ausland versandt oder überbracht oder für einen Ausländer in Verwahrung genommen werden sollen, nur ausführen, wenn der Auftraggeber eine Erklärung nach dem vom Reichsminister der Finanzen vorgeschriebenen Muster in dreifacher Ausfertigung einreicht.

Die Banken haben eine Ausfertigung der Erklärung binnen einer Woche an das für ihre Niederlassung (Zweigniederlassung) zuständige Besitzsteueramt weiterzugeben und eine Ausfertigung der Sendung der Zahlungsmittel beizufügen.

Die Vorschriften im Abs. 1 und 2 finden keine Anwendung, wenn die Bank Zahlungsmittel im eigenen Namen nach dem Ausland versendet oder überbingt oder für einen Ausländer in Verwahrung nimmt.

Der Reichsminister der Finanzen kann Ausnahmen zulassen.

§ 3. Ausländer im Sinne dieses Gesetzes sind Personen, die im Ausland ihren Wohnsitz oder dauernden Aufenthalt haben, und Unternehmungen, soweit sie im Ausland ihren Sitz haben. Bei Unternehmungen ist maßgebend, ob die Haupt- oder Zweigniederlassung, deren Betrieb im einzelnen Falle in Frage steht, im Ausland liegt.

§ 4. Wer der Vorschrift im § 1 vorsätzlich zuwiderhandelt, wird mit Geldstrafe von einhundert Mark bis zu einhunderttausend Mark bestraft. Daneben kann auf Gefängnis bis zu drei Jahren und auf Verlust der bürgerlichen Ehrenrechte erkannt werden. Der Versuch ist strafbar. Die Vermögenswerte, auf die sich die strafbare Handlung bezieht, können im Urteil für dem Reiche verfallen erklärt werden.

Wer den Vorschriften im § 2 Abs. 1 und 2 vorsätzlich zuwiderhandelt, wird mit Geldstrafe bis zu zehntausend Mark bestraft.

§ 5. Alle Geschäfte, Verabredungen und sonstigen Handlungen, die dazu bestimmt sind, die durch die Vorschriften in §§ 1 und 2 bezweckte Kenntnis der Steuerbehörde über das Verbringen von Zahlungsmitteln ins Ausland zu vereiteln, sind verboten.

Wer der Vorschrift im Abs. 1 vorsätzlich zuwiderhandelt, wird, soweit nicht nach anderen Gesetzen eine schwerere Strafe verwirkt ist, mit Geldstrafe von einhundert Mark bis zu einhunderttausend Mark und mit Gefängnis bis zu drei Jahren oder mit einer dieser Strafen bestraft. Der Versuch ist strafbar. Die Vermögenswerte, auf die sich die strafbare Handlung bezieht, können im Urteil für dem Reiche verfallen erklärt werden.

§ 6. Alle Reichs-, Staats- und Gemeindebehörden sowie die Notare sind verpflichtet, Zuwiderhandlungen gegen die Vorschriften dieses Gesetzes, die ihnen zur Kenntnis kommen, dem Besitzsteueramte mitzuteilen.

§ 7. Der Reichsminister der Finanzen ist ermächtigt, durch Verordnung Maßnahmen zur steuerlichen Erfassung geflüchteten oder versteckten Vermögens zu treffen, insbesondere auch in Abweichung von der Vorschrift des § 6 des Bankgesetzes vom 14. März 1875 (Reichs-Gesetzbl. S. 177) den Aufruf und die Einziehung der umlaufenden Banknoten und Darlehnskassenscheine zum Zwecke des Umtauschs anzuordnen und vorsätzliche Zuwiderhandlungen gegen seine Anordnungen mit Geldstrafe bis zu hunderttausend Mark und mit Gefängnis bis zu zwei Jahren oder mit einer dieser Strafen sowie mit der Verfallserklärung des verheimlichten Vermögens zugunsten des Reichs zu bedrohen.

Der Reichsminister der Finanzen ist ferner ermächtigt, im Einvernehmen mit dem Reichswirtschaftsminister durch Verordnung Vorschriften über den Geschäftsbetrieb der Banken zu erlassen und Banken, die keine Gewähr für die Innehaltung dieser Vorschrift bieten, den Geschäftsbetrieb zu untersagen. Vorsätzliche Zuwiderhandlungen gegen die im Satz 1 bezeichneten Vorschriften werden mit Geldstrafe bis zu fünfzigtausend Mark und mit Gefängnis bis zu einem Jahre oder mit einer dieser Strafen bestraft.

Die auf Grund des Abs. 1 und 2 erlassenen Verordnungen bedürfen der Zustimmung eines vom Reichstag aus seiner Mitte zu wählenden Ausschusses von zehn Mitgliedern. Sie müssen aufgehoben werden, wenn der Reichstag es verlangt.

§ 8. Dieses Gesetz tritt mit dem auf seine Verkündung folgenden Tage in Kraft und mit dem 1. Oktober 1920 außer Kraft.

Verordnung über Maßnahmen gegen die Kapitalflucht.

Vom 24. Oktober 1919.

(RGBl. S. 1820.)

Auf Grund des § 7 des Gesetzes gegen die Kapitalflucht vom 8. September 1919 (Reichs-Gesetzbl. S. 1540) wird hiermit im Einvernehmen mit dem Reichswirtschaftsminister und mit Zustimmung des von der Nationalversammlung gewählten Ausschusses von 10 Mitgliedern angeordnet:

§ 1. Zins- oder Gewinnanteilscheine sowie ausgeloste, gekündigte oder zur Rückzahlung fällige Stücke von inländischen Wertpapieren dürfen nur Banken, und zwar nur solchen Banken zur Einlösung, Beleihung oder Gutschrift übergeben und nur von solchen Banken zu diesen Zwecken angenommen werden, bei denen das ganze Wertpapier oder der Zins- oder Gewinnanteilbogen mit dem Erneuerungsscheine hinterlegt sind.

Befindet sich das Wertpapier im Ausland oder im Gewahrsam eines Dritten im Inland, so muß die einlösende inländische Bank im Besitz eines mit einem Stückeverzeichnisse versehenen urkundlichen Nachweises (Hinterlegungs-, Verpfändungsschein) über die anderweite Aufbewahrung des Wertpapiers sein.

Als Banken im Sinne dieser Verordnung gelten auch Sparkassen und Kreditgenossenschaften sowie weiter alle Personen und Unternehmungen, die geschäftsmäßig Bank- oder Bankiergeschäfte betreiben.

Der Verkehr mit den im Abs. 1 bezeichneten Werten von Bank zu Bank wird durch die Vorschriften dieser Verordnung nicht berührt.

§ 2. Die Vorschriften des § 1 finden keine Anwendung, wenn der Eigentümer der Wertpapiere im Ausland seinen Wohnsitz oder dauernden Aufenthalt hat und für das Einkommen aus den Wertpapieren im Inlande nicht steuerpflichtig ist. Die Einlösung, Beleihung oder Gutschrift darf jedoch in diesem Falle nur erfolgen, wenn der Eigentümer eine eidesstattliche Erklärung nach einem von dem Reichsminister der Finanzen zu bestimmenden Muster abgibt, daß die nach Nennwert, Gattung und üblichen Unterscheidungsmerkmalen aufzuführenden Wertpapiere sein Eigentum sind, daß die eingereichten Zins- oder Gewinnanteilscheine zu den in seinem Eigentume befindlichen Stücken gehören, daß er für das Einkommen aus den Wertpapieren in Deutschland nicht steuerpflichtig ist und daß er weder mittelbar noch unmittelbar im Auftrag oder für Rechnung einer dritten Person handelt, die einer Besteuerung in Deutschland unterliegt.

Die eidesstattlichen Erklärungen müssen den aus dem Ausland zur Einlösung eingeführten Werten beigefügt sein. Die Banken sind verpflichtet, diese Erklärungen 3 Jahre lang aufzubewahren.

§ 3. Die Vorschriften des § 1 finden ferner keine Anwendung, wenn der Eigentümer dem für ihn zuständigen Finanzamt ein Verzeichnis eines Besitzes an Wertpapieren unter Angabe des Nennwerts, der Gattung und der üblichen Unterscheidungsmerkmale in doppelter Ausfertigung einreicht. Die eine Ausfertigung verbleibt bei den Veranlagungsakten, während die andere dem Eigentümer mit einem Bestätigungsvermerke des Finanzamts über die Anmeldung zurückgegeben wird. Legt der Eigentümer das mit dem Bestätigungsvermerke des Finanzamts versehene Verzeichnis einer Bank oder einer zur Einlösung oder Zahlung von Zins- oder Gewinnanteilscheinen bestimmter Wertpapiere berechtigten oder verpflichteten Stelle vor, so kann diese die Zins- oder Gewinnanteilscheine der in dem Verzeichnis aufgeführten Wertpapiere oder etwaige ausgeloste, gekündigte oder zur Rückzahlung fällige Stücke auch ohne Beachtung der im § 1 gegebenen Vorschriften einlösen, beleihen oder gutschreiben.

§ 4. Die Banken haben, falls durch die Reichsabgabenordnung nicht weitergehende Vorschriften eingeführt werden, dem für den Ort ihrer Niederlassung (Zweigniederlassung) zuständigen Finanzamt bis zum 31. März 1920 ein Verzeichnis ihrer Depotkunden (§ 1), soweit sie Reichsangehörige sind oder im Inland ihren Sitz oder Wohnsitz oder dauernden Aufenthalt haben, unter Angabe der Firma und des Sitzes, des Namens, Vornamens und Wohn- oder Aufenthaltsorts, nach dem Stande vom 30. Juni 1919 mitzuteilen und Zugänge in dem Bestande der Kunden bis zum Ablauf des jeweils folgenden Halbjahrs, erstmalig zum 31. März 1920 nach dem Stande vom 31. Dezember 1919, anzuzeigen.

§ 5. Der Reichsminister der Finanzen kann in den Fällen der §§ 1—4 Erleichterungen gewähren.

§ 6. Die Banken und die im § 3 genannten Einlösungsstellen sollen in der Regel mindestens einmal im Jahre durch einen besonderen Prüfungsbeamten, der sich bei jedem Landesfinanzamt befindet, daraufhin geprüft werden, ob sie die ihnen durch die Verordnung über Maßnahmen gegen die Kapitalabwanderung in das Ausland vom 21. November 1918 (Reichs-Gesetzbl. S. 1325), durch das Gesetz gegen die Kapitalflucht vom 8. September 1919 (Reichs-Gesetzbl. S. 1540) sowie durch die vorstehenden Vorschriften übertragenen Aufgaben erfüllen. Zu Prüfungsbeamten sind tunlichst höhere Beamte zu bestellen.

Dem Prüfungsbeamten sind alle bezüglichen Schriftstücke und erforderlichenfalls auch die hinterlegten Wertpapiere und die Geschäftsbücher der Bank zur Einsicht vorzulegen.

Der Prüfungsbeamte hat sich der zu prüfenden Stelle gegenüber auf Verlangen durch eine mit einem Amtsstempel versehene Ausfertigung des ihm erteilten Prüfungsauftrags auszuweisen.

Dem Prüfungsbeamten ist ein angemessener Raum oder Arbeitsplatz zur Erledigung seiner Obliegenheiten zur Verfügung zu stellen.

Über den Verlauf der Prüfung ist eine von dem Prüfungspflichtigen nicht mit zu unterschreibende Aufzeichnung zu machen und dem zuständigen Landesfinanzamt zu übergeben.

§ 7. Wer vorsätzlich entgegen den Vorschriften der §§ 1, 2 und 3 Zins- oder Gewinnanteilscheine sowie ausgeloste, gekündigte oder zur Rückzahlung fällige Wertpapiere zur Einlösung bringt, wird mit

Geldstrafe von einhundert Mark bis zu einhunderttausend Mark und mit Gefängnis bis zu 2 Jahren oder mit einer dieser Strafen bestraft. Der Versuch ist strafbar.

Die den Gegenstand der strafbaren Handlung bildenden Werte sind durch Urteil zugunsten des Reichs für verfallen zu erklären, falls sie einem Täter oder Teilnehmer gehören.

§ 8. Banken, deren Geschäftsbetrieb zu einer Verurteilung wegen vorsätzlicher Zuwiderhandlung gegen die Verordnung über Maßnahmen gegen die Kapitalabwanderung in das Ausland vom 21. November 1918 (Reichs-Gesetzbl. S. 1325), das Gesetz gegen die Kapitalflucht vom 8. September 1919 (Reichs-Gesetzbl. S. 1540) und die Vorschriften dieser Verordnung geführt hat, und denen gegenüber weitere Tatsachen vorliegen, welche die Annahme rechtfertigen, daß sie keine Gewähr für die Erfüllung der ihnen durch die vorerwähnten Vorschriften übertragenen Aufgaben bieten, kann der Geschäftsbetrieb durch schriftliche, dem Geschäftsinhaber zuzustellende Verfügung des Landesfinanzamts ganz oder in bezug auf bestimmte Geschäftszweige untersagt werden. Vorher ist der Bank Gelegenheit zu geben, sich zu rechtfertigen. Der Untersagung muß ferner die Anhörung der zuständigen amtlichen Handelsvertretung vorangehen. Die Verfügung des Landesfinanzamts ist mit Gründen zu versehen. Für die Abwicklung der laufenden Geschäfte sind die erforderlichen Anordnungen zu treffen.

Die Wirkung der Verfügung des Landesfinanzamts erstreckt sich nur auf die Niederlassung (Zweigniederlassung) der Bank, für deren Geschäftsbetrieb die für die Untersagung maßgebenden Tatsachen festgestellt worden sind. Sind Zweigniederlassungen der Bank in den Bezirken anderer Landesfinanzämter vorhanden, so ist letzteren eine Abschrift der Verfügung mitzuteilen.

Gegen die Verfügung des Landesfinanzamts ist innerhalb 2 Wochen nach deren Zustellung das Rechtsmittel der Beschwerde an den Reichsfinanzhof zulässig. Dieser entscheidet im Beschlußverfahren in der Besetzung von 5 Mitgliedern. Die Beschwerde hat aufschiebende Wirkung. Ausnahmsweise kann der Reichsminister der Finanzen in besonderen Fällen nach Anhörung der zuständigen amtlichen Handelsvertretung die sofortige Wirksamkeit der Verfügung des Landesfinanzamts aussprechen.

Ist die Untersagung erfolgt, so kann das Landesfinanzamt die Wiederaufnahme des Geschäftsbetriebs gestatten, sofern seit der Untersagung mindestens 1 Jahr verflossen ist.

Banken haben bei der Eröffnung ihres Gewerbebetriebs dem Landesfinanzamt hiervon Anzeige zu machen.

§ 9. Vorsätzliche Zuwiderhandlungen gegen die Vorschriften in den §§ 4, 5, 6 Abs. 2 und 4 und § 8 Abs. 6 werden mit Geldstrafe bis zu fünfzigtausend Mark und mit Gefängnis bis zu 1 Jahre oder mit einer dieser Strafen bestraft.

Die gleiche Strafe trifft denjenigen, der einer nach § 8 erlassenen Verfügung des Landesfinanzamts zuwider den Geschäftsbetrieb einer Bank fortführt oder wieder eröffnet.

§ 10. Wer offen oder in verschleierter Form durch Anzeigen, Versendung von Drucksachen, Schriften oder in anderer Weise gegenüber einem größeren Personenkreise sich dazu erbietet, zum Zwecke der Verletzung oder Umgehung der Verordnungen und Gesetze gegen die Kapitalabwanderung oder Steuerflucht Rat zu erteilen, Beistand zu leisten oder Gelegenheit nachzuweisen, wird mit Geldstrafe bis zu einhunderttausend Mark und mit Gefängnis bis zu 2 Jahren oder mit einer dieser Strafen bestraft, wenn nicht nach anderen Gesetzen eine strengere Strafe verwirkt ist.

Die gleiche Strafe trifft denjenigen, der die im Abs. 1 bezeichneten Anzeigen usw. vorsätzlich verbreitet.

§ 11. Alle Reichs-, Staats- und Gemeindebehörden sowie die Notare sind verpflichtet, Zuwiderhandlungen gegen die Vorschriften dieser Verordnung die ihnen zur Kenntnis kommen, der Steuerbehörde mitzuteilen.

§ 12. Diese Verordnung tritt mit dem 31. Dezember 1919 in Kraft.

Eidesstattliche Erklärung.

$\frac{\text{Ich erkläre}}{\text{Wir erklären}}$ hiermit an Eides Statt das Folgende:

1. Die auf der Rückseite dieser Erklärung nach Nennwert, Gattung und üblichen Unterscheidungsmerkmalen aufgeführten Wertpapiere sind $\frac{\text{mein}}{\text{unser}}$ Eigentum.
2. Die von $\frac{\text{mir}}{\text{uns}}$ zur Einlösung eingereichten Zins- oder Gewinnanteilscheine gehören zu den auf der Rückseite aufgeführten Wertpapieren.
3. Für das Einkommen aus den auf der Rückseite aufgeführten Wertpapieren $\frac{\text{bin ich}}{\text{sind wir}}$ in Deutschland nicht steuerpflichtig.
4. Die Einlösung der eingereichten Zins- oder Gewinnanteilscheine erfolgt weder mittelbar noch unmittelbar für Rechnung einer dritten Person, die einer Besteuerung in Deutschland unterliegt.

Ort und Datum: .... } (Muß vom Einreicher hand-
Wohnort und Adresse: .... } schriftlich ausgefüllt werden.)

Eigenhändige Unterschrift:

....

Bezeichnung des Wertpapiers	Serie Litera Nummer	Nennwert

Gesetz gegen die Steuerflucht.

Vom 26. Juli 1918.

(RGBl. S. 951.)

§ 1. Angehörige des Deutschen Reiches bleiben, wenn sie ihren dauernden Aufenthalt im Inland aufgeben, für die Geltungsdauer dieses Gesetzes der inländischen Steuerpflicht in Beziehung auf die Personalsteuern sowohl des Reichs wie der Bundesstaaten unterworfen. Die bundesstaatlichen Steuern sind im zweieinhalbfachen Betrage zu erheben; drei Fünftel dieses Betrags sind nach näherer Bestimmung der Landesregierung für die Gemeinden (Gemeindeverbände) und Schulgemeinden zu verwenden; soweit in Gebietsteilen einzelner Bundesstaaten eine besondere Gemeindeverfassung nicht vorhanden ist, werden die bundesstaatlichen Steuern nur zum einfachen Betrag erhoben. Bisherige weitergehende und künftige landesgesetzliche Vorschriften jeder Art bleiben unberührt.

Die Vorschrift des Abs. 1 gilt auch für

1. ehemalige Angehörige des Deutschen Reichs, die nach dem 1. August 1914 eine fremde Staatsangehörigkeit erworben haben,
2. nicht reichsangehörige Personen, die auch eine fremde Staatsangehörigkeit nicht besitzen, wenn sie seit dem 1. August 1914 in einem deutschen Bundesstaat ihren Wohnsitz oder gewöhnlichen Aufenthalt gehabt haben.

§ 2. Welche Steuern Personalsteuern im Sinne des § 1 sind, wird durch Verordnung des Bundesrats bestimmt. Die Verordnung ist dem Reichstag alsbald mitzuteilen und auf Verlangen des Reichstags aufzuheben.

Als steuerpflichtiges Einkommen gilt mindestens das durchschnittliche Einkommen, das sich aus der letzten landesrechtlichen Veranlagung vor der Aufgabe des dauernden Aufenthalts im Inland und den zwei ihr vorangegangenen Jahresveranlagungen ergibt. Als steuerpflichtiges Vermögen gilt mindestens das nach der Vorschrift des § 6 festgestellte Vermögen. Verringerungen hat der Steuerpflichtige nachzuweisen.

§ 3. Gläubiger der bundesstaatlichen Steuern ist, unbeschadet der Vorschrift des § 3 des Doppelsteuergesetzes vom 22. März 1909 (Reichs-Gesetzbl. S. 332), der Bundesstaat, in dem der Steuerpflichtige vor Aufgabe des dauernden Aufenthalts im Inland seinen Wohnsitz oder in Ermangelung eines Wohnsitzes den gewöhnlichen Aufenthalt gehabt hat. Bei mehrfachem Wohnsitz hat den Vorrang zunächst der Bundesstaat des dienstlichen Wohnsitzes, dann der Bundesstaat, in dem der Steuerpflichtige die Staatsangehörigkeit besitzt, weiter der Bundesstaat, in dem der Steuerpflichtige den vorwiegenden Aufenthalt hatte. Hat der Steuerpflichtige vor Aufgabe des dauernden Aufenthalts im Inland einen Wohnsitz oder einen gewöhnlichen Aufenthalt nicht gehabt, so ist der Bundesstaat, in dem der Steuerpflichtige die Staatsangehörigkeit besitzt, Gläubiger der bundesstaatlichen Steuern. Besitzt der Steuerpflichtige die Staatsangehörigkeit in mehreren Bundesstaaten, so entscheidet der Bundesstaat, in dem er die Staatsangehörigkeit zuerst erworben hat; hat er die Staatsangehörigkeit in mehreren Bundesstaaten gleichzeitig erworben, so sind die beteiligten Bundesstaaten zu gleichen Anteilen berechtigt; besitzt der Steuerpflichtige in keinem Bundesstaate die Staatsangehörigkeit, so ist der Bundesstaat, in dem der Steuerpflichtige seinen letzten Aufenthalt hatte, Gläubiger der Steuern.

§ 4. Der Steuerpflichtige hat mindestens einen Monat vor der Aufgabe des dauernden Aufenthalts im Inland dem für den Ort seines Wohnsitzes oder gewöhnlichen Aufenthalts zuständigen Besitzsteueramt als Steuerbehörde von der beabsichtigten Aufgabe des Aufenthalts Anzeige zu erstatten und eine Vermögenserklärung beizufügen, die unter der Versicherung abzugeben ist, daß die Angaben nach bestem Wissen und Gewissen gemacht sind. In besonderen Fällen kann von der Innehaltung dieser Frist abgesehen werden

Diese Vorschrift gilt auch für den gesetzlichen Vertreter hinsichtlich des seiner Verwaltung unterliegenden Vermögens des Vertretenen, wenn der Vertretene den dauernden Aufenthalt im Inland aufgeben will.

§ 5. Der Steuerpflichtige hat vor der Aufgabe seines dauernden Aufenthalts im Inland für die Erfüllung der sich aus der Vorschrift des § 1 ergebenden Verpflichtung in Höhe von zwanzig vom Hundert seines Vermögens (§ 6) Sicherheit zu leisten. Die Vorschrift des § 1 des Gesetzes zur Sicherung der Kriegssteuer vom 9. April 1917 (Reichs-Gesetzbl. S. 351) bleibt unberührt.

Diese Vorschrift gilt auch für den gesetzlichen Vertreter hinsichtlich des seiner Verwaltung unterliegenden Vermögens; die Sicherheit aus letzterem ist zu leisten.

Gesetzliche Vertreter sowie Bevollmächtigte des Steuerpflichtigen und Testamentsvollstrecker haften persönlich für die Sicherheit von dem ihrer Verwaltung unterliegenden Vermögen, wenn sie Vermögen in Kenntnis des Umstandes, daß es sicherheitspflichtig ist, vor der Leistung der Sicherheit ausantworten und die Beitreibung von dem Steuerpflichtigen nicht erfolgen kann.

§ 6. Das Vermögen (§ 5) ist auf den Zeitpunkt der Aufgabe des dauernden Aufenthalts im Inland nach den Vorschriften des Besitzsteuergesetzes vom 3. Juli 1913 (Reichs-Gesetzbl. S. 524) zu ermitteln. Dem nach diesen Vorschriften festgestellten Vermögen sind hinzuzurechnen Beträge, die seit dem 1. August 1914 in ausländischem Grund- oder Betriebsvermögen angelegt worden sind, sowie Beträge, die seit dem 1. August 1914 zum Erwerbe von Gegenständen aus edlen Metallen, von Edelsteinen oder Perlen, von Kunst-, Schmuck- oder Luxusgegenständen sowie von Sammlungen aller Art aufgewendet worden sind, sofern der Anschaffungspreis für den einzelnen Gegenstand fünfhundert Mark und darüber oder für mehrere gleichartige oder zusammengehörige Gegenstände eintausend Mark und darüber beträgt. Die Hinzurechnung findet nur statt, wenn die bezeichneten Gegenstände noch im Besitze des Steuerpflichtigen sind. Ist die Anlage in ausländischem Grund- oder Betriebsvermögen erfolgt, so verringert sich die Hinzurechnung um den Betrag einer nachweislich eingetretenen erheblichen Wertminderung.

§ 7. Die Feststellung, Anforderung und Annahme der Sicherheit erfolgt durch die für die Veranlagung und Erhebung der Besitzsteuer (Besitzsteuergesetz vom 3. Juli 1913) zuständigen Behörden.

Die Landesregierung kann die Annahme der Sicherheit anderen Behörden übertragen.

§ 8. Die Steuerbehörde prüft die Angaben des Steuerpflichtigen. Ergibt sich, daß eine Sicherheit nicht zu leisten ist, so macht sie dem Steuerpflichtigen hiervon unverzüglich Mitteilung. Andernfalls stellt sie nach Vornahme der etwa erforderlichen Ermittlungen den Betrag der Sicherheit fest.

§ 9. Der Betrag der geschuldeten Sicherheit wird dem Steuerpflichtigen von der Steuerbehörde durch einen Bescheid mitgeteilt. Der Bescheid enthält eine Belehrung über die zulässigen Rechtsmittel und eine Anweisung zur Leistung der Sicherheit vor der Aufgabe des dauernden Aufenthalts im Inland.

Macht der Steuerpflichtige ein Interesse an der alsbaldigen Aufgabe des dauernden Aufenthalts glaubhaft und kann der Betrag der Sicherheit bis dahin nicht endgültig festgesetzt werden, so kann ihm ein vorläufiger Bescheid erteilt werden, der bis zum Erlaß eines endgültigen Bescheids die Wirkungen eines solchen hat.

§ 10. Der endgültige Bescheid tritt außer Kraft, wenn der Steuerpflichtige beim Ablauf von einem Monat nach der Zustellung des Bescheids seinen dauernden Aufenthalt im Inland noch nicht aufgegeben hat.

§ 11. Die Steuerbehörde stellt die Sicherheit auch dann fest, wenn

1. der Steuerpflichtige seinen dauernden Aufenthalt im Inland aufgegeben hat, ohne die nach § 4 vorgeschriebenen Erklärungen abgegeben zu haben,
2. Tatsachen vorliegen, die die Annahme rechtfertigen, daß der Steuerpflichtige seinen dauernden Aufenthalt im Inland aufgeben und sich der Verpflichtung zur Leistung der Sicherheit entziehen will.

§ 12. Gegen den endgültigen Bescheid sind die Rechtsmittel zulässig, die dem Steuerpflichtigen gegen die Heranziehung zur Besitzsteuer zustehen; der Beurteilung der Rechtsmittelbehörden unterliegt auch der vorläufige Bescheid.

§ 13. Durch die Einlegung eines Rechtsmittels wird die Verpflichtung zur Leistung der Sicherheit nicht aufgehalten.

§ 14. Die Steuerbehörde ist berechtigt, die Sicherheit nach den für die Einziehung öffentlicher Abgaben geltenden Vorschriften beizutreiben und das im Inland befindliche Vermögen des Steuerpflichtigen in Höhe der Sicherheit mit Beschlag zu belegen.

§ 15. Hat der Steuerpflichtige vor der Aufgabe des dauernden Aufenthalts im Inland keine Sicherheit geleistet oder entzieht er sich der inländischen Steuerpflicht und hat auch die zwangsweise Beitreibung (§ 14) zu einer vollständigen Befriedigung nicht geführt oder ist anzunehmen, daß sie zu einer solchen nicht führen würde, so haften für die Sicherheit und die Steuern die Empfänger von Schenkungen oder sonstigen ohne entsprechende Gegenleistung gemachten Zuwendungen, die seit dem 1. März 1918 erfolgt sind. Umfang und Geltendmachung der Haftung richten sich nach den Vorschriften des Gesetzes, betreffend die Anfechtung von Rechtshandlungen eines Schuldners außerhalb des Konkursverfahrens, in der Fassung der Bekanntmachung vom 20. Mai 1898 (Reichs-Gesetzbl. S. 709). Ausgenommen von der Haftung sind übliche Gelegenheitsgeschenke und Zuwendungen im Gesamtwert von nicht mehr als dreitausend Mark.

§ 16. Der Bundesrat erläßt nähere Bestimmungen darüber, in welcher Art Sicherheit zu leisten, wie sie zu verwalten und in welcher Höhe sie zu verzinsen ist. Fällig werdende Zinsen sind auf Verlangen auszuzahlen.

§ 17. Behörden des Reichs, der Bundesstaaten und der Gemeinden (Gemeindeverbände), die von der Absicht eines Steuerpflichtigen, seinen dauernden Aufenthalt im Inland aufzugeben, und von Tatsachen Kenntnis erhalten, die die Annahme rechtfertigen, daß er sich den nach den §§ 1, 5 begründeten Verpflichtungen entziehen will, haben hiervon unverzüglich der zuständigen Steuerbehörde Mitteilung zu machen.

§ 18. Hat der Steuerpflichtige seinen dauernden Aufenthalt im Inland aufgegeben, so ist er gehalten, eine im Inland wohnende Person zum Empfange der für ihn bestimmten Schriftstücke zu bevollmächtigen. Ist die Benennung eines Zustellungsbevollmächtigten unterblieben, so gilt die Zustellung eines Schriftstücks mit der Aufgabe zur Post als bewirkt, selbst wenn die Sendung als unbestellbar zurückkommt.

§ 19. Die oberste Landesfinanzbehörde kann die Frist, bis zu der die Einzelbeträge der nach § 1 geschuldeten Steuern fällig werden, verlängern. Werden die Steuern nicht rechtzeitig entrichtet, so verfällt ein entsprechender Teil der Sicherheit.

§ 20. Die Vorschrift des § 1 gilt nicht für

1. Personen, die sich in ihrer Eigenschaft als öffentliche Beamte im Ausland aufhalten,
2. Personen, deren Vermögen nicht dreißigtausend Mark übersteigt,
3. Auslandsdeutsche. Als Auslandsdeutsche gelten Personen, die vor dem Kriege ihren Wohnsitz oder gewöhnlichen Aufenthalt im Ausland hatten und sich entweder bei Ausbruch des Krieges vorübergehend im Inland aufhielten oder während des Krieges ins Inland gekommen sind und spätestens ein Jahr nach Beendigung des Krieges mit allen Großmächten ins Ausland zurückkehren; für Personen, welche vor dem Kriege in einem feindlichen Lande ihren Wohnsitz hatten, läuft diese Frist nicht früher ab als ein Jahr nach Beendigung des Krieges mit diesem Lande,
4. Personen, die ihren dauernden Aufenthalt in ein deutsches Schutzgebiet verlegen,
5. Personen, die erst nach Beendigung des Krieges mit allen Großmächten ihren dauernden Aufenthalt im Inland genommen haben.

Jedoch haben auch diese Personen die nach § 4 vorgeschriebene Anzeige zu erstatten; die in Nr. 2 genannten Personen haben auch eine Vermögenserklärung (§ 4) beizufügen.

§ 21. Auf Antrag erfolgt eine Freistellung von der nach § 1 begründeten Verpflichtung, wenn die Auswanderung im deutschen Interesse liegt oder wenn die Ablehnung des Antrags eine außergewöhnliche Härte darstellen würde. Die Freistellung kann zunächst für einen kürzeren Zeitraum als die Geltungsdauer dieses Gesetzes erfolgen; eine Verpflichtung zur Sicherheitsleistung besteht in diesem Falle nicht. Die Vorschrift des § 9 Abs. 2 findet entsprechende Anwendung.

Die Landesregierung bestimmt die Behörden, die über den Antrag zu entscheiden haben, und die zulässigen Rechtsmittel. Die Reichsbevollmächtigten für Zölle und Steuern sind zur Einlegung von Rechtsmitteln befugt und in jedem Rechtszug vor der Entscheidung zu hören. Die endgültige Entscheidung erfolgt durch den Reichsfinanzhof. Dieser kann nur zugunsten des Steuerpflichtigen angerufen werden.

§ 22. Wer als Steuerpflichtiger seinen dauernden Aufenthalt im Inland aufgibt, ohne die im § 4 vorgeschriebene Anzeige zu erstatten oder die ihm nach § 5 obliegende Verpflichtung zur Sicherheitsleistung zu erfüllen, wird wegen Steuerflucht mit Gefängnis nicht unter drei Monaten und mit Verlust der bürgerlichen Ehrenrechte bestraft; daneben ist auf eine Geldstrafe bis zu einhunderttausend Mark zu erkennen.

Die gleiche Strafe trifft den gesetzlichen Vertreter des Steuerpflichtigen, wenn er, ohne die im § 4 vorgeschriebene Anzeige zu erstatten oder die ihm nach § 5 obliegende Verpflichtung zur Sicherheitsleistung zu erfüllen, dazu mitwirkt, daß der Steuerpflichtige seinen dauernden Aufenthalt im Inland aufgibt.

Der Versuch ist strafbar.

Die Verurteilung ist auf Kosten des Verurteilten öffentlich bekanntzumachen. Die Art der Bekanntmachung sowie die Frist, innerhalb der sie zu erfolgen hat, ist im Urteil zu bestimmen.

Ist der Beschuldigte abwesend (§ 318 der Strafprozeßordnung), so kann gegen ihn nach Maßgabe der §§ 320 bis 326 der Strafprozeßordnung verhandelt werden. Dies gilt auch für das Verfahren vor den Militärgerichten.

§ 23. Angehörige des Deutschen Reichs, die nach Maßgabe des § 22 rechtskräftig verurteilt sind, können ihrer Staatsangehörigkeit durch Beschluß der Zentralbehörde des Bundesstaats, in dem sie die Staatsangehörigkeit besitzen, verlustig erklärt werden. Gehören sie mehreren Bundesstaaten an, so verlieren sie durch den Beschluß die Staatsangehörigkeit in allen Bundesstaaten.

Der Verlust der Staatsangehörigkeit erstreckt sich, sofern nicht in der Erklärung nach Abs. 1 Satz 2 ein Vorbehalt gemacht ist, zugleich auf die Ehefrau, sofern sie nicht dauernd von ihrem Ehemanne getrennt lebt, und auf diejenigen Kinder, deren gesetzliche Vertretung dem Ausgeschiedenen kraft elterlicher Gewalt zusteht. Ausgenommen sind die Töchter die verheiratet sind oder verheiratet gewesen sind.

§ 24. Die Landespolizeibehörden sind befugt, Personen, welche gemäß § 23 die deutsche Staatsangehörigkeit verloren haben, sowie die im § 1 Abs. 2 genannten Personen, welche rechtskräftig wegen Steuerflucht verurteilt sind, aus dem Reichsgebiete zu verweisen.

§ 25. Werden die hinterzogenen Steuerbeträge nebst Zinsen in Höhe von fünf vom Hundert vom Fälligkeitstag ab gezahlt und die geschuldete Sicherheit geleistet, bevor eine zwangsweise Beitreibung stattgefunden hat, so tritt Straffreiheit für Täter und Teilnehmer ein; ist eine Verurteilung bereits erfolgt, so unterbleibt die weitere Vollstreckung. Stellen in solchem Falle Personen, die gemäß § 23 die deutsche Staatsangehörigkeit verloren haben, Antrag auf Wiedereinbürgerung, so darf die Genehmigung aus Gründen, die mit der Hinterziehung im Zusammenhange stehen, nicht versagt werden.

§ 26. Hat in den Fällen des § 22 Abs. 1, 2 nachweislich der Steuerpflichtige oder der gesetzliche Vertreter des Steuerpflichtigen nicht in der Absicht gehandelt, sich oder den von ihm vertretenen Steuerpflichtigen der Steuerpflicht zu entziehen, so tritt Geldstrafe bis zu zwanzigtausend Mark ein.

Ebenso wird bestraft, wer als Steuerpflichtiger oder gesetzlicher Vertreter des Steuerpflichtigen die ihm nach § 4 obliegende Vermögenserklärung innerhalb der vorgeschriebenen Frist nicht abgibt oder wissentlich unrichtige oder unvollständige Angaben macht.

Die Vorschriften des § 22 Abs. 3, 5, des § 25 Satz 1 finden entsprechende Anwendung.

§ 27. Die Einziehung der Sicherheit oder der Steuern erfolgt unabhängig von der Bestrafung.

§ 28. Eine Ordnungsstrafe bis zu fünftausend Mark tritt ein bei Zuwiderhandlungen gegen die Vorschriften dieses Gesetzes oder die zu seiner Ausführung ergangenen Bestimmungen, die im Gesetze mit keiner besonderen Strafe bedroht sind.

§ 29. Die oberste Landesfinanzbehörde ist befugt, von der Verpflichtung zur Sicherheitsleistung ganz oder teilweise zu befreien.

§ 30. Das Gesetz tritt unbeschadet der Durchführung schwebender Verfahren außer Kraft mit dem Schlusse des dritten Jahres nach Ablauf desjenigen Jahres, in dem der Krieg mit allen Großmächten beendet ist.

Gesetz zur Ergänzung des Gesetzes gegen die Steuerflucht vom 26. Juli 1918.

Vom 24. Juni 1919.

(RGBl. S. 583.)

§ 1. Die nach § 5 des Gesetzes gegen die Steuerflucht vom 26. Juli 1918 (Reichs-Gesetzbl. S. 951) zu leistende Sicherheit kann bis auf 50 vom Hundert des Vermögens des Steuerpflichtigen festgesetzt oder auf diesen Betrag erhöht werden.

§ 2. Die Sicherheit ist auf Anfordern des Besitzsteueramts auch dann zu leisten, wenn Tatsachen vorliegen, welche die Annahme rechtfertigen, daß Vermögenswerte des Steuerpflichtigen dem inländischen Steuerzugriff entzogen werden sollen.

§ 3. Die Feststellung und Anforderung der Sicherheit erfolgt im Falle des § 2 durch Zustellung eines mit Gründen versehenen Bescheids über den Betrag der angeforderten Sicherheit an den Steuerpflichtigen, seinen gesetzlichen Vertreter, Bevollmächtigten oder Testamentsvollstrecker. Der Bescheid enthält eine Belehrung über die zulässigen Rechtsmittel. Er ist sofort vollstreckbar.

Bei der Berechnung der Sicherheit ist das Vermögen auf den Zeitpunkt des Eintritts der Tatsachen zu ermitteln, welche die Annahme rechtfertigen, daß der Steuerpflichtige Vermögenswerte dem inländischen Steuerzugriff entziehen will. Der Steuerpflichtige hat auf Anfordern des Besitzsteueramts eine Vermögenserklärung abzugeben. Die §§ 6, 12, 13, 14, § 26 Abs. 2 des Gesetzes gegen die Steuerflucht vom 26. Juli 1918 finden entsprechende Anwendung.

Das Besitzsteueramt kann die Sicherheit freigeben, wenn die Voraussetzungen entfallen, unter welchen die Feststellung der Sicherheit erfolgt ist. Die Freigabe der Sicherheit ist dem Steuerpflichtigen von dem Besitzsteueramte durch einen Bescheid mitzuteilen.

§ 4. Der Reichsminister der Finanzen ist ermächtigt, anzuordnen:

1. daß die Banken oder deren Zweiganstalten der für den Ort ihrer Niederlassung zuständigen Steuerbehörde binnen einer zu bestimmenden Frist diejenigen Personen unter Angabe des Namens und des Wohn- oder Aufenthaltsorts anzuzeigen haben, welche bei ihnen seit dem 1. August 1914 Wertsachen (Wertpapiere, Geld oder Kostbarkeiten) offen oder verschlossen hinterlegt, in Verwahrung gegeben oder verpfändet, ein Konto errichtet oder sich ein Schließfach haben geben lassen,

2. daß die Banken der Steuerbehörde über Tatsachen, die für die Ermittlung von Steueransprüchen oder für die Ausübung der Steueraufsicht von Bedeutung sind, Auskunft zu erteilen haben.

Als Banken im Sinne dieses Gesetzes gelten auch Sparkassen, sowie weiter alle Personen und Unternehmungen, die geschäftsmäßig Bank- oder Bankiergeschäfte betreiben.

Die Auskunft gemäß Nr. 2 soll in der Regel schriftlich erbeten und erteilt werden. Die Auskunft ist wahrheitsgemäß und nach bestem Wissen und Gewissen zu erteilen.

§ 5. Wer vorsätzlich oder fahrlässig einer nach § 4 begründeten Anzeige- oder Auskunftspflicht zuwiderhanedlt, wird mit Geldstrafe bis zu zehntausend Mark bestraft.

§ 6. Die Reichsregierung ist ermächtigt, mit auswärtigen Regierungen Übereinkommen wegen gegenseitiger Rechtshilfe bei der Feststellung des im Ausland befindlichen beweglichen Vermögens der im Inland wohnhaften Personen abzuschließen.

§ 7. Dieses Gesetz tritt am Tage seiner Verkündung in Kraft.

Bekanntmachung zum Gesetze zur Ergänzung des Gesetzes gegen die Steuerflucht.

Vom 24. Juni 1919.

(RGBl. S. 585.)

Auf Grund des § 4 des Gesetzes zur Ergänzung des Gesetzes gegen die Steuerflucht vom 26. Juli 1918 (Reichs-Gesetzbl. S. 951) vom 24. Juni 1919 wird hiermit angeordnet:

1. Die in der Provinz Posen, ausgenommen den Kreis Schwerin an der Warthe, in der Provinz Westpreußen, ausgenommen die Kreise Deutsch-Krone, Schlochau und Elbing (Stadt und Land), in dem Regierungsbezirk Allenstein, in dem Regierungsbezirk Oppeln, ausgenommen die Kreise Grottkau, Falkenberg und Neiße (Stadt und Land), ferner in dem Stadt- und Landkreis Memel des Regierungsbezirkes Königsberg, in den Kreisen Oletzko, Heydekrug und Tilsit (Stadt und Land) des Regierungsbezirkes Gumbinnen, in den Kreisen Hadersleben, Apenrade, Tondern, Sonderburg, Flensburg und Husum des Regierungsbezirkes Schleswig, in den Kreisen Malmedy und Eupen des Regierungsbezirkes Aachen, in den Kreisen Merzig, Saarlouis, Saarbrücken, Ottweiler und St. Wendel des Regierungsbezirkes Trier und in den pfälzischen Bezirken Zweibrücken und Homburg befindlichen Banken und Zweiganstalten von Banken sind verpflichtet:

a) dem für den Ort ihrer Niederlassung zuständigen Besitzsteueramte zunächst ein Verzeichnis derjenigen Personen, welche bei ihnen seit dem 1. Oktober 1918 Wertsachen (Wertpapiere, Geld oder Kostbarkeiten) offen oder verschlossen hinterlegt, in Verwahrung gegeben oder verpfändet, ein Konto errichtet oder sich ein Schließfach haben geben lassen, unter Angabe des Namens und des Wohn- oder Aufenthaltsorts sowie unter Bezeichnung des Inhalts und des Zeitpunkts des in Frage stehenden Rechtsgeschäfts binnen acht Tagen nach Inkrafttreten dieser Bekanntmachung einzureichen,

b) dem für den Ort ihrer Niederlassung zuständigen Besitzsteueramte diejenigen Personen, welche nach Inkrafttreten dieser Bekanntmachung bei ihnen Wertsachen (Wertpapiere, Geld oder Kostbarkeiten) offen oder verschlossen hinterlegen, in Verwahrung geben oder verpfänden, ein Konto errichten oder sich ein Schließfach geben lassen, binnen 48 Stunden unter Angabe des Namens und des Wohn- oder Aufenthaltsortes sowie unter Bezeichnung des Inhalts des in Frage stehenden Rechtsgeschäfts anzuzeigen,

c) allen Besitzsteuerämtern auf Befragen über Tatsachen, die für die Ermittlung von Steueransprüchen oder für die Ausübung der Steueraufsicht von Bedeutung sind, binnen einer von den Besitzsteuerämtern zu stellenden, kurz zu bemessenden Frist wahrheitsgemäß und nach bestem Wissen und Gewissen Auskunft zu erteilen.

Die Auskünfte sollen in der Regel schriftlich erbeten und erteilt werden.

2. Als Banken im Sinne dieses Gesetzes gelten auch Sparkassen, sowie weiter alle Personen und Unternehmungen, die geschäftsmäßig Bank- oder Bankiergeschäfte betreiben.

3. Wer vorsätzlich oder fahrlässig der Anzeige- und Auskunftspflicht nach Nummer 1 zuwiderhandelt, wird mit Geldstrafe bis zu zehntausend Mark bestraft.

4. Diese Bekanntmachung tritt mit dem Tage ihrer Verkündung in Kraft.

5. Die Ausdehnung dieser Bekanntmachung auf weitere Gebiete des Reichs bleibt vorbehalten.

Sachregister.

Die Zahlen bei den Worten weisen auf die Seiten hin.

D

E

F

G

U

V

W

Z

Kolibri 360 GmbH
Ferdinand-Jühlke-Straße 7
99095 Erfurt, Deutschland
produktsicherheit@kolibri360.de